O GRANDE LIVRO DE SÍMBOLOS DO REIKI

A Tradição Espiritual dos Símbolos e Mantras
do Sistema Usui de Cura Natural

Mark Hosak e Walter Lübeck

O GRANDE LIVRO DE SÍMBOLOS DO REIKI

A Tradição Espiritual dos Símbolos e Mantras do Sistema Usui de Cura Natural

Tradução:
Euclides Luiz Calloni
Cleusa Margô Wosgrau

Editora
Pensamento
SÃO PAULO

Título original: *Das Grosse Buch der Reiki-Symbole.*
Copyright © 2004 Windpferd Verlagsgesellschaft mbH.

Todos os direitos reservados. Nenhuma parte deste livro pode ser reproduzida ou usada de qualquer forma ou por qualquer meio, eletrônico ou mecânico, inclusive fotocópias, gravações ou sistema de armazenamento em banco de dados, sem permissão por escrito, exceto nos casos de trechos curtos citados em resenhas críticas ou artigos de revistas.

1ª edição 2010.

7ª reimpressão 2024.

A Editora Pensamento não se responsabiliza por eventuais mudanças ocorridas nos endereços convencionais ou eletrônicos citados neste livro.

As caligrafias da capa são de Mark Hosak.
Caligrafias, fotos e ilustrações, ver Índice das Ilustrações e Fontes na p. 471.

As informações contidas neste livro foram cuidadosamente pesquisadas e transmitidas em consonância com todo o nosso conhecimento e toda a nossa consciência. Não obstante, nem os autores nem os editores assumem qualquer responsabilidade por danos presumidos ou reais que possam resultar da aplicação ou uso direto ou indireto das exposições aqui oferecidas.
Essas informações têm o objetivo de aprofundar os conhecimentos de leitores interessados.

Coordenação editorial: Denise de C. Rocha Delela e Roseli de S. Ferraz
Preparação de originais: Roseli de S. Ferraz
Revisão de provas: Liliane S. M. Cajado

Dados Internacionais de Catalogação na Publicação (CIP)
(Câmara Brasileira do Livro, SP, Brasil)

Lübeck, Walter e Mark Hosak
 O grande livro de símbolos do Reiki: a tradição espiritual dos símbolos e mantras do sistema Usui de cura natural / Mark Hosak e Walter Lübeck ; tradução Euclides Luiz Calloni, Cleusa Margô Wosgrau. — São Paulo : Pensamento, 2010.

Título original: Das Grosse Buch der Reike-Symbole.
ISBN 978-85-315-1693-1

1. Mantras 2. Reiki (Sistema de cura) 3. Símbolos I. Título.

10-09798   CDD-615.852

Índices para catálogo sistemático:
 1. Reiki : Sistema Usui de cura mental   615.852

Direitos de tradução para a língua portuguesa adquiridos com exclusividade pela
EDITORA PENSAMENTO-CULTRIX LTDA.,
que se reserva a propriedade literária desta tradução.
Rua Dr. Mário Vicente, 368 - 04270-000 - São Paulo - SP
Fone: (11) 2066-9000
http://www.editorapensamento.com.br
E-mail: atendimento@editorapensamento.com.br
Foi feito o depósito legal.

Sumário

Prefácio 21

Parte I

INTRODUÇÃO AOS SÍMBOLOS E MANTRAS DO SISTEMA USUI TRADICIONAL DE CURA NATURAL COM REIKI

Capítulo 1
Símbolos e Mantras como Instrumentos do Trabalho com Energia Espiritual 30

Símbolos e Mantras – Equívocos e Confusões 31
O que é um Símbolo Visto desde uma Perspectiva Espiritual? 31
    Os Diferentes Significados e Níveis de Significado dos Símbolos
    — a Cruz como Exemplo 33
Modo Prático de Usar um Símbolo 35
    Diferença entre Símbolos Seculares e Símbolos Espirituais 36
    O que Exatamente Acontece numa Iniciação no Poder de um Símbolo ... 36
    O que Acontece quando um Símbolo é Usado em Diferentes
    Tradições Espirituais 37
O que é um Mantra 37
    Derivação da Palavra "Mantra" 38
    Maneira Correta de Pronunciar e de Usar Mantras 38
    Uso Correto de um Mâlâ (Contas de Oração) 39
    Significado das Terminações Mântricas Namahâ e Svâhâ 39
    A Palavra Mahâ 40
Modo de Operação dos Símbolos 40
    Símbolos e Mantras que Podem Produzir Mudanças Subjetivas 40
    Símbolos e Mantras que Podem Produzir Mudanças Objetivas 41
    Como Signos Subjetivamente Atuantes Podem Tornar-se Símbolos
    Objetivamente Eficazes 43
    Como o Dr. Mikao Usui Recuperou Símbolos e Mantras de uma
    Tradição de Cura Perdida 44
    De Onde os Símbolos Objetivamente Atuantes Retiram seus Poderes ... 44
Símbolos e Mantras Adicionais 45

Capítulo 2
Rei Ki Gong 47

Erros mais Frequentes na Aplicação de Símbolos e Mantras 47
    Aplicação dos Símbolos e dos seus Mantras de Modo Corrido e Desatento 47
    Aplicações Indiscriminadas dos Símbolos e Mantras 48
Aplicações Eficazes dos Símbolos e seus Mantras 49
    Modo Correto de Desenhar um Símbolo do Reiki 49
    Modo Correto de Remover um Símbolo do Reiki 50
Uso Apropriado de um Mantra do Reiki 51
CR como Intensificador de Poder Geral 51
Desenho Exato dos Símbolos – Pronúncia Correta dos Mantras 52
Exercícios de Rei Ki Gong 52

Capítulo 3
As Iniciações Tradicionais de Reiki 59

Por que as Iniciações São Necessárias? 59
Vários Tipos de Iniciação 60
    Autoiniciação 60
    Iniciação por Meio de um Ser de Luz 61
    Reativação de uma Iniciação Recebida numa Vida Passada 61
    Iniciação por Meio de um Professor 62
    Duas Qualidades Diferentes das Iniciações: Despertar Habilidades ou
    Adquirir Habilidades 62
As Iniciações de Reiki 62
    O que Acontece Durante a Iniciação no Primeiro Grau 62
    Os Poderes Específicos que São Conferidos por Meio da Iniciação no Primeiro Grau ... 63
    Etapas da Iniciação Tradicional de Reiki no Primeiro Grau 65
    É Importante Ter Ambas as Mãos Iniciadas no Segundo Grau? 65
    Iniciações dos Pés 66

Parte II
AS ORIGENS ESPIRITUAIS ASIÁTICO-ORIENTAIS DO SISTEMA USUI TRADICIONAL DE CURA NATURAL COM REIKI

Capítulo 4
Budismo Esotérico 70

As Raízes do Budismo Esotérico 70
Budismo Esotérico na China 72

Subhâkarasimha e I-hsing 73
Vajrabodhi e Amoghavajra 74
Hui-kuo – Unificador das Duas Escolas do Budismo Esotérico 75
Budismo Esotérico no Japão 76
O Monge Kûkai (774-835) 79

Capítulo 5
Taoismo e os Símbolos Tradicionais do Reiki 94

Taoismo Filosófico 94
Taoismo Mágico 95

Capítulo 6
Xamanismo e Xintoísmo 97

Xamanismo 97
Kami – Os Espíritos, Deuses e Seres de Luz no Japão 99
O Reinado das Xamãs 100
Do Xamanismo à Religião Xintoísta Japonesa 101
Relação Entre Xintoísmo e Budismo 102
Ryôbu Shintô 103

Capítulo 7
Shugendô – Magia Japonesa 104

As Origens e o Desenvolvimento do Shugendô 104
Montanhas como Lugares de Poder 106
Relações com o Xamanismo 108

Capítulo 8
Seres de Luz 111

Dainichi Nyorai 111
Origem do Nome Dainichi Nyorai 112
Emanações Especiais de Dainichi Nyorai 114
Os Cinco Budas Transcendentais – Dainichi Nyorai e os Cinco Jinas 117
Monju Bosatsu 119
Kokûzô Bosatsu – Aquele que Vence o Espaço e Traz o Grande Tesouro 121
Kannon – A Deusa da Grande Compaixão 122
Histórias Verdadeiras sobre Kannon – A Deusa da Grande Compaixão 123
Outras aparências de Kannon 126
Bishamonten 130
A Grande Deusa Dai Marishi Ten 131

Capítulo 9
O Buda da Medicina Yakushi Nyorai e o Reiki 134
A Trindade de Yakushi Nyorai 137
Os Sete Corpos e Formas de Yakushi Nyorai 138
Lápis-Lazúli e o Buda da Medicina Yakushi Nyorai 138
A Planta Medicinal do Buda da Medicina Yakushi Nyorai 139
O Símbolo Siddham Bhai do Buda da Medicina Yakushi Nyorai 140
Práticas com o Buda da Medicina 140

Capítulo 10
Mudrâ 145
Mudrâ da Transmissão de Reiki Duplo 146
Mudrâ do Dar e Receber 148
Mudrâ da Estabilização 149
Mudrâ da Meditação 150
Mudrâ do Buda do Paraíso 151
Mudrâ da União entre os Mundos Material e Espiritual 152
Mudrâ do Pagode 153
Mudrâ da Sabedoria Espiritual 154
Mudrâ do Trabalho do Coração 156
Mudrâ da Grande Deusa Dai Marishi Ten 157
Mudrâ da Iniciação 158

Capítulo 11
Kuji Kiri 160
Introdução ao Kuji Kiri 160
    O Papel do Imperturbável Rei de Sabedoria Fudô Myôô 160
Os Nove Caracteres do Kuji Kiri 163
O Método de Proteção Quíntuplo (Goshinbô) 164
Práticas Preparatórias para o Kuji Kiri 167
Realização do Kuji Kiri 172

Capítulo 12
Dainichi Nyorai Kidô 186
Dainichi Nyorai e o Mahâ-Mudrâ, a Grande Luz 186
Outras Práticas do Dainichi Nyorai Kidô 187

Capítulo 13
Monte Kurama 198
O Templo Kurama 199

A Escola Kurama Kôkyô 200
A Mitologia de Kurama 201
    O Herói Folclórico Yoshitsune 202
Dr. Usui e sua Experiência Espiritual no Monte Kurama 203
    Meditação da Estrela da Manhã 204

Parte III
ORIGEM, SIGNIFICADOS E CONTEXTO MITOLÓGICO DOS SÍMBOLOS DO REIKI TRADICIONAL

Capítulo 14
O Símbolo SHK 212

A Escrita Siddham: Base do Símbolo SHK 212
    História do *Siddham* 213
    Siddham no Japão – Símbolos para Rituais e Cura 215
    Siddham – Símbolos dos Seres de Luz 218
Pronúncia e Significado do Símbolo SHK 220
Função e Efeito do Símbolo SHK 221
    Análise dos Signos do Símbolo SHK (Hrih) 222
    Efeito do Símbolo SHK 226
O Símbolo SHK e o Símbolo HS no Sutra do Coração 227
    Transcrição do Sutra do Coração 227
    O Sutra do Coração em Chinês 227
    Tradução do Sutra do Coração 227
    HS e SHK e o Significado Esotérico do Sutra do Coração 228
Práticas com o Símbolo SHK 231
    As Mãos no Budismo Esotérico 231

Capítulo 15
O Símbolo HS 241

Pronúncia do Símbolo HS 241
Os Caracteres Ocultos no Símbolo HS e seu Significado 243
O Símbolo HS – Uma Frase Chinesa 244
Origem dos Kanji no Símbolo HS e suas Origens Místicas 246
    O Caractere Chinês Hon 246
    O Caractere Chinês Sha 248
    O Caractere Chinês Ze 250
    O Caractere Chinês Shô 251
    O Caractere Chinês Nen 252

A Forma do Símbolo HS 255
Os Símbolos Siddham dentro do Símbolo HS 259
O Símbolo HS e os Cinco Elementos 262
    Os Atributos dos Cinco Elementos 262
As Cinco Práticas dos Bodhisattvas 264
Origens do Tratamento a Distância no Japão..................................... 265
   Shigisan Engi Monogatari – História da Origem
   (do Templo) no Monte Shigi 268
Como o dr. Usui Criou o Símbolo HS... 270
Goji No Myô – A Luz dos Cinco Signos 272
Práticas com o Símbolo HS... 277

Capítulo 16
O Símbolo DKM 280

Origem dos Kanji no Símbolo DKM e suas Bases Místicas...................... 281
    O Signo Chinês Dai 281
    O Signo Chinês Kô 281
    O Signo Chinês Myô 282
    Combinação dos Signos Kômyô no Símbolo DKM 282
O Significado Espiritual do Sol e da Lua no DKM................................. 284
    O Sol e a Lua e o Siddham Vam e A 287
    Os Mantras dos Anjos do Sol 288
Kaji – O Segredo da Transmissão de Energia no Reiki.......................... 289
    O Símbolo DKM e a Transferência de Energia Através de um Ser Espiritual........ 292
    Kaji e os Três Segredos do Corpo, da Fala e da Mente 294
    Meditações dos Três Segredos com o Símbolo DKM 296
As Iniciações de Reiki e o Símbolo do Mestre..................................... 298

Capítulo 17
O Símbolo CR 304

Explicação dos Caracteres do Símbolo CR... 304
A Origem do Símbolo CR 307
Significado Esotérico da Forma do Símbolo CR................................... 309
Kotodama – Palavras Inspiradas 311
    Efeitos dos Kotodama 313

Capítulo 18
Caracteres da Palavra Reiki 316

Explicação do Caractere Rei.. 317

Explicação do Caractere Ki...318
A Combinação dos Caracteres Rei e Ki..318

Excurso
Breve Introdução à Caligrafia...319

O que é Caligrafia?...319
Origem e Estrutura dos Caracteres Chineses..................................321
Desenvolvimento dos Tipos de Escrita...325
    Lendas sobre a Escrita com Ki..329
Aplicação dos Tipos de Escrita..330
Introdução da Escrita no Japão...330
Caligrafia na Prática..332
    Os Quatro Tesouros..332
    Outros Instrumentos para Escrever..333
O Significado Espiritual da Caligrafia..334
Práticas Preparatórias..334
Técnicas para Escrever..338
    Sequência dos Traços..338
    O Símbolo HS...338
    O Símbolo DKM...341
    Os Caracteres da Palavra Reiki...346
    O Símbolo CR...350
    O Símbolo SHK..352
    Direção da Escrita...353
Exercícios Básicos para Escrever Shûji Corretamente...................353
Modo de Escrever com Ki...356
Como Escrever em Transe...359
Cópia de Sutras..361
Escrita Ritual de Sutras...362
Escrita em Siddham – O Símbolo SHK..363

Parte IV
COSMOLOGIA ESPIRITUAL E SUAS ORIGENS ESOTÉRICAS

Capítulo 19
Breve Ensaio sobre Cosmologia Espiritual....................................366

Pressupostos Básicos da Cosmologia Espiritual.............................367
Unidade..368
    O Sentido da Qualidade do Tempo..369

O Tempo como Influência Estruturadora... 370
Espaço e Unidade 373
Unidade e Separação – o Mundo Espiritual e o Mundo Material...................... 378
Exemplos de Correspondências entre Yin e Yang................................ 379
Iluminação – Etapa Preliminar da Perfeição Espiritual 382
Várias Formas de Mudança na Individualidade e na Unidade........................ 385
Sintonização Básica com a Teia da Vida da Grande Deusa com Reiki 391
A Presença da Grande Deusa nas Várias Religiões 394
O Caminho Espiritual do Indivíduo no Mundo Material............................. 400
Cada Ser é Único 401
As Funções do Livre-Arbítrio.. 402
Livre-Arbítrio e Amor 404
A Família da Alma 410
Reencarnação 410
Objetivo da Magia.. 412
Seres de Luz e Magia.. 413
O que é "Magia Negra?".. 415
O que é o Mal?... 416
O que são os Anjos?... 416
Magia e Troca de Energia 420
A Vida de Cada Dia como Oferenda Espiritual................................... 420
Características Especiais da Deusa e do Deus 421

Capítulo 20

O Sistema de Energia Espiritual do Ser Humano.................................. 422

Funções da Aura.. 422
Chakras Principais... 424
O Corpo de Luz, seus Órgãos e Funções.. 431
Visão Geral do Sistema de Energia Humano 431
Os Chakras Bindu e Nita.. 432
Os Chakras-Aura Mais Importantes e suas Várias Funções para a
Cura e o Desenvolvimento da Personalidade....................................... 433
Afirmações Especiais do Reiki do Arco-Íris para o Trabalho do Corpo
de Luz com a Técnica do *Mental Healing* do Segundo Grau 434
Palavras de Luz para Despertar a Alma 435

Capítulo 21

O que é Iluminação e Realização Espiritual?..................................... 436

A Subida da Kundalini 440
Como a Kundalini Sobe.. 441
Tipos de Experiências de Iluminação e de Despertar 444

A Iluminação como Experiência de Ocorrência Única 444
A Iluminação como um Estado que não Produzido por uma Decisão
Consciente, mas de Ocorrência Contínua 445
A Iluminação como um Estado Produzido por uma Decisão Consciente 445
A Iluminação como um Estado Permanente 446
O Despertar Espiritual como Experiência de Ocorrência Única 447
O Despertar Espiritual como Experiência Recorrente,
mas não Produzida Conscientemente 447
O Despertar Espiritual como um Estado que Podemos Criar
por Decisão Consciente 447
O Despertar Espiritual como um Estado Permanente 449
Síntese 450
O Voto do Bodhisattva 450
O Ego 451

Capítulo 22
Integração de Experiências Espirituais 455

Um Exame da Realidade 457
Estabilização 457
Centramento: O Terceiro Chakra e o Hara 459
A Descoberta do Sentido 460
A Cura dos Medos 460
Como Transferir Experiências Espirituais para a Vida Diária 460
A Defesa dos Nossos Sentimentos, sem Deixar que nos Dominem 461
Mental Healing e a Integração de Experiências Espirituais 461

Apêndice

Bibliografia Comentada 463
Índice da Literatura Científica 468
Índice das Ilustrações e Fontes 471
Biografia de Mark Hosak 478
    Endereço de Mark Hosak para Contato e Informações sobre Seminários 484
Biografia de Walter Lübeck 485
    Endereço de Walter Lübeck para Contato e Informações sobre Seminários 486
Como a Capa deste Livro Foi Criada 487

Índice de Exercícios e Práticas

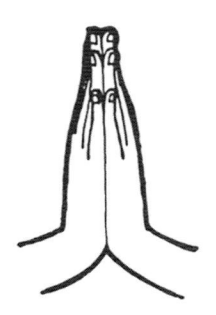

Capítulo 2
Rei Ki Gong

Modo Correto de Desenhar um Símbolo do Reiki. 49
Modo Correto de Remover um Símbolo do Reiki 50
Uso Apropriado de um Mantra do Reiki. 51
Desenho Correto de um Símbolo, sua Ativação com um Mantra e Sensação da Energia . 52
Como Remover a Energia de um Símbolo e Armazená-la no Hara 53
Como Levar um Símbolo CR para um Chakra 53
"Encaixando" um CR no Hara 53
Posicionando o CR sobre o Corpo do Cliente e Fazendo-o Ressoar 54
Como Fazer o CR Ressoar em Cômodos, Lugares de Poder e Jardins 54
"Encaixando" o SHK na Glândula Pineal 55
"Encaixando" o HS na Coluna Vertebral 55
"Encaixando" o DKM no Sétimo Chakra 56
Meditação sobre os Mantras com os Símbolos do Reiki e uma Técnica de Respiração . . . 56
"Escaneando" o Corpo com o Símbolo CR 57
Movimentando-se com os Símbolos 57

Capítulo 9
O Buda da Medicina Yakushi Nyorai e o Reiki

Prática 1: *Mental Healing* com o Poder do Buda da Medicina 140
Prática 2: Meditação de Reiki com Yakushi Nyorai (a) 141
Prática 3: Meditação de Reiki com Yakushi Nyorai (b). 141

Prática 4: Cura a distância com o Poder de Yakushi Nyorai e do Reiki 142
Prática 5: Tratamento dos Chakras com o Poder de Yakushi Nyorai 143
Prática 6: Como Fazer Óleo de Cura de Lápis-Lazúli Infuso com o
Poder de Yakushi Nyorai 144

Capítulo 11
Kuji Kiri

O Método de Proteção Quíntuplo (Goshinbô) 164
    Purificação do Karma 165
    Purificação do Corpo com o Poder do Buda das Dez Direções
    e Três Tempos 165
    Purificação da Fala com o Poder do Lótus de Oito Pétalas 166
    Purificação da Mente com o Poder do Vajra Triplo (Raio) 166
    Vestindo a Armadura 167
Práticas Preparatórias para o Kuji Kiri 167
    Meditação da Contemplação do Disco da Lua 168
    Meditação da Contemplação do Disco da Lua no Coração 168
    Meditação da Expansão do Disco da Lua no Coração 169
    Meditação da Expansão e Redução do Disco da Lua 170
    Meditação sobre o Símbolo Siddham A de Dainichi Nyorai 170
Realização do Kuji Kiri 172
    Prática 1: A Espada de Nove Signos 172
    Prática 2: Os Nove Mudrâs e o Kuji Kiri 174
    Prática 3: Adoração do Deus Sol Nitten 181

Capítulo 12
Dainichi Nyorai Kidô

Prática do Mahâ-Mudrâ 187
Prática 1: Meditação sobre a Deusa Dai Marishi Ten 187
Prática 2: Meditação sobre a Coluna de Energia da Grande Deusa
Dai Marishi Ten 188
Prática 3: Meditação de Proteção com Dainichi Nyorai e Fudô Myôô 189
Prática 4: Abertura dos Canais de Energia para um Fluxo Controlado do Ki 190
Prática 5: Meditação Yabyum 191
Prática 6: Meditação da Deusa Dai Marishi Ten para Despertar o Fogo Interior 193
Prática 7: Meditação da Chama Gasshô 195
Prática 8: Meditação "Chama e Gota" 195
Exercício de Estabilização ao Término de Cada Meditação 197

Capítulo 13
Monte Kurama

Meditação da Estrela da Manhã 204
    Aplicações da Meditação da Estrela da Manhã para Iniciados no Reiki 207

Capítulo 14
O Símbolo SHK

Ritual da Mandala da Mão com Dai Marishi Ten, a Deusa da Luz e da Glória 234
Elaboração de um Talismã 1 – Transferência da Luz de um Mantra para um Talismã ... 235
Elaboração de um Talismã 2 – Transmissão de Poder para a Areia 236
Meditação SHK (1) para Purificação e Cura do Coração 237
Meditação SHK (2) 237
Tratamento a Distância com o Poder da Deusa de 1.000 Braços Senju Kannon 238
Tratamento com o Poder de Senju Kannon 239
Harmonização e Purificação dos Chakras com o Símbolo SHK 239
Meditação da Lua com o Símbolo SHK 240

Capítulo 15
O Símbolo HS

Prática Preparatória para Transmissão de Consciência 277
Prática Preparatória Avançada para Transmissão de Consciência 279
Meditação do Pagode 279

Capítulo 16
O Símbolo DKM

Meditação com o Mantra A Ba Ra Ka Kya 294
Meditação Básica Baseada no Sutra da Grande Luz (Dainichi Kyô) 295
Meditações dos Três Segredos com o Símbolo DKM 296
    Meditação com o Símbolo A Usando o Pincel de Escrever,
    Segundo o Monge Kakuban 296
    Meditação com o Símbolo A, Segundo o Monge Myôe 296
    Meditação dos Três Segredos de Dainichi Nyorai com os Símbolos Om A Hûm 297

Capítulo 17
O Símbolo CR

Aplicações dos Kotodama com o Símbolo CR 315
    Mental Healing com os Kotodama e o CR 315

Excurso
Breve Introdução à Caligrafia

Práticas Preparatórias 334
Prática 1: Escolha do Local 334
Prática 2: Preparação do Local 335
Prática 3: Preparação Energética 335
    Ducha de Reiki 335
    Cristais 335
    Lâmpadas de Sódio 336
    Tinta-da-China Ativada com Reiki 336
    Ativação da Pedra de Tinta 336
    Convite aos Seres de Luz 336
    Incenso 337
Prática 4: Preparação da Mente Meditação Gasshô 337
    Raspadura da Tinta como Meditação 337
Técnicas para Escrever 338
Sequência dos Traços 338
    O Símbolo HS 338
    O Símbolo DKM 341
    Os Caracteres da Palavra Reiki 346
    O Símbolo CR 350
    O Símbolo SHK 352
Direção da Escrita 353
Exercícios Básicos para Escrever Shûji Corretamente 353
Exercício 1: A Escrita do Primeiro Signo 353
    Exercício 2: Um Signo Escrito com Velocidades Diferentes 353
A Escrita de Traços Individuais Componentes dos Símbolos 354
    Exercício 3A: A Prática de Traços Individuais 355
    Exercício 3B: A Prática do Signo Completo 355
Práticas com o Tamanho e a Forma dos Símbolos 355
    Exercício 4: Escrita dos Signos em Padrões 355
    Exercício 4A: O Símbolo HS 355
    Exercício 4B: O Símbolo DKM 356
Modo de Escrever com Ki 356
    Escolha de um Símbolo para Desenvolvimento da Personalidade 357
    Desenvolvimento da Personalidade com o Símbolo CR 357
    Exercício 1: O Símbolo CR e os Cartões de Energia dos Chakras 358
    Exercício 2: Tinta-da-China com Florais de Bach 358
    Exercício 3: Tinta-da-China com um Selo de Cura 358
    Exercício 4: Yin e Yang no Símbolo CR 358
    Exercício 5: Os Chakras no Símbolo CR 359
    Exercício 6: Os Campos Áuricos no Símbolo CR 359

Como Escrever em Transe.. 359
    Exercício 1: Como Escrever Símbolos com um Ser de Luz..................... 360
    Exercício 2: Como Deixar que um Ser de Luz Escreva Através de Você........... 360
    Exercício 3: Escrita e Idioma com um Ser de Luz 361

Capítulo 19
Breve Ensaio sobre Cosmologia Espiritual

Sintonização Básica com a Teia da Vida da Grande Deusa com Reiki 391
Prática Especial com o Mantra OM 400

Capítulo 20
O Sistema de Energia Espiritual do Ser Humano

Afirmações Especiais do Reiki do Arco-Íris para o Trabalho do Corpo de Luz
com a Técnica do *Mental Healing* do Segundo Grau 434

OBSERVAÇÕES PRELIMINARES SOBRE PRONÚNCIA

Para a forma de escrita correta dos termos e dos nomes próprios em japonês, chinês e sânscrito, este livro adota uma transcrição simplificada. As vogais longas â, ô, û e î aparecem com sinais especiais. Estes servem de guia para a pronúncia correta e também permitem uma identificação clara da palavra original.

愛

AMOR

Prefácio

A Busca das Raízes do Sistema Reiki

Constitui verdadeiro desafio escrever um livro sobre os símbolos e mantras tradicionais do Reiki do Sistema de Cura Natural desenvolvido pelo dr. Usui – muitos anos se passaram desde que Usui cumpriu sua missão. Além disso, relativamente pouco material escrito sobre os seus ensinamentos e sobre a sua vida chegou ao público em geral.[1] Em particular, temos atualmente um conhecimento muito limitado das razões que levaram o dr. Usui a usar os símbolos e mantras que nos foram transmitidos.

Entretanto, desde meados da década de 1990, muitos ensinamentos originais de Usui foram redescobertos por vários Mestres de Reiki, especialmente Frank Arjava Petter. Como resultado de sua mediação e de alguns golpes propícios do destino, eu (Walter) recebi os dois primeiros graus de Reiki Tradicional Japonês, em Quioto (Japão), sendo iniciado pela Mestra de Reiki Chiyoko Yamaguchi-Sensei. Quando jovem, ela estudara o Sistema Tradicional de Reiki até o grau de Mestre/Professor com o dr. Chujiro Hayashi. Em 2004, tive a grande satisfação de continuar estudando com seu filho Tadao Yamaguchi-Sensei, que continuou a missão da mãe depois da morte dela, e concluí a primeira parte do treinamento de Mestre/Professor de Reiki Tradicional Japonês (*Shihankaku*). Consegui assim esclarecer muitas questões que haviam ficado um tanto obscuras em minhas pesquisas anteriores. Essa oportunidade possibilitou-me também consolidar fundamentos filosóficos e práticos importantes e acrescentar informações novas e valiosas que serviram de base e orientação para pesquisas posteriores.

Sistemas de Cura Espiritual pela Imposição das Mãos na Ásia

Pelas décadas de experiências que eu (Walter) adquirira com várias artes marciais interiores, com a filosofia asiática e com a espiritualidade, além de vários métodos de Qi Gong e Nei Gong asiáticos, encontrei-me também em condições de pesquisar exaustivamente, na teoria e na prática, algumas origens do Sistema Reiki de Cura, não só no Japão, mas também na ilha mística

---

1 Consulte os seguintes livros publicados pela Lotus Press sobre a vida e as obras do dr. Mikao Usui e do dr. Chujiro Hayashi, escritos por Frank Arjava Petter: *The Original Reiki Handbook of Dr. Mikao Usui*, Petter/Usui, tradução de Christine M. Grimm [*Manual do Reiki do Dr. Mikao Usui*, publicado pela Editora Pensamento, São Paulo, 2001]; *The Hayashi Reiki Manual*, F.A. Petter, T. Yamaguchi, Ch. Hayashi; *Reiki Fire*, F.A. Petter [*O Fogo do Reiki*, publicado pela Editora Pensamento, São Paulo, 2005]; *Reiki – The Legacy of Dr. Usui*, F.A. Petter, tradução de Christine M. Grimm.

de Bali, em Hong Kong, portal da China, e em longas viagens pelo sul da Índia. Entre outros lugares, minhas excursões levaram-me às imediações da cidade de Trivandrum, onde visitei uma família que vem passando o segredo da cura espiritual por imposição das mãos de geração a geração há 800 anos e ainda a pratica como profissão nos dias de hoje. A natureza das curas, os rituais de iniciação exigidos e a filosofia são tão parecidos com o Sistema Reiki desenvolvido pelo dr. Usui, que já no início dos anos 1990 cheguei à conclusão de que deviam existir raízes comuns nessa área. Confirmei essa intuição mais tarde com as pesquisas científicas de Mark Hosak.

A família que menciono possui livros dos primórdios da tradição, escritos à maneira antiga em folhas de palmeira, que explicam os vários aspectos dessa arte de cura. O atual depositário da linhagem explicou-me que o poder da cura que se realizava pela imposição das mãos procedia de um raio da Grande Deusa. Na época, não entendi o sentido dessa afirmação, mas o leitor atento descobrirá que isso se aplica integralmente ao Reiki.

Arte Marcial e Arte de Cura

Essa família tinha um conceito interessante do treinamento em sua tradição de cura: para ser autorizado a aprender a curar, todo membro da família precisava antes obter o grau de Mestre na arte marcial tradicional do *Kalaripayat*, praticada no sul da Índia. Na opinião deles, isso se devia ao fato de que as únicas pessoas que podiam de fato curar espiritualmente, mesmo os casos mais difíceis, eram as que haviam vencido seu próprio medo da morte, da dor e dos ferimentos.

Inúmeras fontes orais também revelaram que o dr. Usui e o dr. Hayashi praticamente dominavam e praticavam artes marciais. Fiquei fascinado com o que me contou mais tarde o Grão-Mestre de *Kalaripayat,* que morava e trabalhava em Trivandrum, sobre a história dessa arte marcial. Luta e cura espiritual sempre tiveram – e continuam tendo – um papel fundamental nessa arte marcial, num nível ético elevado, desde o princípio da tradição, há mais de 3.500 anos. Até o início da colonização, os lutadores ainda aprendiam os métodos de cura energética e os modos de se proteger de muitas lesões ou de se curar delas mais rapidamente por meio de um tipo de Qi Qong.

A iniciação nos mantras e nos símbolos sagrados especiais também faz parte dessa disciplina.

Em Hong Kong, tive a oportunidade de comparar anotações com representantes experientes de sistemas tradicionais chineses de Qi Qong. Aprendi com eles que quase toda escola de Qi Qong tem rituais de iniciação nos níveis superiores de treinamento, rituais esses que dão acesso à capacidade de trabalhar com forças espirituais de cura.

Muitos métodos de cura energética são de natureza fundamentalmente diferente do Sistema Usui de Cura Natural, mas descobri pelo menos dois métodos que mostram semelhanças importantes com o Reiki Usui em seus propósitos e ensinamentos essenciais.

Com os especialistas das tradições de massagem nativa em Bali aprendi que existem modos ancestrais de cura espiritual pela imposição das mãos. Esses métodos são ensinados nos níveis superiores de treinamento e têm sua origem na tradição indiana original do Hinduísmo.

Respeito e Responsabilidade pela Tradição Espiritual

Uma perspectiva totalmente nova abriu-se para mim quando, durante as minhas viagens, descobri que esse conhecimento é tratado com o maior respeito e transmitido somente a alunos especialmente comprometidos, por meio de um treinamento longo e intensivo em todas as tradições de cura espiritual pela imposição das mãos.

Pelas informações que temos atualmente, o dr. Usui e o dr. Hayashi também exigiam que seus alunos recebessem os ensinamentos regularmente, e só podiam tratar outras pessoas por iniciativa própria (em sua própria prática) depois de um aprendizado teórico e prático completo. Baseados em nossa experiência pessoal, nós também acreditamos que o Reiki é valioso demais para ser conhecido num rápido seminário de fim de semana. Como acontece com todas as coisas boas, é fundamental investir o tempo que for necessário no Sistema Reiki para construir uma base sólida tanto na teoria como na prática.

O Fim da Aura de Mistério

Durante muito tempo, os símbolos do Sistema Reiki e os seus mantras foram considerados secretos, embora o primeiro livro que ilustrava todos os símbolos e descrevia brevemente suas aplicações tenha sido publicado já no final da década de 1970 nos Estados Unidos. Desde então, foram publicados muitos outros livros e dezenas de artigos em revistas mostrando os símbolos do Reiki. E os entusiastas do Reiki, ávidos em aprofundar seus conhecimentos, também podem encontrar rapidamente informações em abundância na internet. Uma pesquisa rápida e simples em todas as línguas importantes do mundo, com os mecanismos comuns de busca, resulta em milhares de *websites* que oferecem os símbolos e seus mantras numa quantidade enorme de variações.

Outro Livro sobre os Símbolos do Reiki?

De fato, os símbolos são conhecidos do público há muito tempo, por isso é natural perguntar-se: Precisamos realmente de outro livro sobre símbolos e mantras quando já existe tanta informação sobre eles? Infelizmente, um exame minucioso revela que dificilmente conseguimos encontrar informações sólidas, verificáveis ou mais completas sobre eles em fontes fartamente disponíveis. Praticamente não há nada publicado sobre os fundamentos espirituais e a história dos símbolos que resista a uma avaliação mais profunda, e os símbolos e seus mantras normalmente não correspondem aos usados pelo dr. Usui e pelo dr. Hayashi.

Na maioria dos casos, as informações limitam-se a aplicações gerais, possivelmente mensagens canalizadas, e explicações bastante amadorísticas baseadas num conhecimento superficial do Budismo, do Taoismo e do Hinduísmo.

O que causa especial confusão é o fato de os símbolos e mantras serem apresentados com grafias muito diversas, às vezes tendo pouca semelhança com os originais usados pelo dr. Usui e pelo dr. Hayashi. Assim, principalmente as pessoas leigas e os principiantes sentem-se muito inseguros depois de uma excursão pelo mundo do Reiki, porque logo fazem perguntas como: "Então, o que é certo?", "Importa realmente como os símbolos são desenhados?", "Existe algum tipo de ajuda confiável para aprender corretamente os símbolos e mantras?", "Podemos escrever, pronunciar e usar os mantras como quisermos?", "Existem regras compreensíveis?"

Este livro responde a essas perguntas e a muitas outras, num tratamento em profundidade. Apesar desse enfoque, porém, ele evidentemente não substitui o treinamento pessoal e a iniciação tradicional conduzidos por um professor qualificado de Reiki. Os símbolos e mantras só têm eficácia para as pessoas que foram iniciadas no seu poder.

Como Este Livro Surgiu

Eu (Walter) venho acalentando a ideia de publicar um livro sobre os símbolos e seus mantras desde meados da década de 1990. Naquela época, porém, depois de muito ponderar, considerei o momento inapropriado porque não havia informações suficientes sobre a história, sobre os antecedentes espirituais e sobre a procedência dos símbolos sagrados que fossem corretas em termos de caligrafia. Além disso, eu não queria contribuir publicamente com a profusão de suposições já existentes entre os reikianos. No entanto, graças aos muitos lances auspiciosos do destino que convergiram para a possibilidade de conjugar as minhas pesquisas com as dos Mestres de Reiki e com os autores Frank Arjava Petter e William Lee Rand, hoje meus amigos, perspectivas totalmente novas apresentaram-se desde meados dos anos 1990. Estimulado pela grande variedade de novas informações, voltei a pesquisar.

Não obstante os muitos e notáveis avanços, publicados em nosso projeto conjunto *The Spirit of Reiki*, eu não podia ir além de certo ponto nas pesquisas. Havia muitos indícios nas entrelinhas e na experiência prática mostrando que determinadas conclusões eram óbvias, mas foi somente por meio das minhas relações com Mark Hosak, na época estudante de história da arte asiático-oriental, que tive a oportunidade de pesquisar os símbolos do Reiki e seus mantras em todos os seus múltiplos significados de maneira realmente expressiva.

Mark residira no Japão durante vários anos. Em decorrência do seu programa de estudos, desenvolvido com ênfase especial à pesquisa das tradições espirituais do Japão e da China e com muito comprometimento pessoal, ele está perfeitamente qualificado a definir as bases científicas que são absolutamente necessários para compreender realmente a herança do dr. Usui em seu significado pleno. Além dos estudos acadêmicos, ele aprendeu várias artes marciais no Japão, algumas até o grau de Mestre, e estudou caligrafia clássica com professores renomados dessa arte. Visitou lugares sagrados em peregrinação e teve experiências extraordinárias com seres de luz, que mudaram totalmente sua vida. Encontrou pessoas que haviam investigado profundamente os segredos do misticismo do Japão e aprendeu muito com elas. Como já havia sido iniciado na arte do Reiki antes de sua estada no Japão, ele naturalmente estava sempre atento a tudo o que pudesse ajudá-lo a compreender melhor essa maravilhosa arte de cura.

Em 2000, Mark começou a estudar no meu Instituto Internacional de Reiki-Do para se tornar Mestre de Reiki do Arco-Íris. Hoje, depois de quatro anos de estudos intensivos, ele completou o segundo nível do treinamento de Mestre de três etapas, sendo, portanto, um dos Mestres/Professores mais qualificados do mundo. O Reiki do Arco-Íris adota o cuidadosamente pesquisado Sistema Usui Tradicional de Cura Natural como seu fundamento para a cura e o trabalho de desenvolvimento da personalidade. Com esse fundamento, um grande número de técnicas e métodos de trabalho energético espiritual com Reiki, e também ensinamentos importantes sobre sua filosofia espiritual, foram desenvolvidos desde o final da década de 1980. Tudo isso está sendo atualmente levado a todo o mundo por Mestres/Professores de Reiki do Arco-Íris qualificados e aplicado por dezenas de milhares de praticantes de Reiki do Arco-Íris.

Por seu conhecimento da história japonesa e das tradições espirituais desse país na teoria e na prática, por um lado, e do Sistema Reiki do Arco-Íris, por outro, Mark Hosak é o parceiro ideal como coautor deste livro. Sem suas pesquisas exaustivas e precisas, bem como sua experiência prática abrangente com o material, não teria sido possível produzir estes textos. Como resultado da nossa profícua cooperação, muitos efeitos sinérgicos ocorreram, efeitos que abriram novos mundos para nós – e não apenas com relação ao Sistema Reiki. A ambos frequentemente ocorria a ideia de que já havíamos realizado esse tipo de trabalho numa vida passada. Quem sabe?

Este livro, portanto, apresenta resultados de pesquisa precisos, assentados em bases científicas, sobre os símbolos e mantras, suas referências à história asiática e às tradições espirituais fundamentais, como também muitas experiências (às vezes bem pessoais) com os seres divinos que zelam pelo sistema de cura com Reiki e pelas pessoas que o utilizam.

Incluímos neste livro muitas técnicas de trabalho com energia que estão sendo publicadas pela primeira vez, como Rei Qi Qong e trabalho espiritual com seres de luz do Reiki. Muitas técnicas clássicas do trabalho energético com Reiki tornam-se aqui acessíveis pela primeira vez a um público maior. O livro também explica com precisão o significado dos símbolos e mantras do Reiki tradicional na teoria e na prática. Ele inclui ainda um pequeno manual de caligrafia japonesa e chinesa porque, pela nossa experiência, o conhecimento dessa arte contribui muito para um entendimento correto – e portanto bem-sucedido – dos símbolos e mantras do Reiki.

Muitas vezes foi difícil estabelecer limites entre os tópicos que também queríamos incluir neste livro; inúmeros deles, embora muito instigantes e úteis, pertencem ao campo mais amplo deste assunto e não são necessários absolutamente à compreensão do tema aqui abordado.

Está claro para nós que grande parte deste livro oferece ao público informações que vão muito além do que se encontra na literatura esotérica em geral. Seguindo as instruções do modo mais perfeito possível, o praticante terá oportunidade de alcançar o mesmo tipo de experiências maravilhosas que obtemos com as práticas que realizamos, sendo essa a razão pela qual também decidimos publicar este conhecimento.

Como expressa o texto deste livro, o conhecimento espiritual, que também inclui o conhecimento do Sistema Reiki como arte de cura, chegou ao Japão, originário dos templos chineses do budismo esotérico, sob a forma de um número incalculável de rolos de pergaminho. É praticamente impossível pessoas leigas compreenderem esses documentos. São necessários anos de estudos até para começar a traduzi-los em resultados práticos, como aplicá-los para a cura, por exemplo, e isso quando estão de algum modo disponíveis. Gostaríamos de tornar este importante conhecimento acessível ao mundo moderno em sua totalidade e em sua importante relação com o Sistema Reiki. É exatamente assim que outros autores também abordaram a sabedoria espiritual através dos milênios. Desse modo, toda pessoa desejosa de aprender terá condições de fazê-lo, honrando assim a dádiva do Reiki como arte de cura, usando-o da melhor maneira possível para benefício de todos os seres sencientes.

É importante para nós oferecer aos milhões de amigos comprometidos com o Reiki em todo o mundo a possibilidade de compreender exatamente o que os símbolos e os mantras significam, quais os seres divinos que estão ligados a eles, e como chegar a eles pessoalmente. Em nossa opinião, essa compreensão propiciará a cada pessoa a mesma oportunidade de trabalhar com as energias da cura espiritual e de ter as mesmas experiências provavelmente vividas pelo dr. Usui. Nós também fomos abençoados com essas experiências.

Em decorrência de informações imprecisas sobre os símbolos e mantras do Sistema Reiki criado pelo dr. Usui, é difícil encontrar hoje uma publicação que vá além dos significados básicos e das possibilidades de aplicação desses símbolos e mantras. Por isso, muitas aplicações de grande eficácia não foram descritas. Entretanto, em nenhum momento antes na história da humanidade foi tão importante como hoje termos à disposição instrumentos poderosos para difundir os poderes divinos neste mundo. Acreditamos que esse seja o único meio de que dispomos para solucionar de fato os enormes problemas e superar as dificuldades que as pessoas criaram para si mesmas, aumentando cada vez mais o sofrimento de todos nós. Se não encontrarmos o caminho que nos tire da espiral de destruição ambiental (Planeta Terra) e de destruição do mundo interior (o corpo humano), em poucos séculos provavelmente não haverá mais uma cultura humana em que as pessoas possam viver uma vida digna ou talvez nem mesmo reste um único ser humano. Não queremos um futuro desses! Com amor e compreensão, e com a "ajuda do alto" tantas vezes recebida por pessoas espiritualizadas, será possível alterar radicalmente o rumo.

Esperamos que este livro contribua para essa finalidade, servindo de instrumento aos que desejam transformar este mundo novamente num paraíso, onde pessoas, animais e plantas possam conviver felizes. Desejamos que ele os ajude a realizar o trabalho necessário para alcançar esse objetivo.

Como este livro prova, o Sistema Reiki é um trabalho espiritual de luz no sentido mais verdadeiro da palavra. O Reiki promove processos de vida. Ele mana da fonte de toda vida e de lá nos é enviado por meio de Dai Marishi Ten, a Grande Deusa, e de Dainichi Nyorai, o Grande Deus,[2] os dois seres espirituais individuais mais elevados, em nome da Força Criadora. Amor e luz, os aspectos masculino e feminino da Força Criadora, o Divino, estão incluídos no Sistema Usui de Cura Natural e podem ser facilmente reconhecidos na forma do símbolo do Mestre.

Depende de nós usarmos ou não o que os seres de luz, os mensageiros da Força Criadora, colocam em nossas mãos. Depende de nós estarmos ou não preparados para assumir a responsabilidade e eliminar as dificuldades que a raça humana trouxe para este belo mundo. Depende de nós também compreendermos ou não que somos divinos segundo a nossa natureza e que, portanto, é possível vencermos os grandes desafios invocando esse legado sagrado.

Os seres sagrados, os deuses e os anjos, estarão ao nosso lado quando não soubermos mais o que fazer e quando precisarmos de ajuda. Mas o trabalho não será feito sem o nosso esforço. A Força Criadora ajuda os que se ajudam. Como a Força Criadora assume a respon-

---

2 Estes dois seres divinos são conhecidos por muitos nomes em todo o mundo, por exemplo: Ísis e Osíris; Ishtar e Tamuz; Shiva e Shakti; Freia e Freir; Metatron e Sandalfon; Espírito Santo (Mãe Divina) e Pai Celestial.

sabilidade – uma qualidade verdadeiramente divina – e é motivada pelo amor pela vida e pelos seres sencientes deste mundo – outra qualidade divina – essa realidade cria o bem. O que o nosso esforço não consegue alcançar nos é dado quando enviamos as nossas orações aos seres divinos.

O Reiki pode nos ajudar a tomar consciência desse legado e está disponível de maneira prática.

É nosso desejo expresso que o conhecimento publicado neste livro se espalhe e passe a integrar o treinamento e a prática do Reiki. Além disso, ficamos sempre muito felizes em receber opiniões e sugestões. Incluímos no final do livro o endereço para contato.

É muito mais fácil assimilar as tarefas à mão por meio de discussões e troca de experiências com outros reikianos. Também é benéfico penetrar no poder do amor que se expande quando pessoas se reúnem para servir, inspiradas pela Força Criadora.

Esperamos que você goste de ler o nosso livro. Talvez seja preciso ler uma linha ou outra mais de uma vez. Refletir ou meditar em silêncio ajuda o nosso coração e a nossa mente a encontrarem uma passagem para esse conhecimento. Reservar esse tempo é um bom investimento. Essas novas percepções ajudam-nos a dar saltos quânticos em nosso desenvolvimento e a entender o Reiki numa profundidade que abre caminhos totalmente novos de cura e de crescimento espiritual pessoal. Luz e amor esperam por nós aqui...

Que as bênçãos da Força Criadora estejam sempre com você em sua caminhada e durante a leitura deste livro.

Mark Hosak

Walter Lübeck

Parte I

INTRODUÇÃO AOS SÍMBOLOS E MANTRAS DO SISTEMA USUI TRADICIONAL DE CURA NATURAL COM REIKI

Capítulo 1

Símbolos e Mantras como Instrumentos do Trabalho com Energia Espiritual

A partir do Segundo Grau[3] do Sistema Usui de Cura Natural são aplicados três símbolos e seus respectivos mantras.[4] Eles nos capacitam a usar técnicas, como a do tratamento a distância, e a estabelecer contato com outros seres e situações que estão além dos limites do tempo e do espaço (HS), intensificam e imprimem orientação espacial ao fluxo de poder do Reiki (CR) e conferem eficácia ao *Mental Healing* (SHK).

Os símbolos e mantras foram introduzidos pelo dr. Mikao Usui, fundador deste sistema, para tornar as formas avançadas do trabalho com energia espiritual de cura acessível aos seus alunos, mesmo que estes não tivessem muitos anos de prática intensiva nem o desenvolvimento pessoal desejado.

Ao mesmo tempo, todos os símbolos – os três do Segundo Grau, o Símbolo do Mestre e o *antigo* caractere para Reiki[5] – contêm uma profusão de percepções profundas sobre filosofia espiritual, ideias e instruções precisas para uma rica variedade de trabalho com energia espiritual. Além disso, eles são afirmações precisas sobre os seres divinos que dirigem o Reiki como um fluxo de poder vindo de mundos celestiais para os seres do mundo material, dando sustentação à tradição conhecida como Sistema Usui de Cura Natural.

O estudo desses símbolos pode esclarecer as origens do sistema de cura criado por Usui e ajudar os buscadores a descobrir aplicações totalmente novas e eficazes para o trabalho com energia. Pela primeira vez, este livro põe todo esse conhecimento à disposição de um grande público, como forma de estudo individual. Esperamos e acreditamos que ele contribuirá muito para dar ao Sistema Reiki o reconhecimento que lhe é devido no mundo profissional da medicina holística. Somente com base num conhecimento seguro e orientado para a prática poderá revelar-se todo o potencial dos poderes de cura presentes no Sistema Reiki. Quem quer que tenha se beneficiado com esta maravilhosa "caixa de ferramentas" jamais se despojará dela.

---

3   Esta afirmação se aplica ao Reiki Usui ocidental. Na época de Usui e Hayashi, o Símbolo de Intensificação de Poder era transmitido por iniciação aos alunos de Reiki que já praticavam o primeiro grau havia bastante tempo. Entretanto, a divisão geral dos graus era então diferente, uma vez que os conteúdos ensinados atualmente ao longo de três graus eram distribuídos em seis níveis. E como o próprio treinamento também se diferenciava, enquanto era ministrado menos frequentemente na forma de seminários do que de reuniões realizadas regularmente, havia bem mais diferenças individuais com relação aos conteúdos transmitidos em um nível de treinamento. Esse sistema tem vantagens e desvantagens: o treinamento oferecido naquela época era mais coeso, incluindo mais prática e uma relação estreita entre professor e aluno. O treinamento que em geral é aplicado hoje é muito mais flexível em termos de organização do tempo. Essa flexibilidade facilita para uma pessoa que quer aprender Reiki, mas não reside onde ele é ensinado. Pela minha experiência, se a pessoa participa de seminários no decorrer de um período mais longo de tempo e realiza o seu "dever de casa" com disciplina, o sucesso do treinamento é muito semelhante.

4   Quando falamos em "símbolos", referimo-nos aos três signos do Segundo Grau e ao signo do Terceiro Grau. Com eles, podemos aplicar o Reiki de várias maneiras. "Mantras" são as palavras associadas aos símbolos que lhes infundem eficácia ou os ativam.

5   Todos os símbolos e mantras estão descritos em detalhe nos capítulos correspondentes deste livro. Veja Sumário e Índice.

Símbolos e Mantras – Equívocos e Confusões

São muitas as histórias, ideias e suposições relacionadas com os símbolos e mantras. Por exemplo, a de que o simples conhecimento dos símbolos e mantras já daria acesso ao Reiki, tornando assim desnecessárias as iniciações – o que, aliás, não é verdade, pois os seminários correspondentes de Reiki teriam se tornado supérfluos, uma vez que as pessoas teriam descoberto em algum momento que poderiam aplicá-lo sem iniciação. Entretanto, estaria faltando o treinamento, que ainda é necessário para o uso eficaz da "caixa de ferramentas". Se isso fosse possível, as muitas tradições espirituais certamente não teriam transmitido as chaves para os poderes espirituais por meio das iniciações durante milhares de anos. Afinal, muito tempo teria sido poupado se isso fosse possível. E esse investimento em tempo em nossos dias não tem sido pequeno!

Outra ideia que encontramos com frequência é que basicamente é irrelevante o modo como desenhamos os símbolos ou pronunciamos os mantras, desde que nos sintamos bem com a forma como o fazemos. Também isso não está certo. Como todos sabem, é impossível abrir uma fechadura sem a chave certa. Isso também se aplica aos símbolos e mantras usados no âmbito do trabalho prático com energia. Aliás, de outro modo também seria possível fazer movimentos aleatórios que nos deixariam confortáveis e alcançaríamos os mesmos resultados com um tratamento de Reiki a distância.[6] Como prova o sucesso mundial do método Reiki desde a introdução do Sistema Usui, deve haver alguma verdade nos resultados das iniciações, símbolos e mantras que convenceu as pessoas e continua a convencê-las a fazer isso, em vez de apenas "alguma coisa". É importante relembrar esses fatos de vez em quando para não perder de vista as possibilidades fantásticas encontradas no método Reiki e não se deixar levar por devaneios infundados.

Este capítulo explica de modo geral o que são os símbolos no sentido espiritual, por que e em que circunstâncias eles atuam como instrumentos para o trabalho prático com energia e o que faz deles um elemento de uma tradição espiritual. Esse conhecimento básico é importante para compreender as afirmações especiais sobre os símbolos do Reiki neste livro.

O que é um Símbolo Visto desde uma Perspectiva Espiritual?

Um símbolo é uma experiência (por exemplo: abrir o coração) traduzida de modo abstrato numa imagem abreviada e simplificada. Pode ser também uma instrução (por exemplo, para direcionar os poderes espirituais de cura) ou uma intuição (por exemplo, nossa natureza divina pessoal ou nossa própria visão do nosso caminho na vida).

Há dois grupos principais de símbolos. O primeiro inclui todos os símbolos tomados da natureza, como a lua, o sol, a luz, a escuridão, as estrelas, a água, a árvore, a serpente, uma rocha ou montanha, um lago, pessoas e animais. O segundo grupo inclui símbolos criados

---

6   Um enfoque semelhante aplica-se à geometria sagrada, que é usada em tradições como Feng Shui (China), Vastu (Índia) e geomancia (Europa). Proporções específicas, arranjos e elementos simbólicos, além dos materiais, são escolhidos porque estão em harmonia com o propósito espiritual, tendo como objetivo construir uma estrutura que corresponda à Ordem Divina e que se preste à realização das respectivas tarefas.

artificialmente, como as letras do alfabeto, mandalas, o signo yin/yang, os símbolos e mantras do Reiki, e histórias que ilustram um princípio espiritual.[7]

Muitas vezes os símbolos se inserem no contexto espiritual como imagens arquetípicas de uma realidade superior, a experiência do Divino, que pode ser alcançada por meio da expansão da consciência – por exemplo, durante a meditação ou numa experiência visionária. Também podem servir como mediadores de intuições, de experiências e de conteúdos de conhecimento sagrado que não podem ser representados e transmitidos de nenhuma outra maneira, porque não é possível encontrá-los nas experiências cotidianas de um modo que seja compreensível e interligado com outros temas da vida.

Um símbolo pode estimular o processo de compreensão no sentido criativo, intuitivo, e/ou no sentido intelectual-analítico em todos os níveis quando nos abrimos a ele com sinceridade e conhecimento apropriado. Uma boa literatura sobre o *I Ching* e o *Tarô*, assim como algumas obras de Carl Gustav Jung sobre este assunto, podem nos ajudar a compreender melhor os símbolos nos diferentes níveis de entendimento e a traduzi-los em realizações de aplicação prática. No Apêndice, a Bibliografia Comentada relaciona inúmeras obras pertinentes recomendadas.

Naturalmente, não se pode explicar e entender um símbolo sagrado apenas pelo poder da mente, que trabalha logicamente, mas também não somente pela intuição e pelo sentimento! **As duas partes** do espírito humano devem trabalhar juntas harmoniosamente – isto é, operar holisticamente – para apreender um símbolo espiritual e aplicá-lo de todos os modos possíveis. Por isso todas as grandes tradições espirituais dão instruções sobre o uso de símbolos sagrados, por um lado, a partir de uma perspectiva racional, orientada para a mente, a qual inclui reflexão lógica, estudo dos textos apropriados e conversas informativas sobre uma representação sistematizada da Ordem Divina;[8] por outro lado, elas adotam uma visão que pode recorrer à inspiração, à criatividade, à intuição, ao mundo emocional pessoal e à experiência mística. Neste último caso, por exemplo, muitas práticas meditativas sobre os símbolos desenvolvem a intuição e promovem uma capacidade maior para entrar em contato com a fonte de sabedoria por meio da aplicação de técnicas do trabalho com energia espiritual. Muitas vezes são também feitas iniciações para criar uma relação estreita entre o estudante e o ser divino que lhe é apropriado (chamado *Yidam* no Budismo Esotérico) com o objetivo de promover sua compreensão e desenvolvimento pessoal.

O ensino racional é necessário, por exemplo, para conscientizar os estudantes sobre o significado especial dos símbolos essencialmente muito ambíguos para a tradição espiritual com que estão envolvidos, e ainda sobre as referências dessa tradição às suas experiências, interesses e qualidades pessoais, e ao seu processo de aprendizagem do momento. Sem a assistência da mente cognitiva, não é possível uma abordagem responsável do símbolo em aplicações práticas e também no ensino a gerações seguintes de alunos. Em geral a mente nos

---

[7] É muito interessante e revelador prestar atenção aos oráculos que trabalham com imagens, como o Tarô ou o *I Ching*, e observar onde símbolos naturais e onde símbolos criados artificialmente são usados para representar a sabedoria espiritual.

[8] Toda representação da ordem divina é necessariamente falsa e incompleta. No entanto, algo assim é muito importante para: a) ajudar a mente a abrir-se a assuntos espirituais; b) transformar ensinamentos espirituais em vivência diária de maneira prática e construtiva; e c) ser capaz de transmitir ideias compreensíveis sobre espiritualidade a pessoas que estão pouco familiarizadas com esses assuntos. Além disso, não devemos esquecer que existem representações mais ou menos falsas da Ordem Divina. Assim, certamente faz sentido procurar a versão que é mais apropriada e trocar ideias sobre ela com pessoas que pensam de maneira semelhante.

possibilita identificar e corrigir facilmente as interpretações falsas de um símbolo baseadas em padrões neuróticos, em medos e esforços egoístas que ainda não foram processados.

Sem dúvida, a mente precisa de um treinamento intensivo para realizar essas tarefas. Além das regras do pensar lúcido geralmente aplicáveis, os alunos devem aprender a integrar a percepção intuitiva, a inspiração espiritual que excede e complementa suas capacidades, e também os seus sentimentos verdadeiros.[9] Assim é possível transformar o círculo em quadrado, a extensão de percepção prática em verdade divina.

Os Diferentes Significados e Níveis de Significado dos Símbolos – a Cruz como Exemplo

O mesmo símbolo pode conter mensagens muito diferentes nas diversas tradições espirituais. Por exemplo, uma cruz pode ter o significado básico de uma união harmoniosa e construtiva de opostos numa determinada tradição espiritual. Além disso, ela pode remeter a acontecimentos históricos de grande importância para a tradição e também para pessoas que contribuíram decisivamente para essa tradição. Nas diferentes áreas de uma tradição, a cruz pode ter vários significados que, observados superficialmente, podem à primeira vista dar a impressão de não ter relação entre si, mas revelam e iluminam uma estrutura fundamental do ensinamento espiritual quando compreendidos no seu sentido profundo.

Alguns Significados Espirituais da Cruz

Neste contexto, a cruz pode mostrar a relação entre os quatro arcanjos *Miguel, Gabriel, Rafael e Uriel,* ou ilustrar os quatro elementos sagrados do fogo, da água, do ar e da terra, com suas relações e funções. Ela ajuda a compreender, por exemplo, que é sempre possível criar a vida quando as influências geradoras das divindades primordiais feminina e masculina – a Grande Deusa e o Grande Deus – se unem na conjunção carnal de um homem com uma mulher. A cruz explica a separação de todas as espécies de seres e também a possibilidade de superar essa separação. Com ela compreendemos que é a mudança constante de todos os participantes no processo da vida que torna possível o chamado continuum espaço/tempo de quatro dimensões[10] (comprimento-altura-largura-tempo). Sua dimensão psicológica explica os diferentes processos na luta de um ser humano: para o *espiritual* (vida), para o *material* (morte), para os temas *femininos* (yin) e para os temas *masculinos* (yang) da vida no mundo. A cruz mostra a união dos poderes sagrados para conceber um ser individual – mas também o processo de morte em que os componentes individuais se separam. Ela mostra o estado de sofrimento que ocorre se não assumimos a responsabilidade pelo nosso próprio caminho. Um exemplo disso é perder-nos na síndrome do assistencialismo e, como consequência da recusa em viver uma vida com sentido espiritual verdadeiro e com alegria, sofrer, incapacitados de prosseguir e sendo praticamente pregados na cruz.

---

9   Sentimentos verdadeiros procedem da personalidade do ser humano. Eles são poderosos, espontâneos, causados pelo momento presente e a ele dirigidos. Os chamados sentimentos secundários são programas de comportamento semelhantes aos sentimentos criados pela necessidade de adaptação social e traumas não processados.

10 Em termos mais precisos, o universo não é quadridimensional. Entretanto, essa perspectiva, simplificada ao máximo, é perfeitamente adequada no presente contexto. Uma descrição mais detalhada da estrutura da Criação é oferecida na Parte IV, "Cosmologia Espiritual".

Se não queremos aproveitar as muitas oportunidades para sentir felicidade, significado, realização e amor num corpo físico, obviamente iremos vegetar no sofrimento, na impotência, na dor, no medo e na falta de sentido. Em vez de usufruir as boas dádivas da Força Criadora neste mundo, os que rejeitam a vida física condescendem com lamentações contra os que compreendem a mensagem do Divino e fazem o melhor que podem para também realizar o significado e o amor na vida material que lhes foi concedida pela Força Criadora.

A cruz, porém, também mostra a felicidade que se irradia da dança dos relacionamentos, a infinita dança tântrica do desejo, do anseio, da esperança e da separação, por um lado, e da união, da realização, do amor e do êxtase, por outro. É isso que nos possibilita viver a experiência do significado divino da existência terrena.[11]

Podemos descansar no centro da cruz no equilíbrio das forças. Podemos recuperar e preservar ou chegar a uma síntese. Ou podemos sofrer porque não conseguimos fazer tudo ao mesmo tempo, não conseguimos manter continuamente relacionamentos intensos com tudo e com todos, e porque temos o hábito de contemplar o que está longe, em vez de perceber o que está ao nosso alcance. A consequência dessa atitude é uma pobreza crônica e uma consciência inquieta.

Suum cuique – a cada um o que lhe pertence!

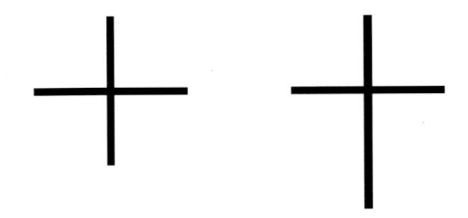

Os Significados da Cruz Relacionados com o Indivíduo

Num nível pessoal, a cruz pode ajudar-nos a entender e a integrar com conhecimento a experiência da morte de um amigo querido. Ela pode revelar a necessidade de tomar uma decisão clara por nós mesmos, em vez de esperar que outra pessoa faça isso por nós, preenchendo assim o vácuo de poder criado pela indecisão. A cruz pode explicar o processo necessário para despertar a criatividade quando ela se faz necessária. Ela pode explicar as causas do sofrimento pessoal provocado pelo ciúme, pela ambição, pelo dogmatismo e pela inveja, e mostrar as possibilidades de cura desses problemas.

Com os quatro elementos, a cruz ajuda-nos a perceber e a compensar no devido tempo os desequilíbrios criados pela ênfase excessiva ou pela negligência de determinados elementos na vida cotidiana. Ela mostra as relações dos elementos entre si – por exemplo, há definitivamente uma razão que explica por que fogo e água são diametralmente opostos um ao outro!

Quem quer vencer desafios na vida e progredir pode recorrer às quatro qualidades que correspondem aos quatro elementos e que são representadas pelos quatro braços da cruz. Por exemplo, com o poder do fogo, podemos afirmar-nos dinamicamente, motivar outras pessoas a ajudar-nos inflamando os sentimentos delas e descobrir (inventar) um caminho

---
11 Compare este parágrafo com o Capítulo 19, "Breve Ensaio sobre Cosmologia Espiritual".

com entusiasmo e criatividade. Ou, meditando profundamente, podemos penetrar no nosso próprio centro onde o Divino e o eu humano se tocam e deixar-nos guiar por meio do emaranhado de problemas pelas intuições místicas alcançadas desse modo.

Naturalmente, o símbolo da cruz – que, aliás, foi emblema do poder sagrado da Grande Deusa em vastas regiões do Oriente e do Ocidente nos tempos antigos – pode ser interpretado num nível muito mais profundo, mas não iremos além desses exemplos para não perder de vista o nosso objetivo: chegar a uma compreensão geral dos símbolos espirituais.

Modo Prático de Usar um Símbolo

Para usar um símbolo de modo prático, a mente deve procurar entender o significado abstrato do símbolo nos problemas e fatos concretos do dia a dia. Um símbolo espiritual descreve uma estrutura de modo conciso, preciso e holístico. Um símbolo espiritual é uma espécie de taquigrafia para a filosofia do sagrado.

Por meio de exemplos tirados do cotidiano, é possível compreender a estrutura abstrata do signo. A mente consciente pode reconhecer semelhanças nos padrões dos exemplos até adquirir a capacidade de discernir por si mesma a estrutura e o conteúdo representados pelo símbolo no mundo e, naturalmente, também em si mesma. Praticando com regularidade, podemos desenvolver uma atitude criativa em relação ao símbolo. Essa atitude, por sua vez, sustenta a percepção intuitiva pessoal e a aplicação dos princípios representados pelo símbolo para solucionar problemas nos mundos interior e exterior.

Só quando temos uma ideia clara de onde encontrar a mensagem abstrata do símbolo na **experiência concreta** é que a criatividade e a intuição começam a realizar a sua tarefa. A análise racional baseada na experiência prática é como uma vara ou treliça no jardim sobre a qual crescem e proliferam as gavinhas da intuição, da criatividade e da inspiração.

Em resumo: O potencial abstrato e ilimitado do yang precisa da estrutura concreta, limitada e restritiva (!) do yin para se manifestar e produzir um efeito prático. Assim, quando o impulso masculino de liberdade se rebela contra os desejos femininos de um lar, de uma família e de uma vida organizada, é muito fácil entender essa situação – embora sejam precisamente as limitações impostas ao homem pela estrutura feminina que o ajudam a abrir-se verdadeiramente para o seu potencial. O resultado é que essa realidade o leva a aceitar responsabilidades, relacionamentos e, em última análise, a si mesmo. Sem uma tarefa concreta, não é possível observar o efeito do poder – porque ele não acontece. Não há sentido em libertar-se de algo. Ter liberdade para alguma coisa resulta em responsabilidades, relacionamentos, amor, realização de sonhos e muito mais...

A atitude apropriada diante dos símbolos espirituais aciona a inspiração, a criatividade e a intuição – que por fim levam à realização espiritual direta, baseada no ato de prestar atenção ao que sentimos. A mente jamais poderia realizar esse processo sem a ajuda dos símbolos, pois veria as experiências que o mundo lhe mostra como separadas e sem relação entre si. Como consequência, um símbolo espiritual revela um padrão básico de vida que sempre expõe a mesma essência, apesar das suas muitas formas. Os símbolos apontam para as leis e processos que estão por trás das ocorrências percebidas diretamente na superfície.[12] Fazendo isso, eles nos orientam em nossas decisões e ações voltadas às verdades da realidade oculta, esotérica.

Diferença entre Símbolos Seculares e Símbolos Espirituais

Os símbolos espirituais são diferentes dos seculares porque representam padrões básicos da vida de forma abstrata, concisa. Um exemplo deles é o símbolo yin/yang. Os símbolos seculares são uma forma abstrata e resumida de descrever uma instrução (por exemplo, um sinal de parada no trânsito; um sinal de + na matemática) ou uma experiência que é percebida por meio dos cinco sentidos – visão, audição, tato, olfato e gustação – como uma letra que representa determinado som; a palavra "carícia"; um número que descreve uma quantidade. Naturalmente, símbolos que muitas pessoas consideram como seculares, sem nenhum significado mais profundo, podem muito bem ocultar em seu interior, para quem conhece, uma vasta filosofia.

No dia a dia, praticamente todos nós usamos números, por exemplo, para realizar operações aritméticas. Além disso, cada número também pode ser associado a um princípio espiritual, cósmico. Isso é feito na venerável arte e ciência da *numerologia*. Se não fomos treinados para reconhecer também os números como símbolos espirituais, não seremos capazes de usá-los para numerologia. Esse é mais um exemplo de como a mente, como precondição para a consciência espiritual, tem todo direito ao treinamento sagrado.

Quando adquirimos a capacidade de trabalhar com poderes espirituais que estão além dos estados subjetivos, como meio prático de poder, por meio de uma iniciação que pode ser realizada de diversas maneiras, alcançamos um novo nível na atividade dos símbolos espirituais. Essa iniciação consiste num ritual presidido por um representante investido de poder no sentido espiritual e devidamente treinado na respectiva tradição (por exemplo, iniciação em Reiki, iniciação em Kriyâ-Yoga ou iniciação em MT).

Outro modo consiste em chegar a uma compreensão profunda do significado essencial do símbolo por meio do aprendizado em todos os níveis da existência humana e de um ritual da tradição à qual o símbolo pertence. O ritual cria uma união permanente com a essência espiritual do símbolo segundo o propósito da tradição em foco. Essa união ocorre pelo comprometimento pessoal no momento adequado (a constelação astrológica correta para o praticante) e por meio de técnicas adequadas de abertura espiritual pela invocação dos seres de luz que estão em ressonância com o símbolo, com o trabalho com o mantra, com a música adequada e com as ações (rituais) simbólicas para aumentar a ressonância pessoal com a essência dos símbolos e com os seres de luz a eles ligados (por exemplo, a autoiniciação do dr. Mikao Usui no poder de trabalhar com o Reiki; a autoiniciação de Kûkai no mantra do conhecimento).

O que Exatamente Acontece numa Iniciação no Poder de um Símbolo

É importante compreender aqui que não há, na verdade, uma iniciação no poder de **um símbolo em si**. O símbolo é como um rádio receptor. Dependendo das características dos

---

12 Isso significa: esoterismo – a verdade atrás dos bastidores.

símbolos e do nosso grau de iniciação, podemos usá-lo para ouvir música com a qualidade de um telefone ou de um estéreo de alta-fidelidade.[13] Podemos receber apenas estações de onda média ou de frequência mais alta, de onda curta, e de outras bandas que podem ou não mudar o som, e assim por diante. Podemos comprar um rádio (iniciação por meio de outra pessoa) – ou construí-lo nós mesmos com peças individuais (autoiniciação, como foi explicado acima). Um rádio oferece muitas possibilidades, mas precisamos de um longo tempo e de um aprendizado teórico e prático intensivo para aprender a usar adequadamente a sua grande variedade de funções. Uma pessoa que se põe diante de um rádio transmissor na cabine de um avião a jato sem ter recebido o treinamento específico para operá-lo não se beneficiará das muitas características de alta tecnologia do aparelho, a não ser por alguns possíveis resultados casuais. Esta metáfora pode ajudar a entender por que **treinamento e iniciação** são inseparáveis.

Como um rádio não pode funcionar sem uma fonte de energia e sem um receptor que receba as mensagens por ele enviadas, os símbolos não podem cumprir seu objetivo sem uma fonte de poder e a assistência de um Ser Divino. Esse é um motivo importante por que este livro entra em detalhes a respeito dos vários seres de luz vinculados ao Sistema Usui de Cura Natural com Reiki!

Como instrumentos de um trabalho objetivo com energia (ver abaixo), os símbolos espirituais sempre fazem parte de uma tradição espiritual específica, incluindo as técnicas correspondentes e os seres divinos responsáveis por eles. Nessa estrutura, eles funcionam de maneira eficaz, previsível e confiável, contanto que sejamos iniciados neles e saibamos utilizar seu potencial em razão do nosso treinamento.

O que Acontece quando um Símbolo é Usado em Diferentes Tradições Espirituais

Quando um determinado símbolo é usado em várias tradições espirituais, uma iniciação em uma tradição não convalida as funções desse símbolo nas outras tradições que o adotam. Se uma tradição espiritual evoluiu de outra, um retorno às origens da tradição inicial pode ser feito por meio de uma iniciação e de um treinamento na primeira tradição, além de estudos, experiências e percepção mística. Esses procedimentos revelarão cada vez mais os poderes secretos do símbolo que estavam ou estão acessíveis em tradições precedentes. Um processo assim assemelha-se muito com a abordagem acima mencionada da autoiniciação. Este livro foi escrito com a intenção de capacitar leitores iniciados no Sistema Usui de Reiki a vivenciar este tipo de aprofundamento e de expansão em seu conhecimento e habilidades.

O que é um Mantra

Um mantra consiste numa palavra, numa frase, ou em várias frases, em geral numa língua sagrada como o sânscrito, ou traduzida de um idioma para outro. Um mantra pode gerar influências de cura em todos os níveis, de maneira geral ou específica. Podemos usar mantras

---

13 Acaba de ocorrer-me que houve uma enorme mudança qualitativa desde o distante passado da minha juventude até os dias de hoje: Se preferir, você pode substituir "estéreo de alta-fidelidade" por "Dolby 7.1 Surround Sound".

para curar, promover o desenvolvimento da personalidade, evocar uma influência espiritual específica, aliviar o medo, acalmar um animal, ativar um símbolo como um dos signos do Reiki, limpar pedras de cura, e muito mais.

Na maioria dos casos, o significado literal de um mantra só pode ser aproximado. Em razão de sua relação direta com a divindade, o significado de cada mantra é tão complexo que toda uma biblioteca de explicações poderia ser escrita para alguns deles, especialmente porque muitas vezes há vários níveis de efeitos com inúmeros significados.

Derivação da Palavra "Mantra"

A sílaba *man* vem da palavra sânscrita *Manana* (pensar). A sílaba *tra* deriva de *Trâna* (libertação dos grilhões do mundo das aparências = despertar espiritual). Cada mantra é um aspecto da Grande Deusa em seu ser mais profundo que, por sua vez, manifesta-se na realidade por meio da prática do mantra. Por conseguinte, cada prática de mantra é um ato de adoração à Deusa. Quando alcançamos o despertar espiritual pela prática de um mantra, ouvimos a Primeira Palavra com que a Grande Deusa criou o universo, o plano de existência do mundo material com todos os mundos luminosos correspondentes, na sua manifestação como *Vâc*. Todo mantra contém *Devatâ*, a Consciência Superior. Mas a repetição de um mantra por si só não constitui uma prática espiritual nem produz qualquer efeito. Precisamos devotar-nos ao poder espiritual em pensamentos, palavras e atos – e estar preparados para realizá-lo incondicionalmente e contribuir para que o poder sagrado da Deusa flua através de nós para o mundo e assuma forma.

Os lábios e a língua, os meios com que expressamos um mantra, são pontos reflexos do segundo chakra. A laringe e as cordas vocais pertencem ao quinto chakra que, por sua vez, recebe seu poder do segundo chakra. Por isso, é importante ter um segundo chakra forte, equilibrado, bem conectado com os demais centros de energia, além de um quinto chakra em bom funcionamento.

Maneira Correta de Pronunciar e de Usar Mantras

A pronúncia certa de um mantra é menos importante do que uma correta relação energética e espiritual com seu significado e sua fonte espiritual, e do que a decisão sincera de realizar o seu significado de modo positivo e que sirva ao bem mais elevado do todo.

Os mantras funcionam de maneira melhor e mais rápida quando o praticante foi iniciado adequadamente por um professor competente.

A repetição diária de um mantra por pelo menos 108 vezes produz um efeito geral. Para haver um efeito específico, devemos mentalizar ou expressar um pedido positivo antes de cada sessão de trabalho com mantra.

Antes de iniciar a prática com um mantra, podemos invocar a divindade ou a Deusa correspondente para receber ajuda em geral ou com relação a um tema específico. A invocação intensifica o efeito do trabalho com mantra como um vidro incandescente. No final de cada prática, devemos pedir uma bênção e agradecer.

A repetição mínima de 108 vezes libera poderes de cura espiritual especialmente fortes. A tradição espiritual indiana criou 108 nomes sagrados para a Força Criadora; 108 é também o número dos principais canais de energia (*Nadis*) que se originam nos chakras principais.

Por meio da prática regular – de preferência diária – de pelo menos 108 repetições de um mantra ou de um múltiplo desse número, tornamo-nos cada vez mais receptivos às mensagens, aos efeitos e aos poderes de cura do anjo ou da divindade que protege o respectivo mantra. Como consequência, esse ser luminoso pode fazer cada vez mais por nós, curando em todos os níveis e ajudando-nos a mudar o nosso padrão de vida de maneira construtiva. Ao mesmo tempo, o mantra também libera diretamente os processos de cura em nós, que promovem a saúde e o bem-estar e influenciam positivamente a psique.

Mas para que um mantra produza algum efeito, direto ou indireto, é preciso antes criar uma ressonância básica. Isso se faz pela repetição regular, como descrito acima, ou por uma iniciação correspondente que abre um canal para o ser de luz responsável pelo respectivo mantra.

Para obter um efeito preciso, devemos praticar um mantra 108 vezes, diariamente, durante pelo menos quarenta dias. Um múltiplo de 108 repetições diárias intensifica muito o efeito.

Quando repetimos um mantra 125.000 vezes por um período de aproximadamente três meses, muitas vezes (mas não inevitavelmente) o resultado é uma espécie de salto quântico espiritual em nosso desenvolvimento. Além disso, com frequência recebemos também a capacidade para iniciar outras pessoas no mantra.

Uso Correto de um Mâlâ (Contas de Oração)

Os chamados mâlâs, um conjunto de 108 contas, mais uma, são geralmente usados para recitar mantras. Começando com a conta separada, também chamada de Conta Guru ou *Meru* (Montanha Sagrada), conte cada repetição do mantra, conta a conta, usando o polegar e o dedo médio, até chegar à Conta Guru novamente. Segure a Conta Guru por um momento entre o polegar e o dedo médio, e em seguida continue a prática passando as contas uma a uma na direção oposta. Nunca passe pela Conta Guru ao praticar um mantra. Ela contém o poder espiritual e por isso intensifica gradativamente o trabalho do praticante com os mantras, como se fosse uma alavanca.

Um modo de intensificar o efeito é usar o mâlâ junto ao corpo e colocá-lo sob o travesseiro ou perto da cabeça à noite. Como é um objeto sagrado com uma impressão pessoal, ele não deve ser emprestado a outra pessoa e nem mesmo segurado por outros, a não ser por um motivo realmente importante.

Há vários tipos de mâlâ que podem intensificar mantras específicos. Por exemplo, um mâlâ *Rudraksh* é especialmente eficiente para mantras de Shiva, um mâlâ de basilicão (*Ocymum sanctum*) favorece todos os mantras da deusa. Entretanto, qualquer mâlâ serve para qualquer mantra.

Quando não usado, o mâlâ deve ser guardado num lugar especial, como um altar, por exemplo. Um mâlâ benzido tem o seu efeito intensificado.

Significado das Terminações Mântricas Namahâ e Svâhâ

Namahâ significa "Eu ofereço!" (oferenda espiritual). Essa terminação é neutra. *Namahâ* é usada basicamente como final de mantras até chegarmos à idade de 29 a 30 anos. *Svâhâ* significa "Eu ofereço aos reinos espirituais!" Essa terminação é feminina. *Svâhâ* é usada basicamente como final de mantras depois dos 29 a 30 anos de idade.

A Palavra Mahâ

Esta palavra é usada frequentemente num mantra antes do nome de uma divindade. Ela fortalece o efeito do mantra e cria uma sintonia especialmente harmoniosa e holística da cura desejada.

Modo de Operação dos Símbolos

Símbolos e Mantras são usados no mundo inteiro, em todas as tradições espirituais, para meditação, desenvolvimento pessoal, experiências místicas, cura e trabalho com energia. Basicamente, eles produzem dois tipos de efeitos.

Símbolos e Mantras que Podem Produzir Mudanças Subjetivas

Exemplos modernos nesse caso podem ser afirmações e o uso consciente de objetos simbolicamente significativos (a cruz, símbolo yin/yang, o círculo) e de formas e cores que evocam certos estados de espírito e associações. Esses tipos de símbolos são em geral usados no contexto esotérico. Um bom exemplo disso é o Feng Shui chinês – a arte e a ciência de projetar espaços de trabalho, de residência e de paisagismo favoráveis à vida e à cura.

Qualquer signo ou imagem arbitrária, qualquer palavra e qualquer objeto podem ser usados dessa maneira por qualquer pessoa com o propósito de iniciar uma experiência subjetiva. A única precondição é que tenhamos certa associação emocional intensa em razão de fatores como educação, lastro cultural, vínculo com uma religião, ou uma experiência pessoal intensa que esteja de algum modo relacionada a ela.

Os efeitos assim obtidos são muito diferentes e de maneira nenhuma comparáveis à experiência de alguma pessoa casual, despreparada, que faz uso deles. O modo como avaliamos pessoal e emocionalmente aquilo que percebemos depende em essência do tipo, da extensão e da intensidade do efeito.

Esses efeitos se estendem aos sentimentos, aos valores e padrões morais e éticos, às cadeias de associações e às lembranças. Criamos uma atitude de expectativa e, além da evocação de um estado de espírito mais ou menos complexo, percepções emocionais ou racionais podem surgir. Por isso, os efeitos resultantes nesse caso dependem essencialmente das **impressões precedentes do indivíduo.** As mudanças subjetivas podem se expandir até se tornar condições transformadoras do corpo e/ou estados de consciência. Isso pode dar sustentação em processos de doença e cura. Respostas emocionais fortes e as reações físicas resultantes que espectadores têm com relação a filmes como *E o Vento Levou* ou *Pássaros Feridos* são um exemplo desse fenômeno.

Quando o símbolo que atua subjetivamente às vezes se revela muito eficaz, isso de maneira alguma é um resultado mágico no sentido de trabalho com energia! A magia definitivamente não funciona na base de impressões precedentes do indivíduo e da crença pura. O trabalho objetivo com energia, no sentido de mudança da estrutura de um processo de vida individual (magia) pela produção de tendências eficazes dentro e fora de um ser humano, que favoreçam determinadas ocorrências e qualidades de experiência e enfraquecem outras, não ocorre quando usamos símbolos subjetivamente eficazes. O mesmo se aplica ao trabalho com poderes recebidos de seres de luz como deuses, Bodhisattvas e anjos (Reiki, cura espiritual).

Como Usar um Símbolo que Opera Subjetivamente

No entanto, símbolos subjetivamente eficazes podem ser usados para levar-nos a estados de consciência, a disposições de ânimo e a condições físicas que sustentarão o trabalho objetivo com energia. Nesse sentido, há muitas transições entre as duas áreas. Além disso, dependendo do progresso no treinamento, um símbolo subjetivamente atuante pode se tornar um símbolo objetivamente atuante! Uma iniciação é um exemplo de como isso acontece.

Todo símbolo cujo significado não é compreendido pela pessoa que o usa com base numa instrução espiritual apropriada (aprendizado combinado com experiência e iniciação) é de fato apenas um instrumento subjetivamente atuante. Como resultado, o enfoque preferível é contemplá-lo ou visualizá-lo mentalmente e conectá-lo conscientemente com certos estados do corpo e da mente, com experiências e percepções, nos mundos interior e exterior. Certamente esses símbolos também podem movimentar energias vitais do corpo e, dentro de certos limites, transformá-las. As funções do sistema nervoso, os meridianos que conhecemos pela acupuntura e os chakras (órgãos de energia não material ligados ao corpo físico, que organizam e representam diferentes temas da vida) reagem à vida humana emocional, às lembranças, associações, estados de consciência e à sua integração significativa na personalidade como um todo. Porém, em contraste com símbolos objetivamente atuantes, esse efeito não vai além do nosso campo de energia pessoal (aura).

Programação neurolinguística (PNL), treinamento mental, Silva Mind Control e treinamento autógeno são sistemas bem conhecidos que utilizam símbolos subjetivamente atuantes da maneira explicada anteriormente.

Símbolos e Mantras que Podem Produzir Mudanças Objetivas

Aqui podemos citar como exemplos os símbolos e mantras do Reiki, mas também as runas ou amuletos mágicos e as mandalas sagradas (yantras) que chegaram até nós vindas do *Vastu* indiano, a "Mãe do Feng Shui", com cuja ajuda as qualidades energéticas e a atmosfera viva de salas e ambientes podem ser mudadas. Mantras como *Om namah Shivaya* e *Om mani padme hum* também se incluem nesta categoria.

Para usar esses instrumentos num trabalho objetivo com energia, é preciso que eles nos sejam transmitidos por alguém que já os esteja aplicando dentro de certa estrutura objetiva e que tenha a capacidade de comunicar o sistema do seu trabalho com energia de maneira espiritual. Outro aspecto é a sintonia interior com o sistema apropriado e o aprendizado do uso adequado dos símbolos.

O Budismo esotérico (o caminho espiritual que deu origem ao Reiki), por exemplo, segue o segundo aspecto. Ele consiste em realizar rituais precisos e em recitar mantras de iniciação – frequentemente repetidos mais de 100.000 vezes – durante um período de tempo astrologicamente favorável para o praticante, acompanhados de uma sequência de visua-

Ideias sobre Símbolos

Jean Gebser, filósofo suíço moderno, acredita que todo símbolo autêntico é um elemento eficaz de origem e um padrão básico pré-formador do estado de Ser para tudo o que existe e se desenvolveu, o que significa toda a realidade
(parafraseado de *The Ever-Present Origin*, p. 244).

C.G. Jung escreveu o seguinte sobre o símbolo: "... ele (o símbolo) não tem conteúdo de verdade quando considerado do ponto de vista do realismo, mas é psicologicamente verdadeiro, e foi e é a ponte para as maiores realizações do ser humano"
(parafraseado de *Symbols of Transformation*, p. 390).

E ainda...

"Os símbolos são energias, forças modeladas, ou seja, ideias determinadas cujo valor espiritual é exatamente tão grande quanto seu valor afetivo"
(parafraseado de *Psychological Types*, p. 333).

A mente então repousa sobre suas próprias profundezas
E medita sobre a escuridão do seu útero.
O que a intenção e a razão nunca evocam
Oferece-se enquanto floresce suavemente por si
E da concepção divinamente inspirada pelas forças
As formas arquetípicas das coisas surgem.
(Humboldt, *Soneto 57*)

lizações de mandalas e da invocação de divindades apropriadas em estados de meditação profunda. Usui aplicou algumas dessas possibilidades de autoiniciação durante seu retiro de 21 dias no Monte Kurama, um antigo e famoso lugar de poder próximo de Quioto. Ele jejuou ali, isolado, perto de uma cachoeira pitoresca. Auxiliado pelo poder do lugar sagrado e pelas constelações astrológicas extraordinariamente favoráveis nos trânsitos do seu horóscopo natal, ele teve acesso à força curativa do Reiki e ao poder dos mantras, símbolos e rituais de iniciação ligados a ela numa experiência mística de iluminação. Essa configuração astrológica teve aspectos mais extraordinariamente positivos para uma experiência de iluminação espiritual do que qualquer outra coisa que já observei em minha prática astrológica e pesquisas correlatas. Contudo, esse período benéfico teria sido inútil se o dr. Usui não tivesse se preparado muito bem durante décadas de estudos espirituais e não soubesse precisamente quais práticas realizar, quando, onde e por quanto tempo.

Se for escolhido o primeiro caminho, o menos complicado e em geral menos exigente, transmitido de pessoa a pessoa, em vez do segundo caminho, mais elaborado, essa opção é chamada de *iniciação*.[14] Dependendo das características da tradição adequada, em termos práticos ele pode ser traduzido de diferentes modos dentro do âmbito de um ritual.

Exemplos: iniciações de Reiki, iniciações taoistas (Qi Gong e magia), a transmissão da *Barraka* na tradição sufi, *Shaktipat* no Hinduísmo, iniciações tântricas, Kriyâ-Yoga, iniciações xamânicas num poder medicinal específico, e iniciações numa loja de magia em um determinado grau (por exemplo, de adepto menor) ou em um poder espiritual particular de uma divindade.

Como Signos Subjetivamente Atuantes Podem Tornar-se Símbolos Objetivamente Eficazes

Em princípio, se estão tematicamente harmonizados, os símbolos da primeira categoria que não são muito gerais podem transformar-se em instrumentos com funções precisamente definidas no âmbito da segunda categoria, por meio de práticas apropriadas, de muito comprometimento pessoal (devoção) e da ajuda espiritual dos anjos, por exemplo, se ainda não chegaram a essa condição. Para isso, normalmente é preciso entrar num estado de iluminação, pelo menos temporariamente, ou entrar conscientemente nesse estado e ser capaz de manter-se nele. A função de um mantra ou de um símbolo antes de sua transferência para a segunda categoria não é necessariamente clara no sentido objetivo. Acima de tudo, isso é verdade com relação a símbolos criados de modo artificial que basicamente têm uma forma de manifestação selecionada arbitrária e subjetivamente. O mesmo signo, a mesma palavra ou a mesma frase podem estar relacionados a funções, divindades e energias muito diferentes em várias tradições esotéricas. Às vezes podem ser muito poderosos, mas em outros casos podem também apresentar efeitos excepcionalmente suaves. Quanto mais intensamente a aparência de um símbolo nos lembra estruturas que podem ser observadas no mundo físico, mais estritamente ele é definido no espectro dos seus possíveis efeitos.

---

14 Em contraste com a autoiniciação.

Como o dr. Mikao Usui Recuperou Símbolos e Mantras de uma Tradição de Cura Perdida

O dr. Usui precisou criar seu próprio acesso a uma tradição perdida e procedeu do modo descrito acima ao se deparar com o seguinte problema: os símbolos e mantras que descobrira nas escrituras sânscritas não funcionavam de maneira prática para ele. Suas três semanas de meditação e jejum na montanha sagrada de Kurama conectaram-no com a tradição espiritual responsável pelas escrituras, símbolos e mantras. Ele então adquiriu as capacidades para se tornar um canal do Reiki e para iniciar outras pessoas nessa tradição espiritual, e pôde criar e usar as ferramentas dessa tradição. Ele praticamente precisou fazer uma viagem mística à fonte divina do Reiki para lá ser aceito pessoalmente como mensageiro e depositário de poderes divinos.

De Onde os Símbolos Objetivamente Atuantes Retiram seus Poderes

Os símbolos objetivamente atuantes retiram seus poderes de seres de luz, como divindades, budas transcendentes e anjos – na verdade, esses poderes são apenas emprestados para as pessoas que os utilizam. É assim que esses poderes espirituais podem produzir efeitos sobre o nosso estado de espírito, sobre os nossos sentimentos, lembranças, associações, condições físicas e estados de consciência. Obviamente, eles podem também efetuar mudanças no nosso sistema de energia. As possibilidades de influência inerentes aos símbolos objetivamente eficazes podem, sob certas circunstâncias e dependendo das suas características, estender-se para muito além do nosso campo de energia pessoal. Eles podem influenciar diretamente estruturas de relacionamento, a probabilidade de ocorrências, a condição dos materiais, as funções de equipamentos elétricos, a carga de baterias, a tensão da superfície da água, a quantidade de biofótons que irradiam da mão de uma pessoa, e muito mais. Podemos citar como exemplo a técnica do tratamento a distância do Sistema Reiki.

Entre outras coisas, podemos concluir que os símbolos e mantras usados pelo dr. Usui no seu sistema *não são Reiki absolutamente,* mas se tornaram pela primeira vez aplicáveis a iniciados por meio das iniciações tradicionais no âmbito do Sistema Usui de Cura Natural. Com essa ressalva, eles são apenas signos e palavras como quaisquer outros e são frequentemente usados como parte da linguagem cotidiana no Japão em outros contextos. Eles são usados para decorar templos e túmulos, e nesse caso seu significado não está ligado diretamente às funções próprias da prática do Reiki.

Quando os símbolos e seus mantras são transmitidos corretamente no âmbito das iniciações de Reiki, podemos confiar inteiramente no seu poder e efeito no contexto desse sistema. Símbolos e mantras estudados em livros – como este – ou aprendidos de amigos sem a iniciação correspondente são apenas signos da área esotérica – mas não instrumentos precisos e poderosos do trabalho com energia.

Símbolos e Mantras Adicionais

Novos símbolos e mantras, que as respectivas escolas de Reiki muitas vezes consideram como parte do Reiki Usui tradicional, surgem constantemente no mundo todo. Nesse aspecto, devemos levar em conta o que segue:

Segundo o dr. Mikao Usui, há três graus no Sistema Reiki ocidental tradicional.

As práticas do *Primeiro Grau* restringem-se aos tratamentos. Este grau não inclui uma iniciação que habilita a pessoa a usar ativamente símbolos ou mantras do Reiki, ou instruções específicas sobre o uso dos símbolos.

No *Segundo Grau,* três símbolos e seus respectivos mantras são transmitidos energeticamente. O iniciado pode então aplicá-los para intensificação do poder, para *Mental Healing* e tratamento a distância, e em técnicas do trabalho com energia Reiki que resultam do seu espectro de eficácia. No mínimo, o treinamento no uso desses recursos sagrados inclui tratamento a distância, *Mental Healing* e intensificação do poder.

Dependendo da escola, uma cerimônia de iniciação em que se ensina o Símbolo do Mestre e seu mantra pode conferir ao candidato o *Terceiro Grau*, ou *Grau de Mestre.* Outra alternativa é realizar um treinamento completo na forma de rituais de iniciação no Primeiro, Segundo e Terceiro Graus.

De acordo com o material autêntico à nossa disposição,[15] Usui não ensinava graus e símbolos adicionais. Os símbolos e mantras por ele adotados remontam claramente a escolas espirituais muito comuns no Japão, como o Budismo Esotérico e o *Shintô*.

Se símbolos adicionais são hoje incorporados no Sistema Usui de Cura Natural como instrumentos para o trabalho com energia, essa inclusão se faz de duas maneiras:

A. São usados símbolos e mantras que pertencem a **outra** forma de trabalho com energia, o que significa que eles basicamente também trabalham com uma **energia diferente.** Neste caso, o Reiki é aplicado **junto** com o outro método de trabalho com energia espiritual. Naturalmente, neste caso os símbolos adicionais não trabalham de acordo com as regras estabelecidas para o Reiki, mas segundo as regras da tradição da qual se originam.

Neste caso, a simples denominação "Reiki" ou "Reiki tradicional" é confusa, porque não estamos lidando com a energia vital espiritual segundo a qual, neste caso, os símbolos novos funcionam – e especialmente não com o Sistema Usui de Cura Natural. As regras que agora se aplicam são diferentes daquelas conhecidas do Reiki. Mas isso de modo algum implica que a forma respectiva do trabalho com energia deve ser vista como ineficaz ou de menor qualidade desde o início! Quando relacionamos os vários sistemas de trabalho com energia espiritual, deparamo-nos com muitas possibilidades maravilhosas que um único sistema – por tudo que possa oferecer – não pode prover por si próprio. Em última análise, o importante é oferecer um método às pessoas, e não preservar o método!

---

15 Na época de Usui e Hayashi, os três graus explicados acima eram divididos em seis níveis. Entretanto, o conteúdo era essencialmente o mesmo. Às vezes, o Símbolo de Intensificação do Poder era transmitido a alunos experientes do Primeiro Grau. Mais informações sobre a história do Sistema Usui de Cura Natural encontram-se em livros como *The Spirit of Reiki*, de Lübeck/Petter/Rand, Lotus Press.

B. Símbolos e mantras adicionais são integrados no fluxo de poder do sistema Reiki da mesma maneira ou de maneira muito semelhante como o dr. Usui introduziu os quatro símbolos e mantras na tradição de cura natural que ele criou naquela época. Naturalmente, isso é possível porque o dr. Usui era um ser humano, e cada um de nós também pode teoricamente realizar o que ele realizou. O único problema é que isso não é tão fácil como gostaríamos de pensar que fosse...

Para fazer isso, pedimos permissão à divindade guardiã do Reiki, *Dainichi Nyorai*, que será apresentada extensamente mais adiante neste livro. Também precisamos de uma forte ressonância pessoal com este ser de luz e uma compreensão profunda dos ensinamentos de sabedoria espiritual ligados a esse ser. Em seguida, precisamos também – pelo menos temporariamente –, de modo consciente ou inconsciente, entrar no estado de iluminação necessário, com a habilidade correspondente à tarefa a ser realizada. Entretanto, ser perfeito nessa habilidade não é uma exigência absoluta quando há cooperação de anjos, Bodhisattvas e guias espirituais.

Assim como os quatro símbolos e mantras tradicionais fortalecem o Reiki e permitem que ele se manifeste mais poderosamente na realidade material ou direcione o fluxo da energia vital espiritual a determinados níveis vibracionais ou campos energéticos de um ser humano, do mesmo modo símbolos e mantras adicionais podem ter efeito semelhante. Por exemplo, o Reiki do Arco-íris inclui quatro desses recursos que se relacionam com os elementos espirituais de terra, água, fogo e ar. Eles podem ser usados para direcionar a energia vital espiritual às áreas dos sistemas de energia de um ser vivo, ou especificamente para enviar Reiki para bloqueios ou estruturas de determinados chakras, ou para abastecer com Reiki a parte de uma pessoa ligada aos relacionamentos. É óbvio que esses instrumentos adicionais não devem ser chamados de "Reiki Tradicional do Sistema Usui".

No próximo capítulo, daremos mais informações sobre o modo como os símbolos do sistema de cura Reiki funcionam, como receber mais poder desses símbolos e como trabalhar com eles de modo mais flexível.

Capítulo 2

Rei Ki Gong

O trabalho com os símbolos e seus mantras ocupa um lugar central no Sistema Usui de Cura Natural. Qualquer pessoa iniciada nos símbolos e mantras pode realizar com eles tratamentos que se servem da energia Reiki. A eficácia da respectiva técnica, porém, depende do modo como essas ferramentas são usadas. Para ajudar o leitor a extrair de cada símbolo o máximo de energia de cura espiritual possível, este capítulo expõe os pontos mais sutis e os artifícios do Rei Ki Gong – uma palavra artificial composta por termos japoneses e chineses. Mas ela corresponde bem ao significado: Temos Qi Gong (trabalho com energias vitais em geral) e Rei Ki Gong (trabalho com a energia vital espiritual). Este capítulo descreve em detalhes o que podemos fazer com os símbolos e as aplicações que podemos dar-lhes, as quais são praticamente desconhecidas no mundo ocidental. Essas aplicações e práticas se baseiam em antigos ensinamentos taoístas e xintoístas. As experiências possíveis com essas técnicas são muito profundas, por isso vale a pena tentar. Pratique uma técnica por dia e espere pelo menos 24 horas antes de aplicar a técnica seguinte. Uma vez familiarizado com o efeito, continue da maneira que preferir e que lhe apresentar melhores resultados. Ao trabalhar com uma nova forma de energia, é sempre recomendável conhecer muito bem os diversos efeitos antes de praticá-la intensivamente. Esse cuidado também ajuda a prevenir problemas de *grounding* e reações de cura de ocorrência espontânea e mais intensas.

Erros mais Frequentes na Aplicação dos Símbolos e Mantras

Na minha atividade como professor, tenho observado inúmeros erros de ocorrência muito frequente relacionados com a aplicação de mantras e símbolos. Fato curioso, também nas minhas viagens pelo mundo para divulgar o Reiki, observei que esses problemas parecem estar igualmente disseminados em quase todos os países. Esta seção analisa e esclarece esses erros de aplicação com o objetivo de beneficiar todos os que usam os símbolos.

Aplicação dos Símbolos e dos seus Mantras de Modo Corrido e Desatento

A energia vital segue a nossa atenção. Quanto mais rápida, desatenta e levianamente desenhamos os símbolos e pronunciamos os mantras, menor é a quantidade de energia vital – seja ela da espécie que for – que atraímos. É importante desenhar os símbolos *lentamente,* como nos exercícios de Tai Chi Chuan ou de Qi Gong, e dizer os mantras *com atenção* e *ênfase.*

É correto dizer que o Segundo Grau oferece a possibilidade de trabalhar com energias mentais. Essa forma de aplicação, porém, deve ser precedida por uma integração cuidadosa do que aprendemos. Na prática, isso significa desenhar os símbolos lenta e conscientemente com o chakra da palma da mão e pronunciar o mantra correspondente em voz alta e enfática, quando a situação o permitir. Esse trabalho consciente com os símbolos e mantras leva a mente e o corpo a se harmonizarem profundamente. Também é recomendável desenhar os símbolos numa folha de papel a cada poucas semanas e compará-los com os originais, como os deste livro. Erros difíceis de perceber podem ocorrer ao "desenhar no ar".

Mais tarde, depois desta etapa da prática, sem dúvida os símbolos podem ser desenhados mentalmente[16] com a intenção de que apareçam num determinado lugar. Os mantras também podem ser recitados silenciosamente. Na minha própria prática, no entanto, aproveito cada oportunidade que surge para aplicar os símbolos e mantras diretamente e ao modo de "imposição das mãos" para aperfeiçoar ainda mais as minhas habilidades com o Reiki.

Quando usados apenas mentalmente, os símbolos e mantras seguramente atuarão de algum modo, fato que podemos constatar na maioria das aplicações. Mas a intensidade dos efeitos aumenta substancialmente quando os aplicamos da maneira descrita acima e com a continuidade da prática. Como em qualquer arte, as habilidades relacionadas ao Reiki podem ser aperfeiçoadas constantemente por meio de práticas apropriadas. O Reiki é extraordinário – quanto mais o conheço, mais aumenta o meu profundo respeito pelo trabalho de toda uma vida do dr. Mikao Usui.

Aplicações Indiscriminadas dos Símbolos e Mantras

Todos os símbolos e mantras têm significados e funções peculiares. Quanto mais compreendermos essas qualidades especiais, maior será o sucesso da aplicação. De acordo com a minha experiência, quanto menos compreendemos e respeitamos suas características, menos poder eles terão com o passar do tempo.

Muitos amigos reikianos que desconhecem esse fato chegam à conclusão de que os instrumentos do trabalho com energia que nos foram transmitidos pelo dr. Usui não são mais atuais, ou que de certo modo estão "diluídos" ou bloqueados devido a outras influências, quando tratamentos com eles não produzem resultados satisfatórios. Podemos demonstrar facilmente que isso não é verdade. Os símbolos e mantras devem simplesmente ser usados da maneira correta. Alguns desses aspectos já foram explicados na seção anterior. É importante também chegar aos poucos a uma compreensão melhor e aplicar cada símbolo de modo adequado, com suas qualidades peculiares, tanto na teoria quanto na prática. Nesse processo, um grande problema pode ser a aplicação indiscriminada dos símbolos e mantras durante as posições do tratamento. Podemos comparar essa situação com o faz-tudo que usa todas as suas ferramentas, desde a furadeira até o nível de bolha, ao consertar a tomada de

---

16 Desenhando os símbolos do Reiki com as mãos, os chakras secundários na palma das mãos e/ou na polpa dos dedos traçam o símbolo. Desenhando o símbolo mentalmente (espiritualmente), o poder dos chakras das mãos para criá-lo deve operar por meio da aura. Assim, seu efeito é indireto, em comparação com o movimento direto das mãos. Sem dúvida, o desenho através da aura tem um efeito semelhante ao realizado com os chakras das mãos se a mente tem uma imagem clara e exata dos símbolos usados e procede de maneira consciente ao traçá-los.

um equipamento elétrico, porque sabe que todas elas são boas, fortes e caras – mas infelizmente não servem para todos os fins. Se usadas inadequadamente, podem inclusive ferir. Embora seja impossível prejudicar alguém diretamente com o Reiki, creio que já temos um problema quando uma pessoa faz tudo o que é possível em termos de cura e na realidade não sabe por que está fazendo isso e como funciona. Esse modo de proceder reduz a eficácia rapidamente, e o sucesso do tratamento pode ser muito menor do que as possibilidades oferecidas pelo método – o que obviamente é bastante lamentável para quem busca a cura.

Por isso, devemos usar os símbolos de modo compatível com seus respectivos significados para podermos obter os melhores resultados. Um erro muito comum relacionado com este aspecto é a crença de que os símbolos são essencialmente diferentes uns dos outros apenas em relação ao seu poder.

Assim, por exemplo, na concepção de muitos, o Símbolo de Intensificação do Poder fortalece o Reiki, o Símbolo do *Mental Healing* o reforça ainda mais, o Símbolo do Tratamento a Distância aumenta essa força já potencializada, e o Símbolo do Mestre intensifica seus efeitos ao máximo.

Esse modo de ver as coisas é totalmente errôneo!

Cada símbolo é uma ferramenta especial que contribui para o sistema Reiki com seus poderes específicos e únicos.

Os capítulos respectivos deste livro contêm explicações sobre os poderes especiais de cada símbolo do Reiki tradicional, os quais foram extensa e precisamente pesquisados e cuidadosamente examinados na prática.

Aplicações Eficazes dos Símbolos e seus Mantras

Há muitas maneiras diferentes de aplicar os símbolos e mantras do Reiki ensinados pelo dr. Usui. Os resultados também podem variar consideravelmente. Esta seção explica como invocar os poderes espirituais superiores com a ajuda dessas maravilhosas ferramentas de cura e de desenvolvimento pessoal. É importante termos uma visão responsável das poderosas forças divinas de cura que são invocadas – elas sempre produzem resultados e o fazem unicamente no sentido da vida, do amor e da ordem divina. Entretanto, algumas pessoas têm dificuldade em abrir-se ao seu próprio objetivo pessoal e dizer "sim!" à verdade divina. Em geral é mais fácil fazer isso aos poucos. A incrível força de cura dos símbolos também pode ser usada para harmonizar dificuldades que parecem insuperáveis. Entretanto, a atitude mais proveitosa é a de calma e prudência porque dá à pessoa tempo suficiente para se acostumar a novas realidades de maneira correta e para realmente abandonar o que não tem mais nenhuma utilidade.

Modo Correto de Desenhar um Símbolo do Reiki

Preparação: Respire lenta e conscientemente várias vezes no hara. O hara localiza-se dois dedos abaixo do umbigo, na linha central do corpo, e dois dedos para dentro. Faça cada vez uma pequena pausa entre a inspiração e a expiração e sinta a energia vital que se acumula nesse ponto enquanto você respira.

Agora imagine[17] um forte jato de luz dourada fluindo do hara para o abdômen, peito, ombro, braço e mão que desenha o símbolo. Desenhe o símbolo com a palma[18] – nela encontra-se o maior chakra da área da mão – e a luz dourada, com movimentos lentos e fluentes. A luz dourada[19] deve imprimir na sua mente um traço dourado saliente, como se fosse um rastro, à medida que você forma o símbolo. A estrutura energética de um símbolo é essencialmente formada pelo ki de alta frequência do próprio corpo, no caso, especificamente, dos chakras da mão e dos dedos. A perda de ki do corpo é rapidamente compensada pelo início do fluxo de Reiki, baseado no aumento da atividade desses centros de energia, como pude determinar em estudos prolongados por meio da leitura da aura/chakra. Assim o corpo não perde realmente ki quando os símbolos são formados, fato também evidente na prática. Observei que as pessoas que trabalham com os símbolos não manifestam nenhuma espécie de cansaço. Pelo contrário, sempre demonstram uma forte revitalização logo em seguida.

Se os símbolos são criados conscientemente a partir do ki muito mais forte do hara, eles podem cumprir sua função de antena muito mais eficazmente, atraindo o Reiki para este mundo e direcionando-o para uma tarefa específica, como a prática tem confirmado. Além disso, muitas outras coisas maravilhosas podem ser realizadas com os símbolos por meio do ki do hara, como mostramos no próximo parágrafo...

Modo Correto de Remover um Símbolo do Reiki

Depois que um símbolo produziu o efeito desejado, não é mais necessário conservá-lo. Para remover o ki do hara[20] com que você desenhou o símbolo, aplique o método descrito abaixo. Talvez você queira saber por que é preciso fazer isso. Em primeiro lugar, nada de ruim acontece quando conservamos um símbolo. A presença de muitos símbolos num ambiente pode perturbar pessoas dotadas de capacidades psíquicas mais aguçadas. No entanto, como o símbolo se dissolve por si mesmo depois de certo tempo e passa a integrar o fluxo das energias do ambiente, dependendo do cuidado com que foi desenhado, os efeitos serão apenas temporários.

---

17 Frequentemente surgem problemas nos exercícios de visualização porque a pessoa supõe que as coisas devem aparecer aos olhos da mente exatamente como aparecem aos olhos físicos. Isso não é verdade! Todos nós que somos agraciados com o sentido da visão estamos constantemente visualizando ao comparar o que vemos no momento com o que vimos em algum momento no passado. Não fosse assim, não haveria reconhecimento! Quando dois amigos falam de uma terceira pessoa que está ausente e dizem alguma coisa sobre a aparência dela, ambos sabem o que isso significa porque se lembram do seu aspecto. E assim é, mesmo que não "vejam" com a mente. É totalmente possível descrever algo que gostaríamos de "ver" mentalmente, somado à intenção de imaginá-lo diante do nosso olho interior. É óbvio também que a habilidade de visualizar pode ser desenvolvida muito além – inclusive a ponto de ter devaneios em que o sonhador vê somente o que aparece na sua "tela" interna, apesar de estar com os olhos abertos. Quase todos nós já tivemos essa experiência alguma vez. Por isso, você só precisa ter essa habilidade à disposição quando quer incluí-la nas suas práticas. Mas ela não precisa ser desenvolvida – ela já está em uso há muito tempo. Porém, como foi mencionado acima, para as práticas deste livro basta apenas a visualização comum, habitual. Assim, não se preocupe em desenvolvê-la. Você já tem tudo o que precisa.

18 Com certa frequência, os símbolos são desenhados com um dedo ou com as pontas dos dedos. Embora esse procedimento seja aceitável, a menor capacidade dos chakras dos dedos quase sempre produz um efeito bem mais fraco do que se o símbolo fosse formado com o chakra da palma da mão.

19 A luz dourada é apenas um substituto para tornar o processo tangível e controlável para a mente consciente. O Reiki não é dourado. Ele é incolor.

20 Em termos mais exatos, o ki do hara é o ki arquetípico do elemento água (segundo o ensinamento chinês dos Cinco Elementos). Ele é criado a partir do ki essencial dos rins e, seja por necessidade ou por esforço consciente, passa a fazer parte da pequena órbita, formada pelo vaso da concepção e pelo vaso governador, dos quais todos os outros meridianos de energia vital que conhecemos pela acupuntura recebem sua força.

Efeitos intensos e agradáveis, porém, resultam da retirada correta da energia vital do corpo que está saturado com Reiki concentrado. Quando essa mistura de energia vital de alta frequência é devolvida ao hara, ela produz um efeito prolongado especialmente benéfico para o organismo, melhorando e fortalecendo a saúde e desenvolvendo dons espirituais. Em consequência dessa técnica simples, que praticamente acontece como um "efeito colateral" com a aplicação do Reiki, o ki do hara é transformado progressivamente numa qualidade espiritual especial. Por outro lado, para que esse processo ocorra, são necessários os complicados e demorados exercícios do Qi Qong chinês clássico. A transformação do ki do hara promove o desenvolvimento espiritual dos chamados três corações, os três *Dan Tiens*. O resultado é um fortalecimento do Shen, o espírito divino nos seres humanos. Com o tempo, esse espírito desenvolve sua plena capacidade de operar.

Procedimento: Com a mão esquerda, se você é destro (ou, ao contrário, com a mão direita), desenhe a estrutura dos símbolos enquanto imagina inalar sua energia no hara e acumulá-la nesse ponto. Não se preocupe se isso não acontece enquanto você inspira numa única respiração. Interrompa o movimento enquanto expira e em seguida complete os traços do símbolo. Feito isso, posicione as mãos em forma de X sobre o hara, pressionando levemente, e dirija a atenção para essa área. Imagine que a leve pressão cria uma espécie de declive no seu sistema de energia, pelo qual toda energia que não é usada no momento flui para o hara e ali se acumula, como se fosse num reservatório. Observe esse processo durante um ou dois minutos. Repita o procedimento. Se quiser, agradeça e reverencie.

Uso Apropriado de um Mantra do Reiki

Para ativar um símbolo tradicional de Reiki, o que significa deixá-lo cumprir sua função, repita três vezes o mantra correspondente em voz alta ou silenciosamente. Há também grandes diferenças aqui quanto ao modo como o mantra é usado. Basicamente, aplicam-se os mesmos princípios já explicados acima para os símbolos. Por meio das iniciações, mesmo principiantes podem ter certeza de que os símbolos são seguramente ativados quando os mantras são repetidos mentalmente. Todavia, quando usamos os mantras corretamente, como explicado a seguir, a força de ativação aumenta muito.

Procedimento: Pronuncie o mantra com clareza e, se possível, em voz alta e forte. Como alternativa, podemos também entoá-lo. Crie melodias para ele e ensaie vários tons até encontrar o que melhor se adapta a você. Depois de entoar o mantra, sinta conscientemente por alguns momentos a mudança nas energias para desenvolver suas capacidades espirituais de percepção. O que mudou dentro de você? O que mudou no ambiente? Que região do corpo você sente com mais clareza antes da aplicação? E qual depois da aplicação? Você se sente mais próximo do céu ou mais perto da terra antes ou depois?

CR como Intensificador de Poder Geral

Infelizmente, o símbolo Intensificador de Poder CR é muitas vezes pouco valorizado. Pela minha experiência, o CR deve ser sempre usado depois da aplicação de outros símbolos. As únicas exceções ocorrem em determinadas partes das iniciações nos graus de Reiki.

O CR aumenta enormemente o efeito de todas as demais aplicações de Reiki, tais como na imposição das mãos, no trabalho com a aura ou com os chakras, no *Mental Healing* e nos tratamentos a distância.

Desenho Exato dos Símbolos – Pronúncia Correta dos Mantras

Os símbolos e os mantras têm significados específicos. Se desenhados ou pronunciados corretamente, a chave (metafórica) gira na fechadura e a porta abre. Pela forma de transmissão de energia nas iniciações do Reiki tradicional da linha Usui, é possível certa variação na aplicação dessa ferramenta de trabalho com energia. Porém, o mais seguro é seguir as regras compiladas com base na prática da arte para garantir que tudo funcione como deve e ajude o máximo possível. Os capítulos deste livro referentes ao assunto contêm muitos exemplos de como os símbolos são corretamente desenhados segundo as regras da caligrafia japonesa, e também a forma correta de escrever os nomes originais (mantras) dos símbolos. Os praticantes deveriam formar o hábito de escrever os símbolos em papel pelo menos uma vez por mês e compará-los com os modelos. Se os símbolos são desenhados apenas no ar, erros imperceptíveis podem facilmente passar despercebidos.

Exercícios de Rei Ki Gong

As técnicas apresentadas a seguir podem ajudá-lo a descobrir possibilidades totalmente novas no trabalho de cura espiritual com Reiki. Ao mesmo tempo, elas o ensinarão a despertar o poder adormecido dos símbolos e a usá-los de maneira eficaz. Para obter os melhores efeitos, os símbolos e mantras devem ser usados nas técnicas a seguir exatamente como os descrevemos anteriormente neste capítulo.

Desenho Correto de um Símbolo, sua Ativação com um Mantra e Sensação da Energia

Aprofunde sua experiência com os efeitos dos símbolos usando cada um dos quatro[21] – Símbolo da Intensificação do Poder (CR), Símbolo do *Mental Healing* (SHK), Símbolo do Tratamento a Distância (HS) e o Símbolo do Mestre (DKM) – de acordo com o que foi exposto nas seções Modo Correto de Desenhar um Símbolo do Reiki e Uso Apropriado de um Mantra do Reiki. Desenhe o símbolo em tamanho grande, com pelo menos um metro de altura, à sua frente. Sem pressa, sinta exatamente dentro de você a qualidade especial de cada

---

21 Obviamente, o sucesso desta prática depende da iniciação nos símbolos e mantras do Segundo e do Terceiro Graus do Reiki Usui Tradicional. Embora não prejudique, também não há benefício se você for iniciado de Primeiro Grau, por exemplo, e usar os símbolos do Segundo e Terceiro Graus. Entre outras coisas, esse é um dos motivos por que o dr. Mikao Usui fez seu retiro de três semanas, meditando e jejuando, para ter acesso aos poderes espirituais do Sistema Reiki. Se apenas a leitura de obras fosse suficiente, ele não precisaria ter se sujeitado a esse enorme e arriscado esforço.

símbolo, antes e depois da ativação pelo mantra. Mantenha as mãos diante do símbolo, e depois dentro dele. O que você percebe? Anote suas novas experiências. Faça esse exercício mesmo se já trabalha com os símbolos do Reiki há bastante tempo. É bem provável que você tenha surpresas interessantes.

Como Remover a Energia de um Símbolo e Armazená-la no Hara

Leve a energia de cada símbolo que você formou no exercício anterior de volta para o hara, como foi explicado na seção Modo Correto de Remover um Símbolo do Reiki. Também aqui anote o que você percebeu com relação a cada um deles.

A técnica de compor um símbolo e recolher sua energia espiritual no hara é um exercício importante, maravilhoso e de grande eficácia. Em termos mais precisos, trata-se do exercício básico do Rei Ki Gong, sobre o qual se fundamentam todas as demais técnicas. Se realizar essas técnicas todos os dias durante várias semanas, você perceberá mudanças positivas notáveis em todos os níveis do seu ser.

Como Levar um Símbolo CR para um Chakra

Desenhe o símbolo CR como explicado acima, no tamanho aproximado de 20 a 25 cm, e uns 10 cm acima de um dos chakras principais seus ou de um colega de prática. Ative o símbolo pronunciando seu mantra três vezes. Depois, com cuidado, segure o símbolo pelas laterais, como se ele fosse uma substância material. Leve-o lenta e calmamente para o chakra escolhido. Esse movimento fica facilitado quando a pessoa que recebe o tratamento concentra a atenção no chakra inspirando com consciência. Mantenha o símbolo no centro de energia durante alguns minutos. Em seguida, retire-o e reabsorva sua energia no hara. Se quiser ter experiências mais estimulantes depois disso, movimente o CR em sequência através dos demais chakras principais. Lembre de registrar suas experiências, pelo menos em palavras-chave. No final do exercício, assegure-se sempre de levar a energia dos símbolos de volta para o hara.

Esta técnica sustenta vigorosamente a cura interior dos centros de energia (chakras), seja ela qual for, melhora a relação dos chakras com os outros sistemas de energia e aumenta-lhes a vibração, dependendo do tempo de permanência dos símbolos no chakra, mesmo na esfera espiritual. Se a prática for realizada por um período de tempo maior (cinco minutos ou mais para cada centro de energia) e com os seis chakras principais, os resultados serão extraordinários.

"Encaixando" um CR no Hara

Desenhe um CR de aproximadamente 15 cm, em torno de 10 cm acima do seu hara[22] ou do hara de um colega de exercício. Ative-o pronunciando seu mantra três vezes. Firme-o pelas laterais com ambas as mãos, como se ele existisse no plano físico, e mova-o para o hara. Com cuidado e atenção, movimente o símbolo de um lado para o outro até senti-lo interagir com

---

22 O hara está localizado em torno de dois dedos abaixo do umbigo e dois dedos abaixo da pele.

o hara. Em seguida, sinta para onde você deve movê-lo no hara para que ele se "encaixe". A sensação é perceptível quando a resistência ao movimento do CR em qualquer direção aumenta brevemente e logo a seguir ele se deixa levar novamente sem nenhuma resistência sensível no hara. Ao encontrar o ponto, deixe o CR ali por alguns minutos. Depois retire-o e leve sua energia de volta para o hara, como explicado acima.

Com a prática diária, este exercício ativará e melhorará qualitativamente quase todas as funções do hara. Ele é muito apropriado para dar sustentação à cura de glândulas adrenais esgotadas.

Posicionando o CR sobre o Corpo do Cliente e Fazendo-o Ressoar

Desenhe um grande CR sobre um colega de prática, abrangendo desde o chakra da coroa até a pelve. Se quiser, desenhe-o do tamanho do corpo inteiro. Ative-o pronunciando seu mantra três vezes. Agora, bata no símbolo cuidadosamente com os dedos de uma das mãos, como um sino que você gostaria de tocar. Em vez disso, ou além disso, você pode entoar os sons vogais, cantar sons harmônicos ou recitar mantras (por exemplo: *Om Mani Padme Hum*) para fazer a estrutura do CR ressoar.

Qual a sensação do CR antes de começar a ressoar? Qual a sensação depois? Qual a sensação que você obtém quando aplica os vários métodos mencionados acima para fazê-lo ressoar?

Com o tratamento de Reiki a distância, você pode realizar essa prática também em si mesmo.

Esta prática é também muito eficaz para limpar, harmonizar e fortalecer a aura. Além disso, ela aumenta muito a capacidade da aura de ressoar com influências espirituais de todos os tipos. Como resultado, fica mais fácil realizar ações como comunicar-se com anjos e outros seres de luz, trabalhar com clarividência e sair em viagens astrais.

Como Fazer o CR Ressoar em Cômodos, Lugares de Poder e Jardins

Uma aplicação desta técnica no Feng Shui consiste em desenhar o símbolo CR horizontalmente numa sala, de modo a preencher todo o espaço. O centro do símbolo deve localizar-se em algum ponto próximo ao centro da sala. Ative o CR como sempre. Em seguida, posicione-se no centro do símbolo, junte as palmas das mãos diante do coração e comece a entoar vogais, sons harmônicos ou mantras. Faça isso durante cinco minutos. Depois, sente-se em silêncio e sinta conscientemente a nova energia no cômodo. O que mudou?

Essa técnica pode ser usada com efeitos fantásticos em lugares de poder ou em meditações em grupo. Para isso, os participantes devem sentar ou ficar de pé, em círculo; desenhe o símbolo CR de modo a abranger horizontalmente todo o círculo. Feito isso, o procedimento é o mesmo descrito acima. Entretanto, diferentes pessoas podem dirigir-se alternadamente ao centro do círculo para fazer o CR ressoar. Também é possível que várias pessoas trabalhem com as energias no centro ao mesmo tempo.

Um edifício inteiro pode ser tratado desse modo durante tratamentos a distância. Procure também "encaixar" o CR no centro de um edifício, como no chakra de um ser humano.

Um jardim pode ser tratado de modo semelhante. Aqui também coloque o centro do símbolo CR no meio do jardim.

"Encaixando" o SHK na Glândula Pineal

Desenhe um símbolo SHK no tamanho aproximado de 15 cm sobre o chakra da coroa do seu colega de exercício. Ative-o pronunciando o mantra três vezes. Segure-o com ambas as mãos nas laterais, como se ele existisse no plano físico, e mova-o na cabeça do companheiro até chegar à distância da largura de um dedo acima da linha que une as sobrancelhas, que é mais ou menos o centro do crânio. Movimente o símbolo de um lado para outro com cuidado e atenção até sentir que ele interage com a glândula pineal. Então, descubra exatamente onde você deve movê-lo na cabeça para que ele se "encaixe" na glândula. Localize esse ponto pelo breve aumento na resistência ao movimento do SHK em qualquer direção. Então será possível movê-lo novamente sem nenhuma resistência perceptível. Localizado o ponto, deixe o símbolo aí durante alguns minutos. Em seguida retire-o e reabsorva a energia dele no hara, como explicado acima.

Varie esta técnica aplicando o símbolo CR no mesmo ponto do corpo – imediatamente depois do Símbolo SHK e seu mantra.

Com a prática diária, este exercício ativará, harmonizará e melhorará sensivelmente as qualidades funcionais da glândula pineal e de outras glândulas cerebrais que trabalham com ela.

Com o tratamento a distância, você pode aplicar este exercício em si mesmo.

Esta técnica é muito apropriada para sustentar a cura de quaisquer problemas de saúde relacionados com as glândulas endócrinas. Além disso, ela oferece um suporte muito eficaz para o desenvolvimento espiritual, e alguns tipos de desordens mentais e emocionais respondem muito bem a ela. Aplique-a a casos individuais. Lembre ainda que é necessário completar todo trabalho intensivo com energia estabilizando firmemente o corpo por meio de um tratamento de Reiki na sola dos pés (dos dedos para o meio) ao término de cada sessão.

"Encaixando" o HS na Coluna Vertebral

Desenhe o símbolo HS com a palma da mão sobre a coluna vertebral de um companheiro de prática, abrangendo desde o cóccix até a parte posterior da cabeça (primeira vértebra cervical). Ative-o repetindo o mantra correspondente três vezes. Segure-o com ambas as mãos pelas laterais mais longas, como se ele existisse fisicamente, e mova-o para a coluna vertebral do companheiro. Com cuidado e atenção, movimente o símbolo para um lado e outro algumas vezes até sentir que ele interage com a estrutura energética da coluna. Localize o ponto na coluna onde ele se "encaixa" perfeitamente. Para isso, sinta a resistência ao movimento do HS que aumenta brevemente em cada direção e logo em seguida se deixa guiar sem nenhuma resistência perceptível. Uma vez encontrado o ponto, deixe o símbolo aí durante alguns minutos. Depois retire-o e restitua a energia da sua estrutura para o hara, como foi explicado na respectiva seção.

Uma variação desta técnica consiste em aplicar o símbolo CR no mesmo lugar do corpo imediatamente depois do símbolo HS e seu mantra.

Com o tratamento de Reiki a distância, você pode efetuar esta prática em si mesmo. Este procedimento produz efeitos de cura, fortalecimento e harmonização na coluna vertebral e nas áreas próximas.

Esta técnica é adequada para sustentar a cura relacionada a qualquer problema existente na coluna vertebral e nas costas, além de prevenir esses problemas. Além disso, ela geralmente alivia cargas kármicas e outros bloqueios emocionais e energéticos na região da coluna vetebral e das costas. Ela fortalece e desenvolve os três principais canais de energia da coluna vertebral – *Îdâ, Sushumnâ e Pingalâ*. Este mesmo princípio se aplica às quatro ramificações do meridiano da bexiga e dos rins que correm em paralelo à coluna vertebral. Esse procedimento aumentará as frequências individuais das próprias estruturas energéticas dessas ramificações.

A técnica também é muito apropriada para harmonizar os efeitos da força kundalini ascendente.

"Encaixando" o DKM no Sétimo Chakra

Desenhe o símbolo DKM com a palma da mão em torno de 10 cm acima do chakra da coroa de um companheiro praticante. Ative-o pronunciando o mantra correspondente três vezes. Segure-o com as duas mãos pelas laterais, como se ele existisse fisicamente, e mova-o um pouco para baixo e para um lado e outro. Com cuidado e atenção, movimente o símbolo algumas vezes em várias direções até sentir que ele interage com a estrutura energética do chakra da coroa (sétimo chakra). Em seguida, descubra para qual posição exatamente você deve movimentá-lo sobre o centro da coroa e cerca de 5 cm acima para que ele "encaixe no lugar". Você perceberá que a resistência ao movimento do DKM em todas as direções aumenta brevemente e em seguida diminui, e então você pode dirigi-lo para um lado e outro livremente. Uma vez encontrado o ponto, deixe o símbolo aí por alguns minutos. Depois retire-o e reabsorva a energia da sua estrutura no hara, conforme foi explicado anteriormente.

Você pode variar esta técnica aplicando o símbolo CR no mesmo lugar do corpo imediatamente depois do símbolo DKM e seu mantra.

Por meio do tratamento de Reiki a distância, você pode aplicar esta técnica em si mesmo.

Com esta prática, você pode abrandar uma tendência excessivamente forte para a matéria. Além disso, ela nos ajuda a manter a perspectiva em momentos difíceis e a permanecer fiéis a nós mesmos e ao nosso caminho espiritual. Quando usada diariamente e por um longo tempo, ela produz um efeito rejuvenescedor. Também desperta ou aumenta poderes espirituais e promove a integração harmoniosa das mais diversas experiências.

Meditação sobre os Mantras com os Símbolos do Reiki e uma Técnica de Respiração

Escolha um dos quatro símbolos tradicionais do Reiki. Desenhe-o no ar, à sua frente, de tamanho suficiente para envolver o seu corpo inteiro. Ative-o pronunciando três vezes o mantra correspondente. Entre no símbolo. Respire no hara e faça uma pequena pausa entre a expiração e a inspiração para sentir a força vital. Repita o mantra do símbolo 108 vezes. No fim, coloque as mãos em forma de X sobre a região do coração e espere alguns minutos para sentir o poder espiritual.

Saia do símbolo e reabsorva a energia espiritual da sua estrutura no hara, como explicado anteriormente.

Por meio desta prática intensiva, os seres de luz que zelam pelo símbolo escolhido tornar-se-ão seus mestres espirituais. Eles lhe mostrarão e explicarão muitas coisas que não estão escritas em nenhum livro. Esses ensinamentos talvez surjam em sua consciência durante a prática, mas normalmente isso só acontece depois de horas ou mesmo de dias. Os seres de luz só lhe aparecerão muito raramente. Eles não lhe darão nenhuma tarefa relacionada a outras pessoas e não querem que você lhes "obedeça". Eles também não exigirão que você escreva uma nova Bíblia ou que salve o mundo. Mas ajudá-lo-ão a compreender melhor a si mesmo, o seu caminho e o divino. Essa compreensão facilitará a solução de alguns problemas do dia a dia de modo espiritual.

Lembre-se de registrar suas experiências depois de cada prática. É recomendável destinar um caderno especial para esse fim.

"Escaneando" o Corpo com o Símbolo CR

Desenhe o Símbolo CR com a palma da mão em torno de 10 cm acima do terceiro chakra (plexo solar) de um companheiro de prática. Ative-o repetindo três vezes o mantra respectivo. Movimente lentamente a mão com a palma sobre o centro do símbolo. Imagine que o símbolo agora se gruda na palma da mão, como se existisse no plano físico. Movimente-o sobre todas as regiões do corpo. Dirija o símbolo com cuidado e atenção, procurando perceber onde você sente atividade energética claramente mais forte no chakra da palma. Trate então essa região permanecendo sobre ela na aura durante alguns minutos ou até sentir claramente um fluxo menor de força. Continue a busca de outras áreas que precisam de tratamento e repita o procedimento.

Ao término do tratamento, reabsorva a energia estrutural do Símbolo CR em seu hara.

Com o tratamento a distância, você pode realizar esta prática em seu próprio benefício.

Movimentando-se com os Símbolos

Escolha um símbolo com o qual você gostaria de praticar. Coloque uma das mãos sobre o sexto chakra e a outra sobre o segundo chakra. Aplique-se Reiki durante três minutos. Durante a aplicação, respire no hara. Deixe a mão sobre o sexto chakra e coloque a outra sobre o quarto chakra, na região do coração, também durante três minutos. Em seguida, posicione as mãos em forma de X sobre o coração, respire no hara e caminhe assim lentamente pela sala, como se estivesse pintando o símbolo no chão. Repita o mantra correspondente durante todo o tempo em que você se movimenta com o símbolo. Ele deve ser repetido pelo menos 108 vezes durante o seu deslocamento. Interrompa a recitação do mantra ao terminar um "traço" e iniciar o traço seguinte. O mesmo procedimento se aplica a todos os símbolos, menos ao de Intensificação do Poder (CR). Ao concluir o último traço, sente-se ou deite-se e respire no hara durante três minutos, aplicando-se Reiki no sexto e segundo chakras principais, e em seguida, durante mais três minutos, no sexto e quarto chakras. Como você se sente agora? Como o ambiente mudou? Você se sente mais elevado ao céu ou mais atraído para a terra?

Agora faça a caminhada de volta passando pelos mesmos traços e reabsorvendo a energia no hara, como explicado anteriormente.

Você pode aplicar esta técnica para mudar as estruturas energéticas de cômodos e de jardins. Ela serve, porém, em primeiro lugar, para uni-lo firmemente ao poder e à sabedoria dos respectivos símbolos e para promover estados de autocontemplação espiritual mais profundos.

Capítulo 3

As Iniciações Tradicionais de Reiki

Este livro explica longamente os símbolos e mantras tradicionais usados no Sistema Usui de Cura Natural, tanto na teoria como na prática. Um aspecto importante aqui é a aplicação dessas ferramentas nas iniciações, o que mostra ao estudante a grande diversidade das capacidades do Reiki. Esses rituais veneráveis ainda hoje me parecem (Walter) verdadeiros milagres, apesar de realizá-los há anos e de frequentemente comprovar seus infalíveis e extraordinários efeitos, diretos e indiretos, em mim mesmo e em meus alunos.

Encontramos muitas formas de iniciação em todo o mundo. Muitas vezes me deparo com a opinião de que é irrelevante o que acontece nesses rituais, desde que incluam o desejo de despertar as potencialidades do Reiki. Esta é uma atitude definitivamente errônea, uma vez que o Reiki comporta um aspecto técnico. Ou seja, é necessário que determinadas funções sejam cumpridas para que uma pessoa se transforme em canal de Reiki e ative as diferentes propriedades do Reiki. Além disso, devem ser tomadas inúmeras medidas para que esta abertura e transformação espiritual profundas ocorram de maneira suave e segura para cada aluno.

Se uma iniciação dependesse unicamente da boa vontade, Usui não precisaria ter feito um retiro de 21 dias com uma técnica de meditação especial e jejum, num dos lugares de poder mais intensos do Japão, para estar permanentemente à disposição do Reiki. É certo que muitas pessoas já tentaram autoiniciar-se com a ajuda de livros ou "automaticamente" pela internet, clicando nos ícones. Entretanto, nunca encontrei ninguém que, com essas tentativas, tivesse despertado suas qualidades de Reiki. É importante, porém, fazer a seguinte pergunta:

Por que as Iniciações São Necessárias?

Determinadas capacidades do trabalho ativo com energia (cura, por exemplo) e do trabalho passivo com energia (como a clarividência) são transmitidas a muito poucas pessoas desde o começo em decorrência de um karma positivo devidamente orientado que acumularam em encarnações passadas. Mas mesmo essas grandes aptidões devem ser cuidadosa e pacientemente desenvolvidas por meio do treinamento e da prática para que possam ser postas em ação com confiança e de maneira eficaz. As pessoas que almejam ter essas habilidades precisam exercitá-las intensamente durante muitos anos para poder ressoar com essas forças fantásticas – além do treinamento e da prática que obviamente são sempre exigidos. Desde o início dos tempos, buscadores espirituais constatam a existência de muitas capacidades maravilhosas resultantes do contato com o poder divino, capacidades essas que além de tornar a vida mais fácil de modo natural, também podem ser aplicadas de maneira extremamente eficaz para sustentar sua própria caminhada de iluminação e despertar espiritual. No entanto, quando é preciso dedicar grande parte da vida no desenvolvimento de algumas qualidades dessa natureza, restam poucas oportunidades para direcioná-las para o verdadeiro objetivo: o processo de realização espiritual. Além disso, a maioria das pessoas dificilmente tem (ou teve) o tempo necessário para essas tentativas que ultrapassam suas obrigações diárias. As pessoas sempre terão de preparar a terra para o plantio, imprimir e vender livros, fazer o pão e construir casas. Não existem cavernas aconchegantes nas montanhas deste mundo maravilhoso suficientes para abrigar tantos bilhões de eremitas quanto é o número de pessoas. Quem as alimentaria se passassem o dia inteiro meditando e sonhando com a iluminação?

Para progredir corretamente, também precisamos dispor de algumas capacidades espirituais no curto prazo, capacidades essas que na verdade só podem ser despertadas depois de longos períodos de prática e de estudos em reclusão. Isso é complicado!

A solução para esse nó górdio são as iniciações! Em toda tradição espiritual que conheço, as capacidades apropriadas são transmitidas por pessoas treinadas e qualificadas, de modo que é mais fácil para os alunos realizar um progresso maior no seu desenvolvimento pessoal num espaço de tempo relativamente curto e – consequentemente – também ter condições de ajudar seus semelhantes a resolverem problemas comuns da vida, como doença, pobreza, tribulações e semelhantes.

Exemplos bem conhecidos de iniciações são: *Shaktipat* no Hinduísmo, as iniciações nos mantras como no sistema da Meditação Transcendental (TM), e Kriyâ-Yoga.

Por meio das iniciações, certas capacidades podem despertar no ser humano. Entretanto, treinamento e certa experiência são sempre necessários para que possam ser usadas de modo eficaz e significativo. Embora as iniciações possam estimular o desenvolvimento pessoal, de nossa parte precisamos sempre estar abertos a experiências de aprendizado, decisões, exercícios de conscientização e experimentos em novos padrões de comportamento, em tentativas de vencer o ego e em outras atitudes nesse sentido.

Vários Tipos de Iniciação

As iniciações de Reiki não são a única forma de despertar poderes espirituais num indivíduo. Existem, basicamente, numerosos tipos diferentes de iniciação.

Autoiniciação

Período de meditação e jejum de 21 dias do dr. Mikao Usui: São necessárias condições especiais para que algo assim produza resultados. Primeiro, a pessoa que se propõe a seguir esse caminho deve conhecer exatamente a área em que gostaria de atuar com as capacidades despertadas pela iniciação. Ela deve realizar as práticas corretas, durante um período de tempo suficiente e num lugar que ofereça condições espirituais favoráveis. O período de tempo para a iniciação deve ser escolhido de acordo com trânsitos astrológicos que sustentem os esforços do praticante. A atitude interior do aspirante também é um fator decisivo. Sem uma motivação que seja humilde, que venha do coração e que se oriente para o serviço segundo a Ordem Divina, mesmo as melhores condições externas e a mais estrita disciplina prática não efetivam uma iniciação, pois é a graça divina, definitivamente, que a torna possível. A pessoa pode preparar-se para a iniciação – mas é a Força Criadora que toma a decisão!

Iniciação por Meio de um Ser de Luz

Em casos raros, uma pessoa pode ser iniciada por um espírito durante o sono ou a meditação, ou num momento em que não espera passar por essa experiência. Isso quase sempre acontece depois de longos e intensos períodos de envolvimento com um tema espiritual, para o qual não há no momento um professor humano que poderia iniciar e treinar a pessoa. Aplica-se aqui uma regra geral: Se a nova capacidade não for usada três vezes a serviço da Ordem Divina no período de um ciclo lunar – até que a lua volte ao mesmo lugar em que estava no momento da iniciação – ela desaparecerá. Então a iniciação deixa de existir. Normalmente, ser iniciado por anjos ou seres espirituais semelhantes é uma experiência extremamente marcante. Muitas vezes essa experiência altera total e permanentemente a visão de mundo da pessoa. O treinamento necessário já foi transmitido principalmente por meio do conhecimento apropriado obtido em livros, por inspiração ou por contato direto com um ser de luz, e assim trata-se "apenas" de ter experiências atentas e persistentes com as aptidões recém-adquiridas; ou então ele é devidamente transmitido depois da iniciação. O mesmo princípio analisado acima aplica-se aqui: Os que não aprendem e praticam receberão muito pouco da dádiva.

Reativação de uma Iniciação Recebida numa Vida Passada

Uma habilidade espiritual adquirida numa vida passada às vezes volta a despertar em virtude de um esforço que normalmente é inconsciente para a maioria dos que têm relação com um tema espiritual. Em geral, esse despertar é de algum modo acompanhado de lembranças mais ou menos coerentes das respectivas encarnações. Isso também pode ocorrer durante uma regressão ou meditação.[23] Como na iniciação por meio de um ser de luz, a nova habilidade deve ser posta em prática a serviço da Ordem Divina três vezes no período de um ciclo lunar, até que a lua retorne ao mesmo lugar em que estava no momento da iniciação.

Em minha experiência, humildade e um esforço sério para seguir o caminho espiritual são pré-requisitos absolutos para a autoiniciação, para a iniciação por meio de um ser de luz ou para a reativação de uma iniciação de uma encarnação anterior.

---

23 Eu (Walter) tive a oportunidade de reunir muitas experiências com essa espécie de iniciação. Antigas habilidades, renovadas, têm vindo constantemente à tona dentro de mim desde o momento em que decidi conscientemente – por volta de 1988 – viver (mais uma vez) como orientador espiritual. Aptidões e conhecimentos recebidos em encarnações passadas, bem como as experiências de muitas vidas como Grão-sacerdote da Grande Deusa em lugares como Lemúria, Índia pré-védica, Suméria, Babilônia e Egito surgiram aos poucos dentro de mim ao longo dos anos. Atualmente (2004), mais de 85% dos ensinamentos que recebo procedem dessas fontes. Nos primeiros anos, eu ainda ficava inseguro com relação ao que entrava na minha consciência. Porém, pela comprovação dos efeitos práticos que eu constatava repetidamente, comecei a acreditar cada vez mais nesta imensa dádiva. Tantra lemuriano, grande parte do Reiki do Arco-Íris, o Caminho xamânico da Pena Branca, a Meditação dos Três Raios, o Qi Gong do Dragão Celestial, o Caminho do Cristal e o sistema de treinamento em percepção espiritual (leitura da aura/chakra, canalização, viagem astral e clarividência), tudo isso voltou a mim desse modo; eu "só" precisei adaptar a antiga sabedoria às circunstâncias do nosso tempo.

Iniciação por Meio de um Professor

Este caminho de iniciação provavelmente é o mais fácil de se entender: Você participa de um seminário ou de uma sessão de treinamento, aprende algumas coisas e recebe uma iniciação; assim, o que você aprendeu também exerce uma função satisfatória e duradoura.

Duas Qualidades Diferentes das Iniciações:
Despertar Habilidades ou Adquirir Habilidades

As iniciações podem essencialmente possibilitar o acesso a duas categorias de habilidade muito diferentes:

- ॐ Um potencial que existe basicamente em cada ser humano pode ser despertado. Um exemplo é a iniciação no Sistema Usui de Cura Natural.
- ॐ Um potencial que não existe naturalmente em cada ser humano é praticamente presenteado à pessoa. Um exemplo é o dom de trabalhar com o poder de cura de um anjo.

As Iniciações de Reiki

A seção a seguir descreve a iniciação no Primeiro Grau do Sistema Usui Tradicional de Reiki como exemplo do que realmente acontece nesses rituais.

Os detalhes técnicos do ritual de iniciação não são descritos aqui. Eles não estão incluídos, por um lado, porque poderiam facilmente estimular a impressão errônea de que essa é a única maneira correta de iniciar, o que não é verdade! Muitos caminhos levam a Roma. Não apenas qualquer caminho casual, mas muitos. Por outro lado, estou convencido de que é mais importante aprender as iniciações no contexto de um encontro pessoal num seminário, fazendo perguntas e podendo praticar com orientação para estar realmente seguro de transmitir a outras pessoas o dom de trazer o Reiki para este mundo.

O que Acontece Durante a Iniciação no Primeiro Grau

Nas iniciações no Primeiro Grau, um Mestre de Reiki usa os símbolos e mantras (palavras sagradas que evocam as energias espirituais e as aplicam a um propósito específico) que o dr. Usui encontrou em antigos pergaminhos sobre os métodos do Buda da Cura ou que desenvolveu baseando-se neles. Através da iniciação que o Mestre de Reiki recebeu e dos símbolos e mantras do Terceiro Grau recebidos do seu Mestre, ele é capaz de criar uma conexão duradoura com a fonte de energia vital espiritual para qualquer outro ser humano.

Os símbolos e mantras são usados no âmbito de rituais tradicionais que são necessários para ativar as capacidades do Reiki e para dirigir os poderes organizadores a determinados chakras que participam da transmissão da energia vital espiritual.

Entretanto, esses métodos são inócuos quando a pessoa que os aplica não recebeu a Iniciação do Mestre da maneira tradicional.

Recorramos novamente à analogia do rádio. Ele não funciona sem eletricidade. Por isso, também o dr. Usui não pôde trabalhar imediatamente com Reiki depois de ter descoberto os pergaminhos entre os antigos tesouros de sabedoria do Budismo Esotérico. Podemos estar certos de que ele tentou. Só depois de três semanas de jejum e meditação – e pela graça da Força Criadora – ele teve acesso à fonte de energia vital espiritual, sem a qual nenhuma das técnicas poderia ter sido posta em prática.

São necessárias quatro iniciações parciais para adquirir todo o conjunto de habilidades no Primeiro Grau. Porém, em muitas escolas de Reiki, elas podem resumir-se a duas ou mesmo a uma única iniciação. No Reiki do Arco-Íris, são dadas as quatro iniciações parciais para habituar os alunos às suas novas habilidades da maneira mais suave possível e para dar-lhes a oportunidade adequada para desfrutar conscientemente as experiências espirituais, às vezes profundas.

Cada iniciação parcial cumpre uma função diferente e importante. Cada uma delas deve ser separada da anterior por um período de pelo menos três horas, com o objetivo de garantir a melhor integração dos efeitos espirituais. Elas também não devem estar distanciadas mais de 24 horas, pois do contrário as correlações energéticas podem perder-se, fazendo com que dentro de aproximadamente dez dias as habilidades de Reiki dos alunos muito provavelmente desapareçam.

O efeito das iniciações de Reiki em todos os graus só influencia os chakras indiretamente. Num nível energético muito profundo, ele dissolve os bloqueios na área do karma de uma raça que impede as pessoas de ter um contato direto com a energia vital espiritual. Por isso, exceção feita à obtenção das habilidades do Reiki, que são explicadas com mais detalhes mais adiante, os efeitos espirituais e físicos das iniciações são diferentes para cada indivíduo. O Reiki está basicamente disponível para todo ser vivo. Sem a iniciação apropriada, a energia vital espiritual – em termos figurativos – chega em gotas. Depois de uma iniciação, o Reiki flui para o iniciado num jorro intenso, regular e constantemente disponível, que pode inclusive aumentar muito por meio da prática regular.

Determinados chakras são tocados pelas sintonizações: Eles são praticamente usados como pontos de entrada. As verdadeiras mudanças, porém, ocorrem em níveis muito mais profundos, no chamado corpo de luz.[24] Esse corpo é uma estrutura espiritual que dirige e organiza forças vitais não polares como o Reiki. Dele, a informação é enviada ao sistema de chakras para controlar seus processos. O capítulo 20, "O Sistema de Energia Espiritual do Ser Humano", oferece mais informações sobre este assunto.

Os Poderes Específicos que São Conferidos po Meio da Iniciação no Primeiro Grau

São essencialmente cinco habilidades diferentes:

1. A pessoa iniciada se torna um canal para o Reiki, a força vital espiritual. Ela pode trazer essa forma de energia para a terra a qualquer momento, realizando a imposição das mãos

---

[24] Há um treinamento correspondente para este corpo na tradição do Reiki do Arco-Íris: Trabalho no Corpo de Luz do Reiki do Arco-Íris, realizado em todo o mundo por professores qualificados.

quando esse procedimento é necessário. Para isso, ela não precisa concentrar-se, realizar práticas específicas ou restringir seu estilo de vida. Quando o Reiki é necessário, basta impor as mãos ou entrar em contato com o receptor através da aura para que a força flua. O receptor sempre absorve o Reiki. No sentido mais estrito da palavra, ele pode não ser enviado, mas é sempre posto à disposição.

2. Cria-se uma espécie de proteção energética que impede o canal de Reiki de transmitir inconscientemente[25] ao receptor mais energia pessoal do que o necessário. Assim o praticante não enfraquece e o receptor não é sobrecarregado energeticamente por estruturas desarmônicas do doador de Reiki. Na ausência dessa proteção, algumas energias do praticante podem penetrar no sistema de energia interno do receptor, depositando-se ali e causando problemas. Esse resultado não é inevitável, mas sempre ocorre em alguma medida. Dependendo da estabilidade energética e psicológica, e da resistência dos poderes de autocura do receptor, esse modo de transmitir energias desarmônicas pode ter múltiplas consequências.

3. O canal de Reiki recebe uma proteção que o impede de receber energias desarmônicas do receptor do tratamento, ficando assim imune a doenças empáticas e a energias externas desagregadoras. Mas a sua capacidade de sentir energeticamente a outra pessoa continua. Por isso, podem surgir irritações, motivo pelo qual depois de um tratamento é necessário lavar as mãos ou aplicar uma técnica de limpeza da aura. Mesmo com uma estabilidade energética e psicológica levemente normal por parte do praticante, não deve surgir nenhuma dificuldade mais séria que possa ser atribuída à percepção de energia. É mais como um filme de que não gostamos ou como uma matéria de jornal que desperta associações desagradáveis.

4. Aumenta a sensibilidade para energias sutis. Depois do seminário do Primeiro Grau, muitas pessoas observam percepções totalmente novas nas mãos quando as posicionam sobre alguma coisa por mais tempo ou as mantêm sobre a aura de um ser vivo. Com a aplicação regular de Reiki e de práticas adequadas, esta habilidade pode ser muito aperfeiçoada.

5. Todas essas habilidades se fixarão de modo profundo e permanente no sistema de energia da pessoa. Elas não podem ser dissolvidas por nada porque são essencialmente um dom divino que já estava presente no organismo humano antes da iniciação. Esse dom podia estar adormecido, mas pertencia à pessoa como os braços ou as pernas. Depois de ser totalmente despertado, não pode ser "levado a dormir" novamente.

Por isso, só é necessário participar uma única vez na vida da iniciação no Primeiro Grau de Reiki. E é absolutamente certo que qualquer pessoa que tenha participado das iniciações de um seminário de Primeiro Grau recebe essas habilidades. Não existem iniciações malsucedidas, desde que sejam realizadas por um Mestre treinado tradicionalmente com os símbolos, mantras e rituais que nos foram transmitidos. Essa afirmação pode parecer um tanto presun-

---

25 Preste atenção a esta restrição: Uma pessoa viciada na síndrome do assistencialismo e que quer a todo custo sofrer com o receptor, transmitirá sua força vital junto com o Reiki. O Reiki nos protege, mas respeita o livre-arbítrio dado pela Força Criadora a todo ser humano desde o princípio.

çosa para algumas pessoas. Afinal, todos nós cometemos erros. Então, por que isso não se aplica também aos Mestres de Reiki? E esse raciocínio está totalmente correto. Mas não é o Mestre que em última análise ministra a iniciação. Ele apenas estabelece o contato com a fonte de energia vital espiritual, os Seres Divinos *Dainichi Nyorai* e *Dai Marishi Ten*, e serve de canal para o poder espiritual, a sabedoria e o amor. Esses seres de luz têm consideravelmente mais possibilidades efetivas de trabalho com energia à sua disposição do que qualquer ser humano. Uma iniciação de Reiki é algo muito, muito simples para eles. Eles são servos sumamente capazes da Força Criadora.

O que os seres humanos fazem é imperfeito e transitório – essa é uma característica dos seres humanos importante desde uma perspectiva espiritual. No entanto, uma aliança assumida pela Força Criadora não está sujeita às leis do mundo material e não pode ser defeituosa. Isso também foi demonstrado na experiência correspondente com as iniciações de Reiki. Quer um Mestre de Reiki esteja cansado, tenha dor de dente ou de cabeça, esteja apaixonado ou num estado de ânimo depressivo – desde que siga os rituais de iniciação tradicionais, eles terão um efeito absolutamente incontestável.

Tenho total consciência de que pode ser difícil para algumas pessoas acreditarem nesta afirmação. Eu também tive dúvidas durante muitos anos até finalmente passar pelas mesmas experiências positivas que eram constantemente repetidas.

Etapas da Iniciação Tradicional de Reiki no Primeiro Grau

O que segue são as etapas básicas das iniciações tradicionais de Reiki no Primeiro Grau. Cada uma dessas funções pode ser realizada corretamente de maneiras muito diferentes em termos dos "aspectos técnicos do trabalho com energia". Por isso, não existem soluções padronizadas que sejam de modo geral obrigatórias.

- Invocar a linhagem espiritual.
- Preparar a aura do aluno a ser iniciado para receber – produzindo um estado orientado para yin.
- Despertar a habilidade do Reiki e estabilizá-la.
- Integrar os chakras principais e secundários no fluxo da força do Reiki.
- Selar energeticamente os chakras secundários sensíveis para estabilização permanente das capacidades do Reiki.
- Conclusão – normalizar o estado da aura do indivíduo e da aura de todo o grupo de iniciados no fim da iniciação; pedir a bênção da linhagem espiritual, agradecer-lhe e retirar-se.

Para concluir, eu gostaria de analisar duas perguntas muitas vezes feitas sobre o tema das "iniciações":

É Importante Ter Ambas as Mãos Iniciadas no Segundo Grau?

Algumas pessoas acreditam que os três símbolos do Segundo Grau e seus mantras devem ser passados às duas mãos durante a iniciação no Segundo Grau de Reiki, para que os símbolos possam ser desenhados com cada uma delas e a relação yin-yang continue equilibrada no indivíduo. Isso é verdade?

Em primeiro lugar, a boa notícia: Uma iniciação de ambas as mãos não prejudica ninguém. Mas também é desnecessária. Durante a iniciação no Segundo Grau, a mão mecanicamente mais hábil é iniciada com os símbolos e mantras porque fica mais fácil desenhar os signos com caneta e papel. A mão mecanicamente mais ágil tem um sentido cinestésico muito mais desenvolvido. Esse é o sentido que informa o cérebro sobre os movimentos do corpo. Até aqui, tudo bem.

Mas a partir do momento em que o aluno de Segundo Grau de Reiki assimilou perfeitamente os símbolos e pode desenhá-los de memória sem cometer erros, normalmente é desnecessário continuar desenhando o símbolo à mão. Mais tarde, estudantes de Reiki avançados quase sempre aplicam os símbolos e mantras do Segundo Grau mentalmente, menos quando estão revendo e praticando os conhecimentos. O Segundo Grau é uma técnica mental de trabalho com energia.

Como apenas a "caixa de ferramentas" adequada de símbolos e mantras é posta à disposição dos estudantes de Reiki por meio da iniciação no Segundo Grau, também não há alteração na relação yin-yang no corpo. Durante meus treinamentos com centenas de alunos de Segundo Grau, nunca observei nenhuma "masculinização" ou "espiritualização" fora do normal, ou quaisquer outros sinais claros de um desequilíbrio de yang – a maioria das pessoas é destra e recebe os símbolos nessa mão – como resultado das iniciações no Segundo Grau. Como muitos alunos também participam frequentemente dos meus seminários como convidados no decorrer dos anos, e também me escrevem e telefonam quando têm notícias sobre seu processo de desenvolvimento, minha experiência tem fundamentos bastante sólidos. Mas, como mencionei anteriormente, esse procedimento nunca prejudica ninguém.

Iniciações dos Pés

A suíça Gerda Drescher, Mestra de Reiki, terapeuta corporal e naturopata praticante, trabalhou durante vários anos para desenvolver um método pelo qual sintonizações energéticas especiais (aberturas dos pés) são feitas no contexto de medidas terapêuticas de longa duração para melhorar concretamente a capacidade dos seus clientes de "se manterem com os pés no chão". De acordo com as minhas pesquisas, Gerda foi a primeira Mestra a trabalhar com iniciações dos pés. Ela usa este método desde o início com grande sucesso terapêutico e o repassa a estudantes avançados. Além da técnica em si, eles são treinados nos procedimentos físicos e psicoterapêuticos relacionados com ela. Gerda não representa o ponto de vista segundo o qual:

- ✪ Iniciações dos pés são um componente do Sistema Usui tradicional.
- ✪ Quem é iniciado no Reiki precisa automaticamente das iniciações dos pés, porque caso contrário o campo energético do corpo ficaria desarmônico ou o Reiki não operaria adequadamente.
- ✪ Iniciações dos pés são uma necessidade na Era de Aquário.

- Só se consegue "manter os pés no chão" por meio da iniciação dos pés.
- Iniciações dos pés são convenientes para todos.

Citação: "Seus (referindo-se às iniciações dos pés) efeitos têm amplas consequências. Além de uma ligação intensificada com a Mãe Terra, essa integração do polo inferior também leva ao confronto com a natureza física, com o inconsciente, com aspectos não resolvidos e com a nossa sombra. Elas (as aberturas dos pés) não são, portanto, de modo algum adequadas para preencher uma lacuna no mercado e na carteira ou para adular o nosso ego. Em vez disso, elas exigem uma atitude voltada para o processo e um conhecimento terapêutico responsável no acompanhamento do cliente! Não há nada que eu possa dizer sobre o efeito de outras aberturas dos pés que alguém afirme ter recebido diretamente de um Mestre escolhido ou pessoalmente, por meio da meditação de Usui, dos arcanjos, do Espírito Santo, ou mesmo da Força Criadora.

"Embora minhas aberturas dos pés tenham sido desenvolvidas com intuição, isso ainda foi feito de um modo empírico absolutamente discreto, e é isso que as torna especialmente valiosas... Rei-Ki-Balancing® é um convite a unir-nos mais estreitamente à Mãe Terra (Gaia) por meio do nosso corpo físico e um desafio a deixar que nossos pés nos levem pelo desconfortável caminho da espiritualidade para a plenitude como processo de individuação... Como sei que o meu trabalho é correto e valioso, desenvolvi estruturas de treinamento e orientações claras. É possível controlar a adesão a elas por meio da anulação de uma licença. O treinamento básico prolonga-se de dois a três anos (dependendo do conhecimento prévio), pelo menos, e também inclui um trabalho corporal profundo e intensivo, entre outras coisas."

Segundo informações que recebi de Gerda Drescher, as iniciações dos pés são um método extraordinário e eficaz para tratar problemas relacionados com a dificuldade de "manter os pés no chão" de acordo com a orientação terapêutica que ela desenvolveu.

PARTE II

AS ORIGENS ESPIRITUAIS ASIÁTICO-ORIENTAIS DO SISTEMA USUI TRADICIONAL DE CURA NATURAL COM REIKI

Capítulo 4

Budismo Esotérico

O Budismo Esotérico tem uma longa história. Suas características principais são os ensinamentos secretos (jap.: *mikkyô*), cujas origens são, em parte, muito mais antigas do que o próprio budismo. Os ensinamentos secretos consistem predominantemente em rituais mágicos com mantras, mudrâs e símbolos. Seus efeitos se manifestam por meio do poder de muitos seres de luz, como Budas, Bodhisattvas, deuses, deusas e reis de sabedoria. O dr. Usui criou o seu sistema de cura natural chamado Reiki baseado nos ensinamentos secretos do Budismo Esotérico, na magia japonesa *Shugendô* e no Xamanismo, e ainda nas lições dos deuses xintoístas e no Taoismo mágico da China. No Japão, muitas tradições espirituais individuais se fundiram umas com as outras através dos séculos, pois se complementam de modo notável. O próprio Reiki é um exemplo claro dessa realidade, e os símbolos são sua comprovação. O símbolo CR deriva do *Shugendô* e do *Xintoísmo*, os símbolos SHK e DKM são do Budismo Esotérico e o símbolo HS baseia-se na sabedoria tanto do Taoismo mágico como do Budismo Esotérico.

As Raízes do Budismo Esotérico

As origens do Budismo Esotérico são muito mais antigas do que as pessoas em geral imaginam. Na verdade, a Índia não é o berço de todas as antigas filosofias e métodos de cura. Os textos védicos podem vir à mente porque são considerados como os mais antigos do mundo e como originários na Índia. Mas a Índia foi o estágio final do seu longo desenvolvimento. Os *Vedas* foram inicialmente escritos entre 1200 e 600 a.C.[26] Entretanto, seu conteúdo remonta à avançada civilização da Mesopotâmia, se não a outras civilizações ainda mais antigas. Assim, esses ensinamentos têm pelo menos 6.000 anos de idade. Os textos preservados contêm crônicas de reis, cartas, procedimentos, poesia e, acima de tudo, encantamentos mágicos. Os ensinamentos secretos do Budismo Esotérico baseiam-se essencialmente nos *Vedas*. Esse conhecimento e seus rituais mágicos foram levados para a Índia, em parte, pelas tribos nômades arianas. Outra parte, especialmente as práticas mágicas, são remanescentes da grande sabedoria espiritual das culturas matriarcais que foram extintas ou assimiladas pelos arianos indo-europeus. Sua religião é o Bramanismo, que depois evoluiu para o Hinduísmo.[27]

---

[26] Uma análise mais detalhada deste tema encontra-se no capítulo 14, O Símbolo SHK, na seção sobre a escrita *Siddham*.

[27] Compare esses dados com os comentários feitos no capítulo 19, sobre Cosmologia Espiritual. Além disso, outras duas boas obras são recomendadas: *Tantra: The Cult of the Feminine*, de Andre van Lysebeth, Red Wheel Weiser, e *The Once & Future Goddess*, de Elinor W. Gadon, Harper San Francisco.

Antes da sua iluminação, o Buda histórico Sakyamuni aprendeu rituais, magia e meditação com mestres brâmanes e xamânicos. Essas práticas continuaram depois da iluminação de Buda, sendo passadas apenas para alunos escolhidos. Essa é a base dos ensinamentos secretos do Budismo Esotérico. Cerca de 500 anos depois de Buda, esses ensinamentos começaram a ser registrados. Cada seção desses textos sagrados é chamada sutra. O conjunto desses textos compõe o *Tripitaka*.

O Buda histórico proferiu três sermões principais, cada um constituindo os fundamentos de cada uma das escolas budistas. No terceiro sermão, ele ensinou o Budismo Esotérico, a que deu o nome de Veículo do Diamante (sânsc.: *Vajrayana*).[28] Embora as raízes dos ensinamentos secretos sejam mais antigas do que o próprio Budismo, os textos esotéricos foram os últimos a ser escritos. Em alguns círculos, isso levou à suposição de que o Budismo Esotérico só foi acrescentado ao Budismo muito mais tarde. Obviamente, esse ponto de vista é incorreto, porque a época dos registros escritos não tem relação com sua criação. Os ensinamentos secretos consistem principalmente em instruções para rituais. Eles foram inicialmente chamados *Vidhi* e mais tarde receberam o nome de *Tantra*.

Durante a vida de Buda, mudanças ocorreram na Índia em todos os níveis. Surgiram novos ensinamentos, como o Budismo e o Jainismo,[29] o que também levou a um afastamento da rígida ordem do Bramanismo. O Buda histórico incentivava as pessoas e insistia com seus alunos para que se envolvessem mais com a libertação da mente do que com a busca do próprio bem-estar por meio de rituais mágicos. No entanto, ele não excluía a aplicação de magia, mas acrescentava-lhe uma dimensão altruísta. Ele queria deixar claro aos alunos que a magia só tem sentido quando usada para o bem maior de todos os seres envolvidos. Além disso, há diferença entre apenas aplicar técnicas mágicas e querer desenvolver-nos para que a magia aconteça de modo natural e alcancemos sabedoria, amor e consciência. Essa capacidade é desenvolvida por meio do que Buda chamou de libertação da mente. Mais, a aplicação de práticas mágicas era corriqueira para Buda, sendo sempre feita precisamente quando era de fato necessária.

Nos sutras, práticas mágicas ou mesmo esotéricas são chamadas *paritta*. Realizando essas práticas, é possível proteger-se, por exemplo, de picadas de cobras venenosas e de outros animais, e também de diversas calamidades. Buda ensinou pessoalmente muitos desses métodos, e outros foram absorvidos de tradições xamânicas mais antigas no decorrer da propagação do Budismo. Isso se aplica particularmente ao xamanismo das tribos nômades do norte da Índia.

No século I, desenvolveu-se no Budismo um movimento que favoreceu de modo muito especial o florescimento de dois ensinamentos de Buda: a recitação de mantras e dhâranîs

---

[28] Em seu primeiro sermão, Buda ensinou o Budismo Hinayana ou Theravada, cujo foco é a iluminação do indivíduo por meio da meditação. No segundo sermão, ele ensinou o Budismo Mahâyâna, o qual inclui os ensinamentos e as práticas do primeiro sermão, e ainda o juramento do Bodhisattva. Por esse juramento, a pessoa se compromete a alcançar o estado de Buda em favor de todos os seres sencientes. Da perspectiva do Budismo, esse juramento por si só e as ações que dele resultam levam mais rapidamente à iluminação. Os discípulos de uma escola determinada em geral não aceitam as outras e afirmam que somente a sua escola é a verdadeira. Entretanto, comparando os sutras, é evidente que os fundamentos do Hinayana estão presentes no Mahâyâna. Além disso, o Mahâyâna não pode ser separado rigidamente do Vajrayana, pois ambos contêm os ensinamentos secretos. É muito provável que a divisão em escolas seja uma opção posterior. Outros nomes do Budismo Esotérico são *Tantrayana* e *Mantrayana*.

[29] O Jainismo se desenvolveu na Índia na época de Buda, em certo sentido, é uma tradição espiritual semelhante. Entretanto, parece que os fundadores de ambas as tradições nunca se encontraram em vida.

e os ensinamentos dos Bodhisattvas. Um Bodhisattva pode ser um ser de luz ou um ser humano. Quem promete alcançar a iluminação para benefício de todos os seres sencientes e se empenha constantemente em conduzir outras pessoas e a si mesmo à felicidade se torna um Bodhisattva. Significa que pessoas leigas – como o Buda histórico Sakyamuni – e monges e monjas podem se esforçar pela iluminação. Isso tem lógica porque Buda não era monge e nem sequer nasceu como tal. O Budismo Esotérico oferece meios especialmente eficazes para percorrer com sucesso o caminho do Bodhisattva: são os ensinamentos secretos, que incluem os símbolos do Reiki, mantras, mudrâs e iniciações apropriadas.

Il. 1 – SAKYAMUNI, O BUDA HISTÓRICO

Budismo Esotérico na China

Os principais textos levados da Índia para a China foram os sutras do Mundo do Útero (*Dainichi kyô*) do Buda Grande Sol e um conjunto de textos resumidos no Sutra do Mundo do Diamante (*Kongôchô kyô*) do Buda Grande Sol.

O Buda Grande Sol *Dainichi Nyorai* é o personagem principal em ambos os sutras. O Reiki procede diretamente dele, e por isso esse Buda também está estreitamente associado ao Símbolo do Mestre (DKM). Outros seres de luz como Budas, Bodhisattvas, guardiões, deusas e deuses são representados como raios nas mandalas com determinadas funções.

Nas práticas dos ensinamentos secretos, os símbolos gráficos dos seres de luz eram usados como foco durante a meditação e em rituais no caminho da iluminação. As meditações eram estruturadas em três partes, nas quais os mantras eram usados junto com símbolos especiais durante a meditação. As técnicas, também conhecidas como os Três Segredos (jap.: *sanmitsu*) do Corpo, da Fala e da Mente, ajudam os adeptos a perceber sua própria natureza – a consciência de Buda. Isso ocorre geralmente por meio da união com *Dainichi Nyorai* ou um dos seus raios.

Os primeiros textos tântricos chegaram na China por volta do século III. No ano 230, o monge indiano conhecido como *Chu Lü-yen* traduziu o *Mo-teng-ch'ieh ching*, um texto que continha vários dhâranîs, instruções sobre astrologia e um ritual do fogo chamado *homa*. No século IV, vários textos tântricos foram introduzidos pelos monges da Ásia Central. Um dos mais conhecidos desses monges era *Dharmaraksa*, que também traduziu o Sutra do Lótus e o Sutra da Sabedoria Perfeita, em 25.000 versos. *Fo-t'u-teng e Srimitra* são bem conhecidos por seus poderes mágicos e por seu profundo conhecimento dos mantras. *T'an-wu-lan* traduziu obras que descreviam modos de curar doenças com mantras e de interromper a chuva com rituais. Esses textos continuaram a aumentar desde o século V até o VII. A ênfase à magia continuou intacta durante a fase de sistematização dos ensinamentos budistas e seus rituais. Até o século VII, havia traduções para o chinês e comentários com descrições de seres de luz nas mandalas e de suas funções em rituais, bem como técnicas aperfeiçoadas dos ensinamentos secretos. Entre seus objetivos estava em particular a cura de doenças com relação ao desenvolvimento da mente para alcançar rapidamente a iluminação. Transmissões ritualísticas de energia e a cooperação com seres de luz em meditações eram usadas com esse propósito.

Quase no fim do século VII, o chamado Budismo Esotérico puro foi finalmente introduzido na China. O mestre indiano *Subhâkarasimha* (Shan-wu-wei, 637-735) e seu aluno chinês *I-hsing* (683-727) levaram o Sutra do Mundo do Útero do Buda Grande Sol (*Dainichi kyô*) para a China. *Vajrabodhi* (671-741) e seu aluno *Amoghavajra* (705-774) introduziram o Sutra do Mundo do Diamante (*Kongôchô kyô*). Daí em diante, o Budismo Esotérico na China recebeu um impulso cada vez maior. Em pouco tempo esses ensinamentos chegaram ao Japão.

Subhâkarasimha e I-hsing

Subhâkarasimha, nascido numa família real do nordeste da Índia, era claramente uma criança talentosa. Ele assumiu o comando do exército do pai já aos 10 anos de idade e subiu ao trono aos 13 anos. Embora tivesse vencido a luta pelo poder contra seus irmãos, decidiu entregar-lhes o trono e procurou um mosteiro. Como monge, viajou por todo o país e aprendeu magia com muitos grandes mestres. Por fim, fixou-se na Universidade Budista em Nalanda e estudou a prática dos Três Segredos sob *Dharmagupta*. Mais tarde, saiu em peregrinação a lugares de poder e ensinou as pessoas a encontrar o Buda dentro de si mesmas. Como resultado desse trabalho, *Dharmagupta* o enviou à China. Quando chegou à capital chinesa de Ch'ang-an em 716, já estava com 80 anos de idade.

O imperador chinês *Hsüan-tsung* (712-756) recebeu-o no palácio e lhe conferiu o título de "Professor da Terra" (*kuo-shih*). Segundo a história, *Subhâkarasimha* convenceu o imperador a se tornar budista, pois este ficara muito impressionado com a magia do monge indiano. Já anteriormente o imperador *Hsüan-tsung* demonstrara interesse pela magia taoista.

Em Ch'ang-an, *Subhâkarasimha* preparou a primeira tradução do *Hsu-kung-tsang ch'iu-wen-ch'ih fa*, um texto em que são descritos um mantra e um ritual muito eficazes para melhorar a memória. Em japonês, esse método é chamado *Gumonji hô* (Meditação da Estrela da Manhã). Essa é a meditação que o dr. Usui praticou 1.300 anos depois no Monte Kurama e que o transformou num canal de Reiki. Em 724, *Subhâkarasimha* acompanhou o imperador a Loyang, onde continuou seu trabalho. Sua tradução do *Dainichi kyô* (725) foi a centelha definitiva para a propagação do Budismo Esotérico na China. O monge chinês *Wu-hsing* já havia levado o texto original dos sutras em sânscrito para a China trinta anos antes.

Dainichi kyô descreve os fundamentos filosóficos do Buda Grande Sol *Dainichi Nyorai*. Na primeira seção, ele enfatiza que a percepção da própria mente de cada um – a natureza primordial – é a base da iluminação. Essa seção é seguida de uma análise dos vários níveis de despertar espiritual. As seis seções seguintes analisam a mandala do Mundo do Útero (jap.: *Taizôkai*) e práticas mágicas que levam a pessoa a reconhecer a mente iluminada inerente a todo ser humano.

I-hsing, aluno de *Subhâkarasimha*, é uma das figuras mais notáveis na história do Budismo chinês. Quando jovem, estudou os clássicos chineses e ficou famoso por seu profundo conhecimento do Taoismo. Quando perdeu os pais aos 21 anos de idade, tornou-se aluno do mestre Zen *P'u-chi*, que ficou bem conhecido em todo o país desde então. Com o tempo, seu interesse pelo Budismo Esotérico intensificou-se. Ele não só estudou os ensinamentos da Escola *Tien-t'ai*, mas também dominava matemática e astronomia a tal ponto que em 721 recebeu do imperador *Hsüan-tsung* a incumbência de revisar o calendário. I-hsing começou seus estudos de Budismo Esotérico sob *Vajrabodhi*, que chegou em Ch'ang-an em 719. *Vajrabodhi* iniciou-o nos ensinamentos e práticas do Mundo do Diamante. Em 724, ele acompanhou *Subhârakasimha* a Loyang e ajudou-o a preparar a tradução do *Dainichi kyô*. Em seguida ele escreveu um extenso comentário sobre esse sutra, com base nas palestras de *Subhâkarasimha*.

Vajrabodhi e Amoghavajra

Quando menino, *Vajrabodhi* refugiou-se no Budismo em Nalanda. Nos anos seguintes, ele se dedicou à literatura budista e adquiriu um vasto conhecimento sobre o Budismo Hinayana e Mahâyâna. No sul da Índia, foi iniciado no Budismo Esotérico da linha *Vajra-Sekhara*, aos 31 anos. Durante suas viagens pela Índia, ouviu falar da crescente popularidade do Budismo Esotérico na China e decidiu ir para lá para ensinar. Com a ajuda do rei do sul da Índia, embarcou num navio do Sri Lanka para a China e chegou em Ch'ang-an em 719 e em Loyang em 720. Assim que chegou, começou a construir plataformas (*kaidan*) – lugares de poder com mandalas – para iniciações nos ensinamentos secretos. Em pouco tempo ele chamou a atenção do imperador *Hsüan-tsung*, que chamou *Vajrabodhi* para observar seus poderes mágicos. O budista curou a doença supostamente incurável da filha de 25 anos do imperador e usou com sucesso a magia da chuva inúmeras vezes. Durante seus 21 anos de ensino na China, ele introduziu os rituais do Mundo do Diamante do *Kongôchô kyô*. O sutra contém principalmente a descrição da mandala do Mundo do Diamante e as práticas meditativas dos cinco Budas transcendentes.

O melhor aluno de *Vajrabodhi* foi *Amoghavajra*, que realizou mais pelo Budismo Esotérico do que todos os personagens descritos até aqui. *Amoghavajra* nasceu em 705 na Ásia Central. Seu pai era um brâmane do norte da Índia e sua mãe era natural de Samarcanda. Um tio levou-o para a China, onde encontrou *Vajrabodhi* em 719 e se tornou seu aluno. Em poucos anos, ele se transformou em um mestre dos ensinamentos secretos do Mundo do Útero e recebeu todas as iniciações.

Depois da morte do mestre, *Amoghavajra* retornou à Índia e ao Sri Lanka em 743 para recolher mais material sobre o Budismo Esotérico. No Sri Lanka, ele foi iniciado em aspectos avançados pelo mestre tântrico *Samantabhadra* e recebeu os ensinamentos de sabedoria correspondentes. Voltou a Ch'ang-an em 746, levando consigo mais de 500 sutras e comentários. Quando morreu, em 774, havia traduzido mais de 100 deles para o chinês. Essa tarefa o transformou no tradutor de maior destaque na história do Budismo chinês.

Amoghavajra empenhou-se em difundir o Budismo Esotérico construindo plataformas de iniciação (*kaidan*) em templos dentro e fora da cidade-capital. Os três imperadores de sua época o promoveram em virtude de suas grandes habilidades na cura espiritual e na magia da chuva, habilidades que todos esperavam dos monges do Budismo Esotérico naquele tempo. Quando o general *Lu-shan* rebelou-se em 755, *Amoghavajra* foi chamado para realizar um ritual para proteger o Estado. Quando *Amoghavajra* morreu, *T'ai-tsung* interrompeu todas as atividades da corte durante três dias.

Hui-kuo – Unificador das Duas Escolas do Budismo Esotérico

Amoghavajra teve muitos alunos de destaque. Um dos mais jovens, de nome *Hui-kuo* (746-805), teve posteriormente grande influência no Budismo Esotérico na Ásia Oriental. Como *Hui-kuo* havia estudado com grandes mestres as duas escolas do Budismo Esotérico baseadas no Mundo do Diamante e no Mundo do Útero, ele pôde mais tarde unir as duas principais linhas do Budismo Esotérico numa única escola. Embora os mestres anteriores do Budismo Esotérico conhecessem ambas as linhas, eles tendiam a se especializar em uma delas. *Hui-kuo* parece ser o primeiro a reconhecer as duas como iguais e complementares uma à outra. Ele estava convencido de que o Mundo do Diamante e o Mundo do Útero, em que o Buda Grande Sol *Dainichi Nyorai* aparece ora como o Grande Deus ora como a Grande Deusa, estão inseparavelmente unidos, do mesmo modo que o homem e a mulher. As gerações seguintes criaram o costume de iniciar os monges nas duas linhagens.

Além disso, *Hui-kuo* foi o primeiro monge do Budismo Esotérico a contribuir para a difusão do ensinamento fora da China. Já em idade avançada, ele recebeu aquele que se tornaria seu melhor aluno, o monge *Kûkai* (774-835), que viajara do Japão. *Kûkai* foi a única pessoa a quem *Hui-kuo* passou todos os ensinamentos e iniciações do Budismo Esotérico. Isso fez de *Kûkai* o oitavo patriarca e depositário da linhagem. Consta que *Hui-kuo* teria esperado muito tempo por ele. *Kûkai* é o fundador da Escola de Budismo Esotérico *Shingon* no Japão. *Saichô* (767-822), fundador da Escola japonesa *Tendai*, também estudou Budismo Esotérico na China. Conhecemos muito pouco sobre seu professor *Shunhsiao* e a transmissão a ele conferida. Depois que *Saichô* e *Kûkai* voltaram da China, *Saichô* foi aluno de *Kûkai* por vários anos. Só depois da visita à China dos monges *Ennin* (794-864) e *Enchin* (814-891), ambos estudantes do Budismo Esotérico da linhagem de *Hui-kuo*, é que o Budismo Esotérico foi incorporado definitivamente à Escola *Tendai* fundada por *Saichô*.

A fusão das duas escolas obviamente implica, como já foi mencionado anteriormente, que *Hui-kuo* deve ter aprendido com mais de um professor. Embora *Hui-kuo* seja o sétimo dos oito patriarcas[30] *Shingon*, seus predecessores vieram das duas escolas acima mencionadas. *Nâgârjuna*, o primeiro patriarca humano (antes dele os patriarcas foram *Dainichi Nyorai*

---

30 Patriarcas são os líderes ou depositários da linhagem de uma tradição espiritual. No Budismo Shingon e no Reiki, sua origem remonta ao Buda Grande Sol *Dainichi Nyorai*. Em geral, há outros seres de luz entre o primeiro patriarca e *Dainichi Nyorai*. No Reiki, esses são a Deusa da Luz e da Vitória *Dai Marishi Ten* e a Deusa da Grande Compaixão, *Kannon Bosatsu*. Portanto, uma linhagem sempre começa com um ser de luz cujo poder é transmitido a um ser humano sob circunstâncias especiais como a experiência de iluminação do dr. Usui no Monte Kurama. Essa pessoa torna-se então o primeiro patriarca. Ela pode transmitir os ensinamentos num nível energético com iniciações e num nível profissional por meio de treinamentos.

e *Kongôsatta*), desenvolveu o Budismo Esotérico no século III, adotando algumas práticas e ensinamentos do Bramanismo, o precursor do Hinduísmo. Quando *Nâgârjuna* se tornou budista, ele já era um mestre brâmane reconhecido e famoso. Ele transmitiu seus ensinamentos a *Nagabodhi*, o segundo patriarca que, por sua vez, passou-os para *Vajrabodhi*. *Vajrabodhi* levou o Budismo Esotérico do *Kongôchô kyô* para *Tang*-China e propagou-o junto com seu aluno chinês *Pu'kung*.

Mais tarde, no ano 716, o mestre budista *Subhâkarasimha* levou o *Dainichi kyô* para *Tang*, cidade-capital de *Chang'an*. Seu sucessor *I-hsing* escreveu os ensinamentos completos do seu mestre e acrescentou-os ao *Dainichi kyô* como comentário. Então, *Hui-kuo* teve a ventura de aprender os dois caminhos, de unificá-los e passá-los a *Kûkai*, o oitavo patriarca, que logo os levou para o Japão.

Além desses oito patriarcas, *Nâgârjuna, Nagabodhi, Vajrabodhi, Pu'kung, Subhâkarasimha, I-hsing, Hui-kuo* e *Kûkai*, há ainda uma segunda lista de oito professores importantes. Essa tradição diz que *Nâgârjuna* recebeu o ensinamento *Shingon* diretamente da Mente de Diamante *Kongôsatta* (sânsc.: *Vajrasattva*), um raio de *Dainichi Nyorai*, quando ele, com a ajuda de um ritual, conseguiu abrir uma misteriosa stupa de ferro que mãos humanas nunca haviam aberto. Portanto, esses são os patriarcas: *Dainichi Nyorai – Kongôsatta – Nâgârjuna – Nagabodhi – Vajrabodhi – Pu'kung – Hui-kuo – Kûkai*. Parece que os que escreveram a história deram mais valor ao número 8 do que ao número real de patriarcas. De qualquer modo, a segunda série de patriarcas é semelhante à da transmissão do Reiki. Isto é, o Reiki passou de *Dainichi Nyorai* para *Kannon* e de *Kannon* para dr. Usui. Como *Kûkai*, o dr. Usui passou o ensinamento completo não apenas a uma pessoa, mas a muitas. Em ambos os casos, esse fato teve a vantagem de difundir o ensinamento, mas também a desvantagem de algumas pessoas acreditarem ser melhores do que outras, sendo que algumas destas se autoproclamaram as únicas sucessoras legítimas do patriarca.

Isso nos mostra que, a começar com o Buda histórico, sempre houve pessoas que receberam uma transmissão direta do ensinamento que buscavam, ministrada por um *Bodhisattva* como *Kannon* ou *Kongôsatta* numa experiência de iluminação. De acordo com as minhas observações, parece que todo ser humano que pratica o suficiente e se abre para as forças da luz e do amor é capaz disso. E essas últimas qualidades parecem ser ainda mais importantes do que a prática técnica. Um fator muito importante é a atitude mental com que praticamos – o significado é a essência.

Budismo Esotérico no Japão

O Budismo Esotérico chegou oficialmente ao Japão com os monges viajantes japoneses *Kûkai* e *Saichô*. Com eles, o Budismo Esotérico teve uma grande expansão e uma onda enorme de escritos e materiais esotéricos invadiu o país. Mas em termos mais precisos, sutras como o Sutra do Buda Grande Sol *Dainichi kyô*, meditações esotéricas como a meditação da Estrela da Manhã *Gumonji hô*, e signos *Siddham* como o Símbolo SHK já haviam entrado no Japão numa data muito anterior.[31]

---

31 Cf. capítulo 14, sobre o Símbolo SHK.

O Budismo Esotérico chegou ao Japão em sua forma original porque os monges viajantes japoneses aprenderam com os monges peregrinos indianos e com monges chineses na China. Uma vez no Japão, o Budismo Esotérico misturou-se com a magia japonesa *Shugendô*, com o xamanismo xintoísta japonês e com a magia taoísta.[32] Os vários símbolos do Reiki, com suas origens nas tradições espirituais mencionadas anteriormente, mostram que esta fusão é a base do Sistema Usui de Reiki.

Depois de retornar da China, os monges Kûkai e Saichô fundaram as escolas esotéricas *Shingon* e *Tendai*. As duas escolas estão diretamente relacionadas com o Reiki e os símbolos, mas a contribuição da Escola *Shingon* para o desenvolvimento do Reiki é maior.

O Budismo *Shingon* é uma escola de Budismo Esotérico levada ao Japão pelo monge japonês Kûkai no século IX. As origens dessa escola têm uma história muito longa. Essa forma de Budismo recebeu o nome de ensinamentos secretos (*mikkyô*) no Japão. O *mikkyô* contém um grande número de ensinamentos, filosofias, entidades de luz, rituais e meditações, todos habilmente combinados entre si num amplo espectro. Isso me lembra (Mark) o Reiki do Arco-Íris, que também integra com muita habilidade apenas os melhores métodos do Sistema Reiki. Além disso, há aqui também semelhanças surpreendentes em termos de filosofia e em relação às técnicas de trabalho com energia espiritual, o que já existia muito antes que Frank Arjava Petter e outros pesquisassem as origens do Reiki Usui.

Os ensinamentos da Escola *Shingon* se baseiam nos dois sutras *Dainichi kyô* (大日経) e *Kongôchô kyô* (金剛頂経). Eles contêm a primeira representação sistemática dos ensinamentos secretos e da sua prática. O Budismo Esotérico fixou suas raízes em países da Índia à Ásia Central, Ceilão, China, Coreia, Japão, Mongólia, Nepal, Indonésia e Tibete. No Japão, ele praticamente mantém sua forma original, apesar de inúmeros avanços dos tempos atuais.

O Budismo Esotérico enfatiza de modo especial os rituais, os quais incluem a recitação de palavras e frases sagradas com efeitos mágicos. Essas fórmulas mágicas são chamadas "mantras" (curtos) ou "dhâranîs" (longos) em sânscrito, a língua indiana clássica. Em Japonês, elas são chamadas "palavras verdadeiras" (*shingon*). É daqui também que deriva o nome Escola *Shingon*. A escrita usada em sânscrito é chamada *Siddham*.[33] O Símbolo SHK faz parte dessa escrita. Os signos dessa escrita podem ser usados tanto como símbolos mágicos como alfabeto para o sânscrito.

Muitos escritos rituais antigos oferecem informações sobre o modo como os rituais eram realizados no Budismo Esotérico. Esses escritos não se limitam aos *Vedas*. Entretanto, as semelhanças entre os textos individuais são tão evidentes e incrivelmente numerosas que eles devem ter influenciado uns aos outros. No Bramanismo, muitos escritos rituais também foram criados no contexto dos *Vedas*, que também às vezes ainda levam os mesmos nomes do Budismo Esotérico – *viddhi* e *kalpa*. Mais tarde eles foram chamados *tantra* e *giki* no Japão.

Durante o Período *Heian* (794-1185), a importação de bens culturais da China pelo Japão, como arquitetura, astrologia, filosofia, Taoismo, etc., chegara ao auge. A maioria das obras históricas escritas em línguas ocidentais em geral presume que o Budismo Esotéri-

---

[32] Algumas práticas do Taoismo mágico, que por sua vez adotou os encantamentos mais importantes do Xamanismo Wu, também foram combinadas com o Budismo Esotérico na China. As duas tradições espirituais se complementam maravilhosamente.

[33] Cf. capítulo 14, sobre o Símbolo SHK.

co, com suas duas novas escolas *Tendai* e *Shingon*, tenha sido introduzido e se estabelecido no Japão na mesma época, isto é, inícios do século IX. Entretanto, a realidade foi outra também neste aspecto, o que se constata pelo fato de que há partes textuais nos sutras do *Mahâyâna* que são muito semelhantes às do *Vajrayâna* do Budismo Esotérico. Não é nem mesmo possível encontrar uma linha de separação precisa entre as duas com base no material textual, pois na verdade um se fundamenta no outro.

Embora alguns sutras como o *Dainichi kyô* se relacionem unicamente com o Budismo Esotérico, estes eram não só conhecidos, mas também lidos e sistematicamente estudados no Japão e em outros países muitos anos antes da introdução oficial do Budismo Esotérico.

Além disso, naquela época, já havia também ascetas budistas e xamânicos individuais que viviam nas montanhas para obter e desenvolver seus poderes mágicos. Entretanto, o treinamento oficial nas montanhas só foi oficialmente reconhecido como componente importante do Budismo a partir de *Kûkai* e *Saichô*.

Kûkai, também conhecido postumamente pelo nome de *Kôbô Daishi,* aprendeu Budismo Esotérico em sua totalidade na China com o grande mestre *Hui-kuo,* e se tornou seu sucessor. Kûkai deu a esse ensinamento o nome *Shingon* (que significa mantra, Palavra Verdadeira) no Japão. Kûkai achava este termo especialmente apropriado, pois aparecia nos sutras *Dainichi kyô* e *Kongôchô kyô* e é uma das ferramentas mais importantes.

Quando *Kûkai* difundiu o Budismo Esotérico no Japão, por um lado este ajudou a proteger o Estado, como também acontecera anteriormente com algumas escolas budistas antigas. Rituais específicos eram realizados com esse objetivo. Por outro lado, *Kûkai* também assegurou que o Budismo Esotérico pudesse se espalhar entre o povo. As práticas mágicas características do Budismo Esotérico,[34] como a magia da chuva, a cura e a prevenção de infortúnios eram usadas com essa finalidade.

Como as montanhas tinham relação com o Budismo nos tempos antigos, também havia monges que praticavam nas montanhas. Este novo *Budismo das Montanhas* (jap.: *sanrin bukkyô*), que acompanhou a mudança da cidade-capital para *Heian*, a atual Quioto, e encontrou expressão visível com o estabelecimento de dois importantes mosteiros nas montanhas *Hiei san* e *Kôya san*, tinha também o objetivo de influenciar o povo. Magia e leitura da sorte sempre haviam sido muito comuns entre o povo. O Budismo Esotérico também proporcionou um sistema muito eficaz de práticas mágicas e de rituais secretos com a ajuda de *mudrâs, mantras* e símbolos. Essas práticas eram usadas por monges ordenados, monges independentes (*shido sô*), irmãos leigos (*ubasoku*), santos andarilhos (*hijiri*), monges milagrosos (*genja*) e ascetas das montanhas (*yamabushi*). Por meio de suas peregrinações de montanha a montanha, eles levaram o Budismo Esotérico a todo o país.

Com exceção das influências sobre o Budismo na Índia, na China e na Coreia, o Budismo Esotérico disseminado desse modo deixara havia muito tempo de ser Budismo puro, pois se misturara com deuses nativos *(Kami)* do Xintoísmo e seu folclore e com crenças do Taoísmo. Isso teve uma forte influência sobre o Sistema Reiki de Cura Natural criado pelo dr. Usui, mesmo que aproximadamente 1.000 anos mais tarde. É por isso que as pesquisas sobre os símbolos do Reiki são tão complexas. A profunda e vasta sabedoria de todas essas

---

34 E do Xamanismo!

influências é uma das principais características dos símbolos do Reiki. Por isso é impossível afirmar que os símbolos só podem remontar a uma única tradição espiritual. Isso torna o Reiki, como o conhecemos por intermédio do dr. Usui, também muito japonês, porque está na natureza dos japoneses combinar habilmente seus próprios bens culturais com os de outros países – e em seguida inclusive aperfeiçoá-los. No entanto, a aplicação prática da energia vital do Reiki é muito mais antiga do que qualquer cultura da história moderna. Afinal, o caractere para Reiki é o caractere chinês mais antigo para uma xamã que pratica sua arte na tradição Wu. O Japão é o país que criou condições extraordinárias para restituir esta maravilhosa energia de cura à humanidade.

Em princípio, incessantemente através dos séculos, o trabalho mais proveitoso com energia na vida diária inspirado pelas várias tradições incorporou-se e integrou-se num todo. Por isso este ensinamento também se tornou um grande sucesso. Sempre que encontrou exigências práticas em competição com outros sistemas, ele venceu, porque foi capaz de resolver melhor os problemas com a ajuda de suas técnicas de trabalho com energia. Há evidências históricas para esta afirmação.

O Monge Kûkai (774-835)

Il. 2 – O MONGE KÛKAI

Kûkai não foi a primeira pessoa a levar o Budismo Esotérico para o Japão. No entanto, foi ele quem lá o propagou de forma sistemática. Muito provavelmente, *Kûkai* é o monge japonês mais famoso de todos os tempos no Japão. Eu (Mark) nunca encontrei no Japão uma única pessoa sequer que não conhecesse alguma coisa sobre *Kûkai*. Em quase todo o território japonês há lugares relacionados a *Kûkai*. Podem ser lugares onde Kûkai meditou ou fez alguma outra coisa. Mas também podem ser alimentos ou acontecimentos que remontam a *Kûkai* ou estão de alguma forma associados a ele. Muitas histórias sobre ele têm evidências históricas que as confirmam. Muitas outras constituem lendas, uma vez que é difícil comprová-las. Mas se apenas um milésimo do que se diz sobre *Kûkai* for realmente verdade, só isso já será um grande milagre. Para dar uma ideia de quem exatamente ele foi e por que é tão importante para o Reiki e para os símbolos, a seção a seguir descreve a sua vida na forma de cenas breves.

Cenas da Vida de Kûkai

A Juventude de Kûkai

Kûkai nasceu no dia 15 de junho de 774, na ilha de Shikoku, na cidade de Zentsûji, província de Sanuki, filho de um funcionário público. Seus pais *Saeki Yoshimichi* e *Tamayori* lhe deram o nome de *Mao* (真魚) (que significa: Peixe de Verdade). Ainda criança, ele já surpreendia os familiares esculpindo com barro estátuas budistas de personagens que nunca havia visto.

Il. 3 – O PEQUENO KÛKAI ESCULPINDO UM BUDA DE BARRO

Certa vez, com 7 anos, Kûkai subiu uma montanha íngreme. Chegando ao topo, disse: "Se a minha vida tem algum valor, aconteça o que acontecer, serei salvo". Nem bem terminara de dizer essas palavras, despencou no abismo. Segundos antes de tocar o chão, uma deusa apareceu e o segurou. Depois desse incidente, ele compreendeu a missão da sua vida. Prometeu a Buda que dedicaria toda a sua vida à assistência de muitos seres.

Sua família tinha pouca ligação com o Budismo. Essa promessa deixou seus pais muito tristes, porque temiam que o filho um dia se tornasse monge. Por isso, resolveram mantê-lo distante do Budismo e dar-lhe uma educação que o encaminhasse ao serviço público na cidade-capital. Eles queriam que Kûkai visitasse a universidade na cidade-capital. Porém, o candidato só podia entrar se os pais fossem funcionários públicos de alto escalão, o que não era o caso, ou se fosse aprovado em exames de nove níveis, muito difíceis. É por isso que seus pais o enviaram antes para uma escola do Estado. Nessa escola ele aprendeu confucionismo, medicina e política.

Exatamente nessa época, a cidade-capital passou de Nara para Nagaoka. *Mao* estava muito interessado em saber como era a nova cidade-capital. Mas não gostou de saber que os cidadãos comuns da sua região eram separados da família para realizar trabalhos forçados na construção da cidade-capital.

Seu pai prometeu-lhe que viajaria com ele para lá assim que *Mao* terminasse os estudos e pudesse frequentar a universidade na capital. Naqueles tempos, uma viagem dessa natureza era extenuante e enfadonha. Também era preciso atravessar o mar interior de navio, o que sempre constituía um risco. *Mao* convenceu-se de que a carreira de funcionário público lhe possibilitaria ajudar os que sofriam. Ele terminou os estudos com notas excelentes. Os pais exigiram que se tornasse um funcionário público respeitado para elevar a condição social da família. Eles não se preocupavam em fazer o bem para os outros.

Assim, *Mao* viajou para Nagaoka aos 15 anos, em 788, para lá iniciar os estudos. Durante três anos, estudou desde o amanhecer até tarde da noite. Mesmo quando ia a algum lugar, sempre levava livros consigo. Certa vez estava tão absorvido na leitura, enquanto caminhava, que bateu numa árvore e todos os que presenciaram a cena caçoaram dele. Em 791, finalmente passou no exame de admissão para a universidade. Decidiu dedicar-se ao estudo do *Myôgyôdô*, que consistia em especializar-se em confucionismo, história e chinês clássico. Entretanto, sua meta era alcançar o sucesso.

Os Anos de Práticas Ascéticas

Assim que *Mao* entrou na universidade, os estudos intermináveis continuaram. A cada dez dias, havia exames muito difíceis, baseados principalmente em memorização mecânica.

A cidade de Nagaoka mal acabara de ser construída, quando o governo tomou a decisão de transferir a capital para outro lugar – Heian (atual Quioto). A consequência disso foi novamente muito trabalho forçado e grande sofrimento das pessoas. Também as chuvas intensas destruíram grande parte das colheitas, provocando a falta de alimentos e mais padecimentos da população. Apesar de ser obrigado a estudar sem parar, *Mao* ainda alimentava uma compaixão fora do comum pelas pessoas e ficava imaginando como a situação poderia melhorar.

Ele passou a noite anterior a um exame estudando debaixo de uma árvore. Sua preocupação era grande porque ainda não aprendera mais da metade da matéria. Quem não aprendesse tudo de cor não só seria reprovado, mas ainda teria pouca possibilidade de chegar ao sucesso.

Il. 4 – O ENCONTRO DE KÛKAI COM UM MONGE EXTRAORDINÁRIO

Enquanto *Mao* estudava, um monge incomum surgiu do nada. Seu nome foi esquecido, mas ele era calvo, com uma barba longa e sobrancelhas espessas. Ele vestia uma túnica, portava um bastão de peregrino e segurava um cordão de oração. O velho monge perguntou: "O que você está fazendo?"

"Estou decorando a coleção de poesia chinesa mais antiga", respondeu *Mao*.

"Ah, então provavelmente você é aluno da universidade. O programa de estudos deve ser muito interessante, não?"

"Não, muito pelo contrário. Viver estudando é muito maçante."

"Exatamente. E o que você está estudando é o que as pessoas aprenderam há muito tempo. Mas não tem absolutamente utilidade no presente."

"Mas se eu não me formar na universidade, não poderei ser funcionário público. Como funcionário público, eu gostaria de construir uma grande carreira e então influenciar o governo para tornar mais fácil a vida das pessoas."

"Oooh, isso é interessante. Então você acredita que pode salvar as pessoas como funcionário público. Você não parece um jovem de família abastada. Por mais que se esforce, quer se torne funcionário público ou não, esse caminho nunca lhe dará a oportunidade de fazer algo bom pela humanidade."

Essas palavras deixaram *Mao* muito irritado: "Então, se isso não é possível, o que devo fazer?"

"Hmmmmh! Procure recitar uma vez este mantra: *Nô bô akyasha kyarabaya on arikya mari bori sowaka.*"

Mao começou a recitar essa frase em voz alta. Enquanto fazia isso, o velho monge transmitiu-lhe a iniciação e explicou: "Este é um *mantra* budista. Se você quer realmente levar as pessoas à felicidade, recite-o um milhão de vezes".

"O quê?! Um milhão de vezes?! Isso é muita coisa!"

"Exatamente. E essa é uma prática ascética do Budismo Esotérico. É chamada *Kokûzô Gumonji hô.*" Essas foram as últimas palavras do velho monge, que em seguida partiu. *Mao* continuou de pé, em silêncio, sem saber o que dizer. Mas então recitou o mantra inúmeras vezes e descobriu o seguinte: "Isso é muito estranho. Até há pouco, eu ainda tinha a sensação de que meu coração estava muito pesado. Mas agora, de algum modo, eu me sinto aliviado e com muita clareza... Budismo... Será que esse é o caminho que busquei por tanto tempo e que desejei em meu coração durante todos esses anos?"

Ele decidiu abandonar a universidade. Seus pais se apavoraram. Pensaram que ele fora extremamente tolo em deixar-se convencer por um velho monge aleijado a praticar essa loucura. Mas *Mao* havia tomado sua decisão. Abandonou a família e foi para as montanhas, para meditar.

Il. 5 – O PERÍODO DE ASCETISMO

Todo dia, da manhã à noite, Kûkai meditava com o mantra. Quando terminou de repeti-lo um milhão de vezes, suas roupas haviam se transformado em farrapos e sua barba e cabelo haviam crescido tanto que ele se tornara irreconhecível. Foi então que teve uma visão em que lhe apareceu o planeta Vênus.

Tomado de alegria, ele subiu um penhasco próximo ao mar para ver o sol nascer. Nesse momento ele tomou consciência da beleza do mundo e de que teria sido pura perda de tempo permanecer na cidade-capital para construir uma carreira. Então, enquanto admirava o nascer do sol, o céu e o mar, *Mao* tornou-se consciente de si mesmo e deu a si mesmo um novo nome, *Kûkai*, que significa "céu e mar".[35] Nesse momento, ondas gigantescas atingiram o penhasco.

Il. 6 – CÉU E MAR

Dali, *Kûkai* viajou para Shikoku, a ilha onde nascera, para continuar a meditar nas montanhas. *Kûkai* subiu a Montanha Tairyû, na província de Awa, de onde foi para Cabo Muroto, na província de Tosa. Em Cabo Muroto, ele descobriu uma caverna onde continuou por longo tempo a meditação que terminara anteriormente. Fosse inverno ou verão, Kûkai meditava debaixo de cachoeiras, enfrentando muitos desafios. Depois de caminhar em volta de Shikoku, que ainda é a base da peregrinação japonesa mais conhecida, "Os 88 Templos de Shikoku", ele subiu a Montanha Kôyasan, situada na ilha de Honshû, na prefeitura de Wakayama.

Contemplando o imenso vale, ele expressou um desejo: "Um dia eu gostaria de construir um centro budista nesta montanha..." Então, ao adormecer debaixo de uma árvore, apareceu-lhe uma deusa que usava uma coroa. Ela lhe dirigiu estas palavras: "*Kûkai*, se queres conhecer a verdade suprema do Budismo, deves aprender os ensinamentos secretos do Budismo Esotérico. Vai imediatamente ao templo *Kumedera*. Encontrarás algo muito importante na coluna central do pagode oriental." *Kûkai* queria dizer alguma coisa, mas acordou. A deusa havia desaparecido.

---

35 É possível haver aqui uma coincidência: O *céu* representa o princípio masculino divino e o *mar* é um símbolo espiritual muito conhecido para o princípio divino feminino. Ambos estão unidos no nome *Kûkai*, como as duas mandalas centrais do Budismo Esotérico.

Il. 7 – INSTRUÇÕES DA DEUSA

Assim *Kûkai* viajou para *Kumedera* em 796 e procurou saber o que estava escondido no pagode oriental. O próprio monge-chefe não sabia de nada, e então ambos foram examinar o local indicado. *Kûkai* descobriu uma caixa empoeirada com um sutra dentro dela. Ao abri-la, encontrou um sutra que era desconhecido no Japão até aquele momento: *Dainichi kyô* (O Sutra do Buda Grande Sol). O monge do templo ficou muito surpreso, pois nada sabia sobre a existência desse sutra no seu pagode.

Kûkai tentou ler o *Dainichi kyô*. Apesar da sua boa formação, só conseguiu entender umas poucas palavras. Por mais que o lesse, alguma coisa sempre continuava incompreensível. Para compreender seu conteúdo, *Kûkai* viajou de templo em templo com o objetivo de estudar os sutras.

Em dezembro de 797, ele escreveu o famoso texto *Sangô shiiki*, que trata da sua formação anterior e da decisão de agora estudar Budismo desde o começo. Ele escreveu esse texto como autobiografia, em forma de romance, aos 24 anos de idade.

A Busca dos Ensinamentos Secretos

Em seguida, *Kûkai* dirigiu-se ao templo *Daianji*. Naquela época, esse templo era sede da escola monástica mais famosa do Japão. Normalmente, não era possível simplesmente entrar e tornar-se monge. Mas como *Kûkai* era especialmente obstinado, os monges anunciaram sua presença ao abade, cujo nome na época era *Gonzô*. Segundo a lenda, *Gonzô* era o mesmo monge que ensinara o mantra do *Kokuzô* a *Kûkai*. "Bem, bem, então você gostaria de aprender os ensinamentos secretos *mikkyô*! Por que quer aprendê-los?"

"Buda me disse em sonho que é isso que devo fazer."

"Tudo isso é muito bonito. Entretanto, eu também não sei muito sobre os ensinamentos secretos. Se você quer aprendê-los corretamente, deve ir a *Tang*-China. Mas para isso, precisa antes aprender chinês. Você tem sorte. Alguns monges da China estão aqui neste momento. Eles podem ensinar-lhe chinês. Assim você pode ficar e tornar-se monge."

Então *Kûkai* dedicou-se inteira e totalmente ao estudo da língua chinesa, o que não foi difícil, pois ele já havia aprendido chinês escrito clássico na juventude. Em pouco tempo, ele sabia interpretar chinês.

Gonzô comunicou a *Kûkai* que ele fora escolhido para ser monge itinerante e que partiria para a China já no ano seguinte. Mas quando os navios zarparam em abril de 803, *Kûkai* não estava a bordo. A escolha fora reconsiderada, e uma delegação dessa natureza só era enviada à China a cada vinte anos. Assim, ele ficou totalmente deprimido e decepcionado.

Mas, então, algo inesperado aconteceu. Durante a travessia do mar interior, formou-se uma grande tempestade e os navios foram lançados contra as rochas. Muitas pessoas morreram, mas a maioria dos monges conseguiu salvar-se e logo retornou ao mosteiro. Como consequência, uma nova delegação foi preparada para o ano seguinte. Para grande alegria de *Kûkai*, ele teve permissão de fazer parte do grupo.

Em maio de 804, dois navios puseram-se ao mar. *Kûkai* estava em um deles. Um passageiro no outro navio era o monge *Saichô*, que já era bem conhecido naquela época, e mais tarde fundou a Escola *Tendai* de Budismo Esotérico no Japão. Dessa vez não houve problemas para cruzar o mar interior. Todavia, ao entrarem no Mar da China, uma violenta tempestade sobreveio. Os marinheiros pediram a *Kûkai* que rezasse a Buda. *Kûkai* dirigiu-se a *Dainichi Nyorai*, pedindo-lhe proteção e orientação. Em pouco tempo a tempestade amainou e as nuvens se dissiparam, deixando aparecer o sol. Mas o problema não terminou aí. A dispersão das nuvens foi acompanhada por fortes ventos que empurraram os dois navios em direções diferentes, separando-os.

Depois de uma odisseia de semanas em alto mar, o navio com *Kûkai* aportou na costa chinesa em Ch'ih-an-chen, província de Fukien. Infelizmente, as pessoas não acreditaram que eles eram de fato uma delegação japonesa, pois não portavam a carta de apresentação. Ela estava no navio que fora desviado para o norte. Eles foram considerados piratas, e como tal proibidos de pisar no continente. Então *Kûkai* teve uma ideia. Ele redigiu uma petição no estilo que aprendera no tempo de estudante. Devido a essa carta e ao estilo polido de *Kûkai*, as pessoas entenderam que eles não podiam ser piratas, mas que deviam ser realmente delegados do Japão. Assim eles iniciaram uma viagem a pé de dois meses, saindo da costa em direção à cidade-capital de Chang'an.

Em Chang'an, *Kûkai* encontrou o monge japonês *Yôchû*, que já vivera na China durante trinta anos. Esse monge voltou ao Japão no navio que levara *Kûkai*. Mais tarde, depois da volta de *Kûkai*, *Yôchû* ajudou-o a difundir o Budismo Esotérico por todo o Japão. Logo *Kûkai* encontrou dois monges que eram famosos na Índia e na China, *Hannya Sanzô* e *Munishiri Sanzô*, com quem aprendeu a escrita *Siddham*, além de muitas outras coisas. Mas como não era suficiente para *Kûkai* dominar a escrita Siddham, *Hannya Sanzô* o enviou ao templo do Dragão Azul (清竜寺), onde recebeu autorização para encontrar *Hui-kuo*, o sétimo patriarca do Budismo Esotérico.

Hui-kuo ficou muito feliz ao receber *Kûkai*:

"*Kûkai*, você finalmente chegou! Onde esteve durante tanto tempo? Estou esperando você de longa data. Não dispomos de muito tempo, por isso começaremos os preparativos para as iniciações amanhã mesmo. Até hoje, o Budismo tem sido mais teórico, muito semelhante a uma ciência concentrada principalmente no estudo intensivo dos sutras. É muito difícil alcançar a iluminação desse modo.

"Entretanto, o Budismo Esotérico segue os ensinamentos de *Dainichi Nyorai* e, com ajuda da meditação e da transmissão de energia espiritual, ele pode curar doenças, mitigar catástrofes, auxiliar muitas pessoas a ser mais felizes e livres, e a alcançar a plena iluminação já nesta vida."

Kûkai obviamente ficou muito feliz ao ouvir isso porque era exatamente o que ele vinha desejando havia muito tempo.

Kûkai foi iniciado antes na mandala do Mundo do Útero e depois na mandala do Mundo do Diamante. Nas duas iniciações nas mandalas, há um ritual em que o adepto, com os olhos vendados, se aproxima da mandala que está numa mesa e deixa cair uma flor sobre ela.

Il. 8 – RITUAL DO ORÁCULO

Nas duas iniciações de *Kûkai*, a flor caiu sobre *Dainichi Nyorai*, o que confirmou a *Hui-kuo* que *Kûkai* havia sido escolhido. Apesar de *Hui-kuo* já ser muito velho, ele jamais tivera um aluno tão talentoso. Por seu rápido progresso, *Kûkai* logo pôde receber a iniciação de mestre, a mais elevada. Além disso, ele recebeu um nome sagrado dos ensinamentos secretos: *Henjô kongô*. *Henjô* é outro nome para *Dainichi Nyorai* e *kongô* significa que a pessoa leva firmemente a iluminação em seu coração.

Então *Hui-kuo* mandou fazer os objetos ritualísticos, as mandalas, os sutras e as regras rituais *giki* do Budismo Esotérico para *Kûkai*. Essas são ferramentas que os alunos precisam para tornar o seu caminho mais fácil.

Certa noite, *Kûkai* foi chamado por *Hui-kuo*, que disse: "*Kûkai*, é bom eu lhe ter transmitido todo o meu conhecimento. Volte ao Japão o mais rápido possível e leve os objetos ritualísticos, as mandalas e os textos com você".

Kûkai ficou muito surpreso e respondeu: "Mas eu quero ficar mais tempo em Tang-China para aprofundar as pesquisas sobre os ensinamentos secretos!"

"Mesmo que fique em Tang-China, não há mais nada para você aprender aqui. É muito melhor você ir ao Japão para difundir os ensinamentos do Budismo Esotérico e levar as pessoas à felicidade."

"Compreendo."

"*Kûkai*, muito tempo atrás, fizemos a promessa de expandir o Budismo Esotérico. Eu agora vou partir numa longa viagem. Eu reencarnarei na Terra do Oriente e você, *Kûkai*, será meu professor." Essas foram suas últimas palavras. Em seguida, *Hui-kuo* morreu.

Uma estela funerária foi erigida para o sétimo patriarca Shingon *Hui-kuo*, com a inscrição redigida por *Kûkai*. As palavras de *Kûkai* eram tão sublimes que o próprio imperador maravilhou-se com elas. Por isso o imperador o convidou e autorizou a escrever para ele. Sempre que *Kûkai* pegava o pincel para escrever, ele rezava para *Dainichi Nyorai* e deixava que seu poder fluísse através dele. O imperador ficou tão satisfeito que lhe conferiu o nome de *Gohitsu wajô* (五筆和尚, Sumo Sacerdote Budista dos Cinco Pincéis de Escrita).

O Novo Budismo

Em março de 806, *Kûkai* deixou a cidade de Chang'an. Além dos objetos ritualísticos e dos sutras, também levou consigo muitos textos sobre confucionismo, taoismo, literatura e astronomia. Ao iniciar a viagem de volta para casa, ele realizou um ritual esotérico em que lançou um raio de três pontas (sânsc.: *vajra*) ao mar, na direção do Japão. Esse gesto representava uma espécie de guia e um pedido de ajuda para expandir o Budismo no Japão.

No alto mar, o navio foi atingido por uma forte tempestade. Para poder rezar e não ser lançado ao mar, *Kûkai* amarrou-se firmemente ao mastro. Em seguida, rezou a *Dainichi Nyorai* e a *Fudô Myôô*. Ele pediu para atravessar o mar a salvo e assim poder difundir a cultura de Tang-China e os ensinamentos secretos do Budismo Esotérico no Japão, para benefício de todos os seres. Repentinamente, a figura de *Fudô Myôô* apareceu no céu. *Fudô Myôô* empunhou a espada e com ela cortou o vento, as nuvens e as ondas. O navio, então, atravessou calmamente a tempestade em algo como um túnel seguro em direção ao Japão.

Ao chegar ao seu destino, *Kûkai* não teve inicialmente possibilidade de apresentar sua forma de Budismo, em muitos aspectos nova para o Japão, à corte do *Tennô*. Como ele fora enviado para a China para um período de vinte anos, mas retornara muito antes, não lhe foi permitido viajar para a capital. Ele foi designado para o templo *Kanzeonji*, em Dazaifu, na ilha de Kyushu, por um período de dois anos. Para marcar sua presença, enviou para a cidade-capital tudo o que havia trazido de Tang-China e escreveu um relatório que relacionava todos os objetos (*Go shôrai mokuroku*).

Enquanto isso, o monge *Saichô*, que derivara para o norte em sua viagem para a China, havia retornado antes de *Kûkai*, e exercia suas funções na corte do *Tennô* como monge renomado na cidade-capital. Como fora mandado para a China por um curto período de tempo e já ocupara posição de destaque antes disso, ele não encontrou nenhum problema para fundar a Escola *Tendai* e promover sua visão dos ensinamentos do Budismo Esotérico, conforme os recebera na Montanha Tientai, na China.

Em 807, *Kûkai* finalmente recebeu autorização do novo *Saga Tennô*[36] para ir à cidade-capital e tornar-se monge no Templo *Takaosanji* (nome atual de *Jingoji*).

Como *Saga Tennô* e *Kûkai* eram ambos calígrafos entusiasmados, *Kûkai* pôde ficar mais próximo do *Tennô*. *Saga Tennô*, *Kûkai* e *Tachibana no Hayanari* são conhecidos como os calígrafos mais famosos do Japão, sendo chamados *sanpitsu*, os "Três Pincéis que Escrevem".

Quando irrompeu a revolta para derrubar *Saga Tennô*, *Kûkai* aproveitou a oportunidade para apresentar a sua forma de Budismo ao *Tennô*. *Kûkai* convenceu o *Tennô* de que era neces-

---

[36] A palavra japonesa *Tennô*, que significa algo como "imperador," é sempre escrita depois do nome próprio. Ela pode ser usada tanto para uma pessoa do sexo masculino como do feminino.

sário apoiar o povo para manter a paz, o que também era vantajoso para o Estado e para a corte do Tennô. A partir de 810, *Kûkai* foi autorizado a realizar rituais para a proteção do Estado.

Para expressar sua gratidão, Tennô deu a *Kûkai* o templo de *Otokuni dera*. Esse templo era conhecido pelos espíritos dos mortos que apareciam ali, provocando perturbações. *Kûkai* teve êxito em conduzir todos esses seres irredimíveis para a Luz. Esse foi o início da expansão da Escola *Shingon* de Budismo Esotérico no Japão.

Certo dia, *Saichô* visitou *Kûkai*, ocasião em que pediu a permissão de *Kûkai* para se tornar seu aluno e assim aprender os ensinamentos secretos do Budismo Esotérico. Esse pedido evidentemente chamou atenção, pois era extremamente raro no Japão uma pessoa mais idosa tornar-se aluna de alguém mais jovem. O fato mostra, porém, como o carisma de *Kûkai* devia ser forte.

Daí em diante, muitos monges japoneses começaram a estudar com *Kûkai* e a receber iniciações nos ensinamentos secretos. Quando *Kûkai* explicava aos seus alunos que todo ser humano pode alcançar a iluminação plena nesta vida, eles ficavam tomados de surpresa. Isso não estava escrito em nenhum dos sutras conhecidos no Japão até aquele momento. Se a afirmação fosse verdadeira, *Kûkai* já devia ter alcançado a iluminação. *Kûkai* dizia-lhes que essa verdade está no *Dainichi kyô*: "... *Gautama Sakyamuni* era um ser humano exatamente como nós. Como ser humano, ele conseguiu se tornar o Buda, que significa aquele que alcançou a iluminação plena. Buda ensinou que todo ser humano que compreende os três Segredos (*sanmitsu*) do Corpo, da Fala e da Mente pode tornar-se um Buda..."

Como ainda não acreditavam nele, os monges desafiaram *Kûkai* a dar-lhes um sinal de que ele era o Buda. Pessoalmente, *Kûkai* não acreditava que atos milagrosos fossem necessários, mas dificilmente alguém lhe teria dado ouvidos sem eles. Para facilitar que seus alunos acreditassem realmente no novo ensinamento, *Kûkai* rezou ao Buda Grande Sol *Dainichi Nyorai* e recitou seus dois mantras *om abira unken* e *om bazara datoban*. Subitamente *Kûkai* foi envolvido por uma luz dourada e seu corpo se transformou no de *Dainichi Nyorai*. A luz era tão intensa que os monges não conseguiam manter os olhos abertos. Para difundir seus ensinamentos em todo o país, *Kûkai* enviou os monges que treinara em seu nome para as quatro direções, para que desenvolvessem suas atividades em várias regiões.

Kûkai, porém, não tinha em vista apenas o bem-estar da corte do Tennô e dos monges. Já na juventude, os métodos cruéis das autoridades para controlar a população o haviam abalado profundamente. Com os seus conhecimentos, e fundamentado no Budismo Esotérico, ele agora tinha também a possibilidade de fazer o bem para as pessoas simples. No ano de 811, *Kûkai* voltou para a sua terra natal com o objetivo de ajudar as pessoas a construírem uma represa contra as enchentes. Durante muitos anos as pessoas haviam tentado construir barragens, mas todos os esforços haviam sido inúteis. *Kûkai* explicou aos cidadãos que esse trabalho seria benéfico não só para eles, mas também para muitas outras pessoas. E também mostrou como cada um dos participantes dessa tarefa poderia tornar-se um Buda por meio de um ritual especial. Ao mesmo tempo, explicou-lhes as técnicas de construção avançadas que aprendera durante sua estada em Tang-China. O trabalho foi fácil para todos e concluído com sucesso em apenas 45 dias.

Taihan, aluno de *Saichô*, recebera ordens do seu professor para estudar com *Kûkai* e para ficar sempre com ele no templo. Certo dia, *Saichô* ordenou-lhe que conseguisse de *Kûkai* uma explicação sobre os sutras *Rishukyô*. *Kûkai*, porém, não atendeu a esse pedido porque percebeu que *Saichô* queria aprender os ensinamentos secretos do Budismo Esotérico sem as práticas de meditação, mas só pelo estudo dos textos. Esse não é o caminho para a verdadeira libertação. Somente por meio da prática, pela qual experienciamos o corpo, a fala e a mente em sua essência, é possível compreender os ensinamentos secretos.[37] Se *Saichô* desenvolvesse claramente sua personalidade por meio das práticas de meditação, *Kûkai* lhe enviaria os textos com todo o prazer no momento apropriado. Obviamente, *Saichô* não gostou nada da resposta. Quando ele mandou seu aluno *Taihan* voltar por causa disso, este preferiu continuar com *Kûkai* para se dedicar totalmente ao Budismo *Shingon*. *Saichô* irritou-se tanto com esse fato, que se afastou de *Kûkai* oficialmente, com a justificativa de que este, por ser mais jovem, não compreendia o Budismo.

Nesse meio-tempo, como *Kûkai* havia alcançado muito sucesso em todo o país, o Tennô deu-lhe terras nas montanhas para fundar um mosteiro, para que *Kûkai* pudesse continuar a aprofundar os ensinamentos secretos para o Estado e para o povo. Essas terras ficavam numa região onde *Kûkai* havia se dedicado a práticas ascéticas durante a juventude – a Montanha *Kôyasan*, atualmente prefeitura de Wakayama.

Com um grupo de monges, *Kûkai* partiu para Kôyasan. Mas, perdidos nas montanhas, eles não sabiam o que fazer. Além disso, uma tempestade de neve logo desabou sobre o grupo. Os monges se queixavam de que provavelmente congelariam com as rajadas de neve naquela noite. *Kûkai* os acalmou dizendo que seguramente *Dainichi Nyorai* os protegeria. Ele os encorajou a recitar o mantra do Bodhisattva que vence o espaço e é portador de grandes tesouros *Kokûzô Bosatsu*: "*Nô bô akyasha kyarabaya on arikya mari bori sowaka*". Eles mal começaram o mantra quando dois cães apareceram de repente no meio da floresta. Na época, cães assim só eram conhecidos na ilha de Shikoku, onde Kûkai havia nascido.

Il. 9 – CÃES MOSTRAM O CAMINHO

---

37 Mas isso não significa que não haja práticas de meditação na Escola Tendai. O zazen é praticado regularmente na Escola Tendai. Além disso, há muitos rituais. Na Montanha Hieizan, há também a meditação *Sennichi kaihô*, de 1.000 dias, durante a qual as pessoas caminham 64 km todos os dias em contemplação meditativa, com o objetivo de unir-se a *Fudô Myôô*. Participei dessa meditação durante vários dias. Ela é muito intensa, mas também muito recomendada.

Os cães latiam alto e davam sinais de querer mostrar o caminho aos monges, que por fim os seguiram pela floresta por várias horas. Finalmente chegaram a uma montanha de onde era possível enxergar um vale. *Kûkai* então percebeu que haviam chegado num ponto onde vinte anos antes ele expressara o desejo de um dia construir um centro budista. Eles haviam alcançado seu objetivo – com a ajuda dos cães. Mas onde estavam os cães? Haviam desaparecido. Nem mesmo as pegadas podiam ser vistas na neve. *Kûkai* explicou que eram Bodhisattvas em forma de cães.

Muito perto desse local, eles descobriram algo brilhante na copa de um abeto. Era o raio de três pontas que *Kûkai* havia lançado no mar antes de sua viagem de volta ao Japão. Esse abeto continua lá até hoje. O raio está guardado na casa do tesouro em Kôyasan, onde os visitantes podem admirá-lo.

Os monges celebraram rituais para consagrar o lugar até a primavera de 818, o que resultou na criação de um lugar de poder que até hoje conserva uma aura de veneração para visitantes de todo o mundo.

A sala de aula foi terminada depois de cinco anos. O término do pagode do tesouro demorou mais tempo. *Kûkai* também recebeu a incumbência do Tennô para construir o templo oriental *Tôji* na cidade-capital de Heian (hoje Quioto), para ali transmitir os ensinamentos secretos. Assim *Kûkai* podia viajar frequentemente pelo país e ajudar as pessoas que encontrava.

Além disso, ele reservava tempo para viajar pelo interior especificamente para dar assistência às pessoas. Sempre que lhe pediam ajuda, ele fazia todo o esforço possível para ir aonde precisavam dele. É por isso que também existem tantos lugares históricos hoje que nos lembram *Kûkai*.

Em 828, *Kûkai* fundou a primeira escola pública perto do templo *Tôji*, onde todos podiam estudar, qualquer que fosse a classe social ou a situação financeira. As pessoas pobres, em particular, recebiam inclusive refeições, e foi introduzido um sistema semelhante ao das bolsas de estudo modernas. Nessa escola, que foi chamada *Shugei shuin*, era ensinado todo um conjunto de matérias que as pessoas não necessariamente esperavam de um monge budista. Essas matérias incluíam Confucionismo, Budismo, Taoismo, legislação, engenharia, medicina, astronomia e música.

Além do tratado budista, *Kûkai* escreveu muitas obras literárias e inclusive o primeiro léxico de signos do Japão para caracteres chineses, o *Tenreiban shômyôji*.

Em 835, *Kûkai* voltou a Kôyasan. Ele sabia que essa seria sua última viagem a Kôyasan. No dia 15 de março, ele informou aos seus alunos que no dia 21 de março, na hora do tigre,[38] ele entraria no reino da luz durante um momento de meditação profunda.[39] Ele acrescentou também que não haveria motivo para lamentações e alvoroço, porque o Kôyasan continuaria e ele próprio estaria numa construção chamada *Okunoin*, dispensando proteção e orientação eternas...

---

38 Às 4 horas da madrugada.

39 Talvez não seja coincidência o fato de o dr. Usui ter escolhido o mesmo período de tempo – mesmo sendo muitos anos depois – para seus 21 dias de meditação no Monte Kurama e ter vivido a sua experiência de iluminação entre 4 e 5 horas da madrugada.

Vinte anos após sua morte, *Kûkai* foi homenageado pelo Tennô japonês por seus serviços memoráveis com o nome póstumo de *Kôbô Daishi*.

A Peregrinação de Shikoku

Kûkai vem mantendo a sua promessa de proteção e orientação até os dias de hoje. Eu (Mark) conheço pessoalmente muitas pessoas que podem confirmar essa realidade. Caso o leitor queira vivenciar uma experiência maravilhosa e talvez esteja até interessado em encontrar *Kûkai*, recomendo vivamente uma peregrinação aos 88 templos na ilha de Shikoku. Basta entrar em contato comigo.

Il. 10 – MARK HOSAK NA PEREGRINAÇÃO DE SHIKOKU

Kûkai nasceu na ilha de Shikoku. Durante muitos anos, ele meditou e fundou numerosos templos ali, e também realizou milagres. Shikoku é a menor das quatro principais ilhas do Japão. É um lugar onde se pode ter contato com a natureza virgem, difícil de encontrar em outras partes. Os 88 lugares sagrados de *Kûkai* encontram-se em parte nas florestas japonesas antigas, em parte no mar e em parte nas montanhas ou nas cidades e vilas. A peregrinação consiste em caminhar de um templo a outro, mantendo total concentração nas várias práticas dos ensinamentos secretos. Pode-se sentir nitidamente a presença de seres de luz e de lugares de poder. Evidentemente, isso se aplica também a pessoas leigas.

Ao término da minha segunda peregrinação, um monge e mestre de rituais me explicou os ensinamentos secretos na montanha Kôyasan. Ele me disse que as origens do Reiki podem ser encontradas nos ensinamentos secretos e nos símbolos do Budismo Esotérico, que o monge *Kûkai* trouxe para o Japão há mais de 1.200 anos. Ele afirmou que o poder do Reiki em si provém do Buda Grande Sol *Dainichi Nyorai*. Um método para experimentar o profundo conhecimento místico do Reiki e dos ensinamentos secretos é a peregrinação dos 88 templos, devido aos muitos lugares de poder e aos seres de luz ali presentes.

Quando fui para lá pela primeira vez para fazer minha pesquisa universitária, eu já tinha ouvido falar muito sobre os milagres nessa ilha. Mas era difícil para mim acreditar neles.

Somente as minhas próprias experiências da vida cotidiana me mostraram a verdade. Cada dia eu podia constatar a realização de pequenos e, às vezes, até grandes milagres.

A seguir, alguns rápidos exemplos do que aconteceu comigo nos primeiros dias em que lá me encontrava:

No deslocamento para o Templo *Dainichi* (nº 4), que é dedicado ao Buda Grande Sol *Dainichi Nyorai*, perguntei a uma mulher que estava no seu jardim onde ficava o caminho. Ela me explicou que era melhor ir antes ao templo nº 5, porque logo escureceria e este templo ficava bem mais perto. Mas eu fazia questão absoluta de visitar os templos seguindo a ordem numérica. Ela então acabou me indicando o caminho. Ao continuar, o cão que estava no jardim dessa senhora começou a me acompanhar. Ele sempre andava um pouco à minha frente e olhava para trás para ver se eu realmente o seguia. Tive a impressão de que ele sorria. O cão sabia exatamente onde estava o caminho e me acompanhou no crepúsculo até eu enxergar o portão do templo a distância. Entrei feliz no templo, mas o cão não estava mais lá. Pensei que provavelmente tivesse desaparecido em algum lugar entre a vegetação.

A caminho do templo seguinte, de repente o cão tornou a aparecer. Ele definitivamente queria me levar numa direção diferente da que eu planejara. Ele latia forte e corria para frente e para trás, mostrando que eu devia segui-lo. Até então, a ideia de que um cão pudesse mostrar o caminho só existia para mim nos filmes. Mas o cão só parou quando eu desisti e o acompanhei. Como antes, ele andava na minha frente o tempo todo e olhava para trás para ver se eu o estava acompanhando. Então, já escuro, vi uma indicação à beira do caminho e percebi que o cão havia me mostrado o caminho certo. Mas quando procurei localizá-lo, ele desaparecera sem deixar rastro. Fiquei absolutamente perplexo. Eu tirara os olhos dele apenas por um instante. Como ele podia ter desaparecido tão rápido? Esse incidente continuou na minha mente até o templo seguinte, onde passei a noite.

Eu ainda não conseguia entender o sentido exato dessa experiência naquela época. Eu também não conhecia ainda a vida do monge *Kûkai*. E também não sabia que a minha experiência estava diretamente relacionada com *Kûkai* e com os ensinamentos secretos.

Muitos meses depois da peregrinação – o inverno chegara e não há aquecedores no Japão – eu estava enrolado no meu cobertor enquanto lia a história da vida de *Kûkai*. Quando cheguei na parte do livro em que alguns cães mostram para *Kûkai* e alguns outros monges o caminho certo nas montanhas, lembrei-me da minha experiência com o cão durante a minha peregrinação. Eu soube imediatamente que havia uma correlação nisso. Quando *Kûkai* explicou que eles eram Bodhisattvas na forma de cães, senti uma alegria profunda. Ao mesmo tempo, uma energia quente invadiu o meu coração e eu deixei de sentir frio... Embora já fosse o meio da noite, corri até a mulher alojada no quarto ao lado, que viera de Taiwan. Cheguei inclusive a interromper a meditação que ela vinha fazendo havia meses. Como ela conhecia muitos sutras, ficou surpresa que eu tivesse essas experiências, em geral só concedidas a monges avançados. Como resultado, ela estava convencida de que eu devia ter sido um monge numa vida anterior. Expliquei a ela que qualquer pessoa pode passar por experiências assim e que eu a ajudaria com isso, o que logo aconteceu em Kôyasan.

No verão seguinte, voltei a Shikoku para uma nova peregrinação. Dessa vez, acompanhava-me um amigo da Alemanha que viajara especialmente com esse objetivo. No caminho para o templo nº 4, contei-lhe a história do cão. De repente, ele me interrompeu e perguntou: "Você quer dizer este cão?" Eu não conseguia acreditar nos meus olhos. O cão estava diretamente na nossa frente, novamente sorrindo.

No albergue do peregrino, o caractere *dôgyô ninin* (同行二人) está escrito em chinês. Isso significa que mesmo quando fazemos uma peregrinação sozinhos, não estamos sós. *Kûkai* sempre caminha ao nosso lado. Seu símbolo é o bastão do peregrino, um verdadeiro companheiro em todos os caminhos. Significa que precisamos pousar cuidadosamente o bastão a cada parada para que *Kûkai* também possa descansar.

Depois de subir um conjunto de escadas de pedra na primitiva floresta japonesa, cheguei a uma estátua de bronze do monge *Kûkai*. Estava escurecendo e eu ainda não sabia onde passaria a noite. Pensei comigo mesmo que se *Kûkai* está sempre presente, eu também devia ser capaz de fazer contato com ele. Então estabeleci o contato com os símbolos do Reiki. Eu mal lhe dirigira a minha saudação quando a estátua de bronze se transformou na figura real de *Kûkai*. Dele irradiava-se uma luz quente que também me preencheu completamente. Perguntei: "*Kûkai*, o que devo fazer agora? Para onde devo ir?" Ele respondeu: "Siga o caminho do seu coração". Eu não esperava essa resposta. Então perguntei: "Qual é o caminho do meu coração?" Mais uma vez ouvi sua voz: "Você saberá se continuar sua peregrinação comigo!" Repentinamente ele se dissolveu na luz dourada, que também logo desapareceu. E assim fiquei na escuridão, novamente diante da estátua de bronze. Eu sentia no coração o mesmo calor que já sentira em certas ocasiões antes. Mas continuava sem saber para onde devia ir. A minha mente dizia que eu devia ir para a esquerda. Então lembrei as palavras de *Kûkai*, "Siga o caminho do seu coração". Por isso decidi ir para a direita, e logo cheguei a um antigo templo, abandonado pelos seres humanos, mas protegido pelos seres de luz. Pude passar a noite ali.

Hoje sei que o caminho do coração não é simplesmente uma questão de decidir pela esquerda ou pela direita, mas é muito mais. O livro que as suas mãos seguram neste momento faz parte dele...

Capítulo 5

Taoismo e os Símbolos Tradicionais do Reiki

O ensinamento chinês do Taoismo é muito importante para a criação dos símbolos tradicionais do Reiki – especialmente para o Símbolo HS e em parte para o Símbolo DKM – porque esses dois símbolos são uma forma especial de talismãs taoistas. Esta breve introdução ao Taoismo tem o objetivo de expor seus aspectos fundamentais no contexto dos símbolos do Reiki.

Há três ensinamentos bem conhecidos na China: Budismo, Taoismo e Confucionismo. Desses, somente os dois últimos são de fato originários da China. Embora a palavra "religião" seja em geral usada no Ocidente, na China é mais comum o termo "ensinamento". Há duas palavras principais para Taoismo na China, *Daojiao* e *Daojia,* ambas começando com a sílaba *Tao* ou *Dao*. *Tao* pode significar caminho ou ensinamento. Ambos os termos têm relação com as principais correntes do Taoismo. *Daojiao* é a forma mágica, *Daojia* é a forma filosófica.

Taoismo Filosófico

Daojia deriva da obra chinesa *Daode jing*, de *Lao-tsé* e *Chuang-tsé,* considerados como os fundadores do Taoismo. O objetivo do *Daojia* é a união mística com o *Tao* por meio da meditação e da imitação da natureza taoista em pensamentos e ações. Ao mesmo tempo, o *Tao* tem um sentido metafísico e não é influenciado por normas morais sobre o "caminho do povo" como o Confucionismo. Segundo o *Daode jing*, o *Tao* é o princípio original e fundamento de tudo – uma realidade que provém do universo e reflui para todas as coisas. A iluminação (o terceiro caractere no Símbolo DKM; chin.: *Ming*, jap.: *myô* 明) como objetivo da meditação no sentido taoista é o retorno (chin.: *fu*) dos seres ao *Tao*. Com esse propósito, é preciso antes alcançar o vazio absoluto, para que se possa manter a imobilidade eterna e finalmente perceber o retorno das 10 mil coisas moventes para sua origem. Uma vez lá, tudo se aquieta e permanece em seu estado natural original. O estado natural primordial é algo que o dr. Usui frequentemente abordava, instigando os seus alunos: "Ó Ser humano – coroa da Criação – retorna ao teu estado natural primordial". Essa realidade é também enfatizada pela ponte, explicada no capítulo 15, o Símbolo HS. O Símbolo HS, como fonte da energia Reiki da qual tudo provém e à qual tudo também retorna, é a ponte para o Símbolo DKM (*Daikômyô* 大光明) no sentido da iluminação taoista.

No *I Ching: O Livro das Mutações*,[40*] "O Retorno" (chin.: *fu*) é explicado com *yin* e *yang*. Quando um deles chega ao seu clímax, ele volta para o outro até que este por sua vez chegue

---
40 Publicado pela Editora Pensamento, São Paulo, 1983.

à sua culminância. E assim o ciclo continua. O hexagrama *Fu* mostra precisamente esse movimento. Sob uma linha inteira *yang*, há cinco linhas divididas *yin*. O terceiro caractere (*myô* 明) descreve exatamente esse processo. Vista da perspectiva do signo, a lua (*yin*) está à esquerda e o sol (*yang*) está à direita.

Taoismo Mágico

O Taoismo mágico, *Daojiao*, tem como objetivo principal a obtenção da imortalidade. Com esse propósito, ele se serve de meditações, magia, alquimia, exercícios físicos e respiratórios e de técnicas tântricas. Dependendo da escola, as várias práticas recebem maior ou menor destaque. As escolas, que só se mesclaram com o Taoismo entre 220-120 a.C., remontam em parte a tradições muito mais antigas, como o xamanismo Wu. Esse é também o período em que o trabalho energético com seres de luz começou no Taoismo. Os feiticeiros daquele tempo iniciaram esse desenvolvimento. De acordo com relatos antigos do século III a.C., eles eram chamados de "Senhores das Fórmulas" e eram mestres em astrologia chinesa, cura espiritual, clarividência, geomancia e práticas sexuais. Para curas e rituais, usavam símbolos na forma de talismãs e cooperavam intimamente com seres de luz, como é costume hoje no Reiki do Arco-Íris. Esses feiticeiros transformaram-se nos sacerdotes taoistas que realizavam rituais com talismãs e fórmulas mágicas para cura e outros propósitos. Viviam quase sempre em mosteiros sob regras ascéticas rígidas.

No século II d.C., o Taoismo popularizou-se muito porque era possível curar muitas doenças com o auxílio de talismãs e rituais. O mestre taoista *Ko Hung* (284-364) logo sintetizou os vários métodos para uma vida longa na sua enciclopédia, *Pao p'u tzu*. O aspecto esotérico, que trata da confecção de talismãs e do uso de encantamentos mágicos, é que serviu de base para o dr. Usui criar o Símbolo HS.[41]

O Taoismo chegou ao Japão provavelmente no final do século VII. A obra histórica japonesa *Nihonshoki* começa com os caracteres *yin* e *yang* e relata a chegada dos mestres taoistas. O auge de práticas taoistas, como adivinhação e exorcismo, ocorreu no Japão durante o período Heian (794-1185) com o desenvolvimento do caminho de *yin* e *yang* (jap.: *onmyôdô* 陰陽道). Isso envolvia principalmente a confecção de amuletos e práticas mágicas. Um setor foi inclusive criado na corte do Tennô para esse propósito.

Entre os rituais taoistas mais conhecidos no Japão está o *Taizan fukun*, do deus *Taishan*, que decide sobre a duração da vida humana. A base dos rituais secretos chamada "corte dos nove signos" *Kuji kiri*[42] também deriva do Taoismo, mas foi aperfeiçoada no Japão por intermédio da sua habilidosa combinação com o Budismo Esotérico e com as formas de magia japonesas do Shugendô e do Xintoísmo.

O monge *Kûkai*[43] certamente conhecia a relação entre o Taoismo e o Budismo Esotérico, pois aprendera ambos na China e também os havia ensinado no Japão, na primeira universidade pública desse país.

---

41 Cf. capítulo 15, sobre o Símbolo HS.
42 Cf. capítulo 11.
43 Kûkai é o oitavo patriarca da Escola *Shingon* de Budismo Esotérico, a qual procede diretamente de *Dainichi Nyorai*. Cf. capítulo 4, sobre Budismo Esotérico.

Não está de fato claro se as ideias taoistas de confeccionar talismãs e usar magia já haviam entrado ou não no Budismo Esotérico na China até sua chegada no Japão. Mas sabemos que o Taoismo influenciou continuamente o Budismo na China no decurso da história. O Xintoísmo, o Shugendô e muitas outras linhas religiosas antigas no Japão foram tão diretamente influenciadas pelo Taoismo que ficaram impregnadas de suas ideias, como demonstrou o professor Fukunaga Mitsuji no seu livro sobre Taoismo e cultura japonesa.[44] Muito antes de sua experiência no Monte Kurama, o dr. Usui tivera acesso a esses ensinamentos integrados. Sem eles, não haveria os símbolos do Reiki nem o Reiki como arte de cura espiritual em sua forma atual.

Muitos séculos depois, houve uma fase na história japonesa durante o Período *Edo* (1600-1868) em que o Taoismo foi sistematicamente reprimido. Essa repressão durou até o início do Período *Meiji* (1868-1912). Nessa época, surgiu a crença de que o Xintoísmo, que era fortemente influenciado pelo Taoismo, era uma religião nativa, puramente japonesa.[45] Essa proposta foi apresentada pela primeira vez pelo discípulo da escola 国学 — *kokugaku*,[46] *Hirata Atsutane* (1776-1843), que havia estudado todos os textos taoistas da China e chegara à conclusão de que o Taoismo não viera da China para o Japão, mas fora originariamente levado do Japão para a China. Além disso, a palavra Taoismo (jap.: *dôkyô* 道教) logo foi retirada dos textos japoneses. Esse é também um dos motivos por que existe relativamente pouco material sobre Taoismo no Japão atualmente. Entretanto, se compararmos os textos japoneses com os chineses, e se considerarmos as funções na corte japonesa do Tennô e muitos aspectos da arte xintoísta com a China, não se poderá negar a contribuição da influência taoista.

Seja como for, as práticas de magia do Taoismo influenciaram o Xintoísmo e o Budismo Esotérico tão fortemente através dos séculos que as práticas mágicas foram preservadas, apesar do novo nome que receberam. Não se sabe se o dr. Usui tinha ou não informações sobre os detalhes desses desdobramentos. De qualquer modo, os elementos mágicos do Taoismo contribuíram para o desenvolvimento da arte de cura do Reiki praticada em todo o mundo.

---

[44] Cf. capítulos 6 e 7, sobre Xintoísmo e Sugendô, respectivamente, e também Fukunaga, Mitsuiji: *Dokyo to nihon no bunka*. Jinbun Shoin. Quioto, 1982.

[45] No entanto, há muito boas razões para presumir que o Xintoísmo na verdade desenvolveu-se a partir dos ensinamentos do Xamanismo Wu e do Xamanismo nativo importados da China para o Japão. As semelhanças evidentes entre os dois sistemas são simplesmente incalculáveis.

[46] Escola científica durante o Período Edo que evoluiu para um movimento nacional com base em estudos filológico-literários. Por meio de pesquisas sobre a literatura japonesa antiga e da mudança do modo de pensar do Estado, o Xintoísmo assumiu cada vez mais uma posição central no pensamento do Estado como caminho da verdade. Elementos não japoneses como Budismo ou Confucionismo foram rejeitados.

Capítulo 6

Xamanismo e Xintoísmo

Xamanismo

O Xamanismo japonês tem uma longa história, cujas origens remontam a culturas que pouco foram pesquisadas e analisadas, mesmo no Japão. Por exemplo, todo um conjunto de pirâmides de dimensões gigantescas foi descoberto no continente japonês e ao longo da costa. De acordo com todos os fatos atuais, elas não têm relação com a cultura mais antiga conhecida dos *Jômon* (10 000 a.C.-400 a.C.). Cientistas atribuem às duas pirâmides situadas no norte do Japão, na prefeitura de Tôhoku, uma data de mais de 8.000 anos. Na base da grande pirâmide, há uma cidade de pedra tomada pela vegetação com mais de 1.000 anos de idade. Suas construções não têm nada em comum com as da cultura *Jômon*. É interessante observar que os xamãs eram muito comuns nessas regiões desde tempos muito antigos. Algumas de suas tradições ainda são praticadas atualmente.

No Japão, como também na Coreia, xamãs mulheres desempenhavam um papel proeminente no Xamanismo. Elas eram chamadas de *miko* (巫 ou 巫女) em japonês – um termo usado exclusivamente para mulheres. Ele também representa o terço inferior do primeiro caractere de Reiki (靈氣).[47] Em resumo, as xamãs rezam aos deuses para que eles enviem água abençoada (chuva) para a terra.[48]

---

[47] No caractere chinês de Reiki, que é idêntico ao japonês, as xamãs representadas simbolicamente estão claramente associadas à antiga tradição das xamãs Wu. No Xamanismo Wu, que também ocupou uma posição importante durante muitos séculos na corte do imperador chinês, a veneração das montanhas sagradas (as Wu conheciam seus poderes espirituais e ervas medicinais, e os deuses que gostavam de descer até elas) desempenhava um papel importante, como também a muito importante dança mágica para a chuva, que também é representada de forma abstrata no símbolo do Reiki. A fonte principal do poder espiritual de uma xamã Wu é a unificação dos poderes divinos do céu e da terra no coração da xamã. Em chinês, *Rei* é chamado *Ling*. Alguns significados mais antigos desta palavra e de seus caracteres são: realidade mágica; poder mágico; energia vital do princípio da escuridão Yin (a Grande Deusa) ou as divindades em geral. O caractere *Ling* também descreve a máscara de uma xamã Wu, com cuja ajuda ela estabelece contato com a força espiritual de um ser de luz para usá-la em atos de magia. Essa ressonância pode estender-se à invocação da divindade. O símbolo *Ling* é considerado, de longe, o mais antigo indicador das xamãs Wu. Ele é sinônimo de suas características e do seu poder espiritual. A principal qualidade das Wu é que elas podem estabelecer uma relação pessoal íntima com seres de luz e com espíritos ancestrais (mestres ascensionados). O antigo livro *Ch'u-yü* diz a respeito desse assunto: "... Quando alguém do povo é obsequiado com grande poder espiritual e se mantém fiel à sua tribo, além de praticar uma pureza e disciplina espiritual estrita, ... só então um espírito de luz ou uma divindade desce sobre ele. Esse espírito se chamava *Hsi* num homem e *Wu* numa mulher". O Matrimônio Sagrado (*Hieros Gamos*) exercia um papel fundamental na iniciação da Wu nos seus poderes espirituais e em rituais mágicos especiais. O capítulo 19, "Cosmologia Espiritual" contém mais informações sobre o Matrimônio Sagrado. A divindade de quem as Wu recebem seu poder espiritual é *T'ai-I*, o Todo-Um. A divindade correspondente no Budismo Esotérico é Dainichi Nyorai. Além disso, as Wu estão em estreita relação com os Cinco Animais Totens, que conhecemos pelo Feng Shui chinês. São seres de luz que personificam os cinco elementos e organizam seu fluxo de poder para o mundo. É certo que as Wu levaram seu culto para o Japão e lá estabeleceram as partes principais do xamanismo japonês e o culto das montanhas sagradas e seus deuses. Mais tarde a tradição Wu misturou-se principalmente com o Taoísmo e o revigorou com trabalho de energia muito prático e eficaz. Há fortes semelhanças entre as Wu e as primitivas formas indianas de trabalho com energia espiritual que era praticado por mestres que viviam ao ar livre, com os quais Buda Gautama aprendeu. O trabalho de energia espiritual com os Cinco Animais Sagrados também é ensinado no Reiki do Arco-Íris.

[48] Mais detalhes sobre este assunto estão no capítulo 18, sobre os caracteres da palavra Reiki.

O caractere 巫 é formado pelos componentes para trabalho 工 e para duas pessoas 人 juntas. Em combinação, isso indica um método com o qual os deuses são invocados. Um outro sentido oculta-se ainda no signo original. As duas pessoas estão sentadas sobre os calcanhares e com as mãos posicionadas como se estivessem oferecendo alguma coisa aos deuses, talvez um sacrifício espiritual, e dando a impressão de aplicar o Reiki.

Il. 11 – ORIGEM DO KANJI PARA A XAMÃ

Há também xamãs homens, chamados *Geki* (覡). O caractere é composto pelos termos "xamã mulher" e "ver". O xamã é, portanto, aquele que busca os deuses por intermédio de uma xamã, vendo-a e aprendendo com ela. Isso indica que o Xamanismo original no Japão deve ter tido uma natureza matriarcal, assim como eram as xamãs Wu na China antiga.

Há dois tipos básicos de xamãs femininas. O primeiro grupo é chamado *Kannagi* e pertence à corte dos *Tennôs* e aos santuários xintoístas. É aqui que as xamãs exercem a função de assistentes nos rituais; entretanto, na maioria dos casos elas perderam sua função e técnica originais, bem como seus poderes mágicos. Em particular, esse papel inclui tarefas como vender aos crentes objetos ritualísticos (velas, incenso, saquê, amuletos, etc.). Elas usam roupa vermelha e branca e exercem atividades em quase todos os santuários e em todas as festas do santuário até hoje. Nos tempos antigos, elas eram filhas ou outras familiares dos sacerdotes xintoístas. Atualmente, qualquer jovem de uma comunidade do santuário pode assumir essa função. Em geral, elas não recebem treinamento especial e realizam seu "trabalho" por um salário mensal enquanto permanecem virgens.

O segundo grupo envolve muito mais. Elas são chamadas *Kuchiyose* e recebem um treinamento longo e intensivo com muitas iniciações e exercícios práticos, incluindo práticas ascéticas nas florestas mais densas do Japão. Depois do treinamento, podem permanecer em suas aldeias natais e celebrar rituais de todos os tipos para os habitantes locais. Ou podem viajar de aldeia em aldeia e solidarizar-se com os sentimentos e as necessidades dos moradores. Também realizam rituais de cura e de energia e depois levam essa energia para a aldeia seguinte. De modo ritualístico, elas levam consigo o sentimento da aldeia anterior, possibilitando às aldeias compreenderem melhor umas às outras num nível espiritual profundo. Isso dissipa possíveis conflitos com amor e com a ajuda dos deuses para satisfação de todos.

Em seus rituais, elas adotam técnicas como dança extática, trabalho com sonhos, viagem astral, canalização, leitura da sorte, cura com o poder dos seres de luz e a manipulação de remédios herbáceos que também são carregados com aspectos do poder dos seres de luz, e muito mais. Em situações difíceis de morte, elas realizam rituais especiais para a libertação da alma. Mesmo hoje, pessoas recorrem a elas em busca de orientações de anjos guardiães e de falecidos.[49] "A Montanha do Medo" (jap.: *Osoresan* 恐山), localizada na prefeitura de Tôhoku, no norte do Japão, é particularmente conhecida para essa finalidade. Essa montanha é um antigo vulcão cuja cratera abriga um lago fantástico e uma paisagem estranha formada de rochas e cristais de enxofre. Em muitos lugares, há gás ou água quente, sulfurosa, jorrando da terra. Há muitos pagodes, pequenos e grandes, feitos de pedras naturais empilhadas. As fontes quentes são conhecidas muito além dessa região especialmente por seus efeitos curativos, e muitas pessoas as frequentam. Segundo a lenda, as almas de todos os falecidos passam por aqui em seu caminho para os mundos de luz. É por isso que é muito fácil fazer contato com elas aqui.

Kami – Os Espíritos, Deuses e Seres de Luz no Japão

Como em muitas tradições espirituais antigas do mundo, as pessoas no Japão também acreditam que não só os seres animados têm alma, mas também todos os demais seres: fontes, pedras, árvores, etc., porque são todos feitos da força criadora. Os seres de luz, que mantêm os vínculos entre as partes individuais, aparentemente inanimadas, ou seres "inconscientes" (animais), do mundo material e a força criadora são geralmente chamados *Kami* no Japão. Os espíritos e deuses do Japão (jap.: *Kami*) se sentem à vontade em pedras, rochas, montanhas inteiras, árvores, florestas ou mesmo animais. Ou, por exemplo, podem ser a própria árvore. Os lugares de poder onde vivem são geralmente decorados com vários símbolos, como cordas grossas, portões vermelhos (jap.: *torii*) ou tiras de papel dobradas em forma de raios luminosos.

Em muitos casos, são erigidos no local santuários com um ou mais altares. Além dos *Kami* da natureza, existem também os *Kami* celestiais, como a Deusa Sol *Amaterasu* ou seu irmão, o Deus Tempestade *Susanoo*, que são adorados em enormes santuários semelhantes a palácios. Todos os *Kami* possuem habilidades e forças especiais. Dependendo do objetivo a ser alcançado com o trabalho xamânico, são convidados para o ritual os *Kami* correspondentes.

Il. 12 – PORTÕES SAGRADOS NO SANTUÁRIO FUSHIMI INARI, QUIOTO

---

49 Essas atividades também são praticamente idênticas às do Xamanismo chinês Wu.

Trabalho Xamânico com os Kami

A chamada "invocação" do *Kami* pode ser interpretada de diferentes maneiras. Com a ajuda de práticas xamânicas é possível, por um lado, convidar um *Kami* a entrar no próprio corpo (invocação). Isso significa que o *Kami* pode se comunicar com outros seres por intermédio de um médium. Do mesmo modo, é possível aprender algo com eles ou receber habilidades especiais por um período de tempo mais curto ou mais longo. Por outro lado, o *Kami* pode ser convidado a participar de rituais e de festividades. Em ambos os casos sempre ocorre uma troca justa. Por sua ajuda e apoio aos xamãs ou a pessoas leigas, os *Kami* recebem várias compensações, como festas oferecidas em sua homenagem, em que são carregados simbolicamente pela cidade, ou santuários inteiros são construídos para eles, onde qualquer pessoa pode fazer alguma coisa boa a favor deles, entrar em contato com eles ou agradecer-lhes.

Ao visitar os *Kami* em santuários, eu (Mark) fiquei muitas vezes impressionado ao constatar como são brincalhões. Antes de entrar no santuário, as pessoas devem jogar pequenas pedras na cumeeira do portão. Nesse processo, se algumas pedras caem no chão, elas precisam ser jogadas de volta. Isso é divertido, mas também pode ser muito cansativo e algumas pessoas, então, não conseguem entrar. Felizmente, não é preciso atirar pedras em todos os portões, o que seria extremamente penoso, como se pode ver facilmente na ilustração.

A propósito, os *Kami* não estão só ao ar livre ou em santuários no Japão, mas também em altares domésticos ou mesmo no carro, na carteira ou em outras coisas que precisam de proteção. Eles realmente se esforçam para fazer seu trabalho...

O Reinado das Xamãs

Aproximadamente 1.900 anos atrás, houve no Japão uma rainha xamã chamada *Himiko* (também conhecida como *Pimiko*). Seu nome significa "Filha Sublime do Sol". Nessa época, o Japão ainda não tinha uma escrita própria. Registros escritos sobre esse reinado existiam somente na vizinha China, mais avançada tecnicamente. No texto chinês *Wo-jen-chuan* (História e Topografia do Japão no Século III) do *Wei-chi* (História da Dinastia Wei), compilada por Chen Shou (233-297 d.C.), o Japão era chamado "Terra de *Wa*", que mais tarde se tornou um dos nomes comuns para o Japão em geral. A rainha *Himiko* governou o território entre 180-248 d.C., depois de unir grandes áreas do Japão antigo. O centro do seu reino era a cidade de Yamatai. A rainha *Himiko* subiu ao trono aos 14 anos, como uma jovem xamã. Ela levava uma vida xamânica, celebrando numerosos rituais com oferendas para os deuses e os espíritos, realizando muitas ações em favor do seu povo com seus poderes mágicos. Muito poucas pessoas a viam, porém, porque ela valorizava muito a sua privacidade. Suas assistentes – que também eram xamãs – levavam suas palavras ao povo. Isso era feito menos por meio de palestras do que por viagens de aldeia em aldeia, na forma de amorosa diplomacia, como foi descrito anteriormente. Quando *Himiko* morreu, um grande monumento funerário foi construído em sua homenagem. Muitas outras rainhas-xamãs e imperatrizes a sucederam.

Essa forma de governo exercido por uma xamã provavelmente não era algo raro no Japão e vizinhanças. Em comparação com as Ilhas Ryukyu (hoje Okinawa), que naquela época não pertenciam ao Japão, também lá as rainhas xamânicas governaram seu povo de modo semelhante até o século XIX.

Séculos mais tarde, o *Nihongi* descreveu como *Himiko* descendia diretamente da Deusa Sol *Amaterasu,* ou pode até ter sido ela mesma; é o que conhecemos pelo nome de avatar, que significa a encarnação de uma divindade num ser humano, que acontece não pelo karma, mas pela livre vontade divina. Um avatar cumpre o juramento do Bodhisattva durante toda a sua vida.

Essa é também a origem da ideia de que os Tennôs do Japão não eram apenas descendentes divinos, mas verdadeiros deuses. No entanto, o último Tennô (Shôwa Tennô) foi obrigado a rever esse conceito em seu discurso radiofônico por ocasião da capitulação na Segunda Guerra Mundial, no dia 15 de agosto de 1945.

Acredito que os rituais e práticas relacionados com essas ideias são até mais interessantes do que a discussão política. No Xamanismo original do Japão, há especificamente uma forma de ritual em que os adeptos invocam os deuses ou espíritos para entrarem neles ou se identificarem com eles de modo a não se poder diferenciar uns dos outros (invocação).

Do Xamanismo à Religião Xintoísta Japonesa

Influenciados pelo contato intenso com o continente e com a rígida ética confucionista, mais tarde os homens puderam assumir a função de Tennôs, depois de muitas gerações de reinado das mulheres. Entretanto, com a introdução do Budismo em 538 ou 552, aconteceu uma mudança na história do Xamanismo japonês. Logo surgiu a questão: A quem se deveria dirigir orações – aos espíritos e deuses originais ou ao Buda recém-chegado? Ocorreram inclusive confrontos violentos dos quais os adeptos do Budismo saíram vitoriosos. Em termos mais exatos, em vez de interesses religiosos, esses confrontos estavam relacionados – como provavelmente acontece na maioria dos conflitos religiosos agressivos – com a ambição do poder de pessoas individuais, o que de fato não interessava ao Xamanismo nem ao Budismo. Desde então, tornou-se necessário separar claramente o Xamanismo nativo das religiões importadas, dando-lhe o nome de *Xintó* (神道) – Caminho dos Deuses. Em português, a forma alternativa de Xintó é Xintoísmo.

Além do Budismo, também chegou ao Japão o modo de pensar taoísta. Na sua forma mágica, o Taoísmo tem muito em comum com o Xintoísmo, de modo que houve uma nova mistura das duas tradições espirituais. Afinal, isso já acontecera na China com o Xamanismo Wu. Novas hostilidades logo irromperam, e agora a questão era decidir se o Budismo devia ser reconhecido como a única religião do Estado. Além disso, os adeptos do Budismo afirmavam que sua religião era a única eficaz e tentaram reprimir o Xintoísmo e o Taoísmo, acusando-os de ser o caminho do demônio, no que felizmente não tiveram sucesso.

Até os séculos VI e VII, o Xamanismo ainda desempenhava um papel influente na corte japonesa do Tennô. Devido à forte influência da China e à adoção de muitos bens culturais que variavam desde realizações técnicas, religião, até a forma de governo, o

Xamanismo foi excluído da corte do Tennô e finalmente rotulado como religião popular. Por influência das práticas mágicas do Taoismo e do Budismo Esotérico, ele logo se transformou no *Shugendô*.[50]

O Xintoísmo e seus rituais, concentrados na família do Tennô, foram preservados. No século X, os rituais que eram importantes para a corte do Tennô foram sintetizados em textos como o *Engi Shiki* (927). Isso deu ao Xintoísmo a condição de religião, completa em si mesma e caracterizada por um sistema de mitos, rituais, linhagens sacerdotais e santuários. A propósito, esse texto explica extensamente os efeitos do símbolo CR pela primeira vez.

Relação Entre Xintoísmo e Budismo

Desde a introdução do Budismo e do seu reconhecimento oficial no ano de 594, o Xamanismo sem nome recebeu a denominação de *Xintoísmo*. Apesar das incessantes dificuldades político-religiosas, ambas as religiões coexistem até hoje no Japão. Uma reconciliação inevitável entre as duas religiões ocorreu quando templos budistas foram construídos próximo ou no terreno de santuários xintoístas e estes se transformaram em templos. No início do século VIII, monges budistas recitavam seus sutras na frente de santuários xintoístas para anunciar aos *Kami* o novo ensinamento. Sutras e objetos sagrados eram trocados entre os templos e os santuários para apresentar os seres de luz de ambas as religiões uma à outra e deixá-los felizes. Por exemplo, depois que oferendas abundantes eram feitas ao santuário do deus da guerra *Hachiman*, ele doava grandes somas para terminar a construção do que ainda é o maior templo budista do Japão, chamado *Tôdaiji*. O resultado foi que *Hachiman* recebeu alguns anos depois o título de Bodhisattva.

No máximo até o início do Período *Heian* (794-1185), quando o monge *Kûkai* popularizou o Budismo Esotérico no Japão e simultaneamente ensinou Taoismo na primeira universidade pública do Japão, por ele fundada, houve atos de reconciliação mútua e uma profunda fusão entre Budismo e Xintoísmo.

Houve o reconhecimento de que o Buda indiano, os deuses taoistas da China e os *Kami* japoneses eram apenas diferentes nomes para os mesmos seres de luz. Assim, por exemplo, a *Deusa Sol Amaterasu* pode ser equiparada ao Buda Grande Sol *Dainichi Nyorai*. Do mesmo modo, os *Kami* também foram associados aos símbolos *Siddham* do Budismo Esotérico, e Budas foram chamados de encarnações ou aparições dos *Kami* e vice-versa. Essa integração foi promovida especialmente pelo caráter dos rituais no Budismo Esotérico e no Xintoísmo mágico-xamânico. Existe especificamente um fator comum importante. No trabalho ritualístico com os seres de luz, as duas tradições espirituais dedicam-se a convidar os seres de luz a entrarem no corpo do adepto para que este se identifique com eles, entre outras coisas. Isso facilita o ensinamento constante por parte dos seres de luz e o desenvolvimento dos poderes espirituais mais elevados. Com esses poderes, é possível criar algo como uma arte de cura conhecida pelo nome de Reiki – o Sistema Usui de Cura Natural.

---

50 Veja mais informações no próximo capítulo.

Ryôbu Shintô

A combinação de Xintoísmo e Budismo Esotérico é chamada *Ryôbu Shintô*. *Ryôbu* tem relação com as duas grandes mandalas dos dois mundos (Mundo do Útero e Mundo do Diamante)[51] no Budismo Esotérico da escola *Shingon*. As duas mandalas são representações gráficas do universo e dos seus fenômenos. A correlação com o Xintoísmo é descrita extensamente no livro japonês *Tenchi Reiki Ki* (Registros da Energia Vital Espiritual do Céu e da Terra). Não se sabe ao certo se esse livro, composto de dezoito pergaminhos, tem origem nesse período. Alguns acreditam que ele foi escrito por *Kûkai*. Outros dizem que provavelmente foi redigido no Período *Kamakura* (1185-1333). Independentemente disso, ele oferece uma explicação detalhada dos vários rituais e símbolos Xintó-Budistas.

Outro desdobramento é *Watarai-Shintô*, criado por *Watarai Ieyuki* (1256-1351). Nos seus cinco livros sobre Xintoísmo (*Shintô Gobusho*), ele explica minuciosamente os símbolos, rituais, purificação (técnicas de purificação espiritual) e arquitetura ritual (uma espécie de Feng Shui) no Xintoísmo e no Budismo, além da mitologia. Nesse ponto, fica claro que os símbolos do Reiki foram criados a partir de muitas tradições espirituais diferentes, basicamente consubstanciadas no antigo Xamanismo e em *Dainichi Nyorai* sob muitas formas de manifestação. Durante mais de 1.300 anos, a combinação de várias tradições espirituais foi um processo totalmente normal. Por conseguinte, é difícil encontrar alguém no Japão que se diga seguidor de apenas uma delas. Estatisticamente, cerca de 80% dos japoneses hoje são xintoístas e outros 80% são budistas. Como uma população de 160% é impossível, esses números mostram a abertura e a devoção a várias tradições próximas umas das outras e de uma com a outra. Apesar de uma tentativa durante a segunda metade do século XIX para separar novamente o Budismo do Xintoísmo, mesmo atualmente a veneração aos *Kami* xintoístas em pequenos santuários está próxima da veneração a Buda em templos budistas, e a veneração de seres de luz budistas está presente em santuários xintoístas. Observei que a sublime presença dos seres de luz é especialmente evidente nos templos e santuários onde ambos estão em harmonia mútua.

Il. 13 – MANDALAS DO MUNDO DO ÚTERO E DO MUNDO DO DIAMANTE

---

51 Essas duas mandalas e suas diversas relações espirituais não são senão uma representação abstrata do Matrimônio Sagrado (*Hieros Gamos*), que é inócuo para pessoas leigas. O Matrimônio Sagrado é a união sexual da Grande Deusa com o Grande Deus que promove a criação incessante do mundo material.

Capítulo 7

Shugendô – Magia Japonesa

Meu (Mark) interesse especial em pesquisar as origens dos Símbolos do Reiki converge para o tempo anterior ao dr. Usui. Durante os meus muitos anos de envolvimento com este maravilhoso método energético de cura, encontrei as correlações com o *Shugendô*, antes conhecido como o Caminho do Mágico. Existem no Japão ascetas das montanhas chamados *Yamabushi*, que fazem muitas coisas interessantes e incomuns que provavelmente estão ligadas, direta e indiretamente, ao Sistema Usui de Reiki e com os símbolos do Reiki. Aqui, do mesmo modo que no Xintoísmo e no Budismo Esotérico,[52] é importante analisar tanto os elementos nativos como os importados que influenciaram progressivamente o *Shugendô* para poder compreendê-lo mais profundamente.

O *Shugendô* reflete uma característica especial da cultura japonesa que eu gostaria de explicar rapidamente. Quando algo novo é introduzido no Japão, o antigo não é desprezado, mas passa a sobreviver no novo. Depois de algum tempo, o antigo e o novo se harmonizam tão bem, e muitas vezes até se aprimoram, que dificilmente se pode separá-los. O resultado, então, é algo tipicamente japonês.

Em termos simples, *Shugendô* é uma forma de magia japonesa para a qual os elementos mágicos úteis de muitas culturas confluíram e se integraram ao longo dos séculos – possivelmente até dos milênios – nas práticas da vida diária. Com a grande variedade de origens para os símbolos individuais do Reiki e suas aplicações, o próprio Reiki mostra uma forte semelhança com essa característica do *Shugendô* por meio da combinação habilidosa e provavelmente única entre Budismo, Taoismo, Xintoísmo e *Shugendô*.

Considero muito provável que o dr. Usui também tenha estudado com os *Yamabushi* antes de sua meditação no Monte Kurama, porque eles subiam frequentemente o Monte Kurama com fins ascéticos naquela época e ainda hoje. Outra razão está no fato de que muitos métodos e aplicações dos símbolos, como o símbolo CR, são notavelmente semelhantes no Sistema Usui de Reiki e no *Shugendô*, e remontam ao *Engi Shiki*, um antigo texto ritualístico do século X.

As Origens e o Desenvolvimento do Shugendô

O *Shugendô* deve em grande parte suas origens ao culto da natureza do período pré-xintoísta, culto esse que representou uma expressão singular de conceitos e práticas sob o influxo e a influência do Budismo Esotérico e do Taoismo.

---

52 Cf. capítulo 6.

O termo *Shugendô* surgiu pela primeira vez durante a Idade Média e era considerado uma forma folclórica do Budismo na história japonesa. Uma leitura dos caracteres (修験道) (*Shugendô*) de trás para a frente, revela que estamos diante de um "caminho" (*dô*) que se toma "realizando práticas mágicas nas montanhas" (*shu*) para obtenção de "poderes sobrenaturais e de seus efeitos milagrosos" (*gen*).

O caractere *shu* significa: "reger, regular", e também "realizar, praticar e exercitar". *Shu* também aparece em muitos termos do Budismo, onde sempre significa "cultivar, treinar e praticar".

O significado do caractere *gen* é: "sinal, prova evidente e realização de milagres". *Gen* também aparece nos sutras budistas *Shô mudô kyô* e *Darani shû kyô* com o significado de "prova do poder milagroso". A combinação de caracteres em *shugen*, que frequentemente aparece na literatura nesse contexto, é abreviatura de *shujugen*, que significa a "obtenção de poderes milagrosos por intermédio da prática de fórmulas mágicas".

Já fontes literárias antigas, como o *Shoku Nihongi*, do ano 797, descrevem poderes milagrosos como os de Buda, um ser humano espiritualmente realizado. O século VIII ainda é bastante prematuro para o Japão, uma vez que a escrita só começou ali com a introdução do Budismo no século VI e que os seus próprios sistemas de escrita só se desenvolveram com o passar do tempo.

O livro *Shô mudô kyô* diz o seguinte sobre *Fudô Myôô*, uma manifestação colérica de *Dainichi Nyorai*:

"Se há pessoas entre as massas que querem realizar tais rituais (*hô*) e se dirigem às montanhas e florestas silenciosas e solitárias em busca de um lugar puro para praticar, concentrar-se em suas práticas e ler os sutras, elas encontrarão *Fudô Myôô* e alcançarão o objetivo de suas práticas... Se os sutras e dhâranîs de *Fudô Myôô* são corretamente entoados dessa maneira, elas alcançarão a grande perfeição... Quem quer comprovar os efeitos do ritual pode fazer uma montanha mover-se, a água fluir contra a corrente e fazer tudo segundo sua própria vontade."

O mesmo tema é tratado no livro *Darani shû kyô*:

"Quem recitar as fórmulas mágicas (*ju*) alcançará rapidamente poderes mágicos de todos os tipos... Se alguém pratica este ritual, estas fórmulas mágicas, e leva oferendas aos *Bonten* (seres luminosos/anjos), espera obter poderes milagrosos (*gen*)..."

É difícil determinar quando o termo *Shugendô* se estruturou. No livro *Nihon Ryôiki* do ano 822, *Shugendô* foi descrito deste modo na informação biográfica sobre *En no Gyôja*, fundador do *Shugendô*:

"... Praticando o ritual (*hô*) da fórmula mágica (*ju*) do Rei Pavão, alcançando poderes extraordinariamente milagrosos (*i genriki*)..."

Isso mostra que *shugen* significa algo como "praticar fórmulas mágicas e alcançar poderes milagrosos".

O termo "fórmulas mágicas" significa *mantras*. Entretanto, como a origem dos dois termos é diferente, eu os separarei neste ponto:

A palavra sânscrita *mantra* é *shingon* em japonês e significa "palavra verdadeira".[53] Essa é também a origem do nome da Escola japonesa *Shingon* de Budismo Esotérico fundada pelo monge *Kûkai*. Em japonês, a palavra *ju* significa "encantamento" e já era usada muito antes – e obviamente também depois – da introdução do Budismo. Os japoneses não fazem uma separação rígida desses termos. No entanto, é importante definir aqui com precisão os termos usados para ter clareza sobre suas origens e correlações com os símbolos do Reiki.

As montanhas são muito favoráveis para praticar os rituais do Budismo Esotérico, para realizar práticas difíceis (*kugyô*) e, portanto, para acumular karma bom. Os picos das montanhas são lugares entre o céu e a terra – não totalmente aqui nem totalmente lá – especialmente apropriados para rituais de magia. As pessoas que exercem seus poderes milagrosos nas montanhas eram chamadas de monges milagreiros ou ascetas do milagre (*genja*) durante o Período *Heian* (794-1185). Os que eram especialmente dotados para exercer poderes milagrosos eram chamados *ugen no hito*.

Kûkai, depois de ser iniciado por um monge milagreiro, também foi para as montanhas para dedicar-se à sua meditação da Estrela da Manhã.[54] Essa é a mesma meditação que o dr. Usui praticou no Monte Kurama. Naquela época, *Kûkai* não conhecia os efeitos que essas práticas teriam em sua vida. Ele simplesmente entregou-se à trajetória do seu desenvolvimento espiritual e assim, com as práticas, progrediu no caminho da sua vida. Mais tarde ele pôde realizar grandes milagres para ajudar muitas pessoas. A realização de milagres foi basicamente o principal fator que lhe possibilitou convencer o Tennô japonês da eficácia do Budismo Esotérico e da sua superioridade sobre todas as demais religiões que estavam sendo praticadas naquele tempo.

Montanhas como Lugares de Poder

Na sua linha de pesquisas, o dr. Usui estudou vários métodos de cura tais como Xintoísmo, Taoismo, Budismo Esotérico e Shugendô. Por fim, foi ao Monte Kurama para meditar, com um objetivo específico em mente. No vigésimo primeiro dia de sua meditação, ele alcançou seu objetivo em uma visão e se tornou um canal de Reiki e Mestre de Reiki.

---

53 O significado da palavra *mantra* na antiga língua sagrada indiana do sânscrito tem cinco partes e se baseia nas qualidades de um Buda (um ser humano espiritualmente realizado): 1. verdade; 2. realidade; 3. o que descreve as coisas como elas são; 4. que não é enganoso, falso ou desonesto; 5. não contraditório. Quando a palavra *mantra* foi traduzida para o japonês, os tradutores escolheram o termo "verdade" (palavra verdadeira) dentre os cinco significados possíveis. O santo budista Nâgârjuna definiu os mantras como "palavras esotéricas" (querendo dizer que o seu significado está oculto sob a superfície). Kûkai (*Kobô Daishi*) disse o seguinte sobre o efeito dos mantras: "Um mantra ultrapassa a compreensão racional. Ele extingue a ignorância quando meditamos sobre ele e o recitamos. Um único mantra contém mil (no sentido de 'incontáveis') verdades. A repetição de mantras pode ajudar o praticante a realizar-se espiritualmente aqui e agora. Pratique o mantra incessantemente até que a imobilidade perfeita se instale em você. Depois, continue a praticar até chegar à fonte original do ser". Um mantra pode ser o nome de uma divindade, de um Buda, de um Bodhisattva ou de um avatar – ou uma sequência de palavras ou de sílabas carregadas com a força sagrada que expressa os poderes específicos de um ser divino. Os mantras também podem ser intensificados, aprofundados e expandidos em seus efeitos por meio de posturas espirituais específicas (mudrâs) e visualizações (símbolos sagrados/caracteres, mandalas ou divindades). Um mantra pessoal no qual o aluno tenha sido iniciado por seu professor espiritual contém o cerne dos ensinamentos que o guru gostaria de transmitir ao aluno para sustentar o seu processo de despertar espiritual. Os mantras invocam, representam, organizam e projetam o fluxo de poderes espirituais.

54 A Estrela da Manhã é o planeta Vênus, que foi equiparado à Deusa na maioria das grandes culturas da história do mundo. Para mais informações sobre a importância da Grande Deusa para o despertar espiritual e para o uso prático de forças sagradas, compare as explicações na seção correspondente do capítulo 19, Breve Ensaio Sobre Cosmologia Espiritual.

A vida em isolamento durante certo tempo tem como vantagem o fato de que as habilidades adquiridas podem ser usadas posteriormente para o benefício de todos na vida terrestre. Assim, o objetivo da vida nas montanhas não é fugir do mundo civilizado, mas adquirir habilidades para uma vida melhor na civilização. Neste sentido, o esoterismo também não deve ser usado para fugir do mundo material e da vida cotidiana, mas para criar um "aqui e agora" que seja especialmente belo para todos os participantes, no sentido da ordem divina. E foi precisamente isso que o dr. Usui fez. Ele estudou e pesquisou métodos holísticos de cura como sua base. Por meio de práticas apropriadas, ele obteve nas montanhas o poder de cura do Reiki. De volta à civilização, ele trouxe mais felicidade, saúde, amor, sentido e prosperidade ao mundo por intermédio de suas habilidade e percepções.

O aspecto mais importante no *Shugendô* é o trabalho nos lugares de poder nas montanhas (*sangaku shinkô*). As origens desse trabalho remontam ao período pré-histórico do Japão. Este fenômeno não se limita ao Japão. Existem formas semelhantes de trabalho com energia em lugares de poder e com seres de luz em todo o mundo. Devido às suas extraordinárias semelhanças, provavelmente todas elas têm suas raízes na mesma cultura pré-histórica.

Às vezes as montanhas eram identificadas com os deuses, como na Índia, no Tibete, na Europa e na China. Em outros lugares, eram vistas como a morada dos deuses e veneradas como tal. No Japão, há montanhas das quais alguns deuses japoneses teriam descido à terra. Todos esses lugares de poder tornaram-se destinos de peregrinações e palcos de rituais xamânicos e de meditações. Muitas vezes, esses eram também lugares onde doenças aparentemente incuráveis das pessoas que buscavam a cura simplesmente desapareciam.

Os lugares mágicos entre o mundo espiritual e o mundo material, e a proximidade facilmente resultante das pessoas com os deuses torna esses rituais e o trabalho com energia especialmente eficazes. Por exemplo, no templo budista Borobodur, na Indonésia, subir uma montanha simboliza a passagem do mundo humano para o mundo divino. Na Índia, ficar nas montanhas era o quarto estágio da peregrinação de um asceta. No sentido espiritual, meditar nas montanhas era considerado como um ato resultante de méritos especiais. As montanhas, bem como os rios, serviam ao propósito de purificação em vários níveis mentais e espirituais. Em termos cosmológicos, montanhas[55] como o famoso Monte *Meru* são vistas como uma ponte entre a terra e o céu. Os templos do Budismo Esotérico em particular, como o Templo Kurama e as cidades-templo de Kôya e Hiei fundados por Kûkai e Saichô, foram construídos em montanhas sagradas. Na minha própria vida, descobri que experiências espirituais ocorrem aqui especialmente devido à alta vibração energética e à presença de um número incalculável de seres de luz.

No trabalho em lugares de poder japoneses nas montanhas, são enterrados instrumentos ritualísticos, como espelhos e joias (origem xintoísta) ou vasilhames de argila com sutras e dhâranîs (longos mantras de origem budista). Práticas semelhantes também existem no Reiki do Arco-Íris, em que mandalas de pedra de cura especiais são enterradas para energizar espiritualmente esses lugares e conectá-los com outros lugares de poder e linhas de energia (ley lines).[56]

---

[55] Montanhas cosmológicas como Meru têm como base o antigo conceito indiano de que uma montanha fica no centro do universo ou de outro mundo, constituindo o ponto de encontro e a morada dos seres de luz. Há diferenças na estrutura desses sistemas de montanha-mundo, dependendo da tradição espiritual. O que todas têm em comum é que as estruturas são reminiscentes de uma mandala tridimensional e representam uma ponte entre o mundo dos seres humanos e o mundo dos deuses.
[56] Cf. *Rainbow Reiki*, Walter Lübeck, Lotus Press. Traduzido por Christine M. Grimm.

Relações com o Xamanismo

Com o passar dos séculos, ocorreu uma fusão entre o *Shugendô* e as práticas mágicas do Budismo Esotérico, do Taoismo e do Xintoísmo. Requisito importante para isso foi o fator comum da realização de trabalhos com energia nas montanhas. As raízes do Xintoísmo e do *Shugendô* podem ser semelhantes sob certos aspectos, mas cada um se desenvolveu em direções diferentes e se misturou repetidas vezes posteriormente. Isso normalmente acontecia através das peregrinações realizadas por ascetas de todas as orientações espirituais à medida que entravam em contato com os xamãs, com as crenças populares e com os ascetas das montanhas (*Yamabushi*) nas montanhas e nas aldeias. Quando os ascetas das montanhas começaram a reunir alunos, eles lançaram as bases para os mosteiros que lá podemos encontrar atualmente.

Os xamãs exerceram um papel especialmente importante no Japão antigo, como provavelmente ocorreu na maioria das culturas antigas. Nesse contexto, os xamãs são pessoas especialmente qualificadas a serviço de uma comunidade que podem entrar em contato com seres do mundo sutil através de estados de transe ou êxtase. Eles se abrem a uma comunidade no nível do coração, de modo a poder levar essa atitude interior consigo para a aldeia seguinte para ajudar as pessoas a compreenderem melhor o seu próximo. Eles curam com a ajuda dos seres de luz, realizam milagres para abrandar problemas que não podem ser resolvidos de outra maneira (como fazer chover) e levam sabedoria espiritual às pessoas. Dessa maneira, os xamãs aparecem quando há doenças incomuns, acontecimentos e festivais, como mediadores entre as pessoas, os seres humanos e a natureza, assim como entre seres humanos e seres de luz. Desde o Período *Heian* (794-1185), comprovou-se que os xamãs usavam mantras para garantir a paz, prevenir danos e fazer chover, prática essa proveniente do Budismo Esotérico e do Taoismo.[57] Por exemplo, o monge *Tendai Ryôgen* (912-985; postumamente chamado *Jie Daishi*), desenvolveu um culto mágico para afastar os perigos, também inspirado no Budismo Esotérico e no Taoismo. Um método bem conhecido é o dos amuletos, em que símbolos são pintados de forma ritualística num pedaço de papel que depois é fixado na entrada das residências.

Il. 14 – TALISMÃ DA ESTRELA POLAR

Il. 15 – TALISMÃ PARA VITÓRIA NA BATALHA

---

[57] Por outro lado, o Taoismo, que teve origem na China, foi fortemente influenciado nas suas práticas mágicas pelo Xamanismo Wu, que o precedeu. Também em outros aspectos, são muitas as semelhanças entre o antigo Xamanismo chinês Wu, o Xamanismo japonês e o Xintoísmo. Cf. capítulo 6, sobre o Xamanismo.

Além do Budismo na corte dos Tennôs, observou-se que o ascetismo das montanhas era comum entre monges budistas desde o início do século VIII. Os monges que viviam nas montanhas geralmente tinham pouca ligação com a vida monástica. Por isso eram também chamados de *monges livres* (jap.: *shido sô),* significando que independentemente do clero do Estado, eles se voltavam para práticas, ritos mágicos e cultos budistas de crenças populares. Praticavam o exorcismo de vários tipos, liam os sutras, prediziam o futuro, curavam doenças e realizavam rituais xamânicos com os deuses. Além disso, havia o ascetismo das montanhas dos leigos (jap.: *ubasoku*), que perseguiam objetivos semelhantes sem ser ordenados monges.

Os que haviam optado pelo caminho do Buda sem a aprovação do governo, que se dedicavam ao ascetismo religioso e que haviam escolhido as montanhas como lugar para essas práticas entravam em contato com os mágicos populares e xamãs que lá praticavam. Muitas vezes, estes pertenciam ao círculo do povo da montanha (jap.: *yamabito*). O povo da montanha, que vivia nos lugares de poder das montanhas diariamente, ou mesmo os que exerciam suas práticas lá, compunham grande parte dos povos nativos originais e eram bem conhecidos como xamãs por seus poderes de cura especiais. Como é hoje evidente, o Budismo foi influenciado pelo povo da montanha e este foi influenciado pelo Budismo. Como também o Taoismo estava se tornando cada vez mais popular no Japão na mesma época, ele foi levado ao povo do mesmo modo. A fusão entre práticas mágicas nativas, Budismo, Taoismo e Xintoísmo levou ao desenvolvimento do *Shugendô*.

Um dos primeiros mágicos de orientação xamânica, um homem da montanha *yamabito,* que era conhecido por seus poderes e atraía muita atenção com suas profecias e mágicas, até finalmente ser desacreditado e banido, chamava-se *En no Gyôja*. Ele é também conhecido como fundador do *Shugendô*, na medida em que podemos falar de fundação em vez de desenvolvimento ao longo de muitos anos.

Antes da introdução do Budismo Esotérico, fora difícil expandir o Budismo entre as pessoas, uma vez que elas já vinham praticando uma tradição de magia muito eficaz (jap.: *Jujutsu* 呪術; literalmente: trabalho manual/arte da magia), que estava adaptada às suas necessidades diárias e aos seus problemas havia muito tempo. Somente quando o Budismo no Japão também incluiu as práticas de magia é que lhe foi possível atrair as pessoas do interior. Mesmo no século VIII, um alto grau de interesse pelas práticas mágicas foi observado nos mosteiros. Entretanto, as práticas importadas da China eram muito mais interessantes para os mosteiros do que as práticas nativas. Logo depois que a magia nativa foi oficialmente proibida em 729, os mosteiros começaram a ensinar *Siddham,* mantras e mudrâs que prometiam efeitos muito semelhantes aos da magia nativa. Em pouco tempo, apenas os monges livres, como Kûkai, tinham a oportunidade de aprender a magia nativa antes da ordenação. Kûkai teve muita sorte de ser autorizado a aprender ambas. Nos primeiros anos de sua carreira de monge, ele saiu em peregrinações como monge livre pelas florestas. Entrou em contato com os xamãs e ascetas da montanha que ali viviam e pôde aprender muitas coisas importantes com eles. Mais tarde foi ordenado monge num mosteiro e viajou para a China para estudar Budismo Esotérico. Graças à sua ampla experiência anterior e à sua grande aptidão, ele se tornou um dos oito patriarcas[58] da Escola *Shingon*. Durante sua permanência na Chi-

---

58 Os patriarcas da Escola *Shingon* de Budismo Esotérico remontam a *Kongôsatta* e *Dainichi Nyorai* numa série ininterrupta. Em termos de Reiki, o dr. Usui é o primeiro patriarca de Reiki e foi iniciado diretamente por *Kannon* e *Dainichi Nyorai*.

na, ele também estudou Taoismo, tecnologia, a arte da engenharia, astronomia e a escrita indiana *Siddham*. Depois de retornar ao Japão e se tornar um monge famoso, viajou novamente pelo país, como na juventude, para ajudar as pessoas. Além de ensiná-las a construir represas e pontes, ele lhes mostrava como relacionar o Budismo Esotérico com seu Xamanismo primitivo, com o objetivo de tornar mais fácil suas penosas vidas.

Além de Kûkai, houve muitos outros monges que levaram o Budismo ao povo e ao mesmo tempo aprenderam com os xamãs locais. O Budismo no Japão precisou aceitar os xamãs e participar de suas tarefas e funções ou então assumi-las. Essa foi a única maneira pela qual o Budismo, recém-introduzido da China, teve a possibilidade de ser aceito pelas pessoas, uma vez que o Budismo apoiado pelo estado era no início unicamente privilégio da corte dos Tennôs e da aristocracia, além de puro objeto de estudos nos mosteiros.

Capítulo 8

Seres de Luz

Dainichi Nyorai

(大日如来)

(Chin.: *Palushena*; Sânsc.: *Mahâ Vairocana*; Tib.: *Rnam-par-snang-mdsad*)

Il. 16 – O BUDA GRANDE SOL DAINICHI NYORAI

Dainichi Nyorai é o Buda Cósmico do Budismo Esotérico e está ligado diretamente ao símbolo DKM.[59] Este ser é o rei e a rainha dos Budas em um só, razão pela qual é o único Buda que tem uma coroa. A tradução deste nome é "Buda Grande Sol" da luz e da verdade. Sua origem provavelmente remonta a um culto ao sol muito antigo. No Budismo, *Dainichi Nyorai* é o Buda que habita o centro espiritual do universo. A luz da sabedoria irradia dos seus poros. Essa luz pode se manifestar como a forma e o aspecto de todos os outros Budas e contém todas as qualidades de todos os Budas em si. O Buda histórico Sakyamuni, que viveu há aproximadamente 2.500 anos, também é uma emanação de *Dainichi Nyorai.* Num grupo de Budas, *Dainichi Nyorai* é sempre colocado no centro de todos os demais. Outros nomes

---
59 Cf. capítulo 16, sobre o Símbolo DKM.

para ele são: *Shana, Roshana, Birushana, Daibirushana, Makabirushana, Henjôshana, Henjô, Henjô Nyorai* e *Daikômyô Henjô*. Seu arquétipo xintoísta é a Deusa Sol *Amaterasu Ômikami*.

Ele é o Buda mais elevado do Budismo Esotérico. Por meio do seu imenso poder, a luz dos seus ensinamentos espalha-se pelo mundo inteiro. *Dainichi Nyorai* ocupa o centro da Mandala dos Dois Mundos. No Mundo do Diamante (*kongôkai*), ele personifica o aspecto masculino do sol (Taoista: *yang*). No Mundo do Útero (*taizôkai*), ele representa o aspecto feminino da lua (Taoista: *yin*).

Dainichi Nyorai propicia felicidade a este mundo, cura doenças do corpo, da mente e da alma. Ele pode manifestar-se em três formas: como Buda, é ele mesmo; como Bodhisattva, personifica a difusão dos ensinamentos; como rei da sabedoria *Myôô*, favorece a prática do ensinamento.

Origem do Nome Dainichi Nyorai

O nome *Dainichi Nyorai* é uma tradução do sânscrito indiano e significa *Mahâ Vairocana* (Grande Iluminador). Entretanto, também na Índia há um ser de luz *Vairocana* (Iluminador). Ambos são basicamente a mesma entidade. Enquanto o primeiro nome encontra-se apenas no Budismo Esotérico, o segundo é usado tanto no Budismo Esotérico como no Budismo Mahâyâna.

Há duas formas de traduzir este nome para o japonês ou, mais precisamente, para o chinês.[60] Na fase inicial foi usada a pronúncia do caractere chinês semelhante ao sânscrito. Assim, *Vairocana* tornou-se *Birushana* em japonês, e *Mahâ Vairocana* tornou-se *Maka Birushana*. Esses nomes encontram-se nos sutras do *Mahâyâna* (por exemplo, o Sutra da Coroa de Flores; jap.: *Kegon kyô*) e no início do Budismo Esotérico (por exemplo, o Sutra do Tornar-se um Deus Através das Palavras Verdadeiras da Deusa *Fukû kensaku*; jap.: *Fukû kensaku jinpen shingon kyô*).

Em contraposição, o nome *Dainichi* é a tradução do significado real de *Mahâ Vairocana* e representa o "Grande Sol". Em sua homenagem, foi acrescentado o nome sânscrito *Tathagata* (jap.: *Nyorai*), também atribuído a muitos outros Budas. Outra tradução possível, mas também bastante esotérica de *Mahâ Vairocana* é *Daikômyô Henjô* (遍照, A Grande Luz Irradiante que Ilumina o Mundo Todo).

O termo *Dainichi* aparece pela primeira vez na tradução do Sutra da Grande Luz (jap.: *Dainichi kyô* 大日経) dos dois patriarcas *Shingon* Zenmui Sanzô (637-735) e Ichigyô Zenshi (683-725) do ano 724. Este sutra é um texto do Budismo Esotérico especialmente importante. Nele, *Dainichi Nyorai* descreve pessoalmente a incessante transmissão de poder espiritual de *Mahâ Vairocana* para tornar-se um deus. Essa é também uma tradução do título original deste sutra (jap.: *Daibirushana jôbutsu jinben kaji kyô* 大毘盧遮那成仏神変加持経). Em outras palavras, trata-se das iniciações do Reiki. O monge *Kûkai*[61] encontrou este sutra antes de sua viagem à China debaixo do pagode do templo *Kumedera*.

---

60 Os sutras, inclusive os nomes, foram traduzidos diretamente do sânscrito para o chinês. Não existem traduções para o japonês porque os sutras foram adotados no Japão junto com a escrita chinesa.
61 Cf. capítulo 4, sobre Budismo Esotérico.

Como não é fácil entender o *Dainichi kyô*, Ichigyô Zenshi escreveu um comentário sobre esse sutra (*Dainichi kyô sho* 大日経疏). *Kûkai* foi o primeiro a levá-lo para o Japão. O texto explica as origens do nome *Dainichi Nyorai* que foi incluído aqui.

Os *Siddham* de *Dainichi Nyorai* são os símbolos *a* e *vam*. Eles representam a totalidade de compaixão e sabedoria, o caminho da iluminação, estabilidade e criação.

Il. 17 – OS SIDDHAM A E AHM

Il. 18 – OS SIDDHAM VAM E VAHM

Vários aspectos da divindade conforme expressos nas trindades Siddham. Além de *Dainichi Nyorai*, estão incluídos *Ashuku Nyorai* (*Siddham hum*), *Fudô Myôô* (*Siddham ham*) e *Kannon* (*Siddham hrih*).

Il. 19 – TRINDADE SIDDHAM: EM CIMA, VAM,
EMBAIXO À ESQUERDA, HUM, E À DIREITA, HAM

Il. 20 - TRINDADE SIDDHAM: EM CIMA, AHM,
EMBAIXO À ESQUERDA, HRIH, E À DIREITA, HUM

Emanações Especiais de Dainichi Nyorai

Dainichi Nyorai como o Bodhisattva Mente de Diamante (Kongôsatta)

(Chin.: *Wozi Luosa-zin*; Sânsc.: *Vajrasattva*; Tib.: *Rdo-rje Sems-dpa*)

Il. 21 – MENTE DE DIAMANTE KONGÔSATTA

Na Escola Shingon, o Bodhisattva Mente de Diamante representa o aspecto ativo de *Dainichi Nyorai*. Os ensinamentos secretos (*mikkyô*) do Budismo Esotérico são transmitidos através dele. Segundo a lenda, ele vivia numa torre de ferro no sul da Índia até que *Nâgârjuna* – o primeiro patriarca *Shingon* – abriu a torre e transmitiu-lhe o ensinamento de *Dainichi Nyorai* sobre as Mandalas dos Dois Mundos. Precisamos imaginar que o próprio *Nâgârjuna* se tornou a Mente de Diamante e pôde trabalhar ativamente como *Dainichi Nyorai*. Seus três sucessores *Nâgabodhi, Vajrabodhi* e *Amoghavajra* levaram os ensinamentos secretos para a China e os transmitiram para o monge chinês *Hui-kuo*, que era professor de *Kûkai*. Assim, *Kûkai* é também, basicamente, uma manifestação do poder ativo de *Dainichi Nyorai*.

Nos rituais secretos do Budismo Esotérico, a Mente de Diamante desempenha o papel principal como a força ativa. Sem suas iniciações e os símbolos *Siddham*, os rituais têm pouco efeito. Com a mão direita, ele segura um cetro de diamante de cinco pontas diante do peito, e com a mão esquerda segura um sino de diamante diante do abdome. Sua companheira espiritual é a deusa *Tara*, também chamada *Dai Marishi Ten*. O símbolo HS tem uma estreita relação com a Mente de Diamante e sua sílaba *Siddham* de *hûm* (ver p. 259). Ele representa a purificação da mente em todas as encarnações e em todos os níveis.

Fudô Myôô

(不動明王)

(Chin.: *Budong Fo*; Sânsc.: *Acalanatha*)

Il. 22 – O IMPERTURBÁVEL REI DE SABEDORIA FUDÔ MYÔÔ

No Japão, *Fudô Myôô* é o mais importante dos cinco reis de sabedoria de magia e conhecimento místico. Os reis de sabedoria atuam como os guardiães dos Budas e simbolizam seu poder e sua vitória. Eles combatem as causas do sofrimento e das doenças, como os apegos, que são obstáculos à felicidade, ao sucesso e à saúde.

Fudô significa "imperturbável" e *Myôô* é o "rei de luz". Assim, uma tradução do seu nome completo seria o "Imperturbável Rei de Luz". Como a luz representa sabedoria aqui, em geral ele é chamado Rei de Sabedoria. Seu nome místico é *Jôjû Kongô*.

Dainichi Nyorai como Buda da Medicina (Yakushi Nyorai)

(薬師如来)

(Chin.: *Yaoshi Fo*; Sânsc.: *Bhaisajyaguru*; Tib.: *Sangs-rgyas*)

Il. 23 – O BUDA DA MEDICINA YAKUSHI NYORAI

Quando *Dainichi Nyorai* se manifesta como Buda da Medicina,[62] ele aparece na forma de um Bodhisattva com uma coroa alta e sem adornos. Ele pode posicionar as mãos na forma de um dos três mudrâs do ensino, da meditação e da sabedoria, dependendo do aspecto de cura que deve ser realizado.

Dainichi Nyorai como a Deusa de Olhos Amorosos (Ichiji Kinrin Nyorai)

(Sânsc.: *Ekaksara Usnisacakra*)

Il. 24 – OLHOS AMOROSOS ICHIJI KINRIN NYORAI

---

62 Ver também capítulo 9, sobre o Buda da Medicina.

Olhos Amorosos reúne os poderes e energias das Mandalas do Mundo do Diamante e do Mundo do Útero, combinando as forças energéticas do Buda Grande Sol *Dainichi Nyorai* e da Mente de Diamante *Kongôsatta* no nível energético. Essa realidade está expressa no mudrâ da sabedoria *Chiken in*.

Dainichi Nyorai como o Bodhisattva da Estrela Polar (Myôdô Bosatsu)

(Sânsc.: *Sudrsti, Dhruva*)

Il. 25 – BODHISATTVA DA ESTRELA POLAR MYÔDÔ BOSATSU

Dainichi Nyorai pode aparecer aqui tanto na forma masculina como na forma feminina. Como Bodhisattva da Estrela Polar, *Dainichi Nyorai* é a fonte da ambrosia e de elixires como o da imortalidade, originários de uma espécie de jardim encantado. Ao mesmo tempo, ele é o guardião dos cavalos porque se manifesta como Cavalo Branco e mensageiro dos deuses xintoístas. Ele é sempre representado em mandalas dentro do contexto das sete estrelas da Ursa Maior.

Os Cinco Budas Transcendentais – Dainichi Nyorai e os Cinco Jinas

Os Budas transcendentais são os guardiães da sabedoria espiritual. Eles são também emanações do próprio *Dainichi Nyorai*. Nas mandalas do Budismo Esotérico, eles estão associados com as direções e cada um tem seu lugar próprio. Individualmente, cada um representa determinados poderes e efeitos mágicos que podem ser alcançados por meio de iniciações, rituais e meditações.

Dainichi Nyorai – Mente Imaculada e Caminho para a Iluminação
Ashuku Nyorai – Acumulação da Mente e Despertar do Coração
(Chin.: *Achu*; Sânsc.: *Aksobhya*; Tib.: *Mi-bskyod-pa*)

Il. 26 – ASHUKU NYORAI

Hôshô Nyorai – Devoção e Ascetismo
(Chin.: *Baosheng Fo*; Sânsc.: *Ratnasambhava*; Tib.: *Rin-chen-hbyung*)

Il. 27 – HÔSHÔ NYORAI

Amida Nyorai – Mente Pura e Despertar Espiritual
(Chin.: *Omituo Fo*; Sânsc.: *Amitabha*; Tib.: *Oepame*)

Il. 28 – AMIDA NYORAI

Fukûjôju Nyorai – Cinco Sentidos e Entrada no Nirvana
(Sânsc.: *Amoghasiddhi*; Tib.: *Don-grub*)

Il. 29 – FUKÛJÔJU NYORAI

Monju Bosatsu

(文殊菩薩)

(Chin.: *Wenshu*; Sânsc.: *Manjusri*; Tib.: *Jam-dpal*)

Il. 30 – MONJU BOSATSU

Monju Bosatsu tem diferentes formas de manifestação e áreas de atuação. Normalmente, ele é representado com uma espada na mão direita e um lótus na esquerda. A espada simboliza sua capacidade de discriminar entre coisas com relação ao efeito que produzem. O lótus representa a pureza e a natureza dos seres scientes. *Monju Bosatsu* personifica a sabedoria que é percebida no grau a que aplicamos o conhecimento que adquirimos. É por essa razão que ele é também o patrono de todas as tarefas e planos espirituais voltados a um propósito superior. As pessoas gostam de dirigir suas preces a *Monju Bosatsu* em busca de ajuda para alcançar um objetivo pessoal cuja realização beneficia muitos seres.

Monju Bosatsu ensina aos seres scientes que tudo está relacionado com tudo, que o espaço une os seres scientes mesmo havendo grandes distâncias entre eles, e que não existem seres em todo o universo que possam subsistir sozinhos, sem nenhuma troca com o mundo que os rodeia. Seu mantra *Om a ra pa ca na* representa o mundo do aprendizado e o mundo da sabedoria espiritual. Seu símbolo é o *Siddham mam*. Ele representa o vazio de todas as coisas existentes. Quando é venerado como o guardião do conhecimento, usa-se o mantra *Om araha shanô*. Então ele cavalga um leão tendo uma flor de lótus como sela. Ele segura uma espada na mão direita e um pergaminho na esquerda. Quando *Monju Bosatsu* segura um sutra em vez de uma espada na mão direita, ele representa a sabedoria da libertação da mente.

Quando o monge japonês *Gyôki* (668-749) foi ao Monte Wutaishan, na China, e lá permaneceu durante vários anos para aprofundar-se no Budismo, ficou claro que ele era uma encarnação de *Monju Bosatsu*. De volta ao Japão, ele se dedicou à fundação do templo *Tôdaiji*,[63] onde o Buda Grande Sol *Birushana* (*Dainichi Nyorai* do Budismo Mahâyâna) é venerado. No Mundo do Útero do Buda Grande Sol *Dainichi Nyorai*, *Monju Bosatsu* está ao seu lado no sudoeste, sobre um lótus branco, e aponta para a sabedoria do Sutra do Coração.

Il. 31 – SIDDHAM MAM

---

[63] Ainda hoje a maior construção de madeira no mundo.

Kokûzô Bosatsu – Aquele que Vence o Espaço e Traz o Grande Tesouro

(虛空蔵菩薩)

(Chin.: *Xukongzang*; Sânsc.: *Akasagarbha*;
Tib.: *Nam.mka'i-snying-po*)

Il. 32 – KOKÛZÔ BOSATSU

Kokûzô Bosatsu é o Bodhisattva que traz para as pessoas os maiores tesouros. Em seu mantra, ele é chamado "Aquele que Traz os Tesouros". Seu mantra é *Nô bô akyasha kyarabaya on arikya mari bori sowaka*. Quando o dr. Usui praticou a meditação da Estrela da Manhã de *Kokûzô Bosatsu* no Monte Kurama, ele finalmente recebeu um grande tesouro no 21º dia – a iniciação no Reiki e nos símbolos. Como podemos também ver no exemplo do dr. Usui, esses não são tesouros materiais, como um carro ou um saco cheio de ouro, mas tesouros espirituais que visam realizar algo de bom para a humanidade. Em sânscrito, a palavra "tesouro" também se refere ao "espaço que interliga os seres sencientes".

Seu símbolo *Siddham* é *trah* e ele ajuda a libertar a mente para que ela possa chegar a um conhecimento ilimitado e adquirir a capacidade de também aplicá-lo de modo criativo. Quando aplicado corretamente, seu símbolo *Siddham tram* leva a uma iniciação no poder espiritual, como no exemplo do Reiki. O dr. Usui provavelmente usou o símbolo *trah* na meditação da Estrela da Manhã e *tram* na iniciação.

O corpo de *Kokûzô Bosatsu* é dourado. Ele usa uma veste de pedrarias. A coroa sobre sua cabeça mostra os cinco Budas transcendentais, com *Dainichi Nyorai* no centro. Sua expressão facial é decididamente amistosa e irradia grande alegria e paz. Ele senta na posição de meio-lótus, sobre uma flor de lótus, com o pé esquerdo sobre o joelho direito. Ele segura um lótus branco com um leve tom avermelhado na mão esquerda. Sobre este há um lótus azul lápis-lazúli que irradia luz dourada. Com a mão direita, ele segura uma espada flamejante.

Il. 33 – SIDDHAM TRAM

Kannon – A Deusa da Grande Compaixão
(観音)

(Chin.: *Kuan Yin, Kuan Shi Yin*; Sânsc.: *Avalokitesvara, Âryâvalokitesvara, Lokesvara*; Tib.: *Spyan-ras-gzigs* ou *Tara*)

Il. 34 – KANNON, A DEUSA DA GRANDE COMPAIXÃO

Kannon é a Deusa da Grande Compaixão. Ela é um Bodhisattva, ou seja, um ser que jurou levar todos os seres à felicidade. Apesar de seus traços predominantemente femininos, ela também é vista como um ser masculino em alguns países. Ela é especialmente importante para o Reiki porque:

- ✧ É o ser espiritual que está por trás do símbolo SHK;
- ✧ Ocupa o segundo lugar na linhagem de poder nas iniciações de Reiki, uma vez que o Reiki – a energia vital espiritual de *Dainichi Nyorai* – é transmitido aos seres humanos por meio dela.

Kannon aparece em muitos sutras. Os mais importantes são o *Hokkekyô, Kegon kyô e Muryôjukyô*. Esses sutras dizem como ela pode ouvir as vozes de todos os seres que precisam de ajuda. Ela faz tudo o que está em seu poder para ajudar esses seres. Houve um tempo em que ela desceu aos reinos infernais e começou a libertar um a um os seres que lá se encontravam. Era um trabalho difícil. Mas os infernos não ficavam vazios, sempre voltando a encher-se com novas almas. Isso a deixou tão triste e irritada que chegou a explodir, literalmente. Outros seres de luz logo a recompuseram, mas sem saber onde fixar todas as partes. Assim, quando completa, ela ficou com muitos braços e cabeças. Daí as 33 formas de *Kannon*, com as suas múltiplas habilidades. As mais importantes para o Reiki serão explicadas abaixo. No fim, algumas lágrimas multicoloridas caíram dos seus olhos. À medida que as lágrimas tocavam o chão, transformavam-se em deusas *Tara* de diferentes cores que, desde então, vêm ajudando *Kannon*.

Kannon não trabalha sozinha. Ela aparece frequentemente na companhia de outros seres de luz. Entre estes estão o Buda do Paraíso *Amida Nyorai*, cujo *Siddham* é também o símbolo SHK. Quando uma pessoa morre, *Kannon* aproxima-se da alma do morto e a ajuda a colocar-se sobre uma flor de lótus, levando-a em seguida ao paraíso de *Amida Nyorai*.

Há no Japão algumas peregrinações para *Kannon*. Elas se desenvolveram quando os monges ambulantes levaram os ensinamentos libertadores de *Kannon* para o povo e construíram muitas pequenas torres sagradas e templos para a realização de milagres. Ainda hoje é possível testemunhar os seus poderes de cura nesses lugares. Obviamente, há também inúmeras histórias na literatura japonesa, algumas das quais são narradas abaixo.

Histórias Verdadeiras Sobre Kannon – A Deusa da Grande Compaixão

As histórias a seguir referem-se a todas as deusas dos templos de peregrinação de Kannon no Japão ocidental (peregrinação Saikoku).

A Deusa que se Autossacrifica (Migawari Kannon) do Templo Nariaiji

Antigamente, um monge vivia numa montanha remota onde hoje se localiza o *Templo Nariaiji*. O povo que morava no sopé da montanha sempre lhe levava comida. Mas num inverno nevou tanto que os aldeões não conseguiram subir a montanha. Quando estava para morrer de fome, o monge rezou para a deusa *Kannon* (*Shô Kannon*), cuja imagem estava em sua choupana, pedindo alimento suficiente só para mais um dia. Ele mal acabara de fazer seu pedido quando viu diante da porta um cervo que fora morto por um lobo. Como monge budista, não lhe era permitido comer carne. Mas como esse alimento aparecera em resposta às suas preces, ele decidiu comê-lo, e cozinhou a coxa em sua caçarola. Com essa refeição, ele recobrou as forças.

Quando a neve derreteu, os habitantes da aldeia subiram a montanha para vê-lo. Eles encontraram alguns gravetos na caçarola. Além disso, notaram que a coxa da imagem de

Kannon estava danificada. Correram imediatamente até o monge para mostrar-lhe o que acontecera. Só então ele compreendeu o que *Kannon* havia feito por ele. Chorando muito, ele se pôs a consertar a imagem imediatamente com os gravetos da caçarola, e fez todo o possível para que não fosse percebido nenhum vestígio do dano causado.

O templo *Nariaiji* que mais tarde foi construído na montanha recebeu o nome dessa imagem graciosamente perfeita. *Nariai* significa "bela perfeição" e *ji* significa "templo."

A Deusa que se Autossacrifica (Migawari Kannon) do Templo Anaoji

A esposa de um homem chamado *Uji no Miyanari*, de *Tamba*, desejava de todo coração que seu mau marido se tornasse um homem bom. Com esse propósito, ela mandou fazer uma imagem da deusa *Kannon*. Ela contratou um monge e escultor de Quioto, chamado *Kansei*, que passou a morar com o casal até terminar a imagem. *Kansei* também acreditava no poder de *Kannon* e recitava o sutra *Kannon kyô* todos os dias. Quando os retoques finais foram dados, *Miyanari* e sua esposa ficaram tão encantados que deram muitos presentes a *Kansei*. *Miyanari* presenteou-o inclusive com seu cavalo favorito. *Kansei* pôs alegremente suas coisas sobre o cavalo e tomou o caminho de volta a Quioto.

Mas *Miyanari* logo se arrependeu da sua generosidade. Ele seguiu *Kansei*, preparou uma emboscada e o matou com uma flechada no peito. Em seguida pegou o cavalo e os outros presentes e voltou para casa.

Ao chegar em casa, *Miyanari* ficou surpreso ao ver que exatamente a mesma flecha que havia arremessado contra *Kansei* estava fincada no peito da *Kannon* esculpida por *Kansei*. Além disso, sangue escorria da imagem, do ferimento produzido pela flecha. Quando ele se virou, assustado, seu cavalo com toda a carga que dera a *Kansei* havia desaparecido.

Ele se pôs imediatamente a caminho de Quioto para descobrir o significado dessas coisas estranhas. Ao chegar na cidade, encontrou *Kansei* em perfeito estado de saúde, como também o seu cavalo. Perguntou então a *Kansei* como fora a viagem de volta. Ao ouvir que *Kansei* chegara em casa sem nenhum incidente, ele teve certeza de que *Kannon* havia se sacrificado para salvar a vida de *Kansei*. Esse fato tocou *Miyanari* tão profundamente que ele se tornou um homem verdadeiramente piedoso a partir daquele momento. O desejo de sua esposa se realizara de uma maneira que ela jamais teria esperado.

O monge superior de *Anaoji*, *Anaho Gyôkô*, explicou que essa lenda é uma das muitas histórias que mostram o poder de *Kannon*, e também que *Kannon* está presente nos dias atuais sempre que uma pessoa ajuda o próximo. Por causa de outros milagres, esta *Kannon* tornou-se tão famosa que imperadores, monges e pessoas comuns peregrinaram até seu santuário ao longo dos séculos para rezar para ela. Infelizmente, a sua imagem foi roubada em 1968, depois de ter sido declarada um importante bem cultural do Japão, e até hoje não foi encontrada. Essa é a primeira arte roubada na história moderna do Japão.

O fato de uma imagem servir como meio de cura pode ser explicado assim: Depois de terminada, a imagem é sempre apenas uma imagem, como qualquer outro trabalho de arte. Somente quando o ritual de abertura dos olhos de *kaigen kuyô* é realizado para a imagem é que ela recebe seu poder de cura.

A Deusa da Cura Kannon do Templo Rokuharamitsuji

O monge *Kûya* fundou o Templo *Rokuharamitsuji* em Quioto e esculpiu uma imagem de Kannon, que ele próprio iniciou, no ano de 951. Naquela época, epidemias se alastravam em Quioto e ele queria eliminá-las com a ajuda da deusa Kannon. Para isso, colocou a imagem num pequeno relicário sobre uma carroça por ele puxada pelas ruas de Quioto. Com um chá especial de ervas, que ele mesmo preparava e infundia com o poder da deusa, *Kûya* curou muitas pessoas com a ajuda de *Kannon*.

A Deusa da Cura Kannon do Templo Tsubosakadera

Um homem chamado *Sawaichi* vivia nas proximidades do Templo *Tsubosakadera* com sua bela esposa *Osato*. Certo dia, *Sawaichi* ficou cego. Depois disso, sua esposa *Osato* começou a sair furtivamente de casa todas as noites, sempre muito tarde. *Sawaichi* percebeu isso e passou a acreditar que ela ia secretamente ao encontro de um amante. Uma noite, sem ser visto, ele a seguiu. Mas para sua surpresa, descobriu que *Osato* ia ao Templo *Tsubosakadera* para pedir à Deusa *Kannon que* restituísse a visão ao marido.

Ele ficou tão envergonhado de sua desconfiança que chegou à conclusão de que sua esposa merecia um marido melhor. Assim, *Sawaichi* foi até a praia e jogou-se de um penhasco. Quando ficou sabendo disso, *Osato* seguiu o marido na morte. Mas *Kannon* resgatou a ambos e devolveu a visão a *Sawaichi*.

O abade atual de *Tsubosakadera* diz que, segundo a história, *Osato* rezou durante 1.000 noites a *Kannon* para que seu marido fosse curado. Há muitos rituais no Budismo Esotérico que duram 1.000 dias. Além de rituais especiais, também são usados mantras, mudrâs e símbolos. Durante o Período Meiji (1868-1912), isto é, durante a vida do dr. Usui, foi montada uma peça de teatro (no estilo *jôruri*) baseada nessa história comovente que logo se tornou famosa em todo o país. Presumo que o dr. Usui inspirou-se em histórias assim na sua busca do Reiki e incluiu as práticas apropriadas no seu Sistema de Cura Natural, como podemos perceber no símbolo SHK.

A Deusa da Cura Kannon do Templo Kokawadera

O caçador *Ôtomo Kujiko* chegou à região de *Kokawa* em 770 para caçar, como forma de diversão. Certa noite, ele viu uma luz brilhante na Montanha *Kazuragi*. Ao ser tocado por essa luz, sentiu um grande remorso por matar animais sem nenhum motivo razoável. Ele construiu uma pequena choupana no mesmo lugar em que vira a luz. Certo dia, *Kujiko* recebeu a visita de um asceta em forma de criança que lhe pediu permissão para passar a noite ali. Na manhã seguinte, o asceta perguntou a *Kujiko* se ele tinha algum desejo. *Kujiko* respondeu que havia muito desejava ter um altar da Deusa. Em resposta, o asceta esculpiu a imagem da *Senju Kannon* de 1.000 braços, durante sete dias. Em seguida, desapareceu.

Aproximadamente na mesma época, a filha do rico *Satafu*, de *Kawachi*,[64] adoeceu gravemente. Embora a família fizesse de tudo para curá-la, seu estado continuou tão desesperador que não havia nada a fazer senão esperar a morte. Inesperadamente, apareceu um asceta na

---
64 Atualmente, este é um setor de Osaka onde a população fala um dialeto muito diferente.

forma de uma criança e curou a filha. Em sinal de gratidão, *Satafu* deu ao asceta muitos presentes, mas ele os recusou todos. A única coisa que aceitou foi o *hakama*[65] tecido pela própria filha. Depois de finalmente dizer uma única frase, "Eu moro em *Kokawa*, na Província de *Nachi*", ele desapareceu.

No ano seguinte, *Satafu* foi com a filha para *Nachi* a fim de localizar a aldeia de *Kokawa*. Mas ninguém tinha ouvido falar da aldeia de *Kokawa* ou do asceta. Nas proximidades, eles descobriram um pequeno rio que passaram a acompanhar, pois o nome *Kokawa* significa "pequeno rio". Eles logo chegaram à choupana de *Kujiko*. Entrando nela, descobriram a imagem da deusa de 1.000 braços *Senju Kannon*. De suas mãos pendia o *hakama* que a jovem havia dado ao asceta. Eles logo compreenderam que o asceta que havia curado a filha era uma manifestação da deusa na forma de um asceta-criança. Como resultado, *Satafu* tornou-se monge e em seguida mandou construir um templo no local onde estava a choupana, dando-lhe o nome de *Kokawa dera* (Templo no Pequeno Rio). Ainda hoje, muitas pessoas fazem peregrinação para *Kokawa dera* e lá são curadas com rituais especiais relacionados com o símbolo SHK.

Outras aparências de Kannon
Kannon de Onze cabeças (*jûichimen Kannon* 十一面観音).

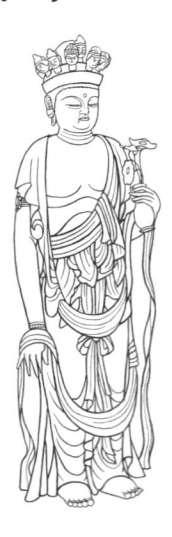

Il. 35 – KANNON DE ONZE CABEÇAS

Esta *Kannon* é uma das figuras mais antigas do Budismo Esotérico. As onze cabeças remontam ao deus da tempestade indiano *Rudra*, que tem onze nomes. As onze cabeças também representam as onze ilusões mundanas que mantêm as pessoas afastadas da unidade e do amor. Consequentemente, cada face também tem uma expressão diferente cujo objetivo é ajudar as pessoas a abandonarem as ilusões (três faces que induzem à compaixão, três coléricas, três com sorriso severo, uma face do Buda do Paraíso Amida e uma rindo freneticamente). Desde o século VIII, realiza-se o Grande Ritual de Purificação e Proteção com Fogo e Água (*Omizutori* お水取り) com esse propósito na entrada *Nigatsudô* do Templo *Tôdaiji*

---

65 O hakama é uma saia-calça japonesa.

em Nara. A água para a purificação é extraída de uma fonte secreta e grandes tochas são acesas para transmitir proteção. Milhares de visitantes ficam sob a chuva de fogo todos os anos para ser tocados pelas centelhas incandescentes; é por meio da transmissão do poder espiritual (*kaji*) dessas centelhas que a proteção do fogo se torna ativa. A crônica do templo *Tôdaiji yôroku* descreve como o monge *Jicchû* (726-?) realizou este ritual pela primeira vez durante os anos 50 do século VIII, depois de tê-lo observado no reino do futuro Buda *Maitreya* em homenagem à Deusa da Grande Compaixão *Kannon*.

Kannon com a Rede e a Corda
(Fukû Kensaku Kannon 不空羂索観音)

Il. 36 – KANNON COM A REDE E A CORDA

Como o nome já indica, esta *Kannon* porta uma rede e uma corda. Com esses instrumentos, ela resgata os seres que nadam no mar da ignorância. A rede é tão fina que nenhum ser consegue escapar pela malha. Além disso, ela cura doenças, concede riquezas, presenteia com beleza, garante o sucesso nos negócios e protege as pessoas das catástrofes naturais.

Ela tem uma, três ou onze cabeças; três olhos; seis, oito ou dez braços, dos quais duas mãos estão postas em oração na posição *Gasshô*, diante do peito; uma das mãos com uma corda ou contas de oração; outras mãos com folhas de palmeiras, um bastão de peregrino ou uma flor de lótus. Ela usa uma coroa ricamente adornada e incrustada com uma imagem do Buda do Paraíso *Amida*. Envolta por uma veste de camurça, ela é também conhecida como a *Kannon* da Caça e da Pesca, *Rokuhi Kannon*.

Kannon Sagrada ou a Kannon Original
(Shô Kannon 聖観音・正観音)

Esta é a *Kannon* original, como é conhecida na tradição indiana. Muitas vezes ela também aparece na companhia de outros seres de luz. Ela está sentada num pedestal de lótus e usa uma coroa alta com o Buda do Paraíso *Amida*. Sua mão direita eleva-se no mudrâ "Não tema" e a esquerda aponta para baixo, no mudrâ da realização dos desejos. Às vezes ela segura um botão de lótus na mão esquerda, que é aberta pela mão direita. Quando une as mãos em *Gasshô*, muitas vezes há entre elas um cristal de quartzo ou uma joia. Essa é uma representação antiga da meditação *Gasshô* com pedras de cura.

Kannon da Pureza (Juntei Kannon 准胝観音)

Il. 37 – KANNON DA PUREZA

Juntei é chamada a "Mãe Pura dos Budas" ou a "Mãe de Todos os Budas" porque ela rege o mantra sagrado *Butsumo Juntei darani,* por meio do qual os 70 milhões de Budas do passado alcançaram a iluminação. Como figura materna, ela atende aos desejos dos filhos. Ela purifica tudo o que toca. Também promove a paz entre pessoas em conflito, cura doenças, purifica corações e os enche de amor.

Ela tem uma cabeça, três olhos e oito braços (menos frequentemente dois ou quatro). As mãos do meio não estão juntas, mas fazem o gesto de girar a roda do ensinamento. Uma das mãos às vezes segura um pequeno machado. Muitas vezes ela é ladeada por duas figuras postadas sobre um pedestal de lótus ou por dois dragões que seguram botões de lótus.

Il. 38 – KANNON DE MIL BRAÇOS

Como o próprio nome já diz, esta *Kannon* tem 1.000 braços e também onze ou 27 cabeças (menos cabeças podem aparecer em esculturas; ver acima). Na maioria das mãos ela segura objetos que simbolizam possibilidades e rituais individuais. Entre as deusas *Kannon*, ela é a mais importante para o Reiki, pois o seu *Siddham* é o símbolo SHK.

Na famosa longa entrada do templo *Sanjûsan Gendô*, em Quioto, a mais extensa construção em madeira do mundo, há uma *Kannon* gigantesca, erigida no centro, com aproximadamente 3,50 m de altura. Além disso, há 1.000 *Senjû Kannons* laminadas a ouro que são quase da altura de seres humanos e mostram todas as expressões faciais individuais. Consta que toda pessoa que com paciência e tempo para procurar bastante, pode encontrar ali o próprio semblante.

O Budismo Esotérico tem rituais com a *Kannon de Mil Braços* para prevenir doenças e proteger contra o fogo. A divindade xintoísta correspondente é *Seiryû Gongen* no Templo Daigoji.

A Kannon que Realiza Desejos (Nyoirin Kannon 如意輪観音)

Il. 39 – A KANNON QUE REALIZA DESEJOS

Ela tem uma cabeça. No início, ela tinha dois braços, que passaram a seis no Budismo Esotérico, para resgatar o ser sofredor nos seis reinos da existência com vários objetos, como a gema da realização dos desejos, a roda do ensinamento, as contas de oração e uma flor de lótus. A roda do ensinamento é às vezes sustentada pelo dedo indicador levantado da mão esquerda mais elevada. A deusa está normalmente envolta por uma aura de chamas e usa uma coroa alta com um pequeno *Amida*. A mão direita toca o queixo e o cotovelo descansa sobre o joelho direito erguido. Uma das mãos faz o gesto que invoca a Deusa Terra como testemunha. Ela é mais claramente reconhecível porque um dos joelhos está erguido, enquanto a outra perna se mantém numa postura de meditação; as solas dos pés se tocam, como na meditação *Gasshô* do Reiki do Arco-Íris.

Kannon com um Ramo de Salgueiro (Yôryu Kannon 楊柳観音)

Ela é também chamada de *Kannon* da Medicina porque se curva à vontade de todos os seres com a mesma flexibilidade de um ramo de salgueiro ao vento. Ou também pode ser porque esse ramo de salgueiro tem o poder de curar todas as doenças. A estátua representa uma *Kannon* sagrada que segura um ramo de salgueiro ou o leva num recipiente de água na mão direita. Ela é também representada com vestes brancas, sentada sobre uma rocha.

Bishamonten (毘沙門天)

(Chin.: *Duowen*; Nome taoista: *Molishou*; Sânsc.: *Vaisravana*; Tib.: *Rnam Thos-kyi Bu*)

Il. 40 – BISHAMONTEN

Il. 41 – SIDDHAM VAI DE BISHAMONTEN

Bishamonten é considerado, no Budismo, um dos seres de luz dos devas. Como um deus da prosperidade, é o guardião do norte. É aqui que ele possui grandes riquezas. Ele é o protetor da deusa *Kannon.* Sua mitologia remonta ao Deus dos Crocodilos indiano, *Kuvera.* Às vezes é também chamado de "Guerreiro Negro". Como um dos quatro reis guardiães (*Shitennô*), ele é a figura principal, e então recebe o nome de *Tamonten*. No Japão, sua esposa é *Kichijôten,* a deusa de grande felicidade, beleza e mérito.

Bishamonten é venerado independentemente dos outros reis guardiães como um ser de luz de cura desde o século IX. Ele é particularmente conhecido por sua habilidade para realizar cura a distância para o *Daigo Tennô* (885-930) na montanha *Shigi* no Templo *Chôgosonshiji*.[66] O pergaminho *Shigisan Engi Emaki* foi pintado em sua homenagem no século XII. Desde o Período Heian (794-1185), *Bishamonten* é venerado no mosteiro sincrético,[67] no Monte Kurama, como o ser de luz da prosperidade. Na Idade Média, muitos guerreiros também tinham o apelido de *Bishamonten* porque o veneravam como seu santo padroeiro. Além disso, as pessoas acreditavam que ele levava consigo os dez tipos de tesouros da felicidade, além de prosperidade material. Essa é também a razão por que ele era aceito entre os Sete Deuses da Felicidade (*Shichifukujin*) no século XVII. O pequeno pagode na palma da sua mão esquerda é a torre do tesouro do ensinamento de *Dainichi Nyorai* que, por um lado, ele protege, e de onde, por outro, recebe grandes tesouros. Ele segura uma lança ou bastão de sabedoria na mão direita para direcionar a riqueza para o canal apropriado. Normalmente, podemos vê-lo pisando no demônio dos ventos destrutivos chamado *Biranba*. Na Mandala dos Dois Mundos, ele senta na postura de um yogue sul-indiano. Ele usa uma coroa com a cabeça de um pássaro. Na mão esquerda segura um pagode de relíquia e na direita o bastão da sabedoria. Sua face normalmente é azul e sua armadura é coberta por um manto com sete joias. Sua aura irradia em oito direções com *Vajras* de três dentes. Às vezes, é também representado com ratos que roem as cordas dos arcos dos inimigos.

A Grande Deusa Dai Marishi Ten (大摩利支天)

(Chin.: *Molizhi*; Sânsc.: *Mârîcî, Vajravarahi*; Tib.: *Hod-zer Chna-ma*)

Il. 42 – A GRANDE DEUSA DAI MARISHI TEN

---
66 Conforme capítulo 15, sobre o Símbolo HS.
67 Um mosteiro onde o Budismo, o Xintoísmo e o Shugendô são igualmente aceitos.

O nome Dai *Marishi Ten* provém do sânscrito (*Mârîci*) e significa "luz radiante". Nos Vedas, Dai *Marishi Ten* foi representada pela primeira vez com o nome de *Usas,* Deusa do Alvorecer (a metamorfose da lua para o sol). Na mitologia bramânica, Dai *Marishi Ten* é considerada como um dos espíritos da tempestade. Como é retratada com cavalos, há uma associação com o deus-sol *Sûrya*. Entretanto, Dai *Marishi Ten* não se identifica com ele, absolutamente, porque ela rege tanto o sol como a lua. Ela sempre aparece com um ramo de uma árvore açoca. Isto é importante porque o Buda histórico *Sakyamuni* se transformou de Bodhisattva em Buda debaixo de uma árvore açoca, que é um símbolo da iluminação. Dai *Marishi Ten* ajuda os seres a se aproximarem do sol – iluminação – através da luz da lua. A árvore é um símbolo importante de Buda, assim como o pagode é de *Dainichi Nyorai*. É interessante observar que no caso de Dai *Marishi Ten,* ambos os símbolos estão presentes. Em termos mais precisos, o interior do pagode também contém a árvore simbolizada por uma coluna central de madeira sob o qual são preservadas as relíquias do Buda histórico. Por isso, Dai *Marishi Ten* é também a ponte entre *Sakyamuni* como um Bodhisattva para sua iluminação, como a personificação do estado totalmente iluminado de *Dainichi Nyorai*. Na linguagem dos símbolos do Reiki, esta é a relação entre os símbolos HS e DKM, uma vez que HS é a ponte para DKM. Essa é também a razão por que Dai *Marishi Ten* é representada em esculturas muito antigas junto com *Dainichi Nyorai.* Ela tanto retrata o gesto do mudrâ do ensinamento como tem um pagode na sua coroa. Nessas circunstâncias, Dai *Marishi Ten* tem estreita relação com o símbolo HS, que, como será descrito abaixo, é representado como o pagode do estado de despertar ou de realização da consciência de Buda. Como regente do sol (日) e da lua (月), ela também aparece no terceiro *Kanji* de *myô* (明) no símbolo DKM. Com o sol na mão direita, Dai *Marishi Ten* expulsa a noite, e com a lua na mão esquerda ela leva luz para a escuridão. Essa divisão direita/esquerda é a mesma que se encontra no símbolo chinês yin/yang e na Mandala dos Dois Mundos no Budismo Esotérico:

Yin – esquerda – lua – Mandala do Mundo do Útero – feminino

Yang – direita – sol – Mandala do Mundo do Diamante – masculino

Na China, ela é vista como a Mãe da Estrela Polar, que representa *Dainichi Nyorai*. No Japão, ela se tornou a Deusa da Guerra e da Vitória. Ela é também uma companheira de *Taishaku Ten,* a protetora do Samurai e dos quatro mundos budistas, e Deusa do Fogo. Como ela inclusive se alimenta do sol como o fogo e é simultaneamente a transformação da luz, ela pode ser vista como a mãe do Buda Sol *Dainichi Nyorai.*

No texto chinês *Mo-li-chih-t'a-ching,* a tradução indiana mais antiga datada do século VI, são explicados rituais que descrevem como ela pode ser venerada e os efeitos produzidos pelos métodos particulares. No Tibete, ela é muitas vezes companheira de *Tara* Verde, porque ambas são arquétipos da Grande Deusa. No século VIII, *Amoghavajra* traduziu uma versão ampliada para o chinês. Esse texto mencionava que poucas representações dessa deusa deviam ser usadas na cabeça ou como amuleto. No início do século IX, esse conhecimento foi levado para o Japão por Kûkai, junto com os ensinamentos secretos (*mikkyô*) no contexto do Budismo Esotérico.

Dai *Marichi Ten* não pode ser vista por ninguém nem capturada. Como consequência, ela não pode ser ferida de modo algum nem passar por dificuldade. Ela é a Deusa das Chamas Ardentes. Essa qualidade indica sua força para fazer coisas que ninguém mais consegue realizar. Ela tem de seis a oito braços e leva um bastão Vajra, uma agulha, um arco e uma flecha, e cavalga em pé sobre um javali selvagem. Esse javali simboliza seu caráter verdadeiro, o qual – do mesmo modo que as chamas ardentes – nunca pode ser capturado. Ela circunda *Dainichi Nyorai* com tal velocidade que se torna invisível aos olhos.

Por essas qualidades, no Japão, ela é venerada pelos samurais e especialmente pelos ninjas. Por meio dela, os seres humanos podem conseguir o poder de se tornar invisíveis e de não ser percebidos nem feridos por nenhum inimigo. A história do famoso *Kusunoki Masashige,* que escondeu uma pequena imagem de Dai *Marishi Ten* em sua armadura e infundiu o temor de Deus em seus adversários com o mudrâ *ongyô in,* é especialmente bem conhecida.

Amuletos e práticas com Dai *Marishi Ten* podem evitar influências maléficas e afastar pessoas que dificultam o nosso desenvolvimento. Além disso, eles protegem contra roubos, afogamento e queimaduras.

O mantra de Dai *Marishi Ten* é: *Om marishiei sowaka.*

O símbolo *Siddham* é: *ma* (   )

Os dois mudrâs de Dai *Marishi Ten* são: (   ) (   )

Sua mandala consiste em dois triângulos unidos. Ela ocupa o centro e está rodeada por quatro *Dâkinîs*.

CAPÍTULO 9

O Buda da Medicina Yakushi Nyorai e o Reiki

(薬師如来)

Il. 43 – O BUDA DA MEDICINA YAKUSHI NYORAI

Familiarizei-me (Mark) de modo muito particular com o Buda da Medicina no Japão durante a peregrinação budista dos "88 Templos de Shikoku", quando se percorre cerca de 1.500 km a pé, de templo em templo. Seja qual for a qualidade do calçado e a resistência física, cedo ou tarde todos sofrem com os fortes sinais de fadiga e as bolhas doloridas nos pés, principalmente por causa dos 40ºC de temperatura com sua umidade de 100%. Meu companheiro e eu não fomos exceções. Num templo dedicado à veneração do Buda da Medicina, uma placa expunha o seu mantra. Como fazia em todos os templos, enviei Reiki aos Budas como oferenda, sem pedir nada. Em agradecimento, fui recompensado com muitas experiências maravilhosas. Dado o estado deplorável dos meus pés, eu sabia que – como no ano anterior – teria de interromper a peregrinação devido à exaustão e ao esgotamento, a não ser que ocorresse um milagre especial. Eu já estava acostumado com a realização de milagres aqui, mas não relacionados com a cura de bolhas. Então ocorreu-me a ideia de recitar o mantra do Buda da Medicina durante todo o trajeto até o templo seguinte (cerca de 35 km). Expus o plano ao meu companheiro e o convidei a recitar o mantra comigo. Mas ele não tinha o mínimo interesse nisso. Assim, recitei o mantra do Buda da Medicina sozinho: *Om koro koro sendari matôgi sowaka.*

Quase duas horas depois, dei-me conta de que os meus pés e as pernas já não doíam e que eu me sentia muito melhor. O ânimo reapareceu e me deu novas forças. Um pouco mais tarde, houve outro efeito secundário, mas sua extensão só se fez sentir muito tempo depois: eu havia sofrido de dor de dente por algum tempo, que então desapareceu por completo. Quando fui ao dentista para um exame minucioso desse dente em particular, ele simplesmente não encontrou nada. E levantou a hipótese de que eu talvez tivesse sonhado com a dor. Ele não quis ouvir o que eu tinha a dizer sobre o mantra. Por outro lado, a condição do meu companheiro piorou consideravelmente; poucos dias depois ele mal conseguia caminhar, e teve de pegar trens e funiculares. Infelizmente, nem mesmo isso o convenceu a tentar a recitação do mantra do Buda da Medicina... Antes da minha volta para a Alemanha, o meu professor japonês me deu uma imagem do Buda da Medicina, que agora faz parte do meu altar.

Como todos os seres de luz budistas, o Buda da Medicina também tem um nome, *Yakushi Nyorai* (薬師如来), e seu próprio *símbolo Shiddham, mantra* e *mudrâ*.[68]

Il. 44 – SÍMBOLO SIDDHAM BHAI DO BUDA DA MEDICINA

Como o nome já sugere, *Yakushi Nyorai* está relacionado com a medicina e a cura. Uma tradução literal diz que ele é o "Mestre da Medicina" e o "Curador do Corpo e da Mente" entre os Budas. Na arte, ele é representado com uma tigela com remédios na mão esquerda e às vezes também com um ramo da arura[69] na mão direita. Sua cor é azul, que representa a harmonização de todas as doenças. Além de curar doenças emocionais, mentais e físicas, ele também favorece o renascimento na Terra Pura dele, no Leste – um Paraíso Budista. Há nisso uma relação com o símbolo SHK, pois o Buda *Amida*, associado a este símbolo, também tem o seu próprio paraíso "Terra Pura" no Ocidente.

---

68 As iniciações nos símbolos e mantras do Buda da Medicina estão incluídas em nossos seminários e treinamentos. Entre em contato com os autores pelos sites em inglês para mais informações.

69 A arura é a planta mais amarga que já provei. Segundo a Medicina Tradicional Chinesa, o gosto amargo na Teoria dos Cinco Elementos representa o coração, o intestino delgado e a sexualidade, e ainda a capacidade para o despertar espiritual e os meridianos correlatos (canais de energia espiritual no corpo), que são organizados pelo elemento fogo. Assim, a arura na mão de *Yakushi Nyorai* é expressão da sua competência como grande agente de cura do coração e das qualidades físicas, mentais e espirituais a ele relacionadas.

Entretanto, o signo *Siddham* de *Yakushi Nyorai* não é o símbolo SHK, mas o signo *Siddham* de *bhai*. Este exerce um papel importante no trabalho energético de cura com *Yakushi Nyorai*. *Bhai*, porém, não é um dos símbolos do Reiki. Do que sabemos sobre o trabalho do dr. Usui e do dr. Hayashi, não há indicação de que *Yakushi Nyorai* tenha participado de algum modo do Sistema Reiki de Cura Natural. Além de *Yakushi Nyorai*, há todo um grupo de outros seres de luz no Budismo. A propriedade da cura normalmente não é indicada por seus nomes. Assim, a Deusa da Compaixão, *Kannon* com o símbolo SHK, tem o poder da cura mental por meio da dissolução de hábitos e modos de pensar que causam sofrimento. O Imperturbável Rei de Sabedoria *Fudô Myôô* corta os apegos à raiva com sua espada, de modo que os efeitos desses apegos – a maioria das doenças, como pressão alta, distúrbios da vesícula biliar e acidentes – perdem seu suporte e desaparecem. Desse modo, a grande variedade de seres de luz com seus inúmeros aspectos pode eliminar as causas do sofrimento e da doença. Essa também é uma forma de cura. No Ocidente, damos a esse processo o nome de desenvolvimento da personalidade.

O modo como o dr. Usui recebeu a iniciação no Reiki durante sua iluminação no Monte Kurama não foi inicialmente relacionado com *Yakushi Nyorai*. O Reiki remonta ao Buda Grande Sol *Dainichi Nyorai*. Na linhagem de transmissão, *Yakushi Nyorai* não é mencionado. Nas duas mandalas de *Dainichi Nyorai*, a Mandala do Mundo do Diamante e a Mandala do Mundo do Útero, *Yakushi Nyorai* aparece muito raramente e apenas no Japão. Ele não é mencionado nem uma única vez nos sutras correlatos. No entanto, há algumas semelhanças e relações muito claras com o Reiki. O símbolo *Siddham bhai*, como o símbolo SHK, também facilita a cura da mente e o renascimento num paraíso. Em termos mais precisos, a cura da mente é a pré-condição mais importante para a cura das doenças físicas e, ao mesmo tempo, a base para o renascimento num paraíso budista. Uma comparação entre as funções dos dois símbolos mostra algumas diferenças, o que permite aplicar o Reiki de um modo ainda mais concentrado.

Il. 45 – TRINDADE SIDDHAM: EM CIMA, BHAI, EMBAIXO
À ESQUERDA, HRIH, EMBAIXO À DIREITA,
BHAH (PARA SAKYAMUNI)

Excelentes resultados podem ser alcançados inclusive com o Primeiro Grau de Reiki. Usando os símbolos do Segundo Grau, além da intensificação do poder e da cura a distância, podemos trabalhar de modo mais concentrado com a ajuda do símbolo SHK, isto é, podemos harmonizar problemas eficazmente com menor esforço. A inclusão do símbolo *bhai* de *Yakushi Nyorai* amplia as possibilidades que já estão disponíveis. Como acontece com os símbolos do Reiki, também aqui é necessária uma iniciação realizada por um professor especialmente treinado para chegar a um grau elevado de eficácia e profundidade nas aplicações. Embora alguns exercícios possam ser feitos sem iniciação, neste caso apenas resultados coincidentes são possíveis com os símbolos.

No Japão, *Yakushi Nyorai* é venerado de modo muito especial devido ao seu poder de cura e também à sua "Terra Pura" (Paraíso) no Leste, uma vez que o próprio Japão se localiza totalmente no leste da Ásia como a "Terra do Sol Nascente". O sol e o paraíso no leste apontam para um vínculo entre *Dainichi Nyorai* e *Yakushi Nyorai*.

Quando ainda Bodhisattva, *Yakushi Nyorai* havia feito doze diferentes promessas, todas relacionadas com a cura no sentido mais estrito e mais amplo. Entre essas estava o seu desejo de que o mundo fosse iluminado por sua luz azul. Por causa dessa sua capacidade de irradiar luz azul, ele é frequentemente identificado com *Dainichi Nyorai* no Japão, em contraste com todos os ensinamentos tradicionais: *Dainichi Nyorai* também tem a capacidade de irradiar luz – neste caso, luz dourada – de seu corpo para o mundo. Por isso, na Escola *Shingon* de Budismo Esotérico, ele é às vezes colocado no lugar de *Dainichi Nyorai* na Mandala do Mundo de Diamante. Apesar disso, *Yakushi Nyorai* é ao mesmo tempo venerado como um Buda independente.

A Trindade de Yakushi Nyorai

A relação indireta com *Dainichi Nyorai* também pode ser explicada do ponto de vista dos seus companheiros. Como os outros Budas, *Yakushi Nyorai* também aparece na companhia de outros seres de luz. Na maioria dos casos, eles são *Nikkô Bosatsu* (日光菩薩), à direita, e *Gakkô Bosatsu* (月光菩薩), à esquerda (ou ao contrário, visto da perspectiva de *Yakushi Nyorai*). *Nikkô Bosatsu* é o Bodhisattva da luz do sol e *Gakkô Bosatsu* é o Bodhisattva da luz da lua. Da perspectiva de *Yakushi Nyorai*, a combinação do primeiro *Kanji* desses dois nomes resulta no terceiro *Kanji* (*myô* 明) do símbolo DKM. O segundo *Kanji* de ambos os nomes – *kô* 光 – também está contido no símbolo DKM na segunda posição. O símbolo *Siddham* de *Nikkô Bosatsu* também é idêntico ao símbolo (e mantra) "*a*" de *Dainichi Nyorai*.

O exemplo mais conhecido dessa trindade é provavelmente o Templo do Buda da Medicina de nome *Yakushiji*, em Nara, desde o ano 680. Quando a *Tenmu Tennô*[70] (631-686) ficou gravemente doente, ela esperava melhorar por meio do poder de *Yakushi Nyorai* e mandou construir esse templo. E ela realmente recuperou a saúde. Por esse e outros casos de cura, *Yakushi Nyorai* logo ficou conhecido em todo o país, na corte, nos mosteiros e também entre a população.

---

70 O título japonês *Tennô* pode ser acrescentado depois do nome tanto de homens como de mulheres. Ele significa aproximadamente "imperador/imperatriz".

Il. 46 – SIDDHAM DA TRINDADE DO BUDA DA MEDICINA:
ESQUERDA, CA; CENTRO, BHAI; DIREITA, A

O *Sutra do Buda da Medicina* (jap.: *Yakushi kyô*) era recitado regularmente nos templos durante a realização de rituais em homenagem a *Yakushi Nyorai*. Durante os rituais de *Yakushi keka*, a caça era interrompida, os animais capturados eram libertados e, às vezes, até guerras cessavam, como oferenda a *Yakushi Nyorai*. O ritual tem o efeito de curar rapidamente doenças que normalmente são incuráveis sem algum tipo de milagre. Em âmbito nacional, as guerras cessavam ritualmente para prevenir epidemias e catástrofes naturais com o poder de *Yakushi Nyorai*. Para intensificar a força curadora luminosa do sol, rituais mágicos com velas eram realizados simultaneamente na Escola *Tendai* de Budismo Esotérico para *Yakushi Nyorai* e *Dainichi Nyorai*.

Os Sete Corpos e Formas de Yakushi Nyorai

Como agente de cura, *Yakushi Nyorai* pode se manifestar em sete formas. Quando pintadas, elas aparecem acima ou à volta do próprio *Yakushi Nyorai*. Cada uma delas tem seu mudrâ e seu próprio símbolo *Siddham*. No lugar da tigela com remédios, elas seguram uma gema realizadora de desejos. Com frequência são também retratadas através dos respectivos símbolos *Siddham*, como ajuda em rituais e meditações:

O Virtuoso Rei da Beatitude (jap.: *Zen Myôshô Kichijô ô Nyorai*)

O Buda Rei da Luz e do Som de Percepção da Gema Preciosa da Lua (jap.: *Hôgetsu Chigen Kô on Jizai ô Nyorai*)

O Buda da Gema Dourada que Realizou as Práticas Mais Elevadas (jap.: *Konjiki Hôkô Myôkô Jôju Nyorai*)

O Auspicioso Excelente e Livre de Aflições (jap.: *Muyû Saishô Kichijô Nyorai*)

O Buda do Som do Trovão do Mar do Dharma (jap.: *Hôkairaion Nyorai*)

O Buda da Sabedoria Vitoriosa do Mar do Dharma que Vagueia Livremente Devido aos seus Poderes Espirituais (jap.: *Hôkaishô Sui Yûgi Jintsû Nyorai*)

Mestre de Cura Lápis-Lazúli (jap.: *Yakushi Rurikô Nyorai*)

Lápis-Lazúli e o Buda da Medicina Yakushi Nyorai

Como acontece com todos os seres de luz do Budismo, há também uma cor associada a *Yakushi Nyorai*. O seu corpo é azul-radiante, como a pedra de cura lápis-lazúli. Nos sutras, seu nome sempre aparece com o lápis-lazúli, de modo que essa pedra de cura acabou sendo associada ao próprio Buda da Medicina. A cor azul lápis-lazúli desempenha uma função importante em muitas aplicações curativas com *Yakushi Nyorai*.

A mina de Badakshan, localizada nas Montanhas Hindukusch, no nordeste do Afeganistão, de acesso muito difícil, ainda é um dos lugares mais importantes como depósito de lápis-lazúli. Já no século IV a.C., expedições eram enviadas para lá regularmente, pois as pessoas já conheciam os grandes benefícios curativos dessa pedra de cura. Também podemos observar isso nos sutras budistas. Neles, a pedra de cura mais frequentemente mencionada é o lápis-lazúli. Desde tempos antigos, ela é associada à Grande Deusa e ajuda-nos a seguir com persistência nossa visão pessoal sem falsa modéstia e transigências indolentes. Sua força de cura é especialmente eficaz no quinto chakra principal, cujo mantra essencial no Budismo Esotérico é o "*a*", que realiza o poder divino manifestado no coração no mundo físico.

No Budismo, ele é um símbolo para o puro e o raro. Já no primeiro capítulo do *Sutra do Lótus*, os Budas são comparados com imagens douradas em lápis-lazúli, que se assemelham muito às inclusões de pirita dourada no lápis-lazúli. Essa comparação é também uma das muitas indicações de que partes importantes do ensinamento budista são muito mais antigas do que se conhece atualmente como Budismo. Mais tarde, o professor de ensinamento budista é também comparado com um espelho feito de lápis-lazúli que reflete todas as aparências livres de distorções. Isso lembra muito os efeitos de cura do próprio lápis-lazúli. Segundo Gienger,[71] o lápis-lazúli é conhecido como a pedra da verdade. Como já foi mencionado, ele é especialmente bom para o quinto chakra, porque promove de tal modo a autoexpressão que coisas desagradáveis podem ser mais facilmente expressas pela linguagem em vez de simplesmente engolidas. Quem consegue expressar sua opinião de maneira aberta, honesta e clara, sem deixar dúvidas, e os que se esforçam para sempre descrever as coisas como elas são realmente, criam muitas precondições para uma vida feliz e saudável. Um meio valioso para alcançar esse estado é a purificação da mente de dentro para fora. Especialmente o Buda da Medicina *Yakushi Nyorai* tem o poder de promover essa arte superior em todas as pessoas. Os resfriados recorrentes e os problemas estomacais então desaparecem. O fortalecimento desse chakra com o poder de *Yakushi Nyorai* é um método útil para esse propósito. O processo será explicado nas práticas a seguir.

A Planta Medicinal do Buda da Medicina Yakushi Nyorai

Em algumas representações de *Yakushi Nyorai*, ele segura uma planta arura (sânsc.: *harîtaki*, lat.: *terminalia chebula, phyalanthus emblica, terminalia belerica*) na mão direita. É difícil encontrar essa planta no Japão, pois ela não é cultivada nesse país. Enquanto o lápis-lazúli, como descrito acima, promove a expressão da verdade, esta planta medicinal tem o efeito de ver o mundo sem distorções, como ele é realmente. A arura é bem conhecida na medicina indiana. Como mostra a terminologia latina, há três variedades dela. Elas são conhecidas como elixires da longa vida. São particularmente eficazes contra doenças dos olhos e para melhorar a visão. Neste segundo caso, a planta nos ajuda a olhar de frente as coisas que não

---

71 Cf. *Healing Crystals: The A-Z Guide to 430 Gemstones*, de Michael Gienger, ISBN 1844090671, publicado por Earthdancer 2005.

quisemos ou não fomos capazes de enxergar até esse momento. Além disso, ela se comprovou um remédio para problemas da pele, sangramento, supuração, formação exagerada de muco e dores durante a micção. E ainda, ela exerce um efeito estimulante sobre o fogo estomacal, também promovendo a limpeza dos órgãos no nível energético e aguçando os sentidos. A arura é uma planta medicinal benéfica igualmente para o corpo e para a mente. Em meditações com *Yakushi Nyorai*, do seu fruto emana uma energia de cura para a mente que influencia também o corpo. Como a arura não cresce no Japão, um ritual de conexão energética para despertar seus poderes de cura tornou-se especialmente popular no Budismo Esotérico desse país.

O Símbolo Siddham Bhai do Buda da Medicina Yakushi Nyorai

Como todo ser de luz budista, *Yakushi Nyorai* também tem seu próprio símbolo *Siddham*, o qual dá origem ao poder de cura do Buda da Medicina. Por meio da aplicação ritualística do símbolo, a cura se processa através da ativação dos doze poderes internos. Entre esses estão uma gravidez fácil e um nascimento normal, cura da infertilidade, longevidade, cura espontânea, sucesso na aprendizagem, crescimento saudável, proteção contra tempestades em viagens marítimas e proteção contra epidemias e catástrofes. Além disso, uma meditação especial promove o desenvolvimento da personalidade e possibilita o renascimento no Paraíso do Leste.

Il. 47 – SIDDHAM BHAI

Práticas com o Buda da Medicina

Prática 1: *Mental Healing* com o Poder do Buda da Medicina

Estabeleça contato a distância com o Buda da Medicina dirigindo-se a ele como Yakushi Nyorai. Saúde-o com as palavras: "Querido Buda da Medicina Yakushi Nyorai, venho à tua presença como uma pessoa doente e peço a cura. Venho à tua presença como uma pessoa ignorante e peço ensinamento. Venho à tua presença como uma pessoa que desconhece o caminho e peço proteção e orientação. Venho à tua presença como uma pessoa impotente e peço força para melhor servir. Como retribuição, envio-te Reiki. Usa-o da maneira que desejares para benefício de todos". Envie então Reiki para o Buda da Medicina, mantendo as mãos à sua frente com as palmas voltadas para fora.

*

Em seguida, comece o *Mental Healing* da maneira habitual com os símbolos SHK e CR. Peça a *Yakushi Nyorai* que envie sua força curadora através de você e de suas mãos. Durante todo o tratamento, recite o mantra: *Om koro koro sendari matôgi sowaka*. Enquanto recita, imagine uma luz brilhante fluindo de suas mãos na cor do lápis-lazúli e preenchendo completamente o corpo do receptor. Depois, vá até os pés do receptor e firme-o na terra durante alguns minutos, para finalizar.

*

No final da sessão, agradeça e desfaça o contato a distancia com Yakushi Nyorai do modo costumeiro, dizendo ou pensando: "Querido Yakushi Nyorai, agradeço-te pelo tratamento e pela ajuda. Peço permissão para invocar-te novamente em breve. Desejo-te a bênção e a proteção da Força Criadora no teu caminho". Sopre entre as mãos e esfregue-as da maneira usual ao terminar o contato de Reiki a distância.

Prática 2:
Meditação de Reiki com Yakushi Nyorai (a)

Estabeleça contato a distância com o Buda da Medicina dirigindo-se a ele como Yakushi Nyorai.

Saúde-o com as palavras: "Querido Buda da Medicina Yakushi Nyorai, venho à tua presença como uma pessoa doente e peço a cura. Venho à tua presença como uma pessoa ignorante e peço ensinamento. Venho à tua presença como uma pessoa que desconhece o caminho e peço proteção e orientação. Venho à tua presença como uma pessoa impotente e peço força para melhor servir. Em retribuição, envio-te Reiki. Usa-o da maneira que desejares para benefício de todos".

*

Assuma o mudrâ do Buda da Medicina levantando a mão direita na altura do coração, com a palma voltada para fora, e colocando a mão esquerda sobre a perna esquerda, com a palma voltada para cima. Enquanto recita o seu mantra – *Om koro koro sendari matôgi sowaka* – 108 vezes ou um múltiplo desse número, imagine um azul brilhante lápis-lazúli irradiando-se de você para todos os seres.

*

Ao terminar o tratamento de Reiki a distância, agradeça e desfaça o contato da maneira habitual.

Prática 3:
Meditação de Reiki com Yakushi Nyorai (b)

Estabeleça contato a distância com o Buda da Medicina dirigindo-se a ele como Yakushi Nyorai.

Saúde-o com as palavras: "Querido Buda da Medicina Yakushi Nyorai, venho à tua presença como uma pessoa doente e peço a cura. Venho à tua presença como uma pessoa ignorante e peço ensinamento. Venho à tua presença como uma pessoa que desconhece o caminho e peço proteção e orientação. Venho à tua presença como uma pessoa impotente e peço força para melhor servir. Em retribuição, envio-te Reiki. Usa-o da maneira que desejares para benefício de todos".

*

Assuma o mudrá do Buda da Medicina levantando a mão direita na altura do coração, com a palma voltada para fora, e colocando a mão esquerda sobre a perna esquerda, com a palma voltada para cima.

Visualize-se como o Buda da Medicina sobre uma flor de lótus com o disco da lua. Seu corpo é azul lápis-lazúli e está completamente vazio. Você tem um rosto e dois braços e está usando uma veste de monge de três peças. Na mão direita você segura um ramo de arura, como se quisesse entregá-lo a alguém. Na mão esquerda, junto ao colo, você segura uma tigela com remédios.

Em seguida, traço a traço, a sílaba-semente *Siddham bhai* azul forma-se no seu coração. Do *bhai* surge então, no sentido horário, uma corrente formada pelo mantra do Buda da Medicina *Om koro koro sendari matôgi sowaka*.

Il. 48 – SEQUÊNCIA DE TRAÇOS PARA O SIDDHAM BHAI

Enquanto recita o mantra – *Om koro koro sendari matôgi sowaka* – 108 vezes ou um múltiplo dele, imagine que uma luz azul brilhante irradia-se do seu coração para todos os Budas e Bodhisattvas. Uma vez abençoada, essa luz volta para você e preenche o seu coração. Agora a luz azul irradia-se do seu coração para todos os seres, purificando suas mentes e curando todas as doenças.

Por fim, a luz azul retorna para você. A sua forma como Buda da Medicina se dissolve na luz e se funde com o *bhai*. Coloque as mãos sobre o coração e sinta durante cinco minutos, pelo menos, o que está acontecendo dentro de você.

*

Agradeça a Yakushi Nyorai e finalize o contato a distância como sempre.

Prática 4:
Cura a distância com o Poder de Yakushi Nyorai e do Reiki

Estabeleça contato de Reiki a distância com a pessoa que você vai tratar.

Estabeleça também contato a distância com o Buda da Medicina dirigindo-se a ele como Yakushi Nyorai. Saúde-o com as palavras: "Querido Buda da Medicina Yakushi Nyorai, venho à tua presença como uma pessoa doente e peço a cura. Venho à tua presença como uma pessoa ignorante e peço ensinamento. Venho à tua presença como uma pessoa que desconhece o caminho e peço proteção e orientação. Venho à tua presença como uma pessoa impotente e peço poder para melhor servir. Em retribuição, envio-te Reiki. Usa-o da maneira que desejares para benefício de todos".

*

Assuma o mudrâ do Buda da Medicina levantando a mão direita na altura do coração, com a palma voltada para fora, e colocando a mão esquerda sobre a perna esquerda, com a palma voltada para cima. Peça cura em todos os níveis para a pessoa que vai receber o tratamento.

Visualize-se como o Buda da Medicina sentado sobre uma flor de lótus com o disco da lua. Seu corpo é azul lápis-lazúli e totalmente vazio até a ponta dos dedos. Você tem uma face e dois braços e está usando uma veste de monge de três peças. Na mão direita você segura um ramo de arura, como se quisesse entregá-lo a alguém. Com a mão esquerda, junto ao colo, você segura uma tigela com remédios. Recite o mantra do Buda da Medicina 108 vezes: *Om koro koro sendari matôgi sowaka.*

Em seguida, posicione as mãos em *Gasshô* diante do coração, separadas em torno de 10 cm uma da outra, e visualize o seu receptor entre elas. A cabeça fica no alto e os pés embaixo.

Em toda a extensão do corpo, na frente e nas costas, imagine-se desenhando o símbolo *Siddham bhai*. Trace também um grande símbolo CR. Ative cada um deles repetindo o respectivo mantra três vezes.

Em todos os lugares que julgar necessário, desenhe pequenos símbolos CR e ative cada um deles dizendo o mantra três vezes.

Recite o mantra do Buda da Medicina durante todo o tratamento: *Om koro koro sendari matôgi sowaka*. Ao mesmo tempo, imagine que a luz azul lápis-lazúli irradia-se das suas mãos para o cliente e que todas as doenças se dissolvem como um cubo de gelo em água quente. Aplique Reiki na sola dos pés do cliente durante três minutos, para reforçar a fixação na terra.

*

Desfaça o contato a distância com o cliente como de costume.

Agradeça ao Buda da Medicina e visualize a forma que você assumiu desse Buda dissolver-se na luz.

Desfaça o contato a distância com o Buda da Medicina como de costume.

Prática 5:
Tratamento dos Chakras com o Poder de Yakushi Nyorai

Estabeleça contato a distância com o Buda da Medicina dirigindo-se a ele como Yakushi Nyorai.

Saúde-o com as palavras: "Querido Buda da Medicina Yakushi Nyorai, venho à tua presença como uma pessoa doente e peço a cura. Venho à tua presença como uma pessoa ignorante e peço ensinamento. Venho à tua presença como uma pessoa que desconhece o caminho e peço proteção e orientação. Venho à tua presença como uma pessoa impotente e peço poder para melhor servir. Em retribuição, envio-te Reiki. Usa-o da maneira que desejares para benefício de todos".

*

Visualize-se como o Buda da Medicina sentado sobre uma flor de lótus com o disco da lua. Seu corpo é azul lápis-lazúli e está totalmente vazio até a ponta dos dedos. Você tem um rosto e dois braços e está usando uma veste de monge de três peças. Na mão direita você segura um ramo de arura, como se fosse entregá-lo a alguém. Com a mão esquerda, junto ao colo, você segura uma tigela com remédios.

Desenhe um símbolo SHK sobre o chakra a ser tratado e ative-o repetindo o respectivo mantra três vezes. Desenhe também um símbolo CR sobre o chakra da coroa e ative-o repetindo o mantra três vezes. Repita o primeiro e o último nome do cliente três vezes.

Recite o mantra *Om koro koro sendari matôgi sowaka* durante todo o tratamento. Ao mesmo tempo, imagine a luz azul lápis-lazúli irradiando-se para o chakra do receptor.

*

Agradeça ao Buda da Medicina e visualize a forma que você assumiu desse Buda dissolver-se na luz. Desfaça o contato a distância com o Buda da Medicina como de costume.

Prática 6:
Como Fazer Óleo de Cura de Lápis-Lazúli Infuso com o Poder de Yakushi Nyorai

Prepare um recipiente feito de material natural, como madeira ou argila, e encha-o com óleo.

*

Estabeleça contato a distância com o Buda da Medicina dirigindo-se a ele como Yakushi Nyorai. Saúde-o com as palavras: "Querido Buda da Medicina Yakushi Nyorai, venho à tua presença como uma pessoa doente e peço a cura. Venho à tua presença como uma pessoa ignorante e peço ensinamento. Venho à tua presença como uma pessoa que desconhece o caminho e peço proteção e orientação. Venho à tua presença como uma pessoa impotente e peço poder para melhor servir. Em retribuição, envio-te Reiki. Usa-o da maneira que desejares para benefício de todos".

*

Visualize à sua frente o Buda da Medicina e seus dois companheiros como o sol e a lua no céu noturno azul lápis-lazúli. Envie Reiki para o Buda da Medicina mantendo as palmas voltadas para ele. Recite o mantra *Om koro koro sendari matôgi sowaka*.

Pegue o recipiente com óleo com uma das mãos e use a outra (a iniciada) para desenhar o símbolo SHK sobre o óleo. Ative-o. Em seguida, desenhe também o símbolo CR e ative-o. Repita ou pense três vezes: "Este óleo, este óleo, este óleo" e mantenha a mão sobre ele. Para intensificar, desenhe mais alguns símbolos CR.

Peça então ao Buda da Medicina que infunda o óleo com *Amrita* (néctar divino, de cura). Peça também a bênção da Grande Deusa (lua) e do Grande Deus (sol).

Enquanto recita o mantra *Om koro koro sendari matôgi sowaka*, visualize uma luz azul lápis-lazúli irradiando-se do Buda da Medicina e uma luz dourada vinda do sol e da lua passando pelo seu chakra da coroa, impregnando todo o seu corpo e transferindo-se para o óleo que está em suas mãos.

Permaneça nesse estado por dez minutos pelo menos ou até sentir claramente que é suficiente.

*

Agradeça e desfaça o contato a distância com Yakushi Nyorai como de costume, dizendo ou pensando: "Querido Yakushi Nyorai, agradeço o tratamento e a ajuda. Peço permissão para invocar-te novamente em breve. Desejo-te a bênção e a proteção da Força Criadora no teu caminho".

Em seguida, sopre entre as mãos e esfregue-as.

O óleo assim carregado pode ser passado nos chakras e nas zonas reflexas.

Capítulo 10

Mudrâ

Il. 49 – MUDRÂ DO SER DE LUZ DO REIKI

Mudrâs são gestos simbólicos que ajudam o praticante a alcançar determinados estados de consciência, como um relaxamento profundo, ou a entrar em contato com seres espirituais específicos. Com eles podemos também obter resultados práticos em trabalhos com energia, como acalmar um cão bravo ou curar uma picada de cobra. Sem uma iniciação, porém, apenas fazer um mudrâ não representa garantia nenhuma de que se produzirão os efeitos desejados. À semelhança dos símbolos e mantras, eles são recursos importantes em muitos rituais xamânicos e esotéricos, como no Budismo Esotérico, no Taoismo, no Xintoísmo, no Hinduísmo, etc. Também desempenham um papel muito importante no Reiki. Por exemplo, já na primeira iniciação de Reiki, o Mestre pede que posicionemos as mãos juntas na frente do coração. Essa posição de mãos também é um mudrâ, chamado *Gasshô* em japonês. De modo correspondente, há muitas formas diferentes de meditação com *Gasshô* e algumas outras técnicas com as quais podemos realizar uma grande variedade de coisas úteis e belas.

Observamos este e outros mudrâs em esculturas de muitas religiões. Com base nos mudrâs de imagens e pinturas budistas da Índia, do Tibete, da China, da Coreia e do Japão, é possível conhecer os seres de luz que eles representam e as funções ou qualidades que encarnam. Assim, por um lado, os mudrâs são símbolos visuais e, por outro, servem de meios para meditação e outras práticas espirituais. Como os símbolos do Reiki, eles promovem experiências profundas e conduzem à sabedoria espiritual. Como uma espécie de biblioteca, eles contêm uma área de percepção filosófica bem condensada que só se revela para quem recebeu treinamento adequado. Este livro transmite parte do conhecimento necessário para decifrar os símbolos. Por exemplo, eles são usados em rituais, como numa iniciação de Reiki, para aumentar a concentração ou para ter acesso direto ao poder, sabedoria e amor de um ser de luz, e muito mais. Isso é feito com o objetivo de trabalhar para o benefício de todos os seres sencientes e para manter a ordem divina.

Além disso, cada mudrâ em si também contém significados esotéricos profundos. Isso quer dizer que os mudrâs concentram muito conhecimento oculto de difícil apreensão sem um bom professor espiritual e uma prática adequada. Graças à abundância de possibilidades, o Budismo Esotérico oferece todo um conjunto de mudrâs práticos.

No Japão, os mudrâs passaram a ser usados sistematicamente depois que o monge Kûkai, fundador da Escola japonesa *Shingon* de Budismo Esotérico, voltou da China. Essa afirmação aplica-se também aos símbolos *Siddham* e aos mantras e dhâranîs. Eles já existiam antes dessa época, mas em número limitado, e poucos iniciados conseguiam compreendê-los ou mesmo usá-los em rituais tão intensos como curas e meditações e para aumentar os poderes internos e externos no âmbito do desenvolvimento da personalidade.

Em geral, são dois os tipos de mudrâs:

ॐ Mudrâs sem objetos nas mãos (*mugyô*),

ॐ Mudrâs com objetos nas mãos (*ugyô*).

No *Dainichi kyô* (sânsc.: *Mahâvairocana Sûtra*), há uma descrição de 31 mudrâs para os grandes Budas, 57 para os grandes seres de luz e 45 para outros seres de luz. Mas há muito mais. Para não extrapolar o tema em estudo, este livro só apresenta os mudrâs relacionados com o Reiki e os símbolos e com seus respectivos seres de luz.[72]

Mudrâ da Transmissão de Reiki Duplo

Semui in

(Sânsc.: *Abhaya mudrâ*: Chin.: *Shiwuwei Yin*)

Il. 50 – MUDRÂ DA TRANSMISSÃO DE REIKI

---

[72] Observam-se às vezes pequenas variações nas posições das mãos para alguns mudrâs. Os motivos para isso são diversos. Algumas variações refletem aspectos individuais no significado e no efeito, outras diferem de país para país ou de escola para escola. Os mudrâs são representados aqui, primeiro, do modo como foram usados tradicionalmente e, segundo, como se adaptaram ao Reiki.

Mantemos as duas mãos voltadas para fora, como se estivéssemos aplicando Reiki em alguém à nossa frente. Por um lado, este mudrâ simboliza primeiramente proteção e paz. Um nome comum para ele é a chamada posição de mãos "não tenha medo". Esta parece uma posição de mãos natural, mas desde tempos antigos é considerada como sinal de boas intenções. Na Índia, este mudrâ, feito com uma das mãos apenas, era originalmente um gesto do rei no exercício do seu poder. Buda o usou quando foi atacado por um elefante furioso, que então se transformou imediatamente numa criatura inofensiva e amorosa. Quando uma imagem mostra o dedo indicador apontando levemente para a frente, isso significa que a imagem é da Escola *Shingon* de Budismo Esotérico. Em Gandara, este mudrâ é também interpretado como um gesto de pregação. Isso pode ser comparado com o *Sutra Avatamsaka* e com o *Sutra Brahmâjala* nos quais está escrito que o *Dharma* – o ensinamento de *Dainichi Nyorai* – irradia-se de todos os seus poros em forma de luz para todo o universo, iluminando mesmo os lugares mais remotos e escuros. Se esses raios de luz são ampliados, fica evidente que de fato existe um número infinito de Budas, isto é, emanações de *Dainichi Nyorai*. Essas emanações também incluem a natureza de Buda inerente a todos os seres que pode ser despertada por meio do desenvolvimento espiritual da personalidade, resultando na iluminação e no despertar espiritual.

Entre outras coisas, este mudrâ, feito com as duas mãos ou apenas com uma, é usado no Reiki para trabalho sobre a aura e durante a bênção no final de cada iniciação. Ele expressa que nós, como canais do Reiki, temos a força e o poder de *Dainichi Nyorai* – o rei de todos os Budas que se manifesta como luz e pode transmiti-la a todos os seres do universo. É bastante comum meus alunos de Reiki e meus clientes dizerem que veem uma luz dourada ou brilhante durante o tratamento, e estou certo de que outras pessoas também tiveram experiências semelhantes. Essa luz é a manifestação onipresente de *Dainichi Nyorai.* Há também doze mantras do Anjo do Sol por meio dos quais as pessoas podem entrar em contato com os vários aspectos arquetípicos de *Dainichi Nyorai*.[73] Eles podem ser usados muito bem em combinação com o Reiki Usui. Não admira – essas duas artes espirituais extraem seu poder da mesma fonte!

A partir do Segundo Grau, os símbolos da força Reiki podem ser usados para obter um efeito específico. Sempre que desenhamos os símbolos, fazemos isso com o *Mudrâ Abhaya* (Mudrâ da Transmissão de Reiki), isto é, com a mão espalmada. É como se um pincel de escrita saísse do chakra da palma para escrever ou desenhar os símbolos. Esse é também o primeiro exemplo da importância que se reflete na relação entre mudrâ, símbolo e mantra. Depois da iniciação, o mudrâ é o gesto da mão com o qual o praticante transmite o Reiki; o símbolo determina a direção do efeito e o mantra ativa o conjunto todo. A direção do efeito significa o resultado obtido com o símbolo individual.

A breve lista a seguir resume as funções básicas dos quatro símbolos do Reiki. Os capítulos individuais deste livro explicam a grande variedade de funções que os símbolos têm:

- ॐ CR para intensificação do poder e orientação espacial da energia Reiki, e ainda integração de poderes espirituais no mundo material e ativação dos outros símbolos do Reiki.

---

[73] Mais informações encontram-se na p. 288, capítulo 16, sobre o Símbolo DKM.

- 🕉 SHK para *Mental Healing* e realização dos caminhos espirituais individuais, e ainda a impregnação de objetos e substâncias materiais com poder espiritual.
- 🕉 HS para tratar a distância, estabelecer contato, unir-se a seres de luz e despertar a consciência de Buda que transcende o tempo e o espaço.
- 🕉 DKM para iniciações e para despertar o espírito da iluminação e a natureza de Buda do indivíduo ou sua essência espiritual.

Mudrâ do Dar e Receber

Yogan in, Segan in, Seyo in

(Sânsc.: *Varada mudrâ;* Chin.: *Shinyan Yin*)

Il. 51 – MUDRÂ DO DAR E RECEBER

Uma ou ambas as mãos são postas com as palmas para fora e as pontas dos dedos apontando para baixo, às vezes ligeiramente para a frente. Este mudrâ simboliza sacrifício, dar, receber, compaixão, amor fraterno e sinceridade. Além disso, ele representa a realização do desejo de alcançar a iluminação nesta vida. No Budismo, este mudrâ normalmente aparece em combinação com o mudrâ descrito acima, *Semui in* (o *Mudrâ da Transmissão de Reiki*). Ao dar ou receber alguma coisa dentro de um contexto espiritual, as mãos sempre assumem a posição deste mudrâ.

A combinação dos dois mudrâs indica dar e receber. Como em toda a natureza, uma troca justa ocorre com todas as coisas. Com uma das mãos nós damos e com a outra recebemos.[74] Isso obviamente nos diz alguma coisa sobre a função do chakra da palma. Assim como podemos dar e receber com as mãos, também podemos dar e receber energias com esses chakras. Nesse contexto, também é muito importante mencionar que os métodos de iniciação tradicional no sistema Reiki nos protegem de receber energias desarmônicas oriundas dos receptores da cura e também de transmitirmos qualquer tipo de energia que poderia ser danoso para eles. Essa proteção é feita por uma espécie de filtro energético que é ativado assim que o receptor absorve Reiki das nossas mãos. Esse filtro está permanentemente fixo nos chakras das mãos e dos dedos e protege com segurança contra todo tipo de manipulação negativa.

---

[74] Na antiga tradição espiritual nórdica, este princípio é expresso pela runa *Gebo*. Como tudo que é divino em sentido estrito, há várias formas de manifestação ao redor do mundo, mas a essência sempre permanece imutável. Há apenas uma Força Criadora e apenas uma verdade espiritual – e muitos caminhos levam a ela.

O efeito desses dois mudrâs em inúmeras técnicas de Reiki e em partes das iniciações é a recepção de poderes espirituais e sua transmissão a outras pessoas. Nesse processo, como no Budismo, a mão esquerda é normalmente a que recebe e a direita a que dá. Quanto à mão receptora, ela pode ser mantida para cima ou para baixo. Quando mantida para cima, na direção do céu, recebemos correntes de poder do Pai Celestial, *Dainichi Nyorai*. Quando mantida na direção da terra, ou mesmo posta sobre a terra, recebemos poderes espirituais da deusa Mãe Terra, o que nos leva diretamente para o mudrâ seguinte.

Mudrâ da Estabilização

Goma in, Anzan in, Anchi in, Sokuchi in

(Sânsc.: *Bhûmisparsa mudrâ*; Chin.: *Chudi Yin*)

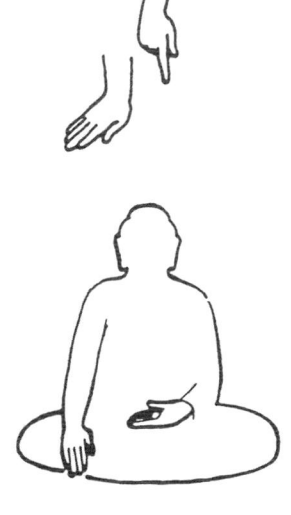

Il. 52 – MUDRÂ DA ESTABILIZAÇÃO (*Grounding*)

Com este mudrâ, tocamos a terra com uma ou com as duas mãos ou com as pontas dos dedos. A tradução literal deste mudrâ é "Gesto de Tocar a Terra". Ele remonta a um episódio na vida do Buda histórico Sakyamuni. Depois de alcançar a iluminação debaixo da árvore Bodhi, perto de Bodh-Gâya, Buda tocou a terra com a mão direita como prova da sua realização. O ato de tocar a terra é descrito como invocação da Grande Deusa Terra (Shakti) como testemunha da iluminação. No entanto, é também símbolo de determinação inamovível. Algumas histórias também contam como a Deusa Terra enviou um exército de seres de luz a Buda para protegê-lo dos demônios de *Mâra*, o Rei do Inferno, que queria impedi-lo de alcançar a iluminação. Há muita sabedoria nessa história, uma história com uma relação muito estreita com o Reiki e que eu gostaria de expor mais extensamente.

Muitas pessoas conhecem o termo "*grounding*" ou "*to ground oneself*" atualmente (estabilizar-se, fixar-se, alicerçar-se). O *grounding* é útil durante uma sessão de trabalho com energia quando a pessoa recebeu forças yang intensas e precisa reequilibrar-se por meio de uma influência yin apropriada. Os demônios de *Mâra* são um exemplo ou metáfora disso porque iluminação significa uma quantidade imensa de energia. Com a ajuda do *grounding*, também nos colocamos sob a proteção da Mãe Terra, e assim processamos melhor as experiências que tivemos. Isso significa que elas são integradas à nossa vida diária e à personalidade de uma maneira prática. Do contrário, embora possamos ter vivido muitas situações – nada terá mudado e assim permanecemos presos ao mesmo modo de vida de antes da cura.

Quando nos autoaplicamos Reiki, esse *grounding* é muito fácil porque basta colocar as mãos na sola dos pés. Caso os canais de energia nas pernas estejam bloqueados, tratamos também os joelhos e os tornozelos.[75]

Outro exemplo: Quando uma pessoa está com dor de cabeça, aplicar Reiki na cabeça e nos ombros pode piorar a dor. A explicação para isso é que os bloqueios são dissolvidos pela energia vital espiritual, mas seus conteúdos não podem sair do corpo por si mesmos porque os canais de energia apropriados não funcionam adequadamente. O resultado é que uma quantidade de energia cada vez maior se movimenta na região da cabeça e produz dores ou sentimentos de irrealidade. Damos suporte às funções do corpo que são responsáveis pelo *grounding* aplicando Reiki nas solas dos pés, especialmente dos artelhos até o meio do pé (que é onde se localizam as zonas da reflexologia para a parte superior do corpo), as energias não utilizadas fluirão através das pernas e dos pés para a terra em pouco tempo, e os sintomas desaparecerão.

Mudrâ da Meditação

Jô in, Jôkai Jô in

(Sânsc.: *Dhyâna mudrâ;* Chin.: *Ding Yin*)

Il. 53 – MUDRÂ DA MEDITAÇÃO

Neste mudrâ, adotado em praticamente toda a Ásia como apoio às técnicas de meditação, as mãos são mantidas diante do baixo-ventre, logo abaixo do umbigo. Os dedos de uma das mãos são postos sobre os dedos da outra, com as pontas dos polegares tocando-se levemente. O triângulo místico assim formado é o símbolo do fogo espiritual no Budismo Esotérico. Temos o mesmo triângulo quando nos sentamos na posição de lótus: a cabeça representa o ápice e os dois joelhos formam os ângulos da base do triângulo. Este *âsana* (postura corporal espiritual para concentrar a força vital) resulta numa estabilidade cada vez maior do corpo e da mente. O fogo espiritual de alta frequência que se desenvolve através da postura de lótus transforma os bloqueios e as forças de baixa frequência de todos os tipos dentro do corpo. Assim, ela prepara o ser humano para a integração com a luz divina. A forma de uma chama, que também representa a luz, normalmente é triangular quando vista lateralmente em esta-

---

75 Mais detalhes encontram-se no capítulo 22, sobre a integração de experiências espirituais.

do de imobilidade. Além disso, o triângulo[76] é um símbolo da união harmoniosa entre as mandalas dos dois mundos espirituais, *Kongôkai* e *Taizôkai*, de *Dainichi Nyorai*. Na Mandala do Mundo do Útero (*Taizôkai*), *Dainichi Nyorai* mantém as mãos nesse mudrâ.

A mão esquerda em cima demonstra o estado iluminado de Buda. Quando a mão direita está em cima, o significado nas escolas budistas é que a pessoa que medita está no caminho da iluminação ou mostra a outros o caminho para esse estado divino.

Há muitas outras variações em que podemos reconhecer os Budas individuais. Entretanto, em geral vemos essa posição de mãos apenas nos Grandes Budas que, como os seres de luz centrais, oferecem orientação espiritual e cura divina a todos os outros seres. O Buda Sakyamuni também usou este mudrâ enquanto meditava pouco antes da sua iluminação. Mesmo antes dessa época, ele já fora uma técnica muito difundida entre os yogues brâmanes para alcançar a consciência divina. Sakyamuni estudou durante muitos anos com mestres brâmanes e adeptos avançados antes de criar o novo sistema de Budismo a partir de suas percepções e experiências.

Mudrâ do Buda do Paraíso

Amida jô in

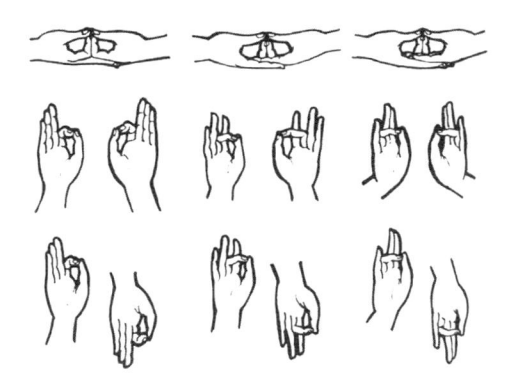

Il. 54 – MUDRÂ DO BUDA DO PARAÍSO

O mudrâ do Buda do Paraíso *Amida Nyorai*, que está relacionado com o símbolo SHK, une um ou dois dedos com os polegares. Nesse caso chama-se *Amida jô in*. Este mudrâ é também uma extensão do mudrâ normal da meditação *Jô in*.

---

[76] No antigo oráculo e livro de sabedoria chinês *I Ching, o Livro das Mutações*, este símbolo, o triângulo, também se encontra no Capítulo 52, *Gen*, a Montanha. O hexagrama no início desse capítulo oferece uma descrição detalhada da meditação, das técnicas necessárias e dos seus efeitos. Nesse contexto, também podemos comparar a importância das montanhas para a prática espiritual no Budismo Esotérico Shingon e no Xamanismo japonês e chinês. O fogo sagrado, divino, é especialmente forte na montanha. O signo da sombra – todas as linhas do primeiro hexagrama viradas ao contrário – para o nº 52 é o nº 51, a Comoção, o trovão. Isso diz como um encontro direto com as forças divinas produz inicialmente medo e depois a motivação para prosseguir no caminho da realização espiritual pessoal. A propósito, essas forças surgem do interior da terra: a experiência da Kundalini: Shakti, a Grande Deusa, sobe através dos canais de energia da coluna vertebral até Shiva adormecido, o Grande Deus, no chakra da coroa, para despertá-lo, a fim de que ele libere o seu poder para todos os seres. Os que praticam meditação numa montanha sagrada passarão por uma experiência espiritual perturbadora e transformarão com satisfação sua vida para melhor, depois de integrarem significativamente a experiência vivida. Parece haver paralelos impressionantes aqui! Os celtas e teutões da Europa também gostavam de cultuar os deuses no alto das montanhas.

No todo, há nove combinações possíveis que possibilitam ter acesso ao Paraíso de *Amida* – a Terra pura do Leste – e aos estados de consciência correspondentes. As nove variações são as formas de *Amida* no Budismo Esotérico. Ligar um ou mais dedos com os polegares sempre cria dois círculos, os quais simbolizam a unidade do Mundo do Útero e do Mundo de Diamante. Eles só estão separados um do outro nos mudrâs porque são formados com mãos diferentes. Ao mesmo tempo, a mão direita representa o mundo dos Budas e a esquerda simboliza o mundo dos seres sencientes. O mudrâ – a junção das mãos – mostra que os Budas e os seres humanos sencientes estão em unidade. Não precisamos olhar muito longe para encontrar a iluminação, pois a consciência de Buda já está presente em todos os seres. As nove variações do mudrâ nos dão nove possibilidades de chegar a ela. Há uma relação aqui com *Dainichi Nyorai*, já que uma das virtudes de *Amida Nyorai* é a Sabedoria Transparente que pertence às cinco sabedorias de *Dainichi Nyorai*. Os nove mudrâs também ocultam um sistema de meditação. Quando unimos um determinado dedo com o polegar, produzimos uma forma redonda. O círculo representa a perfeição no Zen-Budismo e a emanação reluzente de Buda no Budismo Esotérico. Além disso, cada variação deste mudrâ com os dois círculos que ele cria é uma mandala que retrata claramente a unidade dos dois mundos ou do Grande Deus e da Grande Deusa.

Mandala é o termo sânscrito indiano para círculo. O círculo não tem início nem fim. Ele é vazio, e todavia fechado. Sua forma perfeita é o símbolo da Sabedoria Transparente de *Dainichi Nyorai*. A lua cheia também representa a fusão da consciência de Buda com o eu individual. Nas muitas meditações do Budismo Esotérico, a consciência de Buda inerente ao indivíduo é frequentemente visualizada como um símbolo *Siddham* como o SHK num disco da lua.

Mudrâ da União entre os Mundos Material e Espiritual

Hokkai jô in

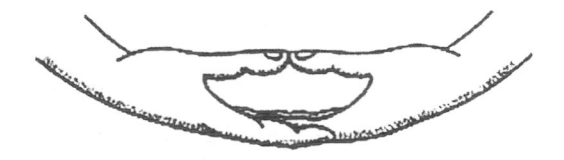

Il. 55 – MUDRÂ DA UNIÃO ENTRE OS MUNDOS MATERIAL E ESPIRITUAL

Com o termo *Hokkai jô in*, o Mudrâ da Meditação se transforma na representação especial do Buda Grande Sol *Dainichi Nyorai* no Mundo do Útero, onde ele simboliza a Grande Deusa (*Dai Marishi Ten*). É a lua no segundo caractere (*myô* 明) do símbolo DKM. Como o *Amida jô in* descrito acima, este mudrâ mostra na forma e no simbolismo a relação entre o Buda do Paraíso *Amida Nyorai* e o Buda Grande Sol *Dainichi Nyorai*. Além disso, este mudrâ também representa a ligação entre os mundos material e espiritual e a troca de energias nos dois reinos. Por isso o *Hokkai jô in* é também um mudrâ que representa os símbolos do Reiki CR e HS. Uma função do símbolo CR é integrar as energias espirituais no mundo material. Uma função do símbolo HS é construir uma ponte entre o mundo material e o mundo espiritual que nos possibilite descobrir a natureza de Buda dentro de nós. O Buda da Medicina *Yakushi Nyorai* também mantém as mãos neste mudrâ. Ele segura uma tigela com remédios nas mãos, a qual também é abastecida pela Grande Deusa e pelo Grande Deus.

Mudrâ do Pagode

Dainichi Ken in, Musho fushi in, Rito in, Biroshana in, Sanmitsu in

(Chin.: *Wusobuzhi Yin*)

Il. 56 – MUDRÂ DO PAGODE

Os dedos médio, anular e mínimo apontam para cima, com as pontas dos dedos tocando-se levemente. Os dedos indicadores se dobram, formando ângulos retos, com as pontas também se tocando. Os polegares ficam na vertical, apontando para cima e com as pontas se tocando. Como o nome indica, este é um mudrâ que representa unicamente *Dainichi Nyorai* do Mundo do Útero (*Taizôkai*). Dependendo da escola de Budismo Esotérico, há vários nomes para este mudrâ. Cada nome reflete os vários aspectos e significados.

Os três dedos esticados para cima simbolizam os três mistérios (jap.: *Sanmitsu;* sânsc.: *triguhya*) do corpo, da fala e da mente. O mudrâ está relacionado a uma prática em que o praticante determina que o seu corpo, fala e consciência são idênticos a *Dainichi Nyorai* e que a iluminação, portanto, lhe é inerente. Por isso ele está também associado ao mantra dos símbolos *Siddham om a hûm* e às cores branca, vermelha e azul.

Como um gesto físico que corresponde a um pagode,[77] este mudrâ também tem relação estreita com o símbolo HS, que também retrata um pagode estilizado, conforme descrito no capítulo correspondente. Por um lado, *Dainichi Nyorai* é a iluminação personificada. Por outro, o HS e o pagode são também uma ponte para a iluminação. O monge Kûkai enfatizava com frequência que a iluminação pode ser alcançada nesta vida. A razão

---

[77] Representação arquitetonicamente simbólica da estrutura espiritual do universo em seus cinco elementos arquetípicos de terra, fogo, água, vento e éter (vazio).

disso é mencionada em vários lugares nos sutras do Budismo Esotérico. *Dainichi Nyorai*, ou o pagode que o simboliza, habita no centro do universo, que é também uma mandala. Uma mandala do Budismo Esotérico não é senão a representação do universo, da Criação em sua totalidade. Os poros de *Dainichi Nyorai* irradiam a luz que ilumina o cosmos inteiro. Se esses raios de luz são ampliados, é evidente que eles são os números infinitos de *Dainichi Nyorai*. A tradução do mudrã *Musho fushi in* significa: "Não há lugar que não seja alcançado (por ele)". Se *Dainichi Nyorai* chega a cada lugar e o ilumina, e suas emanações são ele, então todo lugar e todo ser é parte de *Dainichi Nyorai*. Quando reconhecemos esse fato, há grande alegria e o despertar espiritual para o ser ocorre como consequência natural.

Há toda uma série de outros nomes para o mudrã *Musho fushi in*. Um atributo de *Dainichi Nyorai* é a Espada de Sabedoria. Quando se manifesta como o Imperturbável Rei de Sabedoria *Fudô Myôô*, ele usa essa espada para cortar obstáculos, como a raiva e a inveja. Se a situação envolve práticas em *Dainichi Nyorai Kidô*, onde esses obstáculos são dissolvidos, o mesmo mudrã é chamado *Dainichi ken in* (Mudrã da Espada do Buda Grande Sol).

Isso deixa claro que são possíveis várias aplicações com um único mudrã e que não apenas o mudrã, mas também a iniciação, o mantra, o símbolo e a visualização combinados desempenham funções importantes para obter um efeito específico.

Mudrâ da Sabedoria Espiritual

Chiken in, Kakusho in, Daichi in

(Chin.: *Zhiquan Yin*)

Il. 57 – MUDRÂ DA SABEDORIA ESPIRITUAL

O dedo indicador da mão direita, apontando para cima, é envolvido pelos dedos da mão esquerda. A ponta do polegar da mão esquerda toca a extremidade do dedo indicador direito. Dependendo da intenção, também é possível posicionar as mãos ao contrário ou deixar outros dedos tocar o polegar.

Este também é um mudrã para *Dainichi Nyorai*, mas neste caso ele se refere ao Mundo de Diamante (*Kongôkai*), o poder ativo orientador e canalizador da sabedoria. Este mudrâ contém a sabedoria para usar o poder para que ele sirva ao bem maior do todo e para que se dissolva o sofrimento neste mundo. Ele é também chamado de Mudrâ dos Seis Elementos ou Mudrâ do Punho de Sabedoria. Ele está relacionado à importância da intuição no mundo espiritual. Os cinco dedos da mão direita representam os cinco elementos, terra, água, ar, fogo e vazio, que protegem o sexto elemento, os seres humanos. Além disso, o dedo indicador apontando para cima representa o conhecimento que o mundo das ilusões oculta.

Por que os seres humanos são o sexto elemento? Embora sejamos influenciados pelos outros elementos, por nosso karma e por nossa constituição individual, e ainda pelas ações dos outros, temos um livre-arbítrio muito maior do que todos os seres que vivem na terra. Esse livre-arbítrio e a nossa capacidade de traduzi-lo em ação com a ajuda dos mais diversos recursos nos tornam um fator essencial de influência que afeta o mundo constantemente. Em vez de "seres humanos," este elemento poderia também chamar-se "mente consciente" ou "consciência". Assim, isso significa a forma de existência individual, consciente, que pode exercer um papel ativo no mundo em virtude do seu próprio poder de decisão, e que pode desenvolver desde dentro de si mesma todas as qualidades divinas: ser capaz de permear tudo e de reunir tudo na unidade. Dainichi Nyorai personifica simbolicamente essa consciência iluminada, divina. *Kûkai* escreveu o seguinte sobre a natureza dos elementos: "Nos vários ensinamentos mundanos, os elementos são vistos como inanimados, como privados de percepção. Os ensinamentos esotéricos (de Shingon) os explicam como o corpo secreto de Buda, que tudo permeia. Esses... elementos não estão separados da consciência (divina); mesmo quando a mente e a forma são diferentes, eles ainda são um em sua natureza porque forma é mente e mente é forma, sem quaisquer obstáculos e sem limites".

Outro significado importante é a união entre a Deusa e o Deus, *Shakti* e *Shiva*, no Matrimônio Sagrado que cria vida nova constantemente e a infunde de poder espiritual. O capítulo sobre Cosmologia Espiritual oferece uma explicação precisa sobre este assunto.

Os significados do Matrimônio Sagrado estão especialmente relacionados com o último caractere dos símbolos DKM (sol/lua) e com o símbolo HS como ligação entre o céu e a terra. Como foi mencionado acima, a lua e o sol expressam a união do masculino e do feminino. Um exemplo disso é o Xamanismo *Wu* e sua fonte de poder espiritual central, a união entre os poderes divinos da terra e os poderes divinos do céu no coração. O poder assim acumulado, formado desse modo, é então transformado em prática através do Quinto Chakra. O mantra que representa este ato e cuja prática promove essa habilidade é o mantra pessoal de Dainichi Nyorai e de todo o Budismo Esotérico. É o "*a*", o som primordial, que é a primeira e mais importante letra do alfabeto *Siddham*.

O sutra de *Shobutsu kyô gaishô shinjitsu kyô* afirma: "O polegar da mão direita toca o dedo indicador da mão esquerda. Essa posição é mantida diante do peito. Esse é o *Mudrâ do Punho de Sabedoria* que conduz à iluminação. Através da intensificação do poder espiritual (*kaji*), os vários Budas levam os adeptos à iluminação perfeita – a sabedoria do mudrâ de *Dainichi Nyorai*. "Com este mudrâ, podemos entrar no mundo da sabedoria de todos os Budas e aprender com eles, imergindo-nos neles".

Mudrâ do Trabalho do Coração

Gasshô in, Renge Gasshô in, Sashu Gasshô in, Kimyô Gasshô in

(Sânsc.: *Anjali mudrâ;* Chin.: *Hezhang Yin*)

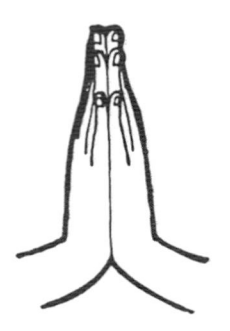

Il. 58 – MUDRÂ DO TRABALHO DO CORAÇÃO

As mãos, juntas, são postas diante do coração, ou ligeiramente afastadas dele. Dependendo da escola, há variações. *Gasshô* é um dos mudrâs usados por um Buda que se manifesta como Bodhisattva para ajudar os seres. Ele é normalmente usado como saudação, durante a oração, e ao se fazer oferendas.

A união das duas mãos também representa a união do Deus e da Deusa, retratada no Budismo Esotérico como as Mandalas do Mundo do Diamante e do Mundo do Útero. A Deusa é a Mandala do Mundo do Útero (*Taizôkai*) e o Deus é a Mandala do Mundo do Diamante (*Kongôkai*). Além disso, a mão esquerda representa o mundo dos seres e a direita simboliza Buda. Isso significa que a iluminação não está distante dos seres.

No Reiki, assumimos este mudrâ durante as iniciações, durante a meditação *Gasshô* e no início e fim de um tratamento quando pedimos e agradecemos a oportunidade de atuar como canais de Reiki. Ele fortalece a união com *Dainichi Nyorai,* razão pela qual a meditação *Gasshô* se mostra um meio eficaz de intensificação de poder já no Primeiro Grau. Compreendendo e realizando este mudrâ como processo, ele tem um efeito muito mais intenso e profundo. Ao realizá-lo, devemos juntar as mãos lenta e conscientemente na frente do coração e sentir o poder crescente do fluxo de energia entre elas. Essa é a atração entre os dois polos da Unidade divina que anseia por união. Então podemos apreciar o surgimento dos opostos no contato entre as duas polaridades, que se torna possível através do poder amoroso do coração.

Fukû Kensaku Kannon, uma manifestação especial do Bodhisattva *Kannon* (sânsc.: *Avalokitesvara*; chin.: *Kuan Yin*) mantém as mãos afastadas um ou dois centímetros. Entre elas, ela segura uma pequena bola de cristal de quartzo. Através do forte fluxo de energia entre as palmas de polos opostos, a bola de cristal de quartzo fica energeticamente ativada e recebe um poder de cura mais intenso. Essa posição das mãos é também apropriada para meditação se for mantida por mais tempo, como de 15 a 20 minutos. Com esta técnica, o poder do cristal de quartzo é direcionado para o corpo através das zonas reflexas das mãos, e o fluxo de energia entre as mãos aumenta simultaneamente ao aumento do poder da pedra. Essa técnica de meditação foi descrita pela primeira vez no Ocidente em *The Complete Reiki Handbook* (Lotus Press).

Hoje sabemos que o dr. Usui usava bolas de cristal que havia carregado com Reiki como apoio aos tratamentos e também as dava aos seus clientes para que as levassem para casa. É bastante provável que ele tenha integrado este método ao Sistema Reiki baseado no culto a *Fukû Kensaku Kannon*. Essa técnica eficaz também pode ser aplicada com outros cristais, como o quartzo rosa (fortalece o poder do coração), a ametista (ajuda a alcançar ressonância com o nosso caminho espiritual), a fluorita (favorece um novo início e uma vida ativa no sentido da ordem divina), o quartzo enfumaçado (alivia o *stress* e ajuda a dissipar bloqueios internos e externos) ou pedra-da-lua (fortalece o desenvolvimento de habilidades mediúnicas, aumenta a nossa vibração e estabiliza o lado feminino de um ser humano).

Não havendo um cristal entre as mãos, os dedos se tocam, mas permanece um espaço vazio entre eles: essa área é então chamada "coração vazio". Essa é a ponte entre o mundo material e o mundo espiritual, o que significa que ela está estreitamente ligada aos símbolos HS e CR. Outra variação deste mudrâ consiste em manter as mãos ainda mais afastadas. Nesse caso, o mudrâ facilita a transmissão de energia durante o tratamento a distância.

Mudrâ da Grande Deusa Dai Marishi Ten

Ongyô in, Hôbyô in

(Chin.: *Yinxing Yin*)

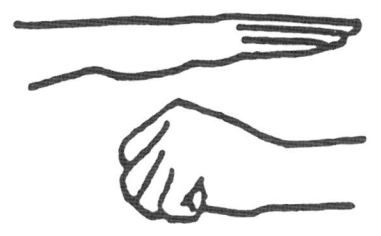

Il. 59 – MUDRÂ DA GRANDE DEUSA DAI MARISHI TEN

A mão esquerda, de punho fechado, fica levemente aberta, formando um espaço vazio. A mão direita, espalmada, é posicionada um pouco acima da esquerda. Esse é o mudrâ da Deusa da Luz e da Glória *Dai Marishi Ten*. Esse é um dos mudrâs ativos do trabalho com energia do Budismo Esotérico. Dependendo da aplicação, ele pode ser usado para proteger, para curar, para transformar estruturas neuróticas encapsuladas ou para ficar invisível (difícil de perceber). Essa última aplicação fez com que *Dai Marishi Ten* e este mudrâ se tornassem especialmente populares entre os *Ninjas*, os guerreiros japoneses da sombra que praticam a arte marcial *Ninjutsu*.[78]

O objetivo de manter a mão direita sobre o punho esquerdo é ocultar o corpo. *Dai Marishi Ten* – a mãe espiritual de *Dainichi Nyorai* – é ao mesmo tempo sua amada e sua protetora. Essa ideia tem origem no Deus Sol indiano *Sûrya*, que ela também acompanha como

---

[78] Quem se interessa pelo *Ninjutsu*, uma arte marcial espiritual interior com forte ênfase na cura do corpo, da mente e da alma, pode entrar em contato comigo (Mark) pelo site em inglês no final do livro. Além do Reiki, o *Ninjutsu* é um dos aspectos centrais do meu trabalho. Desde 1987, venho estudando artes marciais interiores com vários mestres japoneses até o Grau de Mestre e com base nisso desenvolvi o meu próprio estilo orientado para a espiritualidade.

Capítulo 11

Kuji Kiri

(九字切)

Introdução ao Kuji Kiri

Nos ensinamentos secretos (jap.: *mikkyô*) do Budismo Esotérico japonês e no Shugendô – magia japonesa –, existem inúmeros métodos de cura espiritual e de desenvolvimento da personalidade que giram em torno do Buda Grande Sol *Dainichi Nyorai* e da Deusa da Luz *Dai Marishi Ten*. *Dainichi Nyorai* é a essência de todos os seres de luz e pode aparecer em muitas formas. Além das manifestações amistosas do Buda Sol, há também algumas com expressão facial mais ameaçadora ou mesmo colérica. Seja qual for a aparência, porém, elas sempre usam seu poder para o bem maior do todo. A expressão facial é apenas a aparência externa cujo objetivo é levar os seres necessitados para o bem ou para proteger os fracos.

Não existem seres de luz do mal, mesmo que referências frequentes sejam feitas a eles. Essas referências acontecem simplesmente porque as pessoas atribuíram certas doenças ou fenômenos a espíritos maléficos supostamente existentes quando não sabiam como denominá-los. Além disso, indivíduos que nunca alcançaram a realização espiritual têm certa tendência a atribuir os problemas que afetam suas vidas a algo externo a elas, eximindo-se assim da responsabilidade por essas dificuldades. Tudo indica que essa tendência existe em todas as culturas. Quando consideramos os que praticam a espiritualidade, porém, eles confirmam a existência apenas de seres de luz que promovem a vida. Todos os grandes ensinamentos espirituais enfatizam que é importante cultivar também as qualidades divinas dentro de nós mesmos para desenvolver nossa divindade. Isso inclui assumir integralmente a responsabilidade por nosso próprio destino. Imagine Deus dizendo que ele não pode ser culpado, que não está agindo bem por culpa de outra pessoa. Como responderíamos a isso em termos de onipotência e sabedoria?

O Papel do Imperturbável Rei de Sabedoria Fudô Myôô

A manifestação colérica de *Dainichi Nyorai* provavelmente mais conhecida no Japão é o Imperturbável Rei de Sabedoria *Fudô Myôô*. Eu (Mark) conheci este ser de luz no Japão, um conhecimento que me possibilitou várias boas experiências. No contexto das minhas pesquisas sobre rituais esotéricos e símbolos do Reiki, tive a oportunidade de praticar exercícios ascéticos com alguns ascetas das montanhas e com monges de posições hierárquicas elevadas nas florestas japonesas, e de participar de seus rituais.

Para tornar-se monge da Escola Tendai de Budismo Esotérico, uma pessoa precisa primeiro passar um período de 1.000 dias e noites, sem interrupção, numa peregrinação ao

Hoje sabemos que o dr. Usui usava bolas de cristal que havia carregado com Reiki como apoio aos tratamentos e também as dava aos seus clientes para que as levassem para casa. É bastante provável que ele tenha integrado este método ao Sistema Reiki baseado no culto a *Fukû Kensaku Kannon*. Essa técnica eficaz também pode ser aplicada com outros cristais, como o quartzo rosa (fortalece o poder do coração), a ametista (ajuda a alcançar ressonância com o nosso caminho espiritual), a fluorita (favorece um novo início e uma vida ativa no sentido da ordem divina), o quartzo enfumaçado (alivia o *stress* e ajuda a dissipar bloqueios internos e externos) ou pedra-da-lua (fortalece o desenvolvimento de habilidades mediúnicas, aumenta a nossa vibração e estabiliza o lado feminino de um ser humano).

Não havendo um cristal entre as mãos, os dedos se tocam, mas permanece um espaço vazio entre eles: essa área é então chamada "coração vazio". Essa é a ponte entre o mundo material e o mundo espiritual, o que significa que ela está estreitamente ligada aos símbolos HS e CR. Outra variação deste mudrâ consiste em manter as mãos ainda mais afastadas. Nesse caso, o mudrâ facilita a transmissão de energia durante o tratamento a distância.

Mudrâ da Grande Deusa Dai Marishi Ten

Ongyô in, Hôbyô in

(Chin.: *Yinxing Yin*)

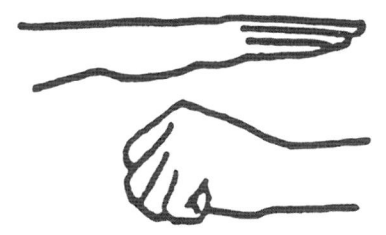

Il. 59 – MUDRÂ DA GRANDE DEUSA DAI MARISHI TEN

A mão esquerda, de punho fechado, fica levemente aberta, formando um espaço vazio. A mão direita, espalmada, é posicionada um pouco acima da esquerda. Esse é o mudrâ da Deusa da Luz e da Glória *Dai Marishi Ten*. Esse é um dos mudrâs ativos do trabalho com energia do Budismo Esotérico. Dependendo da aplicação, ele pode ser usado para proteger, para curar, para transformar estruturas neuróticas encapsuladas ou para ficar invisível (difícil de perceber). Essa última aplicação fez com que *Dai Marishi Ten* e este mudrâ se tornassem especialmente populares entre os *Ninjas*, os guerreiros japoneses da sombra que praticam a arte marcial *Ninjutsu*.[78]

O objetivo de manter a mão direita sobre o punho esquerdo é ocultar o corpo. *Dai Marishi Ten* – a mãe espiritual de *Dainichi Nyorai* – é ao mesmo tempo sua amada e sua protetora. Essa ideia tem origem no Deus Sol indiano *Sûrya*, que ela também acompanha como

---

[78] Quem se interessa pelo *Ninjutsu*, uma arte marcial espiritual interior com forte ênfase na cura do corpo, da mente e da alma, pode entrar em contato comigo (Mark) pelo site em inglês no final do livro. Além do Reiki, o *Ninjutsu* é um dos aspectos centrais do meu trabalho. Desde 1987, venho estudando artes marciais interiores com vários mestres japoneses até o Grau de Mestre e com base nisso desenvolvi o meu próprio estilo orientado para a espiritualidade.

protetora. Como tal, ela gira tão velozmente ao redor de *Dainichi Nyorai* que é impossível percebê-la. Ela protege o sol e a lua no mesmo grau, o que significa tanto o aspecto feminino como o masculino de *Dainichi Nyorai*, que está oculto no símbolo DKM. Assim, ela é também conhecida no Tibete como a Deusa do Alvorecer. Num sentido, ela decide se o mundo (real, divino) será luminoso e visível. No Japão, as pessoas também acreditam que ela habita em uma das sete estrelas da Ursa Maior. É possível tornar-se invisível num certo sentido com a ajuda das práticas de *Dainichi Nyorai Kidô* através de iniciação, mudrâ e mantra. Isso significa que não somos mais vistos por quem poderia tornar-nos a vida desagradável.

Com o ritual *Ongyô hô* do Budismo Esotérico, estados de possessão (energias alienígenas, modos de pensar, trauma, estados emocionais) podem ser removidos por meio de um poder espiritual transmitido pela deusa *Dai Marishi Ten* e seu mudrâ.

O *Sutra da Deusa Dai Marishi Ten* (jap.: *Marishiten kyô*) descreve como Buda falou certa vez a seus alunos: "Há uma deusa chamada *Dai Marishi Ten*. Ela tem poderes sobrenaturais. Ela corre na frente dos Deuses do Sol e da Lua, mas eles não a veem. Entretanto, *Dai Marishi Ten* pode ver os deuses. Não podemos vê-la com nossos olhos, capturá-la ou amarrá-la. Ela não pode ser ferida ou prejudicada de nenhum modo. E quem tenta fazer isso não pode esperar receber sua ajuda".

"Se guardarem o nome de *Dai Marishi Ten* na sua mente, ninguém conseguirá perceber, capturar ou prejudicar vocês. Os seres que não agem para o bem maior de todos os participantes não recebem ajuda dela."

O mudrâ *Ongyô in* é também descrito neste sutra: "O *Ongyô in* é o mudrâ para ocultar a forma. A mão esquerda forma um punho vazio (é o buraco). O polegar toca levemente a ponta do dedo indicador. Os outros três dedos ficam fechados como um punho. Mantenha a mão na frente do coração. Então medite em alguém entrando no vazio da sua mão e permanecendo ali. Mantenha a mão direita acima da esquerda como proteção. O *Mudrâ da Deusa Dai Marishi Ten* é o que protege você no coração dela. Você obtém essa proteção desde que aja para o bem maior do todo. Então você será protegido no nível divino, você se tornará invisível e poderá evitar todo infortúnio".

Mudrâ da Iniciação

Kanjô in

(Sânsc.: *Abhiseka mudrâ*; Chin.: *Guanding Yin*)

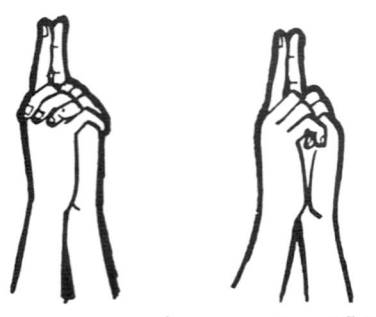

Il. 60 – MUDRÂ DA INICIAÇÃO

Kanjô in é o mudrâ da iniciação para rituais mágicos no Budismo Esotérico que envolvem a transmissão de habilidades muito específicas. Diferentemente da maioria dos mudrâs, ele nunca é usado por Budas ou Bodhisattvas. Ele é unicamente destinado ao receptor de uma capacitação espiritual (*kanjô*). Além das iniciações mágicas, é benéfico usar este mudrâ em *Dainichi Nyorai Kidô* quando estamos recebendo algo de um ser de luz depois de feita uma oferenda, como no Reiki.

Neste mudrâ, os dedos ficam entrelaçados, exceto os indicadores. Estes apontam para cima, apoiando-se um no outro.

CAPÍTULO 11

Kuji Kiri

(九字切)

Introdução ao Kuji Kiri

Nos ensinamentos secretos (jap.: *mikkyô*) do Budismo Esotérico japonês e no Shugendô – magia japonesa –, existem inúmeros métodos de cura espiritual e de desenvolvimento da personalidade que giram em torno do Buda Grande Sol *Dainichi Nyorai* e da Deusa da Luz *Dai Marishi Ten*. *Dainichi Nyorai* é a essência de todos os seres de luz e pode aparecer em muitas formas. Além das manifestações amistosas do Buda Sol, há também algumas com expressão facial mais ameaçadora ou mesmo colérica. Seja qual for a aparência, porém, elas sempre usam seu poder para o bem maior do todo. A expressão facial é apenas a aparência externa cujo objetivo é levar os seres necessitados para o bem ou para proteger os fracos.

Não existem seres de luz do mal, mesmo que referências frequentes sejam feitas a eles. Essas referências acontecem simplesmente porque as pessoas atribuíram certas doenças ou fenômenos a espíritos maléficos supostamente existentes quando não sabiam como denominá-los. Além disso, indivíduos que nunca alcançaram a realização espiritual têm certa tendência a atribuir os problemas que afetam suas vidas a algo externo a elas, eximindo-se assim da responsabilidade por essas dificuldades. Tudo indica que essa tendência existe em todas as culturas. Quando consideramos os que praticam a espiritualidade, porém, eles confirmam a existência apenas de seres de luz que promovem a vida. Todos os grandes ensinamentos espirituais enfatizam que é importante cultivar também as qualidades divinas dentro de nós mesmos para desenvolver nossa divindade. Isso inclui assumir integralmente a responsabilidade por nosso próprio destino. Imagine Deus dizendo que ele não pode ser culpado, que não está agindo bem por culpa de outra pessoa. Como responderíamos a isso em termos de onipotência e sabedoria?

O Papel do Imperturbável Rei de Sabedoria Fudô Myôô

A manifestação colérica de *Dainichi Nyorai* provavelmente mais conhecida no Japão é o Imperturbável Rei de Sabedoria *Fudô Myôô*. Eu (Mark) conheci este ser de luz no Japão, um conhecimento que me possibilitou várias boas experiências. No contexto das minhas pesquisas sobre rituais esotéricos e símbolos do Reiki, tive a oportunidade de praticar exercícios ascéticos com alguns ascetas das montanhas e com monges de posições hierárquicas elevadas nas florestas japonesas, e de participar de seus rituais.

Para tornar-se monge da Escola Tendai de Budismo Esotérico, uma pessoa precisa primeiro passar um período de 1.000 dias e noites, sem interrupção, numa peregrinação ao

Monte Hiei, independentemente da estação. Isso inclui meditar sob cachoeiras, caminhar de 30 a 64 quilômetros diariamente e realizar diversos rituais com seres de luz, mantras, mudrâs, sutras e símbolos. O objetivo último de tudo isso é dar condições à pessoa de unir-se ao Imperturbável Rei de Sabedoria *Fudô Myôô*. Um dos meus professores chegou a realizar esse ritual durante 4.000 dias (12 anos) sem interrupção. Ele me iniciou no poder de *Fudô Myôô* e então eu pude sair em peregrinação durante alguns dias e noites através das montanhas. Essa experiência, aliada a alguns rituais do fogo com *Fudô Myôô*, resolveu o meu maior problema naquela época – numerosos acidentes de carro em série.

Até aquela época, eu sempre havia colocado o símbolo SHK sobre mim, como um sino, para me proteger de acidentes e outras ocorrências desagradáveis. Quando aprendi esse método, infelizmente pouco eficaz, com um mestre de Reiki do norte da Alemanha, eu acreditava que ele funcionaria. Mas a experiência com ele me mostrou sobejamente que nem a crença nem o possível efeito placebo apresentam qualquer tipo de resultado. O símbolo SHK simplesmente não tem a função de ser um sino protetor. Como os outros símbolos, ele deve ser usado no contexto de uma técnica de desenvolvimento pessoal ou de cura para produzir os efeitos apropriados. Simplesmente forçar um símbolo não é uma técnica e é um ato que pode ser comparado a um preconceito muito difundido no passado em países em desenvolvimento: Bastaria colocar as pílulas contraceptivas sobre o altar doméstico para impedir a calamidade de uma gravidez indesejada. Para descobrir esse princípio, precisei olhar bem de perto o interior de uma ambulância, além de sentir o asfalto, valetas de concreto e capotas de carros.

Isso me ensinou que é melhor experimentar do que apenas crer. Quanto mais intensivamente examinamos um método, mais percebemos (temos a experiência) que ele funciona de modo adequado. Se ele não funciona, não funciona bem ou só funciona de vez em quando, precisamos refletir sobre o motivo disso para descobrir como agir melhor. Essa é a razão do meu esforço neste livro para descrever tudo em detalhes e explicar como efeitos verdadeiramente práticos com um alto grau de eficácia podem ser alcançados com os símbolos do Reiki tradicional do dr. Usui. Desde o ritual do fogo com *Fudô Myôô*, com o qual os laços e as causas kármicas dos acidentes de trânsito foram dissipados, não tive mais problemas nesse sentido. O efeito foi imediato porque a técnica correta entrou em sintonia com a consciência apropriada de modo adequado por intermédio de uma pessoa (meu professor) que estava habilitado a fazer isso.

Quando fiz a peregrinação aos 88 templos de Shikoku na primitiva floresta japonesa, ao transpirar em excesso os riachos gelados das montanhas às vezes me atraíam. Eles são tão gelados que em geral só se consegue ficar neles durante alguns segundos. Mas com a ajuda do Mantra de *Fudô Myôô*, que ativou intensamente a força do fogo espiritual do meu sistema de energia, como o meu mestre a transmitira a mim, consegui permanecer lá por bastante tempo sem nenhum esforço. Este é um método fantástico.

Il. 61 – MARK HOSAK
MEDITANDO NA CACHOEIRA

Entretanto, coisas completamente diferentes são possíveis com o poder de *Fudô Myôô*. Com sua espada, ele corta simbolicamente os apegos ao que é inútil e resgata os bons com seu laço. As rugas profundas em sua testa expurgam o mal e seu semblante iracundo é tão medonho que quem o contempla livra-se imediatamente de qualquer má intenção que esteja alimentando.

Um amigo que encontrei num templo do Buda do Paraíso *Amida* havia sido na juventude líder de um grupo de motociclistas um tanto desordeiros. Um dia, ele percebeu que o caminho que seguia na época, percorrido entre lutas pelo poder e bastões de beisebol, dificilmente o levaria longe na vida. Além disso, ele precisava pensar em desenvolver sua personalidade e usar seu potencial de modo apropriado. Na verdade, ele tinha muito poucas possibilidades de escolha, pois a polícia estava no seu encalço e queria aproveitar a oportunidade para ajudá-lo a acelerar esse desenvolvimento, desde que fosse atrás das grades. Então ele fugiu para as montanhas com o objetivo de encontrar o monge superior da Escola Tendai, pedir-lhe conselhos sobre o que fazer com sua vida em ruínas e saber se lhe restava alguma esperança. O monge explicou-lhe que o Buda histórico *Sakyamuni* ensinara que mesmo o pior e mais cruel ser humano pode alcançar a iluminação se realizar com sinceridade as práticas especiais do Budismo Esotérico com as quais ele pode dissolver o mau karma do passado em apenas uma vida e semear boas sementes para o futuro. Então ele começou a meditação dos 1.000 dias na floresta primitiva do Japão, dissolveu o karma do passado e tornou-se monge. Isso também fez muito bem para sua aparência. Ele pesava 217 kg antes da meditação, mas apenas 72 kg no final dos 1.000 dias. Hoje ele pesa cerca de 130 kg. Com este peso ideal e a vida de monge vivendo num templo, a polícia definitivamente não poderia encontrá-lo. Além dos rituais diários no templo para os seres de luz e o atendimento aos peregrinos, certa vez ele salvou a vida do Tennô japonês. Uma bomba-relógio fora armada debaixo da estátua do Buda do Paraíso *Amida*, com intenção de mandar o governante para o outro mundo. Mas o monge descobriu a bomba durante um ritual preparatório e levou-a para a floresta. O templo e o Buda do Paraíso *Amida* não foram destruídos graças ao imperturbável poder de *Fudô Myôô* que trabalha através dele. E o Tennô japonês escapou do atentado.

Na arte marcial do *Ninjutsu*, *Fudô Myôô* também exerce um papel importante. Entre outras coisas, é por isso que os *Ninjas* (praticantes de *Ninjutsu*) protegiam os templos do Budismo Esotérico e ensinavam aos monges as técnicas de luta. Muitos *Ninjas* se tornaram monges e incorporaram os ensinamentos secretos do Budismo Esotérico no *Ninjutsu*. Desse modo, os chamados monges-guerreiros no Budismo e a magia *Ninja* do *Ninjutsu* surgiram no Monte Hiei (no lado oposto do Monte Kurama, perto da maravilhosa cidade-jardim de Quioto). Entretanto, como esse fenômeno representa uma dificuldade para a historiografia japonesa e um fantasma sempre precisa ser encontrado, os nobres *Ninjas* são hoje frequentemente chamados espíritos da floresta com nariz comprido (jap.: *tengu*), e tanto espiões como criminosos são classificados como *Ninjas*. *Yoshitsune*, o mais famoso samurai do Japão, cresceu no Templo Kurama e aprendeu secretamente a arte da luta com espada – *Kenjutsu* – com um *Tengu*. Houve outra influência mútua entre os ascetas das montanhas (*Yamabushi*) do *Shugendô* e os *Ninjas*, pois ambos viviam nas montanhas, aprendiam uns com os outros e se protegiam reciprocamente.

Os Nove Caracteres do Kuji Kiri

A prática mais conhecida no *Ninjutsu*, originária dos ensinamentos secretos (*mikkyô*, Budismo Esotérico e Taoismo no Japão; na China, era originalmente um ritual do Taoismo dos séculos IV-III a.C.), é a "Meditação de Proteção dos Nove Signos" (jap.: *Kuji goshin hô,* ou também comumente chamada "Corte dos Nove Signos" (jap.: *Kuji kiri*)). Os nove signos são os nove caracteres chineses (臨兵闘者皆陣列在前) aos quais estão associados nove mudrâs e mantras. Integrados num ciclo de meditação e ritual, eles aperfeiçoam a personalidade em muitos níveis. Além disso, por meio do poder de vários seres de luz associados a *Dainichi Nyorai*, como *Fudô Myôô, Dai Marishi Ten, Nitten e Bishamonten,* eles garantem proteção contra perigos e orientação no caminho.

Outras possibilidades de aplicação incluem a remoção de estados de possessão, a proteção de lugares e de pessoas, a arte de caminhar sobre o fogo sem se queimar, a meditação debaixo de cachoeiras quase geladas sem sofrer de hipotermia, tornar-nos invisíveis a quem queremos que nos ignorem, ver coisas que não podem ser percebidas pelos cinco sentidos, fazer viagens a mundos astrais para ali aprender, ou aceitar seres de luz dentro de nós para preparar-nos para a comunicação interestelar. Além disso, os nove signos dissolvem nossos medos pessoais, o que é uma boa precondição para proteger e curar outras pessoas e para ajudá-las a encontrar seu caminho individual. Uma vez livres dos medos, podemos expandir o poder do nosso coração (amor) que une o espiritual e o material num todo significativo e possibilita o desenvolvimento da nossa divindade neste mundo antes de mais nada. Em minha opinião, este último efeito do *Kuji kiri* é o mais importante, porque nos ajuda a perceber o divino dentro de nós.

Para conseguir essas habilidades, as três áreas do ser – corpo, fala e mente – com as quais as sementes podem ser semeadas para o futuro são purificadas, desenvolvidas e fortalecidas em três níveis. O número nove representa a totalidade e perfeição do cosmos. É o número de campos na Mandala do Mundo do Diamante (jap.: *kongôkai*) do Budismo Esotérico, uma representação gráfica de todo o cosmos. Ela consiste nas oito direções e no centro. Esse padrão se reflete no Feng Shui chinês, no ritual de adoração dos nove céus (fontes de poder espiritual) dos xamãs *Wu,* e em muitas outras técnicas esotéricas ao redor do mundo. O número nove é a multiplicação de três por três. Três é o número necessário de poderes espirituais arquetípicos para um ato de criação no mundo material. Pela multiplicação de três vezes três, essa criação expressa de maneira perfeita a ordem divina no mundo material. Mesmo atualmente, bruxas do mundo ocidental juram pelo poder de três vezes três. Em termos de um caminho espiritual, podemos entender isso no sentido de que os seres humanos, que são concebidos a partir dos três poderes, primeiro se voltam para o mundo material por meio da nossa criatividade. Então, quando já obtivemos o suficiente dele, nos voltamos para o mundo espiritual. E terminando, depois de compreender que também este não é o caminho correto, descobrimos o estado divino de ser que sempre esteve dentro de nós. E isso significa que finalmente "chegamos".

Os nove signos vêm do Taoismo. No Japão, eles são combinados com o Budismo Esotérico e com o Xintoísmo nos métodos aqui introduzidos. A pronúncia de cada um dos caracteres é o mantra em si, e os nove juntos também resultam num mantra. Embora isso pareça complicado, parece-se muito com a estrutura do símbolo HS na sua essência. A única diferença está no tipo de aplicação e na grande variedade de efeitos. Se o símbolo HS é reduzido apenas à função do tratamento a distância, as semelhanças mal podem ser reconhecidas. Entretanto, considerando o ensinamento dos cinco elementos e de outras funções ocultas no símbolo HS, descobrimos um método que é semelhante em sua complexidade à meditação de proteção dos Nove Signos. Na minha opinião, há um vínculo profundo entre os Nove Signos e o símbolo HS em termos de aplicações ritualísticas.

A ordem habitual dos Nove Signos resulta na frase chinesa "臨兵鬭者皆陣列在前", que significa: "Avanço contra o exército. Os guerreiros lutam. Eles estão todos na frente e destroem as fileiras do exército". Como também se aplica ao símbolo HS, essa frase é uma codificação do método em si. Os não iniciados veem o sentido da frase nela, mas não o método que ela oculta. Os caracteres individuais na verdade correspondem mais à pronúncia dos mantras e são reunidos nessa frase para confundir os não iniciados. Mas o conteúdo ainda está de algum modo relacionado com o ritual em si.

Para os iniciados, os Nove Signos são uma ajuda para lembrar como realizar o ritual. Enquanto os mantras individuais são pronunciados na sequência da frase, o mudrâ para cada mantra é adotado de acordo com o ser de luz que está oculto nele. Além disso, o símbolo correspondente é visualizado. As três ações de mantra, mudrâ e símbolo falam diretamente às três áreas do ser – corpo, fala e mente – onde se tornam eficazes. Cada símbolo em si, bem como todos os símbolos juntos, têm efeitos tanto no exterior (meio ambiente) como no interior (desenvolvimento de poderes internos). Isso se repete nove vezes (nove mantras, nove mudrâs e nove símbolos). Depois, os nove signos são resumidos num único símbolo, a chamada "Grade Protetora de Nove Signos" ou "Estrela Protetora de Nove Signos", que é desenhada no ar como os símbolos do Reiki e ativada com o mantra. Em seguida, pode-se desenhar e ativar um símbolo adicional. O símbolo escolhido bem no fim varia de acordo com a intenção, daí podendo resultar diferentes possibilidades.

É útil preparar-nos para o *Kuji kiri* previamente. As cinco breves meditações (*Goshinbô*) e algumas práticas preparatórias facilitam essa preparação. Elas nos ajudam a purificar-nos de influências kármicas e nos fortalecem para a prática propriamente dita para que possamos lidar com as energias de modo proveitoso.

O Método de Proteção Quíntuplo (Goshinbô)

Esta série de práticas oferece toda uma sequência de mantras, conforme se encontram nos sutras do Budismo Esotérico. Também não há tradução dos significados. Quando os sutras foram traduzidos do sânscrito para o chinês, todos os textos foram traduzidos, mas os mantras foram deixados na escrita *Siddham*. Os caracteres chineses que tinham um som semelhante foram escritos ao lado deles, como ajuda para a pronúncia. Mesmo atualmente, ainda é possível encontrar mantras em *Siddham* entre os textos chineses. Como o Budismo chegou ao Japão em inúmeras ondas no decorrer dos séculos, os sutras da China foram transmitidos ao Japão inalterados. Portanto, a pronúncia dos mantras que seguem baseia-se na leitura tradicional sino-japonesa dos caracteres chineses. Embora apareçam palavras junto aos símbolos *Siddham* nos mantras que têm um sentido interno, o significado dos mantras para a prática é menos importante ou pode nem mesmo ser de utilidade. Além disso, muitos monges japoneses que cheguei a conhecer no Japão não conhecem o significado do mantra. O efeito ocorre por intermédio da entonação audível, ou seja, por meio do som e da vibração das sílabas individuais que são criadas desse modo.

Purificação do Karma

Jôsangô 浄三業

Esta prática ajuda a purificar ações kármicas nos níveis do corpo, da fala e da mente para chegar a um nível interior de consciência.

Il. 62 – MUDRÂ DA FLOR DE LÓTUS RENGE GASSHÔ

Junte as mãos em *Renge Gasshô* (Mudrâ da Flor de Lótus do Trabalho do Coração) e abençoe a testa, o ombro direito, o ombro esquerdo, o peito e a garganta, tocando-os. Durante esse procedimento, recite o seguinte mantra cinco vezes:

Om sohahanba, shuda, saraba, tarama, sohahanba shudo kan

Purificação do Corpo com o Poder do Buda das Dez Direções e Três Tempos

Butsubu sanmaya 佛部三昧耶

Assuma o mudrâ *Bucchô no in*. Mantenha os dedos mínimo, anular e médio juntos. Cruze os dedos indicadores sobre os dedos médios. Encoste os polegares nos dedos indicadores. Mantenha as posições, formando como que uma tigela.

Il. 63 – COROA DE BUDA BUCCHÔ NO IN

Visualize *Dainichi Nyorai* aproximando-se para abençoá-lo. Do Terceiro Olho (Sexto Chakra) dele irradia-se uma luz branco-dourada para o seu Terceiro Olho, preenchendo você totalmente. Com isso, o karma das suas ações é purificado, suas ofensas e obstáculos são eliminados, e as sementes do serviço e da sabedoria são semeadas.

Durante a visualização, recite o seguinte mantra 108 vezes ou um múltiplo desse número:

Om tatagyato, dohanbaya sowaka

Purificação da Fala com o Poder do Lótus de Oito Pétalas

Rengebu sanmaya 蓮華部三昧耶

Assuma o mudrâ *hachiyô no in*.

Il. 64 – LÓTUS DE OITO PÉTALAS HACHIYÔ NO IN

Visualize a Deusa da Grande Compaixão *Kannon* e seus muitos companheiros vindo até você. Do quinto chakra da Deusa, uma luz vermelha-brilhante irradia-se até o seu quinto chakra e preenche você totalmente. Com isso, o karma que foi criado por suas palavras é purificado. As suas palavras se distinguirão pela eloquência de modo a tornar outras pessoas felizes. Você se tornará um mestre nos ensinamentos para o bem maior de todos os participantes. Recite o seguinte mantra 108 vezes, ou um múltiplo desse número:

Om handobo, dohanbaya sowaka

Purificação da Mente com o Poder do Vajra Triplo (Raio)

Kongôbu samaya 金剛部三昧耶

Assuma o mudrâ *Sanko no in*.

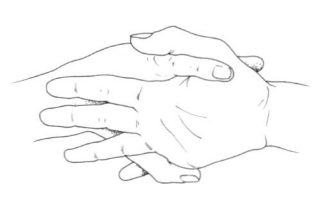

Il. 65 – RAIO COM TRÊS DENTES SANKO NO IN

Os dorsos são postos em contato um com o outro (o da mão direita na frente). O dedo mínimo da mão direita toca o polegar esquerdo e o dedo mínimo esquerdo toca o polegar direito. Os outros dedos formam o *Vajra* triplo. Visualize *Kongôsatta* e todos os portadores do

Vajra. Do coração de *Kongôsatta* irradia-se uma luz azul intensa para o seu peito e preenche todo o seu corpo. Isso lhe dará poder para purificar rapidamente o karma da mente. Este mudrâ ajuda a despertar o espírito de iluminação, transmite capacidades e liberdade, liberta da doença e fortalece o corpo por intermédio da mente. Recite o mantra a seguir 108 vezes ou um múltiplo desse número:

Om bazoro dohanbaya sowaka

Vestindo a Armadura

Hikô 被甲

Assuma o mudrâ *hikô goshin*.

Il. 66 – VESTINDO A ARMADURA HIKÔ GOSHIN

Cruze os dedos indicadores sobre os dedos médios. Coloque os polegares atrás dos dedos médios e mantenha os demais dedos para dentro. As polpas dos polegares se tocam. Abençoe as cinco áreas do corpo com este mudrâ. Visualize-se vestindo a armadura da grande compaixão e do amor. Uma luz dourada irradia-se dos seus poros e você é envolvido por um halo dourado, de modo que o seu karma não ficará mais manchado. É assim que você pode libertar-se do sofrimento e do ciclo eterno de renascimentos, alcançando rapidamente o estado de grande iluminação. Recite o mantra a seguir 108 vezes ou um múltiplo desse número:

Om bazara, gini, harachi, hataya sowaka

Práticas Preparatórias para o Kuji Kiri

Você pode ter muitas experiências maravilhosas com as práticas abaixo, mas recomendo-lhe seguir a sequência descrita aqui. Isso é necessário para que você possa desenvolver o efeito dessas práticas em toda sua eficácia. Mantenha uma prática até poder realizá-la de maneira confiante e bem-sucedida, antes de passar para a seguinte.

O monge *Kûkai* assim se expressou sobre estas práticas: "Se você fizer esta meditação com um coração puro e confiança total, ser-lhe-á revelado o ensinamento mais elevado".

Além da sua capacidade de visualizar, as quatro práticas preparatórias que seguem também aguçam a sua percepção. Elas são uma ajuda com a qual você pode aprender a se orientar em muitos níveis de existência. Com a meditação sobre o símbolo *Siddham* de "a" no final da preparação, ser-lhe-á mais fácil despertar os poderes ocultos e reconhecer sua própria mente. Pelo contato direto com *Dainichi Nyorai*, a sua mente se purificará e estabilizará num primeiro nível. Quanto mais você realizar esta prática, mais o processo de purificação penetrará nas camadas mais profundas.

Meditação da Contemplação do Disco da Lua

Recolha-se num lugar calmo e com iluminação moderada. Sente-se na postura de lótus ou do meio-lótus, ou na postura Seiza japonesa, com as nádegas apoiando-se sobre os calcanhares. Os olhos permanecem semiabertos.

Junte as mãos diante do coração, como você conhece pelas iniciações ou pela meditação Gasshô. Acalme a mente concentrando-se durante alguns minutos na respiração no hara e no poder do Reiki em suas mãos.

*Pelo contato a distância, una-se a **Dainichi Nyorai**. Saúde-o com as palavras: "Querido **Dainichi Nyorai**, venho à tua presença como uma pessoa doente e peço cura. Venho à tua presença como uma pessoa ignorante e peço ensinamento. Venho à tua presença como uma pessoa que desconhece o caminho e peço proteção e orientação. Venho à tua presença como uma pessoa impotente e peço forças para melhor servir. Em retribuição, envio-te Reiki. Usa-o como quiseres para benefício de todos". Em seguida, desenhe vários símbolos CR e ative cada um deles com o mantra para intensificar o fluxo de poder do Reiki.*

*

Com o seu olho interior desenhe um disco da lua à sua frente. O contorno é preto e a superfície é branca. Mantenha o olhar no disco o tempo que for necessário para vê-lo claramente. Depois imagine o poder de *Dainichi Nyorai* fluindo do disco da lua para você durante a inspiração. Ao expirar, tudo que é impuro sai do seu corpo. Continue contemplando o disco branco da lua diante do seu olho interior enquanto prossegue com a prática.

*

*Despeça-se de **Dainichi Nyorai** dizendo em silêncio ou pensando: "Querido **Dainichi Nyorai**, agradeço a bela meditação e peço permissão para invocar-te novamente em breve. Desejo-te as bênçãos e a proteção da Força Criadora no teu caminho".*

Sopre com força entre as mãos e esfregue-as para desfazer o contato.

Meditação da Contemplação do Disco da Lua no Coração

Recolha-se num lugar calmo e com iluminação moderada. Sente-se na postura de lótus ou do meio-lótus, ou na postura Seiza japonesa, com as nádegas apoiando-se sobre os calcanhares. Os olhos permanecem semiabertos.

Junte as mãos diante do coração, como você conhece pelas iniciações ou pela meditação Gasshô. Acalme a mente concentrando-se durante alguns minutos na respiração no hara e no poder do Reiki em suas mãos.

*Pelo contato a distância, una-se a **Dainichi Nyorai**. Saúde-o com as palavras: "Querido **Dainichi Nyorai**, venho à tua presença como uma pessoa doente e peço cura. Venho à tua presença como uma pessoa ignorante e peço ensinamento. Venho à tua presença como uma pessoa que desconhece o caminho e peço proteção e orientação. Venho à tua presença como uma pessoa impotente e peço forças para melhor servir. Em retribuição, envio-te Reiki. Usa-o como quiseres para* *benefício de todos"*. Em seguida, desenhe vários símbolos CR e ative cada um deles com o mantra para intensificar o fluxo de poder do Reiki.

*

Com o olho interior desenhe um disco da lua à sua frente. O contorno é preto e a superfície é branca. Em seguida, desenhe o disco da lua em você. Agora ele está no seu peito. Olhe para a lua em seu peito o tempo que for necessário para vê-la claramente. Depois imagine uma luz dourada irradiando-se do disco da lua e preenchendo todo o seu corpo. Continue a contemplar o disco branco da lua branca em seu peito.

*

*Despeça-se de **Dainichi Nyorai** dizendo em silêncio ou pensando: "Querido **Dainichi Nyorai**, agradeço a bela meditação e peço permissão para invocar-te novamente em breve. Desejo-te as bênçãos e a proteção da Força Criadora em teu caminho".*

Sopre com força entre as mãos e esfregue-as para desfazer o contato.

Meditação da Expansão do Disco da Lua no Coração

Recolha-se num lugar calmo e com iluminação moderada. Sente-se na postura de lótus, do meio-lótus ou na postura Seiza japonesa, com as nádegas apoiadas sobre os calcanhares. Os olhos permanecem semiabertos.

Junte as mãos diante do coração, como você conhece pelas iniciações ou pela meditação Gasshô. Acalme a mente concentrando-se durante alguns minutos na respiração no hara e no poder do Reiki em suas mãos.

Pelo contato a distância, una-se a **Dainichi Nyorai.** Saúde-o com as palavras: "Querido **Dainichi Nyorai,** venho à tua presença como uma pessoa doente e peço cura. Venho à tua presença como uma pessoa ignorante e peço ensinamento. Venho à tua presença como uma pessoa que desconhece o caminho e peço proteção e orientação. Venho à tua presença como uma pessoa impotente e peço forças para melhor servir. Em retribuição, envio-te Reiki. Usa-o como quiseres para benefício de todos". Em seguida, desenhe vários símbolos CR e ative cada um deles com o mantra para intensificar o fluxo de poder do Reiki.

*

Com o olho interior desenhe um disco da lua à sua frente. O contorno é preto e a superfície é branca. Em seguida, desenhe o disco da lua em você. Agora ele está no seu peito. Olhe para a lua no seu peito o tempo que for necessário para vê-la claramente. Então imagine o disco da lua expandindo-se. No início, ele é do tamanho do seu corpo. Depois chega às dimensões de uma casa, da cidade onde você mora, do seu país, do seu continente, da terra e, por fim, do universo. Focalize a atenção em cada um dos tamanhos até percebê-los completamente.

*

*Despeça-se de **Dainichi Nyorai** dizendo em silêncio ou pensando: "Querido **Dainichi Nyorai**, agradeço a bela meditação e peço permissão para invocar-te novamente em breve. Desejo-te as bênçãos e a proteção da Força Criadora em teu caminho".*

Sopre com força entre as mãos e esfregue-as para desfazer o contato.

Meditação da Expansão e Redução do Disco da Lua

Recolha-se num lugar calmo e com iluminação moderada. Sente-se na postura de lótus, do meio-lótus ou na postura Seiza japonesa, com as nádegas apoiadas sobre os calcanhares. Os olhos permanecem semiabertos.

Junte as mãos diante do coração, como você conhece pelas iniciações ou pela meditação Gasshô. Acalme a mente concentrando-se durante alguns minutos na respiração no hara e no poder do Reiki em suas mãos.

Pelo contato a distância, una-se a **Dainichi Nyorai.** *Saúde-o com as palavras: "Querido* **Dainichi Nyorai,** *venho à tua presença como uma pessoa doente e peço cura. Venho à tua presença como uma pessoa ignorante e peço ensinamento. Venho à tua presença como uma pessoa que desconhece o caminho e peço proteção e orientação. Venho à tua presença como uma pessoa impotente e peço forças para melhor servir. Em retribuição, envio-te Reiki. Usa-o como quiseres para benefício de todos". Em seguida, desenhe vários símbolos CR e ative cada um deles com o mantra para intensificar o fluxo de poder do Reiki.*

*

Com o olho interior desenhe um disco da lua à sua frente. O contorno é preto e a superfície é branca. Em seguida, desenhe o disco da lua em você. Agora ele está no seu peito. Olhe para a lua no seu peito o tempo que for necessário para vê-la claramente. Então imagine o disco da lua expandindo-se aos poucos até chegar ao tamanho do universo. Lentamente, reduza novamente o tamanho do disco. Quanto mais lentamente ele diminuir, mais eficaz será a prática. Ele deve chegar ao tamanho original do disco da lua no coração. Chegando a esse ponto, visualize-o diminuir ainda mais até que apenas um minúsculo ponto seja visível. Imagine-se entrando nesse ponto e diminuindo ainda mais de tamanho com ele. Intensifique esse estado sempre que realizar esta prática.

*

Despeça-se de **Dainichi Nyorai** *dizendo em silêncio ou pensando: "Querido* **Dainichi Nyorai,** *agradeço a bela meditação e peço permissão para invocar-te novamente em breve. Desejo-te as bênçãos e a proteção da Força Criadora em teu caminho".*

Sopre com força entre as mãos e esfregue-as para desfazer o contato.

Meditação sobre o Símbolo Siddham A de Dainichi Nyorai

Lave as mãos e enxágue a boca. Desenhe a sílaba *Siddham a* num círculo que simboliza o disco da lua.

Il. 67 – SIDDHAM A NUM DISCO DA LUA

Recolha-se num lugar silencioso e com iluminação moderada. Sente-se na postura de lótus, do meio-lótus ou na postura Seiza japonesa, com as nádegas apoiadas sobre os calcanhares. Os olhos permanecem semiabertos.

Junte as mãos diante do coração, como você conhece pelas iniciações ou pela meditação Gasshô. Acalme a mente concentrando-se durante alguns minutos na respiração no hara e no poder do Reiki em suas mãos.

*Pelo contato a distância, una-se a **Dainichi Nyorai**. Saúde-o com as palavras: "Querido **Dainichi Nyorai**, venho à tua presença como uma pessoa doente e peço cura. Venho à tua presença como uma pessoa ignorante e peço ensinamento. Venho à tua presença como uma pessoa que desconhece o caminho e peço proteção e orientação. Venho à tua presença como uma pessoa impotente e peço forças para melhor servir. Em retribuição, envio-te Reiki. Usa-o como quiseres para benefício de todos". Em seguida, desenhe vários símbolos CR e ative cada um deles com o mantra para intensificar o fluxo de poder do Reiki.*

*

Posicione as mãos em *Gasshô* e faça três inclinações, tocando o chão com as mãos e os cotovelos. Acalme a mente concentrando-se durante alguns minutos na respiração no hara e no poder do Reiki em suas mãos.

Continue mantendo as mãos em *Gasshô* e, com os dedos médios, toque a testa, os ombros direito e esquerdo, o peito e a garganta para purificar o corpo, a fala e a mente. Enquanto faz isso, recite o seguinte mantra três vezes: *Om sohahanba, shuda, saraba, tarama, sohahanba shudo kan.*

Para desenvolver o potencial para a iluminação (*bodhicitta*), mantenha as mãos em *Kongô Gasshô* (semelhante ao *Gasshô*, mas com as pontas dos dedos cruzando-se.

Il. 68 – KONGÔ GASSHÔ

Recite sete vezes o seguinte mantra: *Om bodhicittam utpâdayâmi.*

Em seguida, recite sete vezes o seguinte mantra: Om *sanmayas tvam*.

Recite as cinco grandes regras dos Bodhisattvas ou princípios de vida do dr. Usui: "Os seres viventes são infinitos em número. Prometo levá-los todos à felicidade. Méritos e conhecimento são infinitos em número. Prometo reuni-los todos. Os ensinamentos do Dharma são incontáveis. Prometo conhecê-los todos profundamente. Os seres de luz são incontáveis. Prometo servir a todos. A iluminação é uma só. Prometo alcançá-la".

Recite o seguinte mantra sete vezes: *Om a bi ra un ken.*

Assuma o mudrâ *Hokkai jô-in* – Mudrâ da Meditação do Buda Grande Sol *Dainichi Nyorai*.

Il. 69 – HOKKAI JÔ-IN

Concentre-se na respiração. Expire energicamente pela boca duas vezes e em seguida continue a respirar calmamente pelo nariz.

Abra os olhos levemente e olhe para o símbolo *Siddham a*. Ao fazer isso, imagine estar olhando num espelho. Visualize-se desenhando o *a* com o disco da lua no seu peito. Mantenha a atenção nesse ponto por alguns instantes. Depois imagine o disco da lua transformado numa bola de cristal. O *a* flutua nela. Permaneça nesse estado pelo tempo que for possível. Em seguida, uma luz branco-dourada irradia-se do *a* na bola de cristal e preenche todo o seu corpo.

Agora desloque a sílaba *a* com o disco da lua para fora do seu peito e para a imagem à sua frente. Peça a *Dainichi Nyorai* que os poderes do *Kuji kiri* se realizem num grau apropriado para você e para o bem maior de todos os seres. Recite cinco vezes o mantra: *Om vajrâgni pradiptâya svâhâ*.

Imagine-se protegido pela armadura da grande compaixão e de todos os méritos espirituais para o benefício de todos os seres por *Dainichi Nyorai*. O seu corpo irradia chamas que capturam tudo o que desagrega e o transformam em amor, sabedoria e paz.

*

*Despeça-se de **Dainichi Nyorai** dizendo em silêncio ou pensando: "Querido **Dainichi Nyorai**, agradeço a bela meditação e peço permissão para invocar-te novamente em breve. Desejo-te as bênçãos e a proteção da Força Criadora em teu caminho".*

Sopre com força entre as mãos e esfregue-as para desfazer o contato.

Realização do Kuji Kiri

Além do desenvolvimento pessoal, o sucesso do *Kuji kiri* também depende da intensidade com que as práticas preparatórias foram realizadas. As precondições básicas compreendem uma boa capacidade de visualização e uma atitude favorável às práticas fundamentais. Sobre esta base, o verdadeiro *Kuji kiri* segue em vários níveis, apresentados em ordem a seguir.

Prática 1: A Espada de Nove Signos

Objetivo da prática: Por um lado, esta prática o aproximará mais da essência do verdadeiro poder do *Kuji kiri*; e, por outro, você poderá empregar muito bem o Corte dos Nove Signos posteriormente em rituais. Com o Corte dos Nove Signos, você pode purificar o lugar onde se realizará um ritual com o poder do Imperturbável Rei de Sabedoria *Fudô Myôô* ou criar uma determinada proteção contra influências desagregadoras. Como resultado, os rituais serão mais intensos e a cura será intensificada. Quando usado diretamente para pessoas, o *Kuji kiri* é um meio eficaz para remover qualquer tipo de estado de possessão. Essa é geralmente uma das principais funções de *Fudô Myôô*.

Aplicações

*Pelo contato a distância, una-se ao Imperturbável Rei de Sabedoria **Fudô Myôô** (uma emanação colérica de **Dainichi Nyorai**). Saúde-o com as palavras: "Querido **Fudô Myôô**, venho à tua presença como uma pessoa doente e peço cura. Venho à tua presença como uma pessoa ignorante e* *peço ensinamento. Venho à tua presença como uma pessoa que desconhece o caminho e peço proteção e orientação. Venho à tua presença como uma pessoa impotente e peço forças para melhor servir. Em retribuição, envio-te Reiki. Usa-o como quiseres para benefício de todos".* Desenhe vários símbolos CR e ative cada um deles com o mantra para intensificar o fluxo de poder do Reiki.

*

Assuma o mudrâ da Mão em Espada (*Shutô in*), isto é, a mão direita forma a espada e a mão esquerda é a corrente do Imperturbável Rei de Sabedoria *Fudô Myôô*. Instruções: Estique os dedos indicador e médio da mão direita (espada) para cima. Dobre os dedos mínimo e anular. Toque as unhas desses dois dedos com a ponta do polegar. Faça a mesma coisa com a mão esquerda (corrente). Em seguida introduza as pontas dos dedos indicador e médio esticados da mão direita, por baixo, na cavidade criada pelos dedos polegar, anular e mínimo da mão esquerda.

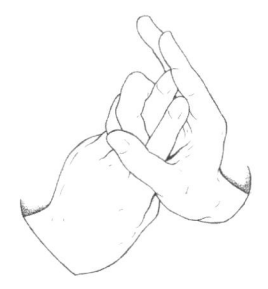

Il. 70 – MUDRÂ DA MÃO EM ESPADA

Visualize uma flor de lótus à sua frente, sobreposta por um disco da lua na vertical. Com o olho interior, desenhe sobre ele o símbolo *kanman* de *Fudô Myôô*.

Il. 71 – SIDDHAM KANMAN

Para ativar o símbolo, recite três vezes o mantra de *Fudô Myôô*: *Namaku samanda basara nan senda makaroshana sowataya untarata kanman.*

Agora desenhe e visualize no seu peito a flor de lótus, o disco da lua e o símbolo. Uma luz vermelho-dourada irradia-se do símbolo e preenche todo o seu corpo.

Retire a mão direita (espada) de dentro da esquerda e leve a mão esquerda, sem desfazer o mudrâ, ao quadril. Como mostra a ilustração, corte no ar cinco linhas horizontais e quatro linhas verticais com a mão direita.

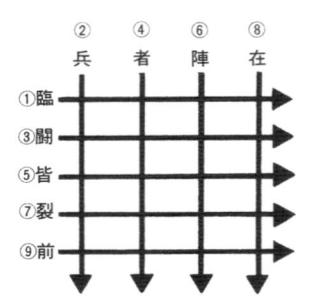

Il. 72 – CORTANDO A DIREÇÃO DOS NOVE SIGNOS

Em cada corte, entoe os nove símbolos *Rin – byô – tô – sha – kai – jin – retsu – zai – zen* (臨兵闘者皆陣列在前) como um *Kiai*[79] e visualize sua mão em espada empunhando uma lâmina verdadeira emitindo luz e transpassando todas as formas de influências desagregadoras.

Recoloque a mão direita na cavidade da mão esquerda, recriando o mudrâ inicial. Agora as formas no seu peito se dissolvem.

*

*Sinta o que está acontecendo dentro de você por alguns instantes e em seguida desfaça o contato a distância com **Fudô Myôô** dizendo em silêncio ou pensando: "Querido **Fudô Myôô**, agradeço-te a bela meditação e peço permissão para invocar-te novamente em breve. Desejo-te as bênçãos e a proteção da Força Criadora em teu caminho".*

Sopre com força entre as mãos e esfregue-as para desfazer o contato.

Se necessário, estabilize-se durante alguns minutos aplicando Reiki na sola dos pés e depois praticando alguns exercícios físicos.

Prática 2: Os Nove Mudrâs e o Kuji Kiri

Cada mantra dos Nove Símbolos também tem um mudrâ. Quando aplicados corretamente, você pode usá-los para convidar os seres de luz a virem até você e para obter os poderes e as habilidades deles por meio da união com eles. Então os poderes de cura dos seres de luz podem produzir um efeito externo e interno. "Interno" representa o seu desenvolvimento e "externo" significa a possibilidade de pôr esses poderes a serviço de outros seres e lugares.

Os nove mantras, mudrâs e símbolos têm efeitos específicos que, como um todo, levam-no a conhecer-se nas camadas mais profundas do seu ser. Essa é também uma das razões pelas quais o *Kuji kiri* era tão popular entre os *Ninjas* e alguns Samurais; dizia-se que somente os que conhecem a si mesmos podem também conhecer o inimigo e assim tornar-se cem vezes mais perigosos do que o inimigo. Por meio da percepção de si é possível conhecer o inimigo e saber antecipadamente o que ele está planejando fazer e quando o fará. Isso significa que você pode evitar os perigos previamente. Por meio da proteção da Grande Deusa da Luz *Dai Marishi Ten*, essa proteção também pode ocorrer inconscientemente, no sentido de que acontecem coisas para garantir que você esteja sempre mais no lugar certo e na hora certa.

---

[79] *Kiai* (気合) é o termo usado nas artes marciais para o grito de batalha por meio do qual as energias do corpo, da fala e da mente entram em sintonia. Assim, a energia é dirigida a um único ponto, possibilitando a focalização máxima da força.

Aplicações

*Pelo contato a distância, una-se ao Imperturbável Rei de Sabedoria **Fudô Myôô**. Saúde-o com as palavras: "Querido **Fudô Myôô**, venho à tua presença como uma pessoa doente e peço cura. Venho à tua presença como uma pessoa ignorante e peço ensinamento. Venho à tua presença como uma pessoa que desconhece o caminho e peço proteção e orientação. Venho à tua presença como uma pessoa impotente e peço forças para melhor servir. Em retribuição, envio-te Reiki. Usa-o como quiseres para benefício de todos". Desenhe vários símbolos CR e ative cada um deles com o mantra para intensificar o fluxo de poder do Reiki.*

*Pelo contato a distância, una-se à Grande Deusa da Luz **Dai Marishi Ten**. Saúde-a com as palavras: "Querida **Dai Marishi Ten**, venho à tua presença como uma pessoa doente e peço cura. Venho à tua presença como uma pessoa ignorante e peço ensinamento. Venho à tua presença como uma pessoa que desconhece o caminho e peço proteção e orientação. Venho à tua presença como uma pessoa impotente e peço forças para melhor servir. Em retribuição, envio-te Reiki. Usa-o como quiseres para benefício de todos". Desenhe vários símbolos CR e ative cada um deles com o mantra para intensificar o fluxo de poder do Reiki.*

*

Visualize uma flor de lótus à sua frente, sobreposta por um disco da lua na vertical. Com o olho interior, desenhe sobre ele o símbolo *ma* de *Dai Marishi Ten*.

Para ativar o símbolo, recite três vezes o mantra de *Dai Marishi Ten: Namaku samanda bodanan om Sutras ei sowaka.*

Em seguida, puxe e visualize a flor de lótus, o disco da lua e o símbolo dentro do seu peito. Uma luz vermelho-dourada emana do símbolo e preenche totalmente o seu corpo.

Desenhe o primeiro símbolo no ar com a palma da mão. Assuma o mudrâ apropriado e recite o respectivo mantra uma vez, dizendo-o com um *kiai*. Perfaça os nove símbolos, mantras e mudrâs desse mesmo modo. (As sequências de traços dos símbolos estão junto aos mudrâs individuais.)

Il. 73 – SEQUÊNCIA DE TRAÇOS PARA O SIDDHAM MA

臨 Rin – **Mudrâ da Velha Solidão**

(Jap.: *Toko in* 獨古印)

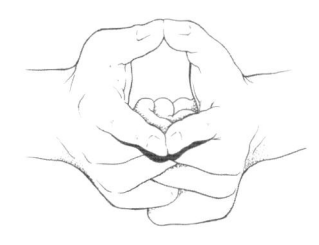

Il. 74 – MUDRÂ DA VELHA SOLIDÃO

Il. 75 – SEQUÊNCIA DE TRAÇOS PARA RIN

Posição das Mãos: Os dedos indicador e polegar das mãos direita e esquerda são estendidos, com as pontas dos dedos tocando-se. Os demais dedos formam anéis que se encaixam uns nos outros.

Significado Esotérico: O mudrâ *rin* é a expressão física do raio *Vajra* (jap.: *kongô*, um cetro Budista usado em rituais). O *Vajra* representa os poderes da sabedoria que destroem a ignorância. O mudrâ é usado para acumular a força que vence obstáculos mentais e físicos.

兵 *Byô* – **Mudrâ da Grande Roda Vajra** (Jap.: *Daikongôrin in* 大金剛輪印)

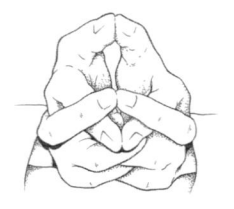

Il. 76 – MUDRÂ DA GRANDE RODA VAJRA

Il. 77 – SEQUÊNCIA DE TRAÇOS PARA BYÔ

Posição das Mãos: Os dedos mínimos e os anulares envolvem uns aos outros. Os dedos indicadores e polegares são posicionados de modo que as pontas dos dedos de ambas as mãos se tocam. Os dedos médios são postos por cima dos dedos indicadores e se tocam nas pontas.

Significado Esotérico: Byô é o mudrâ da grande Roda Vajra. Ele é o símbolo do conhecimento que transcende todas as limitações mundanas. Pode ser usado para trazer energias canalizadas aos vários níveis de consciência.

鬪 *Tô* – **Mudrâ do Leão Exterior** (Jap.: *Gejiji in* 外獅子印)

Il. 78 – MUDRÂ DO LEÃO EXTERIOR

門 門 門 門 門 門 門 門 門

門 門 門 閂 閂 鬥 鬥 鬪 鬪

Il. 79 – SEQUÊNCIA DE TRAÇOS PARA TÔ

Posição das Mãos: O dedo indicador direito passa entre os dedos médio e anular da mão esquerda. O dedo indicador esquerdo passa do mesmo modo entre os dedos médio e anular da mão direita. Os dedos médios são colocados na abertura entre os dedos anular e indicador, envolvendo o dedo indicador. As pontas dos dedos apontam para baixo e se tocam nas unhas. Os dedos anulares e os dedos mínimos ficam estendidos e juntos. A distância entre os dedos mínimos e os anulares fica um pouco aberta. Essa é a boca. Os polegares são as orelhas e as pontas dos indicadores são os olhos do leão.

Significado Esotérico: Tô é o mudrâ do Leão Exterior, e faz referência ao rugido desse imponente animal. Concentrar o poder em um ponto pelo rugido (*kiai*) pode intimidar consideravelmente o oponente e levar à vitória. O mudrâ também pode ser útil no processo do despertar, favorecendo o abandono de certas estruturas da personalidade. A intuição, a mente e o carisma são fortalecidos.

者 Sha – **Mudrâ do Leão Interior** (Jap.: *Naijiji in* 内獅子印)

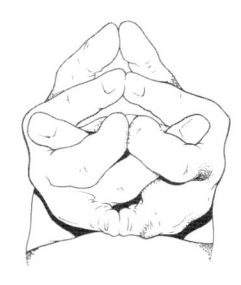

Il. 80 – MUDRÂ DO LEÃO INTERIOR

一 十 土 耂 耂 者 者 者

Il. 81 – SEQUÊNCIA DE TRAÇOS PARA SHA

Posição das Mãos: A ponta do dedo anular direito passa entre os dedos médio e indicador da mão esquerda. A ponta do dedo anular esquerdo passa do mesmo modo entre os dedos médio e indicador direitos. Os dedos médios das mãos esquerda e direita envolvem os dedos anulares e suas pontas se dirigem para baixo. Os polegares, os mínimos e os indicadores se estendem e se unem. Os dedos mínimos formam as orelhas. A distância entre os polegares e os indicadores é a boca. As pontas dos dedos anulares são os olhos do leão.

Significado Esotérico: Sha como símbolo do leão interior desperta os poderes interiores e a percepção voltada para o interior. Pensamentos negativos se dissolvem e a vontade é fortalecida. Ele favorece a capacidade de curar os outros e os poderes de autocura.

皆 *Kai* – **Mudrâ Entrelaçado para Fora** (Jap.: *Gebaku in* 外縛印)

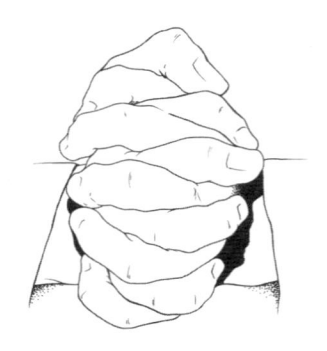

Il. 82 – MUDRÂ ENTRELAÇADO PARA FORA

一 ト 上 上 比 比 毕 皆 皆 皆

Il. 83 – SEQUÊNCIA DE TRAÇOS PARA KAI

Posição das Mãos: Os dedos de ambas as mãos se entrelaçam para fora.

Significado Esotérico: Com *kai*, os vínculos e ilusões que perturbam o reconhecimento da nossa própria divindade são desfeitos. Quanto mais reconhecemos e integramos nossa própria divindade, mais facilmente podemos desenvolver nossas capacidades sutis.

陳 *Jin* – **Mudrâ Entrelaçado para Dentro** (Jap.: *Naibaku in* 内縛印)

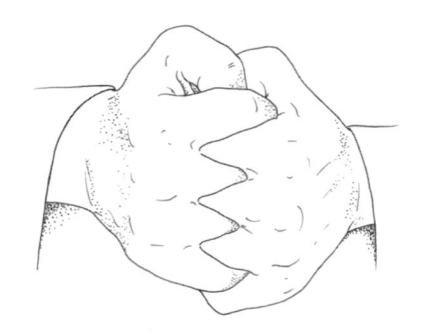

Il. 84 – MUDRÂ ENTRELAÇADO PARA DENTRO

㇀ 了 阝 阝 阝 阝 阼 陌 陣 陣

Il. 85 – SEQUÊNCIA DE TRAÇOS PARA JIN

Posição das Mãos: Os dez dedos das mãos esquerda e direita se entrelaçam para dentro.

Significado Esotérico: Com *jin*, podemos fortalecer a autoconfiança em nossas capacidades intuitivas e no efeito do nosso carisma sobre outros.

列 *Retsu* – **Mudrâ do Punho de Sabedoria** (Jap.: *Chiken in* 智拳印)

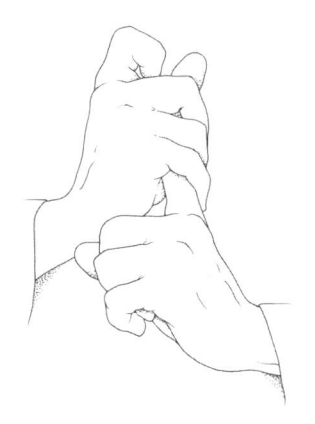

Il. 86 – MUDRÂ DO PUNHO DE SABEDORIA

Il. 87 – SEQUÊNCIA DE TRAÇOS PARA RETSU

Posição das Mãos: Os quatro dedos da mão esquerda envolvem o dedo indicador estendido da mão direita. Os quatro dedos restantes da mão direita formam um punho. A ponta do polegar esquerdo toca a ponta do dedo indicador direito.

Significado Esotérico: As duas mãos unidas em *retsu* simbolizam a perfeição por meio da união do Deus e da Deusa do Mundo do Diamante e do Mundo do Útero de Dainichi Nyorai. O mudrâ ajuda a libertar do tempo e do espaço. Ele fortalece a capacidade da cura a distância e a orientação nos mundos astrais. É um meio notável para a transmissão de consciência em outros mundos, do mesmo modo como a luz de *Dainichi Nyorai* brilha em toda parte.

在 *Zai* – **Mudrâ da Roda do Sol** (Jap.: *Nichi rin in* 日輪印)

Il. 88 – MUDRÂ DA RODA DO SOL

Il. 89 – SEQUÊNCIA DE TRAÇOS PARA ZAI

Posição das Mãos: As pontas dos dedos indicadores e dos dedos polegares das mãos direita e esquerda se tocam, formando um círculo semelhante ao do sol (Roda do Sol). Os demais dedos se estendem lateralmente, compondo o halo do sol.

Significado Esotérico: Cria-se um triângulo entre os dedos quando as mãos formam o mudrâ *zai*. O triângulo, como também aparece na Mandala do Mundo do Útero, simboliza o fogo que destrói todas as impurezas. Ao mesmo tempo, ele é como uma espécie de portão e é especialmente eficaz para promover a união com outros seres e coisas.

前 *Zen* – **Mudrâ da Forma Oculta** (Jap.: *Ongyô in* 隱形印)

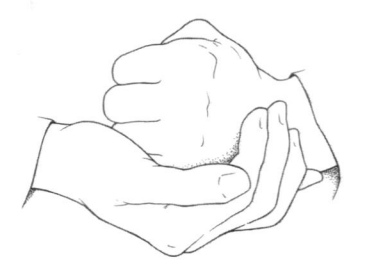

Il. 90 – MUDRÂ DA FORMA OCULTA

Il. 91 – SEQUÊNCIA DE TRAÇOS PARA ZEN

Posição das Mãos: A mão esquerda forma um punho, deixando um vazio no meio. Nesta variação do mudrâ *Ongyô*, a mão direita não fica acima do punho (cf. acima), mas o envolve por baixo, protegendo-o.

Significado Esotérico: Zen oferece a proteção necessária em todo ambiente habitual ou estranho, tornando-nos invisíveis e imunes a influências perturbadoras.

Assuma o Mudrâ da Mão em Espada (*Shutô in*). Quando fazemos isso, a mão direita forma a espada e a esquerda é a corrente do Imperturbável Rei de Sabedoria *Fudô Myôô*. Veja como realizá-lo: Estenda os dedos indicador e médio da mão direita (espada) para cima. Dobre os dedos mínimo e anular. Toque as unhas dos dois dedos com a ponta do polegar. Faça o mesmo com a mão esquerda (corrente). Encaixe as pontas dos dedos indicador e médio esticados da mão direita, por baixo, na cavidade formada entre o polegar, o anular e o mínimo da mão esquerda.

Visualize uma flor de lótus à sua frente, sobreposta por um disco da lua na posição vertical. Com o olho interior, desenhe o símbolo *kanman* de *Fudô Myôô* sobre ele.

Para ativar os símbolos, recite três vezes o mantra de *Fudô Myôô*: *Namaku samanda basara nan senda makaroshana sowataya untarata kanman*.

Em seguida, traga a flor de lótus, o disco da lua e o símbolo para o seu peito e visualize-os aí. Uma luz vermelho-dourada emana do símbolo até preencher completamente seu corpo.

Retire a mão direita (a espada) de dentro da esquerda, e coloque a mão esquerda, sem desfazer o mudrâ, no quadril. Como mostra o gráfico, corte com a mão direita cinco linhas horizontais e quatro linhas verticais no ar. A cada corte, emita o som dos Nove Símbolos *Rin – byô – tô – sha – kai - jin – retsu – zai – zen* (臨兵闘者皆陣列在前) como um *Kiai* e visualize sua mão-espada como se fosse uma lâmina real que irradia uma luz brilhante e corta toda influência perturbadora.

*Recoloque a mão-espada direita na mão-corrente esquerda, como no início do mudrâ. Agora as formas dentro de você se dissolvem. Mantenha essa sensação durante alguns momentos e em seguida desfaça o contato a distância com **Fudô Myôô** e **Dai Marishi Ten**, dizendo em silêncio ou pensando: "Querido **Fudô Myôô** e querida **Dai Marishi Ten**, agradeço-lhes a bela meditação e peço permissão para invocá-los novamente em breve. Desejo-lhes as bênçãos e a proteção da Força Criadora em seu caminho".*

Sopre com força entre as mãos e esfregue-as para desfazer o contato.

Se necessário, estabilize-se por alguns instantes aplicando Reiki na sola dos pés e depois faça alguns exercícios físicos.

Prática 3:
Adoração do Deus Sol Nitten 日天

Il. 92 – O DEUS SOL NITTEN

O Deus Sol *Nitten* era originariamente o Deus Sol indiano *Sûrya* e também tem uma relação estreita com *Dainichi Nyorai* e *Dai Marishi Ten* devido à semelhança do símbolo *Siddham*. Excetuando-se o Japão, raramente o Deus Sol *Nitten* aparece no Budismo. *Nitten* está sentado sobre um disco de lótus sustentado por cinco ou oito cavalos. Na Mandala do Mundo do Diamante (*kongôkai*), *Nitten* às vezes cavalga um cavalo e segura uma bola do sol diante do coração.

Assuma o mudrâ *Gasshô*, respire no hara e incline-se três vezes na direção do Leste, onde nasce o sol. (Um momento especialmente favorável para esta prática é o do nascer do sol.)

*

*Una-se ao Deus Sol Nitten pelo contato a distância. Saúde-o com as palavras: "Querido Deus Sol **Nitten**, venho à tua presença como uma pessoa doente e peço cura. Venho à tua presença como uma pessoa ignorante e peço ensinamento. Venho à tua presença como uma pessoa que desconhece o caminho e peço proteção e orientação. Venho à tua presença como uma pessoa impotente e peço forças para melhor servir. Em retribuição, envio-te Reiki. Usa-o como quiseres para benefício de todos". Desenhe vários símbolos CR e ative cada um com o mantra para intensificar o fluxo de poder do Reiki.*

*

Reassuma o mudrâ *Gasshô* e recite três vezes o mantra do Deus Sol *Nitten*:

Om ajichi ya sowaka.

*

*Una-se a **Dai Marishi Ten** pelo contato a distância. Saúde-a com as palavras: "Querida **Dai Marishi Ten**, venho à tua presença como uma pessoa doente e peço cura. Venho à tua presença como uma pessoa ignorante e peço ensinamento. Venho à tua presença como uma pessoa que desconhece o caminho e peço proteção e orientação. Venho à tua presença como uma pessoa impotente e peço forças para melhor servir. Em retribuição, envio-te Reiki. Usa-o como quiseres para benefício de todos". Desenhe vários símbolos CR e ative cada um com o mantra para intensificar o fluxo de poder do Reiki.*

*

Com as mãos na posição *Gasshô*, recite o mantra três vezes:

Om Sûtrasei sowaka.

Recite também o seguinte mantra três vezes:

*Namu kimyô chôrai, dainittenshi, amaterashi mashimasuhi
no ongami, ido shujôko, fushô shitenge.*

*

*Una-se a **Dainichi Nyorai** pelo contato a distância. Saúde-o com as palavras: "Querido **Dainichi Nyorai**, venho à tua presença como uma pessoa doente e peço cura. Venho à tua presença como uma pessoa ignorante e peço ensinamento. Venho à tua presença como uma pessoa que desconhece o caminho e peço proteção e orientação. Venho à tua presença como uma pessoa impotente e peço forças para melhor servir. Em retribuição, envio-te Reiki. Usa-o como quiseres para benefício de todos". Desenhe vários símbolos CR e ative cada um com o mantra para intensificar o fluxo de poder do Reiki.*

*

Assuma o Mudrâ das Mãos Entrelaçadas para Fora (*Gebaku in*) e recite três vezes o primeiro mantra curto de *Dainichi Nyorai* para a "Destruição das Sete Dificuldades":

Om abira unken

Em seguida, assuma o Mudrâ das Mãos Entrelaçadas para Dentro (*Naibaku in*) e recite três vezes o primeiro mantra curto de *Dainichi Nyorai* para a "Revitalização dos Sete Estados de Felicidade":

Om bazara dadoban

Assuma o mudrâ *Kongô Gasshô* juntando as palmas das mãos e cruzando levemente as pontas dos dedos.

Visualize o Buda Grande Sol *Dainichi Nyorai* à sua frente, bem como o Deus Sol *Nittenshi* e a Deusa de Luz *Dai Marishi Ten* à direita e à esquerda dele ou os seus símbolos *Siddham* ao mesmo tempo sobre flores de lótus e discos da lua.

Il. 93 – SIDDHAM A PARA NITTENSHI – SIDDHAM VAM PARA DAINICHI NYORAI – SIDDHAM MA PARA DAI MARISHI TEN

Recite três vezes o seguinte mantra:

Om ajichi ya marishiei sowaka

Desenhe no ar, com a palma da mão, o primeiro dos Nove Símbolos. Assuma o mudrâ apropriado e recite o mantra correspondente uma vez, dizendo-o com *ki*. Proceda do mesmo modo com relação a todos os Nove Símbolos, mantras e mudrâs.

臨 *Rin* – **Mudrâ da Velha Solidão** (Jap.: *Toko in* 獨古印)

Estique o dedo indicador e o polegar das mãos direita e esquerda, tocando as pontas. Os outros dedos formam anéis que se encaixam uns nos outros.

兵 *Byô* – **Mudrâ da Grande Roda Vajra** (Jap.: *Daikongôrin in* 大金剛輪印)

Os dedos mínimos e anulares envolvem uns aos outros. Os dedos indicadores e polegares se posicionam de modo que as pontas de ambas as mãos se tocam. Os dedos médios cruzam o dorso dos dedos indicadores e se tocam nas pontas.

鬥 *Tô* – **Mudrâ do Leão Exterior** (Jap.: *Gejiji in* 外獅子印)

O dedo indicador direito é estendido entre os dedos médio e anular da mão esquerda. O dedo indicador esquerdo é estendido da mesma maneira entre os dedos médio e anular da mão direita. Os dedos médios são colocados na abertura entre os dedos anular e indicador, envolvendo o dedo indicador. As pontas dos dedos apontam para baixo e se tocam nas unhas. Os dedos anulares e mínimos ficam estendidos e juntos. O espaço entre os dedos mínimos e os dedos anulares deve ficar um pouco aberto. Essa é a boca. Os polegares são as orelhas e as pontas dos dedos indicadores são os olhos do leão.

者 Sha – **Mudrâ do Leão Interior** (Jap.: *Naijiji in* 内獅子印)

A ponta do dedo anular direito posiciona-se entre os dedos médio e indicador esquerdos. A ponta do dedo anular esquerdo também fica entre os dedos médio e indicador direitos. Os dedos médios das mãos direita e esquerda envolvem os dedos anulares, com as pontas dos médios apontando para baixo. Os polegares, os mínimos e os indicadores se estendem e ficam juntos. Os dedos mínimos formam as orelhas. O espaço entre os polegares e os indicadores é a boca. As pontas dos dedos anulares são os olhos do leão.

皆 Kai – **Mudrâ Entrelaçado para Fora** (Jap.: *Gebaku in* 外縛印)

Os dedos de ambas as mãos são entrelaçados para fora.

陳 Jin – **Mudrâ Entrelaçado para Dentro** (Jap.: *Naibaku in* 内縛印)

Os dez dedos das mãos direita e esquerda entrelaçam-se para dentro.

列 Retsu – **Mudrâ do Punho de Sabedoria** (Jap.: *Chiken in* 智拳印)

Os quatro dedos da mão esquerda envolvem o dedo indicador estendido da mão direita. Os outros quatro dedos da mão direita formam um punho. A ponta do polegar esquerdo toca a ponta do dedo indicador direito.

在 Zai – **Mudrâ da Roda do Sol** (Jap.: *Nichi rin in* 日輪印)

As pontas dos dedos indicadores e polegares direito e esquerdo se tocam, formando um círculo semelhante ao do sol (roda do sol). Os outros dedos ficam estendidos para os lados, formando o halo do sol.

前 Zen – **Mudrâ da Forma Oculta** (Jap.: *Ongyô in* 隱形印)

A mão esquerda forma um punho, deixando uma cavidade no meio. A mão direita sustenta o punho esquerdo, protegendo-o.

Assuma o Mudrâ da Mão em Espada (*Shutô in*). A mão direita forma a espada e a esquerda é a corrente do Imperturbável Rei de Sabedoria *Fudô Myôô*. Veja como fazer: Estenda os dedos indicador e médio da mão direita (espada) para cima. Dobre os dedos mínimo e anular. Toque as unhas dos dois dedos com a ponta do polegar. Faça o mesmo com a mão esquerda (corrente). Firme as pontas dos dedos indicador e médio da mão direita, por baixo, na cavidade formada pelos dedos polegar, anular e mínimo da mão esquerda.

Visualize uma flor de lótus à sua frente, sobreposta por um disco da lua verticalmente. Com o olho interior, desenhe o símbolo *kanman* de *Fudô Myôô* sobre esse disco.

Para ativar os símbolos, recite três vezes o mantra medianamente longo de *Fudô Myôô*: *Namaku samanda basara nan senda makaroshana sowataya untarata kanman*.

Em seguida, traga a flor de lótus, o disco da lua e o símbolo para o seu peito e visualize-os nesse ponto. Uma luz vermelho-dourada emana do símbolo até preencher completamente seu corpo. Retire, então, a mão direita (espada) de dentro da esquerda, e leve a mão esquerda, sem desfazer o mudrâ, para o quadril. Como mostra o gráfico, use a mão direita para cortar cinco linhas horizontais e quatro linhas verticais no ar. A cada corte, diga em voz alta os Nove Símbolos *Rin – byô – tô – sha – kai – jin – retsu – zai – zen* (臨兵闘者皆陣列在前) como um *Kiai* e visualize sua mão-espada como se ela fosse uma lâmina real que irradia luz e transpassa todas as influências perturbadoras.

Leve a mão-espada direita de volta para a mão-corrente esquerda, como no início, formando assim o mudrâ inicial. Coloque as duas mãos em *Gasshô* e recite uma vez o mantra:

Goji mukô, aimin nauju

*

Desfaça o contato a distância com todos os seres de luz individualmente, dizendo em silêncio ou pensando: "Agradeço-te a bela meditação e peço permissão para invocar-te novamente em breve. Desejo-te as bênçãos e a proteção da Força Criadora em teu caminho". Sopre com força entre as mãos e esfregue-as para desfazer o contato.

Il. 94 – SEQUÊNCIA DE TRAÇOS PARA O SIDDHAM KANMAN

Capítulo 12

Dainichi Nyorai Kidô

Na segunda metade da década de 1990, as minhas (Walter) pesquisas sobre as origens do Reiki levaram-me ao Buda transcendental *Dainichi Nyorai*. Quanto mais eu o conhecia, mais ele me impressionava, crescendo dentro de mim o desejo de aprender diretamente com ele. Como o Reiki do Arco-Íris oferece amplas possibilidades para estabelecer contato com um ser de luz, foi relativamente fácil realizar esse desejo. Já os primeiro contatos com *Dainichi Nyorai* mudaram toda minha visão do Reiki – passei a ver o imenso valor dessa arte espiritual de cura que ultrapassava sobremodo tudo o que eu já conhecia sobre Reiki nessa época. *Dainichi Nyorai* era muito amistoso. Com grande generosidade, ele me ensinou a usar seus poderes para a cura e o desenvolvimento pessoal. Também comecei a me lembrar de muitas coisas, porque já trabalhara com ele várias vezes, como logo percebi.

Assim que adquiri confiança suficiente por meio da experiência pessoal, comecei a transmitir a meus alunos bênçãos e práticas simples que ele me ensinara. Para ser proveitoso, o conhecimento deve fluir. No início do novo milênio, comecei a repassar também ensinamentos mais profundos aos meus alunos, sob o título de *Dainichi Nyorai Kidô*, na forma de seminários especiais. As vivências espirituais profundas que as pessoas experimentavam com as práticas me incentivaram a expandir essa área do Reiki do Arco-Íris.

Como resultado da minha parceria com Mark, muitos outros detalhes fascinantes dos ensinamentos de *Dainichi Nyorai* vieram à luz. *Dainichi Nyorai Kidô* é hoje um componente essencial do Reiki do Arco-Íris, sendo ensinado até o Grau de Professor e atraindo rapidamente um número cada vez maior de adeptos em todo o mundo.

As principais práticas de *Dainichi Nyorai Kidô* estão sendo publicadas pela primeira vez neste livro. Qualquer pessoa com treinamento em Reiki pode realizá-las, sem as iniciações adicionais que muitos outros métodos exigem.

Em primeiro lugar, eu gostaria de apresentar a prática do *Mahâ-Mudrâ*, um dos fundamentos de *Dainichi Nyorai Kidô*.

Dainichi Nyorai e o Mahâ-Mudrâ, a Grande Luz

Dainichi Nyorai, o Buda Transcendental, é também conhecido na Índia como *Buda Vairocana*. (Tenha cuidado em suas pesquisas! Há duas divindades distintas com esse nome.)

Dainichi Nyorai é o sol espiritual, a Grande Luz. A Grande Luz simboliza o estado de não dualidade (*Sat-Chit-Ânanda*). No Japão, ele foi equiparado durante séculos à Deusa Sol (Xintoísmo) *Amaterasu O Kami*.

Dainichi Nyorai reúne em si todos os elementos do universo.

Ele ressoa profundamente com o Símbolo do Mestre de Reiki.

Ele é a fonte de todos os poderes que fluem do Reiki.

Se você tiver a atitude interior adequada (transmitida por *Sei Heki* no Sistema Reiki), que é obtida por meio da técnica explicada a seguir, se tiver uma compreensão da filosofia espiritual e uma ação correta, o resultado será *Kaji*. *Kaji* é um fluxo de poder espiritual (transmitido por *Choku Rei* no Sistema Reiki) de *Dainichi Nyorai* e do resto do mundo para você. Isso desperta o seu Buda interior (transmitido através do Símbolo do Mestre no Sistema Reiki).

Prática do Mahâ-Mudrâ

Esta prática promove a experiência da unidade da consciência individual com a consciência cósmica do Uno.

1. Sente-se no chão, com as pernas estendidas. Coloque o pé direito com a sola sobre a parte inferior da perna esquerda.
2. Inspire profundamente. Ao expirar, aproxime a testa dos joelhos o máximo que puder.
3. Leve as mãos para perto dos pés.
4. Relaxe, contraia o esfíncter anal, inspire profundamente e encoste o queixo no peito.
5. Permaneça nessa posição até sentir desconforto, mas continue respirando.
6. Repita a prática mudando de lado.
7. O ciclo completo da prática deve incluir nove repetições de cada lado.

Outras Práticas de Dainichi Nyorai Kidô

É interessante realizar as práticas a seguir na ordem em que são descritas, uma vez que, por um lado, elas se baseiam tecnicamente uma na outra e, por outro, desenvolvem habilidades mentais e espirituais que são precondições para as práticas subsequentes. Repita cada prática até sentir-se confiante com relação a elas.

Prática 1: Meditação sobre a Deusa Dai Marishi Ten

Il. 95 – DAI MARISHI TEN

*Una-se à Deusa **Dai Marishi Ten** pelo contato a distância. Saúde-a com as palavras: "Querida Deusa **Dai Marishi Ten**, venho à tua presença como uma pessoa doente e peço cura. Venho à tua presença como uma pessoa ignorante e peço ensinamento. Venho à tua presença como uma pessoa que desconhece o caminho e peço proteção e orientação. Venho à tua presença como uma pessoa impotente e peço forças para melhor servir. Em retribuição, envio-te Reiki. Usa-o como quiseres para benefício de todos." Desenhe vários símbolos CR e ative cada um deles com o mantra para intensificar o fluxo de poder do Reiki.*

*

Assuma o mudrâ *Ongyô in* (Mudrâ da Grande Deusa *Dai Marishi Ten*).

Visualize-se como *Dai Marishi Ten* em vermelho-rubi brilhante, com três faces, três olhos e seis braços. Nas mãos você segura um *Vajra* e um ramo de *açoca*, arco e flecha, uma agulha e um laço. Imagine seu corpo vermelho vazio internamente. Aos poucos você aumenta de tamanho. A partir do seu tamanho normal, você se expande até chegar às dimensões de uma casa, de uma montanha, da terra e, finalmente, do universo. Mantenha a atenção aí. Em seguida, reduza seu tamanho até chegar ao de uma semente de gergelim. Porém, a figura de *Dai Marishi Ten* deve continuar totalmente visível. Mantenha a atenção aí.

Enquanto passa de grande a pequeno, recite o mantra: *Om ajiteiya Dai Marishi Ten* 108 vezes ou um múltiplo desse número.

*

Desfaça o contato a distância como de costume.

Il. 96 – ONGYÔ IN

Prática 2: Meditação sobre a Coluna de Energia da Grande Deusa Dai Marishi Ten

*Una-se à Deusa **Dai Marishi Ten** pelo contato a distância. Saúde-a com as palavras: "Querida Deusa **Dai Marishi Ten**, venho à tua presença como uma pessoa doente e peço cura. Venho à tua presença como uma pessoa ignorante e peço ensinamento. Venho à tua presença como uma pessoa que desconhece o caminho e peço proteção e orientação. Venho à tua presença como uma pessoa impotente e peço forças para melhor servir. Em retribuição, envio-te Reiki. Usa-o como quiseres para benefício de todos". Desenhe vários símbolos CR e ative cada um deles com o mantra para intensificar o fluxo de poder do Reiki.*

*

Assuma o mudrâ *Ongyô in*.

Visualize-se como *Dai Marishi Ten* no seu tamanho natural e olhe-se de fora saindo de si mesmo pelo chakra da coroa. No centro do seu corpo vazio, você vê uma coluna de energia vermelha brilhante,[80] também vazia.

---

[80] Sânsc.: *Sushumnâ nâdi* = Canal de energia ascendente pelo centro da coluna vertebral.

Aumente essa coluna de energia desde a altura de uma colina até a altura de uma montanha e em seguida expanda-a até o universo. Depois, reduza-a até a ponta dos dedos, dos pés, até a espessura de um fio de cabelo. No fim, visualize tudo vazio.

Desfaça o contato a distância como de costume.

Prática 3: Meditação de Proteção com Dainichi Nyorai e Fudô Myôô

Una-se ao Buda Grande Sol **Dainishi Nyorai** *pelo contato a distância. Saúde-o com as palavras: "Querido* **Dainichi Nyorai,** *venho à tua presença como uma pessoa doente e peço cura. Venho à tua presença como uma pessoa ignorante e peço ensinamento. Venho à tua presença como uma pessoa que desconhece o caminho e peço proteção e orientação. Venho à tua presença como uma pessoa impotente e peço forças para melhor servir. Em retribuição, envio-te Reiki. Usa-o como quiseres para benefício de todos". Desenhe vários símbolos CR e ative cada um deles com o mantra para intensificar o fluxo de poder do Reiki.*

Una-se também ao Rei de Sabedoria **Fudô Myôô** *pelo contato a distância. Saúde-o com as palavras: "Querido Rei de Sabedoria* **Fudô Myôô,** *venho à tua presença como uma pessoa doente e peço cura. Venho à tua presença como uma pessoa ignorante e peço ensinamento. Venho à tua presença como uma pessoa que desconhece o caminho e peço proteção e orientação. Venho à tua presença como uma pessoa impotente e peço forças para melhor servir. Em retribuição, envio-te Reiki. Usa-o como quiseres para benefício de todos". Desenhe vários símbolos CR e ative cada um deles com o mantra para intensificar o fluxo de poder do Reiki.*

*

Assuma o mudrâ *Dainichi Nyorai Ken in* (Mudrâ do Pagode).

Il. 97 – DAINICHI NYORAI KEN IN

Encha completamente os pulmões com ar, antes inspirando profundamente no hara. Contraia o diafragma e mantenha esse estado tanto quanto possível. Então expire completamente (pelo menos três vezes).

Ao expirar, visualize luz emanando de todos os seus poros. Durante as primeiras sete respirações, a luz é preta (vento). Nas sete respirações seguintes, é verde-azulada (vazio), seguida de vermelha (fogo), branca (água) e amarela (terra). Essas luzes irradiam-se para o mundo inteiro e iluminam todos os lugares. Na inspiração, os raios voltam, passando pelos poros e enchendo o corpo (sete vezes).

Il. 98 – SIDDHAM HÛM

Em seguida, visualize os raios saindo dos poros nas cinco cores, como o *Siddham hûm*. Eles também preenchem todo o mundo e todos os lugares. Na inspiração, eles retornam a você e preenchem todo seu corpo (sete vezes).

Agora as sílabas *hûm* se transformam no ser de luz de aparência colérica *Fudô Myôô*.

Il. 99 – FUDÔ MYÔÔ

Elas têm um rosto e dois braços. Na mão direita, seguram uma espada *Vajra* e na mão esquerda um laço. Todas têm uma expressão assustadora e se apresentam em cinco cores, embora não sejam maiores do que uma semente de gergelim. Quando você expira, elas preenchem o mundo. Quando inspira, elas preenchem o seu corpo (sete vezes).

Visualize agora um ser de luz colérico em cada poro. Todos olham dos poros para fora e formam uma espécie de capa protetora.

*

Desfaça os contatos a distância do modo habitual.

Prática 4: Abertura dos Canais de Energia para um Fluxo Controlado do Ki

*Una-se à Deusa **Dai Marishi Ten** pelo contato a distância. Saúde-a com as palavras: "Querida Deusa **Dai Marishi Ten**, venho à tua presença como uma pessoa doente e peço cura. Venho à tua presença como uma pessoa ignorante e peço ensinamento. Venho à tua presença como uma pessoa* *que desconhece o caminho e peço proteção e orientação. Venho à tua presença como uma pessoa impotente e peço forças para melhor servir. Em retribuição, envio-te Reiki. Usa-o como quiseres para benefício de todos". Desenhe vários símbolos CR e ative cada um deles com o mantra para intensificar o fluxo de poder do Reiki.*

*

Assuma o Mudrâ *Ongyô in*.

Visualize-se como *Dai Marishi Ten*, como descrito na Prática 1.

Visualize uma coluna de energia à direita e à esquerda da coluna de energia central.[81] Elas começam na ponta do nariz, sobem ao cérebro e descem pelas costas até o períneo.

Visualize essas colunas de energia como canais vazios. No esquerdo, aparece o *Siddham a*.[82] No direito, aparece o *Siddham ka*.[83]

Il. 100 – SIDDHAM KA E A

Visualize os contornos do *Siddham*[84] com a espessura de um fio de cabelo, de cor vermelha. Enquanto expira, saia pelo chakra da coroa com um *Siddham* após o outro e retorne na fase da inspiração. Depois de dominar a visualização de cada *Siddham*, concentre-se nas séries do *Siddham*. Eles formam uma corrente como um *Mâlâ* e se acendem um após o outro como um fogo encantado.

Essa prática abre os canais de energia para que o *ki* possa fluir através deles de modo controlado.

*

Desfaça o contato a distância como de costume.

Prática 5: Meditação Yabyum

Una-se ao Buda Grande Sol **Dainishi Nyorai** *pelo contato a distância. Una-se também a* **Kongôsatta** *pelo contato a distância.*[85] *Saúde-os com as palavras: "Queridos* **Dainishi Nyorai** *e* **Kongôsatta**, *venho à vossa presença como uma pessoa doente e peço cura. Venho à vossa presença como*

---

81 A coluna de energia à direita é chamada *Pingalâ nâdi* e à esquerda é *Idâ-nâdi* em sânscrito.
82 Quando se chega a um nível avançado, são acrescentados os símbolos *Siddham a, â, i, î, u, û, ri, rî, li, lî, e, eî, o, oû, ang e å*.
83 Quando se chega a um nível avançado, são acrescentados os símbolos *Siddham kha, ga, gha, nga, cha, chha, ja, jha, nya, ta, tha, da, dha, na (sons fortes); ta, tha, da, dha, na (sons leves); pa, pha, ba, bha, ma; ya, ra, la, va; sha, ksha, sa, ha e kshya*.
84 De acordo com a tradição hindu, os sons e sílabas *Siddham* de Brahma, o Criador, foram entregues a Ganesha, o Deus do Conhecimento, e Ganesha passou-os para os seres humanos. Quando pronunciadas e escritas corretamente, essas palavras que foram transmitidas pelos deuses têm influências psíquicas diretas como "ondas doadoras" de amor e bondade. A soma total dos *Siddham* resulta no número 50, o que é simbolizado pelos 50 crânios da Grande Shakti, a mãe divina *Vajra-Yogini*.
85 *Vajra Dhara* (Tib.: *Dorje Chang*) é uma forma especial de *Vajrasattva* (Tib.: *Dorje Sempa*, Jap.: *Kongô Satta*). Ele representa o aspecto tântrico de *Vairocana* na posição *Yabyum*. Eles são o equivalente budista de Brahmâ (Jap. *Bonten*). No Japão, normalmente ele cavalga um elefante branco.

uma pessoa ignorante e peço ensinamento. Venho à vossa presença como uma pessoa que desconhece o caminho e peço proteção e orientação. Venho à vossa presença como uma pessoa impotente e peço forças para melhor servir. Em retribuição, envio-vos Reiki. Usai-o como quiserdes para benefício de todos". Desenhe vários símbolos CR e ative cada um deles com o mantra para intensificar o fluxo de poder do Reiki.

*

Assuma o mudrâ *Chiken in* (Mudrâ da Sabedoria Espiritual).

Il. 101 – KONGÔSATTA

Il. 102 – DAINICHI NYORAI COM O MUDRÂ CHIKEN IN

Visualize *Dainichi Nyorai* no seu chakra do coração. Ele está sentado na posição de lótus e usa uma coroa. Suas mãos formam o mudrâ *Chiken in*. Seu corpo reluz em luz dourada.

Kongôsatta paira sobre sua cabeça. Sentado na posição de lótus, ele também usa uma coroa e é de uma cor azul brilhante. Sua Shakti descansa em seu colo, abraçando-o com seus braços e pernas. Ao abraçar Shakti, *Kongôsatta* mantém as mãos cruzadas diante do seu chakra do coração. Na mão esquerda, ele segura um sino *Vajra* e um *Vajra* na mão direita.

Volte sua atenção aos dois, alternadamente.

Ao fazer isso, recite o mantra *Om abira unken* 108 vezes ou um múltiplo desse número.

Dainichi Nyorai e *Kongôsatta* então se fundem um com o outro e se dissolvem na luz, que agora penetra em todo o seu corpo. Permaneça nesse estado durante alguns minutos.

*

Desfaça o contato a distância como de costume.

Prática 6: Meditação da Deusa Dai Marishi Ten para Despertar o Fogo Interior

Postura adequada: Sente-se ereto e imagine que sua coluna vertebral é formada de moedas sobrepostas umas às outras. Ao inspirar, force o quanto puder o diafragma para a frente. Leve o queixo na direção do peito e coloque a língua no céu da boca. Assuma o Mudrâ da Meditação (*Zemui in*). Coloque as mãos abaixo do umbigo, sobre as coxas. Olhe sempre na mesma direção e concentre-se mentalmente.

Respiração tranquila: Movimente a cabeça lentamente da direita para a esquerda ao inspirar e da esquerda para a direita ao expirar (três vezes). Inspire e expire lentamente (três vezes) enquanto olha para a frente. Repita o total de seis respirações para os lados e para a frente com mais força. Respire lentamente até este ponto. Repita mais uma vez, porém mais intensamente. E mais uma vez, ainda mais intensamente, até totalizar nove vezes.

Estabelecendo Contato e Visualização: Una-se à Deusa *Dai Marishi Ten* pelo contato a distância. Saúde-a com as palavras: "Querida Deusa *Dai Marishi Ten*, venho à tua presença como uma pessoa doente e peço cura. Venho à tua presença como uma pessoa ignorante e peço ensinamento. Venho à tua presença como uma pessoa que desconhece o caminho e peço proteção e orientação. Venho à tua presença como uma pessoa impotente e peço forças para melhor servir. Em retribuição, envio-te Reiki. Usa-o como quiseres para benefício de todos". Desenhe vários símbolos CR e ative cada um deles com o mantra para intensificar o fluxo de poder do Reiki.

Assuma o mudrâ *Ongyô in* (Mudrâ da Grande Deusa *Dai Marishi Ten*). Visualize a si mesmo como *Dai Marishi Ten* na cor vermelha e vazio internamente.

Percepção do Sistema de Energia através da Visualização: Medite sobre os quatro primeiros chakras principais. Visualize os chakras como flores redondas no vazio interior. Todos são vermelhos, representando os prazeres da vida na terra. Cada chakra é translúcido e brilhante. Colocados um sobre o outro, eles simbolizam o tronco da Árvore da Vida. O tronco eleva-se desde o chakra da raiz até o chakra da coroa. À direita e à esquerda dele correm outros canais de energia. Eles começam no primeiro chakra, sobem pelas costas até acima do cérebro e terminam no rosto, no nível do nariz. Muitos outros canais de energia fluem de cada chakra.

Despertando o Poder Secreto de Dai Marishi Ten: No hara, crie o *Siddham a* com linhas da espessura de um fio de cabelo, flutuante, e com a altura aproximada de meio dedo. Ele é marrom avermelhado e intenso. A sílaba *a* emite o som fervente de *phem*. *Phem* é como o crepitar de um pavio de vela aceso.

Em seguida, a sílaba *ham*, na cor branca, aparece no chakra da coroa. A sílaba *ham* parece um néctar doce prestes a gotejar. Ao inspirar, imagine a energia vital entrando em você pela coroa e penetrando em sua coluna de energia do meio, da direita e da esquerda. A energia vital projeta-se imediatamente para baixo e encontra a sílaba *a* no hara. Tocada pela energia vital, a sílaba *a* se torna ainda mais vermelha, assim como ao se soprar um pedaço de carvão ele se torna incandescente. Cada vez que você inspira, a energia vital é puxada através dos canais de energia sobre os quais se localizam os chakras. Durante a expiração, ela é distribuída para todo o corpo.

Assim que conseguir fazer isso sem muito esforço, passe para a etapa seguinte. Do contrário, encerre a prática desfazendo o contato a distância como de costume.

Il. 103 – SIDDHAM A

Visualize uma pequena chama do comprimento de meio dedo bruxuleando da sílaba *a* para o alto. A chama é vertical, translúcida, brilhante, vermelha e vazia. Ela tem também a aparência de uma espiral.

A cada respiração, a chama aumenta um pouco de tamanho. Na oitava respiração, ela chega ao segundo chakra. Com mais dez respirações, todas as pétalas do lótus do segundo chakra ficam tomadas pela chama. Com as dez respirações seguintes, toda a parte inferior do corpo é preenchida pelas chamas, até as pontas dos artelhos. Durante as dez respirações seguintes, as chamas penetram o corpo até a altura do quarto chakra. Mais dez respirações, e as chamas se elevam no corpo até o quinto chakra. Com as dez respirações seguintes, as chamas finalmente chegam ao chakra da coroa.

Il. 104 – SIDDHAM HAM

Com as dez respirações seguintes, a sílaba *ham* se dissolve no chakra da coroa e se transforma na energia da lua (o poder da Deusa) que preenche completamente o sétimo chakra.

Com mais dez respirações, a energia lunar preenche o quinto chakra. Outras dez, e ela preenche o quarto chakra. Mais dez, e preenche o terceiro chakra. Com as dez seguintes, preenche o segundo chakra e com mais dez preenche o primeiro chakra. E com as dez respirações seguintes, a energia da lua preenche todo o corpo, até as pontas dos dedos das mãos e dos pés.

Permaneça algum tempo no estado das chamas.

Termine cada meditação desfazendo o contato com *Dai Marishi Ten* como de costume.

Observação: Se a meditação for feita diária e regularmente, o número de respirações pode diminuir gradualmente, pois o volume dos pulmões se expande com o passar do tempo.

Benefício: Aumenta a vitalidade física e mental; favorece a percepção das energias sutis, reduz sensações de frio em determinadas partes do corpo e desperta fogos interiores.

Prática 7: Meditação da Chama Gasshô

*Una-se à Deusa **Dai Marishi Ten** pelo contato a distância. Saúde-a com as palavras: "Querida Deusa **Dai Marishi Ten**, venho à tua presença como uma pessoa doente e peço cura. Venho à tua presença como uma pessoa ignorante e peço ensinamento. Venho à tua presença como uma pessoa que desconhece o caminho e peço proteção e orientação. Venho à tua presença como uma pessoa impotente e peço forças para melhor servir. Em retribuição, envio-te Reiki. Usa-o como quiseres para benefício de todos." Desenhe vários símbolos CR e ative cada um deles com o mantra para intensificar o fluxo de poder do Reiki.*

*

Assuma o mudrâ *Ongyô in*. Visualize-se como *Dai Marishi Ten* na cor vermelha, vazio, com as três colunas de energia, os chakras e a sílaba *a* no segundo chakra, como descrito na prática anterior.

Visualize um sol radiante no hara e nos chakras das mãos e dos pés. Sente-se no chão, encolha as pernas de modo a juntar os pés – o que é praticamente fazer *Gasshô* com os pés. Posicione as palmas das mãos em *Gasshô* diante do coração.[86] Esfregando as mãos e os pés, surgem chamas do sol que tocam o sol no hara. Dali, outra chama sobe e encontra a sílaba *a*. Da sílaba *a*, o fogo espalha-se por todo o corpo. Então uma luz brilhante irradia-se do corpo em todas as direções, como se o corpo fosse um grande sol. O mundo inteiro está repleto dessa luz. Para finalizar, faça a prática física Mahâ-*Mudrâ* de *Dainichi Nyorai Kidô* 21 vezes. Sente-se no chão com as pernas estendidas. Coloque o pé direito com a sola sobre a parte inferior da perna esquerda. Inspire profundamente. Ao expirar, aproxime o máximo possível a testa dos joelhos. Leve as mãos à frente, aproximando-as dos pés. Relaxe, contraia o esfíncter anal, inspire profundamente e baixe o queixo em direção ao peito. Permaneça nessa posição até sentir desconforto, mas mantenha a respiração. Repita o exercício no outro lado.

*

*Conclua a meditação desfazendo o contato com **Dai Marishi Ten** como sempre.*

Prática 8: Meditação "Chama e Gota"

*Una-se ao Imperturbável Buda **Ashuku Nyorai** pelo contato a distância. Saúde-o com as palavras: "Querido **Ashuku Nyorai**, venho à tua presença como uma pessoa doente e peço cura. Venho à tua presença como uma pessoa ignorante e peço ensinamento. Venho à tua presença como uma pessoa que desconhece o caminho e peço proteção e orientação. Venho à tua presença como uma*

---

[86] Esta posição para meditação corresponde à Meditação *Gasshô* do Reiki do Arco-Íris, conforme descrição detalhada em *The Complete Reiki Handbook*, de Walter Lübeck, Lotus Press, pp. 131-39.

pessoa impotente e peço forças para melhor servir. Em retribuição, envio-te Reiki. Usa-o como quiseres para benefício de todos." Desenhe vários símbolos CR e ative cada um deles com o mantra para intensificar o fluxo de poder do Reiki.

Il. 105 – ASHUKU NYORAI

Il. 106 – OS SÍMBOLOS SIDDHAM A E HÛM

Visualize-se como *Ashuku Nyorai* na forma masculina e na cor azul-celeste. Seu corpo contém as três colunas de energia e os chakras. A sílaba *a* está no hara e a sílaba *hûm* está no chakra da coroa. Com um estalido, uma chama logo se projeta para baixo. Isso aviva o fogo, que chega ao segundo chakra. Devido ao calor crescente, a sílaba *hûm* começa a se derreter. Gotas quentes caem do *hûm*. Sempre que elas tocam as chamas, estas ficam ainda mais fortes e sobem pelos chakras até chegar ao quinto chakra. Finalmente, a última porção do *hûm* derretido goteja nas chamas do quinto chakra. Permaneça algum tempo nesse estado. A partir daí, o *hûm* derretido escorre para o chakra do coração. Permaneça nesse estado por alguns instantes. Continue assim até o terceiro, segundo e primeiro chakras.

*

*Termine a meditação despedindo-se de **Ashuku** como de costume.*

Exercício de Estabilização ao Término de Cada Meditação

Para finalizar, faça o seguinte exercício físico depois da meditação: Coloque as mãos sobre os joelhos e movimente o quadril da direita para a esquerda. Mantenha a mesma posição e gire a cabeça, e depois movimente-a para a frente e para trás. Em seguida, ajoelhe-se. As mãos continuam sobre os joelhos. Nessa posição, movimente a parte superior do corpo de um lado para o outro. Sentado no chão, apoie o corpo nas mãos atrás de você e agite as pernas no ar. Erga as pernas e movimente a parte superior do corpo de um lado para o outro. Expire com força e esfregue ou massageie todo o corpo.[87]

---

[87] Outras sugestões e explicações sobre o tema da estabilização encontram-se no capítulo 22, que trata da integração significativa das experiências espirituais.

Capítulo 13

Monte Kurama

Il. 107 – PAISAGEM VISTA DO MONTE KURAMA

Depois de tentar durante muito tempo entender o significado e as aplicações dos símbolos que havia encontrado nos textos antigos, o dr. Usui passou três semanas no Monte Kurama meditando. Essa montanha, com aproximadamente 600 m de altura, localiza-se no norte da Prefeitura de Quioto, a 12 km do palácio do Tennô, na cidade de Quioto. Hoje é possível ir até a base do Kurama de trem. Desse ponto, a subida da montanha é uma caminhada agradável. Entretanto, na época do dr. Usui, o acesso era muito difícil. Há um grande número de montanhas no Japão, inclusive muitas sagradas, às quais o dr. Usui poderia ter se dirigido. Por que, então, escolheu exatamente o remoto Monte Kurama?

No *Sarashina Nikki*, um diário do início do século XI, está escrito: "O Kurama é tão espesso, que mesmo desejando subi-lo em peregrinação, desiste-se do projeto por medo". Desde tempos imemoriais, o Monte Kurama tem a reputação de pulular de demônios repelentes que aterrorizam os visitantes que dele se aproximam. Além dos demônios, existem outros obstáculos que não devem ser subestimados. No entanto, se você não fala japonês, não precisa se preocupar. Como você talvez saiba: Ignorar é ser feliz. Para ser objetivo, ao longo de toda a subida, há placas em japonês demovendo o incauto de se embrenhar na floresta – a menos que queira ver-se frente a frente com um ou mais ursos japoneses. Pelo menos uma vez por ano, alguma reportagem jornalística ilustra como alguém queria dar mel aos ursos. Nesses casos, não é raro o urso entusiasmar-se tanto a ponto de também deliciar-se com um braço ou algum outro membro do seu generoso tratador. A propósito, alguém que fuja de um urso deve cuidar para não pisar numa *mamushi*. Essa é uma cobra japonesa venenosa com um desenho preto-amarelado muito bonito. Quem é picado por uma cobra dessas, não tem muito tempo para ir até Quioto e aparecer no jornal. Se, apesar de tudo, você ainda tem vontade de subir o Monte Kurama, avise-me (Mark). Ficarei muito feliz em levá-lo até lá – e naturalmente, também trazê-lo de volta. Como passei muitas semanas da minha vida nas florestas japonesas, conheço bastante bem o caminho.

Em termos de natureza, o Monte Kurama é coberto de vegetação. O ar é muito puro e refrescante. Na cidade situada no sopé da montanha, há uma fonte quente chamada *Kurama Onsen*. Recomendo muito uma parada ali, tanto no verão como no inverno. Como ela é um *Rotenburo,* uma fonte quente ao ar livre, você, rodeado por cedros centenários, pode encantar-se com a magnífica vista do Monte Kurama. Se não está acostumado com água fervente, é melhor evitar as fontes vulcânicas de água quente que se projetam das profundezas da Mãe Terra. A temperatura pode variar muito. Mais tarde, para esfriar, você pode pular numa cachoeira a caminho do templo. Há um local para meditar sob a cascata. Esse é também um dos lugares onde o dr. Usui meditava.

O Templo Kurama

Além dos pequenos obstáculos e do entorno natural encantador, o Monte Kurama é conhecido na história e na literatura japonesas como uma montanha sagrada, onde muitas pessoas tiveram uma experiência da iluminação (jap.: *Satori*).

O monge *Kantei*, o melhor aluno de *Ganjin*, foi levado ao Monte Kurama no ano 770 d.C. por um cavalo branco. Como o dr. Usui, ele teve uma visão durante a qual recebeu uma transmissão de energia espiritual de *Maôson* e foi iluminado por *Bishamonten*. Esse foi o motivo que o levou a construir um templo no Monte Kurama.

Alguns anos mais tarde, em 796, o principal representante da construção do Templo *Tôji, Fujiwara Isendo* (759-827), teve uma experiência semelhante no Monte Kurama com a Deusa de 1.000 Braços *Senju Kannon*. Como resultado, ele acrescentou ao templo algumas edificações e um pagode. É bastante provável que o dr. Usui soubesse disso e por esse motivo tivesse escolhido o Monte Kurama para os seus planos.

Como consequência das experiências místicas vividas por algumas pessoas no século VIII, *Maôson, Bhishamonten* e *Senju Kannon* são os seres de luz venerados no Templo *Kuramadera,* como uma trindade de nome *Sonten*. Eles representam simbolicamente a alma que habita o universo, a luz gloriosa e a atividade da mente. Em termos simples, poder, luz e amor.

Através dos séculos, o templo serviu para proteger a cidade-capital de *Heian kyô* (atualmente: Quioto) no lado norte. O templo está a meio caminho do cume. A estrutura original foi destruída por um incêndio em 1126. No ano seguinte, foram criadas esculturas dos deuses *Bishamonten* e *Kichijôten,* que ainda estão intactas. Em 1133, o templo foi reformado e novamente consagrado por ordem do *Gotoba Tennô*. No ano de 1236, o fogo voltou a destruir o templo. Entretanto, em 1248 ele já estava reconstruído. Dessa data em diante o templo permaneceu intacto até o século XX. Na festa anual do fogo (*Hi matsuri*) em 1945, algumas fagulhas de uma grande tocha (a tocha é tão grande que precisa ser carregada por várias pessoas) caíram sobre a antiga construção, e ela virou cinzas. A entrada principal atual foi construída em 1971. Isso significa que o dr. Usui conheceu em 1922 uma estrutura totalmente diferente da que conhecem os visitantes atuais. Nesse aspecto, a energia da construção também não é tão intensa como provavelmente era naquela época. Mas o Monte Kurama obviamente continua sendo um lugar de poder. Quem vai para lá pode sentir a presença mística desse lugar de poder.

No decorrer dos séculos, a Escola Budista do templo mudou várias vezes. Quando o templo foi fundado em 770, o Budismo Esotérico ainda não existia oficialmente no Japão e por isso não havia uma Escola de Budismo Esotérico. Como o fundador *Kantei* era um dos melhores alunos de *Ganjin*, é provável que a primeira Escola Budista do Templo *Kurama* remonte a ele. Provavelmente era a Escola *Ritsu* do Budismo *Mahâyâna*. Entre 889 e 1113, o templo pertenceu à Escola *Shingon*, fundada pelo monge *Kûkai*. Daí em diante, consta que o templo pertenceu à Escola *Tendai*. Ambas as escolas pertencem ao Budismo Esotérico no Japão. Dois anos depois do grande incêndio, foi fundada a Escola *Kurama Kôkyô*. Ela assumiu o templo em 1949 e o consagrou como seu templo principal.

Il. 108 – ENTRADA PRINCIPAL DO TEMPLO KURAMA

A Escola Kurama Kôkyô

A Escola *Kurama Kôkyô* foi fundada em 1947, como um ramo da Escola esotérica *Tendai*, baseada especialmente nas experiências de iluminação descritas por muitos peregrinos a partir de lendas, da história e do presente. Um desses peregrinos foi o dr. Usui.

O ensinamento da Escola *Kurama Kôkyô* diz que a subida difícil e penosa do Monte Kurama é semelhante ao esforço pela iluminação. Iluminação também pode significar alcançar um objetivo com a ajuda dos seres de luz. A iluminação pode ser alcançada precisamente no alto da montanha. A descida, porém, é como um Bodhisattva que desce ao mundo para ajudar todos os seres sencientes. Isso é porque o céu, a terra e os seres intermediários são emanações do Buda Grande Sol *Dainichi Nyorai*, que prega todos os sutras e de quem provém a energia vital espiritual do Reiki.[88] Isso nos lembra o dr. Usui? Em sua busca da solução para o mistério, ele subiu o Monte Kurama, alcançou a iluminação depois de três semanas de meditação e voltou trazendo grandes benefícios ao mundo inteiro. Visto desse modo, todo praticante de Reiki também está num certo sentido no caminho do Bodhisattva, porque todos começam com o dr. Usui ou *Dainichi Nyorai* e dão sua contribuição para o alvorecer de uma nova Era Dourada na terra tão logo seja possível.

A energia que desperta todo ser vivo para a vida procede dos três seres de luz do Templo *Kurama*: *Senju Kannon* de 1.000 braços, *Bishamonten* e *Maôson*. Como trindade, os três seres de luz são chamados *Sonten*. É importante que cada um de nós descubra essa trindade internamente. Eles são amor, luz e força vital. Para alcançá-los, há três princípios de vida chamados *Shinkô no sankajô*. Eles nos lembram os princípios de vida do dr. Usui.

1. É necessário trabalhar sobre nós mesmos e o nosso karma, evitando más ações e intrigas maliciosas. Por isso, para construir um eu modesto, devemos ser bondosos com o nosso próximo e trabalhar sobre nós mesmos e o nosso karma.
2. Devemos nos esforçar para ser alguém que passa pelo mundo com o coração puro.
3. Devemos receber o nobre poder dos três seres de luz *Sonten* e desenvolver uma fé vigorosa.

Os três seres de luz *Sonten* expressam amor, luz e a força vital. O amor é representado por *Senju Kannon* de 1.000 braços. Ela é vista também como o ser de luz da lua. Seu símbolo é o SHK. *Bishamonten*, que carrega a luz com seu pagode de *Dainichi Nyorai*, representa o sol (pai espiritual – Deus) aqui. Casualmente, os caracteres do sol 日 e da lua 月 juntos resultam no terceiro caractere do Símbolo do Mestre de Reiki (*myô* 明). Finalmente, *Maôson* leva a força vital e representa a terra (terra espiritual – a Grande Deusa) e a força criadora.[89]

A Mitologia de Kurama

Maôson chegou à Terra há mais de 6 milhões de anos, supostamente vindo de Vênus. Como um rei responsável por vencer o mal e como um ser de luz da Terra, sua tarefa é levar todos os seres sencientes à felicidade. Um método para isso consiste em mostrar o caminho por meio da iniciação aos que são buscadores sinceros e vão ao Monte Kurama para meditar. Durante sua permanência de três semanas no Monte Kurama, o dr. Usui fez a Meditação da Estrela da Manhã. A Estrela da Manhã é Vênus, ponto de origem da luz que chegou até ele.

Na época de *Maôson,* as ilhas japonesas ainda não existiam. Então um vulcão submerso usou o poder da Mãe Terra para criar o Monte Kurama e preencheu-o com energia de amor, luz e força vital (no sentido de atividade). Desde então, muitas pessoas puderam receber

---

88 Usui, Shiro. *A Pilgrim's Guide to Forty-Six Temples,* Weatherhill, Tóquio, Nova York, 1990, p. 80.
89 *Nihon no bukkyô zenshû ha.* Daihôrinkaku: Tóquio, 1994.

Reiki no Monte Kurama. Mas somente as pessoas que foram mencionadas em sua história são conhecidas. O dr. Usui certamente sabia disso.

Penetrando na floresta, chegamos ao Santuário Interior (*Oku no in*) onde *Iwakura*, o Rei Demônio dos Seis Mundos Superiores dos Desejos, é cultuado, porque esse é exatamente o lugar onde ele teria descido à Terra. No Japão, há várias montanhas onde os deuses desceram à Terra. Isso também sempre significa que a energia deles pode ser sentida nesses lugares de poder. O *Kurama Engi*, um texto sobre as origens do Templo *Kurama*, diz como muitos bons presságios estão ligados ao Rei Demônio *Iwakura*.

O Herói Folclórico Yoshitsune

É incontável o número de histórias fantásticas sobre personalidades bem conhecidas, como monges, *Samurais* e Tennôs, mas também sobre muitos seres de luz com relação ao Monte Kurama. Eu gostaria de expor rapidamente aquela que, provavelmente, é a mais conhecida:

No Século XII, havia muitos conflitos entre as famílias em formação de guerreiros *Samurais*. As duas famílias mais poderosas chamavam-se *Taira* e *Minamoto*. A família *Taira* havia eliminado num determinado momento os membros mais importantes da família *Minamoto*, mas poupou as mulheres e as crianças. Uma das crianças, de nome *Yoshitsune*, foi escondida no Templo Kurama. A intenção era que ele se tornasse monge, afastado dos acontecimentos políticos. Seu histórico familiar também lhe foi mantido em segredo. Impelido por uma grande necessidade de liberdade, ele saía discretamente do mosteiro todos os dias e entrava na floresta, onde aprendeu a luta de espada japonesa *Kenjutsu* com um habitante da floresta de nariz longo (jap.: *Tengu*).

Os *Tengus* do Monte Kurama são na verdade conhecidos por sua predileção em pendurar monges e ascetas de cabeça para baixo e depois comê-los vivos. Isso não soa muito agradável. Mas parece que abriram uma exceção no caso de *Yoshitsune*. Na realidade, não foram os *Tengus* que ensinaram *Yoshitsune*, mas os *Ninjas*. Os escritores da história japonesa procuram evitar abordar coisas dessa natureza porque os Ninjas são acusados de todo tipo de maldade, e retratam os Samurais como homens de honra (cf. capítulo 11, sobre *Kuji kiri*). Por sua vez, os Ninjas têm uma relação estreita com os ascetas das montanhas *Yamabushi* que praticam a magia japonesa do *Shugendô*. O lugar na floresta onde *Yoshitsune* treinava pode ser visto ainda hoje. Muitas raízes crescem sobre a terra nesse local, de modo que é fácil tropeçar. É um local ideal para aperfeiçoar o trabalho com os pés nas artes marciais. Existe atualmente no Monte Kurama um santuário em homenagem a *Yoshitsune*, próximo às centenas de raízes.

Quando *Yoshitsune* foi a Quioto muitos anos depois, ele tocava flauta ao aproximar-se de uma ponte onde o monge-guerreiro *Benkei*, muito temido naquela época, aguardava. De fato, ele havia prometido para si mesmo derrotar 100 homens para colecionar as suas espadas e não deixar passar pela ponte ninguém que não lutasse com ele. Ele queria, porém, deixar o pequeno *Yoshitsune* passar, por causa da sua pouca idade. Mas *Yoshitsune* importunou tanto o corpulento *Benkei* que a luta finalmente começou. Entretanto, em vez de adotar uma atitude ofensiva, *Yoshitsune* saltava de um lado para o outro como aprendera a fazer entre as raízes, de modo que *Benkei* finalmente caiu exausto depois de tanto esforço e deu-se por vencido. Daquele momento em diante, *Benkei* se tornou guarda pessoal de *Yoshitsune* e o acompanhou pelo resto da vida.

Certo dia, *Yoshitsune* conheceu sua verdadeira origem e jurou que devolveria a fama à sua família. Houve muitas batalhas até que, finalmente, *Yoshitsune* derrotou a família *Taira* em 25 de abril de 1185 (dia e mês do aniversário de Mark), na batalha de *Dan no Ura*. *Yoshitsaune* foi então celebrado como o maior herói de todo o país. *Yoritomo*, meio-irmão mais velho de *Yoshitsune*, que no entretempo construíra uma ampla base de poder em Kamakura e logo se tornou o primeiro Shôgun, ficou profundamente encolerizado e invejoso do imenso prestígio do seu pequeno irmão *Yoshitsune* e mandou suas tropas persegui-lo por todo o Japão. Por um ato de traição, *Yoshitsune* foi descoberto no norte do Japão, em Hiraizumi. Uma das lendas diz que ele foi assassinado pelas tropas, outra afirma que ele cometeu suicídio ritualístico (jap.: *seppuku*), e outra ainda declara que ele voou para o continente e mais tarde tornou-se Gênghis Khan.

Seja como for, sua história muito contribuiu para a fama do Monte Kurama e do templo. Além disso, ela mostra como são próximas as artes da cura e as artes marciais.

Dr. Usui e sua Experiência Espiritual no Monte Kurama

O dr. Usui pesquisou durante muitos anos para descobrir um método com o qual pudesse tornar disponível a energia vital espiritual do Reiki de maneira duradoura. Enquanto pesquisava, ele se deparou com escritos antigos em que apareciam alguns dos símbolos que mais tarde integrou ao Reiki. Embora os símbolos fossem explicados em termos dos seus efeitos e funções, ele não sabia como usá-los de maneira concreta. Para quem quer que perguntasse, ninguém conseguia mostrar-lhe como tornar útil o conhecimento desses escritos de maneira prática. Embora seja possível que durante a vida do dr. Usui houvesse alguém no Japão que poderia ter lhe passado essa informação, o dr. Usui não encontrou ninguém que pudesse ou quisesse fazê-lo. O segredo do ensinamento relativo a esses assuntos não reside apenas na transmissão de conhecimento. Como já foi analisado anteriormente em muitas seções deste livro, ele também implica um vínculo do indivíduo com o poder espiritual por meio da iniciação. Certamente o dr. Usui estava consciente desse fato, uma vez que isso está explicado em muitos escritos e, de outro modo, ele dificilmente teria subido o Monte Kurama para meditar; afinal, sua intenção era tornar o Reiki disponível de maneira duradoura por meio da meditação. Assim, ele se pôs a procurar um local adequado. Como o Monte Kurama era elogiado havia séculos na literatura como local para visões e experiências de iluminação, esse foi o local de poder apropriado para ele.

O dr. Usui meditou durante três semanas no Monte Kurama. Para contar os dias, ele recolheu 21 pedras e atirava uma delas para longe toda manhã. Então, na última noite, quando já acreditava que voltaria para casa na manhã seguinte sem alcançar seu objetivo, de repente viu à distância uma luz que se aproximava. Quando a luz o alcançou, ele entrou em transe, estado em que foi pessoalmente iniciado no Reiki por *Dainichi Nyorai*. Essa foi a realização de um sonho longamente acalentado. Agora ele podia não apenas aplicar o Reiki, mas também iniciar outras pessoas no Reiki.

A questão que surge agora diz respeito aos detalhes do que o dr. Usui fez no Monte Kurama. Há muitas formas de meditação. Ele simplesmente praticou meditação Zen ou uma meditação do Budismo Esotérico? A segunda alternativa é mais provável, uma vez que os símbolos apareciam no Budismo Esotérico e *Dainichi Nyorai* é sua figura principal. O terceiro ponto é que, na longa história do Japão, existem algumas meditações especiais com as quais os buscadores espirituais têm tido, repetidamente, experiências como a que o dr. Usui teve no Monte Kurama. Uma delas é a Meditação da Estrela da Manhã (jap.: *Gumonji hô*) – a qual, a propósito, é a mesma meditação praticada pelo monge Kûkai no Japão 1.200 anos antes do dr. Usui. Mesmo hoje, ele ainda é considerado o monge mais famoso do Japão, entre outras coisas em razão do seu poder de cura. A outra meditação é a visualização das sílabas-semente *Siddham* (jap.: *Ajikan*).

A Meditação da Estrela da Manhã é descrita em detalhes na próxima seção. As instruções para meditar com *Siddham* já foram incluídas no capítulo 12, sobre *Dainichi Nyorai Kidô*, como "Prática 4: Abertura dos Canais de Energia para um Fluxo Controlado do Ki" (p. 190).

Meditação da Estrela da Manhã[90]

Il. 109 – KOKÛZÔ BOSATSU

A Meditação da Estrela da Manhã é muito complexa e requer alguns coadjuvantes como água, incenso e contas de oração. A forma aqui descrita é a tradicionalmente realizada no Budismo Shingon. Uma variação simplificada será incluída no final desta seção, com uma sequência menos complicada para os iniciados no Reiki.

A prática principal da Meditação da Estrela da Manhã consiste em recitar os mantras do Bodhisattva *Kokûzô*. O número de repetições não é exatamente pequeno – um milhão delas 108 vezes. Como múltiplo de nove, o número 108 é sagrado no Budismo. É o número de contas pequenas numa longa corrente de contas de oração (jap.: *Juzu, nenju*, sânsc.: *mâlâ*). Por meio da imensa quantidade de repetições do mantra, o adepto se une ao Bodhisattva *Kokûzô*, o que possibilita uma experiência direta com *Dainichi Nyorai*. Foi isso exatamente o que aconteceu com o dr. Usui durante sua meditação no Monte Kurama. O dr. Usui foi iniciado no Reiki dessa maneira.

---

[90] A Estrela da Manhã é o planeta Vênus.

Em termos de sequência, a Meditação da Estrela da Manhã é uma parte reduzida das práticas de preparação quádrupla (jap.: *Shido kekgyô*) como fundamento para alcançar a iluminação nesta vida. Seu nome japonês *Gumonji hô* significa "Método para Conservar o que Foi Ouvido". Assim, os que fazem esta meditação do início ao fim podem sempre lembrar-se de tudo o que viram, ouviram, leram, etc. É por isso que ela é um método popular para treinamento da memória no Japão desde o Período Nara. Mas esse é, de fato, um efeito secundário. O verdadeiro objetivo esotérico está em vivenciar a natureza dos ensinamentos esotéricos por meio da prática. O manual ritualístico desta meditação[91] explica a correlação com a Estrela da Manhã. A Estrela da Manhã (Vênus) tem relação com o conteúdo da meditação, não com o seu nome. Ao mesmo tempo em que recita o mantra, você imagina o Bodhisattva *Kokûzô* na forma do planeta Vênus (Estrela da Manhã).

Depois que o monge indiano *Subhâkarasimha*[92] traduziu a Meditação da Estrela da Manhã para o chinês em 717, muitas versões desse texto chegaram ao Japão. A meditação continuou a se desenvolver ali. Entre outras coisas, isso foi necessário porque do contrário as meditações poderiam não ser feitas com todos os rituais no Japão e porque está tradicionalmente na natureza dos japoneses adaptar e aperfeiçoar o que adotam de culturas estrangeiras. Desse modo, o dr. Usui pôde usar a forma da meditação que havia sido adaptada às suas necessidades, e assim realizar seu grande sonho de tornar o Reiki disponível a todas as pessoas, a qualquer tempo, por meio da iniciação e do treinamento. Isso, porém, não significa que a Meditação da Estrela da Manhã pode ser alterada à vontade. Como os símbolos, certas regras devem ser seguidas para que o efeito seja seguramente preservado em toda sua plenitude.

Explicações sobre a Sequência da Meditação da Estrela da Manhã

A seção a seguir descreve como a Meditação da Estrela da Manhã ainda é realizada na Escola Shingon no Japão. Encontre um local tranquilo e afastado da agitação do dia a dia para dedicar-se à Meditação da Estrela da Manhã. Esse local pode ser um espaço na natureza, como foi a opção do dr. Usui, ou um ambiente interno destinado especialmente para esse propósito. Prepare um altar com os símbolos e oferendas apropriados para estabelecer contato com os seres de luz e pedir que venham a esse lugar.

Existem rituais especiais de início e término que você deve executar no primeiro e no último dia. O número de dias de duração da meditação depende do número de vezes de repetição dos mantras. Para uma meditação de 21 dias, o mantra deverá ser repetido em torno de 50.000 vezes todos os dias. Isso explica por que o dr. Usui meditava dia e noite. Os mantras são contados com contas de oração especiais, feitas de madeira ou de cristal de quartzo com duas vezes 54 contas (108), e duas maiores servindo de separação no meio.

Você não deve interromper a meditação sob hipótese alguma. Se adoecer ou for obrigado a parar por alguma outra razão, você deve recomeçá-la em algum momento mais tarde. Na situação ideal, o tempo deve ser programado de tal maneira que o último dia da meditação coincida com um eclipse lunar ou solar.

---

91 Nome do Manual: *Kokûzô bosatsu nôman shogan saishô shin darani gumonji hô.* 虛空蔵菩薩能滿諸願最勝心陀羅尼求聞持法
92 Um dos oito patriarcas Shingon.

A sequência da meditação corresponde em grande parte às práticas descritas acima. Entretanto, a visualização aqui envolve um número consideravelmente maior de símbolos e de seres de luz. A mão direita forma o Mudrâ da Gema Realizadora de Desejos e a mão esquerda mantém o Mudrâ do Punho *Vajra* junto ao quadril. O mantra a ser recitado é o *Kokûzô*. As palavras são: *Nô bô akyasha kyarabaya on arikya mari bori sowaka*. Sente-se voltado para o leste durante a meditação.

Todas as necessidades vitais do corpo como comer, beber, dormir e a resposta aos apelos da natureza também são ritualizadas. De modo geral, a ingestão de alimentos durante o ritual assemelha-se ao método de jejuar japonês.

Sequência da Prática Diária da Meditação da Estrela da Manhã

Una-se ritualisticamente à Estrela da Manhã. Recolha dois baldes de água num poço ou nascente limpa. Purifique-se retirando água do balde com a mão esquerda, passando-a para a mão direita e então lavando a boca. Lave as mãos, o rosto e o corpo. Enquanto faz isso, recite o mantra e visualize-se ficando limpo externa e internamente.

Em seguida, prepare as oferendas e entre no local da meditação. Demonstre respeito aos seres de luz e sente-se para meditar.

Para proteger a existência, recite o mantra e forme o mudrâ sobre as cinco partes do corpo. Ao fazer isso, visualize *Kokûzô* e todos os demais Budas removendo o véu dos seus olhos e sua mente tornando-se pura.

Ative a água com o mudrâ e recite o mantra durante esse procedimento. Borrife o altar, as oferendas e o chão com água.

Em seguida, realize o ritual para pulverizar o incenso e use-o para infundir poder ao altar e às oferendas. Durante esse procedimento, peça a proteção dos seres de luz e realize o ritual para purificar o corpo, a fala e a mente.

Visualize o lugar da prática e sintonize-o com *Kokûzô*. Convide os seres de luz a se aproximarem do altar.

Tome a água ativada e com movimentos ritualísticos limpe os pés de *Kokûzô*. Saúde os seres de luz sobre uma flor tocando o sininho e fazendo as cinco oferendas.

Tomando esses procedimentos como base, estabeleça uma transmissão espiritual recíproca *kaji* com *Kokûzô*, formando mantras sobre as partes apropriadas do corpo, recitando mantras, usando *Bîjas* (símbolos *Siddham*) e fundindo-se com *Kokûzô*.

Comece a recitar os mantras com as contas de oração. Visualize um disco da lua no peito de *Kokûzô* sobre o qual os *Siddham* do mantra aparecem um após o outro. Do mantra irradia-se uma luz dourada para o seu chakra da coroa. Ela preenche todo o seu ser, circula pelo seu corpo e finalmente sai pela boca. A luz dourada entra novamente em *Kokûzô* pelos pés. Mantenha essa imagem até completar as 50.000 repetições diárias do mantra.

Em seguida, entre no reino dos Budas elevando seu mudrâ até a altura do peito. Visualize os *Siddham* expandir-se com o disco da lua até preencher todo o universo. Então os

Sidham diminuem com o disco da lua até voltar ao tamanho normal. Repita a transmissão espiritual recíproca (*kaji*) com *Kokûzô* formando os mudrâs acima das respectivas regiões apropriadas do corpo, recitando mantras, usando os *Bîjas* e fundindo-se com *Kokûzô*.

Repita a mesma prática várias centenas de vezes com *Dainichi Nyorai* e suas quatro emanações.

Finalmente, faça as oferendas de encerramento, demonstre respeito e gratidão aos seres de luz, e realize a transmissão espiritual recíproca para as três forças cósmicas e as cinco grandes promessas. Expresse o desejo de que todo o bem que foi criado por meio da meditação reverta para o bem maior de todos os seres.

Dissolva o círculo de proteção que envolve o lugar de meditação e desfaça o contato com todos os seres de luz. Repita essa prática para proteção de toda a existência. Recite o mantra para esse objetivo e forme o mudrâ acima das cinco partes do corpo. Ao fazer isso, visualize *Kokûzô* e todos os Budas removendo o véu dos seus olhos e sua mente tornando-se pura.

Massageie o corpo e deixe o lugar.

Aplicações da Meditação da Estrela da Manhã para Iniciados no Reiki

Agora que leu as instruções para a prática da meditação, você talvez pense que será difícil fazer a Meditação da Estrela da Manhã sozinho. No entanto, se for iniciado no Segundo Grau, use os símbolos do Reiki como instrumentos para realizar uma variação muito simples dessa meditação. Mas se preferir fazer a meditação exatamente como o dr. Usui, siga as orientações descritas acima. A questão que poderia surgir é por que o dr. Usui não fez a meditação de acordo com a descrição que segue. Na verdade, a resposta é muito simples. Quando subiu o Monte Kurama para meditar, o dr. Usui ainda não havia sido iniciado no Reiki e nos símbolos. Isso só aconteceu depois de anos de treinamento, de uma trajetória de estudos e de três semanas de meditação intensiva.

Il. 110 – SÍMBOLO SIDDHAM TRAM DE KOKÛZÔ BOSATSU

Seguem as aplicações para a Meditação da Estrela da Manhã:

Una-se a **Kokûzô Bosatsu** *pelo contato a distância. Saúde-o com as palavras: "Venho à tua presença como uma pessoa doente e peço cura. Venho à tua presença como uma pessoa ignorante e* peço ensinamento. *Venho à tua presença como uma pessoa que desconhece o caminho e peço proteção e orientação. Venho à tua presença como uma pessoa impotente e peço forças para melhor servir. Em retribuição, envio-te Reiki. Usa-o como quiseres para benefício de todos".*

*

Mantenha as palmas das mãos voltadas para fora e intensifique o contato com vários símbolos CR. Deixe que os seres de luz recebam Reiki durante 10 a 15 minutos. Simplesmente suponha que *Kokûzô Bosatsu* está na sua frente e recebendo Reiki. Esta parte substitui os rituais preparatórios para os seres de luz.

Explique a *Kokûzô Bosatsu* que você gostaria de fazer a Meditação da Estrela da Manhã e peça sua cooperação. Assuma o mudrâ *Kanjô in* (Mudrâ da Iniciação). Visualize *Kokûzô Bosatsu* em diagonal à sua frente e acima de você. Visualize um disco da lua plano sobre o peito dele. Ao ver o disco com clareza, desenhe o símbolo *Siddham tram* de *Kokûzô Bosatsu* como se ele estivesse em posição vertical sobre o disco da lua e ative-o repetindo o mantra *tram* três vezes. Use então um CR com seu mantra. Agora, uma espiral começa na base do *Siddham* com o mantra de *Kokûzô Bosatsu*. O mantra é: *Nô bô akyasha kyarabaya on arikya mari bori sowaka*. Comece a recitar os mantras.

Uma luz dourada emana da espiral do mantra e flui para o seu chakra da coroa. Ela preenche você inteiramente e circula pelo seu corpo. Finalmente, a luz dourada irradia-se da sua boca de volta para *Kokûzô Bosatsu* pelos pés.

Caso não consiga imaginar tudo isso ao mesmo tempo, dirija a atenção um pouco para *Kokûzô Bosatsu* e depois para o disco da lua, para o símbolo e o mantra e depois para a luz dourada circulante. Às vezes é útil imaginar que a luz dourada flui para você ao inspirar e volta a *Kokûzô Bosatsu* ao expirar. Repita o mantra 108 vezes ou um múltiplo desse número.

Il. 111 – SEQUÊNCIA DE TRAÇOS PARA TRAM DE KOKÛZÔ BOSATSU

Ao terminar a recitação, leve o mudrâ ao nível do peito. Imagine que você está se tornando *Kokûzô Bosatsu*. O disco da lua, o *Siddham* e a espiral do mantra estão agora dentro do seu peito. Mantenha a atenção aí por um momento. Imagine o disco da lua, o *Siddham* e a espiral do mantra expandindo-se até chegar ao seu tamanho. Em seguida, chegam ao tamanho de uma casa, de uma montanha, da Terra inteira e, finalmente, de todo o universo. Depois, reduza o disco da lua, o *Siddham* e a espiral do mantra até o tamanho normal.

A luz dourada volta à espiral do mantra e esta se dissolve no símbolo *Siddham tram*, que também se une ao disco da lua. A forma de *Kokûzô Bosatsu* também é absorvida no disco da lua, que então começa a ficar cada vez menor e finalmente se dissolve por completo. Permaneça imóvel por alguns minutos.

*

Expresse o desejo de que todo bem que foi criado por meio da meditação possa operar para o bem maior de todos os seres. Agradeça a **Kokûzô Bosatsu,** *deseje-lhe o melhor e que as bênçãos* da Força Criadora estejam com ele em seu caminho. Peça-lhe permissão para invocá-lo novamente em breve. Sopre com força entre as mãos e esfregue uma na outra.

Se necessário, estabilize-se durante alguns minutos aplicando Reiki na sola e nos dedos dos pés.

Il. 112 – MUDRÂ DA INICIAÇÃO

Parte III

Origem, Significados e Contexto Mitológico dos Símbolos do Reiki Tradicional

Capítulo 14

O Símbolo SHK

Il. 113 – O SÍMBOLO SHK

A Escrita Siddham: Base do Símbolo SHK

Como os ensinamentos budistas foram escritos no idioma indiano clássico do sânscrito depois de centenas de anos como tradição oral, a antiga escrita indiana *Siddham* foi usada como alfabeto. Os textos sagrados do Budismo criados desse modo são chamados sutras.

Além da função como escrita, a forma e o som dos signos *Siddham* individuais têm um significado espiritual e simbólico com efeitos concretos quando usados corretamente. Neste caso, são chamados sílabas-semente (sânsc.: *Siddham* ou *Bîja*). O símbolo SHK[93] é uma dessas sílabas-semente. No entanto, eles sofreram uma pequena mudança – provavelmente feita pelo dr. Usui – e então integrados no Sistema de Cura do Reiki. Isso é um pouco diferente do que alterar os símbolos do Reiki retrospectivamente, como ocorre hoje com frequência, porque o efeito pode se perder se mudanças formais posteriores incompatíveis com as qualidades espirituais da tradição do Reiki se desviarem excessivamente do original. Ao longo de décadas de estudos espirituais, o dr. Usui adquiriu a capacidade para tornar os símbolos utilizáveis para o trabalho prático com energia de maneira bem específica e de relacioná-los às divindades. Uma pessoa sem essa capacidade obterá um efeito menor, ou nenhum efeito, alterando os símbolos do Reiki. No Reiki do Arco-Íris, esse método é ensinado no Terceiro Dan (o grau mais elevado do Mestrado).

A sílaba *om*, conhecida das pessoas no mundo inteiro, também é uma sílaba-semente *Siddham*. Vários *Siddham* formam um *mantra*, que é usado como a recitação de maior eficácia em rituais e meditações. Nos *dhâranîs*, que têm uma função semelhante à dos mantras, mas ao mesmo tempo também um significado em termos de conteúdo, os *Siddham* são usa-

---

[93] O símbolo SHK no alto desta página é uma representação do modo como Hawayo Takata o escrevia.

dos como alfabeto junto com os *Bîjas* como sílabas-semente. Quando os sutras foram traduzidos para o chinês, os mantras e *dhâranîs* relacionados com os rituais não foram traduzidos para o chinês. Os *Siddham* ou *Bîjas* foram apenas transcritos para o *Kanji* para indicar a pronúncia. Diferentemente dos originais dos sutras em sânscrito, as traduções chinesas foram inteiramente preservadas até o presente com os *Siddham* que elas contêm. Por isso, os *Siddham* são também extensamente explicados nos livros de referência budistas da China, do Japão e da Coreia.

Muitas palavras usadas no Budismo e no esoterismo neste livro, e também no cotidiano como palavras normais, derivam do sânscrito. As mais conhecidas são provavelmente Buda, chakra, sutra, mantra e mudrâ. Todos esses termos, que agora são escritos no Ocidente com caracteres latinos, na verdade são escritos apenas em *Siddham* no Budismo. Como a grafia habitual no Ocidente envolve palavras latinas e não os símbolos que estão em íntima ressonância com os poderes espirituais, as palavras escritas em caracteres latinos também não têm o mesmo efeito de um símbolo *Siddham*. Como símbolo, o SHK também não tem apenas as qualidades de escrita "normal," secular, que serve unicamente como portador do significado para a língua falada em signos individuais ou compostos, ou sucessivos.

História do *Siddham*

Durante o segundo milênio a.C., os arianos, uma tribo guerreira nômade do Turquestão, invadiram a Índia e logo se misturaram com os habitantes nativos locais. A religião védica e sua coletânea literária chamada *Vedas* surgiram entre esses povos indo-arianos do subcontinente indiano. Os *Vedas* foram escritos aproximadamente de 1200 a 600 a.C., e incluem quatro coleções, consistindo em hinos aos deuses (*Rigveda*), hinos cerimoniais (*Sâmaveda*), ritos, mantras cerimoniais (*Yajurveda*) e palavras mágicas, e ainda encantamentos (*Atharvaveda*). Um sentido especial era dado às fórmulas mágicas, as quais, entre outras coisas, eram usadas para curar doenças, prolongar a vida, fortalecer contra os inimigos ou influenciar o tempo, por exemplo.

Os *Vedas* incluem textos ritualísticos com comentários sobre aplicações e o efeito da oferenda (*Brâhmana*) e os tratados filosóficos sobre a libertação dos seres humanos (*Upanishades*).

Il. 114 – EXCERTO DO RIGVEDA

É voz corrente que os *Vedas* não foram inventados por seres humanos, mas "ouvidos" por videntes e médiuns espirituais. Além disso, o Deus *Brahmâ* é conhecido como o autor que supostamente escreveu os *Vedas* em sânscrito sobre folhas douradas. No entanto, as pessoas daquela época também acreditavam que a recitação dos textos era mais correta porque assim transfeririam seu poder e seu efeito. Por isso, foi longa a demora para que fossem escritos. Durante esse período, especialistas treinados e com memória prodigiosa aprendiam os *Vedas* de cor em escolas especiais e depois os transmitiam às pessoas recorrendo à memória. Uma dessas escolas ainda existe na Índia e os *Vedas* são às vezes recitados de memória em cerimônias religiosas.

Até o advento do Budismo (cerca de 500 a.C.), o *Brâhmi-lipi* era usado como escrita sagrada e compreendido apenas por poucos estudiosos. Buda (cerca de 565-486 a.C.) insistia em que seus ensinamentos fossem transmitidos a todas as pessoas no próprio idioma delas. O rei Açoka interpretou literalmente as palavras de Buda e mandou erigir pilares com as palavras de Buda em todo o país, para disseminar o Budismo. Os editos expostos nos pilares eram escritos em todas as línguas das várias regiões da Índia.

Brâhmi-lipi é a precursora de muitas escritas indianas, tibetanas e do sudeste asiático. A partir da variação do norte da Índia, inúmeras ramificações se desenvolveram, como a escrita *Gupta*, *Sidhham*, *Devanâgarî*, e ainda a *Tibetana* e a *Khotanish*.

Siddham e *Devanâgari* são ambas sucessoras da escrita *Gupta* ocidental. No Período *Gupta* (320-674), houve uma grande expansão de mosteiros budistas e a criação de muitas obras literárias. Na fase inicial do Budismo, os ensinamentos eram transmitidos oralmente, uma vez que muito poucos monges sabiam escrever. Então, à medida que os *sutras* foram sendo escritos, tornou-se indispensável que os monges aprendessem a escrita.

O treinamento budista na região *Gupta* começou com um manual em doze capítulos que ensinavam os caracteres e 10.000 combinações de vogais e consoantes. O sistema de escrita não tinha inicialmente um nome próprio, que só surgiu durante o treinamento propriamente dito. No início da lição, os alunos deviam praticar os dois caracteres para o termo *Siddham*. A raiz dessa palavra é *siddh*, que significa algo como "realizado, vitorioso ou perfeito" num sentido sagrado.

Il. 115 – PILAR COM AS PALAVRAS DE BUDA

No manual, ou como título das listas de caracteres, está escrito *siddhir-astu* (Que seja perfeito!) ou *namah sarvajnâya Siddham* (Salve, Perfeição Onisciente). Como resultado, o termo *Siddham* tornou-se sinônimo dos caracteres e do próprio manual. O manual devia ser aprendido num prazo de seis meses. A ele se seguiam os *Sutras* de *Pânini*, o livro de *Dhâtu* e os três *Khilas*.

Os manuscritos eram normalmente escritos com pincéis de madeira próprios para escrever e tinta vermelha sobre folhas de palmeira (sânsc.: *tâla*) e às vezes também sobre casca de bétula. As folhas eram perfuradas e amarradas com barbante.

Em sua forma original como símbolos, os *Siddham* eram vistos como perfeitos em si mesmos no sentido espiritual, pois eram criados por *Brahmâ*. O Budismo ensina que os *Siddham* foram criados a partir do vazio *sûnyatâ*. *Sakyamuni*, que é uma manifestação de *Dainichi Nyorai* 大日如来, ensinou os *Siddham* como símbolos no contexto do Budismo Esotérico (*Vajrayâna*, *Mantrayâna*, *Tantrayâna*). Até a época de *Nâgârjuna*,[94] o primeiro patriarca humano e fundador do Budismo Esotérico, eles eram mantidos em segredo.

Os *sutras* budistas que foram exportados para a China eram escritos principalmente em *Siddham*. Os textos foram traduzidos para o chinês. Entretanto, havia pouco interesse pela pronúncia correta ou pela gramática sânscrita. Devido aos muitos dialetos existentes na China, dava-se mais atenção à escrita do que à língua para torná-la compreensível. Consequência disso foi uma maior concentração na forma dos *Siddham*. Ao mesmo tempo, foi atribuído um valor especial à eficácia dos mantras, *dhâranîs* e *bîjas* em *Siddham*. Os *Siddham* na China, e mais tarde também na Coreia e no Japão, eram por isso vistos e usados exclusivamente como escrita sagrada. Além disso, os inventores de outros sistemas de escrita, como o *Hangul* na Coreia e os sistemas de escrita silábica do *Hiragana* e do *Katakana* no Japão, entusiastas do Budismo, deixaram-se inspirar pelo sistema do *Siddham* na criação da sua própria nova escrita.

Siddham no Japão – Símbolos para Rituais e Cura

Até muito recentemente, presumia-se que o *Siddham* chegara ao Japão com a introdução dos ensinamentos secretos do Budismo Esotérico nos inícios do século IX, através dos monges *Kûkai* e *Saichô*. Ainda que uma onda de introdução de documentos e sua disseminação geral começasse com esses dois monges, os ensinamentos secretos (*mikkyô*) do Budismo Esotérico chegaram pelo menos cem anos antes e o *Siddham* já havia chegado no século VI. É nessa mesma época que o Budismo entrou oficialmente no Japão.

No ano 538 ou 552, a Coreia presenteou o Tennô japonês com esculturas, *sutras* com *Siddham* e instrumentos para ritual. Disso podemos concluir que os rituais de veneração de imagens acompanharam esses presentes, uma vez que dificilmente teriam sido oferecidos como lembranças, apenas. Embora os caracteres *Siddham* sejam uma característica especial dos ensinamentos secretos do Budismo Esotérico, a recitação de mantras era também habi-

---

[94] *Nâgârjuna* (dados biográficos exatos são desconhecidos; jap.: *Ryûju* 龍樹 – ou *Ryûmyô* 竜猛) foi o fundador da Escola *Mâdhyamika*. Da perspectiva do Budismo *Mahâyâna* e *Vajrayana*, e de muitos outros estudos, ele nasceu no século III de uma família brâmane. Primeiro ele estudou o *Hînayâna*, e posteriormente o *Mahâyâna* no Himalaia. Quando voltou para o sul da Índia, escreveu alguns textos sobre o ensinamento do vazio *sûnyatâ*. Na China e no Japão, ele é conhecido como o fundador das Oito Escolas; para o Budismo Esotérico, ele é o terceiro patriarca da Escola *Shingon* e viveu no século VII.

tual no Budismo *Mahâyâna*, que se espalhou primeiro no Japão. Esses mantras estão escritos em *Siddham* e *Kanji*. Eles podem ser admirados ainda hoje em antigos pergaminhos conservados no Templo *Hôryûji* (a casa de madeira mais antiga do mundo).

Em várias fontes literárias, histórias impressionantes descrevem repetidas vezes como os caracteres *Siddham* são usados em rituais. Por exemplo, o monge coreano *Nichira*[95] (?-583) supostamente realizava um ritual secreto chamado *Shôgun jizô bosatsu hô* no Japão. Sabemos que esse ritual incluía a invocação do Boddisattva *Jizô* como Deus da Guerra protetor com o emprego de dhâranîs, de *mantras* e de símbolos em *Siddham*.

Como ritual para prevenir desastres, ele foi adotado no século VII pelo fundador do *Shugendô*,[96] *En no Ozuno*[97] e realizado regularmente no Monte Atago em Quioto.

No processo, o Bodhisattva *Jizô*, ladeado pelo Rei de Sabedoria *Fudô Myôô* (不動明王; sânsc.: *Acala*) e pelo Deva *Bishamonten* (毘沙門天; sânsc.: *Vaisravana*) foram representados sobre talismãs em *Siddham*.

No ano 607, o emissário japonês *Ono no Imoko*[98] levou *sutras* em *Siddham* escritos em folhas de palmeira para o Japão, preservados até hoje no templo *Hôryûji*. Depois, o monge indiano *Hôdô*[99] levou para o Japão a crença em *Jûichimen Kannon* de onze cabeças (十一面観音; sânsc.: *Ekadasamukha avalokitesvara bodhisattva*). Por meio de *dhâranîs* secretos e de símbolos em *Siddham*, ele realizava rituais para a cura de doenças. Um pouco mais tarde, em 722, o asceta da montanha *Taichô*[100] (683-767) curou o *Genshô Tennô*[101] (680-748) com a ajuda de rituais usando um raio de três dentes (jap. *sankosho*; sânsc. *vajra*) e um sino ritualístico do raio sobre o qual estavam gravados os *Siddham* (jap. *sankorei*, sânsc. *vajra ganthâ*). Ao mesmo tempo, o erudito monge *Dôji*[102] (?-744) foi a *Tang*-China (618-707) e recebeu uma meditação de ritual budista, a *Gumonji hô* 求聞持法, de *Subhâkarasimha*,[103] o Quinto Patriarca da Escola *Shingon*. O *mantra* do Bodhisattva *Kokûzô* e os símbolos em *Siddham* são indispensáveis para essa meditação. A propósito, essa é também a mesma meditação (Meditação da Estrela da Manhã) que o dr. Usui praticou no Monte Kurama. O objetivo fundamental dessa meditação, como o nome japonês sugere, é "conservar o que foi ouvido".[104] O monge *Kûkai* também praticou essa meditação na juventude, muito antes de sua viagem à China.

---

95 Nichira: Aristocrata do sul de *Kyûshû* que foi para a Coreia como representante diplomático.
96 *Shugendô* é uma escola religiosa que reúne elementos do Budismo Esotérico e crenças desenvolvidas por ascetas das montanhas. Seus membros (*yamabushi*) realizam várias práticas ascéticas nas montanhas. Ver capítulo 7 deste livro.
97 *En no Ozuno* (dados biográficos exatos desconhecidos; final do século VII) é o lendário fundador do *Shugendô*, também conhecido pelo nome de *En no Gyôja*.
98 *Ono no Imoko* foi um emissário japonês que em 607 recebeu de *Shôtoku Taishi* a missão de viajar para *Sui*-China com o objetivo de estudar a cultura e as instituições chinesas. Seus conhecimentos, que também influenciaram a Reforma *Taika* de 645, moldaram consideravelmente a cultura japonesa.
99 *Hôdô* (dados biográficos exatos desconhecidos; século VII).
100 *Taichô*, asceta da montanha do Período *Nara* (710-794).
101 Tennô do início do Período *Nara*.
102 *Dôji*: um monge especialmente capaz que foi escolhido dentre cem monges de alto nível durante sua estada em *Tang*-China para ensinar o *Ninnô hannya kyô* 仁王般若経 (sânsc.: *Prajnâpâramitâ sutra*). Depois do seu retorno, transmitiu os ensinamentos da Escola *Sanron* 三論宗 em *Daianji*.
103 *Subhâkarasimha* (637-735; jap.: *Zenmui* 善無畏): Monge budista do sul da Índia que traduziu o *Danichikyô* (sânsc.: *Mahâvairocana sutra*) para o chinês e difundiu o Budismo Esotérico na China durante sua estada em Chang'an, junto com *Vajrabodhi* (671-741; jap.: *Kongôchi* 金剛智).
104 Detalhes sobre este tópico estão no capítulo 13, Monte *Kurama*.

Os dois especialistas em *Siddham*, o chinês *Daoxuan*[105] (702-760) (jap. *Dôsen*) e o indiano *Bodhisena*[106] (704-760), foram ao Japão juntos e exerceram função importante em 752 como mestres de ritual na cerimônia de abertura dos olhos do Grande Buda (*Daibutsu* 大仏) de *Tôdaiji*.[107] Esse ritual é a consagração de uma estátua de Buda, e é realizado para despertar o poder desse Buda dentro dela. Exceção feita à "pintura dos olhos" cerimonial, ele é semelhante a uma iniciação de Reiki em seus aspectos mais amplos.

Depois, *Bodhisena* ensinou *Siddham* no templo *Daianji*[108] durante cerca de quinze anos. O monge vietnamita *Buttetsu*,[109] que seguira *Bodhisena* ao Japão, teria levado a coletânea *Siddham* (*Shittanzô* 悉曇蔵) ao Japão. Desde então ela está perdida. Ele também ensinou *Siddham* e o ritual de música para dança *Gagaku*. E também sabemos que *Ganjin*[110] (688-763), que finalmente chegou ao Japão em 753, usou o *Siddham* em rituais de iniciação e ordenação de monges.

No século IX, muitos monges e funcionários foram enviados como emissários a *Tang*-China para estudar Budismo Esotérico. Oito monges muito conhecidos, entre eles *Kûkai*, todos especialistas em *Siddham*, receberam o cognome "Oito Monges *Siddha*" (*Shittan hakke* 悉曇八家). Havia relatos frequentes sobre o modo como foram introduzidos nos ensinamentos secretos do Budismo Esotérico (*mikkyô* 灌頂) por meio de rituais de iniciação (*kanjô* 密教, sânsc. *abhisheka*) porque os *Siddham* em particular têm um significado importante na transmissão correta do poder dos Budas.

Kûkai não só trouxe da China material em abundância, mas também lançou as bases para os símbolos *Siddham* como um ensinamento organizado e escreveu vários tratados sobre ele. O dr. Usui conhecia o conteúdo desses tratados, pois a base dos símbolos encontrava-se neles.

Kûkai explicou em seus escritos sobre os caracteres *Siddham* que o significado tanto da aparência deles como da forma é importante e que eles têm funções e efeitos especiais como símbolos. Ao ensinar os *Siddham*, *Kûkai* dava muito valor à forma correta de escrevê-los, pois do contrário o efeito se perderia. Isso obviamente também significa que mudanças intencionais, ou mesmo não intencionais, nos símbolos do Reiki, de modo destoante das regras espirituais da tradição, podem enfraquecer ou mesmo suspender o efeito. Na prática, isso significa que pode muito bem haver várias formas apropriadas de escrever os símbolos do Reiki, mas que é absolutamente necessário criar os símbolos segundo as regras que se aplicam a eles para garantir a sua total e segura eficácia.

Nas iniciações, as Mandalas dos Dois Mundos[111] (*Ryôkai mandara*) e seus *Siddham* desempenhavam um papel especialmente importante para *Kûkai*. Elas são a essência do

---

[105] *Daoxuan* (jap.: *Dôsen*) ensinou Budismo no Japão desde 736 e influenciou *Saichô* (767-822), fundador da Escola *Tendai* no Japão.
[106] *Bodhisena* (702-760) (jap.: *Bodaisenna* 菩提僊那): Monge budista da Índia que recebeu o título honorário de Baramon *Sôjô* 婆羅門僧正 depois de sua chegada no Japão. Quando ainda vivia na Índia, Bodhisena ouviu dizer que uma reencarnação de Majusrî vivia na China, no Monte *Wutai*. Por isso, ele viajou para a China através da Indonésia. Ao chegar lá em 733, porém, soube que não havia reencarnação de Manjusrî no Monte *Wutai*, mas que, segundo outros rumores, essa encarnação vivia no Japão. Ele então chegou no Japão em 736. A partir de 750, ensinou sânscrito em Nara.
[107] *Tôdaiji*: Templo budista em Nara, fundado em 752.
[108] *Daianji*: Tempo budista em Nara, fundado em 617 por *Shôtoku Taishi* (574-622).
[109] *Buttetsu*: (dados biográficos exatos desconhecidos; século VIII): estudou no sul da Índia sob *Bodhisena*; acompanhou *Bodhisena* à China e ao Japão.
[110] *Gangin*: Monge budista chinês que fundou a Escola *Ritsu* 律宗 em 753 e a *Tôshôdaiji* 唐招提寺 em 759.
[111] Combinação das Mandalas do Mundo de Diamante *kongôkai* 金剛界 (sânc. *Vajra dhâtu*) e do Mundo do Útero *taizôkai* 胎蔵界 (sânc.: *garbha dhâtu*).

ensinamento *Shingon* e retratam *Dainichi Nyorai* como o Grande Deus e a Grande Deusa. Como o poder espiritual do Reiki tem sua origem em *Dainichi Nyorai* e ele encarna igualmente o princípio espiritual feminino e o masculino, o Reiki é uma forma de energia *não polar*.

Neste contexto, *Kûkai* compôs muitas obras caligráficas em *Siddham*. Podemos mencionar o "Mantra da Luz" (*Kômyô Shingon* 光明真言), que foi escrito com pincéis de madeira e cuja importância aumentou muito desde o século XII para a transmissão do poder espiritual nas iniciações, para rituais de cura e para meditações. Esse mantra *Siddham* tem estreita relação com os símbolos DKM e SHK.

A onda que introduziu o *Siddham* no século IX foi seguida por uma fase de pesquisas sobre os materiais disponíveis. Isso tem relação com o fato de que o contato com a China foi abruptamente interrompido em 894. Nos vários templos do Budismo Esotérico, os *Siddham* eram estudados e textos explicativos foram escritos. Como têm uma função importante para os rituais do Budismo Esotérico, eles se difundiram junto com os ensinamentos secretos (*mikkyô*).

Como *Kûkai* valorizava muito a caligrafia, oito monges *Shingon* até o século XIV seguiram seu exemplo, produzindo as caligrafias e fornecendo explicações sobre os *Siddham*. Uma coisa que todos eles têm em comum é o uso dos *Siddham* como símbolos para propósitos como meditações e rituais para a cura de doenças, a dissolução do karma e rituais de morte. Outro fator é que aprendiam os *Siddham* por meio da meditação e posteriormente escreviam textos novos sobre o assunto. Por exemplo, o monge *Seigen* (1162-1231) escreveu muitos livros sobre rituais do fogo[112] (*Goma hô* 護摩法) e rituais de iniciação.

Até o século XX, praticamente não houve nenhum interesse em estudar a gramática do *sânscrito*. O entusiasmo pelos *Siddham* limitava-se às caligrafias expressivas em *Siddham* e aos rituais esotéricos e meditações. Somente em anos recentes ocorreu uma pequena mudança no Japão, em termos de pessoas estudando a gramática e o idioma sânscritos. Foi nesse contexto que também conheci o meu mestre de caligrafia, um monge zen sino-japonês. Ele fez uma viagem especial à Alemanha para estudar sânscrito, pois isso é simplesmente impossível no Japão.

Durante suas pesquisas sobre o Reiki, o dr. Usui conheceu os símbolos *Siddham* e incluiu o símbolo SHK para a cura da mente em seu método. Penso ser possível e provável que o dr. Usui teria incluído inclusive mais símbolos *Siddham* no Reiki se tivesse tido mais tempo para ensinar Reiki. Infelizmente, ele só ensinou o seu sistema durante quatro anos antes da sua morte.

Siddham – Símbolos dos Seres de Luz

Há muitas maneiras diferentes de descrever um ser de luz. Normalmente, eles são apenas chamados por seus nomes. Alguns nomes têm um significado e podem ser traduzidos para várias línguas. Por exemplo, o *Buda Grande Sol* é uma tradução de *Dainichi Nyorai*. Essa é a pronúncia japonesa. Em chinês, a pronúncia é *Dari Rurai* e a forma escrita é com o mesmo caractere de 大日如来. Mas ambas são traduções do sânscrito. Nesse idioma, ele é de fato chamado *Mahâ Vairocana Buddha*, que é escrito em caracteres diferentes do *Siddham*.

---

[112] *Goma hô*: Ritual do Fogo em *Fudô Myôô* (不動明王, sânc.: *Acala*) é geralmente venerado como uma figura de libertação e proteção.

Quem nunca ouviu falar de *Dainichi Nyorai* também não pode dizer que tipo de ser de luz ele é. Essa situação se compara com os chakras no sistema de energia de um ser humano. Na Índia, cada chakra está associado a um deus e não a uma cor. Quando ouvem o nome do deus, as pessoas na Índia reconhecem imediatamente o significado do chakra correspondente. As pessoas no Ocidente normalmente não conseguem fazer isso porque não procedem dessa cultura e dificilmente conhecem os deuses de lá e suas características. Para simplificar o sistema de chakras e torná-lo compreensível para os ocidentais, cada chakra recebeu uma cor. Isso provavelmente aconteceu no início dos anos 1980, na comunidade espiritual de Findhorn, no norte da Escócia.[113]

Do mesmo modo, cada ser de luz – inclusive os dos chakras – tem um símbolo *Siddham* associado a ele. Sempre que aparecem como sílabas-semente, os *Siddham* equivalem ao próprio ser de luz. O que há de especial sobre isso é que esses símbolos falam por si mesmos. Diz-se que o conhecimento e a sabedoria de todo o universo estão contidos em apenas um símbolo.[114] É possível ter acesso a esse conhecimento por meio das meditações com os *Siddham*. Se os *Siddham* são usados corretamente em rituais ou cura, eles mantêm seu efeito mesmo se o praticante não sabe o que eles significam ou se tem informações incorretas sobre eles. Isso também se aplica a todos os símbolos do Reiki, cujas origens têm sido em grande parte desconhecidas até a publicação deste livro.

A cura mental ou espiritual é realizada com o símbolo SHK no Reiki. Essa possibilidade está relacionada com os seres de luz expressos pelos *Siddham*. O Símbolo SHK é um dos poucos *Siddham* que representam simultaneamente mais de um ser de luz: o Buda do Paraíso *Amida Nyorai* e a Deusa *Senju Kannon* de 1.000 braços. Esses dois seres de luz têm funções especiais em rituais e meditações. Como Buda do Paraíso, *Amida Nyorai* tende a ser responsável pelos rituais de morte e a Deusa *Senju Kannon* é o Bodhisattva auxiliar para cura espiritual. Ambos trabalham juntos, uma vez que o renascimento em um paraíso é especialmente possível quando a alma do falecido tem uma mente pura. Nas representações dessa realidade em obras de arte, frequentemente vemos como *Kannon* conduz a alma sobre uma flor de lótus para *Amida* no Paraíso.

Il. 116 – AMIDA NYORAI

Il. 117 – SIDDHAM HRIH

Il. 118 – SENJU KANNON

Nesse sentido, a cura espiritual e o desenvolvimento pessoal a ela associada já possibilitam a felicidade nesta vida porque o indivíduo chega a um estado em que o mundo é

---

113 Cf. Walter Lübeck: *The Aura Healing Handbook*, Lotus Press.
114 Esta visão encontra-se também na filosofia espiritual da antiga China. Tem-se dito o seguinte sobre o famoso *I Ching*, o antigo livro chinês de oráculos e sabedoria: "Os santos e sábios criaram as imagens (do *I Ching*) para expressar os seus pensamentos totalmente". O mestre falou: "A escrita não consegue expressar completamente as palavras. As palavras não conseguem expressar completamente os pensamentos". (Atribuído a Confúcio, mas sua origem é provavelmente muito mais antiga).

experimentado do modo desejado do fundo do coração, da alma, que percebe a visão espiritual singular para a vida da pessoa. Desse modo, os dois seres de luz trabalham nesse único símbolo.

Pronúncia e Significado do Símbolo SHK

Embora o símbolo SHK seja um *Siddham*, o mantra usa a pronúncia japonesa de *Sei heki* em vez da indiana. "Pronúncia japonesa" significa que deve haver também caracteres para a pronúncia. Mas tomando a pronúncia japonesa *Sei heki* e transpondo-a para caracteres, o resultado é o *Kanji* 正癖. Esse *Kanji* significa "corrigindo hábitos", equivalente no seu sentido à função do *Mental Healing* no Reiki Usui. Expresso de modo simples, o símbolo indiano original SHK – um assim chamado *Siddham* – recebeu uma pronúncia japonesa por meio da qual a função geral do Símbolo SHK no Reiki pode ser facilmente reconhecida.

Não é possível determinar a pronúncia com base no símbolo ou usar o símbolo para deduzir a pronúncia. A pronúncia do Símbolo SHK não corresponde à pronúncia da sílaba-semente *Siddham* original. Em sânscrito, ela de fato soa como *hrih*.

Podemos presumir que a pronúncia seja uma tradução de *hrih* para o japonês. Entretanto, esse também não é o caso aqui. Quando os *Siddham* foram para a China, os chineses já tinham dificuldade para pronunciá-los corretamente. Era ainda mais difícil escrevê-los nas traduções chinesas dos sutras porque a aparência dos *Siddham* não revela a pronúncia na China. Então os chineses usaram um estratagema para lidar com esse problema. Cada *Siddham* tinha um caractere chinês a ele atribuído. Nesse processo, apenas a pronúncia era importante, mas não o significado. A ideia era que os caracteres chineses servissem de ajuda para a pronúncia, de modo que o indivíduo não precisasse fazer um esforço extra para aprender sânscrito e *Siddham*. Ao Símbolo SHK foi atribuído o caractere 絵 利.

Quando os *Siddham* – assim como o Símbolo SHK que foi incluído com eles – chegaram ao Japão, a pronúncia sino-indiana foi adicionalmente adaptada à japonesa. Com isso a pronúncia indiana de *hrih* acabou se transformando na pronúncia *kiriku* em japonês. Quando as duas são comparadas, descobrimos que elas têm apenas as letras centrais *ri* em comum. Os dois *hs* se tornaram um *k*. As demais letras *i* e *u* são adaptações japonesas que podem ser atribuídas ao modo japonês de escrever sílabas. Na escrita e na pronúncia japonesas, é quase impossível haver várias consoantes em sequência. Além disso, uma palavra também não pode terminar com uma consoante (a única exceção é *n*). Isso significa que tanto um *i* como um *u* são acrescentados entre todas as consoantes. Essas duas regras aplicam-se aqui. Este pequeno exemplo tem o objetivo de esclarecer ainda mais esse fenômeno: Quando alguém no Japão usa a palavra Natal, ele diz *kurisumasu*. Essa é a pronúncia japonesa para a palavra inglesa "Christmas".

A pronúncia *kiriku* e o caractere 絵 利 não têm nenhuma relação com a pronúncia *Sei heki* para o Símbolo SHK e o caractere 正癖 para a pronúncia do Símbolo SHK. Sem a devida explicação, não é possível, portanto, chegar a uma conclusão sobre a pronúncia de *Sei heki* nem tirar conclusões sobre o símbolo a partir de *Sei heki*. No entanto, o *Mental Healing* com o Símbolo SHK funciona de forma excelente, desde que seja aplicado de acordo com as regras da arte. Como já foi mencionado à guisa de introdução, alterar a forma ou modificar completamente a pronúncia de um símbolo num **momento posterior** no tempo produz a anulação do seu poder. Embora o dr. Usui tenha mudado ligeiramente a forma e modificado consideravelmente a pronúncia, ele o fez antes de integrar o Símbolo SHK ao Reiki. Como parte desse processo, ele usou um antigo método taoísta de criar símbolos-talismã que já haviam sido aceitos no Budismo *Shingon* numa época anterior no Japão. Isso garantiu que o efeito e a função do símbolo permanecessem os mesmos e seus alunos pudessem usar os símbolos de maneira muito simples. Quando ele decidiu fazer isso, é muito provável que desconhecesse o caminho que o Reiki tomaria depois dele, embora desejasse que a sabedoria do Sistema Reiki se propagasse pelo mundo inteiro a todas as pessoas abertas a ele, como podemos ler no seu túmulo.

Il. 119 – SIDDHAM HRIH

Função e Efeito do Símbolo SHK

No Reiki, a *função principal* do Símbolo SHK é o *Mental Healing*. Para que esse tratamento produza os resultados desejados, não é qualquer símbolo que pode ser usado. É necessário usar *este* símbolo específico, que ficou armazenado no nível mental no decorrer do tempo. Ele tem o poder de dissolver padrões habituais que têm efeitos desagradáveis sobre as pessoas e pode dar início a uma reorientação importante baseada no aqui e agora.

Podemos descobrir por que o Símbolo SHK em particular se adapta especialmente a essa função se analisarmos o *Siddham* original como está descrito nos sutras. O Símbolo SHK foi originalmente o símbolo *Siddham hrih*. Como os outros *Siddham*, o Símbolo SHK é composto por vários *Siddham* individuais. Podemos fazer uma comparação com números, por exemplo: vários números individuais representam várias qualidades individuais como 1, 2 e 3. Se juntarmos esses números, formamos um novo número (123) com uma qualidade completamente diferente das qualidades dos números individuais a partir dos quais criamos o novo número.

O Símbolo SHK (*hrih*) pode ser decomposto nos *Siddham ha, ra, i* e *a*. Cada *Siddham* individual possui tanto um significado próprio como uma função espiritual individual, prática. Juntos, os *Siddham* mencionados têm o efeito de dissolver apegos da mente que se formam por intermédio de sentimentos destrutivos como a inveja, o ódio, o ciúme, a ganância e as ilusões. Na relação com o SHK, isso significa que os hábitos que impedem a felicidade, a saúde e a alegria são curados.

Análise dos Signos do Símbolo SHK (Hrih)

Os significados dos *Siddham* são explicados no sutra *Kongô chô kyô*. O monge *Kûkai* acrescentou alguns comentários elucidativos a esse sutra. Isso indica que é preciso decompor o *Siddham* em seus elementos individuais e analisá-los separadamente a partir da forma composta para chegar a uma compreensão mais profunda. A seção a seguir propõe uma análise que toma como exemplo o SHK.

O Símbolo Siddham Ha no Símbolo SHK

Il. 120 – SIDDHAM HA

A sílaba *ha* significa "causa", mas trata-se de uma causa que não tem relação com o que conhecemos como causa e efeito; antes, trata-se de uma causa "incondicional" que nasce do Livre-Arbítrio divino. Como tal, ela não está absolutamente sujeita à lei do karma. Ao mesmo tempo, ela é a característica espiritual básica de cada ser individual, que finalmente passa a existir por intermédio de todas as suas características singulares num ato de livre-arbítrio da Força Criadora. A sílaba *ha* corresponde ao elemento ar. Em sânscrito, a causa é explicada pela oportunidade e destino com o termo *hetavah*. Há seis formas de causa. Cinco delas são causas condicionais e podem ser explicadas como destino ou efeito. São efeitos colaterais, analogias, equivalências, movimentos de uma unidade completa e lado externo. A sexta forma da causa descreve a causa real, divina, da criação, que está ligada à responsabilidade individual relacionada ao livre-arbítrio de cada ser humano. Se este último é reconhecido e integrado, essa é uma boa precondição (causa) para uma vida feliz. Quando meditamos sobre a sílaba *ha*, surge a percepção interna de que todos os fenômenos do mundo material baseiam-se em causa e efeito.

A sílaba *ha* é também uma passagem para a percepção de que a causa final das coisas manifestas não é visível porque cada causa resulta de uma causa adicional e a corrente finalmente "termina" na fonte insondável da força criadora. Esse processo é obviamente infinito quando o olhamos mais de perto. Em outras palavras, nada é criado de uma causa material última no sentido temporal, mas talvez de uma causa que advenha do divino e não possa ser localizada no tempo, mas fora dele. Coerente com a sua natureza, a vida é um processo infinito – sem um começo e sem um fim – e tão infinito quanto reflete apropriadamente o potencial abstrato do divino em seu estado de unidade. Isso possibilita compreender que somente o uso do livre-arbítrio – o que significa a decisão incondicional neste sentido da palavra – é que liga um ser humano ao fluxo infinito do poder divino. Como consequência, medos, cobiça do poder, inveja, ciúme e impulsos semelhantes devem ser dissolvidos, o que é feito por meio da meditação na maioria das tradições espirituais para libertar o eu verdadeiro do ser humano e tornar-lhe disponível o seu legado divino. Isso obviamente também significa que uma pessoa deve elevar-se acima dos estreitos limites dos valores e padrões culturais para seguir a lei divina da vida. Por sua vez, esse estado não condicional deve ser equilibrado por meio da relativização que consiste em destinar-lhe um lugar no mundo, exatamente como a condicionalidade. Incondicionalidade e condicionalidade são o yang e o yin organizados nas suas mudanças eternas através do significado divino de tal modo que a vida surja, seja mantida e possa se desenvolver.

Além disso, *Kûkay* mostrou que os inumeráveis fenômenos do mundo material que existem desde tempos imemoriais só surgem da consciência.[115] Essa consciência é um conhecimento em que estão contidas as sementes de todas as formas de existência, o que significa o potencial infinito da força criadora no estado de unidade. A única coisa que não existe ali é que pode ser considerada como a causa. Isso fica claro através da meditação sobre o círculo de sílabas do *Siddham*. Se visualizarmos todo o alfabeto *Siddham* em sequência, começando com *a*, chegamos a *ha*, pois este é o último signo. Assim nos aproximamos da verdade absoluta, cujo significado é a ausência de um início. A sílaba *a* nasceu do não nascimento original de todas as condições. Ela é o potencial espiritual que aparece no mundo material como uma criação individual, que ainda não foi influenciada por nenhum tipo de ressonância kármica. Consequentemente, ambas as sílabas indicam a mesma coisa. Embora estejam afastadas a maior distância possível uma da outra, ainda assim estão muito próximas uma da outra.

O Símbolo Siddham Ra no Símbolo SHK

Il. 121 – SIDDHAM RA

A sílaba *ra* expressa pureza e impossibilidade de ser tocado pela sujeira e pelo pó. No Budismo Esotérico, *ra* representa o grande fogo celestial (jap.: *kadai*) a partir do qual tudo é criado.[116] Este se divide em três tipos: o fogo da raiva, o fogo da vontade e o fogo da purificação. Os três são igualmente importantes para a cura da mente. O Fogo da Raiva é a energia agressiva do

---

115 Esse é um fato também conhecido pela ciência moderna da mecânica quântica. Há mais de meio século, o físico Schrödinger descobriu que partículas subatômicas, como os elétrons, só aparecem através do processo de observação. Essa descoberta ficou famosa por intermédio da história do gato de Schrödinger. Nesse meio-tempo, a teoria foi seguidamente confirmada por experimentos correspondentes. Se você quiser mais informações sobre este tema, consulte o capítulo 19, "Cosmologia Espiritual" e a Bibliografia Comentada, no Apêndice.

116 Há paralelos interessantes na mitologia nórdica, originária da mesma área cultural dos *Vedas*. Os ensinamentos das runas descrevem como o gelo primordial derreteu-se ao contato com o Fogo Divino e a água assim criada foi a precondição para a formação das coisas no mundo material. No Qi Gong chinês, esse seria o ki essencial dos rins, que então se torna o Ki-Água arquetípico dos rins do Hara (*Dan Tien*). Levado pela Pequena Órbita de Energia (Vaso da Concepção e Vaso Governador), ele fornece energia vital renovada a todos os outros meridianos.

primeiro chakra que assegura a vontade de existir no mundo material. O Fogo da Vontade não se limita apenas ao impulso pela sobrevivência. Outros chakras também repercutem aqui, dependendo do tema da vida que está envolvido, mas especialmente o terceiro chakra. Além disso, ele está relacionado com a decisão autorresponsável de mudar alguma coisa e de ter poder de persistência suficiente para que a nova qualidade também possa manifestar-se. Finalmente, essa é a precondição para o fogo da purificação que transforma todas as energias prejudiciais ao bem-estar, queimando-as ou transformando-as em algo significativo. O centro de energia que ressoa com isso é o quinto chakra, o chakra da autoexpressão. Por meio da purificação do fogo, essas energias podem ir para as áreas que mais as necessitam.

O Símbolo Siddham Î no Símbolo SHK

Il. 122- SIDDHAM Î

O *Sidhham î* consiste em três círculos formando um triângulo. Como uma trindade em forma triangular, eles são mais fortes. É por isso que são inseparáveis. Ao mesmo tempo, essa inseparabilidade é o sentido da sílaba *î*. No Budismo, isso significa as três virtudes de *hosshin*, *hannya* e *gedatsu* do sutra *Nehan kyô* (Sutra do Nirvana). Eles também representam a Grande Deusa, o Grande Deus e a Força Criadora no seu estado de unidade.

Hosshin é a abundância infinita e o escopo dos ensinamentos de *Dainichi Nyorai*. Corresponde à Força Criadora.

Hannya tem vários níveis de significado e representa as qualidades da Grande Deusa. *Hannya* representa originariamente a sabedoria intuitiva por meio da qual todos os tipos de sofrimento, criados pelas ilusões da mente presas no ego, podem ser dissolvidos. Ainda, ela produz ressonância com a teia da vida da Grande Deusa.[117] Num nível mais profundo, *hannya* é, portanto, também chamada de mãe espiritual e professora de todos os Budas. *Dainichi Nyorai* é o professor de todos os Budas porque a grande luz radiante *Daikômyô* brilha no mundo a partir dele como Buda Cósmico, na forma do ensinamento original, espiritual. Tanto o aspecto masculino como o feminino de *Dainichi Nyorai* estão presentes aqui. Por um lado, ele dá origem (no seu aspecto feminino) à sabedoria de sua mãe espiritual *Dai Marishi Ten*, que o envolve com sua proteção. Por outro, ele direciona a verdade absoluta da sabedoria para os canais corretos (em seu aspecto masculino) através da luz divina.

Gedatsu é outra palavra para meditação e corresponde ao Grande Deus, o aspecto masculino, uma vez que as coisas são postas em movimento por meio da meditação. A meditação é o meio para nos libertarmos dos grilhões das ilusões e dos sofrimentos, impregnando-nos das forças divinas yang e orientando-nos por elas. Essas forças yang fazem a

---

117 A teia da vida da Grande Deusa é explicada extensamente no capítulo 19, sobre Cosmologia Espiritual.

rígida estrutura material yin dos seres humanos fluir novamente e lhe dão a possibilidade de mais uma vez entrar em sintonia com a ordem divina. Como resultado da meditação, tomamos consciência das coisas. Somente então elas podem ser processadas com autonomia e integradas com amor, uma qualidade profundamente feminina.

O Símbolo Siddham A no Símbolo SHK

Il. 123 – SIDDHAM A

O *a* está também contido no *ha* acima descrito. *A* é a mãe de todos os sons e tem três níveis de significado: ser não nascido, ser vazio/ilimitado e existir. Quando meditamos sobre *a* sílaba a, reconhecemos a não existência de tudo o que é condicionado por leis, significando todas as manifestações na existência material, individual. A sílaba *a* é uma passagem para todas as leis; ela as transcende. Isso também corresponde à consciência de Buda, que contém a não dualidade, o resultado de todas as leis e a natureza regulada por lei de toda existência no sentido da ordem divina que é manifestada na criação material.

Não dualidade não deve ser igualada à unidade de todas as coisas. Não dualidade é a Mãe Primordial, a deusa invisível que cria as precondições de manifestação desde a Força Criadora no estado de unidade. Como resultado, a sílaba *a* é a conexão mais direta com a Força Criadora. Como mantra, a sílaba *a* é a chave para todas as outras formas espirituais de poder que aparecem no mundo manifestado. Ela é raiz e fonte de poder de cada mantra. O famoso Mantra *Gayatri*, que é ensinado nos níveis mais elevados de treinamento do Reiki do Arco-Íris por meio da iniciação, refere-se a esse mantra e à sua deusa, *Gayatri*. Depois da Mãe Primordial, cuja veneração constatamos desde o início dos tempos, o Grande Deus e a Grande Deusa assumem a manifestação definitiva da Criação. A Mãe Primordial é idêntica ao Coração Cósmico ou Divino (*Dai-Kokoro*), que aceita a criação do mundo e dos seus seres em virtude do seu amor infinito, de modo que possam desfrutar sua existência no amor e relacionar-se uns com os outros. Nos ensinamentos dos chakras, o mantra *a* está associado ao chakra do Coração como ponto focal de todos os chakras yin (segundo, quarto e sexto chakras principais). Por intermédio do poder do quinto chakra, ele cria uma manifestação significativa de uma ideia espiritual na forma material que corresponde à Ordem Divina.

Em outras palavras, a sílaba *a* é expressa no estado em gestação de todas as leis e, portanto, é como a terra da qual tudo o mais se desenvolve. Por isso, a ordem cósmica nunca é evidente na natureza. Ela é insondável, no verdadeiro sentido da palavra, e só pode ser reconhecida indiretamente a partir dos seus efeitos.

Efeito do Símbolo SHK

Há na Escola *Shingon* rituais especiais de transmissão de energia chamados *kaji*. Eles podem ser usados para repelir adversidades e doenças, como está descrito no capítulo 16, sobre o Símbolo DKM. Este foi também o método com o qual *Kûkai* conseguiu difundir o Budismo *Shingon* para proteção do estado, inicialmente na corte do Tennô e depois em todo o Japão para benefício do povo. Dependendo do aspecto em que a atenção da mente se concentra neste ritual, o efeito é também mais forte no ponto para o qual flui a maior quantidade de energia. Esse princípio aplica-se a muitas coisas de modo significativo e benéfico sem prejudicar ninguém no processo. É por isso que há todo um conjunto de *kaji*. Entre outros, estes incluem a transmissão geral de energia de *kaji kitô* e a transmissão de energia para curar os doentes *byônin kaji*. Além disso, o poder dos seres de luz pode também ser transmitido a objetos.[118] Um método popular é a transmissão de energia para a areia *dosa kaji*. No Japão, esse método é usado especialmente nos rituais de morte para tornar o caminho para a luz mais fácil para o falecido. Ele consiste em transferir o poder inerente ao *Dhârânî* da Grande Luz de *Dainichi Nyorai* (*kômyô shingon*) para a areia, que é então salpicada sobre o morto antes da cremação para obter o melhor efeito. Entre outras coisas, o Símbolo SHK é sempre necessário para esse ritual. O livro *The Best Reiki Techniques*,[119] de Walter Lübeck e Frank Arjava Petter, descreve um belo ritual para realizar desejos com areia e que adota os princípios explicados na seção acima.

É também muito interessante observar que *kaji* podem também ser usados em objetos de uso cotidiano, como o *mâlâ* para recitação de mantras, varetas de incenso ou água-benta, para intensificar os seus efeitos. O método mais simples consiste puramente em aplicar Reiki nesses materiais. Entretanto, os símbolos podem também ser usados para realizar muitas outras coisas úteis.

Il. 124 – VARIAÇÕES DE FORMA DO SÍMBOLO SHK (HRIH)

---

118 O dr. Mikao Usui fazia isso, por exemplo, carregando cristais de quartzo com Reiki e entregando-os a determinados pacientes para que reforçassem o tratamento em casa colocando as pedras sobre o corpo.
119 *As Mais Belas Técnicas de Reiki*, publicado pela Editora Pensamento, São Paulo, 2005.

O Símbolo SHK e o Símbolo HS no Sutra do Coração

Transcrição do Sutra do Coração

Bussetsu Maka Hannya Haramita Shingyô

Kanjizai bosatsu, gyô jin hannya haramitta ji, shôken go'un kai ku, do issai kuyaku, sharishi, shiki fu i kû, kû fu i shiki, shiki soku ze kû, kû soku ze shiki, ju sô gyô shiki yakubu nyoze, sharishi, ze shôhô kûsô, fushô fumetsu, fuku fujô, fuzô fugen, zeko kû chû mu shiki mu ju sô gyô shiki, mu gen ni bi zesshin i, mu shiki shô kô mi soku hô, mu genkai, naishi mu ishikikai, mu mumyô, yaku mu mumyô jin naishi mu rôshi, yaku mu rôshi jin, mu ku shû metsu dô, mu chi yaku, mu toku, imu shotoku ko, bodai satta, e hannya hara mitta ko, shin mu kei ge, mu kei ge ko, mu u kufu, onri issai, ten dô mu sô, kûgyô nehan, sanze shobutsu, e hannya hara mitta ko, toku ano ku tara sanmyaku sanbodai, kochi hannya hara mitta, ze daijinshu, ze daimyôshu, ze mujôshu, ze mutôdôshu, nôjo issai ku, shinjitsu fu ko, ko setsu hannya hara mitta shu, soku sesshu wa'.

Gyatei, gyatei, hara gyatei, hara sô gyatei, boji sowaka.

Hannya hara mitta shingyô.

O Sutra do Coração em Chinês

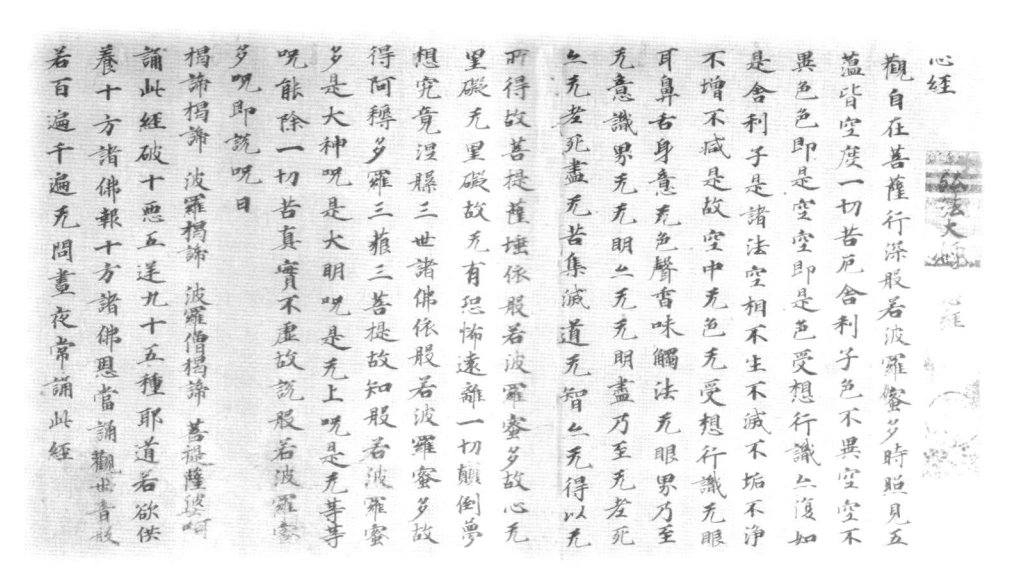

Il. 125 – O SUTRA DO CORAÇÃO CALIGRAFADO POR KÛKAI

Tradução do Sutra do Coração

Palavras de Buda, o Sutra do Coração da sabedoria excelsa e perfeita.

Se o Bodhisattva *Kannon* dedicar-se à prática profunda da sabedoria perfeita, sua Visão iluminará os cinco fundamentos do ser até o vazio neste tempo e o afastará de toda espécie de sofrimento e de mal.

Ó *Sharishi*. Forma não é senão vazio e vazio não é senão forma.[120] Forma é igual a vazio e vazio é igual a forma. A mesma coisa acontece com a percepção, com a imaginação, com a ação e com o pensamento.

Ó *Sharishi*. Todos os ensinamentos são formas de vazio. Eles não são criados nem são destruídos. Não são impuros nem puros. Não aumentam nem diminuem. Por isso, não há forma, nem percepção, nem imaginação, nem ações, nem pensamento no vazio;[121] nem olhos, ouvidos, nariz, corpo, mente, nem prazeres sensuais, som, cheiro, gosto, tato e pensamento; não há mundo do ver e também não há mundo da consciência; não há ilusão nem fim da ilusão e também não há envelhecimento nem morte. Mas também não há fim do envelhecimento nem da morte – nem há sofrimento nem causa do sofrimento – não há desaparecimento e também não há caminho – não há conhecimento nem realização, porque não há nada a realizar.

O Bodhisattva repousa na sabedoria perfeita. Como seu coração está livre de apegos, ele nada teme. Livre de todas as ilusões, ele entra no Nirvana para todo o sempre. Todos os Budas do passado, do presente e do futuro que confiam na sabedoria perfeita alcançam a iluminação absoluta. Isso nos leva à percepção de que *Hannya hara mitta* encarna a fórmula mágica da Grande Deusa – ela é a fórmula mágica da Grande Luz – e é incomparável com outras fórmulas mágicas. Como é a verdade pura, ela tem o poder de afastar todo sofrimento. A fórmula mágica para a sabedoria perfeita expressa-se assim:

Gyatei, gyatei, hara gyatei, hara sô gyatei, boji sowaka.

Este é o Sutra do Coração da sabedoria perfeita.

HS e SHK e o Significado Esotérico do Sutra do Coração

Muito provavelmente, o Sutra do Coração é o mais curto dos textos sagrados budistas. Ele está entre aqueles que, simultaneamente, fazem uma afirmação e têm um alto grau de eficácia. Durante minhas (Mark) peregrinações e muitas visitas a templos no Japão, eu frequentemente ouvia grupos de japoneses recitando esse sutra. Alguma coisa se manifestava no meu chakra do coração sempre que eu ouvia esse texto e era sempre no mesmo segmento dele. Esse sutra representa a essência da Deusa de Grande Compaixão *Kannon* que, como mencionado anteriormente, é simbolizada pelo SHK.

Não poderia ser diferente, uma vez que o Sutra do Coração ocupa uma posição especialmente importante no Budismo Esotérico e que o monge *Kûkai* deixou para o mundo um comentário valioso chamado *Hannya shingyô hiken* sobre este sutra (Chave Secreta para o Sutra do Coração da Sabedoria Perfeita). Por um lado, o objetivo desse comentário era facilitar a compreensão do sutra; por outro, ele revela as chaves secretas – os símbolos. O texto de *Kûkai* também oferece uma espécie de entrevista em que o autor responde a várias perguntas. Considero as perguntas e especialmente as respostas de *Kûkai* muito interessantes, porque em geral são as mesmas questões levantadas nos dias de hoje: "Por que os símbolos, que de fato são secretos, ainda assim aparecem publicados em livros? Eles não estão sendo

---

120 Compare essa afirmação com os comentários sobre a dupla natureza da existência no capítulo 19, sobre Cosmologia Espiritual.
121 A Força Criadora no estado de unidade.

profanados?" A resposta de *Kûkai* é muito complexa. Surpreendentemente, porém, também é apropriada aos nossos tempos. É por isso que tanto a pergunta como a resposta parecem intemporais, ao passo que os conteúdos dos livros sofreram ligeiras variações através dos séculos. *Kûkai* respondeu: "Tanto o exotérico como o esotérico estão presentes nos ensinamentos de Buda. Para quem está aberto aos ensinamentos exotéricos, Buda ofereceu muitas explicações. Para quem tem uma compreensão dos ensinamentos esotéricos, ele ofereceu símbolos como o *A* e o *Om*. Os símbolos já haviam sido explicados e publicados muito antes pelos monges indianos e pelos patriarcas Shingon *Nâgârjuna, Subhâkarasimha* e *Amoghavajra*. A forma de ensinamento preferida por uma pessoa depende totalmente da natureza e da extensão da ressonância de cada pessoa. Falar e silenciar fazem ambos parte da intenção do *Buda* histórico *Sakyamuni*".

Já no prefácio a esse texto, *Kûkai* escreveu que a iluminação está no coração de cada um e apenas precisa ser despertada com os meios adequados. Neste contexto, ele faz referência ao princípio espiritual da responsabilidade pessoal. Depende de cada um de nós voltarmo-nos para a luz ou para as trevas. Com confiança e prática, cada um de nós pode alcançar a luz da verdade.

Por meio da leitura repetida, da explicação e da devoção a este sutra, podemos alcançar a alegria. Se também meditamos com ele, podemos alcançar a iluminação[122] e poderes sobrenaturais. Assim como o *I Ching*, o Sutra do Coração contém em si um tesouro de manifestações inexauríveis. Os aspectos individuais de sabedoria vêm à luz no momento certo no tempo. Dependendo da nossa receptividade, recebemos a sabedoria que nos é adequada no momento.

O Sutra do Coração não é apenas um texto com significados e metáforas da linguagem cotidiana, mas também uma mandala de símbolos *Siddham* com um portal para absorção mântrica. Como no símbolo HS, cada signo é um símbolo que leva as sementes da verdade absoluta dentro de si.

No Sutra do Coração, a Deusa *Kannon* (SHK) representa todo aquele que se envolve com o sutra. *Kannon* ajuda o praticante a voltar à sua origem natural. O ser de luz que transmite o poder aqui é o Bodhisattva *Hannya haramitta*. Ele encarna a sabedoria absoluta dos Budas, e por isso também recebe os nomes "Mãe de Sabedoria" e "Mãe dos Budas". O termo

---

[122] No Budismo Esotérico, os tipos de iluminação são diferenciados. O último deles é o despertar espiritual, como explicado no capítulo 21, "O Que é Iluminação?" O primeiro tipo de iluminação (*Rigo-Jobutsu* = encarnação da realidade) consiste em reconhecer que o próprio Eu e Buda (*Dainichi Nyorai*) sempre foram e sempre serão UM de modo perfeito. Nesse caso, o ego existe, mas é em grande parte impotente. O segundo tipo (*Kaji-Jobutsu* = transmissão da força e resposta no sentido da força do divino e a resposta da única verdade) é caracterizado pela total destruição do ego e por uma mente totalmente pacificada e consciente no sentido da perspectiva divina. O terceiro tipo (*Kentoku-Jobutsu* = manifestação do que foi alcançado) mostra à pessoa os grandes erros no mundo, os pontos de vista e modos de vida falsos, as atitudes e os padrões de comportamento maus. Por meio da compaixão infinita pelos seres presos nessa gaiola de ilusões, o indivíduo espiritualmente desperto decide participar deste mundo e ajudar os que não estão despertos a alcançar esse estado de ser. Esse estado é o mais elevado. É a natureza do Bodhisattva e o fundamento do juramento do Bodhisattva que é ilimitado em termos de tempo e é eficaz em todas as encarnações a partir do momento em que foi prestado. No Zen, o espiritualmente desperto só é considerado perfeito quando se comporta de maneira totalmente natural como ser humano. Se o seu comportamento revela traços evidentes pelos quais ele permite que outros percebam que alcançou a iluminação, isso se chama *Goseki*, o Traço da Iluminação. Na fala coloquial, os monges zen então dizem que ele cheira à iluminação. Por isso, essa iluminação não é integrada. Não é iluminação verdadeira. A integração só é completa quando a pessoa iluminada não faz mais espalhafato a respeito do seu estado, integrou-o na vida diária normal e é capaz de viver uma vida normal. Na prática, porém, a pessoa iluminada sempre se depara com novos desafios para integrar sempre mais a iluminação...

"Coração da Sabedoria" (jap.: *hannya shin*) no título do Sutra do Coração significa que há mantras para o corpo e também para o coração (a mente). Assim, o Sutra do Coração é uma fórmula mágica extraordinária e poderosa para o coração.

Podemos dividir o Sutra do Coração em cinco partes. As cinco seções indicam uma relação com as cinco sílabas do Símbolo HS que, como o próprio sutra, representa uma mandala-símbolo.[123]

A **primeira parte** descreve os conteúdos do ensinamento para o praticante, os quais são aqui expressos pela Deusa *Kannon* (SHK). Ela contém os cinco pontos principais da causa, prática, iluminação, Nirvana e tempo. Esses cinco pontos resultam no Símbolo HS. A Deusa *Kannon*, que aqui representa o praticante, sempre levou a iluminação dentro do seu coração – como fazem os praticantes. Com o *Mental Healing* e meditações com o Símbolo SHK, o qual expressa o espírito da prática em termos concretos, nós podemos – como o dr. Usui mencionou repetidas vezes – voltar ao estado natural original, que é a iluminação. Através desse retorno ao verdadeiro ser, desenvolvemos a capacidade de ver as coisas como elas realmente são. Esse "ver" é o conhecimento da iluminação. Ele leva para além de todo tipo de sofrimento e de mal. Em outras palavras, *Kannon* pratica a sabedoria e reconhece o vazio dos cinco reinos da existência: a aparência física de todas as coisas no mundo é sentida. A sensação leva à percepção – a percepção leva a ideias – ideias levam à vontade – a vontade leva à ação – e ação finalmente leva à consciência.

A **segunda parte** analisa a essência do ensinamento. Como no Símbolo HS, ela também consiste em cinco aspectos: instituição, separação, forma, dois e um. Instituição significa os ensinamentos sobre a absorção meditativa de verdades relacionadas com o corpo (mudrâ), a fala (mantra) e a mente (*Samâdhi*) com que criamos o solo fértil para a iluminação. A essência da instituição é o onisciente Bodhisattva *Fugen*. Ele simboliza tanto o ensinamento como a prática da meditação em unidade. A *separação* corresponde ao Bodhisattva da Sabedoria *Monju*, que cavalga um leão e cuja espada flamejante afiada liberta a mente dos pensamentos inibidores da intuição.[124] *Forma* significa o ensinamento da absorção meditativa do futuro Buda que, neste momento, ainda é o Bodhisattva *Miroku*. Por meio dele é revelado o segredo de que todos os fenômenos e leis só existem na consciência. *Miroku* é o propiciador de grande alegria. Ele anula incessantemente as leis de causa e efeito, assim como as diferenças entre a forma e os seres ocultos atrás dela. Ele mostra as áreas puras da consciência em seu estado mais natural e a separa das formas, as formas externas de manifestação. Isso dissolve a crença no segundo eu que foi criado através da ilusão da existência material – o ego. *Dois* aponta para as duas opiniões: a primeira diz que há apenas fenômeno, significando que nada existe verdadeiramente no reino psicossomático. Certamente isso nega completamente o ego com suas ambições, medos e padrões de julgamento mundanos; a segunda é o questionamento do caminho patriarcal para a iluminação que é hostil ao corpo e à sensualidade. *Kûkai* enfatiza neste ponto a importância da existência física e da sensualidade como caminho para a verdadeira alegria que representa a causa central da iluminação e o subsequente despertar espiritual. *Um* significa o fruto da absorção meditativa pela Deusa *Kannon. Kannon,* que simboliza os praticantes, mostra aos

---

[123] Cf. capítulo 15, sobre o Símbolo HS.
[124] No misticismo ocidental, essa ação é realizada pelo Arcanjo Miguel com sua espada flamejante.

seres humanos um caminho de pureza semelhante a uma flor de lótus. A flor de lótus é pura e bela. Ele cresce no lodo. O lodo é terreno fértil para o puro e o belo. O lodo é o mundo do sofrimento e a flor de lótus é a grande alegria. À medida que se desenvolve no lodo, ela deixa a sujeira para trás. Em outras palavras, isso significa que à medida que as pessoas avançam em direção à felicidade, elas abandonam o sofrimento. Podemos perceber a pureza da mente contemplando a flor de lótus em sua pureza. Contemplando seu fruto, podemos também reconhecer o poder do coração que brota da pureza espiritual.[125]

A **terceira parte** do Sutra do Coração explica o que o praticante pode alcançar com o poder da Deusa *Kannon* (SHK). Por um lado, esse é o caminho a ser percorrido e também a verdade da causa, da prática, da consciência de Buda e do Nirvana a ser aceita. Sabedoria é a causa que leva à capacidade de praticar. Por meio da prática, é possível purificar a mente e superar todos os obstáculos. Por sua vez, isso desperta a consciência de Buda, que abre a passagem para o Nirvana, a Força Criadora no estado de unidade.

A **quarta parte** oferece uma síntese do conteúdo anterior. Os mantras contêm símbolos que despertam a percepção intuitiva e os poderes sobrenaturais. Na **quinta parte** temos o tesouro esotérico – o mantra em si: *Gyatei gyatei hara-gyatei hara-sogyatei boji sowaka*.[126] Aqui, as cinco partes do mantra são decodificadas. O primeiro *gyatei* representa o resultado da prática e o segundo *gyatei* representa os Budas que alcançaram a iluminação por si mesmos. *Hara-gyatei* indica o objetivo mais elevado (o estado de Ser), *hara-sogyatei* descreve o sucesso da *Mandala Shingon* totalmente realizada, e *boji sowaka* é o acesso à iluminação mais elevada. O mantra remove a escuridão da mente. Uma única palavra encerra miríades de significados. Para alcançar a paz interior, é benéfico voltar à origem natural. Na verdade, todos os seres são um todo, poder criador e infinitude.

Práticas com o Símbolo SHK

As Mãos no Budismo Esotérico

Os mudrâs, posições espirituais das mãos, têm uma função fundamental no Budismo Esotérico. Mas como se chegou efetivamente a cada um desses gestos? Para uma melhor compreensão da questão, apresentamos abaixo uma espécie de mapa esotérico de ambas as mãos. As mãos contêm várias áreas sobrepostas umas às outras com diferentes funções e significados.

Os diagramas e tabelas mostram que cada mão é em si mesma uma mandala e que as duas juntas representam a perfeição. A mandala do mundo significa "círculo" e pretende representar o cosmos de forma abstrata, simplificada, com a qual podem realizar-se rituais mágicos e curas. Para usar essas mandalas das mãos – não poderia ser diferente – são necessários iniciação e símbolos especiais.

---

125 Também aqui há um belo paralelo no misticismo ocidental: o unicórnio que pousa a cabeça no colo da virgem por sua livre vontade. Nesse sentido, a virgem não é uma mulher sexualmente intocada ou desinteressada, mas uma mulher que é pura de coração porque é natural e livre de preconceito. Ela não usa sua sensualidade por medo ou avidez, mas está natural e totalmente em união com este poder divino que leva à unidade.

126 Essa é a versão japonesa. A versão mais conhecida no mundo ocidental é a indiana: *Gate Gate Paragate Parasamgate Bodhi Svaha*. Uma tradução aproximada seria: "Ó vós que fostes, ó vós que fostes, ó vós que fostes além, que fostes além juntos. Oh, que despertar! Salve!" Não é difícil reconhecer que o significado desse mantra remete para o juramento do Bodhisattva.

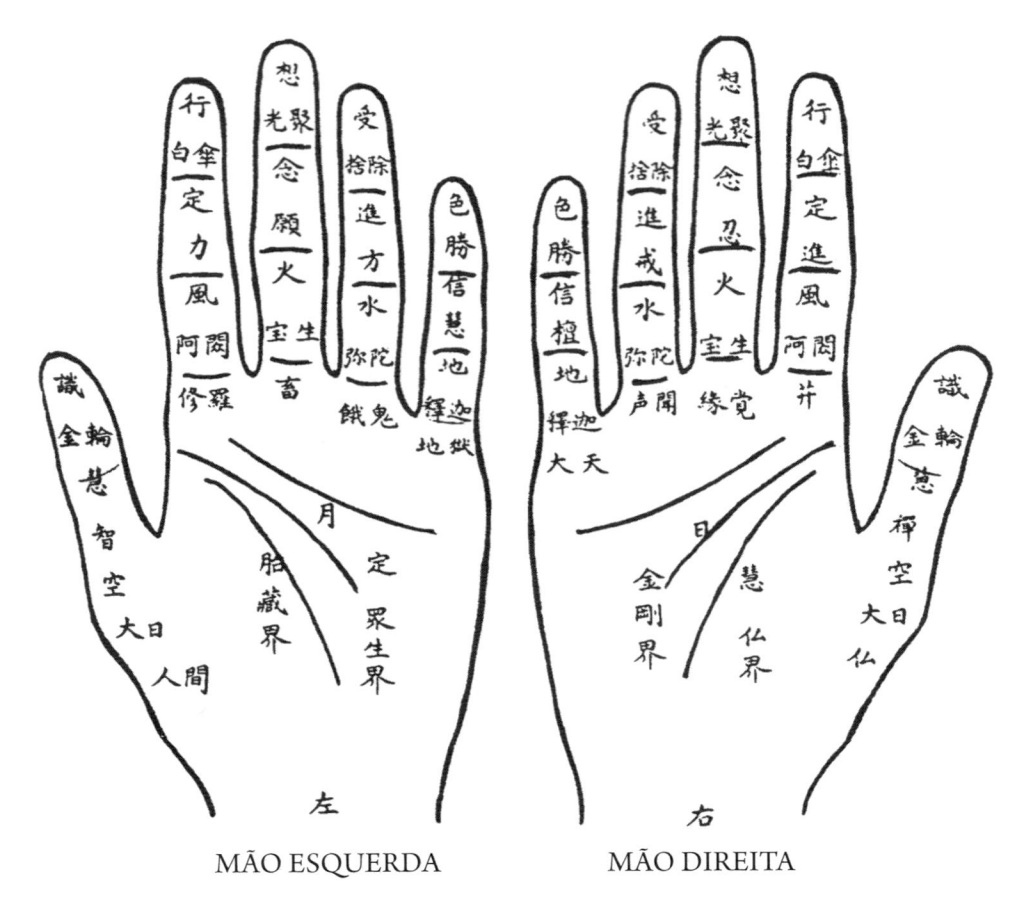

Il. 126 – CLASSIFICAÇÃO COM AS MÃOS

Área	Mão Esquerda	Mão Direita
Polegar	識 Consciência dependente de VACOG[127] 金輪 Mundo dourado sob a terra na cosmologia budista; os três karmas do corpo, fala e mente 慧 Confiança que fortalece a capacidade de tomar decisões e eliminar a dúvida 智 Sabedoria 空 Elemento ar 大日 *Dainichi Nyorai* 人間 Reino humano	識 Consciência dependente de VACOG 金輪 Mundo dourado sob a terra na cosmologia budista; os três karmas do corpo, fala e mente 慧 Confiança que fortalece a capacidade de tomar decisões e eliminar a dúvida 禅 Meditação 空 Elemento ar 大日 *Dainichi Nyorai* 仏 Buda

[127] V = visão; A = audição; C = cinestesia, sensação física; O = olfato; G = gustação.

Dedo Indicador	行 Ação: atividade dos ouvidos por meio da prática 白傘 Aura sábia da lua 定力 Poderes que podem ser obtidos através da absorção meditativa (prática) 風 Elemento vento 阿 *Ashuku Nyorai* 修羅 Reino do Demônio	行 Ação: atividade do coração por meio da prática 白傘 Aura sábia do sol 定進 Desenvolvimento e progresso através da absorção meditativa (prática) 風 Elemento vento 阿 *Ashuku Nyorai* 牟 Meditação silenciosa
Dedo Médio	想 Visualização com VACOG, manifestando algo na mente 光聚 A luz a ser reunida 念願 Desejo do coração 火 Elemento fogo 宝生 *Hôshô Nyorai* 畜 Reino animal	想 Visualização com VACOG, manifestando algo na mente 光聚 A luz a ser reunida 念忍 Paciência do coração 火 Elemento fogo 宝生 *Hôshô Nyorai* 縁覚 Iluminação por esforço próprio
Dedo Anular	受 Percepção 捨除 Rejeitar 進方 Métodos e forma 水 Elemento água 阿弥陀 *Amida Nyorai* 餓鬼 Reino dos espíritos famintos	受 Percepção 捨除 Rejeitar 進戒 Normas e princípios 水 Elemento água 阿弥陀 *Amida Nyorai* 声聞 Iluminação ouvindo os ensinamentos de Buda
Dedo Mínimo	色 Forma 勝 Vitória 信慧 Confiança na sabedoria 地 Elemento terra 釈迦 *Shaka Nyorai* 地獄 Reinos infernais	色 Forma 勝 Vitória 信檀 Apoio à confiança 地 Elemento terra 釈迦 *Shaka Nyorai* 大天 Deuses e deusas
Palma	月 Lua 定 Absorção meditativa 胎蔵界 Mundo do Útero 衆生界 Reino humano	日 Sol 慧 Compreensão *Prajna*, confiança, sabedoria que fortalece a capacidade de tomar decisões e que extingue a dúvida 金剛界 Mundo do Diamante 仏界 Reino de Buda

Ritual da Mandala da Mão com Dai Marishi Ten, a Deusa da Luz e da Glória

A mão esquerda forma uma mandala de três zonas em forma de círculo. Os dedos constituem o círculo externo. Estas são as deusas com os elementos:

Dedo	Elemento	Deusa
Polegar	Terra	Patani
Indicador	Água	Marani
Médio	Fogo	Akarsani
Anular	Ar	Narttesvari
Mínimo	Éter	Padmajalini

As unhas formam o círculo intermediário e representam os Budas a ser invocados:

Dedo	Buda	Cor	Símbolos
Polegar	Amoghasiddhi	Branco	Om hah namah
Indicador	Dainichi Nyorai	Amarelo	Hi swâhâ
Médio	Amida Nyorai	Vermelho	Hum vausat
Anular	Ashuku Nyorai	Preto	He hum hum hoh
Mínimo	Hôshô Nyorai	Verde	Phat ham

Por fim, a palma é o círculo interno – um lótus vermelho com as cinco pétalas das deusas:

Direção	Deusa	Cor	Símbolos
Leste	Yaminî	Preto	Ham yom
Norte	Mohanî	Branco	Hrim mom
Oeste	Sancalinî	Amarelo	Hrem hrim
Sul	Santrasinî	Verde	Ngam ngam
	Chandika	Cinza	Phat phat

No final, a Deusa Vermelha Dai *Marishi Ten* com os dois símbolos *Om* e *Vam* está no centro da flor de lótus.

Kannon também tem vários poderes para oferecer proteção. O exemplo mais conhecido na rota da peregrinação a *Saikoku* é *Kannon* em *Okadera*. Esta envolve principalmente proteção contra dificuldades em fases especialmente críticas da vida (*yakudoshi*). Em *Okadera* está preservado um talismã (*fuda*) que foi escrito por *Kôken* Tennô (em torno de 749-758) e por *Shôtoku* Tennô (764-770) enquanto rezavam pedindo proteção por toda a vida contra o mal e o infortúnio.

Elaboração de um Talismã 1 (Dosa Kaji 土砂加持)
Transferência da Luz de um Mantra para um Talismã

Para elaborar um talismã, escolha um objeto ou material que sirva de acumulador. São particularmente apropriados para esse fim o cristal de quartzo e as pedras de cura que contêm cristal de quartzo, e também a água, a areia e o açúcar. A seguir, uma descrição detalhada da prática, tendo como exemplo um cristal de quartzo.

*Una-se ao Buda Grande Sol (Dainishi Nyorai) pelo contato a distância. (Símbolo HS mais seu mantra três vezes, depois o Símbolo CR mais seu mantra três vezes, e três vezes Dainichi Nyorai.) Saúde-o com as palavras: "Querido Buda Grande Sol **Dainishi Nyorai,** venho à tua presença como uma pessoa doente e peço cura. Venho à tua presença como uma pessoa ignorante e peço ensinamento. Venho à tua presença como uma pessoa que desconhece o caminho e peço proteção e orientação. Venho à tua presença como uma pessoa impotente e peço forças para melhor servir. Em retribuição, envio-te Reiki. Usa-o como quiseres para benefício de todos". Desenhe vários símbolos CR e ative cada um deles com o mantra para intensificar o fluxo de poder do Reiki.*

*

Pegue o cristal de quartzo com uma das mãos e com a outra desenhe o Símbolo SHK sobre ele. Ative-o com o respectivo mantra e em seguida desenhe o Símbolo CR, que também deve ser ativado. Então diga: este cristal de quartzo – este cristal de quartzo – este cristal de quartzo.

Recite o Mantra da Luz (*Kômyô Shingon* 光明真言) 108 vezes enquanto segura o cristal entre as mãos: *Om a bo kya bei ro sha na ma ka bo dara man i han doma jinba ra hara ba rita ya hûm.*

*

Agradeça e desfaça o contato a distância como de costume. Se necessário, estabilize-se[128] durante alguns minutos aplicando Reiki na sola dos pés.

Tradução do Mantra da Luz: "Om – O grande selo da luz perfeita eternamente brilhante é o símbolo *Daikômyô* de *Dainichi Nyorai*. A virtude de todos os tesouros, do lótus e da luz brilhante contém sabedoria e talentos em si mesma. Pedimos, *Dainichi Nyorai*, que realizes a consciência de Buda – o espírito da iluminação dentro de nós".

Efeito: O Mantra da Luz promove a purificação e o desenvolvimento do coração, mesmo no nível do Corpo de Luz. Ele limpa experiências traumáticas e dissolve o karma. Isso leva à cura das causas de doenças kármicas que poderiam se desenvolver nesta ou em outras existências. Além disso, ele promove a sabedoria, o amor e a abundância interior, bem como uma vida longa e feliz.

Duração: O efeito dos talismãs realizados desse modo desfaz-se aproximadamente duas semanas depois. Porém, se você repetir o ritual três vezes com intervalos de uma semana, o Mantra da Luz permanecerá armazenado no talismã. Então o Mantra se torna uma qualidade desse cristal e não poderá mais ser apagado.

---

128 Informações mais detalhadas sobre o tema da estabilização encontram-se no capítulo 22, sobre a Integração de Experiências Espirituais.

Elaboração de um Talismã 2 (Dosa Kaji 土砂加持)
Transmissão de Poder para a Areia

Preparação: Pegue um pouco de areia limpa. É a areia normal mesmo, como a que se encontra na praia ou numa caixa onde as crianças brincam (cristal de quartzo da terra). Para o ritual, é importante que seja bem pura. Grandes quantidades podem ser compradas em lojas de materiais de construção, e pequenas quantidades, como areia para passarinho, em agropecuárias. A areia pode ficar num recipiente ou num pacote durante os rituais. Limpe e ative a areia e o recipiente com Reiki, com uma Ducha de Reiki, com o Canto de Poder do Reiki do Arco-Íris *Hey loa kei loa*[129] ou com o *Instrumento de Cristal Radiônico da Deusa*.

Procedimento: *Una-se ao Buda Grande Sol (**Dainishi Nyorai**) pelo contato a distância. (Símbolo HS mais seu mantra três vezes, Símbolo CR mais seu mantra três vezes, três vezes Dainichi Nyorai.) Saúde-o com as palavras: "Querido Buda Grande Sol **Dainishi Nyorai**, venho à tua presença como uma pessoa doente e peço cura. Venho à tua presença como uma pessoa ignorante e peço ensinamento. Venho à tua presença como uma pessoa que desconhece o caminho e peço proteção e orientação. Venho à tua presença como uma pessoa impotente e peço forças para melhor servir. Em retribuição, envio-te Reiki. Usa-o como quiseres para benefício de todos". Desenhe vários símbolos CR e ative cada um deles com o mantra para intensificar o fluxo de poder do Reiki.*

*

Pegue a areia em uma das mãos e com a outra desenhe o Símbolo SHK sobre ela, ative-o com o mantra e depois desenhe um Símbolo CR, que também deve ser ativado. Então diga: esta areia – esta areia – esta areia.

Recite o Mantra da Luz (*Kômyô Shingon* 光明真言) 108 vezes enquanto segura a areia entre as mãos: *Om a bo kya bei ro sha na ma ka bo dara man i han doma jinba na hara ba rita ya hûm.*

*

Agradeça e desfaça o contato a distância como de costume. Se necessário, estabilize-se durante alguns minutos aplicando Reiki na sola dos pés.

Aplicação: Agora você pode fazer todos os tipos de coisas úteis com essa Areia do Mantra da Luz: no Japão, ela é espalhada sobre o falecido antes da cremação para assegurar-lhe um bom renascimento. Entretanto, é também possível espalhá-la em campo aberto ou acondicioná-la num saquinho ou broche que você pode usar no peito para rituais em lugares de poder.

Efeito: Com a Areia do Mantra da Luz você traz o desejo de *Dainichi Nyorai* para o mundo material. O Mantra da Luz promove a purificação e o desenvolvimento do coração, mesmo no nível do Corpo de Luz. Ele ajuda a resolver experiências traumáticas e dissolve o karma. O resultado é a cura das causas de doenças kármicas que poderiam surgir nesta ou em outras vidas. Além disso, ele promove a sabedoria, o amor e a abundância interior, bem como uma vida longa e feliz.

---

129 Ver p. 336.

Duração: O efeito dos talismãs de areia feitos dessa maneira desfaz-se dentro de aproximadamente duas semanas. Porém, se você repetir o ritual três vezes a intervalos de uma semana, o Mantra da Luz ficará armazenado no talismã. Então ele se tornará uma qualidade dessa areia e não poderá mais ser apagado.

Meditação SHK (1) para Purificação e Cura do Coração

Una-se à Deusa de Grande Compaixão de 1.000 Braços (Senju Kannon) pelo contato a distância. (Símbolo HS mais seu mantra três vezes, depois o Símbolo CR mais seu mantra três vezes, e três vezes Senju Kannon.) Saúde-a com as palavras: "Querida Deusa de Grande Compaixão **Senju Kannon,** *venho à tua presença como uma pessoa doente e peço cura. Venho à tua presença como uma pessoa ignorante e peço ensinamento. Venho à tua presença como uma pessoa que desconhece o caminho e peço proteção e orientação. Venho à tua presença como uma pessoa impotente e peço forças para melhor servir. Em retribuição, envio-te Reiki. Usa-o como quiseres para benefício de todos". Desenhe vários símbolos CR e ative cada um deles com o mantra para intensificar o fluxo de poder do Reiki.*

*

Mantenha as mãos diante do coração, aproximadamente 15 cm à frente (como na meditação *Gasshô*, mas separadas 15 cm uma da outra). Desenhe mentalmente um Símbolo SHK entre as mãos e ative-o repetindo seu mantra três vezes. Mantenha a visualização do Símbolo SHK durante todo o tempo. Imagine uma luz brilhante irradiando-se do Símbolo SHK para o seu coração na inspiração. Essa luz purifica o seu coração, dissolve nós e enche o seu peito com mais amor a cada inspiração. Ao expirar, imagine o Reiki fluindo de suas mãos para o SHK e alimentando-o, fazendo com que ele brilhe ainda mais intensamente a cada expiração.

Enquanto inspira e expira lentamente desse modo, recite o mantra *Om bazara tarama kiriku* 108 vezes ou um múltiplo desse número.

Imagine então o Símbolo SHK dissolver-se na luz, que então flui para o seu coração. Mantenha as mãos unidas (*Gasshô*) e continue a sentir o poder espiritual dentro de você e ao seu redor durante mais alguns minutos.

*

Agradeça e desfaça o contato a distância como de costume. Se necessário, estabilize-se durante alguns minutos aplicando Reiki à sola dos pés.

Meditação SHK (2)

Una-se à Deusa de Grande Compaixão de 1.000 Braços (Senju Kannon) pelo contato a distância. Saúde-a com as palavras: "Querida Deusa de Grande Compaixão **Senju Kannon,** *venho à tua presença como uma pessoa doente e peço cura. Venho à tua presença como uma pessoa ignorante e peço ensinamento. Venho à tua presença como uma pessoa que desconhece o caminho e peço proteção e orientação. Venho à tua presença como uma pessoa impotente e peço forças para melhor servir. Em retribuição, envio-te Reiki. Usa-o como quiseres para benefício de todos". Desenhe vários símbolos CR e ative cada um deles com o mantra para intensificar o fluxo de poder do Reiki.*

*

Desenhe um Símbolo SHK na mão direita e outro na esquerda, ativando cada um deles com o mantra. Coloque as mãos sobre o coração e recite o mantra *Om bazara tarama kiriku* 108 vezes ou um múltiplo dele.

*

Tenha consciência dessa sensação durante alguns minutos. Agradeça e desfaça o contato a distância como de costume.

Tratamento a Distância com o Poder da Deusa de 1.000 Braços Senju Kannon

Una-se à Deusa de Grande Compaixão de 1.000 Braços[130] *(Senju Kannon) pelo contato a distância. Saúde-a com as palavras: "Querida Deusa de Grande Compaixão* **Senju Kannon,** *venho à tua presença como uma pessoa doente e peço cura. Venho à tua presença como uma pessoa ignorante e peço ensinamento. Venho à tua presença como uma pessoa que desconhece o caminho e peço proteção e orientação. Venho à tua presença como uma pessoa impotente e peço forças para melhor servir. Em retribuição, envio-te Reiki. Usa-o como quiseres para benefício de todos". Desenhe vários símbolos CR e ative cada um deles com o mantra para intensificar o fluxo de poder do Reiki.*

*

Posicione as mãos em *Gasshô* (palmas unidas) diante do coração e visualize-se como *Senju Kannon*. Imagine-se uma mulher maravilhosa com 1.000 braços. Você mantém um par de mãos em *Gasshô* diante do coração. Outro par forma o Mudrâ da Meditação. Para isso, pouse as mãos no colo, abaixo do umbigo. A mão direita apoia-se sobre a esquerda, ou seja, os dedos da direita ficam sobre os dedos da esquerda. As pontas dos polegares se tocam, de modo que, olhando de frente, vemos a figura de um triângulo formada pelos dedos. As outras mãos seguram todos os símbolos de purificação que lhe ocorrerem (por exemplo, uma vassoura, uma espada ou um jarro de água). Outras 10 cabeças acima da sua cabeça olham em todas as direções. Seu corpo está vazio interiormente.

Visualize o Símbolo SHK formando-se no seu coração; ative-o com o seu mantra. Na base do Símbolo SHK surge então um Símbolo CR, que também deve ser ativado com o mantra.

Em seguida, pelo contato a distância, una-se ao ser que você gostaria de tratar. Imagine os seus 1.000 braços aplicando Reiki nesse ser. O Símbolo SHK em seu coração irradia luz purificadora através dos seus 1.000 braços para o ser que está sendo tratado. Ao fazer isso, recite o mantra *Om bazara tarama kiriku* 108 vezes ou um múltiplo dele.

Ao finalizar, estabilize o ser com as duas mãos aplicando Reiki na sola dos pés dele. Desfaça o contato a distância com o ser como de costume. Em seguida imagine a sua forma da *Kannon* de 1.000 braços dissolver-se na luz. Essa luz então flui para o Símbolo SHK no seu coração. Conclua desenhando o Símbolo CR.

O Símbolo SHK finalmente se dissolve na luz e irradia-se para todo o cosmos. Continue a alimentar o poder espiritual durante alguns minutos.

*

Por fim, agradeça e desfaça o contato a distância como de costume.

---

[130] Os 1.000 braços representam seu poder infinito para ajudar os que sofrem.

Il. 127 – SENJU KANNON

Tratamento com o Poder de Senju Kannon

*Una-se à Deusa de Grande Compaixão de 1.000 Braços (Senju Kannon) pelo contato a distância. Saúde-a com as palavras: "Querida Deusa de Grande Compaixão **Senju Kannon,** venho à tua presença como uma pessoa doente e peço cura. Venho à tua presença como uma pessoa ignorante e peço ensinamento. Venho à tua presença como uma pessoa que desconhece o caminho e peço proteção e orientação. Venho à tua presença como uma pessoa impotente e peço forças para melhor servir. Em retribuição, envio-te Reiki. Usa-o como quiseres para benefício de todos". Desenhe vários símbolos CR e ative cada um deles com o mantra para intensificar o fluxo de poder do Reiki.*

*

Desenhe um Símbolo SHK na mão direita e outro na mão esquerda, ativando cada um deles com o respectivo mantra três vezes. Posicione as mãos diante do coração com as palmas unidas e recite o mantra *Om bazara tarama kiriku* sete vezes. Peça então à Deusa de Grande Compaixão que cure o ser que você está tratando (diga o nome da pessoa) em todos os níveis. Além disso, peça que ela oriente as suas mãos.

Em seguida, aplique Reiki nas áreas para as quais suas mãos são conduzidas (pode ser no corpo ou na aura). Ao fazer isso, recite o mantra *Om bazara tarama kiriku*.

*

Para concluir, agradeça e desfaça o contato a distância como de costume.

Harmonização e Purificação dos Chakras com o Símbolo SHK

*Una-se à Deusa de Grande Compaixão de 1.000 Braços (Senju Kannon) pelo contato a distância. Saúde-a com as palavras: "Querida Deusa de Grande Compaixão **Senju Kannon,** venho à tua presença como uma pessoa doente e peço cura. Venho à tua presença como uma pessoa ignorante e peço ensinamento. Venho à tua presença como uma pessoa que desconhece o caminho e peço proteção e orientação. Venho à tua presença como uma pessoa impotente e peço forças para melhor servir. Em retribuição, envio-te Reiki. Usa-o como quiseres para benefício de todos". Desenhe vários símbolos CR e ative cada um deles com o mantra para intensificar o fluxo de poder do Reiki.*

*

Desenhe um Símbolo SHK na mão direita e outro na mão esquerda, ativando cada um deles com o mantra correspondente. Posicione as mãos a pequena distância acima do primeiro e do sexto chakras. Desenhe um Símbolo SHK sobre cada um desses chakras, ativando-o com o seu mantra. Além disso, desenhe um Símbolo CR sobre cada um dos chakras para intensificar o fluxo da energia. Recite o mantra *Om bazara tarama kiriku* 108 vezes.

Posicione as mãos a uma pequena distância acima do segundo e quinto chakras. Desenhe um Símbolo SHK sobre cada um desses chakras, ativando-o com o seu mantra. Além disso, desenhe um Símbolo CR sobre cada um dos chakras para intensificar o fluxo da energia. Recite o mantra *Om bazara tarama kiriku* 108 vezes.

Posicione as mãos a pequena distância acima do terceiro e quarto chakras. Desenhe um Símbolo SHK sobre cada um desses chakras, ativando-o com o seu mantra. Além disso, desenhe um Símbolo CR sobre cada um dos chakras para intensificar o fluxo da energia. Recite o mantra *Om bazara tarama kiriku* 108 vezes.

*

Aplique a técnica de limpeza da aura. Para concluir, agradeça e desfaça o contato a distância como de costume.

Meditação da Lua com o Símbolo SHK

Numa noite de lua cheia, recolha-se num lugar onde possa vê-la facilmente.

*

Una-se à Deusa de Grande Compaixão de 1.000 Braços (Senju Kannon) pelo contato a distância. Saúde-a com as palavras: "Querida Deusa de Grande Compaixão **Senju Kannon**, venho à tua presença como uma pessoa doente e peço cura. Venho à tua presença como uma pessoa ignorante e peço ensinamento. Venho à tua presença como uma pessoa que desconhece o caminho e peço proteção e orientação. Venho à tua presença como uma pessoa impotente e peço forças para melhor servir. Em retribuição, envio-te Reiki. Usa-o como quiseres para benefício de todos". Desenhe vários símbolos CR e ative cada um deles com o mantra para intensificar o fluxo de poder do Reiki.

*

Desenhe mentalmente um Símbolo SHK sobre a lua de modo a abrangê-la por inteiro, e em seguida ative-o com o seu mantra. Enquanto olha para a lua, visualize constantemente o Símbolo SHK e recite o mantra *Om bazara tarama kiriku* 108 vezes ou um múltiplo desse número.

Posicione as mãos para cima, num gesto de recepção. Ao inspirar, imagine a energia da lua irradiando-se para você através das mãos e do chakra da coroa vinda do Símbolo SHK na lua. Ao expirar, você transmite ao SHK na lua a sua energia de cura deixando que um raio de luz do seu coração brilhe para o SHK na lua. Essa é uma forma de *Kaji* (transmissão de energia).

*

Por fim, agradeça e desfaça o contato a distância como de costume. Se necessário, estabilize-se durante alguns minutos aplicando Reiki na sola dos pés.

CAPÍTULO 15

O Símbolo HS

Il. 128 – O SÍMBOLO HS

Pronúncia do Símbolo HS

Com sua grafia japonesa tradicional, o Símbolo HS é provavelmente o mais complexo dos quatro símbolos do Reiki.[131] Mais precisamente, ele é um conjunto de cinco caracteres chineses justapostos. Originalmente, o Japão não possuía escrita própria. Com a introdução do Budismo no ano 538 e nos séculos seguintes, o Japão adotou a escrita chinesa com seus milhares de signos e aplicou-os à sua própria língua. Esses signos chineses chamam-se *Kanji* (漢字) em japonês, um termo que significa algo como os "signos do *Han*". Na realidade, *Han* era o nome da China durante o Período *Han* (206 a.C.-220 d.C.), mas representa a China de modo geral. *Kanji* é a pronúncia sino-japonesa da palavra chinesa *hanzi* (漢字), que tem o mesmo significado e é escrita do mesmo modo.

Com a introdução da escrita, os japoneses puderam escrever seus próprios textos chineses e ler a literatura importada da China. No entanto, ainda precisaram de muita dedicação para integrar o *Kanji* ao próprio idioma. Diferentemente do alfabeto ocidental, cada *Kanji* constitui uma palavra, e combinações de *Kanji* resultam em sempre novas palavras. Com os japoneses falando sua própria língua e ao mesmo tempo palavras com o mesmo sentido em forma de caracteres (*Kanji*) sendo introduzidas da China, os *Kanji* passaram a assumir uma leitura (isto é, uma pronúncia) puramente japonesa, além da chinesa. Como a pronúncia chinesa foi sofrendo alterações no decorrer dos séculos e os *Kanji* eram em geral levados ao

---

[131] O Símbolo HS representado acima corresponde ao modo como Hawayo Takata o escrevia.

Japão aos lotes, em pouco tempo passaram a existir *Kanji* com diferentes leituras chinesas. Não só a pronúncia se diferencia de tempos em tempos, mas ainda surgem variações de acordo com o tema. Isso significa, por exemplo, que *Kanji* idênticos são lidos de forma diferente no contexto budista e no contexto confucionista.

Essa situação ocorre também com os Princípios do Reiki do dr. Usui. Em japonês, um desses princípios é expresso assim: 今日だけは業に励め. O dr. Usui nos fez o favor de deixar a pronúncia desse signo. Transcrita, a afirmação é: *Kyô dake wa gô ni hageme.* Como a leitura do *Kanji* 業 aqui é *gô* e não *gyô,* como no japonês moderno, tanto essa leitura como seu significado são budistas. Por isso é possível ver o princípio "Só por hoje, trabalhe arduamente" dentro de um contexto budista. Aqui, 業 significa de fato "karma" (a lei de causa e efeito) e não trabalho: Só por hoje, trabalhe arduamente sobre o seu karma.[132]

Com relação ao Símbolo HS, isso quer dizer que podemos chegar a diversas conclusões sobre o significado do signo baseados na sua pronúncia. O Símbolo HS é constituído de cinco *Kanji* e lido como *Hon sha ze shô nen.* O pequeno teto sobre o *ô* de *shô* significa que este *Kanji* é lido com um *o* longo. As outras sílabas são todas breves.

Embora o terceiro *Kanji, ze,* seja escrito com "z", a pronúncia é de um "s" suave. A propósito, o mesmo se aplica à palavra "Zen" na meditação cuja pronúncia correta é *sen.* Nenhum japonês entenderá a pronúncia *Zen* Budismo, com "z" forte.

A pronúncia dos dois últimos signos, cuja combinação forma a palavra *shônen,* revela um termo de influência budista. A pronúncia do símbolo todo também é budista, porque os signos são pronunciados como nos mantras e sutras. Essa forma de ler os signos é chamada de "leitura de cartão" (Jap.: *bô yomi* 棒読み), pois é feita de um só fôlego como no chinês, mas com pronúncia sino-japonesa. Se o símbolo HS fosse lido como uma frase japonesa, a pronúncia seria totalmente diferente. Mas o modo como é lido oferece algumas ideias tanto sobre o seu significado como sobre o seu objetivo e uso, que serão explicados mais detalhadamente abaixo.

Cada *Kanji* em si é apenas um signo com um ou mais significados. Se, além das leituras conhecidas, observarmos outras leituras, o espectro de significados possíveis também se expande proporcionalmente.

Esse signo só se torna um mantra na ordem mostrada aqui e com a pronúncia correta. Pelas combinações sistemáticas e ritualísticas dos signos, eles se tornam um talismã[133] ou um

---

[132] Karma é definido como a lei espiritual de causa e efeito. De modo geral, devemos entender isso num sentido muito prático. Por exemplo, quando quero construir uma casa, posso financiá-la parcialmente com uma hipoteca. Para isso, preciso pagar juros e taxas de administração. Significa que tenho uma obrigação – kármica – por muitos anos que, por um lado, me prende, mas por outro oferece boas e úteis oportunidades que seriam impossíveis sem a casa. Considerando que, de acordo com a lei espiritual "Assim em cima, como embaixo. Como dentro, assim fora", todo ato se reflete tanto interna como externamente à pessoa que pratica a ação, boas ações no sentido da ordem divina criam estruturas positivas, salutares, benéficas e de alta frequência dentro e fora do ser humano – ações negativas no sentido da ordem divina obviamente criam estruturas com efeitos desordenados e negativos. O karma não é inevitável. Ele pode ser influenciado, transformado e dissolvido por práticas espirituais como a Meditação *Gasshô* do dr. Usui, o Zen ou a Meditação dos Três Raios em combinação com as respectivas ações e intuições que contribuem para uma reorientação construtiva do pensamento. Uma hipoteca, por exemplo, pode ser resgatada antecipadamente se a casa é vendida ou se a pessoa recebe uma grande soma de dinheiro como herança ou ganha na loteria. Nesse caso, as obrigações que a prendem deixam de existir.

[133] Magicamente, um talismã atrai bons efeitos de várias qualidades, dependendo da sua "atitude". Um amuleto protege contra experiências ou efeitos negativos específicos.

amuleto. Sem iniciação nos símbolos e mantras, os signos são ineficazes no trabalho com energia. Sem iniciação, eles são apenas uma mistura de signos, tinta sobre papel, podendo-se concluir que se trata de uma obra de arte como a do Nichiren.[134]

Os Caracteres Ocultos no Símbolo HS e seu Significado

A pronúncia *Hon sha ze shô nen* nos permite concluir que o Símbolo HS oculta cinco *Kanji*. Uma análise mais precisa e a ajuda de um léxico semiológico revelam a pronúncia adequada dos cinco *Kanji* (本 hon, 者 sha, 是 ze, 正 shô, 念 nen).

Eu (Mark) conheço muitas pessoas que estudam os símbolos do Reiki e que chegaram a esses cinco signos apenas com a ajuda de obras de referência. Obviamente, esse é um grande feito para alguém que não fala japonês. Por isso, parabenizo do fundo do coração todos os que já realizaram esse trabalho detetivesco. Contudo, é precisamente aqui que se esconde uma grande armadilha que constituiu para mim uma verdadeira dor de cabeça durante muito tempo. Como os caracteres individuais têm mais de um significado, é muito difícil chegar a uma tradução apropriada sem interpretar algo do símbolo que não está presente ou que não pertence ao seu sentido. Veja uma lista de significados que podemos encontrar na maioria dos dicionários:

本	*hon*	livro, base, raiz, origem, verdade
者	*sha*	pessoa, ser humano
是	*ze*	isto, correto, ser
正	*shô*	correto, melhorar
念	*nen*	sentido, significado, sentimento, desejo

Quantas possibilidades surgem quando tentamos combinar os significados dessas palavras entre si para criar uma frase coerente? Podemos dizer realmente que uma delas é a correta? Fica claro que essa perspectiva é mais difícil do que a princípio parece. Ela é também totalmente correta; infelizmente, as coisas não são tão simples assim. Interpretar significados novos dos símbolos e criar interpretações para eles é como uma loteria e tende a afastar-nos do sentido original do Símbolo HS.

A interpretação que segue baseia-se unicamente no material existente. Para isso, é absolutamente necessário examinar se os signos individuais podem também ser traduzidos como palavras individuais ou se são combinações de palavras. Os dois últimos signos – *shô* 正 e *nen* 念 – são na verdade uma combinação de signos, o que significa que resultam numa palavra conjunta.

Além disso, é importante examinar se estamos diante de uma frase completa, com estrutura gramatical. Se existe uma estrutura frasal, precisamos descobrir se a frase é japonesa ou chinesa. Como os cinco signos são *Kanji*, o que significa que consistem apenas de caracteres chineses, há uma grande probabilidade de que seja uma frase chinesa. Se o Símbolo

---

134 Ver também capítulo 1, Símbolos e Mantras como Instrumentos do Trabalho com Energia Espiritual.

HS fosse japonês, signos dos sistemas de escrita japonesa *katakana* e *hiragana* também apareceriam aqui.[135] No entanto, isso não necessariamente significa que o Símbolo HS tenha sido criado na China. Foi isso que presumi no início, baseado especialmente na pronúncia budista. Também pensei que talvez pudesse encontrá-lo nos sutras budistas, mas infelizmente isso não aconteceu até agora. Por outro lado, o Símbolo DKM aparece centenas de vezes nos sutras. Naturalmente, em termos puramente teóricos, é possível que o Símbolo HS apareça em outros textos chineses, como os do Taoismo ou do Confucionismo. Entretanto, embora essas sejam boas razões, ainda assim não seria uma evidência adequada de que ele seja chinês.

Essa incerteza persistiu durante muito tempo: embora seja chinês, o Símbolo HS foi criado no Japão. Seu autor foi o próprio dr. Usui, que o criou de acordo com critérios especiais com o objetivo de ajudar seus alunos a se libertarem do tempo e do espaço no trabalho com a energia Reiki; em outras palavras, para facilitar-lhes o tratamento a distância e torná-lo mais confiável, seguro, eficaz e simples.

Agora que conhecemos os antecedentes, a seção seguinte analisará a importância do HS, incluindo os vários níveis do seu significado, uma vez que o Símbolo HS contém muito conhecimento e sabedoria em forma condensada. Também abordaremos sua criação, que é o método por meio do qual o dr. Usui pôde inventar esse símbolo de grande eficácia.

O Símbolo HS – Uma Frase Chinesa

Nos idiomas chinês e japonês, o sujeito vem sempre antes do predicado. O predicado, porém, em vez de um verbo, pode também ser um adjetivo ou um substantivo. É por isso que às vezes temos a impressão de que a oração não tem verbo ou de que vários substantivos seguem um ao outro. As duas situações parecem encontrar-se no Símbolo HS. Quem não conhece os caracteres e a língua chinesa clássica não conseguirá encontrar o verbo em nenhuma das posições. Quando o verbo é constituído por um nome, o auxiliar "ser" é desnecessário. Há um exemplo bem conhecido desse caso no *Lunyu*, as Palavras de Confúcio. Certo dia, perguntado como governaria um Estado, Confúcio respondeu: 君君臣臣父父子子 (literalmente: O soberano é o soberano, o súdito é o súdito, o pai é o pai e o filho é o filho). Mas essa tradução literal só é possível quando sabemos que não se exige um verbo entre os substantivos. De outro modo, a frase seria: "Soberano soberano súdito súdito pai pai filho filho", que não tem sentido nenhum. Eis um exemplo de uma tradução mais elegante: "O soberano age como convém a um soberano, um súdito age como convém a um súdito, um pai age como convém a um pai e um filho age como convém a um filho". Para o leitor ocidental, então, essa é uma frase que não tem verbo, porque somente substantivos estão relacionados. Entretanto, no chinês clássico, o verbo subsiste por si mesmo. No Símbolo HS, aplica-se exatamente a mesma coisa ao *Kanji* 本者是正念. Por isso, não é possível uma tradução correta e compreensível sem o devido conhecimento.

A partir do século III, o terceiro *Kanji* do Símbolo HS, *ze*, 是 é usado como verbo auxiliar "ser" por influência do japonês coloquial. Em japonês, esse é originalmente um pronome

---

[135] Conforme a história do desenvolvimento da escrita, narrada no Excurso, Breve Introdução à Caligrafia.

demonstrativo com a pronúncia *kore* ou *kono* e significa "isto". Em muitas cozinhas japonesas atuais, encontramos o seguinte ditado chinês, em forma de caligrafia: 日日是好日. Seu significado literal é: "Dia dia este bom dia". Podemos traduzi-lo adequadamente como: "Todo dia é um bom dia". O signo para dia, que aparece aqui três vezes, é o mesmo que em *Dainichi Nyorai* 大日如来 e pode também significar "sol". Mas aqui significa "dia" porque é assim que essa frase é interpretada no Japão há muitos séculos: cada dia devemos ficar satisfeitos com o que temos. Em termos simples, essa é a síntese dos Princípios do Reiki.

Como o terceiro caractere *ze* 是 também corresponde ao verbo "ser" do Símbolo HS, podemos deduzir dele a seguinte construção: "*Honsha* é *shônen*". A partir da pronúncia budista do Símbolo HS, os dois últimos signos *shô* e *nen* representam uma palavra que, em resumo, significa "consciência de Buda". Uso a expressão "em resumo" porque há tratados inteiros apenas sobre o significado do termo espiritual *shônen*.

Uma tradução possível e compreensível então seria: "O ser humano verdadeiro (no sentido de espiritual) não está separado da consciência de Buda".

Nesse contexto, o conceito budista das "dez mil coisas no universo" (*banyû* 万有) também é mencionado. Ele diz que o espaço – o universo – une os seres em vez de separá-los, como em geral se supõe. A mente realizada (em japonês, é o coração – *kokoro*) conhece esse estado, assim como a origem de todas as coisas. Neste caso, *Honsha* (o ser humano verdadeiro) também pode ser traduzido como a "origem do ser humano", neste caso com base nos *Kanji* e no modo como eles são combinados. A tradução então seria: "A origem do ser humano não está longe da consciência de Buda". Isso lembra muito uma recomendação dada pelo dr. Usui e pelo dr. Hayashi no contexto do *Mental Healing*: "Ser humano, Coroa da Criação, cessa... (o nome dos problemas) e volta ao teu estado natural, normal". Isso significa que essa frase usada pelo dr. Usui oferece uma explicação do símbolo HS. Ao mesmo tempo, é uma exortação do dr. Usui para ajudar seus alunos a chegarem à consciência de que a iluminação está ao alcance da mão. A Coroa da Criação não é mencionada diretamente no *Kanji* do Símbolo HS. Esta é provavelmente uma alusão ao modo budista de pensar de que somente seres renascidos como seres humanos podem alcançar a iluminação nesta existência.[136] Animais, por exemplo, não podem chegar a esse estado porque não têm possibilidade de lidar com a mente e de agir com responsabilidade individual – palavra-chave: livre-arbítrio – e conscientemente com sabedoria e amorosamente com compaixão.

Todavia, desde uma perspectiva xamânica e a partir da minha experiência pessoal, essa situação é totalmente diferente, porque sabemos que existem animais que agem de modo espiritual e consciente. Por exemplo, eles podem acompanhar pessoas especiais como familiares, apoiá-las no seu caminho e ter poderes de cura, grande compaixão, e também a capacidade para transmitir uma profunda sabedoria. Quem assim procede e utiliza meios poderosos como os ensinamentos esotéricos (*mikkyô*) pode ser libertado do *Samsâra*, o ciclo eterno de mortes e renascimentos, e alcançar a iluminação plena. Isso não é possível nos reinos do purgatório porque ali os seres estão de tal modo presos ao sofrimento que não conseguem pensar em mais nada. Essa situação é semelhante à dos espíritos famintos, que

---

[136] Existem seis reinos de existência no Budismo: os reinos do inferno, dos espíritos famintos, dos animais, dos seres humanos, dos semideuses e dos deuses.

nunca estão satisfeitos por causa dos seus enormes ventres e suas estreitas gargantas, e estão sempre buscando vorazmente algo para comer. Quando encontram alguma coisa, ela imediatamente se transforma em fogo ou em algo que não pode ser consumido. De acordo com o ensinamento budista, os animais tendem a ser regidos por seus instintos. Os semideuses estão muito presos à sua mentalidade competitiva e pensam apenas em si mesmos. Os deuses[137] estão de tal modo ocupados com seus prazeres que não lhes ocorre preocupar-se com a mente, quanto mais com algo bom para os outros. Entretanto, isso também não corresponde à minha experiência na relação com seres de luz. As afirmações sobre os reinos do purgatório e dos espíritos famintos devem ser compreendidas simbolicamente – como os níveis de consciência de um ser. Eles não existem no sentido literal.

No sentido figurado, todos os níveis listados aqui também podem ser observados na terra. Isso reflete a lei de causa e efeito (karma). O dr. Usui quis ilustrar essa correlação para seus alunos com a afirmação "Ser humano, Coroa da Criação, volta ao teu estado natural" e com o Símbolo HS.

Origem dos Kanji no Símbolo HS e suas Origens Místicas

Quando decodificamos cada um dos cinco caracteres do Símbolo HS, podemos compreender seu significado em níveis ainda mais profundos. Para facilitar essa compreensão, oferecemos a seguir uma explicação das origens de cada signo – como eles foram criados. Nesse processo, os signos individuais não são divididos *arbitrariamente* em seus componentes individuais, mas analisados de acordo com as explicações dos signos *com relação à sua criação e significado* em obras de referência japonesas e chinesas que foram escritas com esses propósitos. Algumas dessas obras tornaram-se famosas por ser compulsadas por especialistas durante séculos. É importante mencionar esse detalhe porque às vezes parece que os signos individuais poderiam também ser decifrados de outras maneiras, um procedimento que se desviaria da verdadeira história da origem do signo baseada nas informações das obras de referência.

O Caractere Chinês Hon 本

Hon 本 é uma combinação do signo para árvore 木 e do signo para o número Um 一.

Il. 129 – KANJI – ORIGEM PARA ÁRVORE ✳ ❋	A parte superior corresponde à coroa, o meio ao tronco e a parte inferior às raízes. No símbolo atual, o traço horizontal é o solo. Debaixo dele vemos as raízes e acima da terra o tronco.	Il. 130 – KANJI – ORIGEM PARA O NÚMERO UM ━ ・ ━	Não há muito a dizer sobre o surgimento do número Um. Ele corresponde apenas a um traço horizontal. No número Dois (二), há dois traços e o número Três (三) tem três traços.

---

[137] Em termos mais precisos, os deuses aqui descritos não são seres sutis (seres luminosos) com qualidades divinas, mas encarnações em outro nível de existência (dimensão) que também é limitado em suas propriedades. Em determinado ponto, sua existência também chega a um fim e então eles renascem – por exemplo, na terra – quando o karma bom foi utilizado.

O acréscimo do número Um às raízes da árvore torna-as fortes e grossas. Raízes sólidas constituem a base de uma árvore, impedindo-a de tombar na primeira rajada de vento. O mesmo raciocínio se aplica a outras áreas. Tudo o que construímos sobre bases instáveis está fadado a ruir. É por isso que *hon* 本 é também traduzido como "base" ou "fundação" e é usado em combinações de palavras correspondentes. A árvore está associada ao *elemento madeira*.

Significados do Kanji Hon 本

Além da derivação de *hon* 本, este *Kanji* tem toda uma série de outros significados que nem sempre podem ser expressos numa única palavra:

Ponto focal de todas as coisas

Princípio, origem e base

Original, fundamental

Único, a coisa em si, a essência

Verdadeiro

Escritos, como livros

Palavra para uma unidade usada para contar objetos longos

Leituras do Kanji 本

Sino-japonês:[138] *hon, bon*

Japonês:[139] *moto, hajime*

Nomes japoneses:[140] *nari, hajime, moto*

Classificação no I Ching ䷳

O hexagrama correspondente no I Ching, o antigo livro chinês de sabedoria e oráculos, é o de nº 52, *Ken* 艮, Quietude, Montanha.

Combinações de Palavras

Dependendo da combinação em que o signo *hon* 本 aparece, a qualidade do seu conteúdo também muda. Por exemplo, o Japão é conhecido como a "Terra do Sol Nascente". Esse atributo se baseia no antigo nome *Hi izuru kuni* 日出ずる国. Atualmente, porém, o Japão é chamado *Nihon* ou *Nippon* 日本, reunindo o signo para "sol" e "base". O sol nasce muito longe no leste, na base da terra, ponto onde se localiza o Japão.

Como comparação, podemos explicar o caractere do Reiki deste modo: O signo *rei* 靈 confere à energia *ki* 氣 a qualidade especial, o que dificulta discernir o significado que um signo individual tem em si mesmo. Idealmente, podemos encontrar a combinação do signo num dicionário. Infelizmente, em geral isso não é possível – como acontece também aqui no

---

[138] Essa é a pronúncia sino-japonesa, isto é, a pronúncia chinesa no Japão. No chinês clássico ou moderno, os *Kanji* são pronunciados de modo diferente.

[139] A pronúncia japonesa pura de um *Kanji*.

[140] Os *Kanji* podem ter uma leitura própria em nomes.

caso do *hon* 本 do Símbolo HS. Como no caractere para *Reiki*, somente através de combinações de outros signos com o signo *hon* é que podemos de fato apreender corretamente o significado desejado e a possível diversidade de sentidos pretendidos.

Duas combinações de signos muito importantes e reveladoras para a compreensão espiritual do *hon* são explicadas mais extensamente.

本門 *Honmon* significa "passagem principal"

Passagem faz referência a um ensinamento ou a um sistema de ensinamentos como o acesso à verdadeira compreensão e à libertação. O ensinamento *honmon* explica o estado original de um ser, qual seja, que todos os seres são realmente Budas, mas que na maioria dos casos não sabem disso. Essa é também a razão por que *Kûkai* estava firmemente convencido de que todo ser humano poderia alcançar a iluminação nesta vida e neste corpo. O estado original é o mesmo "estado natural" de que o dr. Usui falava e ao qual devemos retornar. Essa correlação também é explicada na segunda metade do Sûtra do Lótus. Em comparação com ele, a primeira metade do *Shakumon* significa algo como "a Passagem dos Rastros" ou manifestações irreais. Assim, *Shakumon* geralmente ensina o Budismo *Mahâyâna* e *honmon* vai além e leva todos os seres à iluminação.

本覚 *Hongaku* significa "percepção original"

A compreensão original está relacionada com a natureza essencial de todos os seres viventes, o que significa o princípio da verdadeira realidade que é idêntica ao *Dharmakâya*[141] de Buda. Esse estado é simbolicamente personificado por *Dainichi Nyorai*.

Com relação ao Símbolo HS, isso significa que o caractere seguinte depois de *hon* 本 deve ser alguma coisa natural a que devemos retornar para libertar-nos do tempo e do espaço. O Símbolo HS nos possibilita entrar nesse estado quando o usamos por um tempo limitado com uma parte do nosso ser. Isso é necessário até não precisarmos mais do Símbolo HS porque a compreensão pessoal direta e a capacidade de agir em termos de poderes espirituais se desenvolveram de modo adequadamente amplo e detalhado. O dr. Usui criou pessoalmente o Símbolo HS para facilitar a seus alunos o tratamento a distância – entre muitos outros aspectos benéficos. Mas é provável que ele não usasse o símbolo com muita frequência, pelo menos não para tratamento a distância, uma vez que ele já retornara ao seu estado natural, sua natureza de Buda, no seu corpo humano durante sua existência. Assim, ele também alcançou o que é na verdade o objetivo mais elevado no Budismo Esotérico segundo *Kûkai*.

O Caractere Chinês Sha 者

Sha 者 significa basicamente "pessoa". Esse, porém, não é o caractere para ser humano. Existem outros *Kanji* para esse conceito, como o de duas pessoas 人 no *rei* 靈 de Reiki. Antes, *Sha* denota uma pessoa ativa que faz ou realiza alguma coisa.

Sha 者 é usado principalmente para enfatizar algo. Um exemplo adequado é *konsha* 今者. Em japonês moderno, esse termo é *ima wa* 今は e significa "agora mesmo". Temos aqui

---

141 *Dharmakâya* é a natureza absoluta da consciência de Buda. Ela não pode ser apanhada em palavras ou coisas. Ela é a sabedoria espiritual mais elevada que contém em si toda perfeição.

algo semelhante aos Princípios do dr. Usui, que sempre começam com uma estrutura que implica ação: "Só por hoje". Em japonês, *kyô dake wa* é 今日だけは. Aqui, também, a última sílaba *wa* corresponde em significado a *sha* 者. Consequentemente, o *hon* 本 representa a ênfase ao estado original. Para chegar a ele, podemos tomar diversos caminhos. Um deles é o Reiki. Assim, os Princípios são uma ferramenta poderosa para tornar-nos sempre mais conscientes no caminho dos corações – Reiki – do nosso próprio "estado natural".

No signo *sha* 者, o signo "terra" para o elemento terra 土 está em cima e o signo "sol" 日 para o elemento fogo celestial está embaixo.[142] Como a terra e o sol aparecem num único signo, este é um equivalente das Mandalas dos Dois Mundos, as quais descrevem o Buda transcendental *Dainichi Nyorai*, os seres de luz espirituais e toda a Criação, de uma perspectiva espiritual. Como em *hon* 本, o *sha* 者 não é um signo composto. Isso fica claro no desenvolvimento do *sha* 者.

As origens de *sha* 者 remontam à queima de lenha numa lareira, o que significa que este signo está associado ao elemento fogo. Para acender o fogo celestial aqui na Terra, os poderes do sol e da terra são necessários. Essa é também a razão por que tanto a terra como o sol aparecem em *sha* 者. Dependendo da grafia, um sinal semelhante a uma vírgula pode ser acrescentado em cima do 日, como na ilustração.

Il. 131 – ORIGEM DO KANJI SHA

Significados do Sha 者

Uma pessoa, um ser, um grupo de pessoas
Alguém que faz alguma coisa
Isto
No final de uma frase para expressar algo em tom de comando

Leituras do Sha 者

Sino-japonês: *sha*
Japonês: *mono, koto*
Nomes japoneses: *hisa, hito*

Combinações de Palavras com Sha 者

São muito poucas as combinações de palavras com *sha* 者 que não estejam de algum modo relacionadas com o Símbolo HS.

Classificação no I Ching ䷝

O hexagrama correspondente no I Ching, o antigo livro chinês de sabedoria e oráculos, é o de nº 30, *Li* 離, O Aderente/Fogo.

---

142 Quando falamos dos cinco elementos em si mesmos, usamos outros *kanji*. Entretanto, não se trata aqui do caractere para um elemento, mas do elemento inerente ao caractere.

O Caractere Chinês Ze 是

Este signo significa principalmente "isto" em japonês. Em primeiro lugar, "isto" significa exatamente o que está mais perto de uma pessoa. O *ze* 是 tem muitas semelhanças com o caractere para pé (*ashi* 足). Como os nossos pés são os que estão mais próximos da terra, este signo está associado ao elemento terra.[143]

是・是・是・是 是	A explicação desse signo pode parecer um tanto incomum, mas de acordo com informações encontradas em vários dicionários de símbolos ele remete a uma colher que foi endireitada. Com o pé podemos mover a terra para cima. O pé humano (na Ásia Oriental, o pé e a perna são uma coisa só) é dobrado – algo como uma pá ou colher. Um pé que foi endireitado para servir de ferramenta equivale a uma colher com a qual podemos pegar algo que está perto – o solo.

Il. 132 – ORIGEM DO KANJI ZE

Significados de Ze 是

Usado para indicar algo que tem uma ligação no sentido de: isto
Usado para enfatizar alguma coisa
Expressão de concordância, confirmação, afirmação
Objetivo adequado, curso correto

Leituras de Ze 是

Sino-japonês: *ze*
Japonês: *kore, kono, ko*
Nomes japoneses: *kore, sunao, tadashi, tsuna, yuki, yoshi*

Classificação no I Ching ䷼

O hexagrama correspondente no I Ching, o antigo livro chinês de sabedoria e oráculos, é o de nº 61, *Chung Fu* 中孚, A Verdade Interior.

Para um Entendimento Mais Profundo de Importantes Combinações de Palavras com Ze 是

是正 *Zesei* Endireitar Algo

A combinação dos signos *ze sei* 是正 no Símbolo HS leva a uma interpretação que difere da tradução do símbolo todo: "A consciência de Buda é alcançada por meio da correção dos

---

[143] Se isso parecer um pouco artificial, lembre que na Ásia Oriental a atenção frequentemente volta-se para áreas que os ocidentais consideram menos importantes. Por exemplo, a cor branca – os espaços não preenchidos – exerce um papel importante na pintura da Ásia Oriental e empresta aos quadros uma atmosfera muito especial. É por isso que às vezes precisamos ver as coisas com outros olhos. Essa é uma situação de outros países, de outras perspectivas, de outros costumes e modos diferentes de pensar...

desejos/ideias". Essa interpretação não é possível na linhagem Takata porque sua pronúncia do símbolo é *Hon sha ze sho nen* e não *Hon sha ze sei nen*. Na pronúncia japonesa, ela pode ser mudada quando, por exemplo, há várias consoantes em sequência (*hon sha* torna-se *honja*). Nesse caso, o significado permanece o mesmo. Porém, se os *Kanji* individuais são combinados de maneira diferente, isso muda não apenas a pronúncia, mas também a tradução.

是非 *Zehi* **Absolutamente**

Esta é uma junção de afirmação e negação. Originalmente, significava algo como "quer seja certo ou errado, é assim que deve ser", que então foi reduzido para "absolutamente".

O Caractere Chinês Shô 正

Shô 正 significa fundamentalmente "correto". Como verbo, significa "corrigir", "endireitar" ou "adaptar".

> *Shô* 正 é composto pelo signo para o número Um 一 (*ichi*) e pelo verbo parar 止. "Parar" significa este verbo, pelo menos por hoje. Originalmente este era também um signo para "pé" e mostra que alguém está avançando em linha reta, descrito pelo *Kanji* para o número Um. É por isso que há também um traço de sinceridade contido no significado.

Il. 133 – ORIGEM DO KANJI SHÔ

Percorrer o caminho "em linha reta" de modo "correto" significa agir pelo bem maior de todos os envolvidos – seguir o caminho dourado. Neste sentido, o *shô* 正 está ligado ao elemento metal. A propósito, os termos para "metal" e "ouro" têm o mesmo caractere. Além disso, *shô* 正 relaciona-se estreitamente com o terceiro *Kanji* no Símbolo HS, o *Ze* 是. O sol 日 na parte superior do signo, representando *Dainichi Nyorai*, derrete o metal da terra, podendo-se então dar-lhe a forma desejada. Isso se assemelha ao princípio do desenvolvimento da personalidade, que é influenciada de modo especialmente benéfica pelo Reiki.

No Japão, é também costume usar *shô* 正 para contar (por exemplo: ao incluir coisas numa lista) de um a cinco. Enquanto no Ocidente quatro traços verticais cruzados por uma linha horizontal totalizam cinco, no Japão isso é representado pelo *Kanji shô* 正, o que torna o número cinco completo como uma unidade. Se faltar um traço, o signo está incompleto e é também incorreto.

Leituras de Shô 正

Sino-japonês: *shô, sei*

Japonês: *tadashii, tadasu, mato, masa ni, masashiku, kami*

Nomes japoneses: *akira, osa, kami, kimi, sada, taka, tada, tadashi, tadasu, tsura, nao, nobu, masa, masashi, yoshi*

Classificação no I Ching ䷹

O hexagrama correspondente no I Ching, o antigo livro chinês de sabedoria e oráculos, é o de nº 58, *Tui* 兌, A Alegria/Lago.

O Caractere Chinês Nen 念

Nen 念 tem todo um conjunto de significados. Ele denota principalmente a percepção de um "sentimento" ou "estado de espírito". Outros significados são "atenção" ou "vontade" e "desejo". Dependendo do contexto em que o signo é usado, o sentido também muda.

O *Kanji nen* 念 é composto por uma parte superior e uma inferior. Ambas podem também ser usadas como signos individuais independentes um do outro. Como se trata de uma combinação de palavras, não existe representação gráfica para a origem de *nen* 念 sozinho.

> A parte superior 今 significa "agora". A explicação do signo é que um objeto é pressionado até ficar achatado como o *Kanji* para o número Um, que representa um traço horizontal (一). Um tipo de carimbo que se estreita em direção ao topo é usado para pressionar. Com a pressão, o poder se concentra num ponto no momento "agora".

Il. 134 – ORIGEM DO KANJI PARA AGORA

> A parte inferior 心 significa "coração". O *Kanji* é uma representação simplificada do coração como órgão. Ao mesmo tempo, porém, ele também significa que um estado de espírito ou uma substância se espalha por todo o espaço disponível. Em termos do órgão, a relação é com o modo como o sangue vital é distribuído do coração para todo o organismo. Para o tratamento a distância com o Símbolo HS, isso significa que o Reiki é distribuído do coração de *Dainichi Nyorai* para todo o cosmos.

Il. 135 – ORIGEM DO KANJI PARA CORAÇÃO

Se um selo é usado na Ásia, sua cor é sempre vermelha, como o sangue.[144] Quando o carimbo é pressionado sobre o papel, essa cor vermelha se distribui como uma impressão do selo em si. Naturalmente, apenas as áreas salientes do selo (determinadas previamente) aparecem no papel. Isso corresponde à característica explícita dos receptores de Reiki num tratamento a distância.

De acordo com a explicação de um dicionário japonês,[145] esse fenômeno compara-se também com a recitação de um sutra ou de um mantra, em que a boca não fica totalmente

---

[144] Há um paralelo interessante com isto na Europa: as Runas, o alfabeto nórdico sagrado, são sempre da cor vermelha quando as pessoas querem trabalhar com o poder espiritual dessas letras. Só assim o poder mágico é eficaz no mundo material.
[145] *Gakken* 学研. *Super Nihongo Daijiten* スーパー日本語大辞典. Tóquio, 1998.

aberta e a pessoa não precisa gritar, e ainda assim o efeito se distribui por todo o recinto. Por isso o termo geral para invocar o Buda (*nenbutsu* 念仏) é descrito com o *nen* 念. Com uma invocação como *Namu Amida Butsu* (南無阿弥陀仏), que significa algo como "Louvado seja o Buda Amida", ele é alcançado pelo poder em desenvolvimento. Invocações semelhantes também são praticadas com os nomes de outros Budas.

No Budismo, *nen* 念 tem um significado próprio relacionado com a explicação do signo acima e é decisivo para compreender o Símbolo HS. No Budismo, ele é especificamente a tradução do termo sânscrito *smriti*, que significa algo como "lá onde o coração está" ou "memória do coração". Alguém que esteja totalmente imerso no seu coração, aproxima-se continuamente dele ou, em outras palavras, se deixa cair cada vez mais profundamente na energia do coração, chega a um lugar onde há somente amor, o que é comparável ao estado de *Dainichi Nyorai*. Assim, *nen* 念 descreve novamente a tese de *Kûkai* de que todo ser humano pode alcançar a iluminação nesta vida. A arte para isso consiste unicamente em dirigir a atenção para o amor que está armazenado no coração de todos os seres. Presumindo que a energia flui para onde está a atenção, o amor de *Dainichi Nyorai,* que é simultaneamente expresso tanto pelo Deus como pela Deusa, é transmitido para outros seres. Com o Símbolo HS, que representa a fonte do poder espiritual do amor (= Reiki), a atenção concentra-se num objetivo. No processo, o praticante de Reiki separa-se com o símbolo HS do tempo e do espaço para deixar que o poder do Reiki flua a distância (tanto espacial como temporal). O canal de Reiki (a pessoa que usa o Reiki) recebe essa energia do mesmo modo de uma distância não tangível, a qual é então transmitida a um receptor, através dele, pelas mãos ou pelo Símbolo HS.

Combinações de palavras com Nen 念

Os dois últimos *Kanji* do Símbolo HS – *shô* 正 e *nen* 念 – resultam numa única palavra quando estão combinados. Mas antes de descrever essa palavra com mais detalhes, apresentamos algumas combinações de signo/palavra para facilitar a compreensão de *nen* 念.

念力 **Nenriki**

Termo budista com o qual o poder concentrado no coração é descrito sem nenhuma sombra de dúvida.

念珠 **Nenju**

Contas de oração de pérola para recitação de mantras, dhâranîs e sutras (*mâlâ*).

念旧 **Nenkyû**

Lembrança constante de uma verdadeira amizade.

念呪 **Nenju**

Recitação de fórmulas mágicas.

念念 **Nennen**

Um período de tempo extremamente curto no Budismo.

念じ入る **Nenjiru**

Fazer ou expressar algo de todo coração.

念ず **Nenzu**

Sem dizê-lo em voz alta, desejar algo do fundo do coração e pedir proteção e orientação a vários seres de luz.

Leituras de Nen 念

Sino-japonês: *nen, den*

Japonês: *omou, yomu*

Nomes japoneses: *mune*

Classificação no I Ching ䷜

O hexagrama correspondente no I Ching, o antigo livro chinês de sabedoria e oráculos, é o de nº 29, *K'an* 坎, Água.

Significado dos Termos Shônen no Símbolo HS

Embora o Japão tenha adotado o signo chinês com seus significados, as definições de alguns termos mudaram com o passar do tempo. Em japonês – e apenas em japonês – *shônen* 正念 significa "mentalmente saudável". Entretanto, essa era originalmente uma expressão budista, assim descrita nos dicionários atuais: pensamento correto – ideia genuína – um dos Oito Caminhos – reconhecer que (o ensinamento de Buda) sempre esteve aí e mantê-lo no coração – não desviar a atenção da energia do coração, invocando Buda de todo coração e refugiando-se nele.

Desde que me envolvi com os Símbolos, pergunto seguidamente a chineses, japoneses e coreanos o que os cinco *Kanji* do Símbolo HS significam, e se sabem onde ou em que fontes escritas essa expressão pode ser encontrada. Ninguém conseguiu me responder essa pergunta. Asiáticos esclarecidos, porém, sentiram-se particularmente atraídos pelos dois últimos *Kanji*, *shô* 正 e *nen* 念. Segundo eles, embora *shônen* 正念 seja traduzido como "ideia correta" ou "pensamento correto", ele é ao mesmo tempo um termo budista, e seria importante analisar esse aspecto mais de perto.

As enciclopédias budistas oferecem explicações bastante extensas da palavra *shônen* 正念, as quais resumimos a seguir.

Shônen 正念 no Budismo

Shônen 正念 é um termo budista especializado sobre o qual vários livros poderiam ser escritos para explicar exatamente seu significado. Em resumo, *shônen* 正念 representa a "Consciência de Buda", a qual está muito perto. Milhares de pessoas viajam a países distantes em busca da iluminação e então, em algum momento, descobrem (ou talvez não) que já levavam a iluminação, a "Consciência de Buda", dentro de si mesmas o tempo todo!

O *Sutra Avatamsaka* explica que a Consciência de Buda tem relação com *Dainichi Nyorai*. Ele apresenta uma extensa descrição do Mundo do Tesouro da Flor de Lótus em que *Dainichi Nyorai* permanece como Buda cosmológico no centro do universo. Daqui, a luz irradia-se dos seus poros para todas as regiões do cosmos, iluminando-as. Mas essa irradiação não é apenas luz. Observada num microscópio, ela pareceria como uma quantidade infinita de pequenos Budas. Isso também explica por que tantos pequenos Budas são representados na mandorla de imagens budistas. Dessa perspectiva, todos os Budas do passado, do presente e do futuro são emanações de *Dainichi Nyorai*, entre as quais está também o Buda histórico *Sakyamuni*.

Com relação ao Símbolo HS, isso significa que ele é útil como fonte de energia Reiki e para estabelecer contato no tratamento a distância. De acordo com este sutra, o canal de Reiki atua como um portador da luz para a energia vital espiritual do Reiki de *Dainichi Nyorai*. Ao mesmo tempo, toda pessoa que aplica Reiki é uma emanação de *Dainichi Nyorai*. Isso significa que todos os seres humanos levam em si a iluminação do Buda cosmológico *Dainichi Nyorai*, precisando apenas reconhecer essa realidade.

Como foi descrito anteriormente, os dois últimos *Kanji* do Símbolo HS resultam na palavra *shônen* 正念. 正 *shô* significa "apropriado, correto" e é composto pelos signos 一 *ichi* = Um e 止 *tomeru* = parada ou pausa. 念 *nen* significa "sentido, significado, sentimento, desejo" e é composto pelo signo 今 *ima* = agora e 心 *kokoro* = coração no sentido de "mente; a totalidade de sabedoria, sentimento e sentido; ponto focal".

Com base nisso, a tradução de *shônen* 正念 resulta na seguinte frase: "Parando no momento correto, a mente está no aqui e agora". No Zen-Budismo, a capacidade de estar (viver) no "aqui e agora" é um objetivo importante. Esse é especificamente o momento de fusão com a Consciência de Buda. Isso empresta um significado ainda mais compreensível à tradução dos cinco signos do Símbolo HS (O ser humano verdadeiro não está distante da Consciência de Buda) porque o "ser humano verdadeiro" significa toda pessoa que se entrega com todo seu ser ao poder do Reiki que flui através dela durante um tratamento. Sem dúvida, esse estado é conhecido por todo praticante de Reiki. Ele ocorre quase regularmente quando alguém aplica o Reiki e com o passar do tempo fica cada vez mais absorvido no fluxo de poder – não mais pensando sobre alguma coisa, não mais questionando, não mais observando, mas apenas permanecendo no centro do seu ser.

Classificação no I Ching ䷿

O hexagrama correspondente no I Ching, o antigo livro chinês de sabedoria e oráculos, é o de nº 64, *Wei Chi* 未済, Antes da Conclusão.

A Forma do Símbolo HS

Como vimos, o dr. Usui integrou aos símbolos caracteres dotados de significado, um tema que abordaremos mais detalhadamente na próxima seção. Eu (Mark) venho praticando caligrafia quase desde o início do meu trabalho com o Reiki. Ao longo dos muitos anos, sempre senti muita satisfação em escrever os símbolos com pincéis próprios para escrita caligráfica.[146] Esse exercício constitui também um método que facilita o acesso ao significado dos símbolos.

Como a caligrafia é uma das artes de meditação, é natural que seja muito apreciada pelos monges budistas há muitos séculos. É importante observar que como o ato de co-

---

146 Cf. o Excurso sobre a Caligrafia.

piar ou transcrever os sutras para propagação dos ensinamentos budistas cria karma bom, os sutras só foram copiados à mão naquela época e sua transcrição evoluiu para uma forma de meditação.

Com base em minha experiência, sei que é possível chegar a percepções profundas por meio da escrita ou do desenho dos símbolos em estado meditativo. Alguns anos atrás, enquanto escrevia o Símbolo HS milhares de vezes, de repente ocorreu-me que sua forma é muito semelhante à de um pagode. Um pagode é um aprimoramento de uma *Stupa* – o túmulo de Buda. Na Ásia Oriental, ele é uma espécie de torre com diversos andares, todos eles encimados por telhados recurvados para cima.

Il. 136 – PAGODE NA ILHA DE SHIKOKU

Cada andar tem seu telhado voltado para cima. No Símbolo HS, há três linhas voltadas para cima no lado esquerdo e duas no lado direito. Um pagode tem um pilar central (jap. *shinbashira* 心柱) ligeiramente projetado além do topo. Esse pilar existe também no Símbolo HS. Ele pode ser traduzido literalmente como "pilar do coração" (心 *shin* = coração e 柱 *hashira* = pilar). Os três últimos traços do Símbolo HS são uma abreviatura do caráter 心 *shin* = coração. Nesse caractere, coração não representa o órgão interno, que seria identificado com outros caracteres. O objeto ritualístico mais importante do pagode está debaixo do pilar do coração. São as relíquias do Buda histórico e outros objetos de culto sagrados que, em outras palavras, evidenciam a presença de Buda e da sua energia, significando a "Consciência de Buda".

Os pagodes do Budismo Esotérico reproduzem uma mandala tridimensional com *Dainichi Nyorai* no centro. Consequentemente, *Dainichi Nyorai* está presente no centro do pagode no pilar do coração. Circundam-no inúmeros Budas e Bodhisattvas. O significado desse conjunto é que *Dainichi Nyorai* ilumina o universo inteiro como o Buda cosmológico e os demais Budas originam-se dele. Aplicando-se essa visão ao Símbolo HS, a Purificação de Ambientes do Reiki do Arco-Íris[147] cria uma mandala como a que representa *Dainichi Nyorai* no Símbolo HS como fonte de poder. Para transmitir Reiki, basta usar alguns Símbolos CR extras, os quais representam as emanações de *Dainichi Nyorai*. Algo muito semelhante de

---

147 Essa técnica é descrita detalhadamente em *Reiki – The Best Practices,* de F.A. Petter/W. Lübeck, Lotus Press. Tradução de Christine M. Grimm.

fato ocorre nas aplicações do Símbolo HS no tratamento a distância. Como o cosmos é infinitamente grande e *Dainichi Nyorai* está em toda parte como Buda transcendental, o ponto central do cosmos pode estar praticamente em qualquer lugar. Por meio da visualização do receptor e dizendo seu nome três vezes, a pessoa é introduzida no estado descrito pelo HS. Espaço e tempo não são barreiras para a Consciência de Buda – ela existe em todo ser em estado potencial e pode ser despertada por meios adequados. E isso também mostra a correção da tradução do caractere *Honsha ze shônen* como "O ser humano verdadeiro não está longe da Consciência de Buda". O ser humano verdadeiro é alguém que usa conscientemente o Reiki e se entrega ao seu poder. Quanto mais a pessoa se abre, quanto mais vive o Reiki como um estado de ser na vida cotidiana, mais ela se aproxima da iluminação individual, da consciência divina da vida.

Ao aplicar os símbolos, nós os desenhamos e visualizamos. As visualizações fazem parte dos ensinamentos secretos (*mikkyô* 密教) para mostrar que aparências e verdade, mente e matéria, são inseparáveis uma da outra na realidade. Os símbolos visualizados são como seres carregados de energia. Mais precisamente, a energia procede desses símbolos, pois eles equivalem à materialização do cosmos iluminado. Assim o símbolo como meio de realização não pode ser separado da própria realização. O sutra *Dainichi kyô* – que tem como centro *Dainichi Nyorai* – diz que a mente iluminada é originalmente inerente a todos os seres. Isso significa que o Símbolo HS é uma alusão ao *Dainichi kyô* e reflete a essência desse sutra.

O Símbolo HS não só nos possibilita enviar Reiki através do espaço, mas também através do tempo, ao passado e ao futuro. O comentário sobre *Dainichi kyô* inclui a seguinte afirmação: "Onde quer que Buda esteja, aí está também este pagode. Ele é único e no entanto não está separado dos três reinos do passado, do presente e do futuro".

Como os outros símbolos, o Símbolo HS também tem uma forma, mas ainda é algo informe. Essa afirmação pode parecer paradoxal, mas segue-se imediatamente a solução. O que tem forma aparece primeiro como algo material e o que é informe como imagens fugidias sem cor e sem contorno. Tudo que não pode ser percebido diretamente é informe. Nos ensinamentos secretos, a verdade é representada com símbolos, ou seja, cada mantra, cada mudrâ, cada sílaba é uma imagem da iluminação, exatamente como o próprio Símbolo HS.

O Zen encerra um ensinamento correspondente, e fundamental: "Forma é vazio; vazio é forma". Essa é a dupla natureza espiritual da existência.

O dr. Mikao Usui, que incluiu este signo no seu Sistema Reiki de Cura Natural como um componente essencial, possuía um profundo conhecimento e uma vasta experiência no Budismo, no Taoismo e nas religiões japonesas do Shugendô e do Xintoísmo. Penso que um dos seus maiores méritos foi ter posto à disposição das pessoas leigas, de modo prático e definitivo, as complexas correlações e possibilidades espirituais dessas tradições. Como resultado, alguém que hoje queira aprender a ajudar a si mesmo e ao seu próximo em termos espirituais pode fazer isso, sem necessariamente tornar-se monge ou monja e passar muitos anos em reclusão e ascetismo para ter acesso aos poderes divinos de cura.

A questão seguinte a analisar é como o dr. Usui teve a ideia de criar o Símbolo HS nos moldes de um pagode em um dos seus níveis de significado. Os japoneses e chineses a quem apresentei o Símbolo HS pela primeira vez normalmente achavam que eu desconhecia a caligrafia tradicional e por isso não sabia deixar espaço entre um caractere e outro. No entanto, como em outras culturas, há também uma grande diferença entre a língua escrita e a falada no dia a dia, especialmente no modo como é usada e compreendida em áreas especializadas. Assim, esse modo de reunir símbolos sagrados também é bem evidente no Budismo, no Taoismo, no Shugendô e no Xintoísmo. Poucas pessoas, porém, conhecem essa arte fora de certos mosteiros e centros universitários especiais. Por exemplo, houve alguns imperadores na China e no Japão cujos nomes, e também ditos lapidares, foram reunidos num único caractere. Os nomes de templos japoneses foram muitas vezes criados desse modo.[148] Essa forma de proceder com os caracteres chineses durante muitos séculos teve origem no Taoismo. No Taoismo, é perfeitamente normal combinar vários caracteres com propósitos ritualísticos e mágicos, sendo inclusive possível combinar os caracteres de várias línguas e culturas.

Consequentemente, o dr. Usui aproveitou essa antiga tradição e complementou a técnica taoista com conteúdos budistas. Com esse entrosamento criativo de vários métodos espirituais, ele pôde compor um símbolo preciso com muitos níveis de significado e que ao mesmo tempo é uma ferramenta para o trabalho com energia no seu sistema. Frequentemente fico admirado com a simplicidade com que o dr. Usui criou o acesso a um sistema espiritual vasto e aplicável na prática. Espero que o maior número possível de amigos reikianos aprenda a usar as oportunidades ocultas na sabedoria dos símbolos do dr. Usui e o poder de cura presente nas primeiras noções do trabalho de energia com o Reiki. Com a ajuda dos poderes divinos que eles põem à disposição, será muito mais fácil para todos nós aproveitar as oportunidades destes tempos e novamente transformar a Terra num paraíso em que cada pessoa possa trilhar seu caminho para a luz com paz e amor.

Il. 137 – TALISMÃ EM SIDDHAM E KANJI – AJUDA A DESFAZER CONTATOS INDESEJÁVEIS COM A ALMA DOS MORTOS

Il. 138 – VARIAÇÕES NA ESCRITA DO SÍMBOLO HS

---

148 Cf. Seckel, Dietrich. *Buddhistische Tempelnamen in Japan.* (Nomes de Templos Budistas no Japão) In: *Münchener Ostasiatische Studien.* Vol. 37. (Munique East-Asian Studies. Vol. 37) Franz Steiner Verlag Wiesbaden: Stuttgart, 1985.

Os Símbolos Siddham dentro do Símbolo HS

Quando os sutras budistas foram traduzidos do sânscrito para o chinês, a pronúncia em *Kanji* foi transcrita, mas o conteúdo dos mantras e *dhâranîs* não foi traduzido. Por isso, é possível examinar os *Kanji* do Símbolo HS para verificar se eles também estão associados aos *Siddham*. Como há muitos mantras com cinco caracteres, outra técnica que adotamos consistiu em observar se eles poderiam ser mantras budistas compostos de caracteres chineses.[149] Infelizmente, esse procedimento direto não produziu resultados, o que não surpreende, como depois descobri, uma vez que o dr. Usui chegou ao Símbolo HS por seus próprios meios. No entanto, consegui chegar aos nove níveis do Símbolo HS, descritos em detalhe a seguir. Além disso, em seu significado esotérico, o Símbolo HS corresponde ao *Siddham hûm* da Mente de Diamante *Kongôsatta*.

Quando enviamos Reiki através do contato a distância, ocorre uma espécie de expansão da consciência que pode ser usada de muitas maneiras. O método mais simples consiste em enviar Reiki a outras pessoas. Se a hora do envio não é programada especificamente, o Reiki chega ao receptor no instante em que é passado. Entretanto, é igualmente possível usar o contato a distância para realizar diferentes viagens astrais – uma área especial do Reiki do Arco-Íris. No Budismo Esotérico, existem outras formas de transmissão de consciência que fazem parte de meditações e rituais especiais. Um método geral é a transformação dos chamados Cinco Venenos nas Cinco Sabedorias Esotéricas. Quando o método tem êxito, nós mesmos logo nos tornamos um Buda. O Símbolo HS, que representa o poder da Mente de Diamante *Kongôsatta* como o Símbolo *Siddham hûm,* é um meio poderoso para isso. As Cinco Sabedorias são expressas pelos Cinco Budas Transcendentais. Isso cria uma mandala com *Dainichi Nyorai* (a Sabedoria do Vazio Oniabrangente) no centro e as quatro emanações que o rodeiam: *Ashuku Nyorai* no leste (sabedoria que espelha), *Hôju Nyorai* no sul (sabedoria da igualdade), *Amida Nyorai* no oeste (sabedoria da percepção mágica) e *Fukujôju Nyorai* no norte (sabedoria da perfeição). As sabedorias individuais continuam simbolizadas pelos Cinco Elementos.

Os Cinco Budas Transcendentais e seus poderes estão todos contidos no símbolo *Siddham hûm* (HS). Eles correspondem aos Cinco Elementos, que são representados num pagode de Cinco Elementos.[150] A Grande Luz Resplandecente (DKM) do Buda Grande Sol *Dainichi Nyorai* irradia-se dele, como centro, para todos os cantos do cosmos. *Dainichi Nyorai* mostra-se ativamente como a Mente de Diamante *Kongôsatta* (HS) – o poder purificador de todos os Budas. Os elementos são associados a cores, que ajudam a transformar os cinco venenos da ignorância, cólera, orgulho nocivo, impulsos egoístas, apegos e da inveja em sabedoria.

Il. 139 – SIDDHAM HÛM

---

149 Embora a língua original dos mantras seja o sânscrito, eles foram traduzidos também em signos chineses.
150 Em japonês: *gorintô*.

O ponto superior (círculo) – uma chama que se expande no espaço – é *Dainichi Nyorai*. Uma tradução literal do seu nome é "aquele que torna as formas visíveis". A trindade formada pela Grande Deusa, Grande Deus e a Força Criadora que lhe é inerente em sua manifestação transforma-o na fonte de todos os fenômenos. Ele personifica a sabedoria do "Mundo do Ensinamento" (sânsc.: *Dharma dhâtu*). No Símbolo HS, essa é a área do caractere chinês *shô* 正. As demais classificações são:

Campo do Símbolo Parcial Shô 正	Buda
Buda do Mundo do Diamante	*Dainichi Nyorai* como Deus (potencial; ideia não realizada)
Buda do Mundo do Útero	*Dainichi Nyorai* como Deusa (um efeito perceptível no mundo material, também de uma natureza energética; poder)
Objeto ritualístico	Pagode
Dedo e estado associados	Dedo anular – confiança
Forma de transformação	Forma superior de capacidade
Cor	Branco
Forma	Círculo
Direção na mandala	Centro
Elemento	Água
Região do corpo	Abdome

A segunda linha, em forma de tigela, simboliza *Ashuku Nyorai* – a personificação da sabedoria que espelha. No Símbolo HS, essa é a área do caractere chinês *nen* 念. As demais classificações são:

Campo do Símbolo Parcial Nen 念	*Vajra* (eficaz espiritualmente, princípio masculino, comparável ao membro masculino gerador da vida)
Buda do Mundo do Diamante	Ashuku Nyorai
Buda do Mundo do Útero	*Hôdô Nyorai*
Objeto ritualístico	*Vajra* de cinco pontas
Dedo e estado associados	Dedo médio – progresso
Forma de transformação	Obtenção da iluminação
Cor	Vermelho
Forma	Triângulo
Direção na mandala	Leste
Elemento	Fogo
Região do corpo	Peito

A terceira linha simboliza *Hôshô Nyorai* – a personificação da sabedoria da igualdade. No Símbolo HS, essa é a área do caractere chinês *hon* 本. As demais classificações são:

Campo do Símbolo Parcial *Hon* 本	Tesouro
Buda do Mundo do Diamante	*Hôshô Nyorai*
Buda do Mundo do Útero	*Kafuke ô Nyorai*
Objeto ritualístico	Joia que realiza o desejo
Dedo e estado associados	Dedo mínimo – concentração
Forma de transformação	Prática
Cor	Amarelo
Forma	Quadrado
Direção na mandala	Sul
Elemento	Terra
Região do corpo	Quadril

A quarta linha simboliza *Amida Nyorai* – a personificação da sabedoria da percepção mágica. No Símbolo HS, essa é a área do caractere chinês *ze* 是. As demais classificações são:

Campo do Símbolo Parcial *Ze* 是	Lótus
Buda do Mundo do Diamante	*Amida Nyorai*
Buda do Mundo do Útero	*Muryôju Nyorai*
Objeto ritualístico	*Vajra* de uma ponta
Dedo e estado associados	Polegar – absorção
Forma de transformação	Realização
Cor	Azul-esverdeado
Forma	Gota – pétala de lótus
Direção na mandala	Oeste
Elemento	Vazio
Região do corpo	Alto da cabeça

A quinta linha simboliza *Fukûjôju Nyorai* – que personifica a sabedoria da perfeição. No Símbolo HS, essa é a área do caractere chinês *sha* 者. As demais classificações são:

Campo do Símbolo Parcial *Sha* 者	Karma
Buda do Mundo do Diamante	*Fukûjôju Nyorai*
Buda do Mundo do Útero	*Tenkuraion Nyorai*
Objeto Ritualístico	*Vajra* de três pontas
Dedo e estado associados	Dedo indicador – compaixão
Forma de transformação	Nirvana

Cor	Preto
Forma	Meia-lua
Direção na mandala	Norte
Elemento	Vento
Região do corpo	Face e garganta

O Símbolo HS e os Cinco Elementos

Os *Kanji* individuais do Símbolo HS estão associados aos cinco elementos: madeira, fogo, terra, metal e água. A ordem dos elementos, conforme dispostos no Símbolo HS, corresponde exatamente à ordem do ensinamento chinês dos Cinco Elementos.

本 *hon* corresponde ao elemento madeira

者 *sha* corresponde ao elemento fogo

是 *ze* corresponde ao elemento terra

正 *shô* corresponde ao elemento metal

念 *nen* corresponde ao elemento água

Os elementos representam um ciclo. A madeira alimenta o fogo, o fogo alimenta a terra, a terra alimenta o metal, o metal alimenta a água e, por fim, a água alimenta a madeira. Se começamos com o elemento água, a água domina o fogo, o fogo domina o metal, o metal domina a madeira, a madeira domina a terra e a terra domina a água.

Como resultado, parece que o dr. Usui atribuiu mais funções ao Símbolo HS do que apenas a de estabelecer contato para o tratamento a distância. O poder espiritual dos Cinco Elementos está praticamente concentrado nesse símbolo. As associações com os hexagramas do *I Ching* oferecem outras indicações sobre as qualidades esotéricas de cada componente do HS. Embora seja natural que os hexagramas nem sempre correspondam às classificações dos elementos segundo os Cinco Elementos, isso acontece porque existem associações de elementos taoistas e xamânicos com os hexagramas. Mesmo que taoistas e confucionistas tenham conseguido "vender" a ideia de que o *I Ching* é sabedoria "deles", esse é definitivamente um equívoco. O *I Ching* foi criado no período em que o Xamanismo Wu florescia na China. Ora, o Taoismo e o Confucionismo não existiam como conceitos nessa época. Além disso, os signos parciais têm níveis diferentes de significado que se complementam uns aos outros.

Na Ásia, a doutrina dos Cinco Elementos é usada para classificar toda a Criação. Esse versátil sistema encontra-se em toda parte – tanto na Medicina Tradicional Chinesa e na filosofia como na pintura, na música e na arte da guerra.

Os Atributos dos Cinco Elementos

Cada um dos Cinco Elementos tem várias associações com as quais os fenômenos da vida podem ser compreendidos tanto em sentido prático como teórico.

Água 水: rins, bexiga, cores: preto/azul-escuro; salgado; cheiro ruim; norte; inverno. O Ki do elemento Água 1 afunda. Formas horizontais curvas, de contornos irregulares. Se a água é fraca, o fogo é intenso e queima rapidamente (fogo de palha). Se a água é forte, o fogo se apaga. Sentimentos: medo, pavor, terror, stress, suavidade, tranquilidade e calma. Corpo físico: ouvidos, cérebro, ossos e sistema urogenital. Horário dos órgãos: 15 às 17 h – bexiga; 17 às 19 h – rins. Gemido. Medo excessivo prejudica a bexiga.

Madeira 木: fígado; vesícula biliar; cor: verde; acidez; cheiro rançoso; leste; primavera. O Ki do elemento Madeira 3 e 4 se expande em todas as direções. Formas retangulares, ascendentes. Se a madeira é fraca, a terra é indolente. Se a madeira é muito forte, perturba a terra. Sentimentos: irritação, raiva, agressão, amizade, assertividade, imaginação e abertura. Corpo físico: olhos, músculos e tendões, diafragma e virilhas. Horário dos órgãos: 1 às 3 h – fígado; 23 à 1 h – vesícula biliar. Gritos. Raiva excessiva prejudica o fígado.

Fogo 火: coração, intestino delgado (Triplo Aquecedor); cor: vermelho; amargo; cheiro de queimado; verão; sul. O Ki do elemento Fogo 9 projeta-se para cima. Formas triangulares. Se o fogo é muito forte, o metal perde sua forma, durabilidade e força. Se o fogo é muito fraco, o metal se solidifica e se torna quebradiço. Sentimentos: alegria, exaltação, amor, felicidade, honra, respeito, retidão, criatividade, entusiasmo, temperamento, carisma, impaciência, arrogância, passo apressado, melancolia, crueldade e violência. Corpo físico: língua, axilas e face. Horário dos órgãos: 11 às 13 h – coração; 13 às 15 h – intestino delgado; 19 às 21 h – circulação-sexo; 21 às 23 h – Triplo Aquecedor. Riso. Felicidade excessiva prejudica o coração.

Terra 土: estômago; baço; cor: amarelo; transição entre as estações; sabor doce ou neutro; cheiro aromático; centro. O Ki do elemento Terra 2, 5 e 8 gira em torno do próprio eixo. Formas angulares. Se a terra é fraca, a água penetra nela. Se a terra é muito forte, obstrui o movimento natural da água. Sentimentos: melancolia, preocupação, alheamento, sentimentalismo, abertura, compaixão, centramento, musicalidade e equanimidade. Corpo físico: boca/lábios, tecido conectivo e pâncreas. Horário dos órgãos: 7 às 9 h – estômago; 9 às 11 h – baço. Canto. Repouso excessivo prejudica o baço.

Metal 金: pulmões; intestino grosso; cor: branco; pungente; cheiro de podridão (compostagem); oeste. O Ki do elemento Metal 6 e 7 dirige-se para o próprio centro e nesse movimento se solidifica. Contrai-se. Formas arredondadas, como uma cúpula. Se o metal é muito fraco, a madeira se expande demais. Se o metal é muito forte, a madeira danifica-se. Sentimentos: preocupação e tristeza, pesar, depressão, coragem, honestidade, capacidade de adaptação, de deixar para trás, vazio. Corpo físico: nariz, membranas mucosas e pele. Horário dos órgãos: 3 às 5 h – pulmões; 5 às 7 h – intestino grosso. Choro. Tristeza excessiva prejudica os pulmões.

Cada uma das cinco diferentes emoções pode ser produzida por um ou mais dos cinco elementos. Por exemplo, temos a raiva (madeira) causada pelo medo (água), mas também a raiva gerada por um estímulo (fogo) que não é satisfeito.

O Ciclo de Construção

Sentido horário: Madeira (trovão e vento) queima e por isso produz *fogo*. *Fogo* deixa cinzas (terra). Da *terra* (terra e montanha) é extraído o *metal* (mar e céu). O *metal* dá poder à água e a produz porque o movimento de constrição, para dentro, em direção ao topo transforma-se no movimento descendente da água. O elemento *água* é necessário para o crescimento das árvores (*madeira*).

O Ciclo de Decomposição

Sentido anti-horário: Fogo derrete *metal. Metal* corta *madeira. Madeira* nutre-se de *terra. Terra* represa *água. Água* extingue *fogo.*

Processo de Controle

Esta interação serve para evitar desequilíbrios, por isso é um processo de autorregulação. No sentido horário, ele sempre controla (organiza adequadamente) o elemento que vem em seguida.

Madeira controla *terra. Terra* controla *Água. Água* controla *fogo. Fogo* controla *metal. Metal* controla *madeira.*

Processo de Perturbação

Esta relação leva a auto-organização à desarmonia. Nesse processo, o elemento seguinte no sentido anti-horário é influenciado.

Madeira prejudica *metal. Metal* prejudica *fogo. Fogo* prejudica *água. Água* prejudica *terra. Terra* prejudica *madeira.*

Processo de Mediação

Se dois elementos hostis estão muito próximos, um terceiro pode atuar como mediador para resolver o problema.

Madeira interpõe-se entre água e fogo.

Fogo interpõe-se entre madeira e terra.

Terra interpõe-se entre fogo e metal.

Metal interpõe-se entre terra e água.

Água interpõe-se entre madeira e metal.

As Cinco Práticas dos Bodhisattvas

Além dos Cinco Elementos, os cinco *Kanji* do Símbolo HS também representam as Cinco Práticas dos Bodhisattvas.

布施 *fuse* Generosidade

O objetivo de *fuse* é dar alguma coisa da abundância que se possui. Essa abundância se refere tanto às coisas materiais como aos ensinamentos.

持戒 *jikai* Seguir o Caminho do Coração

O intento consiste em seguir o caminho de Buda (o Caminho do Coração), o que significa agir com compaixão e sabedoria para o bem maior de todos os envolvidos e assim ajudar muitos seres a alcançar a felicidade.

忍辱 *ninniku* **Paciência**

Trata-se da paciência enquanto reação adequada ao modo de proceder de outros, perdoando-os e desejando-lhes o melhor.

精進 *shôjin* **Trabalho de Luz**

Significa seguir mentalmente o ensinamento da luz e rejeitar tudo o que prejudica a ordem divina.

止観 *shikan* **Abandono das Ilusões**

Consiste em repelir as ilusões e em viver a Consciência de Buda.

As implicações das cinco práticas resultam numa nova dimensão do significado do Símbolo HS, a qual está muito próxima da tradução desse Símbolo: "Seguir o caminho do coração com generosidade e alcançar a Consciência de Buda através da paciência em nossas ações e do trabalho de luz na mente".

Estritamente falando, isso implica uma interpretação especial dos Princípios do dr. Usui.

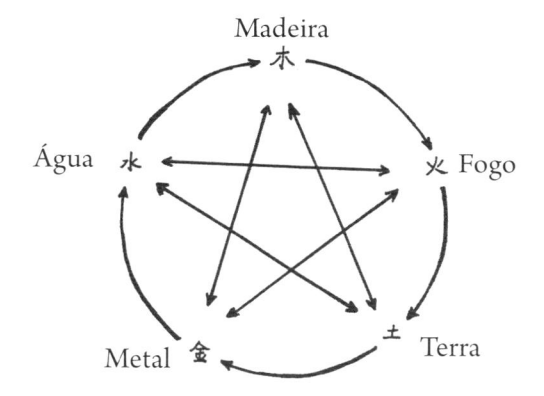

Il. 140 – OS CINCO ELEMENTOS

Origens do Tratamento a Distância no Japão

Quem visita o Monte Kurama, onde o dr. Usui passou três semanas em meditação, encontra lá o templo *Kuramadera*. É nesse templo que os seres de luz espirituais *Senju Kannon, Bishamonten* e *Gohô Maôson* são venerados.[151] Além disso, o templo *Kuramadera* é um mosteiro sincrético onde tanto o Budismo como o Xintoísmo são praticados.

São necessárias mais algumas explicações sobre *Bishamonten* no contexto do Símbolo HS. Originalmente, ele foi um dos guardiões do Budismo. Desde o século X, *Bishamonten* é também mencionado em fontes escritas como o Mestre do Tratamento a Distância, como o *Shigisan engi monogatari*. Essa história é tão famosa que no século XII foi desenhada em pergaminho japonês. A história narra três milagres do monge *Myôren*. Na primeira parte, *Myôren* fez sua tigela de pedinte voar; na segunda parte, ele curou o Tennô com tratamento a distância; a terceira parte é sobre a irmã mais velha de *Myôren*, a qual o encontrou no templo *Tôdaiji*, guiada pelo Grande Buda.

---

[151] Cf. capítulo 13, sobre o Monte Kurama e os Seres de Luz lá cultuados.

Il. 141 – BISHAMONTEN – PORTADOR DO SÍMBOLO HS

Bishamonten é o responsável pelo tratamento a distância. Em esculturas, ele é normalmente representado com um bastão de sabedoria na mão direita e um pagode na esquerda. Sim, você leu corretamente – *Bishamonten* segura um pequeno pagode na mão esquerda (sobre o chakra da palma), na altura do ombro, como foi descrito na seção sobre o Símbolo HS. É assim que *Bishamonten* recebe a energia de *Dainichi Nyorai* (Reiki) no tratamento a distância, a qual entra diretamente através do pagode no chakra da palma. Na mão direita, ele segura um bastão de sabedoria que representa a atividade pela qual ele pode lutar, proteger e curar através da orientação do poder (ação). A última atividade também corresponde à função do Símbolo CR, seja no tratamento a distância, no *Mental Healing* ou na Ducha de Reiki. Enquanto o Símbolo HS é a fonte do poder, o Símbolo CR determina a direção em que o Reiki flui e como ele opera. A sabedoria é demonstrada na ação de *Bishamonten* para o bem maior de todos os envolvidos. Assim, a esquerda é a mão que recebe (*Yin*) e a direita é a mão que envia (*Yang*). Há aqui uma relação também com a Deusa e o Deus, e ainda com as Mandalas do Mundo do Útero e do Mundo do Diamante. O útero e a Deusa no pagode simbolizam o princípio que recebe (HS); o diamante e o Deus com o bastão de sabedoria simbolizam o princípio que executa (CR). Originalmente, o bastão de sabedoria era uma arma que consistia numa longa vara com uma lâmina na ponta. Sua forma possibilitava ao combatente deter e puxar para si uma pessoa ou coisa.

O pergaminho desenhado *Shigisan engi* mencionado acima retrata como ocorre o tratamento a distância. O ser de luz que caminha sobre as nuvens, *Bishamonten*, representa simbolicamente o Símbolo HS. A nuvem expressa que *Bishamonten* caminha muito rapidamente. A Roda dos Ensinamentos (sânsc.: *Dharma cakra*; jap.: *rinbô*) gira à sua frente. No plano material, a Roda dos Ensinamentos é o poder espiritual que tem efeito prático sobre os seres que ali vivem, poder esse que os ajuda uma vez mais a tomar consciência da sua divindade e a confiar em sua luz interior. Penso que, neste contexto, o Símbolo CR equivale à Roda dos Ensinamentos.

Bishamonten envia *Fudô Myôô* como uma poderosa manifestação de *Dainichi Nyorai*. Com a espada, ele corta tudo o que prejudica a saúde e o desenvolvimento da personalidade e produz doenças. Com o laço, ele resgata os seres de tudo o que causa doenças, puxando-os para si.

Il. 142 – TRATAMENTO A DISTÂNCIA NO PERGAMINHO SHIGISAN ENGI

A Roda dos Ensinamentos corre à frente do ser de luz. A Roda dos Ensinamentos é um dos símbolos mais importantes do Budismo. Como ela rola pelo mundo, os ensinamentos de Buda se propagam. Por isso se diz também que o próprio Buda girou a Roda dos Ensinamentos três vezes, significando os três sermões com os quais inspirou as três principais escolas budistas do *Hinayana*, *Mahâyâna* e *Vajrayâna*.[152] Além disso, a roda de oito raios é um símbolo antigo em todo o mundo dos xamãs que trabalham nas formas tradicionais. Ela mostra as oito direções e os oito festivais sagrados relacionados às estações que definem e explicam não só a ordem do ano, mas também todo o processo da vida. E mais, podemos encontrar na roda de oito raios seres espirituais auxiliares que amparam a natureza e os seres humanos em sua caminhada através do tempo para que tudo aconteça segundo uma estrutura de apoio e coordenação. A roda da medicina sagrada dos nativos americanos é uma variação especialmente desenvolvida desse símbolo, que também foi introduzido na Europa pelo mestre nativo americano Sunbear e sua companheira de vida Wabun Wind. Quem já fez algum trabalho ritualístico e meditação numa roda de medicina e pôde sentir a presença poderosa e amorosa dos seres espirituais auxiliares, conhece o significado profundo desse símbolo universal.

Do mesmo modo que no símbolo SHK, existe um símbolo *Siddham* para cada ser de luz no Budismo. A comparação entre o *Siddham* para *Fudô Myôô* no pergaminho mencionado e o *Siddham* para o ser de luz *Gohô Maôson* no templo *Kuramadera* mostra que se trata do mesmo signo, ou seja, a sílaba *hûm*. Essa relação implica o vínculo entre os dois templos nas montanhas de *Shigi* e *Kurama*. Também é interessante observar o contexto da função dos três seres de luz no templo *Kuramadera*. *Senju Kannon* representa o amor, *Bishamonten* representa a luz e *Gohô Maôson* simboliza o poder. As pessoas também gostam de equiparar *Maôson* a um *tengu*, um espírito da floresta que tem um nariz comprido e forte afinidade com árvores altas. Em minha opinião, *Senju Kannon* está relacionada com o Símbolo do Reiki SHK, *Bishamonten* com o símbolo HS e *Gohô Maôson* com o símbolo CR.

---
152 Cf. capítulo 4, sobre o Budismo Esotérico.

Shigisan Engi Monogatari – História da Origem (do Templo) no Monte Shigi

Parte 1 – O Celeiro Voador

Um devoto chamado *Myôren*, ainda leigo, dirigiu-se ao templo *Tôdaiji* para autoiniciar-se. Alcançado o objetivo, ele resolveu não voltar para sua cidade natal e rezou ao Grande Buda *Birushana*[153] em *Tôdaiji* para que lhe mostrasse um lugar onde pudesse dedicar-se às práticas do Budismo em paz. Enquanto rezava, ele enxergou os contornos de uma montanha no sudoeste, para onde se sentiu magicamente atraído. Era o Monte *Shigi*. Instalado nesse local, dedicou-se com tanta diligência às suas práticas, que chegou a fazer uma escultura budista enquanto estava em transe. Depois de terminá-la, descobriu que era uma imagem de *Bishamonten*. Ele então construiu um abrigo para ela.

Com o passar dos anos, ele realizou alguns milagres, os quais o tornaram muito conhecido, mesmo que não fosse essa sua intenção. No sopé da montanha vivia um homem muito rico. *Myôren* sempre fazia sua tigela de pedinte voar até lá e voltar cheia de comida. Certo dia, porém, o homem rico irritou-se com a tigela e disse: "Pronto, chegou a tigela de sempre! Ela é tão nova e ávida!" Ele então a pegou e jogou no canto do celeiro. Ao terminar as tarefas do dia e fechar o celeiro com a tigela dentro, de repente o celeiro começou a flutuar, para espanto das pessoas que ali se encontravam. A tigela voou para debaixo do depósito e o levou embora. O homem e os que o acompanhavam viram a tigela e o celeiro voando para as montanhas onde o monge *Myôren* vivia. Lá chegando, ela pousou perto da choupana do monge.

É evidente que o homem rico ficou muito envergonhado com esse acontecimento. Ele foi até *Myôren* e explicou: "Veja, eu estava totalmente perturbado hoje e inadvertidamente deixei de abastecer a tigela. Depois a esqueci no celeiro, que agora está aqui. Você poderia fazer o favor de devolver-me o celeiro?" *Myôren* respondeu: "Como o celeiro voou para cá, e como uma coisa dessas nunca esteve aqui antes, é sensato enchê-lo com alguma coisa. Por isso não posso devolvê-lo. Mas você pode levar tudo o que está dentro dele neste momento". O homem respondeu: "Como eu poderia fazer isso? Ele está com 180 toneladas de arroz". *Myôren* explicou-lhe que seria muito simples. Se ele colocasse um fardo de arroz na tigela e a fizesse voar, todos os outros fardos seguiriam a tigela como gansos selvagens. Isso deixou o homem temeroso. Envergonhado, ele disse que gostaria de deixar para o monge em torno de um terço do arroz. Mas *Myôren* não concordou com a proposta porque não teria como consumir tanto arroz. Por fim, as 180 toneladas de fardos de arroz pousaram sem problemas na propriedade, exatamente no lugar onde o celeiro se localizara até então.

Parte 2 – A Cura do Daigo Tennô

No Período *Engi* (901-923), durante o qual *Myôren* ficou famoso por seus milagres, o *Daigo Tennô* (885-930) ficou gravemente doente. Embora milhares de pessoas lhe dirigissem orações, mantras e sutras, nada conseguiu aliviar o seu sofrimento, e muito menos curá-lo.

---

[153] *Birushana*: Buda *Vairocana* no Budismo *Mahâyâna*. Comparável a *Dainichi Nyorai* (sânsc.: *Mahâ Vairocana*) no Budismo *Vajrayana*.

Então alguém lhe disse: "Em Yamato, num lugar chamado *Shigi,* vive um monge santo chamado *Myôren* que possui poderes milagrosos extraordinários e veneráveis. Ele pode inclusive fazer sua tigela de pedinte voar para poder meditar em paz. Se viesse até Vossa Majestade, ele certamente o curaria". Assim, o Tennô enviou um mensageiro para trazer *Myôren* à corte.

Quando o mensageiro o encontrou e lhe transmitiu as ordens do Tennô para que o acompanhasse até a corte, *Myôren* pareceu um tanto arrogante e perguntou: "Por que eu deveria ir até lá?" O mensageiro respondeu: "O Tennô sofre de uma doença grave que ninguém conseguiu curar até agora. Você deve ir até ele e curá-lo com suas orações". *Myôren* respondeu: "Eu vou curar o Tennô, mas sem ir até lá". O enviado replicou: "Quando o Tennô estiver curado, como poderemos reconhecer que os poderes milagrosos partiram de você, santo homem?" *Myôren* disse: "Quando eu terminar as orações de cura, enviarei ao Tennô o espírito guardião da espada. Dormindo ou sonhando, o Tennô o verá vestido com espadas entrelaçadas e o reconhecerá". E terminou dizendo: "De modo nenhum irei à cidade-capital", e assim o mensageiro não teve outra alternativa senão retornar sozinho e apresentar o seu relatório ao Tennô.

Três dias depois, por volta do meio-dia, o Tennô sentiu-se subitamente sonolento e viu o espírito guardião da espada, conforme lhe fora descrito. Quando despertou, sentiu-se recuperado e sem dores. Sua doença fora curada. O Tennô ficou tão feliz que quis dar a *Myôren* o título de *Sôjô*[154] e muita terra. Mas *Myôren* recusou ambas as coisas, pois o acúmulo de posses pode resultar em mau karma.

Parte 3 – A História da Monja

Nessa época, a irmã mais velha do monge vivia em Shinano. Como seu irmão não retornara à cidade natal depois de sua ordenação como sacerdote, ela foi à capital, ao templo *Tôdaiji*, à procura de *Myôren*. Mas ninguém se lembrava dele, pois vinte anos já haviam passado desde sua iniciação no sacerdócio. Desesperada, ela passou toda a noite em práticas meditativas diante do Grande Buda e pediu-lhe que pelo menos fizesse o seu irmão aparecer-lhe em sonho. Quando caiu no sono depois de muitas horas de oração, ela ouviu o Grande Buda dizer-lhe em sonho: "O monge que você procura está no oeste. Na direção sudoeste há uma montanha com nuvens tempestuosas. Procure-o lá". Ela acordou ao clarear do dia e viu ao longe a tênue silhueta de uma montanha coberta de nuvens violeta. Alegremente, pôs-se a caminho.

Ao chegar no local, de fato encontrou a entrada do templo. Ao se aproximar, viu uma pessoa que lhe perguntou quem ela era. Ela respondeu perguntando se o monge *Myôren* vivia ali. Então ele reconheceu sua irmã, a monja de Shinano. "Por que você veio me visitar assim, de surpresa?" Ela lhe contou como isso viera a acontecer. Também deu-lhe uma veste que ele aceitou agradecido, porque até então só usara roupas feitas de papel. Também a irmã não voltou mais para casa, passando a morar com *Myôren*. Juntos, eles realizaram muitas práticas espirituais até o fim dos seus dias.

---

[154] *Sôjô*: A posição hierárquica mais elevada que um monge pode ocupar; uma espécie de abade budista.

Myôren usou sua veste até que ela se desfez em farrapos. Mais tarde, esses farrapos e também os minúsculos pedaços de madeira do celeiro de arroz foram usados como talismãs. Todos que cultuavam *Bishamonten* naquele lugar transformavam-se em pessoas mais felizes e mais ricas. Por isso, ainda hoje milhares de pessoas visitam esse lugar de poder todos os anos.

Como o dr. Usui Criou o Símbolo HS

Conforme prometido, segue uma explicação sobre a criação do Símbolo HS. Embora muitos detalhes do Símbolo HS se baseiem no Budismo Esotérico no que se refere ao conteúdo, o modo de compor um símbolo como esse não é em nada budista. Conquanto a confecção de talismãs – o que se aplica também ao Símbolo HS – faça parte da Escola Shingon de Budismo Esotérico que Kûkai introduziu no Japão, suas raízes procedem não apenas dos ensinamentos secretos, mas especialmente do Taoismo mágico e de seus talismãs. É esse Taoismo que se aplica particularmente neste caso. Suas origens estão no trabalho de energia com seres de luz, pelo qual os mágicos faziam uma espécie de acordo com esses seres, a quem prometiam, por exemplo, sempre trabalhar para o bem maior do todo e realizar rituais para os seres de luz.[155] Como reconhecimento, os seres de luz supriam o mágico de energias curativas ou de outras coisas úteis. Os talismãs eram feitos com tiras de papel, metal ou bambu, para simbolizar esse acordo. Caracteres chineses entrelaçados eram escritos neles. No século IV, o taoista Ge Hong forneceu informações mais precisas sobre a confecção de talismãs e seus efeitos no seu compêndio de práticas taoistas (chin.: *Sanhuang nei wen*). O conteúdo, a estrutura e o número de signos variam, dependendo do efeito que se pretende obter. Por exemplo, um efeito típico é estabelecer contato energético com os seres de luz do mundo sutil. Os talismãs sempre eram criados de maneira ritualística. Assim, havia um procedimento técnico no qual era insuflado o poder de uma forma ritualística precisamente definida. O uso de tais talismãs pode produzir os efeitos mais diversos, como a cura de doenças ou a proteção contra influências suspeitas e prejudiciais. No entanto, eles são também muito úteis nas chamadas viagens xamânicas para colher energeticamente ervas medicinais de alta qualidade – como as que vicejam nas montanhas sagradas. Os talismãs feitos com dezoito signos oferecem proteção contra o vento e as ondas no alto-mar ou em rios caudalosos. Os signos são escritos com tinta chinesa vermelha sobre seda e depois pregados na roupa. Consta que o mestre Wang Xizhi, famoso na arte da caligrafia, escreveu certa vez o caractere para chuva (雨, parte mais alta do caractere para Reiki 靈氣) com tanta energia que imediatamente começou a chover. Como mostram os oráculos de ossos, os xamãs Wu usavam originalmente os primitivos caracteres chineses com propósitos ritualísticos. Eles já continham determinado poder mágico próprio. Como foi descrito exaustivamente no capítulo sobre o desenvolvimento da escrita, eles não foram inventados.

Combinações como no caractere para Reiki, no Símbolo DKM ou no Símbolo HS, são exemplos de como os signos originais foram arranjados em forma de talismã. Cada símbolo

---

[155] Entretanto, esse procedimento deriva do Xamanismo Wu, muito mais antigo, que mais tarde, especialmente com relação ao seu trabalho prático com magia, foi integrado ao Taoismo.

do Reiki é um talismã. Sem ensino e sem iniciação, porém, eles são simplesmente caracteres. Assim, mesmo atualmente, o verdadeiro poder dos símbolos permanece oculto para a maioria das pessoas porque elas entendem os signos unicamente como escrita.

Além desses talismãs tardiamente visíveis, existe todo um conjunto de outros tipos, difíceis de reconhecer em sua verdadeira essência. Eles podem ser feitos com água, tinta chinesa, pincéis próprios para escrever ou pedra. Por não mostrarem sinais claros de que são caracteres, um leigo simplesmente não consegue identificá-los como talismãs. Assim um talismã pode ter muitas funções complexas. Pessoas treinadas em técnicas apropriadas e iniciadas nos necessários poderes espirituais podem usá-los. Para as outras, um talismã assim é apenas um objeto material. Por exemplo, o cristal radiônico *Laya te yan* do Reiki do Arco-Íris é um desses talismãs complexos com o qual podem ser realizados tratamentos de grande eficácia e rituais fantásticos de trabalho com energia.

Existem outros talismãs que não têm nenhum vínculo com a matéria. Isso significa que não podemos vê-los durante ou depois de sua aplicação. Mas podemos, sem dúvida, determinar seu efeito. O Símbolo HS e demais símbolos do Reiki pertencem a esta categoria.

O que todos os talismãs taoistas têm em comum, em primeiro lugar, é que devem ser desenhados corretamente e ao mesmo tempo visualizados; em segundo lugar, devem ser ativados por meio do respectivo mantra. Um talismã em forma de símbolo é recriado ritualmente cada vez por meio desse processo. E a eficácia do efeito sinérgico do símbolo sobre o usuário é decidida precisamente por esse processo. Mais especificamente, o usuário tem realmente a possibilidade de subir vários níveis por meio de um trabalho ritual consciente. Um exemplo disso é que, especialmente desenhando os símbolos de modo ritual, lento, consciente e atento, a capacidade perceptiva sutil se desenvolve imensamente. Além disso, é um engano acreditar que podemos literalmente espalhar símbolos sempre e por toda parte, se já não estivemos trilhando o caminho do desenvolvimento da consciência durante anos. Há no Japão um provérbio interessante sobre isso: *Isogaba maware!* (急がば回れ). Tradução literal: "Quando estiver com pressa, pegue um atalho". Obviamente isso significa, "vá com calma", mas a impressão que especialmente repercute nos japoneses é muito apropriada neste caso, pois muitas pessoas querem adquirir habilidades físicas o mais rapidamente possível. Atalhos aqui, porém, normalmente levam a um beco escuro.

Tanto os símbolos sutis como os símbolos de água precisam ser orientados de modo a produzir uma ligação entre a fonte de poder (como o Símbolo HS ou um canal de Reiki) e o receptor que seja o mais segura possível e, se necessário, duradoura. A orientação e a ligação do emissor com o receptor são produzidas pelo Símbolo CR.

Várias etapas de desenvolvimento são necessárias para confeccionar um talismã, ou mesmo o Símbolo HS. Primeiro devem ser estabelecidos os objetivos a ser alcançados com o talismã. Isso implica criar um símbolo que sirva como fonte da energia Reiki que possa ser usado para tratamento a distância e para contato com outros seres, e ainda que esteja disponível a todos os iniciados o tempo todo. Esses três requisitos podem ser o motivo que levou o dr. Usui a optar pelo método do talismã energético em particular. No ano seguinte à sua visão no Monte Kurama, em 1923, ocorreu um terremoto devastador em Tóquio e arredores. Com essa ocorrência, o dr. Usui pode ter compreendido a natureza transitória de todas as coisas. Tudo o que é de natureza material pode ser perdido para sempre devido a influências as mais diversas. Evidentemente, incluem-se aqui talismãs de papel ou de outros materiais. Outro motivo é a disponibilidade dos materiais. Por melhor que seja a ideia de um talismã, ela não pode ser aplicada se o material necessário para sua confecção não estiver disponível. Desde que passaram a existir sobre a face da terra, os seres humanos têm usado talismãs energéticos em todos os tempos e lugares e os têm transmitido a outros através de iniciações.

Na etapa seguinte, o problema gira em torno da possibilidade de integrar a função no talismã ou no símbolo. Para isso, o dr. Usui fez a decodificação acima descrita dos componentes do Símbolo HS seguindo a ordem inversa. Durante suas exaustivas pesquisas, ele verificou o que precisava e incluiu os métodos acima descritos na estrutura do símbolo. Além disso, refletiu profundamente sobre os meios técnicos pelos quais o símbolo podia então ser usado. Sem dúvida, isso se aplica também aos outros símbolos. Embora eles procedessem originalmente de várias tradições espirituais, ainda assim é possível aplicá-los de maneira uniforme.

Uma vez criada a forma do símbolo, ele deve ser incorporado de maneira correta ao Reiki e às iniciações antes de ser usado pelo praticante de Reiki.[156]

Goji No Myô – A Luz dos Cinco Signos

Já descrevi como o dr. Usui criou o símbolo HS sozinho e como isso foi possível. Em sua essência, o Símbolo HS se baseia numa combinação dos ensinamentos secretos do Budismo Esotérico, do Shugendô e do Taoismo. Estritamente falando, ele tem muitas outras funções além do tratamento a distância e dos cinco elementos. O Símbolo HS é usado para tratamento a distância e como fonte de Reiki. O Símbolo do Mestre é o DKM. Juntos (HS e DKM), eles resultam no Mantra do Mestre. Nas iniciações de Reiki para todos os graus, o símbolo HS é usado com o DKM como Mantra do Mestre – diretamente na tradição ocidental e em parte como prática interior (*Nei Gong*) no Reiki Japonês autêntico. Sem esse mantra, nenhuma iniciação no Reiki tradicional seria possível. Porém, uma contradição nisso é que o dr. Usui pôde iniciar no Reiki mesmo antes de conceber o HS para seus alunos. A razão disso é relativamente simples. O objetivo do dr. Usui consistia em descobrir um método de cura que produzisse os melhores resultados com um mínimo de esforço. Para adquirir essa capacidade, ele próprio precisou percorrer um longo caminho. Assim, para que seus alunos não precisassem reinventar a roda continuadamente, ele criou – com base nos anos que passou pesquisando os ensinamentos secretos de várias tradições espirituais – um método para alcançar rapidamente resultados tangíveis e para ministrar iniciações. As ferramentas para os tratamentos específicos são os símbolos do Reiki e para as iniciações são os símbolos do Reiki com o Mantra do Mestre.

Se uma pessoa está doente, é tão importante ter condições de ajudá-la imediatamente ou de curá-la quanto estudar os ensinamentos secretos durante anos. Assim, o dr. Usui criou o Símbolo HS e pôs à disposição o profundo conhecimento dos ensinamentos secretos num

---

156 Compare este tópico com o capítulo 1, sobre os Símbolos e Mantras como Instrumentos do Trabalho com Energia Espiritual.

nível mais técnico para obter sucesso de modo mais rápido e simples. No entanto, muitas outras aplicações não foram passadas para a maioria dos alunos – a menos que estivessem preparados para continuar a desenvolver-se.

No decorrer das minhas pesquisas, deparei-me com um ritual complexo dos ensinamentos secretos, chamado *Goji no myô* (literalmente: a Luz dos Cinco Signos). *Myô* é o mesmo caractere que aparece na terceira posição no Símbolo DKM. Além de "luz" (do sol e da lua), *myô* pode significar também sabedoria.[157] Os "cinco signos" se referem aos caracteres individuais ocultos no Símbolo HS. Há nove níveis de significado e aplicação para além dos cinco caracteres. Para cada caractere individual, há uma combinação de cinco símbolos *Siddham* que estão diretamente relacionados com o Símbolo HS e com *Dainichi Nyorai*. O dr. Usui criou o Símbolo HS como uma representação simplificada dos nove níveis e seus *Siddham* em apenas um único símbolo. Embora as aplicações com o Símbolo HS conhecidas no Reiki, como contato a distância e a fonte do poder do Reiki para purificar ambientes e para as iniciações, estejam presentes nesse complexo ritual, podemos estar seguros de que outros níveis são significados e aplicações adicionais do Símbolo HS.

Cada nível inclui *Dainichi Nyorai* como fonte de poder. Como o Reiki procede de *Dainichi Nyorai*, é conveniente mencionar neste contexto que as tradições espirituais da Ásia Oriental relacionadas com o Budismo remontam a *Dainichi Nyorai*. Ao mesmo tempo, vale observar que antes de poder transmitir energia, um ser humano precisa sempre recebê-la de *Dainichi Nyorai* por intermédio de um ser de luz que seja uma emanação dele. No Reiki, esses seres são *Dainichi Nyorai* e *Kannon*. No Shugendô e no Budismo Esotérico, são *Dainichi Nyorai* e *Kongôsatta* ou *Dainichi Nyorai* e *Dai Marishi Ten*.

Dainichi Nyorai no sentido de Deusa, Deus e Força Criadora é também a figura central e fonte de muitas formas de trabalho com energia mágica na Ásia Oriental. O Símbolo HS é a fonte do poder da luz de sabedoria e o DKM é o símbolo de sua emanação. Se ele precisa ser levado a um determinado ponto e/ou incluído ou integrado a partir dali, um Símbolo CR extra é necessário.

Além disso, os **nove níveis do Símbolo HS** correspondem aos nove campos da Mandala do Mundo do Diamante (jap.: *Kongôkai*) e aos nove mudrâs e mantras do *Kuji Kiri*.

O **primeiro nível** trata do Símbolo HS no sentido do mantra *a ba ra ka kya* de *Dainichi Nyorai* na Mandala do Mundo do Útero (jap.: *Taizôkai*). Nas várias escolas de Budismo Esotérico, o Mestre usa este nível do Símbolo HS para iniciar os alunos nos poderes espirituais (jap.: *Reikanjô*).

---

157 Esse significado dos caracteres para sol e lua sugere a concepção predominante na Ásia de que a sabedoria só pode ser alcançada por meio de uma combinação sensível de pensamento masculino e feminino. O sol simboliza o masculino, o pensamento mais racional e lógico, com suas qualidades yang, enquanto a lua com suas qualidades femininas yin representa o emocional intuitivo e, no sentido mais restrito da palavra, o modo espiritual de pensar. É também interessante que a luz aparentemente completa só pode ser alcançada no sentido espiritual da iluminação (jap.: *satori*) quando as qualidades yin e yang num ser humano estão integradas e plenamente desenvolvidas. Isso significa a realização de ideais espirituais em nossa vida cotidiana que é caracterizada por restrições materiais. Essa visão filosófica está em absoluta contradição com a religião patriarcal em sua total orientação para a espiritualização, como manifesta nas expressões predominantes do Cristianismo, do Hinduísmo e do Budismo. Há evidentemente uma visão mais antiga e holística no Hinduísmo e no Budismo que teve origem na era pré-patriarcal. Essa visão reconhece e usa as forças espirituais do princípio masculino e feminino, compreendendo os representantes individuais dessas qualidades, o Grande Deus e a Grande Deusa, como tendo direitos iguais. Afinal, os símbolos acima mencionados do Sistema do Reiki procedem do Budismo Esotérico, do Hinduísmo, do Shugendô e do Taoismo. Essa visão original é o Xamanismo Tântrico.

O Sutra da Grande Luz (jap.: *Dainichi kyô*) descreve o modo como *Dainichi Nyorai* é onipresente como fonte de poder do Reiki (HS) através de sua luz imensa, radiante (DKM). No símbolo *a*, *Dainichi Nyorai* é a vida que brota da terra, que significa a Grande Deusa. A terra é como um repositório ricamente guarnecido, cheio de vida imensuravelmente abundante e abençoada com tudo que é necessário para nela viver. No símbolo *ba*, *Dainichi Nyorai* é a forma do elemento água, que tudo faz fluir e tudo permeia. No símbolo *ra*, *Dainichi Nyorai* é a forma do elemento fogo, que tem o efeito de um raio de luz purificador. Esse fogo pode também se manifestar como o fogo da ira ou da vontade. No símbolo *ka*, *Dainichi Nyorai* é a forma do elemento vento; ele é o elemento ar no símbolo *kya*. O monge *Kûkai* descreveu extensamente o significado dos cinco *Siddham* na sua obra *Sokushin jôbutsu gi* (Como Alcançar a Iluminação nesta Vida). Ele diz aqui que tudo emana do símbolo *a* como do solo da Grande Deusa. Isso corresponde à base de todos os fenômenos no universo que não está sujeita à vida e à morte. Como no alfabeto ocidental, o símbolo *Siddham a* é a primeira letra do alfabeto *Siddham*. A qualidade do *a* provém do coração espiritual, que é amor na sua forma mais desenvolvida. Somente o amor pode unir os opostos do feminino e do masculino, o espiritual e o material, numa unidade funcional significativa. O símbolo *Siddham ba* (sânsc.: *va*) expressa o indizível (o segredo místico, por exemplo, conforme revelado na tradição espiritual egípcia através dos sete véus da Deusa Ísis). *Ba* está contido nas palavras sânscritas *vâc*[158] e *vâda*, contendo toda forma de expressão verbal. O símbolo *Siddham ra* (sânsc.: *ra*) é a primeira sílaba na palavra sânscrita *rajas*, que significa a "poeira" que é consumida pelo fogo de *ra*. Essa "poeira" são os 108 apegos inflamados por desejos como a cobiça, por exemplo. O símbolo *Siddham ka* (sânsc.: *ha*) é o som inicial da palavra sânscrita *hetu* (causa). O símbolo *Siddham kya* (sânsc.: *kha*) refere-se à expansão do cosmos. Ele significa "buraco" ou "vazio" em sânscrito. Esse vazio significa o espaço[159] que une todos os seres uns aos outros. A iluminação é descrita no *Sutra da Grande Luz* (jap.: *Dainichi kyô*) com a afirmação "Eu estou desperto". Esse é o retorno ao estado original natural e corresponde ao símbolo *Siddham hûm*, comparável ao Símbolo HS, uma vez que ele é composto de vários signos. Além disso, *hûm* é a sílaba do Bodhisattva Mente do Diamante *Kongôsatta*, que transmitiu os ensinamentos de *Dainichi Nyorai* aos seres humanos. Ela contém a percepção de que todos os fenômenos estão conectados entre si em todo o universo, mesmo que pareçam distantes uns dos outros. Todo fenômeno procede da única fonte da Força Criadora. A consciência disso é a causa para o praticante, e o conhecimento disso é o resultado para o iluminado.

---

158 Na qualidade de Criadora de todo o universo manifesto, a Deusa é chamada *Vâc* no Hinduísmo indiano. Ela representa uma manifestação de *Sarasvatî*, a Deusa da Sabedoria e das Belas Artes. Mesmo atualmente, ela deve ser invocada por todo adepto hindu para alcançar a iluminação através da subida da Kundalini. Seu mantra secreto é usado por um guru para estimular a subida da Kundalini em seu discípulo através de *Shaktipad*, uma transmissão de energia espiritual. Em sua manifestação como *Vâc*, a Grande Deusa usou o poder do mundo para criar o universo material com todos os seus níveis, inclusive o espiritual. Das águas caóticas e tempestuosas da vida ela criou as estruturas ordenadas do mundo em que vivemos hoje. Consequentemente, a Grande Deusa é também a fonte do poder de cada mantra. Os chakras no sistema de energia humano que trazem o poder da palavra para este mundo são o segundo e o quinto. Isso significa a força geradora criativa da sexualidade da qual o êxtase sensual encontrado na união amorosa entre masculino e o feminino traz nova vida a este mundo e o poder da autoexpressão artística que dá forma e independência a esta vida. O conhecido mantra *Gâyatrî*, popularizado por *Satya Sai Baba*, de renome internacional, reconhece esta força criadora da Grande Deusa.

159 Neste sentido, "espaço" pode ser entendido como a possibilidade de preencher o *continuum* espaço-tempo com processos vitais e relacionamentos.

O estado original natural é chamado de consciência primordial no *Sutra da Luz*. Esta é uma espécie de alma primordial e também a atividade da alma na abundância imensurável, o que significa a unidade de todos os seres. O dr. Usui referia-se a essa relação com a seguinte recomendação, frequentemente repetida durante um tratamento: "Ser humano, Coroa da Criação, volta ao teu estado original natural." Dito em palavras simples, todos os seres poderiam regozijar-se numa grande festa, se reconhecessem esse fato.[160]

O **segundo nível** envolve o Símbolo HS no sentido do mantra *a ban ran kan ken*, que reflete o êxtase de *Dainichi Nyorai*, do Grande Deus e da Grande Deusa. Entre outras coisas, esse mantra é usado num ritual para extinguir o sofrimento nos reinos do purgatório. O símbolo *Siddham a* é o princípio mais primordial de *Dainichi Nyorai* na Mandala do Mundo do Útero (jap.: *Taizôkai*) e representa a Grande Deusa e a Mãe Terra, como no primeiro nível. Dela nasce a grande compaixão, que é dirigida aos canais corretos pelos outros quatro símbolos *Siddham* para produzir efeito na hora certa e no lugar certo. Os símbolos *ban ran kan ken* expressam a sabedoria de *Dainichi Nyorai* na Mandala do Mundo do Diamante (jap.: *Kongôkai*) e representa o Grande Deus que se torna ativo por intermédio do impulso da Grande Deusa. A Grande Deusa – o símbolo *a* – é o elemento terra. *Ban ran kan ken* representam os elementos água, fogo, ar e vazio. Os cinco juntos resultam no pagode de cinco níveis dos elementos (*gorintô*). A atividade acima mencionada de *Dainichi Nyorai* é exposta pelo símbolo *hûm*, representado pela Mente de Diamante *Kongôsatta*. *Kongôsatta* é o mediador dos ensinamentos, os quais ele ouviu da Grande Deusa – aqui como *Dainichi Nyorai* no símbolo *Siddham a*. Na maioria dos rituais *Shingon*, ele desempenha um papel importante. *Ban* representa a fala. *Ran* representa a poeira extinguida pelo fogo, isto é, os 108 apegos que causam o sofrimento dos seres. *Kan* significa a causa e *ken* representa o vazio. Este último é o ponto mais elevado em *hûm*, o qual descreve o espaço celeste expandido e vazio, simbolizando dessa forma a passagem da meditação. Aqui a sabedoria pode ser levada à sua plenitude, e através dela é possível chegar à Mãe de todos os Budas, a Grande Deusa *Marishi Ten*. A causa *kan* permite que o símbolo *Siddham* para causa-verdade se desenvolva no tesouro do espaço celeste, trazendo consigo grande proteção. Isso está também relacionado com a interação dos símbolos *kan* e *ken*, uma vez que ambos se assemelham a um general que esmaga o poder do inimigo. Assim, todos os obstáculos são eliminados. O poder criado desse modo é forte como o diamante. Como resultado, também inerente ao símbolo *hûm* está o grande poder da alegria concedida a todo ser que medita, como foi concedida aos Budas do passado, do presente e do futuro quando contemplam *hûm*.

O **terceiro nível** remete ao Símbolo HS no sentido do mantra *an ban ran kan ken*. Esse mantra pode inicialmente assemelhar-se ao mantra do segundo nível. Os símbolos *Siddham* escritos, porém, têm uma forma diferente, o que significa que outro também é o efeito que produzem. Este mantra está relacionado às iniciações de Reiki. Os textos antigos descrevem como os Cinco Signos (HS) representam uma flor de lótus, ou seja, a cabeça da pessoa que vai ser iniciada. A grande luz brilhante (DKM) irradia-se em todas as direções e o mundo do *Dharma* de *Dainichi Nyorai* ilumina o mundo inteiro. Para concentrar a força do Reiki na pessoa a ser iniciada, a essa luz brilhante segue um Símbolo CR, e o canal do Mestre de Rei-

---

160 Compare esta afirmação com as extensas explicações expostas no capítulo 19 sobre Cosmologia Espiritual.

ki assume o papel de mediador entre *Dainichi Nyorai* e a pessoa a ser iniciada por meio de uma transmissão de energia. Por meio do Mantra do Mestre HS-DKM, o poder de *Dainichi Nyorai* com as qualidades de energia dos cinco elementos terra, água, fogo, vento e ar é transmitido incessantemente sob a forma de uma influência geral. Esta é uma etapa inicial para despertar, através de um processo interior, para a percepção de ser *Dainichi Nyorai*.

O **quarto nível** gira em torno do mantra *a bi ra un ken* de *Dainichi Nyorai* do Mundo do Útero como provedor de alegria através da luz da sabedoria. Parece uma promessa, e o é de fato. Através da luz da sabedoria secreta de *Dainichi Nyorai*, é possível realizar quase todos os desejos, desde que sejam expressos pelo coração para o bem maior de todos os envolvidos. Essa é a chamada alta magia espiritual no sentido estrito da palavra. Ela também inclui iniciações no Reiki e tratamentos com Reiki. A realização do desejo nasce do símbolo *a*, que representa *Dainichi Nyorai*. Os outros quatro símbolos, *bi, ra, un, ken* representam os quatro aspectos que protegem de influências externas. Essa proteção inclui também a purificação da mente, pois enquanto a personalidade não cumpre determinadas etapas do processo de desenvolvimento, dificilmente se pode esperar que um desejo se realize. A combinação dos símbolos resulta no símbolo *hûm* do poder purificador de *Dainichi Nyorai* em nome do Espírito do Diamante *Kongôsatta*. Por meio da purificação da mente com o néctar sagrado *Amrita*, todos os reinos da existência são infundidos simultaneamente com amor e luz, o que produz um efeito protetor.

O **quinto nível** implica o mantra mais importante da Mandala do Mundo do Diamante (jap.: *Kongôkai*): *baku ri da do ban*. Este mantra está entre os poucos que têm um significado coerente, ou seja: *Dainichi Nyorai* do Mundo do Diamante. Com o tempo, o símbolo *om* foi acrescentado ao início. Enquanto o símbolo *a* de *Dainichi Nyorai* representa a terra e a Deusa, o símbolo *ban* denota água como um elemento dinâmico que transporta o impulso emocional divino e Deus. A água é a portadora da energia canalizada que é criada da terra e que nela tem sua origem.

O **sexto nível** envolve *Dainichi Nyorai* com o Mantra do Mundo do Útero (*Taizôkai*): *baku ri da do a*. Posteriormente, o símbolo *om* foi acrescentado ao início.

O **sétimo nível** refere-se aos cinco Budas transcendentes do Mundo do Diamante, os quais aparecem em um único mantra com seus símbolos *Siddham*. O mantra é *vam hûm trah hrih a*. O uso desse mantra produz o despertar das cinco sabedorias, em que as sabedorias individuais se realizam na ordem contrária à do conteúdo do mantra. O símbolo *a* representa a transformação da consciência dos cinco sentidos em sabedoria, o que possibilita agir para o bem maior de todos os envolvidos em cada caso. O símbolo *hrih* é a transformação dos seis estados de consciência na sabedoria de ver os indivíduos separados como um grande todo. O símbolo *trah* é a transformação do sétimo estado de consciência na sabedoria de que todas as coisas, mesmo que pareçam ser muito diferentes, formam uma unidade e por isso devem ser tratadas do mesmo modo. O símbolo *hûm* representa a transformação dos oito estados de consciência na sabedoria que espelha todas as coisas. O símbolo *vam* representa o nono nível de consciência que une todos os níveis anteriores entre si em sua totalidade.

O **oitavo nível** envolve um mantra do Mundo do Útero no qual são recitadas as cinco variações do símbolo *Siddham a*. Como emanações de *Dainichi Nyorai*, elas representam os cinco Budas transcendentes. Quatro dos cinco *Siddham a* surgem do *Siddham a* para *Dai-*

nichi Nyorai. Isso ilustra claramente o princípio criador de *Dainichi Nyorai*, pois todos os Budas são criados dele no sentido da Deusa (Mundo do Útero). Outro significado dos cinco símbolos para *a* são os quatro passos para a iluminação: desenvolvimento da consciência de Buda por meio do desejo da iluminação; trilhar o caminho; a Iluminação em si; e entrar no Nirvana.

Por fim, o **nono nível** trata do mantra *a ra pa ca na (a ra sa ha na)* de *Monju Bosatsu*. Mais tarde, também esse mantra recebeu o acréscimo do símbolo *Siddham om*. *Monju Bosatsu* é tanto a mãe como o pai dos Bodhisattvas, e também seu amigo e companheiro espiritual. Quem trilha o caminho do Bodhisattva, o que significa trabalhar para o bem maior de todos os envolvidos e alimentar o desejo de ajudar muitos seres a alcançar a felicidade, pode aprender muito com *Monju Bosatsu* e ser iniciado em muitas áreas. *Monju Bosatsu* tem uma relação estreita com *Dainichi Nyorai*, porque ele também traz a sabedoria de *Dainichi Nyorai* aos seres por meio do *Sutra do Coração*. Ao mesmo tempo, ele ensina que o espaço interconecta todos os seres.

Práticas com o Símbolo HS

Prática Preparatória para Transmissão de Consciência

Una-se à Deusa **Dai Marishi Ten** pelo contato a distância. Saúde-a com as palavras: *"Querida Deusa **Dai Marishi Ten**, venho à tua presença como uma pessoa doente e peço cura. Venho à tua presença como uma pessoa ignorante e peço ensinamento. Venho à tua presença como uma pessoa que desconhece o caminho e peço proteção e orientação. Venho à tua presença como uma pessoa impotente e peço forças para melhor servir. Em retribuição, envio-te Reiki. Usa-o como quiseres para benefício de todos". Desenhe vários símbolos CR e ative cada um deles com o mantra para intensificar o fluxo de poder do Reiki.*

Visualize-se como *Dai Marishi Ten* numa cor vermelha e brilhante como um rubi, com três faces, três olhos e seis braços. Nas mãos você segura um *Vajra* e um ramo de *Açoca*, um arco e flecha, uma agulha e um laço. Em seguida imagine que seu corpo vermelho está vazio. Visualize uma coluna de energia dentro de você[161] aberta em direção ao topo, o que lhe possibilita olhar para o céu.

*

*Una-se também a **Kongôsatta** pelo contato a distância. Saúde-o com as palavras: "Querido **Kongôsatta**, venho à tua presença como uma pessoa doente e peço cura. Venho à tua presença como uma pessoa ignorante e peço ensinamento. Venho à tua presença como uma pessoa que desconhece o caminho e peço proteção e orientação. Venho à tua presença como uma pessoa impotente e peço forças para melhor servir. Em retribuição, envio-te Reiki. Usa-o como quiseres para benefício de todos". Desenhe vários símbolos CR e ative cada um deles com o mantra para intensificar o fluxo de poder do Reiki.*

*

---

161 Sânsc.: *Sushumnâ nâdi* – canal de energia ascendente que percorre o centro da coluna vertebral.

Visualize *Kongôsatta* pairando acima de você. O corpo dele também está vazio. Com a mão direita ele segura um cetro de diamante com cinco pontas diante do peito, e com a esquerda um sino de diamante diante do abdômen. Visualize uma coluna de energia de sabedoria central subindo por seu corpo.[162] A coluna de energia dentro de você une-se à da Mente de Diamante, formando uma coisa só.

Em seguida, um símbolo *Siddham hûm* aparece no coração de *Kongôsatta*, fino como um fio de cabelo e na cor azul, e outro toma forma em seu próprio coração. Ative os dois símbolos repetindo o mantra *hûm* três vezes. O *hûm* em seu coração é a essência da sua própria consciência espiritual. Visualize agora como a parte inferior do *hûm* em *Kongôsatta* se expande para baixo através da coluna de energia até alcançar o *hûm* no seu coração. Imagine como o *hûm* no seu coração é lentamente puxado para cima pelo *hûm* de *Kongôsatta*. Inspire e expire 21 vezes e produza em voz alta o som de *heeg* a cada expiração. Com cada respiração, o *hûm* sobe um pouco mais, até finalmente chegar ao seu chakra da coroa.

Então o *hûm* começa a descer novamente. Inspire e expire 21 vezes e emita em voz alta o som de *kâ* a cada expiração. Com cada respiração, o *hûm* desce um pouco mais, até finalmente chegar ao seu coração.

Sinta o que está acontecendo dentro de você por um momento. Por fim, a forma de *Kongôsatta* se dissolve na luz e cai no *hûm*. Este passa pela coluna de luz que se dissolve no *hûm* em seu coração, de modo que os dois se fundem. A sua forma como *Dai Marishi Ten* também se dissolve na luz e cai no *hûm*. As linhas individuais do *hûm* finalmente desaparecem do ponto circular no coronário. Mantenha a atenção ali por alguns momentos.

*

*Termine agradecendo primeiro a **Dai Marishi Ten** e depois a **Kongôsatta**, desejando-lhes o melhor. Sopre com força as mãos e esfregue uma na outra.*

Il. 143 – SIDDHAM HÛM

---

162 Na Árvore da Vida Cabalística – ver também "Cosmologia Espiritual" – há três pilares. O pilar do meio com a Sephira *Daath* (Conhecimento Secreto) é o pilar da sabedoria porque leva simultaneamente dedicação ao todo e ao caminho individual, forças masculinas e femininas, ideais espirituais e necessidades materiais em sua estrutura e as combina numa unidade funcional construtiva no sentido da ordem divina.

Prática Preparatória Avançada para Transmissão de Consciência

Só faça esta prática se você dedicou o devido tempo à prática anterior.

O procedimento é quase o mesmo. Durante 21 respirações, deixe o *hûm* subir do seu coração para o coração de *Kongôsatta*.

Meditação do Pagode

Una-se ao Buda Grande Sol **Dainishi Nyorai** *pelo contato a distância. Saúde-o com as palavras:* "Querido **Dainishi Nyorai,** *venho à tua presença como uma pessoa doente e peço cura. Venho à tua presença como uma pessoa ignorante e peço ensinamento. Venho à tua presença como uma pessoa que desconhece o caminho e peço proteção e orientação. Venho à tua presença como uma pessoa impotente e peço forças para melhor servir. Em retribuição, envio-te Reiki. Usa-o como quiseres para benefício de todos". Desenhe vários símbolos CR e ative cada um deles com o mantra para intensificar o fluxo de poder do Reiki.*

*

Em seguida escreva o Símbolo HS numa folha de papel grande (como descrito no capítulo sobre caligrafia). Coloque o Símbolo HS na sua frente e olhe para ele por alguns momentos. Imagine o Símbolo HS transformando-se num pagode. As linhas diagonais curvas formam o telhado em vários níveis do pagode. Um pilar central eleva-se no meio do pagode. Ele ultrapassa um pouco a altura do pagode e une o céu e a terra. Esse é *Dainichi Nyorai*.

*

Agradeça a Dainichi Nyorai *e deseje-lhe o melhor. Sopre com força as mãos e esfregue uma na outra.*

Capítulo 16

O Símbolo DKM

大

光

明

IL. 144 – O SÍMBOLO DKM

O Símbolo DKM é constituído de três *Kanji*: *dai* 大, *kô* 光 e *myô* 明. Diferentemente do que acontece no caso do Símbolo HS, eles são escritos separadamente. Juntos, os três *Kanji* significam "Grande Luz" ou "Grande Iluminação", e por isso o Símbolo está especialmente associado ao Buda Grande Sol, identificado pelo nome *Dainichi Nyorai* 大日如来. Como o símbolo HS, a pronúncia dos três *Kanji* do DKM é de natureza budista. O Símbolo DKM é escrito e pronunciado no Reiki do mesmo modo que é descrito nos sutras budistas. Ele é a essência espiritual de *Dainichi Nyorai*, o qual encarna o masculino e o feminino, conforme explicam os textos e mandalas do Budismo Esotérico – especialmente o Budismo Shingon.

Origem dos Kanji no Símbolo DKM e suas Bases Místicas

O Signo Chinês Dai 大

O *Kanji dai* 大 significa "vasto" ou "extraordinário". É fácil lembrar deste signo não só por causa dos seus poucos traços, mas também porque ele representa de forma condensada uma pessoa de pé em toda sua altura e largura, com os braços e as pernas estendidos para os lados. Este é um dos signos que aparentemente "sempre" existiu. Comparado com ele, o *Kanji* para "pequeno" *shô* 小 também retrata um ser humano, mas com os braços caídos e as pernas fechadas.

IL. 145 – ORIGEM DO KANJI DAI

Leituras de Dai 大

Sino-japonês: *dai, tai*

Japonês: *oo, ookii, ooini, hanahada*

Nomes japoneses: *o, oi, ooi, ooki, ki, takashi, takeshi, tomo, naga, hajime, haru, hiro, hiroshi, futo, futoshi, masa, masaru, moto, yutaka*

O Signo Chinês Kô 光

Também *kô* 光 é um caractere chinês e significa "luz" ou "raio". Para lembrá-lo com facilidade, basta imaginar que a sua linha horizontal é o horizonte onde o sol nasce ou se põe. Embora não se veja o sol em si, vê-se sua luz irradiando-se para o alto na forma de três raios e iluminando o mar por meio dos dois traços abaixo do horizonte.

O desenvolvimento de *kô* 光, porém, baseia-se numa figura agachada levando um vaso de fogo sobre a cabeça. Este *Kanji* é um signo fundamental que não pode ser subdividido. Seus significados são: luz espiritual, vaso de fogo sobre a cabeça = chakra da coroa, vaso = Grande Deusa, três chamas = três aspectos do divino, *kô*. A trindade divina acima e a passagem para o nível material se tornam yin e yang, *kô* = pentagrama = humanidade espiritual.[162a]

IL. 146 – ORIGEM DO KANJI KÔ

---

162 a Para mais informação sobre o significado dos três aspectos do divino e o pentagrama, compare as explicações dadas no capítulo 19, sobre Cosmologia Espiritual.

Leituras de Kô 光

Sino-japonês: *kô*

Japonês: *hikaru, hikari, kagayaku, kagayakasu*

Nomes japoneses: *aki, akira, ari, kane, kanu, sakae, teru, hikari, hikaru, hiko, hiro, hiroshi, mitsu, mitsuru*

O Signo Chinês Myô 明

Como os dois signos anteriores, *Myô* também é um caractere chinês, significando "brilhante". Mas diferentemente deles, ele é composto dos caracteres para "sol" e "lua". O sol está à esquerda e a lua à direita. O signo em si expressa a polaridade yin-yang. A lua representa yin e o sol, yang. O signo que representa o sol é o mesmo que ocupa a segunda posição no nome *Dainichi Nyorai* 大日如来 (Buda Grande Sol). O sol aqui é menor do que a lua porque, visto da terra, ele não parece tão grande. A lua à direita é, sem dúvida, uma meia-lua devido à linha curva no lado esquerdo. Como podemos ver na ilustração, o sol era originalmente menor, pois está sendo empurrado pela lua. Tanto o sol como a lua brilham. Juntos, eles iluminam a Terra, produzindo o significado "brilhante". Esses dois símbolos representam o Matrimônio Sagrado (*Hieros Gamos*) da Grande Deusa com o Grande Deus e a consequente manifestação do impulso vital no plano material. Explicações mais precisas sobre este tema encontram-se no capítulo 19, sobre "Cosmologia Espiritual".

IL. 147 – ORIGEM DO KANJI MYÔ

Leituras de Myô 明

Sino-japonês: *myô, min, mei*

Japonês: *akari, akarui, akarumu, akaramu, akiraka, akeru, aku, akuru, akasu, ake*

Nomes japoneses: *aka, akari, akaru, aki, akira, akirakei, ake, kiyoshi, kuni, teru, tooru, toshi, nori, haru, hiro, mitsu, yoshi*

Combinação dos Signos Kômyô no Símbolo DKM

Os signos *kô* e *myô* podem aparecer combinados e significam luz brilhante ou simplesmente luz. O Dicionário Budista, porém, também diz que *kômyô* é a luz que emana do corpo de Buda. Uma explicação frequente dada em muitos sutras é que *Dainichi Nyorai* habita no centro do universo e a luz irradia-se dos seus poros para todo o universo. Ampliando-se essa luz muitas vezes, compreende-se facilmente que ela é de fato constituída de um número infinito de pequenos Budas que também emanam luz ou Buda. Afinal, "Buda" é um termo sânscrito que significa "Iluminado". Antepondo *dai* a *kômyô*, os três signos significam "grande, brilhante luz radiante". Esse sentido tem relação com a origem acima descrita da grande luz de todos os Budas. Como todos os Budas são emanações do Buda cosmológico *Dainichi Nyorai*, o Símbolo DKM é o epítome do próprio *Dainichi Nyorai*. Quando *Dainichi Nyorai* é mencionado na sequência, essa menção sempre se refere também à qualidade do Símbolo DKM.

Quando eu ainda estudava o nível I do Reiki, minha primeira Mestra me perguntou a respeito do caractere japonês para "brilhante" ou "grande luz". Embora eu já soubesse um pouco de japonês na época, inicialmente não entendi o que ela estava pesquisando, e por isso apenas consultei alguns dicionários em busca de informações. Estes me revelaram toda uma série de termos para "luz", todos com várias nuances, como luz do dia ou luz elétrica. Como imaginei que ela provavelmente não estivesse pensando em luz no sentido de corrente elétrica, apresentei-lhe somente a palavra *kômyô* 光明. Embora ela achasse esse *Kanji* muito bonito, disse que não poderia usá-lo. Mas não quis responder por que ou para quê, pois se o fizesse, revelaria um grande segredo da época em que os símbolos ainda eram tratados como um mistério. Tive um palpite sobre o assunto, e ela ficou bastante embaraçada quando abordei a questão. Esse palpite confirmou-se algum tempo depois, quando vi pela primeira vez o Símbolo do Mestre.

Além do significado básico de "luz", *kômyô* também pode significar "esperança" ou "raio de esperança". O dicionário japonês de significados descreve *kômyô* como aquele que ilumina até os lugares mais tenebrosos. Quando alguém tem esperança, ele vê a oportunidade de sair da escuridão para a luz ou de iluminar o ponto obscuro na sua personalidade. Quando todos os pontos obscuros dentro de nós são iluminados, essa é a "grande iluminação" de *Daikômyô*.

Nesse contexto, examinemos *myô* mais de perto. Como mencionado acima, nele figuram o sol e a lua. No Budismo, a reunião dos dois representa Buda. Isso não quer dizer, porém, que se trate do Buda histórico *Sakyamuni*. Antes do Buda histórico, já haviam existido muitos outros Budas que, como descrevem o *Sutra Brahmâjala* e o *Sutra Avatamsaka*, surgiram do Buda Grande Sol *Dainichi Nyorai*, uma vez que todos são emanações de *Dainichi Nyorai*.

Entre as emanações de *Dainichi Nyorai* estão não somente Budas e seres de luz, mas também seres humanos. A maioria destes, todavia, simplesmente não sabe disso.[163] O Reiki é um método com o qual podemos aproximar-nos desse estado de consciência. As iniciações de Reiki podem facilitar esse processo no início, mas as aplicações práticas de Reiki, como a imposição das mãos e outras técnicas, são ainda mais eficazes. A energia vital espiritual do *Reiki* procede de *Dainichi Nyorai* por meio do chakra da coroa do iniciado, flui desse chakra pelo corpo, até o coração, e do coração para as mãos e os pés, os olhos, a língua e outros chakras transmissores de energia. É por esses chakras que o *Reiki* sai novamente do corpo e da aura para fazer o bem a outro ser. Em resumo, *Dainichi Nyorai* pode desenvolver esse poder de cura através do iniciado, que é um canal de energia para o Reiki. Essa forma de transmissão de energia é chamada *kaji* (加持) em japonês, e é descrita mais detalhadamente a seguir.

---

163 O santo avatar indiano Satya Sai Baba enfatiza em suas palestras que a única diferença entre ele e seus discípulos é que ele tem consciência de sua divindade, e eles (ainda) não.

O Significado Espiritual do Sol e da Lua no DKM

Sabemos pelo Budismo Esotérico e pelo Taoismo que o poder do sol 日 e da lua 月 está contido no caractere *myô*. No Taoismo, o sol representa o princípio masculino *yang* e a lua representa o princípio feminino *yin*. Aqui ambos estão unidos num único caractere.

Quando os *sutras* do Budismo foram traduzidos do sânscrito para o chinês, os signos chineses já existiam havia muito tempo, e o Taoismo também se espalhara por toda a China. Assim, pelo menos a influência do uso chinês pode ter sido evitada. Mas penso também que os tradutores sabiam exatamente o que estavam fazendo, pois ocorre algo muito parecido no Budismo Esotérico, independentemente de *yin* e *yang*: *Dainichi Nyorai*. *Dainichi Nyorai* não é só masculino nem só feminino. Como descreve o caractere *myô* do Símbolo DKM, ele personifica tanto o *yin* como o *yang*. Essa realidade pode ser vista no Budismo Esotérico, na Mandala dos Dois Mundos. Nas duas mandalas, *Dainichi Nyorai* ocupa o centro, tendo à sua volta muitos seres de luz do Budismo. Uma é a Mandala do Mundo do Útero (jap.: *taizôkai*) e a outra é a do Mundo do Diamante (jap.: *kongôkai*). O útero representa o *Yin* feminino – a Deusa – e o diamante representa o *Yang* masculino – o Deus. Correspondentemente, havia na Índia duas escolas de Budismo Esotérico. Cada uma delas baseia-se em uma das duas mandalas. A Escola *Shingon* diz: "As duas mandalas podem ser duas, mas são apenas uma". O professor de *Kûkai, Hui-kuo,* aceitava esse princípio, pois aprendera ambas as formas de Budismo Esotérico diretamente dos grandes mestres indianos. Muitos anos atrás, um monge da Escola *Shingon* explicou esse fenômeno com estas palavras: "... a mão direita contém a Mandala do Mundo do Diamante e a mão esquerda segura a Mandala do Mundo do Útero. Ambas são inseparáveis no universo, e por isso são representadas unidas no Mudrá da Sabedoria, *Chiken in*, por *Dainichi Nyorai*. Esse mudrâ é sempre formado na frente do coração..." Em ambas as mandalas, *Dainichi Nyorai* está no centro. Na Mandala do Mundo do Útero, ele expressa o Mudrâ do Ensinamento. Na Mandala do Mundo de Diamante, ele expõe o Mudrâ da Sabedoria *Chiken in*.

IL. 148 – DAINICHI NYORAI DO MUNDO DO ÚTERO

O ensinamento é recebido do poder da única entidade espiritual mais elevada, a Grande Deusa. Ela manifesta o infinito potencial abstrato do vazio divino na infinidade de seres individuais que estão envolvidos uns com os outros num espaço material ilimitado e num tempo sem princípio nem fim. Consequentemente, a Grande Deusa traz o ser espiritual masculino mais elevado para o *continuum* espaço-tempo. Com ela, ele continua incessantemente o ato criador no Matrimônio Sagrado.

IL. 149 – DAINICHI NYORAI DO MUNDO DO DIAMANTE

Exemplos desse ato criador encontram-se nas esculturas *Yabyum* da Índia e do Tibete, e também no símbolo da estrela de seis pontas, configurando dois triângulos. Na Cabala, essa estrela é chamada de Selo de Salomão. Quem já leu o Cântico dos Cânticos na Bíblia compreenderá os fundamentos tântricos desse texto. Por isso, a Deusa *Dai Marishi Ten* é a mãe espiritual de *Dainichi Nyorai* e o envolve com sua proteção. Por meio de sua sabedoria, *Dainichi Nyorai* dirige o ensinamento para o canal apropriado. Podemos comparar aqui o Símbolo HS e o Símbolo CR no tratamento a distância. Como foi descrito anteriormente, o Símbolo HS de *Dai Marichi Ten* é a fonte da energia Reiki. Com a aplicação do Símbolo CR, o Reiki é dirigido para a pessoa adequada.

IL. 150 – DAI MARISHI TEN

No Budismo e no Taoismo também existem evidentemente paralelos entre os modelos básicos de entendimento para explicar o universo. Todavia, as duas filosofias do Taoismo e do Budismo desenvolveram-se em épocas muito diferentes e totalmente independentes uma da outra. Observações semelhantes podem ser feitas em outras regiões da terra nas tradições espirituais locais. Por que isso?

Toda filosofia que se propõe a explicar a existência humana, a vida, o universo, trata fundamentalmente das mesmas coisas. Como consequência, o pensamento relevante correto levará sempre às mesmas reflexões. A ciência da mitologia comparada já provou sobejamente esse fato.

Na Ásia Oriental, a lua era chamada "luz dos nobres" nos primórdios da literatura. Os sábios chineses veem o caráter e o coração puro das pessoas nobres na pureza do luar. De acordo com a posição da lua, ela tem vários significados. O aparecer da lua favorece a aspiração; o desaparecer da lua indica uma noite insone. Mas o reflexo da lua também é um tema valorizado e, como o "vento nos pinheiros", é comparado à personalidade das pessoas virtuosas.

Na Ásia Oriental, olhar para a lua à noite é uma atividade predileta para os momentos de romantismo e sensualidade e para percepções mais profundas na meditação. Essa contemplação é como empenhar-se para alcançar a iluminação, e expressa a intenção de libertar-se dos desejos de fama terrena e vantagens pessoais. No Monte Kurama, o dr. Usui meditava dia e noite. Assim, ele tinha o sol de dia e a lua à noite. A meditação que ele praticava, porém, estava relacionada com o planeta Vênus.[164] Por causa da luz do sol, Vênus torna-se tão visível quanto a lua para nós que vivemos na Terra. Sua cor, porém, é vermelho-alaranjado, representando energia e paixão. Além disso, Vênus está imediatamente próximo da lua no céu noturno. É por isso que muitas culturas do mundo veem esses dois corpos celestes num contexto espiritual. O dr. Usui deixou-se inspirar pelos três – o Sol, a Lua e Vênus – e o resultado foi a sua experiência com a grande luz radiante de *Daikômyô* depois de 21 dias.

A lua e sua luz também desempenham um papel importante no Budismo e no Taoismo, embora talvez não no mesmo sentido. No Taoismo, ela corresponde ao ideal de vencer os medos relacionados com a natureza transitória da vida e de sentir a nossa própria alma na alma do mundo, o *Tao* 道. No Budismo, a questão é um pouco mais complexa. Olhando para a lua, vemos somente a lua. Mas ela se reflete infinitamente na água, assim como a luz de *Dainichi Nyorai* se irradia por todo o cosmos e ilumina todos os seres e todos os lugares. O reflexo da lua na água é uma imagem de espelho. No Zen-Budismo, a lua cheia é considerada como um símbolo da iluminação perfeita, da aparência de Buda. Um ser humano que alcança a iluminação também parecerá uma lua cheia brilhante, o que significa uma luz muito agradável que outros podem contemplar. Se brilhássemos tanto quanto o sol, isso seria bastante desagradável. A luz do sol se revela também através da lua, que por sua vez pode aparecer em qualquer lugar do mundo através dos seus múltiplos reflexos. Este é supostamente o motivo por que muitos Budas são representados na frente ou sobre um disco da lua.

A lua cheia luminosa é como a natureza de Buda inerente a cada ser e é, portanto, uma metáfora da iluminação como objetivo no Zen e no Budismo Esotérico. E esse é precisamente o significado do Símbolo HS (ver capítulo 15, sobre o Símbolo HS). É por essa razão que o Símbolo DKM é sempre usado com o HS. O Símbolo DKM também corresponde ao estado de iluminação, e o HS é a ponte para chegar a esse estado. Essa é também uma das razões por que a iniciação de Mestre não pode ser considerada iluminação. O mesmo se aplica aqui, como sempre: o caminho é o objetivo. O ser humano volta ao seu estado natural

---

164 Cf. capítulo 13, sobre o Monte Kurama e a Meditação da Estrela da Manhã.

nesse caminho e assume a aparência da lua luminosa. Seu coração torna-se tão livre quanto as nuvens que vagueiam pelos céus.

A superfície da água reflete a lua. Esse fenômeno pode ser comparado com o coração espiritual (jap.: *kokoro*). Se o espelho está manchado, o reflexo não será claro. Quando a superfície da água está em movimento ou agitada, o reflexo é distorcido. Essas inconsistências simbolizam o véu diante dos nossos olhos, através do qual percebemos o mundo subjetivamente. No entanto, a percepção subjetiva não corresponde à verdade objetiva. Para podermos ver o mundo como ele é, a água deve estar calma e o espelho livre da poeira. O *Mental Healing* e meditações com o Símbolo SHK são práticas úteis para perceber o mundo como ele realmente é.

O Buda do Paraíso, *Amida,* que é o Símbolo SHK junto com a *Senju Kannon* de 1.000 braços, é chamado de "Lua Cheia Brilhando em Todas as Direções" no seu *Sutra da Terra Pura*. Essa é outra explicação para o *myô* no Símbolo DKM, uma vez que *Dainichi Nyorai* representa o sol e *Amida* representa a lua junto com *Senju Kannon*. O mesmo sutra compara o coração espiritual com a água: "Se a água está limpa e calma, a lua aparece nela em sua forma plena. Se a água está turva e agitada, o brilho da lua não se reflete nela". A lua-água *Kannon* também é mencionada neste contexto.

A lua representa o poder feminino e o grande conhecimento da Deusa Terra sobre a vida e as aplicações práticas dos princípios espirituais que chegam até nós oriundos do cosmos na forma de poderes divinos. Como esses poderes são muito fortes e muito diretos para ajudar os seres do mundo material, eles são transformados por meio do poder afável da lua feminina, de modo que as necessidades e possibilidades das obrigações dela são levadas em consideração. A lua feminina é uma emanação da Grande Deusa, assim como a Deusa Terra constitui uma parte da Grande Deusa. Ambas trabalham juntas, harmoniosamente, para o bem do todo.

Assim, conhecimento e sabedoria unem-se um com o outro na lua e no sol. Nessa união é possível dissipar as trevas com a grande luz. Esse pensamento também é expresso em um dos doze famosos mantras do Anjo do Sol: *Om sûryâya Namahâ*. Buscadores espirituais de todo o mundo recitam-no há milhares de anos para dispersar a escuridão e a ignorância.

O Sol e a Lua e o Siddham Vam e A

A lua é feminina, *yin,* o sol é masculino, *yang*. Na relação com a Mandala dos Dois Mundos, a lua no DKM manifesta a Mandala do Mundo do Útero e o sol revela o Mundo do Diamante. *Dainichi Nyorai* exerce o papel mais importante nas duas mandalas, por isso ocupa o centro em ambas. Cada ser de luz budista tem um ou mais *Siddham* ligados a ele. Essa classificação não foi feita arbitrariamente. Antes, cada *Siddham* corresponde à qualidade de um ser de luz. A comparação que podemos fazer aqui é com as cores nos chakras, onde cada cor tem um significado especial.

Dizem os mestres que as Mandalas dos Dois Mundos são separadas e, contudo, uma só. Exatamente as mesmas palavras se aplicam ao Símbolo DKM e a *Dainichi Nyorai* como Buda Cósmico. Embora se fale de um único símbolo ou de um único *Dainichi Nyorai*, sempre há dois. Essa é uma das razões por que o Reiki é uma forma de energia não polar. Entretanto, isso não significa que o Reiki seja uma energia inteligente, uma vez que outras condições seriam necessárias para isso.

Os Mantras dos Anjos do Sol

Om Adityâya Namahâ – Uma qualidade do Deus hindu Vishnu. A luz da sabedoria.

Om Arkâya Namahâ – A luz que extingue o sofrimento.

Om Bhânave Namahâ – A fonte da irradiação que revela o espiritual na forma material, por exemplo, a beleza em toda a sua perfeição.

Om Bhaskarâya Namahâ – A luz do brilho intelectual.

Om Hiranyagarbhâya Namahâ – O dourado: o ouro de cura que pode extrair e revelar o que há de mais nobre em cada ser.

Om Khagâya Namahâ – A luz que tudo penetra, que não pode esconder-se de nada, que não pode ser bloqueada.

Om Marîchâya Namahâ – Esse mantra contém o poder da Grande Deusa *Mârîcî*, a luz tênue, muito especial, do amanhecer e do anoitecer: o nascer do sol e o pôr do sol. Esses são momentos do dia especialmente mágicos, românticos e espirituais.

Om Mitrâya Namahâ – A luz da amizade que supera todas as diferenças e todos os obstáculos.

Om Pûshne Namahâ – A luz que se irradia do fogo místico, que produz o poder de lutar pela unidade nos lugares ocultos.

Om Ravaye Namahâ – A luz do ser vencedor; o caráter suave, íntegro, límpido, amoroso, bondoso e sábio.

Om Savitre Namahâ – A luz que emana da iluminação.

Om Sûryâya Namahâ – Este mantra contém o poder do Grande Deus, *Sûrya*, que é outro nome de *Dainichi Nyorai*. Ele dissipa a escuridão e a ignorância, preparando o caminho para a percepção e a compreensão da verdade divina, do conhecimento verdadeiro e da grande luz radiante.

No Mundo do Diamante, *Dainichi Nyorai* tem o *Siddham vam* (sol – *yang* – masculino) e no Mundo do Útero ele tem o *Siddham a* (lua – *yin* – feminino). Uma das práticas mais importantes no *Shingon* é a meditação sobre o *Siddham a*. Todo conhecimento está contido nesse símbolo. Podemos dizer que ele é descoberto por meio dessa meditação, isto é, com a ajuda do poder de *Dainichi Nyorai*. Para direcionar essa experiência para o canal correto, ele recebe o acréscimo da sílaba *vam*. Em particular, isso implica rituais com 37 seres de luz de cinco unidades na Mandala do Mundo do Diamante. Entre outras coisas, essa é uma das práticas mais secretas do Budismo Esotérico, em razão de sua complexidade e dos seus efeitos extraordinários, mas uma descrição mais extensa dela ultrapassaria o objetivo deste livro. Em síntese, entre outras coisas, o *Siddham vam* está relacionado com práticas para alcançar a verdade que está por trás das palavras, para sustentar a terra por meio da comunicação pelo elemento água, com rituais de morte com pagodes dos cinco elementos, com rituais para dissolver as causas do sofrimento, como possessões por entidades e influências kármicas negativas (relação estreita com *Kannon* de 1.000 braços), com meditações com seres de luz, intensificação de poder, rituais de proteção, iniciações, purificação, chakra do coração, etc.

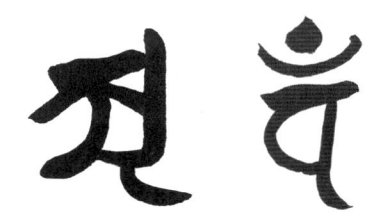

IL. 151 – SIDDHAM A E VAM

Kaji – O Segredo da Transmissão de Energia no Reiki

Kûkai parece ter sido o primeiro japonês a comentar extensamente a transmissão de energia através dos seres de luz (*kaji* 加持). Em seu texto "Como Alcançar a Iluminação neste Corpo" (*Sokushin jôbutsu gi* 即身成仏義), ele descreve *kaji* em termos do sol do Buda *Daikômyô* 大光明, que representa grande compaixão, ser refletido no coração de todos os seres como na água. O praticante sente o sol de Buda no seu coração quando medita em estado sereno sobre o sentido deste princípio com a ajuda dos Três Segredos (*sanmitsu* 三密). Quando o praticante se une a *Dainichi Nyorai*, ele recebe capacidades extraordinárias (sânsc.: *siddhi*), como a de curar doenças (*kaji kitô*).

A cura propriamente dita é em geral chamada *kaji*. Entretanto, num sentido mais estrito, *kaji* é a criação do poder que flui.

Muitos anos antes de meditar no Monte Kurama, o dr. Usui procurava um método para tornar o poder espiritual, o *kaji* da energia vital *Reiki*, acessível de maneira permanente. Sem a iniciação no Reiki, essa capacidade só pode ser adquirida por intermédio de práticas ascéticas difíceis e prolongadas. Por exemplo, é preciso formar mudrâs e recitar mantras para prevenir doenças, e ainda visualizar símbolos para reunir o poder em nós mesmos para transmiti-lo a outros seres.

Essa energia torna-se utilizável de modo contínuo por meio da iniciação no Reiki. Além disso, a pessoa é incluída no *kaji,* que substitui a necessidade de anos de trabalho individual, e torna-se então um canal permanente para o poder de *Dainichi Nyorai*.

Quando impomos as mãos depois da iniciação, o Reiki flui. Mas isso apenas ainda não é *kaji*. Embora o fluxo de poder do Reiki se torne progressivamente mais forte, ele se faz imediatamente presente quando rezamos pela cura do ser em todos os níveis. Quando comecei (Mark) a trabalhar com o Reiki, eu sempre tinha muito medo de que ele não produzisse efeito e que eu estivesse fazendo papel de bobo. Por isso, eu sempre rezava para que o Reiki ajudasse a pessoa, o que então acontecia infalivelmente. Naquela época, eu não sabia que iniciava inconscientemente o fluxo espiritual de poder – *kaji* – com a minha oração. *Kaji* é a bênção que *Kûkai* chamava de grande compaixão. Ela possibilita a ocorrência de alguma coisa que normalmente não funcionaria mesmo com o Reiki. No entanto, produz resultados quando assumimos a atitude correta.

Apesar disso, curas espontâneas através da fé tendem a ser raras. Mesmo querendo curar, não obtemos todos os resultados desejados. Nem mesmo o Reiki pode fazer tudo imediatamente. Algumas pessoas precisam de uma cura lenta e apoio no caminho para que seu desenvolvimento seja possível. Elas recebem ajuda para compreender o que realmente necessitam.

A propósito, *kaji* só pode ocorrer quando as ações se baseiam em decisões do livre-arbítrio. Por exemplo, é possível canalizar sem que haja *kaji*, especialmente quando a canalização é feita por medo ou ambição. Enquanto os seres humanos forem governados pelo medo e permitirem que o temor lhes diga o que fazer, ou enquanto entregarem seu poder ao medo, não haverá livre-arbítrio e *kaji* não pode ocorrer.

Quanto mais nos abrirmos para o divino, mais amplo e variado será o apoio dos seres de luz. Nenhum desenvolvimento acontece por si mesmo. Se o campo circundante é superficial e negativo, faz-se necessário algum tipo de bênção. Pessoas apanhadas nessa teia precisam de apoio. Mas isso não significa que elas sejam inimigas. Elas apenas estão num caminho diferente. Se necessário, porém, o que também pode ser de grande ajuda é compreender por que esse caminho não leva à felicidade e à unidade. Ao mesmo tempo, o empenho e a tentativa de converter os outros geralmente produz mais tensões. Recebendo apoio por meio de *kaji*, atraímos as pessoas adequadas e as outras se afastam de nós. *Kaji* promove a comunicação que leva ao entendimento. Aprendemos a esperar, a deixar alguma coisa de lado, a mudar a forma como falamos com as pessoas ou a não mais temer quando alguém manifesta uma opinião diferente.

Quanto mais aplicamos Reiki, mais intenso se torna o fluxo de energia espiritual de *kaji*, na medida em que adotamos um comportamento espiritualizado, integrando os três princípios de responsabilidade pessoal, consciência e amor – e que incluímos um ser divino como *Dainichi Nyorai*. Então esse ser de luz irradiará amparo na forma de sabedoria e poder, o que capacitará a pessoa apropriada a fazer coisas mais importantes.

Permanecendo no poder espiritual de *kaji*, como durante a meditação, outras manifestações podem ocorrer, além da intensificação do Reiki. Exemplos delas podem ser experiências místicas, percepções súbitas ou intuições inspiradas por seres de luz, vislumbres de vidas passadas e coisas semelhantes. Muito do que escrevo ou sei sobre os símbolos baseia-se nessas intuições. Normalmente só descubro mais tarde, ao manusear livros e buscar evidências em bibliotecas, que esse conhecimento foi exposto em antigos escritos religiosos da Ásia Oriental. Minha tese de mestrado na Universidade de Heidelberg sobre "A escrita *Siddham* na Arte Japonesa" também é um exemplo disso. Eu normalmente sabia o resultado muito antes de encontrar o texto-fonte como prova.

Nos ensinamentos secretos – *mikkyô* –, a explicação desse fenômeno é que só a presença de *Dainichi Nyorai* trará consigo o ensinamento. Assim, quem se entrega sinceramente ao Reiki e, portanto, também a *Dainichi Nyorai*, pode ser ensinado através da transmissão de energia – *kaji* – diretamente por *Dainichi Nyorai* por meio de percepções intuitivas. Até certo ponto, a pessoa pode produzir esse estado deliberadamente se, ao mesmo tempo, tiver uma atitude de desapego. Foi quando o dr. Usui renunciou à esperança de resolver o mistério no 21º dia de sua meditação no Monte Kurama, e só então ele ficou internamente preparado para receber sua visão. Em japonês, isso se chama *mushin* 無心, uma expressão que dificilmente pode ser traduzida literalmente. Ela implica começar algo com a intenção de obter sucesso, pois do contrário nem sequer tentaríamos. Mas então ela recomenda não nos apegarmos ao sucesso. Todos certamente já passamos em algum momento pela situação de sabermos exatamente alguma coisa, mas não conseguirmos lembrar-nos dela. Quanto mais tentamos, mais esquecemos. Quando deixamos de tentar, lembramos. O canal para a informação fica livre quando relaxamos. *Mu* significa algo como "nada" ou "vazio". No contexto do segundo caractere – *kokoro* – ele descreve o estado de consciência espiritual que podemos alcançar se nos empenhamos para o sucesso apropriado com a intenção e o método corretos; se essa prática é abençoada pela Força Criadora; e se estamos preparados no momento certo, na consciência da presença divina, para renunciar totalmente à nossa intenção e confiar inteiramente na orientação superior. Assim, a palavra *mu* é também conhecida como uma exclamação que os monges zen adotam para atrair o ensinamento.

É diferente da memória porque as mensagens de *Dainichi Nyorai* normalmente nos trazem algo novo. No momento em que estamos praticamente conectados com *Dainichi Nyorai* através da transmissão de energia, se a nossa atenção está adequadamente concentrada num objetivo, a informação também aparece. Esse estado de fusão como canal é então também chamado "canal de energia" (*kajishin* 加持身; literalmente: corpo de transmissão da energia espiritual).

Aplicar Reiki significa receber a energia vital espiritual de *Dainichi Nyorai,* canalizá-la através do nosso corpo e então transmiti-la para outros seres pela imposição das mãos. *Kaji* é a transferência de poder do ser de luz *Dainichi Nyorai* para outros seres ou objetos. A única ação praticada conscientemente aqui é a aplicação da técnica, como a imposição das mãos. A recepção e a transmissão de Reiki não podem ser controladas conscientemente. Como o Reiki não se origina na pessoa que o aplica, mas é recebido de *Dainichi Nyorai,* as pessoas iniciadas no Reiki são chamadas canais de Reiki. Mesmo que a imposição das mãos seja uma ação consciente com a qual podemos aumentar o fluxo de energia e promover a cura de um ser, se feita com habilidade, o que significa ter um bom treinamento, ainda assim não é possível decidir que quantidade de Reiki deve ser transmitida. O Reiki é absorvido pelo receptor. Esse processo também ocorre inconscientemente e não pode ser influenciado deliberadamente, exceto quando o tratamento e, portanto, o fluxo de energia, é interrompido.

Nas iniciações ministradas por mestres de Reiki também ocorre uma transmissão de energia. Para habilitar outras pessoas a aplicarem Reiki ou os seus símbolos de modo permanente, é necessária uma influência consideravelmente mais pessoal do que apenas a imposição das mãos. Não obstante, também o mestre de Reiki é apenas um canal que, além das outras práticas, está habilitado a celebrar o ritual de iniciação. A verdadeira transmissão de energia se dá através de *Dainichi Nyorai.* No processo, o Símbolo DKM – ou uma técnica de trabalho com energia interior apropriada (*Nei Gong*) na autêntica tradição japonesa – desempenha um papel importante aqui porque representa o poder de *Dainichi Nyorai* em sua essência.

A terceira forma de transmissão de energia consiste numa pessoa, como o dr. Usui, recebendo a iniciação no Reiki diretamente de *Dainichi Nyorai*, sem a intermediação de um mestre de Reiki humano. Para chegar a isso exige-se muita prática, muito conhecimento prévio e a graça divina.[165]

Há muitas emanações de *Dainichi Nyorai*. Essas emanações são outros seres de luz, como Budas, Bodhisattvas, devas ou reis de sabedoria com a mesma essência de *Dainichi Nyorai*, mas com qualidades especiais. Por meio de técnicas especiais do Reiki do Arco-Íris, é possível realizar trabalhos de energia com esses seres.[166] Sempre que há uma transmissão de energia com *Dainichi Nyorai* ou com uma de suas emanações, falamos do "poder protetor" que retorna do espírito de Buda (*kaji riki* 加持力).

Existem ainda outras formas de transmissão de energia. A primeira é o poder e a energia dos nossos próprios méritos (*ga kudoku riki* 我功徳力). Essa energia é criada por um ser por meio da prática do *Dainichi Nyorai Kidô* e do trabalho com o corpo de luz no Reiki do Arco-Íris. Em segundo lugar, há o poder e a energia no mundo do ensinamento de Buda (*hokkai riki* 法界力). Esta é a natureza onipenetrante das coisas, simbolizada pelos seis elementos, e que torna o *Eu* e Buda essencialmente um só e o mesmo. O Budismo Esotérico vê a união dessas "três forças" (*sanriki* 三力) como a energia de iluminação. Como a descreve *Kûkai*, a iluminação – como um caminho que é acompanhado pelo desenvolvimento da personalidade – pode ser alcançada nesta vida pela convergência da transmissão de poder, do esforço individual e do conhecimento das coisas.

Com relação ao Reiki, isso significa que o Mestre e o praticante devem ser iniciados no Reiki para que *kaji* aconteça. Para praticar o Reiki, o nosso próprio esforço é necessário quando impomos as mãos. Em última análise, quando aplicamos Reiki, precisamos também ter o conhecimento para usá-lo de maneira competente. Precisamos também saber como levar os nossos clientes a um grau mais elevado de amor, de responsabilidade pessoal e de consciência para que o Reiki possa produzir os melhores resultados.

O Símbolo DKM e a Transferência de Energia através de um Ser Espiritual

A relação entre os seres humanos e *Dainichi Nyorai* é personificada pelo Bodhisattva *Kongôsatta*. *Kongôsatta* é considerado como uma encarnação muito especial de *Dainichi Nyorai*. Ele simboliza a iluminação inerente a todos os seres, que é indestrutível como um diamante. *Kongôsatta* personifica tanto os seres iluminados como os que estão a caminho da iluminação. No momento em que aplicamos Reiki e facilitamos a manifestação de *kaji*, tornamo-nos *Kongôsatta*. Em outras palavras, *Kongôsatta* é o praticante e ao mesmo tempo o *Eu* verdadeiro que deve compreender o que é praticado e que já aparece na tradução do Símbolo HS. Entretanto, nas iniciações de Reiki, o Mestre assume o papel de *Dainichi Nyorai* com o Sím-

---

[165] O apêndice do livro *Reiki – Way of the Heart*, Lotus Press, inclui uma análise astrológica da hora do nascimento do dr. Usui. Quando os trânsitos para Usui são calculados com base no período de meditação de três semanas no Monte Kurama, fica evidente que houve um acúmulo de influências astrológicas espirituais extraordinárias, o que não deixa dúvidas sobre a presença da graça divina durante esse período.

[166] Cf. *Rainbow Reiki*, Walter Lübeck, Lotus Press. Tradução de Christine M. Grimm.

bolo DKM. Significa que *Dainichi Nyorai* trabalha diretamente através dele e dos alunos de *Kongôsatta*. Para o dr. Usui, a iniciação no Reiki aconteceu ainda mais diretamente durante sua iluminação no Monte Kurama. O dr. Usui viveu na presença não só de *Kongôsatta* e *Dainichi Nyorai,* mas também de *Senju Kannon* – a Deusa de 1.000 braços. Segundo o que o Mestre de Reiki transmite aos alunos, o dr. Usui teria visto uma luz intensa no último dia da sua meditação de 21 dias.[167] Essa luz se aproximou dele e o invadiu por inteiro. Durante essa experiência de iluminação, ele compreendeu os símbolos sob a forma de verdades espirituais claramente condensadas e foi iniciado no Reiki.

A antiga lenda da Torre de Ferro descreve uma transmissão semelhante dos ensinamentos secretos para *Nâgârjuna,* o primeiro patriarca *Shingon* humano:

"Depois da morte do Buda histórico *Sakyamuni*, houve na Índia um pagode de ferro que ninguém conseguiu abrir durante séculos. Como o Budismo parecia estar definhando na Ásia Central, o grande mestre *Nâgârjuna* dirigiu-se a esse pagode. Durante sete dias, ele andou ao redor do pagode, recitou mantras e espalhou sementes de papoula branca. Então a porta se abriu. Uma luz resplandecente brilhou no pagode, o ar ficou impregnado de incenso, flores desabrocharam em toda parte e sons musicais louvaram Buda. Quando *Nâgârjuna* entrou, *Dainichi Nyorai* apareceu-lhe na forma de *Kongôsatta* e o iniciou na energia do Budismo Esotérico. Com essa iniciação, *Nâgârjuna* passou a conhecer os ensinamentos secretos, que são a base do *Kongô chô kyô*."

Embora não tenha deixado um sutra como o *Kongô chô kyô* para a posteridade, o dr. Usui transmitiu os símbolos do Reiki que ocultam a sabedoria e o poder desse e de outros sutras, até o dia em que pudessem ser revelados os segredos que ele não conseguiu transmitir durante os quatro breves anos em que ensinou Reiki.[168]

Kûkai explicou que o pagode de ferro não foi criado por seres humanos, mas por *Dainichi Nyorai*. No *Gyokuin-shô* (*Síntese dos Mudrâs Preciosos*), o monge *Gohô* (1306-1362) escreve que o espírito (poder) de *Dainichi Nyorai* vem do pagode de ferro. Nesse contexto, o Símbolo DKM representa o poder de *Dainichi Nyorai* e o Símbolo HS representa o pagode. Podemos também dizer que o pagode corresponde a *Kongôsatta* e este, por sua vez, ao Símbolo HS. É por isso que esses dois símbolos têm um papel especialmente importante em uma iniciação.

O pagode simboliza todo o cosmos do Budismo Esotérico e dos ensinamentos secretos. O pagode (o Símbolo HS) representa a totalidade de todas as coisas, seres e ações do passado, do presente e do futuro. O pagode de cinco andares, composto pelos cinco *Kanji* do Símbolo HS, pelos cinco elementos e pelos cinco *Siddham a, ba, ra, ka, kya,* simboliza a forma cosmológica de *Dainichi Nyorai*.

Cada símbolo em si encerra significados e funções complexos:

O **símbolo Siddham** *a* é a fonte do poder espiritual, o coração nos seres humanos que une o material ao espiritual. Ele é simultaneamente o coração espiritual do universo que liga

---

[167] Para uma descrição mais detalhada da Meditação da Estrela da Manhã que o dr. Usui praticou nessa ocasião, ver capítulo 13, sobre o Monte Kurama.

[168] Isso provavelmente não foi necessário depois do Grande Terremoto do dia 25 de setembro de 1923. Nessa época, o dr. Usui estava muito ocupado ajudando as centenas de vítimas.

o reino da unidade com o reino da separatividade. Nesse contexto, o Budismo Esotérico também fala de dualismo e não dualismo. Por um lado, as mandalas dos dois mundos são duas mandalas, ou seja, a Mandala do Mundo do Útero (a Deusa) e a Mandala do Mundo do Diamante (o Deus). Por outro lado, porém, elas formam uma unidade inseparável, como o monge chinês *Hui-ko* – professor de *Kûkai* – reconheceu, e como consequência reuniu as duas escolas de Budismo Esotérico. O símbolo *a* representa a Mãe Divina: ainda não nascida, eternamente viva. É a espada que transpassa a vida e a morte. Cada alma é a mesma – não há hierarquias – do mesmo modo como uma gota de chuva cai no oceano. Nada nem ninguém está realmente vivo ou morto. Vida e morte são uma ilusão, pois a força criadora simplesmente é. Ela não pode nascer, nem morrer. Não há um lugar específico onde algo ou alguém exista. Nenhum começo e nenhum fim. Esse é o estado da verdadeira perfeição. Ele é como a lua que reflete a luz do sol. Elemento espiritual: terra.

O **símbolo Siddham** *ba* representa algo que não pode ser explicado. Alegria, felicidade, desejo, prazer, sensualidade e o verdadeiro segredo da vida. Elemento espiritual: água.

O **símbolo Siddham** *ra* representa a verdadeira inocência, sabedoria e iluminação. Elemento espiritual: fogo.

O **símbolo Siddham** *ka* não depende de concepção e produz a verdade. Elemento espiritual: vento.

O **símbolo Siddham** *kya* significa vazio absoluto; liberdade absoluta; sem limites. Elemento espiritual: espaço.

Meditação com o Mantra A Ba Ra Ka Kya

*Una-se a **Dainichi Nyorai** pelo contato a distância. Saúde-o com as palavras: "Venho à tua presença como uma pessoa doente e peço cura. Venho à tua presença como uma pessoa ignorante e peço ensinamento. Venho à tua presença como uma pessoa que desconhece o caminho e peço proteção e orientação. Venho à tua presença como uma pessoa impotente e peço forças para melhor servir. Em retribuição, envio-te Reiki. Usa-o como quiseres para benefício de todos".*

*

Desenhe vários símbolos CR e ative cada um deles com o mantra para intensificar o fluxo de poder do Reiki.

Posicione as mãos diante do coração formando o Mudrâ do Pagode. Recite o mantra *a ba ra ka kya* 108 vezes ou um múltiplo desse número. Em silêncio, fique atento às sensações que ocorrem dentro de você durante alguns minutos.

*

*Desfaça o contato com **Dainichi Nyorai** com as palavras: "Agradeço-te o contato e a bela meditação. Desejo-te as bênçãos da Força Criadora em teu caminho". Sopre com força as mãos e esfregue uma na outra. Se necessário, estabilize-se aplicando Reiki nos pés.*

Kaji e os Três Segredos do Corpo, da Fala e da Mente

Pelas ações concentradas do corpo, da fala e da mente, o praticante ativa a transmissão de energia de *kaji*. Como *Dainichi Nyorai* trabalha no praticante através de *Kongôsatta*, a transferência de energia não é unilateral, mas mútua. Nos ensinamentos secretos, essa troca se chama "Entrada do Eu no Grande Deus/Grande Deusa e Entrada do Grande Deus/Grande Deusa no Eu" (*nyûga ga nyû* 入我我入). Há todo um conjunto de práticas com esse objetivo, algumas delas descritas abaixo. Outra prática para integrar-se à teia da vida da Grande Deusa está descrita no capítulo 19, sobre Cosmologia Espiritual. Antes, porém, algumas explicações.

Como essa união entre o Grande Deus/Grande Deusa e o Eu simboliza a iluminação, essa prática também é chamada de Poder de Transferência dos Três Segredos (*sanmitsu kaji* 三密加持). *Kûkai* escreveu o seguinte sobre este tema no seu *Sokushin jôbutsu gi*:

"Se o praticante segue as instruções, forma mudrâs com as mãos, recita mantras com a boca e permanece em *Samâdhi*[169] com a mente, os Três Segredos realizarão a transmissão de energia (*kaji*) e ele logo alcançará a iluminação."

Mudrâs são os segredos do corpo, mantras são os segredos da fala e *Samâdhi* é o segredo da mente. Na prática, usam-se símbolos baseados em movimentos, formas, cores, fragrâncias e sons. Apesar disso, os Três Segredos simbolizam uma realidade objetiva que não se limita ao corpo, à fala e à mente de um ser humano. Nas práticas dos ensinamentos secretos, os Três Segredos são inseparavelmente um. O *Dainichi kyô* descreve essa realidade dizendo que o corpo é igual à fala e que a fala é igual à mente, do mesmo modo que todas as partes do oceano são igualmente salgadas.

Mudrâs, mantras e visualizações integram-se concretamente em práticas como meditações e rituais segundo regras fixas para alcançar um objetivo específico. Além disso, existem as chamadas práticas "informes", que compreendem todas as ações possíveis que refletem a iluminação. Estas também podem ser integradas em rituais e meditações, embora de maneira mais intuitiva. O ensinamento mais elevado dos ensinamentos secretos torna-se realidade quando cada palavra é um mantra, cada movimento um mudrâ e cada pensamento uma meditação. É por isso que coisas com e sem forma são inseparavelmente uma coisa só.

Meditação Básica Baseada no Sutra da Grande Luz (Dainichi Kyô)

IL. 152 – SÍMBOLO SIDDHAM A SOBRE UM DISCO DA LUA

Dirija-se a um lugar calmo, com luminosidade moderada. Sente-se na posição de lótus, de meio-lótus ou na posição japonesa *seiza*. Os olhos ficam semiabertos.

---

[169] *Samâdhi* é um estado de consciência especial em que o pensamento cessa e que vai além dos estados de vigília ou de sonho. O resultado é uma fusão entre o praticante e um ser de luz como *Dainichi Nyorai* ou outro objeto de meditação. Compare com as explicações sobre iluminação e despertar espiritual, capítulo 21.

Junte as mãos diante do coração, como você já conhece pelas iniciações ou pela meditação *Gasshô*. Acalme a mente, concentrando-se durante alguns minutos na respiração pelo hara e no poder do Reiki em suas mãos.

Visualize à sua frente uma flor de lótus de oito pétalas, totalmente aberta. Um espelho redondo serve de base para a flor. O símbolo *Siddham a* – a essência energética de DKM – está sobre o espelho e faz a flor de lótus vibrar de admiração. Uma grande luz brilhante irradia-se do símbolo *a* em todas as direções e para todos os seres, como 1.000 jatos cintilantes. Das profundezas do espelho redondo, materializações do símbolo *a* se espalham em todas as direções. Como a lua na água límpida, o símbolo *a* aparece na frente de todos os seres viventes.

Em seguida as formas se dissolvem na grande luz radiante. Fique atento durante alguns minutos às sensações que ocorrem em você e agradeça.

Meditações dos Três Segredos com o Símbolo DKM

Apresentamos a seguir várias práticas de meditação que foram ensinadas por monges de grande notoriedade no decorrer dos séculos. Todas elas têm como ponto de referência o manual de rituais do monge *Kûkai* sobre meditação com símbolos. De acordo com *Kûkai*, seus textos eram estudados profundamente e seus ensinamentos transmitidos oralmente. Com o passar dos séculos, alguns monges redigiram as aplicações práticas em comentários explicativos. A Meditação dos Três Segredos é conhecida como uma das práticas mais importante para pessoas leigas, alunos avançados e profissionais.

A prática dessas meditações expande a capacidade de visualização e concentração, sendo por isso considerada uma ótima precondição para a meditação descrita anteriormente realizada pelo dr. Usui no Monte Kurama.

As três meditações que seguem são apresentadas aqui como estavam escritas nos sutras e eram ensinadas pelos monges. É claro que elas podem também ser realizadas por meio do contato a distância com *Dainichi Nyorai*.

Meditação com o Símbolo A Usando o Pincel de Escrever, Segundo o Monge Kakuban (1095-1143)

Dirija-se a um lugar calmo, com claridade moderada. Sente-se na posição de lótus, meio-lótus ou *seiza*. Os olhos permanecem semiabertos. Junte as mãos diante do coração, como você já conhece pelas iniciações ou pela meditação *Gasshô*. Acalme a mente concentrando-se durante alguns minutos na respiração pelo hara e no poder do Reiki em suas mãos.

Com um pincel para escrever, desenhe uma flor de lótus de oito pétalas, de tamanho médio, numa folha grande de papel. Acima dela, desenhe um disco da lua. Escreva o símbolo *a* sobre o disco. Concentre o olhar nessa figura pelo tempo que desejar. Fique atento durante alguns minutos às sensações que ocorrem em você e agradeça.

Meditação com o Símbolo A, Segundo o Monge Myôe (1173-1232)

Dirija-se a um lugar calmo, com claridade moderada. Sente-se na posição de lótus, meio-lótus ou *seiza*. Os olhos permanecem semiabertos. Junte as mãos diante do coração, como você já conhece pelas iniciações ou pela meditação *Gasshô*. Acalme a mente concentrando-se durante alguns minutos na respiração pelo hara e no poder do Reiki em suas mãos.

Visualize no seu coração uma flor de lótus com oito pétalas, totalmente aberta. Acima dela há um disco da lua. Em seguida você vê formar-se sobre o disco, traço a traço e em cor dourada, o símbolo *a*. O símbolo *a* irradia uma luz clara e branca para todos os seres viventes, eliminando a ignorância e a ilusão em todos os seres.

Depois o disco se transforma numa bola de cristal, contendo o símbolo *a*. A bola de cristal é a sabedoria, e o símbolo *a* é a verdade. Mantenha esse estado pelo tempo que desejar.

Por fim, as formas se dissolvem na luz. Fique atento durante alguns minutos às sensações que ocorrem em você e agradeça.

IL. 153 – SEQUÊNCIA DE TRAÇOS PARA O SÍMBOLO SIDDHAM A

Meditação dos Três Segredos de Dainichi Nyorai com os Símbolos Om A Hûm

*Una-se a **Dainishi Nyorai** pelo contato a distância. Saúde-o com as palavras: "Querido **Dainishi Nyorai**, venho à tua presença como uma pessoa doente e peço cura. Venho à tua presença como uma pessoa ignorante e peço ensinamento. Venho à tua presença como uma pessoa que desconhece o caminho e peço proteção e orientação. Venho à tua presença como uma pessoa impotente e peço forças para melhor servir. Em retribuição, envio-te Reiki. Usa-o como quiseres para benefício de todos". Desenhe vários símbolos CR e ative cada um deles com o mantra para intensificar o fluxo de poder do Reiki.*

*

Posicione as mãos diante do coração, formando o Mudrâ do Pagode. Visualize *Dainichi Nyorai* meditando na sua frente. Ele tem uma coroa na cabeça e está sentado na posição de lótus. As mãos assumem o Mudrâ do Pagode diante do coração. O corpo é dourado brilhante.

Da fronte de *Dainichi Nyorai* (sexto chakra), irradia-se uma luz branca que se dirige para a sua fronte e preenche toda sua cabeça. Enquanto a luz branca se difunde em sua cabeça, o símbolo *Siddham om* surge sobre um disco da lua. Entoe o mantra *om* nove vezes. A luz, o símbolo e o som dissolvem bloqueios e nós na região da cabeça. Hábitos prejudiciais – a causa de muitos sofrimentos e doenças – saem de você. Com isso o seu corpo se transforma num poderoso instrumento de amor e proteção para você mesmo e para os outros. Suas ações promoverão amor, responsabilidade pessoal e consciência.

Da garganta de *Dainichi Nyorai* (quinto chakra), irradia-se agora uma luz vermelha que se dirige para a sua garganta e a preenche completamente. Enquanto a luz vermelha se difunde pela região do pescoço, o símbolo *Siddham a* surge sobre um disco da lua. Entoe o mantra *a* nove vezes. A luz, o símbolo e o som dissolvem bloqueios na comunicação. Palavras que causam sofrimentos afastam-se de você. Suas palavras se transformam em expressões de compaixão e sabedoria, promovendo amor, responsabilidade pessoal e consciência.

Do coração de *Dainichi Nyorai* (quarto chakra), irradia-se uma luz azul que se dirige para o seu coração e preenche o seu peito totalmente. Enquanto a luz azul se difunde pela parte superior do seu corpo, o símbolo *Siddham hûm* surge sobre um disco da lua. Entoe o mantra *hûm* nove vezes. A luz, o símbolo e o som dissolvem nós, bloqueios e obstáculos na mente. Conceitos rígidos que levam a situações fora do controle afastam-se de você. Sua mente representa agora alegria incontida e promove amor, responsabilidade pessoal a consciência.

Em seguida, você vê como os três raios de luz branca, vermelha e azul irradiam-se de *Dainichi Nyorai* para você simultaneamente. Recite o mantra *a ba ra ka kya* 108 vezes ou um múltiplo desse número. Fique atento durante alguns minutos às sensações que ocorrem em você e agradeça.

Por fim, *Dainichi Nyorai* dissolve-se na luz que irradia para você. A sua própria forma também desaparece. Tempo e consciência formam agora uma unidade. Permaneça nesse estado pelo tempo que desejar.

*

*Desfaça o contato com **Dainichi Nyorai** com as palavras: "Agradeço-te o contato e esta bela meditação. Desejo-te as bênçãos da Força Criadora no teu caminho". Sopre com força as mãos e esfregue-as. Se necessário, estabilize-se aplicando Reiki nos pés.*

IL. 154 – SIDDHAM A E HÛM

As Iniciações de Reiki e o Símbolo do Mestre

Existem iniciações nos mais diversos caminhos espirituais. Em sua maioria, são rituais cujo objetivo é introduzir adeptos no caminho espiritual. No Budismo, existem as iniciações chamadas de "Transposição" (jap.: *tokudo*). Elas correspondem à preparação e ordenação de um monge. Em muitos casos, porém, esses rituais tendem a ser mais uma questão de forma, ou seja, determinadas ações ritualísticas, como a tonsura, recebem maior destaque.

Além disso, existem outras formas de rituais de iniciação nas escolas de Budismo Esotérico, e essas correspondem às iniciações de Reiki em seus efeitos. Entre outras coisas, isso acontece porque as iniciações de Reiki têm relação muito estreita com o Budismo Esotérico e, em parte, dele também derivaram. Essas iniciações são chamadas *kanjô* em japonês. Elas sempre envolvem uma continuação ininterrupta de uma linhagem cuja origem encontra-se em *Dainichi Nyorai*. Consequentemente, a *Dainichi Nyorai* e *Kongôsatta* seguem inicialmente os Oito Patriarcas Shingon na Escola Shingon até o Japão. Ao mesmo tempo, o monge *Kûkai* é o oitavo patriarca, sucedido por muitos outros no decorrer dos séculos. Linhagens como essas existem também no Reiki. Para o Reiki que chegou pela primeira vez ao Ocidente, temos *Dainichi Nyorai – Kannon – Usui – Hayashi – Takata*. Mas como o dr. Usui iniciou cerca de vinte mestres de Reiki, existem correspondentemente mais linhagens desde Usui do que as pessoas supõem até o momento, mesmo que nem todas tenham se tornado conhecidas ou que algumas tenham inclusive terminado. O dr. Hayashi também treinou cerca de vinte mestres de Reiki. Entre eles estava a senhora Takata. Outra Mestra de Reiki muito conhecida, também treinada por Hayashi, foi a senhora Yamagushi (seu filho, Tadao, continua a linhagem). Tanto na Escola Shingon como no Reiki, a linhagem exerce um papel importante nas iniciações. Os mestres individuais da linhagem ou os patriarcas – e apenas os que não estão mais vivos – são integrados no ritual, a começar por *Dainichi Nyorai* e *Kannon* no Reiki e *Kongôsatta* no Shingon. Isso é especialmente importante para o sucesso da iniciação. O que é "transmitido" nas iniciações não é nada que se possa adquirir lendo livros. É uma forma especial de energia que só pode emanar de um ser espiritual como *Dainichi Nyorai* e ser transmitida a uma pessoa por intermédio de um mestre da linhagem. Isso significa que o que se chama de ensinamento secreto (*mikkyô*) não é apenas um ensinamento expresso em palavras, razão pela qual o termo "ensinamento" muitas vezes causa confusão neste contexto. É também útil mencionar aqui que em geral há duas formas de ensinamento secreto. O primeiro é aquele que é transmitido por meio das iniciações, mas este é apenas o início. Depois, e muito mais importante, é o caminho que seguimos ou o que fazemos com a iniciação. Consequentemente, o importante não são as técnicas, os ensinamentos secretos, mas o fato de que o que é secreto se transmite por meio do envolvimento regular com ele e por intermédio da aplicação dos métodos assimilados no treinamento. Em virtude da ligação com a linhagem que remonta a *Dainichi Nyorai*, somente a verdadeira essência dos ensinamentos secretos pode ser recebida através dela. Para isso, é útil contar com um professor espiritual por um longo período de tempo. Ele pode ajudar-nos a avançar individualmente nesse caminho e também está disponível e tem condições de advertir-nos quando talvez tendamos a nos desviar. Quando o aluno está preparado para integrar essas coisas, logo será capaz de percorrer o caminho sozinho porque nesse processo tornou-se um verdadeiro mestre.

Uma linhagem desaparece quando deixa de ser seguida de modo autêntico e íntegro ou quando os rituais ou símbolos são transmitidos incorretamente para outras pessoas – quando a capacidade de operar não está mais presente de modo adequado. Infelizmente, a maioria das pessoas tem muita dificuldade de captar e compreender isso. O Sistema Usui Tradicional de Cura conta com diversos métodos para verificar a autenticidade da linhagem. O mais simples consiste em examinar a linhagem do mestre que nos iniciou e ver se ela foi de fato seguida ininterruptamente, de pessoa a pessoa, desde suas origens em Usui. Só haverá problemas quando erros lamentáveis nos rituais de iniciação ou nos símbolos tiverem ocorrido no seio da linhagem.

O fato de os símbolos e rituais terem sido mantidos em segredo durante décadas, somado à proibição totalmente infundada de escrever ou registrar de outra forma os conteúdos

dos treinamentos, infelizmente causou esse problema. Em segundo lugar, aconteceu que alguns mestres de Reiki, inadvertidamente, foram iniciados como mestres fora da linhagem, mas haviam sido corretamente iniciados no Primeiro e no Segundo Graus de Reiki Usui em algum outro lugar, de modo que agora podem praticar o Reiki Usui. Seus alunos, porém, que foram treinados com as iniciações imperfeitas ou completamente diferentes, não podem. Por isso, recomendo que toda pessoa que leva o Reiki a sério examine criteriosamente se o pacote contém o que o rótulo anuncia.

Os escritos do Budismo Esotérico descrevem como as iniciações *kanjô* podem remontar ao antigo ritual indiano da coroação. Mas é também bastante provável que a história desse ritual indiano tenha uma longa história precedente, o que talvez seja um bom tema para outro livro. Com eram esses rituais? À visão humana, primeiro parecia que a cabeça do novo rei era ritualmente aspergida com água dos quatro mares, para simbolizar sua autoridade sobre todo o reino. Analogamente, a cabeça da pessoa a ser iniciada no Budismo Esotérico era aspergida com água de cinco recipientes. Então, antes quatro, depois cinco? Esse processo foi explicado no *Dainichi kyô*. *Dainichi Nyorai*, o Rei de Todos os Budas e, portanto, também o Buda Cósmico que governa o cosmos inteiro, é o único Buda a usar uma coroa[170] e joias. Nas mandalas do Budismo Esotérico, que retratam o cosmos de maneira abstrata e simplificada, *Dainichi Nyorai* ocupa o centro e está inicialmente rodeado por outros quatro Budas, correspondentes aos quatro mares e às quatro direções. Com *Dainichi Nyorai* como rei, o resultado é o número cinco. Os quatro Budas e os Budas que seguem na mandala, os Bodhisattvas, etc., são suas emanações. Nas iniciações Shingon e do Reiki, essa parte é substituída pelos símbolos. Para estabelecer contato com *Dainichi Nyorai* e transferir energia com ele, essa parte é igual em todas as iniciações para uma transmissão permanente. Dependendo da função e do objetivo da iniciação, os passos seguintes podem variar. O *Dainichi kyô* descreve várias espécies e níveis de iniciação. Relacioná-las todas aqui ultrapassaria os limites deste livro (embora eu as analise nos meus seminários). Uma forma de iniciação é o primeiro contato com uma área dos ensinamentos secretos. Pode ser uma meditação ou mesmo a experiência de receber Reiki de alguém. Mas isso não corresponde a nenhum tipo de iniciação no Reiki no sentido verdadeiro, pois o Reiki ainda não está disponível de maneira permanente depois disso.

Apenas através da iniciação no Primeiro Grau ocorre um contato verdadeiro com os ensinamentos secretos (*mikkyô*). No processo, cria-se uma ligação permanente com a fonte de energia Reiki – *Dainichi Nyorai* – por meio da qual o aluno é incluído no poder espiritual (*kaji*). Essas iniciações são também chamadas *Reikanjô* no Shingon e *Reiki kanjô* no Xintoísmo. Às vezes as iniciações são também chamadas *Reiki ki* no Xintoísmo. Isso pode eventualmente causar certa confusão porque Reiki é escrito aqui com o caractere 麗氣, traduzido literalmente como "energia bonita". O primeiro signo também difere do usado para o método de cura Reiki (靈氣) do dr. Usui. Assim, *Reiki ki* é simplesmente outra palavra para *kanjô* (iniciação).

A sequência das partes principais é a mesma no Shingon e no Xintoísmo. Apenas a ambientação e as práticas preparatórias são diferentes. Ambas são iniciações no poder do

---

[170] No Budismo Tibetano, a *Dainichi Nyorai* corresponde o Lama Raiz, que também usa uma coroa (preta).

Reiki. O Xintoísmo adotou esse tipo de iniciação do Shingon. Há, porém, uma diferença nas explicações dadas para o que acontece exatamente. No Shingon, a pessoa se torna um canal para o Reiki através da conexão com *Dainichi Nyorai*. No Xintoísmo, o deus *Tenshô Daijin,* que dormita em cada ser vivo, desperta ao ser implantado na pessoa. Esse deus, por sua vez, pode ser comparado com nossa natureza búdica primordial, que é inata em todo ser e pode ser despertada. *Tenshô Daijin* é o *Dainichi Nyorai* xintoísta e ao mesmo tempo também uma emanação dele. Esse deus, por sua vez, corresponde ao *T'ai-I* dos xamãs Wu da China antiga. É muito provável que por meio da grande variedade de desenvolvimentos através dos séculos, o poder qualitativo da energia tenha mudado nas iniciações. Dependendo dos aspectos parciais e dos seres de luz que são destacados, o tipo de energia pode ser diferente. Mas a ligação pessoal, bem como a capacidade de ressonância do adepto, podem fazer com que a forma de energia pareça diferente. Como resultado, as experiências nas iniciações e nos tratamentos, e também as meditações, podem ser de natureza totalmente diferente.

Há no Shingon toda uma série de diferentes iniciações em aspectos muito variados. A ênfase aqui recai inicialmente sobre a meditação com seres de luz para o desenvolvimento da mente, que representa a precondição para a saúde em todos os níveis. Esse aspecto é semelhante no Xintoísmo, que ressalta a purificação com o ser de luz *Kami* nos rituais xamânicos. A cura direta de doenças físicas normalmente é reservada para os adeptos de níveis mais elevados. De acordo com isso, o dr. Usui enfatizou nos seus três princípios de cura que a mente deve ser tratada antes do corpo. No Reiki, tratamentos no contexto da transmissão de energia Reiki já começam no Primeiro Grau. Assim, podemos também tratar a nós mesmos e a outros ao mesmo tempo em que desenvolvemos a mente.

Para usar o Reiki de maneira específica e intensificada, é muito útil a iniciação no Segundo Grau, porque ela ensina os símbolos CR, HS e SHK, além de muitas aplicações importantes. Como os símbolos remontam aos seres de luz individuais, que são emanações de *Dainichi Nyorai,* a conexão entre o Reiki e a qualidade dos seres de luz possibilita aplicações especiais. A iniciação no Segundo Grau é chamada *Jumyô kanjô* (Recepção dos Símbolos Repletos de Luz Através da Iniciação).

A iniciação no Grau de Mestre e o Símbolo DKM possibilitam iniciar outras pessoas no Reiki através das iniciações acima descritas. Essa iniciação do Mestre é chamada *Denpô kanjô* (伝法灌頂) em japonês, e significa algo como "Transmissão do Ensinamento Através da Iniciação". Entretanto, nem todas as pessoas podem ter acesso a esse grau imediatamente no Budismo Esotérico e nem mesmo com o dr. Usui. Para tornar-se Mestre, exige-se certo grau de desenvolvimento da personalidade e devoção pessoal. Infelizmente, essa exigência não é mais valorizada por muitos Mestres de Reiki atualmente, de modo que treinamentos extremamente curtos, de apenas um dia ou um fim de semana, habilitam ao grau de Mestre de Reiki. O resultado é um padrão de qualidade muito baixo e praticamente nenhum conhecimento. Embora essas iniciações incluam as pessoas no poder espiritual, cada uma deve trilhar o próprio caminho.

No Budismo Esotérico e no Sistema Usui de Cura Natural, as exigências podem ser reconhecidas, entre outros aspectos, nos Princípios do dr. Usui. Nesse sentido, é interessante mencionar que os cinco princípios já apareciam no *Sutra do Buda Grande Sol Dainichi kyô*, sendo muito semelhantes aos do dr. Usui.

Princípios de Vida no Dainichi kyô	*Princípios Segundo o dr. Usui*
Afaste-se de toda impureza.	*Só por hoje, não se irrite.*
Confie na compreensão da lei de causa e efeito por meio da intuição.	*Só por hoje, trabalhe intensamente sobre si mesmo (levando em consideração a lei de causa e efeito, isto é, o karma).*
Seja cuidadoso, mas sem preocupações.	*Só por hoje, não se preocupe.*
Desenvolva uma crença profunda que supere todos os limites.	*Só por hoje, seja agradecido.*
Trabalhe sempre para o bem dos outros.	*Só por hoje, seja amável com o seu próximo.*

Para a Iniciação de Mestre dos Mestres de Reiki, há duas formas básicas, mas normalmente elas são agrupadas, uma vez que os Mestres de Reiki podem iniciar alunos e mestres. Quando alguém se torna Mestre de Reiki, ele recebeu – se teve sorte – um bom treinamento. Então, iniciar alunos no Reiki I e II não é problema. Entretanto, a capacidade para orientar um aluno que deseja se tornar mestre só pode ser adquirida por meio da experiência de ensinar e iniciar principiantes no Primeiro e Segundo Graus. Por isso, considero importante dividir o treinamento de mestre em níveis apropriados. Esse é o padrão no Reiki do Arco-Íris, por exemplo. A propósito, o mesmo se aplica às iniciações no Budismo Shingon. O Mestre, que ali é chamado *Ajari*, recebe o título apenas como base para estudos mais avançados. Há inclusive graus de *Ajari* mais avançados. Somente os que se destacam devidamente podem então dar continuidade à linhagem e treinar alunos e mestres. No Japão, esse é também um ponto em que há diferença entre o Mestre e o Grão-Mestre. O Mestre pode ensinar alunos; o Grão-Mestre pode, além disso, treinar professores e aperfeiçoá-los em níveis avançados. O título de Grão-Mestre não se limita absolutamente a apenas uma pessoa. Felizmente, é raro ouvirmos essas histórias e no geral elas revelam que alguma forma de engrandecimento do ego e ambição por poder estão envolvidas quando alguém quer esse título só para si.

Muitas iniciações individuais podem ser semelhantes nos rituais do Reiki e do Shingon, mas ainda assim são muito diferentes. Há uma grande variedade de tipos. No Shingon, as iniciações no Reiki são chamadas *Reikanjô* (靈灌頂). Um monge meu amigo, no Monte Kôya, contou-me que o monge *Kûkai* certa vez levou essa forma de iniciação ao Japão. Mas ela está longe de ser a única iniciação no Shingon. Além do aspecto de cura e do caminho para a iluminação, há todo um conjunto de outras iniciações com inúmeras funções e efeitos. No entanto, a iniciação não torna as coisas necessariamente melhores, uma vez que sempre depende do caminho que tomamos e de quanto estamos preparados para nos desenvolvermos com todas as consequências que ela acarreta.

Existem regras fixas para as várias iniciações. Ações, posturas, posições em pé, símbolos, mantras e mudrâs são sempre usados, e tudo isso tem significado e efeito específicos. Um fator importante em comum é o símbolo e o mantra das Cinco Sílabas da Luz (jap.: *Goji no myô* 五字ノ明). No Shingon, esse é o nome secreto do Símbolo HS.[171] No entanto, aqui, ele é usado em combinações alternadas dos cinco *Siddham,* os quais têm relação com os cinco elementos e com os cinco Budas transcendentais. Mas um sexto elemento também é mencionado, com o qual o monge *Kûkai* explicou a consciência. Esse, por sua vez, é o significado esotérico do próprio Símbolo HS. Essa é a base dos ensinamentos secretos. Além disso, há uma descrição de como as cinco sílabas pairam sobre uma flor de lótus (a cabeça da pessoa a ser iniciada) e dali a grande luz radiante *Daikômyô,* que ilumina todo o cosmos, é transmitida para os alunos com a ajuda do Mestre, que assume o papel do canal *Dainichi Nyorai.* Dessa maneira, a energia vital espiritual do Reiki e os ensinamentos secretos são transmitidos para os alunos num nível espiritual, o que lhes dá a possibilidade de se abrirem para a fonte da iluminação.

Outra forma de iniciação é a transferência de coração a coração. Às vezes ela é também chamada de iniciação de fronte a fronte em japonês, o que a classifica sob o termo *Himitsu kanjô* (iniciações secretas). A característica especial dessa iniciação é que ela não é um ritual fixo e também não recorre a nenhuma ajuda externa. Esta é uma transferência direta, parcialmente intuitiva do ensinamento, e também um processo muito pessoal entre o professor e o aluno. Eu (Mark) acredito que certa vez tive uma experiência como essa enquanto falava com meu Mestre sobre ter sido uma determinada pessoa numa vida anterior, como as pessoas me disseram muitas vezes. Entre outras coisas, a iniciação ocorreu no contexto da pergunta: "O que mudaria para você nesta vida se tivesse acontecido isso?" Aqui neste livro, essa pergunta pode parecer uma frase normal, mas naquele momento aconteceu tanta coisa que é difícil expressar em palavras. No entanto, em todos os meus chakras – especialmente no chakra do coração – tive uma sensação incrível de felicidade e um aumento simultâneo de poder. Tive a impressão de que estava unindo-me a meu Mestre e ao mesmo tempo expandindo-me no espaço. Em minha mente, encontrei a resposta imediatamente, mas custei a colocá-la em palavras. A solução do *Kôan* era que nada realmente mudaria, uma vez que a única coisa importante é o que faço com minhas possibilidades nesta vida, sem importar quem fui e quem sou [...] Ao mesmo tempo, reconheci algo mais em meu Mestre, algo que ainda era difícil de compreender [...] Talvez eu também tenha encontrado pessoalmente uma manifestação de *Dainichi Nyorai.* Acredito que alcancei um nível mais profundo de responsabilidade pessoal, de amor e de consciência nessa iniciação. Mesmo enquanto escrevo estas linhas, lágrimas de alegria e libertação brotam dos meus olhos.

Os ensinamentos secretos dizem que as iniciações tocam camadas muito profundas de um ser. A mudança que ocorre através da iniciação acontece num nível diferente daquele do trabalho consciente sobre nós mesmos. Este último é um processo de desenvolvimento de baixo para cima. Uma iniciação é uma experiência de cima para baixo que penetra no mais profundo do ser, de um modo que só pode ser plena e totalmente compreendida por meio da nossa própria experiência.

---

171 Cf. as explicações oferecidas no capítulo 15, sobre o Símbolo HS.

Capítulo 17

O Símbolo CR

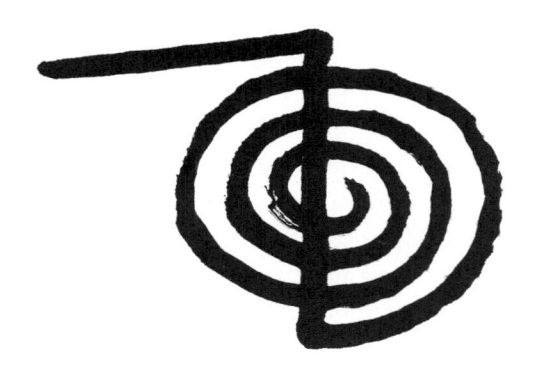

IL. 155 – O SÍMBOLO CR

Explicação dos Caracteres do Símbolo CR

A pronúncia japonesa do Símbolo CR é *Choku rei*. Ao contrário dos outros três símbolos, o CR *não* é constituído de caracteres,[172] mas é possível associá-lo a muitos deles. Isso é importante na medida em que a pronúncia é tanto japonesa como sino-japonesa, que deve haver caracteres chineses para ela. No entanto, esse fato não implica absolutamente que o CR possa ser substituído por caracteres chineses. Para compreender o seu significado, a questão aqui consiste em saber quais caracteres são apropriados. Felizmente, as possibilidades são poucas e apenas duas delas se aplicam neste contexto.

Os três caracteres seguintes são possíveis para *choku:*

直・勅・捗

Os seguintes caracteres são possíveis para *rei:*

霊・靈・例・礼・令・零・玲・鈴・怜・麗・黎・伶・隷・苓・禮・齢・嶺・冷・蛎・砺・戻・励・澪・礪・蠣

Seria totalmente inútil traduzir todas as possíveis combinações de *choku* e *rei*. Além disso, a maioria dessas combinações não existe, o que simplifica a seleção consideravelmente.

As seguintes combinações de signos estão disponíveis para *Choku rei*:

勅令 Decreto/ordem imperial

直靈 Consciência intuitiva, a consciência/a mente está imediatamente presente

---

[172] O Símbolo CR ilustrado acima corresponde à forma como Hawayo Takata o escrevia.

直隷 Submissão ao governo

勅励 Obrigar alguém a fazer alguma coisa

Somente as duas primeiras combinações de signos têm algo em comum com o Símbolo CR. No Ocidente, a primeira combinação de "Ordem imperial" (勅令) já se difundiu oralmente em muitos lugares. A pronúncia de *Choku rei* é muito rara no Japão. Por um lado, porque existem poucas combinações; por outro, porque as combinações listadas aqui raramente são usadas na linguagem falada no dia a dia. Apenas a primeira combinação aparece na maioria dos dicionários japoneses, porque esse termo tem um contexto histórico para os japoneses. Perguntar a um japonês o significado de *Choku rei* normalmente resulta apenas na resposta "ordem imperial".

Estritamente falando, não se trata apenas de uma ordem, mas de uma decisão tomada pelo imperador, que de qualquer modo se tornava uma ordem que devia ser executada. Assim, esse termo já aparecia quatro vezes na Primeira Constituição Japonesa de 1889, sendo descrito como uma ordem extremamente urgente do imperador. Até 1945, o Imperador Japonês (*Tennô*) não só era venerado como um deus, mas ainda presumia-se que era um deus da religião japonesa original, o Xintoísmo, porque ele, segundo o testemunho da história, descendia da Deusa Sol *Amaterasu*. Entretanto, por ocasião da capitulação japonesa na Segunda Guerra Mundial, o Tennô foi obrigado a anunciar no rádio que ele era apenas um ser humano. Como consequência, as palavras *Choku rei* não aparecem sequer uma única vez na Constituição atual, datada de 1946. No que diz respeito ao Símbolo CR, isso significa que ele não se refere tanto ao comando de um imperador, mas ao comando da deusa suprema da religião xintoísta japonesa. Trata-se da Deusa Sol *Amaterasu*, que é comparável ao Buda Grande Sol *Dainichi Nyorai* do Budismo Esotérico. *Dainichi Nyorai* é o ser espiritual representado pelo Símbolo DKM. Os japoneses reconheciam já de tempos muito remotos que os vários nomes dos seres de luz são os arquétipos dos deuses japoneses (*Kami*). Acredita-se que um ser de luz reencarna como outro ser de luz ou que eles são emanações e formas de manifestação uns dos outros. O mesmo se aplica a *Amaterasu* e a *Dainichi Nyorai*. É por isso que, no Japão, as várias tradições espirituais viviam em harmonia umas com as outras, não se destruindo mutuamente nem os seus respectivos seguidores com a espada, a tortura e a queima na fogueira.

Quando se escreve o nome da Grande Deusa *Amaterasu* (天照大神) em caracteres chineses, fica claro que estes são os mesmos caracteres usados para o maior deus do Taoismo. Pela pronúncia, o nome da Deusa é puramente japonês (xintoísta), mas a sua forma escrita baseia-se nos signos chineses (Taoismo). Por isso, temos um tríplice arquétipo de Xintoísmo, Taoismo e Budismo. E as origens do Símbolo CR também podem ser encontradas precisamente nessas três tradições espirituais. No Japão, há ainda outra tradição que contém os aspectos mágicos das três tradições mencionadas – o *Shugendô*.[173]

A segunda combinação de signos do Símbolo CR (jap.: *Choku rei* 直靈) não se encontra em nenhum dicionário comum. Todavia essa palavra existe. 直靈 é um termo especializado de magia japonesa (*Shugendô*). Não se consegue traduzir o seu sentido numa única palavra,

---

[173] Cf. capítulo 7, sobre o *Shugendô*.

sendo necessária uma explicação mais detalhada. Ela se refere à Força Criadora, que aparece a qualquer momento. Em outras palavras, é o poder que assegura que algo se manifeste. Com a aplicação do Símbolo CR, a Força Criadora é convidada a se tornar ativa aqui e agora. A análise do signo 直靈 deve esclarecer tudo isso no seguinte contexto:

> *Choku* (直) tem os seguintes significados:
> "momentaneamente, curar, imediatamente, ereto, bem em frente".
>
> Ele aparece também na palavra japonesa para intuição (*chokkan* 直観・直感, literalmente: "aquilo que é visto imediatamente/que é sentido imediatamente"). Como se pode ver na ilustração à esquerda, o signo original é um olho. O pequeno traço vertical acima do olho indica que só o que está realmente presente é visto quando a mente não divaga.

IL. 156 – ORIGEM DO KANJI PARA CHOKU

> *Rei* (靈) é o primeiro caractere de Reiki 靈氣 e aqui representa o trabalho dos xamãs e dos mágicos. O significado básico é "a mente pura da Força Criadora".

IL. 157 – ORIGEM DO KANJI PARA REI

Rei, o *Ling* chinês, é entendido no Qi Gong chinês como "o significado secreto, espiritual" que trabalha secretamente por trás dos processos e energias vitais diretamente perceptíveis e da força que promove a própria vida. É o aspecto mais elevado que organiza a vida segundo as leis da Ordem Divina. Nos tempos antigos, a principal tarefa dos xamãs era trazer poder a este mundo regularmente e em ocasiões especiais. O objetivo era sincronizar e criar uma harmonia entre os seres humanos e a natureza, entre o mundo espiritual e o mundo material. Como um órgão de energia espiritual, o coração é visto no ensinamento espiritual chinês como morada da mente humana. Aqui, coração significa o centro psíquico e mental de um ser humano. A mente (chin.: *shen*), a natureza intrínseca consciente, espiritual, revela-se por meio da espiritualidade (chin.: *ling*) que um ser expressa em pensamentos, em emoções, na tomada de decisões e no agir. *Shen* e *ling* se relacionam mutuamente como yang e yin. Nesse aspecto, *ling* é essencialmente uma qualidade feminina do divino. A propósito, tudo isso, com sua luz imensa e radiante que ilumina a consciência espiritual, é chamado *Lingjue* em chinês. Se a forma segue a mente, a forma não será prejudicada. Se a mente segue a natureza intrínseca, a mente não será prejudicada. Podemos tomar consciência da nossa natureza intrínseca e então desenvolver o potencial dessa natureza para a perfeição espiritual. Fazendo isso, alcançamos a nossa energia vital essencial que é a fonte de toda força vital espiritual do corpo e que reside nos rins. A energia é a chamada substância original do vazio eterno. Se ela está presente e é forte, pode reconstruir a natureza intrínseca, a mente e as outras formas secundárias da energia vital.

No chinês cotidiano, o atributo de *ling* descreve alguém que enfrenta bem a vida, que tem uma mente aguda e lúcida, e que pode rapidamente formar e manter boas relações emocionais com os outros. *Ling* é também vista como a porção divina de *shen*, que não morre com um ser, mas é retida pelo mundo como um potencial para fazer o bem. Os xamãs Wu da antiga China eram famosos por sua capacidade de atrair sabedoria, amor e sentido dessa fonte. Quanto mais *ling* uma pessoa recolhe, maiores serão o poder espiritual e as habilidades de percepção desenvolvidas por seu *shen*. Em razão da sua *Ling* extraordinariamente forte, um ser humano espiritualmente realizado torna-se um *Shen Ming* (a segunda palavra – *Ming* – consiste nos símbolos para sol e lua) depois da morte. Esse é um ser espiritual caridoso que ajuda os necessitados a deixar o mundo astral ou reencarna apenas para ajudar os outros. No Budismo, esse ser é chamado Bodhisattva. Se a *Ling* está fortemente desenvolvida numa pessoa, ela viverá mais do que o normal, é mais capaz, e pode inclusive viajar fora do seu corpo físico com o corpo espiritual e fazer o bem. Ela pode aparecer a pessoas em sonho como professor e operador de curas, e pode realizar feitos mágicos através de sua simples presença para sustentar a Ordem Divina. Durante sua vida, essa pessoa é chamada *Xian* (deus, imortal, ser encantado), mas depois da morte ela passa a ser *Shen Ming*. *Shen* reside no mais elevado dos três *Tantiens*, no sexto chakra. Se a *Ling* no *Shen* não é forte o suficiente, o *Shen* se dispersa pelo corpo e as funções mental e espiritual sofrem. Aprendendo e praticando a sabedoria no pensar, no lidar com as emoções e nas ações, e ainda com um trabalho de energia adequado, a *Ling* pode ser fortalecida e o *Shen* novamente recolhido. Um *Shen* espiritual desenvolvido se expressa por intermédio do sábio uso do poder da vontade que se orienta pela ordem divina. A *Ling* é alimentada pelo uso adequado do Qi – a energia vital – para atividades externas e internas correspondentes ao nosso caminho espiritual.

Os seguintes pontos de acupuntura de *Du Mai* repercutem estreitamente com *Ling*: *Du* 10 (*Lingtai*) – alicerce da alma; *Du* 11 (*Shendao*) – caminho da mente; *Du* 12 (*Shenzhu*) apoio do caráter; *Du* 4 (*Mingmen*) – portão da vida; *Du* 2 (*Yaoshu*) – direciona o Qi para o quadril; *Du* 23 (*Shangxin*) – seguindo nossa própria estrela; ponto fora do sistema de meridianos 12 (*Wuming*).

A Origem do Símbolo CR

Como agora sabemos que o Símbolo CR é um termo do *Xintoísmo* (Caminho dos Deuses) e do *Shugendô* (Caminho da Magia), é interessante analisar mais detidamente os rituais desses dois caminhos espirituais. Ambos têm uma longa história.[174] Como o Símbolo CR está diretamente relacionado com o *Tennô* como um ser de luz xintoísta (jap.: *Kami*), é muito provável que o termo *Choku rei* já apareça em muitos textos antigos. A obra mais antiga que encontrei é o *Engi Shiki* (延喜式), um texto compilado por sábios no século X que descreve muitos rituais xintoístas na antiga corte do *Tennô*. Lá se afirma que *Choku rei* era originalmente um *Kotodama* (言靈). O termo *Kotodama* é usado para palavras ou frases cuja recitação libera poderes espirituais com efeitos práticos. Nesse sentido, o termo *Kotodama* corresponde à descrição da palavra mantra, que conhecemos por intermédio da tradição espiritual indiana.

---

174 Ver também capítulo 6, sobre o Xintoísmo no Japão.

Ainda hoje celebra-se no Japão um festival xintoísta chamado *Choku sai* (勅祭). Nesse festival, um mensageiro imperial (*choku shi* 勅使) saúda, na forma de *Kotodama*, um santuário e seus espíritos (*Kami* 神).

Durante sua busca de um método que tornasse a energia vital disponível de modo permanente, o dr. Usui estudou Xintoísmo e Shugendô, além do Budismo Esotérico e do Taoismo. No capítulo sobre orações para os seres de luz (*norito*), o *Engi Shiki* descreve as aplicações do Símbolo CR de modo bem detalhado. *Norito* são as orações ritualísticas baseadas na linguagem da mitologia japonesa. As palavras que fazem parte do *Norito* também seriam inspiradas (*kotodama*). *Norito* pode ser usado para vários propósitos, como expressar agradecimento, bênçãos, proteção, necessidades individuais ou em festivais. A coleção de *Norito* mais antiga preservada foi incluída no *Engi Shiki* em 927. A grafia de *Norito* foi estabelecida segundo regras específicas pelas quais a raiz da palavra é escrita com signos grandes e o final das palavras, e também os verbos, são escritos com signos menores. Ao longo dos séculos, muitos sacerdotes xintoístas criaram novos *Norito* para os mais diversos objetivos.

Hoje, porém, é comum usar as coleções já existentes.

Tudo indica que a linguagem das orações ritualísticas já era considerada arcaica no século VII. Os métodos então usados consistiam em equiparar a pronúncia de uma palavra composta de vários caracteres chineses com um símbolo. Isso se aplica bastante precisamente ao Símbolo CR, o que também é válido para os Símbolos HS e DKM. A pronúncia de *Hon sha ze shô nen* representa os cinco caracteres chineses objetivos 本 者 是 正 念. Em sua combinação entremeada, o resultado é o Símbolo HS. A pronúncia de *Daikômyô* representa os três caracteres chineses 大光明, que resultam no Símbolo DKM quando lidos de cima para baixo. Esse método também revela por que no Reiki o Símbolo SHK – que, afinal, é um *Siddham* indiano – tem a pronúncia sino-japonesa de *Sei heki* com o signo chinês 正癖 (hábitos de cura) em vez da pronúncia indiana de *hrih*.

O texto no *Engi Shiki* torna-se ainda mais interessante porque descreve que as instruções imperiais, isto é, o Símbolo CR, seguem a aplicação de cada símbolo individual para insuflar nele seu efeito. Isso mostra a correlação entre as combinações de caracteres acima explicadas para o Símbolo CR. A grafia de 勅令 tem relação com a comissão imperial (ou, melhor, divina) da Deusa Sol *Amaterasu*, que é idêntica ao Buda Grande Sol *Dainichi Nyorai*. *Dainichi Nyorai* personifica Deus, Deusa e Força Criadora em um único ser. Isso significa que o Símbolo CR se torna ativo como Força Criadora no sentido da segunda grafia de 直霊 *Dainichi Nyorai*.

Isso corresponde precisamente a muitas técnicas de Reiki, como tratamento a distância, limpeza de ambientes, *Mental Healing* e a Ducha de Reiki. Por exemplo, ao aplicar um *Mental Healing*, primeiro eu desenharia o Símbolo SHK sobre o chakra da coroa da pessoa a ser tratada. Depois eu o ativaria repetindo o respectivo mantra três vezes. Em seguida, eu desenharia o Símbolo CR no mesmo lugar e também o ativaria repetindo seu mantra três vezes. Só então eu diria o nome da pessoa três vezes e, se necessário, a afirmação. Naturalmente, existem outras modalidades desta aplicação que também são eficazes; entretanto, parece que os métodos aqui descritos se mostraram especialmente eficazes ao longo da história.

No antigo Xintoísmo (*koshintô*), presumia-se que o ser humano que vive no grande universo não é apenas parte desse grande universo, mas ele próprio é um pequeno universo que reproduz o grande universo. O grande universo é o mundo dos deuses japoneses, que também insuflaram vida nele (*rei kon*). Alguns deuses desceram à Terra há muitos milhões de anos e deram-lhe vida. Os seres humanos, que continuam ligados aos deuses, desenvolveram-se a partir desse momento. Dentro deles opera o poder que dá vida (*Choku rei*), que é enviado diretamente dos deuses através do coronário até o centro dos seres humanos. Sem esse poder, um ser humano não consegue viver. Nas quatro direções – como uma mandala – estão quatro almas que dão condições aos seres humanos de viver no mundo material e ainda assim continuar ligados com o alto. A Alma do Sublime (*kushimi tama* 奇魂) mora na região da glândula pituitária. Ela é responsável pelas capacidades internas e externas de percepção e ação. Aproximadamente na altura do coração reside a Alma da Felicidade (*sakimi tama* 幸魂). Ela é responsável pela sabedoria e pela capacidade para usar a sabedoria construtivamente. Em torno da área do primeiro chakra habita a Alma da Harmonia (*wakimi tama* 和魂). Ela cuida do equilíbrio de energia e intercede para que todas as partes da pessoa trabalhem unidas em harmonia. Nas costas, entre as escápulas, vive a Alma das Coisas Comuns (*arami tama* 荒魂). Ela se empenha em satisfazer os desejos e as necessidades no mundo material. As quatro almas são alimentadas pelo Deus Interior (Símbolo CR), que por sua vez recebe sua força vital dos deuses do universo. Isso também explica a função do Símbolo CR, pela qual as energias sutis se firmam no mundo material.

As três primeiras almas estão em ressonância com os três *Dan-tians*, dos quais o mais conhecido é o Hara.

Significado Esotérico da Forma do Símbolo CR

O capítulo sobre caligrafia inclui algumas práticas para escrever os símbolos. O Símbolo CR é normalmente desenhado na forma de um disco achatado, com uma linha horizontal, outra vertical e uma terceira em espiral. Quando vários Símbolos CR são desenhados sucessivamente com o pincel de escrita numa folha de papel branco, o efeito que aos poucos transparece assemelha-se ao de 3-D. Tem-se então a impressão de que a linha vertical projeta-se para fora da figura. Em outras palavras, a espiral é como um disco sobre o qual sobressai o traço vertical. Existem muitos rituais e meditações no Budismo Esotérico em que ocorre um fenômeno semelhante. Nesse processo, normalmente visualiza-se um disco da lua achatado – dentro de um ser de luz ou de nós mesmos – encimado por uma sílaba *Siddham*, como o Símbolo SHK (*Siddham: hrih*). Cada *Siddham* contém a energia de pelo menos um ser de luz. No Símbolo SHK, esses seres são a *Kannon* de 1.000 braços e o Buda do Paraíso *Amida*. Exatamente do mesmo modo, pode estar ali um Símbolo HS (*Siddham: hûm*). Os seres de luz do Símbolo HS são o Bodhisattva Mente de Diamante *Kongôsatta* e o Imperturbável Rei de Sabedoria *Fudô Myôô*.

Na base do *Siddham*, a partir da sílaba de um mantra longo ou *dhâranî*, começa uma espiral. Visto sob esse aspecto, o Símbolo CR oculta instruções de visualização num ciclo de meditação um tanto complicado. A energia da Força Criadora chega ao Símbolo CR através do traço horizontal. Esse traço toca a parte superior do *Siddham* que, segundo descrição do monge *Kûkai,* representa a ligação com o reino celestial. É por isso que o *Siddham hûm,* que representa o equivalente esotérico-budista do Símbolo HS, tem sua porção superior associada ao elemento vazio no contexto budista. Os elementos ar, fogo, água e terra ficam abaixo dele. A correlação com o Símbolo HS fica mais clara quando lembramos que a forma dos elementos do Budismo descrita aqui corresponde à de um pagode (jap.: *gorintô*).

Com a ajuda do *Siddham* (do traço vertical), a Força Criadora de *Dainichi Nyorai* tem a possibilidade de materializar-se gradativamente. A função do mantra na espiral, portanto, descreve a direção em que os impulsos energéticos da Força Criadora são eficazes. Em outras palavras, o efeito da meditação ou do ritual modifica-se, dependendo do mantra ou do *Siddham* usado.

Ao mesmo tempo, as aplicações de muitas técnicas de Reiki ficam mais claras com essa interpretação do Símbolo CR. Deve-se primeiramente mencionar que o canal de Reiki num ser humano tem uma função semelhante à dos Símbolos CR e HS. O poder do Reiki vem de *Dainichi Nyorai,* entrando pelo chakra da coroa nas pessoas que foram adequadamente iniciadas. Então ele assume a função da sílaba *Siddham hûm* (o Símbolo HS) porque se torna a ponte entre *Dainichi Nyorai* e o plano material sobre o qual gostaríamos que o Reiki produzisse efeito. Em geral, no início, *Dainichi Nyorai* pode ficar ativo através da imposição das mãos realizada com um objetivo. Se outros símbolos são usados individualmente ou em conjunto, eles ampliam as possibilidades. Então o Reiki pode ser aplicado bem especificamente. Além de intensificar o poder, isso também corresponde ao segundo principal efeito do Símbolo CR; ele ocorre através da direção para a qual o Reiki deve precisamente fluir.

IL. 158 – O SIDDHAM DO PAGODE DOS CINCO ELEMENTOS

A situação é semelhante ao tratamento a distância. Aqui também o canal de Reiki é a ponte entre o céu e a terra. Além disso, *Kongôsatta* fica ativo como ser de luz do Símbolo HS. Para criar uma ligação com o cliente, outra ponte é produzida através de HS – CR – cliente.

No *Mental Healing,* a *Kannon* de 1.000 braços ativa-se na forma do Símbolo SHK. A conexão ocorre através de SHK – CR – cliente.

Kotodama – Palavras Inspiradas

Mesmo antes da chegada do Budismo ao Japão no século VI e, por conseguinte, da expansão da tradição dos *mantras* indianos, o *Xintoísmo* já usava havia muito tempo os *Kotodama* – "palavras inspiradas". Um poder espiritual reside nelas. O Símbolo CR é um desses *Kotodama*. Ele já aparecia no *Nihon shoki* 日本書紀, a segunda obra histórica mais antiga do Japão, datada dos anos 720.

Quando comparamos os símbolos, fica claro que o segundo caractere *Kotodama* (言靈) é um *rei* 靈, como o caractere para Reiki 靈氣; a pronúncia aqui, porém, é diferente. Esse é um fenômeno que ocorre com bastante frequência no Japão, pois é possível haver várias leituras para um único e mesmo caractere. Há também uma diferença entre uma leitura chinesa (*on yomi* 音読) e uma japonesa (*kun yomi* 訓読). Os caracteres chineses (*kanji* 漢字) normalmente são também usados para termos japoneses antigos, porque o Japão não tinha escrita própria na época da introdução do Budismo e dos sutras em língua chinesa. Isso não significa, todavia, que toda palavra com leitura chinesa derive do Budismo, uma vez que textos taoistas e confucionistas também foram importados no decorrer dos séculos, além dos *sutras* budistas. Além disso, há também exceções e combinações em que as pronúncias chinesa e japonesa se misturam numa palavra que contém vários caracteres.

Os *Kotodama* aparecem nas primitivas fontes japonesas como uma língua mágica habitada por poderes espirituais e seres de luz. O que chama atenção é que não se trata de uma língua criada apenas com esse propósito, mas é japonês puro. Falando a língua japonesa de modo normal, nada acontece inicialmente. Mas quando faz parte de formas especiais, como de orações ritualísticas (*norito*) ou de cantos mágicos (*majinai uta*), ela é usada ainda hoje com objetivos xamânicos.

Majinai uta são cantos mágicos, em geral na forma do poema japonês *Waka*. Esse poema tem um número fixo de sílabas: 31 por estrofe, distribuídas em cinco versos de 5-7-5-7-7.

Desde tempos antigos, o *Waka* tem relação com o *Xintoísmo* porque a poesia deriva da religião.[175] Devemos muito do que sabemos sobre os seres de luz dos primeiros tempos do Japão a uma antiga coletânea poética – *Manyôshû*.[176] Depois da introdução do Budismo no Japão, especialmente do Budismo Esotérico, bastou pouco tempo para as pessoas reconhecerem que os seres de luz budistas e xintoístas são arquétipos que se manifestam em diferentes formas em vários países, onde recebem outros nomes. Isso significa que eles são os mesmos e podem ser igualmente integrados no trabalho com energia. O mesmo se aplica ao *Waka* xintoísta e aos mantras budistas.

Palavras mágicas dessa natureza são incorporadas em rituais de magia ativa, como *daiji*, *kaji*, *kaji-kitô*, *hihô*, etc., ou escritas em amuletos. Elas são acompanhadas por mudrâs e usadas antes ou depois do mantra a ser recitado (jap.: *shingon*). Às vezes, partes do mantra são

---

175 Sokura, T. *Nihon shiika no kigen ronsô, shukyô kigen setsu*. In: *Kôya nihon bungaku nosôten*. Volume 1. Tóquio, 1969. Pp. 64s.
176 O *Manyôshû, Collection of Ten-Thousand Petals*, é uma coleção em vinte volumes, com 4.516 poemas *Waka* escritos do século V até o ano 759 d.C.

inseridas no texto do poema, como o conhecido mantra *Om abira unken sowaka*, de *Dainichi Nyorai*. De modo geral, esses cantos mágicos limitam-se a quatro categorias básicas: recitados, escritos em papel, ingeridos como remédio, usados como amuleto no corpo ou como cantos mágicos internos ou externos.

No Japão, essas coisas úteis eram e são prazerosamente integradas na cultura nativa. Por exemplo, sacerdotes e estudiosos xintoístas assimilaram instrumentos espirituais poderosos da avançada civilização chinesa, que já apontava o caminho em muitos aspectos para o desenvolvimento da cultura e da civilização japonesas. É compreensível, portanto, que nos *Kotodama* também fosse incluída a leitura dos caracteres chineses e dos *Siddham* indianos.

Com a introdução do Budismo Esotérico no Japão, alguns monges como *Kûkai, Saichô* e *Gyôki* descobriram que os seres de luz do Xintoísmo (jap.: *Kami*) eram permutáveis com os do Budismo. Por exemplo, a Deusa Sol *Amaterasu* é uma manifestação do Buda Grande Sol *Dainichi Nyorai*. A impressão é de que várias religiões surgiram em épocas diferentes ao redor do mundo. Porém, quando se desconsideram as influências culturais e políticas, as religiões em si mesmas de fato não diferem umas das outras. Tendo em mente que no Japão – diferentemente da maioria dos países ocidentais – os antigos bens culturais, as religiões e as tradições foram mantidos quando novos foram introduzidos, em pouco tempo bases comuns já estavam lançadas. Naquele tempo, a maior diferença estava apenas nos nomes. A função ou tarefa era em geral bastante semelhante. Também na antiga Roma, quando eram conquistados novos territórios, era costume dar às divindades locais os nomes correspondentes às divindades romanas.

São muitas as evidências de que, no passado remoto, havia uma religião unificada no mundo, fato provado pela ciência da mitologia comparada. Essa religião era matriarcal e orientava-se pela ordem natural das coisas, na qual os seres humanos tinham seu lugar, sua responsabilidade e seus direitos. Era a Idade de Ouro, que encontramos no mundo inteiro através de lendas – era o tempo da Grande Deusa. Os ensinamentos xamânicos e tântricos, assim como a tradição huna que encontramos no Pacífico, são relíquias desse período que transmitem partes da antiga sabedoria.

A questão do motivo de o dr. Usui valorizar tanto os poemas *Waka* do Tennô Meiji[177] intrigou-me durante muito tempo. O dr. Usui usava esses poemas no treinamento dos alunos. O Mestre de Reiki e escritor Frank Arjava Petter conheceu no Japão uma escola de Reiki onde as iniciações são realizadas por intermédio desses poemas. A explicação está no poder dos cantos mágicos – *Majinai uta* – e nas palavras inspiradas que eles contêm – *Kotodama*.

Os *Kotodama* (palavras inspiradas) têm um efeito semelhante ao dos símbolos do Reiki. Por meio das iniciações e das suas aplicações corretas, os símbolos e os *Kotodama* são despertados, e assim seu efeito pode manifestar-se no mundo material. O aprendizado dos símbolos já é bastante difícil para os ocidentais. De outro modo, não teriam ocorrido tantos desvios no decorrer das últimas décadas. Se a senhora Takata também tivesse ensinado os *Kotodama* aos seus alunos ocidentais, provavelmente as consequências seriam catastróficas, especialmente porque ela mesma não era capaz de ler ou não compreendia os textos japoneses. Isso mostra que muito pouco do Sistema Usui de Reiki chegou ao Ocidente.

---

[177] A tradução da poesia do Imperador Meiji encontra-se em *The Spirit of Reiki*, Lotus Press.

Os rituais de iniciação são estruturados de tal maneira que o Reiki também pode ser transmitido de forma permanente sem os *Kotodama*. Isso significa que existiram e existem várias formas de iniciação para inúmeros propósitos ou que os rituais de iniciação foram alterados seja pelo dr. Usui seja pelo dr. Hayashi sem perda da qualidade. A situação dos *Kotodama* é semelhante à dos símbolos. Assim como cada símbolo tem seus próprios efeitos e aplicações, os vários *Kotodama* também têm seu modo próprio de operar. Por meio das aplicações dos *Kotodama*, as possibilidades com o Reiki expandem-se consideravelmente.

Efeitos dos Kotodama

Para que um canto japonês, como a forma poética *Waka* acima descrita, com suas 31 sílabas, se torne mágico (*majinai uta*), certas condições devem ser atendidas. Por isso, nem todo *Waka* pode ser usado como canto mágico. Até hoje, muitos são escritos em forma literária ou simplesmente como passatempo em jogos de cartas, em competições ou em cartas de amor. Ainda mais populares do que os *Waka* são as chamadas formas reduzidas, como o *Haicai*, bem conhecido no Ocidente.

Os poemas *Waka*, que representam uma forma de *Kotodama*, têm sido associados ao Xintoísmo desde tempos remotos como meio de expressão religiosa. Através da absorção dos espíritos japoneses (jap.: *Kami*) pelo Budismo Esotérico e dos seres de luz budistas pelo Xintoísmo, os poemas japoneses *Waka* também foram equiparados aos *dhârani* (mantras longos) indianos. Além dos *Waka*, existe todo um conjunto de outros poemas que podem ser sintetizados no termo canto (jap.: *uta*). No prefácio à coletânea poética *Kokinshû*,[178] muito citada, foi escrito o seguinte sobre este tópico: "O canto contém o coração (*kokoro*) das pessoas e muitos milhares de palavras como pétalas. Os seres de luz se sentem tocados pelo que move os céus e a terra sem violência, pelo que une homens e mulheres no amor, pelo que suaviza a vida e pelo que pode consolar o coração do guerreiro destemido. Esse é o canto japonês. Ele foi criado com o início do céu e da terra. Enquanto transmitido ao nosso mundo, ele começou nos céus com a Princesa de Luz (*Shitateru hime*)[179] e na terra com o Deus da Tempestade (*Susa no o no mikoto*).[180] Na Era dos seres de luz, o número de sílabas ainda era ilimitado. Mas na Era dos Seres Humanos, poemas de 31 sílabas são escritos desde *Susa no o no mikoto*..."

No Budismo Esotérico, os poemas só foram considerados idênticos aos mantras no século XII. Durante muitos séculos, a poesia japonesa foi vista como um dos dez males (*juaku*) porque alguns seguidores budistas tiveram a ideia de justificar o Budismo banindo outras coisas. Com essa finalidade, eles usaram meios também muito conhecidos na história religiosa da Europa. Entre eles estava a ameaça de que aqueles que se envolvessem com ideias falsas iriam para o inferno. Isso levou à composição de um ritual de morte para *Mura-*

---

178 *Kokinshû* 古今集 é uma das coletâneas poéticas encomendadas pelo *Daigo Tennô* do Período Engi a partir do ano 905, com prefácio de *Ki no Tsurayuki* (868-945). Foi a primeira antologia encomendada pelo *Tennô* (*Choku rei*) *Daigo Tennô* (885-930).
179 *Shitateru hime* é a Princesa que Faz a Luz Brilhar Sobre a Terra.
180 *Susanoo no mikoto* é o irmão mais novo da Deusa Sol *Amaterasu*. Ele é o Deus da Tempestade, do Submundo, da Agricultura e das Doenças. O elemento água é atribuído a ele. Seu maior feito foi a vitória sobre o monstro marinho *Yamata no Orochi*, de oito caudas e oito cabeças. Ao libertar uma jovem que estava em poder do monstro, a espada sagrada *Kusanagi* também apareceu, depois transformada numa das três insígnias imperiais do *Tennô*.

saki Shikibu, a autora da *História do Príncipe Genji*.[181] Felizmente, essa atitude puritana não poderia ser mantida por muito tempo no Japão, o que poupou à Terra do Sol Nascente muitos problemas interpessoais e doenças do corpo e da mente.

O *Shasekishû*,[182] um texto budista do século XIII, explica em várias passagens a relação entre *Waka* e os *mantras*. O monge zen *Mujû*,[183] da Escola *Rinzai*, escreveu aqui o seguinte: "Os seres de luz do Japão são avatares de Budas e de Bodhisattvas. Já o Deus da Tempestade compôs o poema de 31 sílabas, *Izumo yaegaki*, que é comparável às palavras de Buda. Os *dhârânîs* da Índia consistem unicamente nas palavras da língua daquele país, que Buda usou para explicar os *mantras*". Por isso, o monge *Ichigyô Zenji*[184] disse em seu comentário ao sutra *Dainichi kyô*:[185] "As línguas dos vários lugares são todas *mantras*. Se Buda tivesse aparecido no Japão, não há dúvida de que teria usado a língua da nossa terra como *mantra*. As sílabas que tudo registram não conheciam originalmente nenhum caractere".

Em sua qualidade, os *Kotodama* (aqui *Waka*) têm uma eficácia abrangente que se manifesta de várias maneiras. Além dos efeitos internos, como acalmar a mente, ativar os poderes da cura de si mesmo e promover o desenvolvimento espiritual, a alguns poemas são atribuídos efeitos muitos concretos, como por exemplo, a cura de picadas de cobras.

Com grande probabilidade, o requisito mais importante para a eficácia de um canto mágico é que ele seja insuflado por uma qualidade de vida ou que seja inspirado. Isso se torna compreensível quando comparamos o conteúdo desses cantos mágicos. Os exemplos a seguir são apenas uma pequena mostra:

Proteção contra Resfriados

Waga na aru kado ni wa tatsu na kaze no Kami na naki kado ni wa to ni mo kaku ni mo

"Deuses do Frio, afastem-se da minha porta, onde está o meu nome. Vão para onde não vive ninguém, onde nenhum nome protege a casa!"

Para Estancar um Sangramento

Tenjiku no ô ga hara no chidome gusa nanto zo hayaku naorase tamu. Abura unken sowaka

"A erva que estanca o sangue, e que cresce na planície celestial Ô, de algum modo curará rapidamente com o óleo de *Dainichi Nyorai!*"

---

181 *Gengi monogatari* é a *História do Príncipe Genji*, escrita em prosa por *Murasaki Shikibu* no século XI. As 1.000 páginas descrevem as muitas histórias de amor de um príncipe de nome *Genji* que se apaixona repetidamente por novas mulheres.

182 O *Shasekishû* é uma coleção de 134 histórias que o monge *Mujû* (1227-1312) registrou entre 1279 e 1283. Em grande parte, elas descrevem a vida do dia a dia do Período *Kamakura* (1185-1333). É um documento importante para o Budismo popular dessa época.

183 *Mujû* (1226-1312) é muitas vezes mencionado como Monge da Escola *Rinzai* de Zen-Budismo. Considerando suas tendências estilísticas, porém, fica claro que ele também se dedicava ao Budismo Esotérico e ao Xintoísmo.

184 *Ichigyô Zenji* (683-727) foi um monge do Período Tang (618-908) e o sexto Patriarca da Escola *Shingon*. Estudou Budismo Esotérico sob *Zenmui* e *Kongôchi* e escreveu alguns comentários sobre os *sutras* mais importantes.

185 *Dainichi Kyô* é o sutra fundamental no Budismo Esotérico da Escola Shingon. *Dainichi kyô* é na verdade abreviatura de *Dai birushana jôbutsu shinpen kaji kyô*. O texto original em sânscrito não existe mais. Entretanto, há uma tradução para o chinês feita por *Zenmui* e seu aluno *Ichigyô*, e também uma tradução para o tibetano. Com sete volumes, esse sutra trata do Mundo do Útero (sânsc.: *Gharba dhâtu*; jap.: *Taizôkai*). Descreve ainda, sistematicamente, como podemos alcançar a iluminação nesta vida por meio do desenvolvimento da personalidade com a ajuda de práticas com *Dainichi Nyorai*. Quando jovem, *Kûkai* descobriu o *Dainichi kyô* dentro do pagode leste do *Kumedera*. Infelizmente, ele não conseguiu compreender o texto ou o *Siddham* que ele continha, fato que lhe despertou o desejo de viajar para a China para estudar Budismo Esotérico. *Saichô*, que foi para a China com *Kûkai* e trouxe o ensinamento *Tendai* do Budismo Esotérico para o Japão, concentrou-se especialmente no *Dainichi kyô*. A tradução de *Ichigyô* foi explicada pela Escola *Shingon* no 大日経疏, de 20 volumes, e pela Escola *Tendai* no 大日経義釈, de 14 volumes.

Este poema mágico é um exemplo da fusão entre a magia japonesa e o Budismo Esotérico. As últimas três palavras *Abura unken sowaka* derivam do Mantra do Buda Grande Sol *Dainichi Nyorai* (DKM). Seu mantra normalmente é *abira unken sowaka*. Pela transformação em *abura,* em vez de *abira,* o mantra recebe o significado de "óleo de *Dainichi Nyorai*". A intenção é fortalecer o efeito mágico do poema.

Para Facilitar o Parto

Dai hannya harami onna no kitô ni wa ichi ni wo sunde san no himo toku

"Se o *Sutra do Coração* for recitado pela mulher grávida, um e dois se realizam. O cinto então se solta em três."

Proteção Contra Queda de Cavalo

Ikazu kozu tatazu hashirazu todomazu ikazu ya kozu ya naka ni fusu ran

"Não caminhar, não chegar, não ficar, não correr, não parar. O cavalo não vem nem vai, ele fica calmamente no estábulo."

Para Aumentar a Riqueza

Chihayaburu Kami no tsutae no kono tsuchi wo ware utsu tabi ni tomi to narikeri

"O martelo que vós, deuses vigorosos, entregastes me traz riqueza certa cada vez e com cada golpe."

Aplicações dos Kotodama com o Símbolo CR

Na aplicação dos *Kotodama* e do Símbolo CR, os *Kotodama* são sempre seguidos pelo CR – como na aplicação com outros símbolos. Os *Kotodama* determinam a qualidade do efeito. Eles expressam o que deve ser realizado. Em seguida é aplicado o Símbolo CR, que determina a direção que o efeito deve seguir. O resultado é a intensificação do poder.

Mental Healing com os Kotodama e o CR

Escolha um *Kotodama* apropriado entre os cantos mágicos acima mencionados ou algum outro que você conheça.

Comece o *Mental Healing* como de costume, com SHK, CR e o primeiro/último nome. Coloque a mão iniciada sobre a cabeça, recite o *Kotodama* três vezes, e em seguida desenhe um Símbolo CR. Repita a aplicação do *Kotodama*-CR durante alguns minutos.

Um canto mágico que usamos no Reiki do Arco-Íris é *Hey loa, key loa*. A letra e as notas estão na p. 336. Este é um pedido para que a Força Criadora, em seu amor e sabedoria infinitos, atenda às súplicas do devoto. É muito fácil usar esse canto como parte dos tratamentos de Reiki; por isso, não deixe de tentar.

Capítulo 18

Caracteres da Palavra Reiki

靈
氣

IL. 159 – OS CARACTERES TRADICIONAIS PARA O REIKI

No ambiente esotérico, a palavra Reiki é frequentemente traduzida como "energia vital universal". Essa tradução parece referir-se menos ao caractere em si do que à explicação da energia de cura do Reiki. Uma análise rigorosa dos caracteres para o Reiki, porém, produz a tradução "energia vital espiritual".

A palavra Reiki é composta pelos caracteres *rei* 靈 e *ki* 氣. Além desses dois, estão sendo atualmente adotados os novos caracteres simplificados *rei* 霊 e *ki* 気. Há ainda muitas outras maneiras de escrevê-los e diferentes formas de escrita (ver o Excurso sobre Caligrafia). A vantagem dos signos simplificados para o Reiki 霊気 é que eles comportam menos traços, o que facilita escrevê-los e lembrá-los. A desvantagem, porém, é que perdem seu significado original e sua energia como signo. Escrevendo repetidamente os caracteres com o pincel de escrita de acordo com as normas tradicionais das caligrafias chinesa e japonesa,[186] tive boas experiências da energia que emana dos caracteres em si. Ao escrever os novos caracteres 霊気, a sensação que tenho é a mesma de escrever qualquer outro caractere. Mas quando escrevo os antigos caracteres 靈氣, alguma coisa realmente acontece enquanto escrevo. Um poder espiritual objetivamente perceptível é liberado.

---

186 Cf. Excurso sobre caligrafia.

Explicação do Caractere Rei

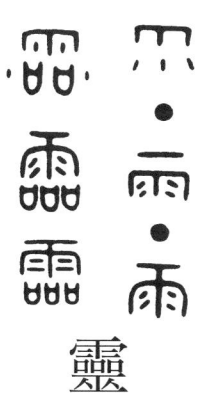

IL. 160 – ORIGEM DO KANJI REI

A parte mais alta do *rei* 靈 significa chuva (jap.: *ame* 雨). Isto é fácil de lembrar observando que há quatro gotas na nuvem estilizada. Isso significa que a água, que está prestes a cair sobre a terra, foi abençoada pelos céus e já se manifestou na nuvem. Há três quadrados embaixo da chuva. Cada quadrado descreve o signo para boca (jap.: *kuchi* 口). Três bocas significam oração, porque as três personalidades parciais arquetípicas da Criança Interior, do Eu Intermediário e do Eu Superior expressam o mesmo anseio pelo divino. Naturalmente, as três personalidades parciais têm diferentes nomes no ensinamento chinês. Aqui elas são conhecidas como as três almas *Hun*. Embaixo das três bocas orantes está um H inclinado com duas pontas. O H inclinado representa trabalho (jap.: *kô* 工). Nos tempos primitivos, havia ferramentas agrícolas com forma semelhante. O traço horizontal inferior é a terra, o traço vertical é um eixo que é introduzido no solo, e o traço horizontal superior é uma alavanca que está sendo acionada por trabalhadores. Os dois pontos à direita e à esquerda são duas pessoas (jap.: *hito* 人). Nesta combinação, seres humanos e trabalho resultam no caractere para xamã (jap.: *miko* 巫). Quando juntos, significa que as pessoas que trabalham na terra precisam de água para que as plantas germinem e se desenvolvam. Na Ásia, onde se cultiva muito arroz, são necessárias vastas quantidades de água. Como nem sempre chove quando é necessário, porém, as pessoas precisam fazer mais do que apenas trabalhar muito. O latim expressa isso de uma maneira muito bonita nas palavras *Ora et labora* – reza e trabalha. É por isso que o xamã 巫 entra então em cena e ora 口口口 para que os céus propiciem chuva 雨 às pessoas tanto no sentido literal como figurado na forma de ocorrências favoráveis. Isso resulta no caractere *rei* 靈, que pode ser traduzido como "alma" e "mente espiritual". Por meio do trabalho do xamã, que estabelece a comunicação entre o céu e a terra, as coisas na terra – como o arroz – podem ser inspiradas. O caractere chinês *Ling*, equivalente do japonês *Rei*, é a representação escrita mais antiga de uma xamã realizando seu trabalho.[187]

Como isso se relaciona com o segundo caractere, *ki* 氣?

---
[187] Fonte: *Die Religionen Chinas* (As Religiões da China), Werner Eichhorn, Kohlhammer Verlag; pp. 56s.

Explicação do Caractere Ki

气
米 冫
氣

IL. 161 – ORIGEM DO KANJI KI

O caractere *ki* 氣 consiste nos componentes de energia (o vapor que sobe do arroz cozido) (jap.: *ki* 气) e no grão de arroz (jap.: *kome* 米). Nesta forma mais simples do *ki* 气, ainda não podemos falar de uma forma de energia concreta. Este é o caso quando este signo é combinado com outro signo que atribui uma qualidade específica à energia. Como resultado, o japonês tem o 气 como radical, o que estabelece a pronúncia de *ki* e dá ao caractere o significado de uma forma de energia. Entretanto, ainda não foi esclarecido que forma de energia é essa exatamente. Isso só pode ser deduzido da combinação.

Um grão de arroz é a semente de uma planta, mas não a planta em si. O grão de arroz se torna uma planta quando as energias da Mãe Terra e do Pai Céu se unem. Essa união acontece assim que a chuva traz a energia dos céus para a terra. Consequentemente, o grão de arroz só pode se transformar numa planta por meio desse ato de criação, trazendo muita energia vital *ki* 氣 consigo. Esse é também precisamente o momento em que um grão de arroz 米 aparece debaixo do *ki* 气.

A Combinação dos Caracteres Rei e Ki

Os agricultores preparam a terra e realizam o seu trabalho material terreno. Para que a semente germine – principalmente o arroz no Japão – muita água é necessária. A água é associada ao segundo chakra – o chakra do sacro. Este é um chakra sagrado porque por meio dele cria-se nova vida. Os xamãs rezam pedindo chuva para que os campos recebam a água que precisam. Por meio da oração, da chuva e do trabalho do agricultor, as energias divinas do alto e de baixo (céu e terra) combinam-se. Da perspectiva tântrica, processa-se um ato de criação pelo qual a centelha da vida é insuflada no grão de arroz. Desse modo, uma nova vida surge. A planta de arroz desenvolve-se dela, produzindo por sua vez muitos grãos de arroz.

Como dizemos muitas vezes: A energia vital do Reiki promove processos de vida, e isso já se reflete no caractere descritivo *Reiki*. Aplicando Reiki, transmitimos a energia vital produzida por esse ato criador para nós mesmos e para os outros, contribuindo assim para mais amor, paz e sabedoria.

Excurso: Breve Introdução à Caligrafia

O que é Caligrafia?

Caligrafia é uma forma artística de escrever à mão. Na Ásia Oriental (China, Japão e Coreia), ela sempre foi considerada como a rainha de todas as artes. Nesses países, ela significa muito mais do que o termo "caligrafia" adotado no Ocidente, uma vez que também implica escrever com *ki* 氣, o qual pode inclusive ser percebido séculos mais tarde numa obra famosa. Requer-se muita prática para aprender essa habilidade. O meu mestre de caligrafia sempre enfatiza esse ponto em particular. Ele também distingue caligrafia (jap.: *Shodô* 書道), que para ele significa escrever com *ki*, do simples ato de escrever (jap.: *Shûji*, literalmente, praticar com sinais), embora ambos os atos devam ser praticados ao mesmo tempo, pelo menos até certo ponto.

O ato de escrever à mão volta-se exclusivamente para a correta ordem dos traços individuais e para a forma. Se a ênfase recai unicamente sobre a ortografia e a forma, sem atribuir nenhuma função à aura ou poder de expressão e à energia, o simples ato de escrever se justifica, obviamente. É assim que a "caligrafia" é ensinada também nas escolas japonesas. Infelizmente, existem muito poucos mestres no Japão que dominam ambas as artes. A maioria dos verdadeiros mestres de caligrafia no Japão são monges budistas. Suas caligrafias podem praticamente dar vida a um ambiente e cativar os observadores. Os principais métodos para escrever com *ki* consistem em copiar as caligrafias de antigos mestres. Também existem evidentemente muitos exercícios técnicos, como a respiração correta para adquirir essa habilidade. Se os antigos mestres, a começar por *Wang Xizhi* (303-361), não são estudados por meio de muitas repetidas cópias, é praticamente impossível desenvolver-se nessa direção. Em resumo, a caligrafia na Ásia Oriental leva em consideração não apenas a técnica *correta*, mas também inúmeros outros aspectos.

No Ocidente, quem participa da iniciação no Segundo Grau de Reiki pratica a escrita correta dos símbolos prestando atenção à sequência do traçado e à forma. Isso é muito importante para a aplicação de todas as técnicas com os símbolos, pois eles só podem ser plenamente eficazes e ter a qualidade estabelecida pelo dr. Usui quando executados corretamente e com a sequência e o número de traços próprios de cada um.

Também é muito importante escrever os símbolos do Reiki com uma qualidade de *ki* que ultrapasse claramente o grau considerado como normal. Para simplificar, eu (Mark), no texto a seguir, denomino essa forma de escrever os símbolos "escrever com *ki*". Quanto mais conseguirmos escrever os símbolos com *ki*, maior será seu efeito nas aplicações, por um lado; por outro, isso também promove o nosso desenvolvimento pessoal, sutil e espiritual. Além disso, os símbolos também assumem uma aparência consideravelmente mais atraente. Um pouco mais abaixo, na seção prática, descrevo como podemos escrever os símbolos de modo que sejam belos e também tenham *ki*. Entretanto, antes disso, é de grande proveito compreender melhor como essa escrita surgiu.

Os símbolos e caracteres de Reiki foram usados em muitas diferentes variações desde a época do dr. Usui, e em parte também muito antes ao longo dos séculos e até dos milênios.

Com este livro, o público está tendo pela primeira vez a oportunidade de conhecer em profundidade a origem e a história dos símbolos. Embora milhares de pessoas usem os símbolos e os caracteres, é possível que não conheçam os significados precisos e os antecedentes da maioria deles. Esse é também um aspecto da caligrafia chinesa e japonesa. Ela pode ser bonita, mas não absolutamente necessária para se compreender o conteúdo de obras de arte caligráfica. A forma, a expressão e a função necessária das obras de arte individuais são muito mais importantes.

É possível considerar os símbolos e caracteres de Reiki como obras de arte. Então a forma e o apelo estético recebem maior destaque. Se os caracteres de Reiki, que podemos pendurar na parede como uma peça de arte, também têm poder expressivo – se também são escritos com *ki* – será ainda melhor. Então, mesmo alguém que não conhece um signo, quanto mais lê-lo, pode apreciá-lo e sentir a vibração de cura.

Mesmo na Ásia Oriental, onde as pessoas compreendem o conteúdo, este nem sempre é o mais importante. Por exemplo, o imperador chinês Ming (58-75 d.C.) do Período *Han Oriental* (25-220 d.C.) enviou um mensageiro a um exímio calígrafo em seu leito de morte, pedindo-lhe que escrevesse mais dez cartas. O imperador estava menos interessado no conteúdo do que na escrita em si. Com a ajuda da escrita como "selo impresso da mente", o imperador era capaz de conectar-se mentalmente com o artista por meio da observação dos signos.

Desde o Período *Tang* (618-906 d.C.), pessoas na China também falam da tinta-da-china ou de traços com o pincel para escrever (jap.: *bokuseki*) que revelam alguma coisa sobre a personalidade de um calígrafo.[188] Uma abordagem semelhante é também usada no Ocidente, onde a caligrafia é analisada para conhecer a personalidade. Entretanto, a caligrafia geralmente não é feita com a intenção de criar uma obra de arte.

Além disso, os símbolos e às vezes até textos inteiros têm funções específicas para os vários tipos de rituais que vão além do conteúdo. A cura está em primeiro plano na palavra *Reiki*, por meio do qual outros objetivos podem ser alcançados. No Taoismo, por exemplo, textos sagrados recebidos dos deuses num ritual são escritos por um calígrafo que no momento atua como médium.[189]

Além de obras de arte em si, a escrita de símbolos, caracteres e textos (de sutras, digamos) também pode preencher diversas funções. Como exemplos podemos citar a prática da meditação, o despertar das habilidades sutis da percepção, ou mesmo o acúmulo de karma bom, neste caso porque a escrita de um sutra contribui para a disseminação do Budismo ou do ensinamento da luz, criando as condições para um futuro agradável. Expresso em termos simples, karma é apenas a lei de causa e efeito, e copiar um sutra é como uma semente potencial para uma boa colheita, pois ele ensina como os seres podem ser levados à felicidade.

No entanto, os caracteres chineses – que são os componentes dos símbolos do Reiki – existiam muito antes do Budismo. E o Budismo não é originário da China, mas da Índia. Muitas raízes do Budismo, como a antiga escrita *Siddham* indiana (que inclui o símbolo SHK), mantras e dhâranîs, tiveram origem nos textos védicos,[190] que também existiam mui-

---

188 O fenômeno dos traços com tinta-da-china é descrito de modo muito elegante e claro no livro *Erleuchtung ist überall* (A Iluminação Está em Toda Parte), de Peter Zürn, Windpferd Verlag, Alemanha.
189 Ledderose, Lothar (1984). *Some Taoist Elements in the Calligraphy of the Six Dynasties*. In: *T'oung Pao* 70: pp. 246-78.
190 Ver capítulo 14, seção sobre a escrita *Siddham*.

to antes do Budismo. Se pesquisarmos além das fronteiras de um país, vemos claramente que a história sempre parece recuar no tempo até as origens. Mas em termos da escrita chinesa, é como se alguns signos sempre tivessem existido, pois apareceram subitamente. Isso será analisado mais detalhadamente na próxima seção.

Origem e Estrutura dos Caracteres Chineses

Numa fase bem inicial, o costume era fazer grandes e pequenos nós em tiras de fibras vegetais para registrar a aproximação de eventos, como um calendário. A partir do imperador *Fu-Hsi* (século XXVIII a.C.), os fenômenos da natureza entre céu e terra passaram a ser registrados com um sistema chamado *Baguá* (padrão de oito campos). Nesse sistema, existem dois signos ▬▬ e ▬ ▬, representando yang e yin. *Fu-Hsi* organizou esses sinais em oito combinações, simbolizando o céu, a terra, o trovão, o vento, a água, o fogo, as montanhas e os rios. Mais tarde, no século XII a.C., o sistema foi expandido por *Wen Wang*, primeiro rei do Período *Zhou* Ocidental (1045-771 a.C.), passando a constituir a base do *Livro das Mutações* (chin.: *I Ching*). Da técnica do nó às 64 combinações, processa-se uma evolução de métodos simples para registrar eventos até um método para representar diretamente pensamentos humanos.

Entretanto, esse tipo de signo quase não tem relação com o caractere chinês em si. A história do caractere pode recuar até um passado remoto, mas parece que certo número de signos sempre existiu, especialmente considerando que esses signos apareceram subitamente sem qualquer evidência de um desenvolvimento anterior. Os caracteres chineses mais antigos encontrados até agora foram descobertos em cacos de cerâmica com mais de 6.000 anos de idade. A esses seguiram objetos de bronze. Somente com os chamados ossos oraculares do Período *Shang* tardio (1600-1045 a.C.) é que puderam ser reconhecidos textos inteiros correlatos.

IL. 162 – OSSO ORACULAR

Ossos oraculares eram principalmente pedaços de ossos e de carapaças de tartaruga com sinais desenhados que serviam como oráculos. O consulente fazia uma pergunta clara sobre um tema, como, por exemplo, se era aconselhável cruzar o rio para atacar o território vizinho. Aquecendo-os ao fogo, os ossos produziam rachaduras. Dependendo do ponto onde a fenda se formava com relação ao sinal, a pessoa interpretava qual seria a decisão mais sensata a tomar.

Assim, os signos chineses foram originalmente usados apenas com propósitos religiosos. Não se descobriram até o presente fontes anteriores da escrita chinesa. É inegável que no início os signos eram usados principalmente em contextos ritualísticos. É também evidente que os signos são os portadores ideais de energias espirituais disponíveis em símbolos como o HS, o DKM e no próprio caractere de Reiki. Segundo a minha experiência, os caracteres de Reiki são muito potentes e me influenciam como símbolos na medida em que permanecem em sua forma original – ou seja, na forma que vemos sobre o túmulo do dr. Usui, por exemplo. Nesse contexto, "original" não significa um tipo específico de escrita, mas a forma e o número de traços num signo que expõem suas características. Estritamente falando, significa o modo como um observador imparcial o reconheceria. Tudo isso está relacionado com a autossemelhança, que é típica em exemplos da matemática moderna, como os fractais, os números de Julia e os números de Mandelbrot. Os seres humanos são seres que se reproduzem de maneira autossemelhante. Nenhum de nós é exatamente igual a outra pessoa, mas podemos discernir sem nenhuma dúvida que um indivíduo pertence à espécie humana. Na medida em que os símbolos do Reiki são autossemelhantes, eles basicamente funcionam no sentido do trabalho de energia. Entretanto, as versões que mais se assemelham tematicamente com a forma original possuem uma funcionalidade muito maior do que aquelas em que os símbolos se parecem apenas superficialmente com o "modelo". Como em tudo, também aqui há um limite: se escrevermos um "C", não conseguiremos transmitir um "A" para outra pessoa.

Os signos originais são símbolos para rituais. Só mais tarde eles se tornaram uma escrita contendo informação. A caligrafia, então, evoluiu a partir dos símbolos e da escrita. Devido à complexidade dos signos, eles foram abreviados inúmeras vezes no curso dos séculos. Talvez isso pareça prático à primeira vista, mas não resultou numa simplificação de fato, porque os novos signos não se afirmaram em toda parte. A consequência foi que ocorreu uma duplicação da quantidade de signos. Por exemplo, os "signos breves" simplificados foram usados na China continental desde Mao Tze Dong, mas os antigos signos longos ainda são empregados em Hong Kong, em Taiwan e no Japão. Além disso, os signos foram muitas vezes simplificados num período muito anterior, de modo que havia também signos longos bem extensos e signos longos um tanto mais curtos que eram usados de modo diferente nos países mencionados. Os caracteres de Reiki, o Símbolo HS e o Símbolo DKM – como ensinados pelo dr. Usui – consistem em antigos signos longos que podem ser encontrados nos sutras budistas. Por isso, eles preservaram todo seu efeito. Todas as formas de simplificação contribuem para uma mudança ou para a dissipação do efeito.

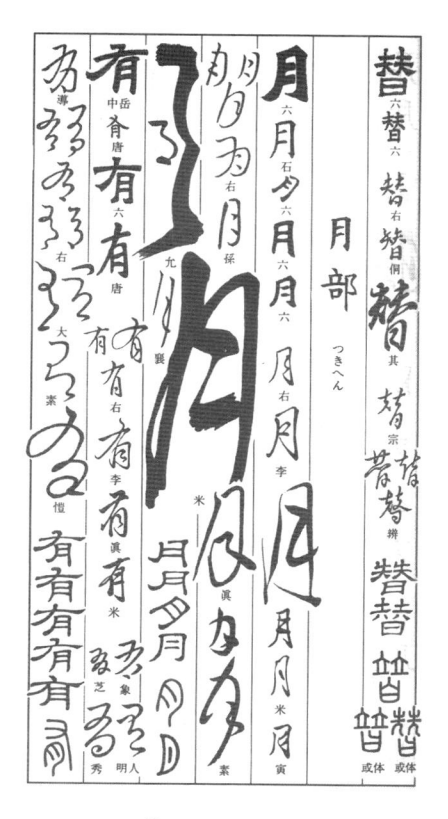

IL. 163 – VARIAÇÕES DA ESCRITA PARA "LUA"

Outra característica especial da escrita chinesa é que ela não pode ser substituída por letras. Se essa escrita fosse abolida, não seria possível comunicar-se claramente em chinês nem em japonês. Isso acontece porque existem muitos caracteres e combinações de caracteres que podem ser escritos do mesmo modo em letras, mas variam dependendo da entonação. Assim, essa escrita é um sistema imprescindível. Outro fator é que os antigos caracteres são símbolos cuja forma é indispensável em combinação com a pronúncia para sua aplicação eficaz em rituais. Com relação ao símbolo do Reiki, isso significa que cada mudança produz uma perda da sua eficácia.

Não obstante, ainda existem algumas variações possíveis na grafia. No decorrer dos séculos, vários tipos de escrita se desenvolveram na China. Cada tipo está sujeito a certas regras. Alguns deles podem ser facilmente alterados, outros não. Por isso, é até possível variar os símbolos ligeiramente na medida em que as regras dos tipos individuais são seguidas. Mas os tipos não têm nada a ver com as variações de grafia de outras categorias de escrita ou simplificações da escrita em si. Antes de explicar o desenvolvimento dos vários tipos de escrita, descrevemos a seguir os vários modos de escrever os signos de Reiki, como ilustração. Embora todas as variações estejam corretas, elas são muito diferentes em seu poder de transmissão. É interessante meditar com os vários signos, como prática e como experimento. Para isso, observe cada variação durante alguns minutos e sinta sua influência sobre você.

靈氣 (caligrafia antiga)	Esta é a forma como os signos aparecem sobre o túmulo do dr. Usui. O significado original dos signos pode ser deduzido e explicado por meio dos próprios signos.
霊気 (caligrafia simplificada)	Esta é a forma como os signos são, em geral, escritos no Japão atualmente. Os caracteres são bem simplificados, não sendo possível reconhecer o significado original dos signos. Entretanto, ainda assim eles podem ajudar a encontrar os antigos signos num bom dicionário de sinais.
レイキ	Esta é a forma como o Reiki é escrito atualmente no Japão. Os signos perderam todo seu poder ou nem mesmo jamais o tiveram. Embora esses signos possam remontar aos signos chineses, eles constituem uma invenção japonesa e são chamados *Katakana*. Esses signos são populares por várias razões. Primeiro, são geralmente usados para palavras estrangeiras. Como o Reiki foi reintroduzido no Japão, ele foi classificado como uma arte de cura ocidental com raízes japonesas. Mas outra razão, muito mais importante, é que os signos originais eram também relacionados com poltergeists e com espíritos dos mortos, de modo que muitos japoneses se assustam e ficam desconfiados ao deparar-se com esses signos.
灵气	Esta é a forma como o Reiki é escrito hoje na China continental. Esses signos também perderam todo seu poder.

Existem ainda outras variações dos caracteres de Reiki. Embora todas sejam corretas apesar das diferenças em seus componentes, elas expressam várias nuances e têm efeitos energéticos variados. Por exemplo, estas são as várias formas de escrever o *Kanji Rei*.

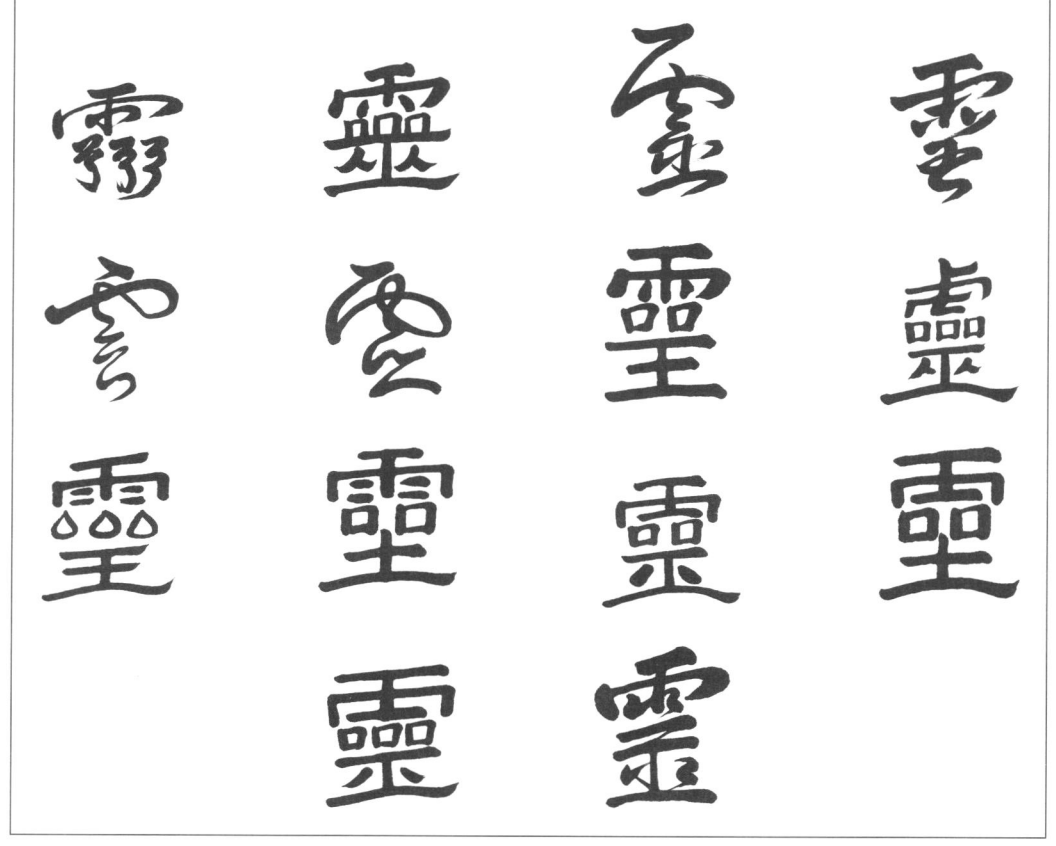

IL. 164 – VARIAÇÕES DE ESCRITA PARA REI

Desenvolvimento dos Tipos de Escrita

	Sol	Lua	Fogo	Água	Madeira	Metal	Terra
Ossos Oraculares	⊖	☽	ᗩ	⁙	木	⌒	⚲
Objetos rituais de bronze	⊙	☽	⌣	⁂	木	金	⚲
Escrita-Selo	日	⺈	火	水	木	金	土
Escrita de Chancelaria	日	月	火	水	木	金	土
Escrita Cursiva	日	月	火	水	木	金	土
Escrita Normal	日	月	火	水	木	金	土

IL. 165 – TABELA DE TODOS OS TIPOS DE ESCRITA

No decurso de milhares de anos, os signos evoluíram de um sistema pictográfico até sua forma atual. Essa evolução, porém, nem sempre se processou de maneira uniforme, e novos caracteres foram sendo constantemente acrescentados. Além do aumento dos caracteres, vários tipos de escrita também se desenvolveram. Podemos comparar esses fatos com as fontes disponíveis no computador. De acordo com a necessidade e o gosto, hoje podemos usar fontes como Times, Century, Arial, etc. Os signos são sempre os mesmos, apenas a forma varia ligeiramente. Nesse sentido, os caracteres chineses são muito semelhantes, e assim os tipos individuais de sinais usados até hoje têm mais de 1.700 anos.

Depois dos ossos oraculares, os caracteres seguintes foram encontrados como inscrições em objetos ritualísticos de bronze do Período *Shang* tardio (1600-1045 a.C.). Objetos ritualísticos de bronze são peças de bronze com a forma de recipientes de vinho e alimento ou de instrumentos musicais. Como não podem ser utilizados no dia a dia devido ao seu tamanho e peso, podemos supor que só eram usados para fins ritualísticos. Externamente, são em geral decorados com figuras de animais, como dragões. Breves inscrições de uns poucos signos às vezes aparecem no interior dos recipientes. No Período *Zhou* seguinte (1045-221 a.C.), não só as decorações nos objetos de bronze mudaram, mas também o tipo de inscrições. Elas se tornaram mais longas com o tempo.

IL. 166 – INSCRIÇÃO NUMA FACA DE BRONZE

O tipo de escrita usado nesse período é chamado **Escrita-Selo** (chin.: *zhuanshu*, jap.: *tensho* 篆書). Durante muitas gerações, as pessoas também escreviam em bambu, madeira e seda até que esses materiais foram substituídos por papel durante o Período *Han* Ocidental (206 a.C.-9 d.C.).

A Escrita-Selo é usada ainda hoje para selos e sinetes. Nos países da Ásia Oriental, é um costume oficial e comercial "assinar" com um selo ou sinete pessoal. Como os selos modernos são gerados em computador no Japão, eles correspondem a algo como a impressão digital de uma pessoa e são muito difíceis de moldar, principalmente quando vários indivíduos têm o mesmo nome.

O primeiro imperador da China, *Qin Shi Huangdi*, tinha sete estelas de pedra com inscrições, verdadeiras obras de arte em que eram gravados acontecimentos históricos. Elas servem de modelo para milhões de outras estelas. Embora as originais estejam hoje perdidas, há uma réplica do ano 993 no Monte Yi. As pessoas acreditam que o tipo de escrita nessa réplica, chamado **Pequena Escrita-Selo** (chin.: *xiaozhuan*) corresponde ao original. Essa escrita foi criada por *Li Si* (?-208 a.C.), conselheiro mais próximo do imperador, que, com ela, teria padronizado a escrita de várias regiões. Todos os signos se amoldam a um padrão de quadrados uniformemente distribuídos, os traços individuais são todos igualmente grossos, e o número, e também a ordem, dos traços foram determinados com precisão. Esses aspectos têm relação direta com os caracteres de Reiki e com o Símbolo DKM. Como todos os textos japoneses e chineses, eles também são escritos nesse padrão. A ordem também é precisamente determinada e, de acordo com as regras da caligrafia, não deve ser alterada. Esse padrão só pode ser usado até certo ponto para o Símbolo HS, visto que os seus cinco signos básicos estão entrelaçados uns com os outros segundo um antigo método taoista de escrita espiritual. Na Pequena Escrita-Selo, todos os signos são compostos de uma parte fonética (relacionada com a pronúncia) e uma parte semântica (relacionada com o significado). Os módulos[191] individuais (num total de 540) são permutáveis, o que significa que novos signos são criados continuamente.

Esses 540 módulos e a quantidade de traços foram aos poucos sendo reduzidos para simplificar as coisas. No século II, a Pequena Escrita-Selo foi substituída pela **Escrita de Chancelaria** (chin.: *lishu*, jap.: *reisho* 隷書). Na escrita de Chancelaria (ou dos Clérigos), os módulos foram reduzidos a aproximadamente 200. Desses, muitos pertencem aos chamados 214 radicais.

IL. 167 – OS 214 RADICAIS

Entretanto, como alguns radicais apenas consistem em traços individuais, nem todos eles podem ser chamados módulos. Mesmo hoje, muitos dicionários são escolhidos de acordo com esses 214 radicais, o que permite encontrar rápida e facilmente qualquer um dos muitos milhares de signos. Isso também se aplica, naturalmente, aos caracteres de Reiki e ao Símbolo DKM. Isto é um pouco mais difícil para o Símbolo HS porque é preciso inicialmente decompô-lo nos seus signos originais.

No século IV, outros três tipos de escrita se desenvolveram na caligrafia chinesa por influência do famoso calígrafo *Wang Xizhi* (303-361). Não se sabe ao certo, porém, se os

---

[191] O sistema de módulos na escrita chinesa e outras áreas da arte são muito bem e claramente explicados no livro *Ten Thousand Things*, escrito pelo professor Lothar Ledderose e publicado pela Princeton University Press.

três provieram de *Wang Xizhi*, pois nenhuma das suas obras foi preservada. Entretanto, como muitos mestres famosos o copiaram e o respeitaram como o calígrafo mais eminente de todos os tempos, não há dúvida de que o auge do desenvolvimento dessas formas de escrita ocorreu com suas obras. Os três tipos são usados até os dias atuais, não tendo surgido nenhum novo. Naturalmente, existem estilos pessoais de escrita que se baseiam nesses três. Como esses tipos de escrita se apresentam, e quais deles são importantes para os símbolos do Reiki?

A escrita **Semicursiva** (chin.: *xingshu*, jap.: *gyôsho* 行書; literalmente: escrita cursiva) e a **Cursiva** (chin.: *caoshu*, jap.: *sôsho* 草書; literalmente: escrita de grama) desenvolveram-se a partir da mencionada Escrita de Chancelaria para fins menos oficiais, como cartas. O que essas duas escritas têm em comum é que alguns traços são abreviados, mas não omitidos. Isso pode parecer um tanto paradoxal, mas a abreviatura consiste em que os traços individuais, originalmente separados, agora se juntam e praticamente se misturam. Assim essas escritas cursivas são um pouco menos formais para cartas e caligrafias, mas não são permitidas em documentos oficiais, obras clássicas e sutras. As diferenças entre esses dois tipos são que a Escrita Cursiva é mais difícil de ler à primeira vista porque os traços individuais se entremeiam ainda mais e alguns signos são inclusive ligados uns aos outros. Às vezes é difícil saber onde termina um e começa o seguinte. Temos aqui uma semelhança muito clara com o Símbolo HS, porque neste os cinco signos originais também estão entrelaçados uns com os outros. Entretanto, o Símbolo HS não é ensinado nas escritas cursivas porque a forma e as sequências de traços aparecem antes no aprendizado.

Na caligrafia, e também na escrita dos símbolos do Reiki, não há motivo para praticar essas escritas desde o início, porque essas abreviações também estão sujeitas a regras rígidas. Algumas pessoas acreditam que regras existem para ser quebradas. Entretanto, é praticamente impossível progredir sem praticar a forma exata e a sequência de traços. Existe também o perigo de que erros se insinuem e anulem o efeito dos símbolos.

O terceiro e último tipo de escrita do século IV é a chamada **Escrita Normal** (chin.: *kaishu*, jap.: *kaisho* 楷書). Essa é a forma ainda hoje ensinada nas escolas como caligrafia-padrão. Diferentemente das escritas cursivas, a Escrita Normal é clara e fácil de ler, porque os traços são claramente separados uns dos outros. Em comparação com a Escrita de Chancelaria, existem mais variações aqui no trabalho com pincel. Os traços individuais podem variar na largura, dependendo se o pincel toca o papel com mais leveza ou mais firmeza. Alguns traços são finalizados afinando, a ponto de chegaram à espessura de um fio de cabelo. Outros traços têm pequenos ganchos que apontam para onde o pincel seguirá. Esses detalhes provavelmente derivaram mais da Escrita Semicursiva pela omissão de abreviações, mas indicando transições com os pequenos ganchos. Dependendo de fatores como a qualidade e a execução, esses aspectos são uma indicação que revela se o signo foi ou não escrito com *ki*. Entretanto, isso certamente não significa que todos os signos com pequenos ganchos foram escritos com *ki*, pois esses ganchos podem ser resultado de uma aplicação de caráter mais técnico. A Escrita Normal é o padrão para praticar as escritas japonesa e chinesa e também os símbolos. Antes mesmo de dominar a Escrita Normal, a maioria das pessoas tende a usar a **Escrita Semicursiva** para escrever mais rapidamente, deixando que os traços individuais se misturem uns com os outros. Os tipos impressos de escritas-padrão em livros e jornais baseiam-se na Escrita Normal sem abreviações. A mesma coisa obviamente se aplica a este livro.

Lendas sobre a Escrita com *Ki*

São muitas as histórias sobre o grande calígrafo *Wang Xizhi*, duas das quais serão narradas brevemente a seguir. Elas dão uma ideia do que significa escrever com *ki*.

Tábua Furada com Tinta-da-China

Conta-se que certo dia *Wang Xizhi* escreveu com seu pincel sobre uma tábua. Por causa da umidade, muitas vezes a tinta atravessa o papel e marca o lado de trás. Ora, isso é impossível de acontecer com uma tábua. Um exame minucioso, porém, mostrou que a tinta usada por *Wang Xizhi* atravessou a madeira. Esse é um exemplo da escrita feita com *ki*.[192]

Naturalmente, podemos alegar que essa história é apenas lenda. Mas como eu (Mark) passei por uma experiência semelhante no verão de 2003 no Japão, mais uma vez me dei conta de que muitas lendas contêm mais verdade do que as pessoas em geral querem acreditar. Durante um festival, observei um calígrafo no momento em que ele apresentava sua arte. Quando presto atenção a pessoas assim, no início sou sempre muito cético, visto que muito poucos dos que manuseiam um pincel conseguem também usá-lo adequadamente. Mas eu gostei desse calígrafo, e por isso pedi-lhe que escrevesse os caracteres de Reiki num leque feito de papel da casca da amoreira. Como esboço, e como é costume no Japão, escrevi antes os caracteres numa folha de papel comum. Quando viu os caracteres 靈氣 e o modo como os escrevi, o calígrafo olhou para mim com ceticismo, mas também com agradável surpresa. Então disse: "Para você, vou escrever num estilo muito especial. Observe bem!" Diferentemente de sua atitude anterior, ele entrou num estado de total absorção meditativa. Em seguida, levantou o pincel como se tivesse uma espada na mão. E com a mesma intenção, baixou-o até a casca de amoreira. Pessoalmente, ao mesmo tempo, senti uma vibração intensa, mas muito agradável, fluindo do chakra do coração. Apesar da tinta-da-china preta, a impressão que tive foi como se uma luz dourada estivesse iluminando o ambiente com cada traço. Quando o calígrafo terminou, levantei instintivamente o leque e olhei na parte de trás. A tinta-da-china o havia atravessado... Um verdadeiro mestre de caligrafia havia escrito com *ki*.

Prefácio do Pavilhão das Orquídeas

Há uma história muito conhecida sobre *Wang Xizhi* relacionada com o surgimento da Escrita Normal no contexto da escrita com *ki*. No ano 353, *Wang Xizhi* ofereceu uma festa no jardim chamado Pavilhão das Orquídeas. Um pequeno riacho atravessava o jardim, e os convidados sentavam-se nas margens. Para diverti-los, taças cheias de saquê flutuavam na água. Quando uma taça se aproximava de um convidado, ele podia não só esvaziá-la, mas também escrever um poema. Ao anoitecer, todos os poemas foram reunidos e o próprio *Wang Xizhi* escreveu um prefácio de 324 caracteres. Em termos do tipo de escrita, esse prefácio é uma mistura da Escrita Normal com **Escrita Semicursiva**. As formas dos traços in-

---

[192] Observe que a infiltração da tinta nem sempre é um sinal de uma escrita feita com *ki*. Dependendo das marcas deixadas na parte de trás, pode-se facilmente separar o joio do trigo.

dividuais variam em muitos detalhes. A composição livre e no entanto equilibrada dos signos, como também o fluxo vívido nos arranjos, revelam a arte de escrever com *ki*. Quando *Wang Xizhi* copiou seu próprio trabalho diversas vezes no dia seguinte, não conseguiu realizar esse brilhante feito uma segunda vez. Seu prefácio foi criado num estado intenso de felicidade em que ele estava absolutamente centrado.

Aplicação dos Tipos de Escrita

A Escrita de Chancelaria (*lishu* 隷書) foi encontrada pela primeira vez em pequenos quadros de bambu datados do século III a.C. Durante o século I a.C., ela substituiu a Escrita-Selo como escrita para uso geral. A Escrita Semicursiva (*xingshu* 行書) e a Escrita Cursiva ou Escrita de Grama (*caoshu* 草書) já haviam sido descobertas em quadros de bambu naquela época. Depois do Período *Han* (206 a.C. a 220 d.C.), a Escrita de Chancelaria foi padronizada na Escrita Normal (*kaishu* 楷書), depois do que o desenvolvimento dos tipos de escrita deteve-se até o século XX.

Afora isso, só raramente encontramos a Escrita-Selo e a Escrita de Chancelaria, e apenas em certas funções de caracter monumental, emblemático e decorativo. Isso inclui inscrições em pedra, marcas, inscrições em equipamentos e em títulos de livros, como na bela capa de *The Spirit of Reiki*. Em contraste, os outros três tipos foram usados sem interrupção e de modo geral desde sua criação. A Escrita Normal serve para impressão e escrita, enquanto as duas cursivas são aplicadas exclusivamente em textos manuscritos, como cartas.

Durante as Seis Dinastias (séculos III a VI), ocorreu uma mudança fundamental no desenvolvimento da escrita. Enquanto ela fora até então usada anonimamente, agora tornou-se uma forma refinada de arte entre os servidores civis cultos. O mestre mais famoso dessa época, como também de toda a história da caligrafia, é *Wang Xizhi* (303-361).

Desde a interrupção do desenvolvimento das escritas, surgiram os mais variados estilos relacionados aos períodos, às escolas e aos indivíduos. Tanto os que escreviam como os que observavam estavam bem conscientes dos vários níveis estilísticos presentes numa obra. Embora uma boa escrita exigisse sua própria individualidade, ela também precisava deixar evidente que o autor dominava a história da arte da escrita teórica e praticamente. Como resultado, podemos falar em uma evolução progressivamente mais científica na caligrafia desde a época das Seis Dinastias.

Assim, existem primeiramente três fenômenos com um significado especial neste contexto: a coletânea de caligrafia, a literatura teórica e o apelo estético do autor.

No decurso da história e mesmo nos dias de hoje, a escrita chinesa foi usada com fins ritualísticos no Budismo e no Taoismo. Este livro é um exemplo de todas as belas coisas que podem ser feitas com essa escrita.

Introdução da Escrita no Japão

Como não possuía escrita própria apesar de sua longa história, o Japão adotou a escrita chinesa no final do século VI com a introdução do Budismo oriundo da Coreia. Devido ao contato ativo com o continente, podemos supor que os textos chineses já haviam sido levados ao Japão desde o século III. A escrita foi especialmente importante no contexto do Budismo, pois os sutras (escritos sagrados) traduzidos para o chinês exerceram um papel de suma importância na propagação da doutrina budista. Além dos caracteres chineses (jap.: *kanji*), dois outros sistemas de escrita japoneses se desenvolveram no Japão, *Hiragana* e *Katakana*, ambos ainda em uso atualmente. Quem já teve a oportunidade de ver um texto japonês moderno provavelmente terá percebido que ele comporta sinais muito complexos (*kanji*), sinais arredondados e curvos (*hiragana*) e sinais angulares (*katakana*).

A estrutura e a gramática da língua japonesa é tão diferente da chinesa que a escrita chinesa não se ajusta absolutamente à japonesa. Não obstante, ainda assim os japoneses conseguiram integrar essa escrita em particular em seu idioma e a vêm usando continuamente até hoje. Esse é um dos muitos exemplos da habilidade dos japoneses de assimilar elementos estrangeiros e depois adaptá-los às próprias necessidades.

Além da gramática, a pronúncia de ambas as línguas também é completamente diferente. Por causa disso, os caracteres chineses no idioma japonês ainda têm pelo menos uma pronúncia puramente japonesa (*kun yomi*) e uma chinesa (*on yomi*). A pronúncia chinesa dos signos em japonês não tem praticamente nenhuma semelhança remanescente com o chinês moderno. Por isso, é mais apropriado falar de uma pronúncia sino-japonesa. Por exemplo, a pronúncia da palavra *Reiki* em chinês moderno é *Lingchi* (*rei* = *ling* e *ki* = *chi*). Mesmo hoje, textos chineses no Budismo têm uma pronúncia sino-japonesa. Os símbolos HS e DKM e o caractere Reiki são exemplos disso. Estritamente falando, essas são palavras puramente chinesas.

Quanto aos textos chineses, outro método foi desenvolvido para lê-los em japonês. Isso significa que, por meio dessa técnica, quem sabe falar japonês pode também ler e compreender chinês clássico sem nunca tê-lo estudado. Isso é realmente interessante.

Durante sua permanência na China, o monge *Kûkai* (774-835) não estudou apenas Budismo Esotérico, mas também caligrafia. Anos de prática lhe possibilitaram finalmente escrever no estilo de *Wang Xizhi*. O resultado foi que *Kûkai* exerceu uma profunda influência também nessa área da cultura japonesa.

Só foi possível escrever textos na língua japonesa com o desenvolvimento da Escrita Silábica Japonesa (jap.: *kana*). A Escrita Silábica foi desenvolvida a partir da Escrita Cursiva, onde o número de traços e a forma foram abreviados por meio da escrita rápida. Foram necessários quase duzentos anos depois de *Kûkai* para que os calígrafos japoneses desenvolvessem um estilo japonês genuíno.

IL. 168 – POEMA DE AMOR NO ESTILO JAPONÊS DO SÉCULO XII

O nome atual da Escrita Silábica – *hiragana* – só chegou muito mais tarde, no Período *Edo* (1603-1868), depois de muitos desdobramentos ao longo dos séculos.

Devido às simplificações dos signos sagrados originais vindos da China, a Escrita Silábica dificilmente pode ser usada com propósitos ritualísticos como os símbolos do Reiki. Nem mesmo os *Kotodama* (palavras inspiradas) japoneses são exceção aqui, visto que esses cantos mágicos transmitidos oralmente já existiam muito antes da introdução da escrita. Naturalmente, os *Kotodama* são escritos desde que a escrita passou a ser usada. Semelhantes aos símbolos do Reiki, o poder dos cantos só se manifesta por meio de sua aplicação direta na prática.

Caligrafia na Prática

Os Quatro Tesouros

Para realizar um trabalho de caligrafia com os símbolos do Reiki, existem alguns instrumentos tradicionais que facilitam muito essa tarefa. Eles são chamados de Quatro Tesouros, e são os seguintes: pincel para escrever, tinta-da-china, pedra de tinta e papel (ou seda).

Os implementos originais da China, Japão e Coreia são especialmente eficientes na prática. Caso você não os possua ou seja difícil encontrá-los no mercado, comece com um estojo de pintura e pincéis comuns. Entretanto, você logo descobrirá algumas limitações importantes com esse material.

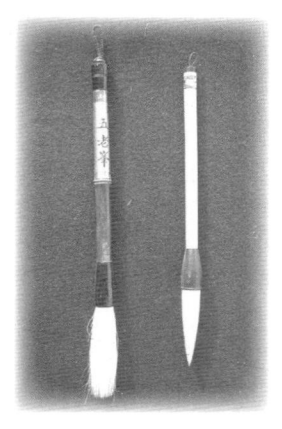

O **pincel para escrever** não deve ser grande – mas também não muito pequeno. Com um pouco de prática, um pincel de tamanho médio pode ser usado para desenhar signos bastante grandes e também bem pequenos. Além disso, os pelos não devem ser muito duros nem muito macios. Se forem muito quebradiços, será difícil dirigir o pincel com suavidade. Se forem muito macios, será difícil manter a forma do pincel, o que afetará imediatamente os signos. No momento da compra, os pelos são firmes e pontudos. Eles ficam flexíveis lavando-os e dobrando-os **suavemente**. Depois disso, eles geralmente ficam soltos.

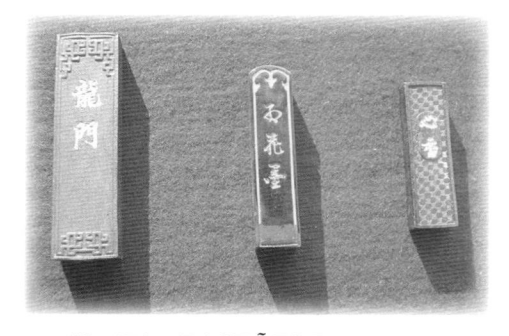

IL. 169 – PINCEL PARA CALIGRAFIA

Em termos de **tinta-da-china**, existem duas possibilidades básicas em caligrafia. A primeira consiste em comprar tinta pronta. Isso é para pessoas que têm muita pressa e preferem dispensar os aspectos ritualísticos da caligrafia. Esta também inclui desenvolver a habilidade

IL. 170 – BASTÕES DE TINTA

de escrever com *ki*. A segunda variação, que também é tradicional, consiste em usar um bastão de tinta. Em geral, é um bastão retangular de tinta-da-china seca com o qual você mesmo pode fazer tinta líquida. A maioria dos bastões é de cor preta. Essa é também a cor mais comum na caligrafia. Para fins especiais, como corrigir, ou para rituais, a cor vermelha também é usada. Textos sagrados são às vezes transcritos em dourado ou prateado. Outras cores não tendem a ser habituais. Ao adquirir um bastão de tinta, é bom escolher um que não só seja bonito, mas que também tenha perfume.

A **pedra de tinta** é uma pedra com uma porção côncava. A tinta-da-china é feita nessa porção côncava, misturando-se água com o pó do bastão. O formato da pedra, seja ele redondo, quadrado ou decorado, é de pouca relevância. O importante é que você goste dela. Mas nem toda pedra com uma concavidade pode ser usada. Deve ser uma pedra feita especialmente para caligrafia.

IL. 171 – PEDRA DE TINTA

Por fim, o **papel** é o material sobre o qual escrevemos. O papel tradicional de arroz é muito apropriado para caligrafia. Dependendo da qualidade do papel, haverá maior ou menor facilidade para executar a escrita.

Outros Instrumentos para Escrever

Além dos Quatro Tesouros, existem outros materiais úteis que podem facilitar a vida de um calígrafo ou praticante dos símbolos do Reiki. Os apresentados aqui ajudam, mas não são essenciais. Muitos deles podem ser improvisados.

IL. 172 – MATERIAIS PARA ESCREVER

O primeiro é uma almofada de apoio. Como o papel absorve bastante e parte da tinta-da-china em geral se infiltra, uma fina almofada de feltro é especialmente boa para esse propósito. Ela economizará tinta e prevenirá desordens sobre a mesa ou tapete. Para evitar que o papel deslize, é recomendável firmá-lo com um peso na margem superior. Pode ser uma pedra ou uma barra de metal. Um porta-pincéis favorece o acondicionamento do pincel ao se interromper a tarefa, pois deixá-lo num copo de água irá danificá-lo. Um pequeno recipiente com bico para verter água ao fazer a tinta-da-china também será muito prático.

IL. 173 – PORTA--PINCÉIS

Os pincéis para escrever ficarão agradecidos se forem postos de ponta para baixo num porta-pincéis depois de lavados. Além de também escoar alguma tinta remanescente, a posição vertical ajuda a manter a forma original.

O Significado Espiritual da Caligrafia

A caligrafia assemelha-se ao Qi Gong em muitos aspectos. Já durante as preparações, procuramos entrar num estado de absorção meditativa para estar totalmente à disposição do processo do desenho. Na situação ideal, o corpo, a mente e a alma participam igualmente do que acontece. Como no Qi Gong, trabalhamos conscientemente com o poder do fluxo da energia vital. Consequentemente, toda boa caligrafia chinesa ou japonesa sempre tem uma carga de Qi que é forte e única em sua qualidade, o que a torna um símbolo espiritualmente eficaz que ajuda o observador a integrar significativamente uma qualidade específica importante em sua personalidade. Com a prática da caligrafia, desenvolvemos com o passar do tempo uma habilidade cada vez maior de focalizar a atenção, de concentrar-nos e de dirigir o Qi. Não obstante, há uma grande e importante diferença com relação ao Qi Gong: os efeitos da caligrafia podem ser vistos também fora do praticante e de forma permanente – isto é, como um desenho a tinta sobre papel. Assim, a caligrafia é uma arte que produz resultados mais duráveis. Ao escrever certo termo, como "amor" por exemplo, o praticante pode aprofundar sempre mais a variedade de sentidos que essa palavra encerra. Muitos grandes mestres de caligrafia praticam um único caractere durante anos porque compreenderam que essa é a chave para a realização espiritual que fará florescer todas as demais qualidades.

A sensibilidade com relação ao pincel no ato de desenhar também aguça a nossa faculdade perceptiva, a ponto de podermos desenvolver a mediunidade. Uma regra importante da caligrafia é que cada pelo do pincel deve tocar o papel. Treinando a percepção psíquica, aprendemos a transferir o *ki* de modo sempre mais completo. Estritamente falando, o pincel nas caligrafias japonesa e chinesa é uma extensão do eu do praticante. Com essa expansão, que desenha os símbolos multifacetados da escrita chinesa, o ser da pessoa é basicamente modelado enquanto ela realiza um exercício de ginástica sutil, espiritual, por meio do ato de desenhar. Essa modelação do ser se deve aos muitos diferentes níveis de significado dos símbolos e práticas que estão ligados à qualidade especial da mediunidade.

Práticas Preparatórias

Além dos Quatro Tesouros, a preparação e a atmosfera também exercem uma função muito importante; elas são decisivas em termos de resultados.

Prática 1: Escolha do Local

Procure um lugar onde você se sinta bem, onde possa relaxar e não seja perturbado enquanto durar o exercício. Entre em sintonia com esse lugar. É recomendável praticar sempre no mesmo lugar para progressivamente nutrir-se de toda a energia nele disponível.

Pessoalmente, prefiro escrever ao cair da tarde, na sacada que dá para as montanhas. O ar fresco, os sons do vento e dos pássaros e a iluminação são os meus pré-requisitos ideais para um estado de espírito meditativo-místico que leva a caligrafias bem-sucedidas.

Prática 2: Preparação do Local

Depois de escolher um lugar apropriado, prepare-o do seguinte modo: uma almofada de feltro fina é o melhor material sobre o qual escrever. Organize sobre ela os Quatro Tesouros – o pincel, a tinta-da-china, a pedra de tinta e o papel – com o modelo que você irá copiar e um peso de certo comprimento para impedir que o papel deslize enquanto você escreve.

Prática 3: Preparação Energética

É possível, e também comum no Japão, intensificar energeticamente o lugar da prática. Por exemplo, com arranjos florais apropriados, incenso, invocando um ser de luz, ou com um altar especial. O Reiki oferece muitas possibilidades práticas.

Ducha de Reiki

Quando você cria uma ducha de Reiki sobre o lugar da prática, você se abastece de Reiki o tempo inteiro. Para isso, desenhe um Símbolo HS grande sobre o lugar onde irá formar a ducha. O símbolo forma um pagode, a fonte de energia. A partir desse ponto, desenhe um Símbolo CR com o dorso da mão voltado para o Símbolo HS e a palma direcionada para o lugar a ser abrangido pela ducha. A ducha vai ajudá-lo a se concentrar, a ter paciência e a se desenvolver espiritualmente.

Cristais

É muito proveitoso e estimulante colocar um ou vários cristais à sua frente. Ative-os previamente com Reiki ou com o *Dispositivo Radiônico de Cristal da Deusa* (*Goddess Crystal Radionic Tool*).[193] Um método simples de ativação é o seguinte: segure o cristal entre as mãos diante do coração. Agradeça à Mãe Terra pela criação desse cristal para ajudar os seres humanos. Agradeça ao cristal por ele ter saído da terra para ajudar os seres humanos. Entoe o canto de poder *Heyloa keyloa manaholo* nove vezes a partir do coração, depois nove vezes com o cristal nas mãos elevadas ao céu, e por fim mais nove vezes para a terra. Novamente, segure o cristal por alguns instantes diante do coração e agradeça. Através da ativação espiritual, o efeito do cristal é agora muito mais intenso e profundo. Devido à geometria sagrada de sua estrutura especial, ele é capaz de sustentar o ambiente circundante – na medida em que seja preparado para entrar em ressonância com esse ambiente – ao tornar-se orientado

---

[193] Trata-se de um dispositivo radiônico espiritual com o qual pedras e minerais de cura de qualquer espécie podem ser purificados energeticamente com muita rapidez e eficácia, livres de programação e ativados energeticamente – em outras palavras, preparados para ser 100% eficazes. Essa ativação é feita conectando o cristal com as linhas de energia da terra, as linhas lei. Os cristais também podem ser restaurados com esse dispositivo e programados com a informação de um Floral de Bach ou com um remédio homeopático, por exemplo.

para certas áreas importantes da ordem divina que o cristal incorpora. Além disso, cristais energeticamente ativos aumentam a vibração do ambiente em que estão e facilitam, por exemplo, o contato com um ser de luz ou com a nossa essência espiritual.

IL. 174 – HEY LOA KEY LOA MANAHO LO

O cristal de quartzo sustenta a clareza ao escrever. A fluorita nos abre para novos impulsos. A ametista favorece uma atitude de meditação. O quartzo rosa é bom para o coração. Existem obviamente outros cristais que podem ser usados nesse contexto, por isso faça experiências com eles. É muito interessante experimentar como as vibrações individuais das várias pedras de cura podem influenciar a caligrafia. Se o espaço permitir, você pode colocar uma mandala de cristal sobre a mesa ou perto dela intuitivamente para esse objetivo.

Lâmpadas de Sódio

As lâmpadas de sódio propiciam não só um clima romântico, mas também energizam o ambiente transmitindo íons negativos para a área circundante através do aquecimento do cristal de sal. Esses íons comparam-se aos gerados numa cachoeira. Íons negativos são muito benéficos para a saúde. Também é proveitoso colocar três cristais de quartzo e três cristais de quartzo rosa ao redor da lâmpada de sódio.

Tinta-da-china Ativada com Reiki

Podem-se obter resultados muito interessantes carregando e ativando a água para a tinta-da-china ou a própria tinta com Reiki. A ativação trabalha exatamente do mesmo modo como foi descrito na seção sobre "Cristais".

Ativação da Pedra de Tinta

As pedras de tinta também podem ser ativadas. Siga o procedimento descrito sob o título "Cristais". O *Dispositivo Radiônico de Cristal da Deusa* pode ser especialmente interessante aqui, pois lhe possibilita criar um lugar de poder ligado à Grande Deusa.

Convite aos Seres de Luz

Você pode convidar um ser de luz com os métodos de contato a distância do Segundo Grau e pedir que ele o apoie em suas intenções caligráficas. Ao fazer isso, lembre-se de expressar sua gratidão e oferecer Reiki como retribuição.[194]

---

[194] O modo exato de trabalhar com seres de luz é descrito extensamente no livro de Walter, *Rainbow Reiki*.

Incenso

O incenso pode intensificar a predisposição e a atmosfera para a caligrafia. Na Ásia Oriental, o incenso é usado como uma espécie de relógio. Assim, você pode acender uma vareta de incenso e escrever os símbolos durante o tempo que ela demora para queimar. Embora essa duração não seja muito longa, é um bom período para uma prática diária. A experiência tem mostrado repetidamente que uma prática regular e breve leva a um grande sucesso.

Prática 4: Preparação da Mente – Meditação Gasshô

Antes de começar, procure fazer a meditação *Gasshô*. Não é tão importante meditar durante horas cada vez. Essa meditação é muito proveitosa para acalmar a mente e como sintonização para manusear o pincel.

Para fazer essa meditação, junte as mãos diante do coração e incline-se ligeiramente. Respire pelo *hara* e concentre-se na ponta dos dedos médios, que se tocam. Quando sentir que chegou o momento certo para começar a escrever, pegue o pincel e comece.

A meditação *Gasshô* é um dos componentes essenciais para escrever com *ki*. Quanto mais você consegue manter-se no seu centro ao escrever, mais belo e expressivo será o seu estilo de escrever os símbolos.

Raspadura da Tinta como Meditação

Caso não trabalhe com tinta-da-china pronta ou prefira o método tradicional, você pode transformar o ato de raspar a tinta em meditação preparatória. Para raspar a tinta, você precisa de uma pedra de tinta, um bastão de tinta e um pouco de água. Pingue um pouco de água na área plana da pedra de tinta. Em seguida, segure o bastão de tinta na vertical e raspe-o sobre a água até que esta se transforme em tinta-da-china.

Dependendo da qualidade da pedra e do bastão de tinta, esse processo irá variar na quantidade de tempo necessária para o procedimento. De qualquer modo, o ato de raspar a tinta produz o agradável efeito secundário de desenvolver um prazeroso aroma para o olfato que eleva o entusiasmo pela caligrafia.

Neste contexto, eu gostaria de comentar um pouco mais sobre a direção da raspadura. Há várias direções que são mais ou menos eficazes. Na China, as pessoas geralmente adotam um movimento circular, ao passo que no Japão são mais comuns movimentos verticais. O meu primeiro mestre de caligrafia, natural de Shangai, um monge zen filho de pai chinês e de mãe japonesa, explicou-me que os movimentos circulares podem ser importantes em muitos aspectos porque a técnica de escrever o caractere também se baseia em movimentos circulares. Sem essa abordagem, é quase impossível escrever com *ki*. Fazendo movimentos circulares ao raspar a tinta, a mão se habitua a eles. Quem pratica esse movimento com frequência, descobrirá que é menos a mão do que o corpo inteiro que dá o impulso para a vibração circular e que esse impulso procede do *hara*.

Falei com muitos japoneses sobre a direção vertical da raspadura. Todos ficaram surpresos por eu fazer um movimento circular. Como resultado, muitos pensaram que sou um chamado *Hen na gaijin*[195] que não sabe fazer do jeito certo. No entanto, nenhum deles ainda me deu uma explicação convincente para a direção vertical. Em resposta à pergunta "por quê?" sempre me dizem que todos fazem assim porque foi assim que aprenderam. Quando então explico por que raspo a tinta-da-china em círculo, a reação é de espanto ou então dizem que sou "como esperado" (*yappari*) um *hen na gaijin*.

Seja como for, recomendo o movimento circular ao raspar a tinta. Essa é efetivamente uma prática notável para o símbolo CR. Desenhar círculos com o pincel não é realmente fácil. É por isso que considero o Símbolo CR o mais difícil. Ele implica desenhar um círculo e ao mesmo tempo também uma espiral de fora para dentro.

Técnicas para Escrever

Existem regras simples para escrever o caractere no Símbolo HS, no Símbolo DKM e para os caracteres de Reiki. Quando essas regras são seguidas, muito pouca coisa pode dar errado. Entretanto, regras semelhantes aplicam-se aos outros Símbolos não chineses CR e SHK.

Embora as práticas relacionadas neste capítulo sejam coordenadas com a prática do símbolo, elas correspondem às regras da caligrafia chinesa de acordo com o mestre *Wang Xizhi* do século IV, ainda hoje aplicáveis na China, no Japão e na Coreia.

Sequência dos Traços

O Símbolo HS

A versão do Símbolo HS usada por Hawayo Takata consiste em 21 traços. Essa versão corresponde em grande parte às regras da caligrafia tradicional chinesa, totalmente funcional no sentido do trabalho com energia. Entretanto, a versão de Hawayo Takata é muito ocidentalizada – fato que não surpreende, porque ela não conhecia a escrita japonesa. Ela cresceu no Havaí e aprendeu inglês como língua materna. Abaixo, e também nos capítulos sobre os Símbolos, são apresentados muitos exemplos de variações caligraficamente exatas dos símbolos, todas eficientes no sentido do trabalho com energia. A ordem dos traços para o Símbolo HS corresponde aos signos 本者是正念, de modo que a junção dos caracteres abrevia parte dos traços individuais. Os muitos traços dão a impressão de que o signo é muito complicado. Com um pouco de prática, porém, você logo conseguirá lembrar-se dele se simplesmente observar a ordem e as regras de escrita que se aplicam a todos os caracteres chineses.

---

[195] *Hen na gaijin* é uma expressão depreciativa para estrangeiros no Japão; infelizmente, ainda é usada com muita frequência. A tradução literal é algo como "pessoa estranha (perversa) de fora". Ela contém a palavra *gaijin*, que é uma variante discriminadora da palavra *gaikokujin* e significa simplesmente "estrangeiro". Se você ouvir essa expressão, é recomendável não tomá-la pessoalmente, uma vez que a intenção não é atingi-lo em sua individualidade ou ofendê-lo. Muitos japoneses parecem não perceber que o uso de termos assim não condiz com os modos polidos japoneses e pode ter um efeito danoso. Isso é especialmente evidente quando japoneses fora do seu país ouvem dizer que eles mesmos poderiam ser *hen na gaijin* no país onde se encontram. Quando compreendem isso, ficam aborrecidos e passam a usar essa expressão com o máximo cuidado daí em diante. Além disso, esse termo é menos desaprovador do que parece. Por isso, não se estresse.

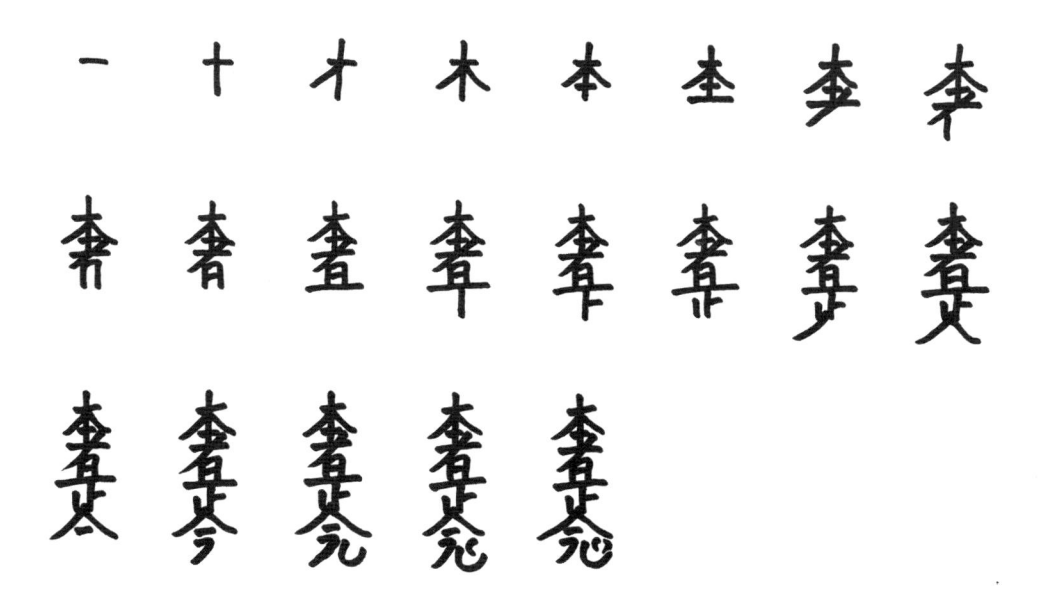

IL. 175 – SEQUÊNCIA DE TRAÇOS PARA O SÍMBOLO HS

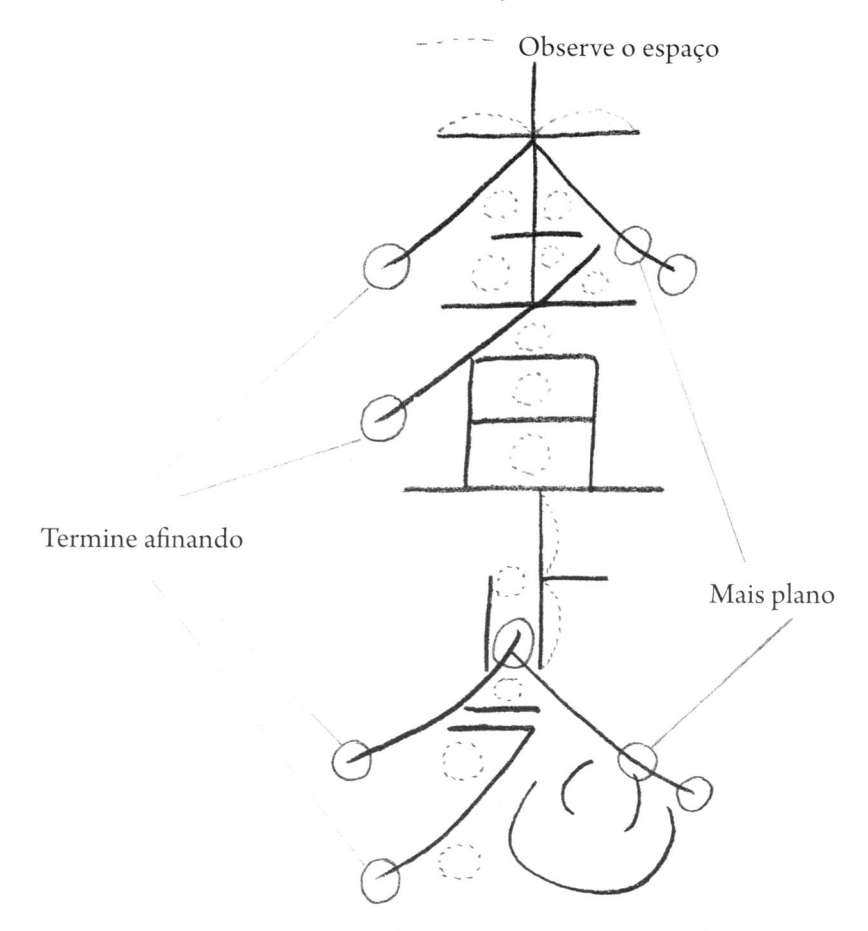

Observe o espaço

Termine afinando

Mais plano

IL. 176 – ORIENTAÇÃO 1 PARA TRAÇAR O SÍMBOLO HS

O Símbolo HS na versão de Hawayo Takata. A mais difundida no Ocidente, consiste em 21 traços.

Traços

Traço 1: horizontal longo

Traço 2: vertical no meio

Traço 3: curvo longo à esquerda

Traço 4: curvo longo à direita

Traço 5: horizontal curto no meio

Traço 6: horizontal longo abaixo do anterior

Traço 7: curvo longo em ângulo reto com os traços 4 e 5

Traço 8: vertical curto embaixo de 7

Traço 9: traço em ângulo no alto a partir do vertical 7

Traço 10: horizontal curto no meio

Traço 11: horizontal longo abaixo do anterior

Traço 12: vertical longo embaixo de 11

Traço 13: horizontal curto para a direita no meio do 12

Traço 14: vertical curto à esquerda do 12, começando na altura do 13

Traço 15: curvo longo para a esquerda, começando entre 12 e 14

Traço 16: curvo longo para a direita, também começando entre 12 e 14

Traço 17: horizontal curto logo abaixo do início de 15 e 16

Traço 18: traço em forma de "J", começando embaixo de 17

Traço 19: semicírculo aberto para cima à direita do 18

Traço 20: curvo curto vertical à esquerda no semicírculo

Traço 21: curvo curto vertical à direita do 20 no semicírculo

O Símbolo HS está concluído.

==== Paralelos

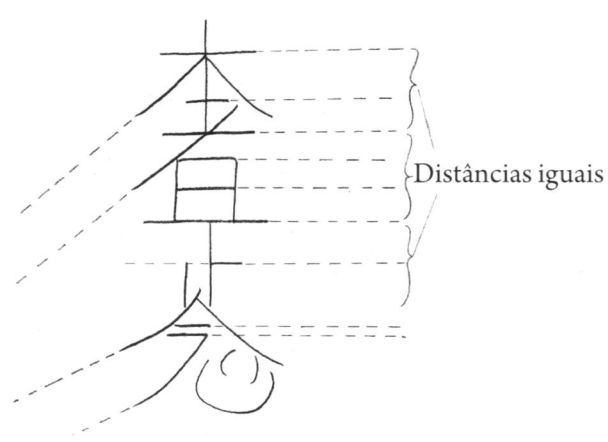

Distâncias iguais

IL. 177 – ORIENTAÇÃO 2 PARA TRAÇAR O SÍMBOLO HS

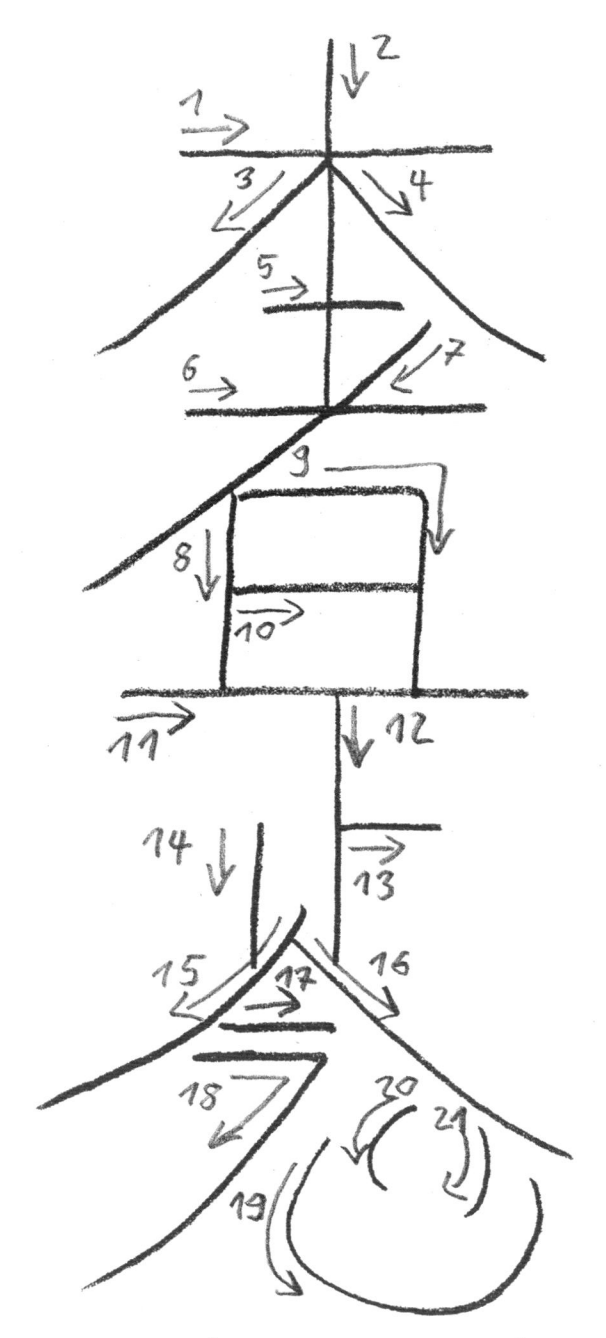

IL. 178 – ORIENTAÇÃO 3 PARA TRAÇAR O SÍMBOLO HS

O Símbolo DKM

O Símbolo DKM consiste em três caracteres chineses individuais, cada um com um número diferente de traços. Como o Símbolo HS, ele é escrito de cima para baixo. Diferentemente do Símbolo HS, uma pequena distância separa os três signos um do outro, como é habitual na escrita chinesa.

341

Ordem dos traços para os signos individuais no DKM

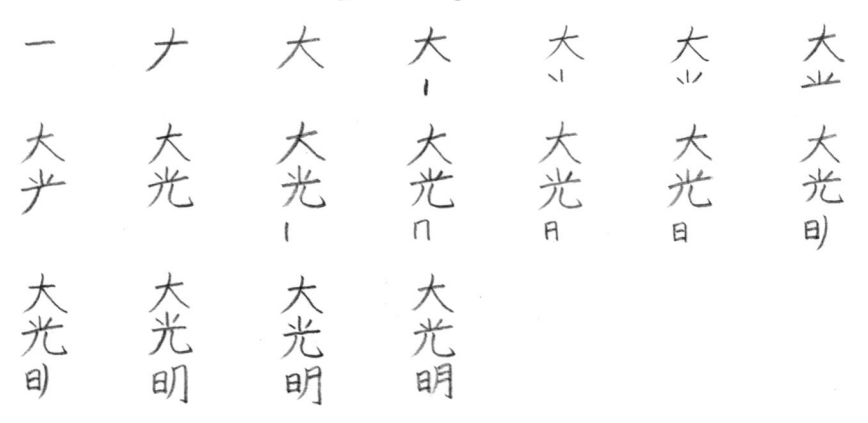

一　ナ　大　大　大　大　大
　　　　　｜　ヾ　ソ　业

大　大　大　大　大　大　大
ヺ　光　光　光　光　光　光
　　　｜　冂　月　日　日)

大　大　大　大
光　光　光　光
日　明　明　明

IL. 179 – SEQUÊNCIA DE TRAÇOS PARA O SÍMBOLO DKM

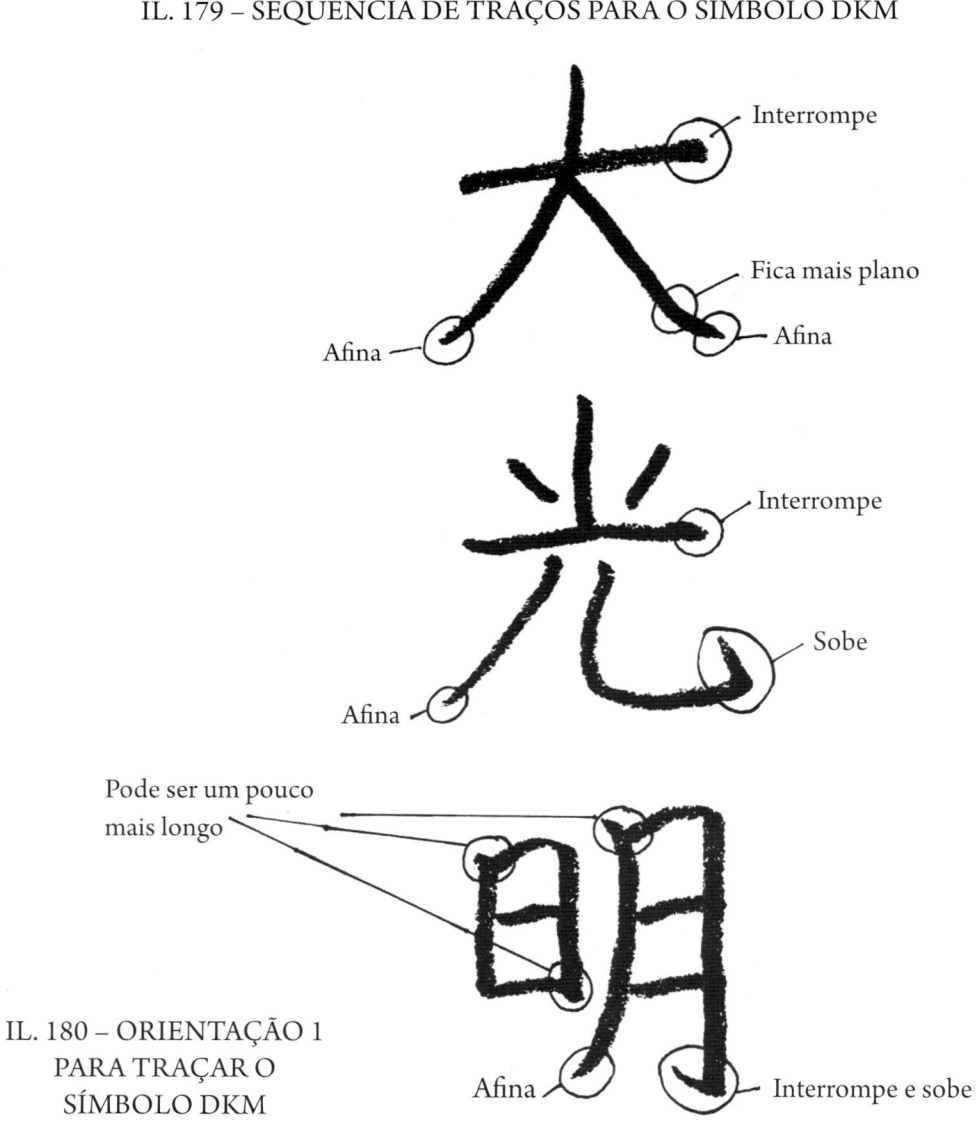

大

Interrompe

Fica mais plano

Afina — Afina

光

Interrompe

Sobe

Afina

明

Pode ser um pouco mais longo

Afina — Interrompe e sobe

IL. 180 – ORIENTAÇÃO 1 PARA TRAÇAR O SÍMBOLO DKM

O primeiro signo *dai* 大 consiste em três traços.

Traço 1: horizontal longo

Traço 2: curvo para a esquerda (começa acima do horizontal)

Traço 3: curvo para a direita

O signo *kô* 光 de seis traços continua embaixo do primeiro e com o mesmo tamanho.

Traço 4: vertical curto no meio

Traço 5: diagonal curto à esquerda

Traço 6: diagonal curto à direita

Traço 7: horizontal longo embaixo dos três anteriores

Traço 8: curvo longo à esquerda

Traço 9: curvo longo à direita com ganchos

Para terminar, segue o signo *myô* 明, do mesmo tamanho do anterior e com oito traços.

Traço 10: vertical curto

Traço 11: curto em ângulo, começando no alto do 10

Traço 12: horizontal curto no meio

Traço 13: horizontal curto abaixo de 12

Traço 14: à direita de 13, curvo longo para a esquerda

Traço 15: longo em ângulo com ganchos, começando no alto de 14

Traço 16: horizontal curto no meio

Traço 17: horizontal curto no meio abaixo do anterior

O Símbolo DKM está concluído.

IL. 181 – ORIENTAÇÃO 2 PARA TRAÇAR O SÍMBOLO DKM

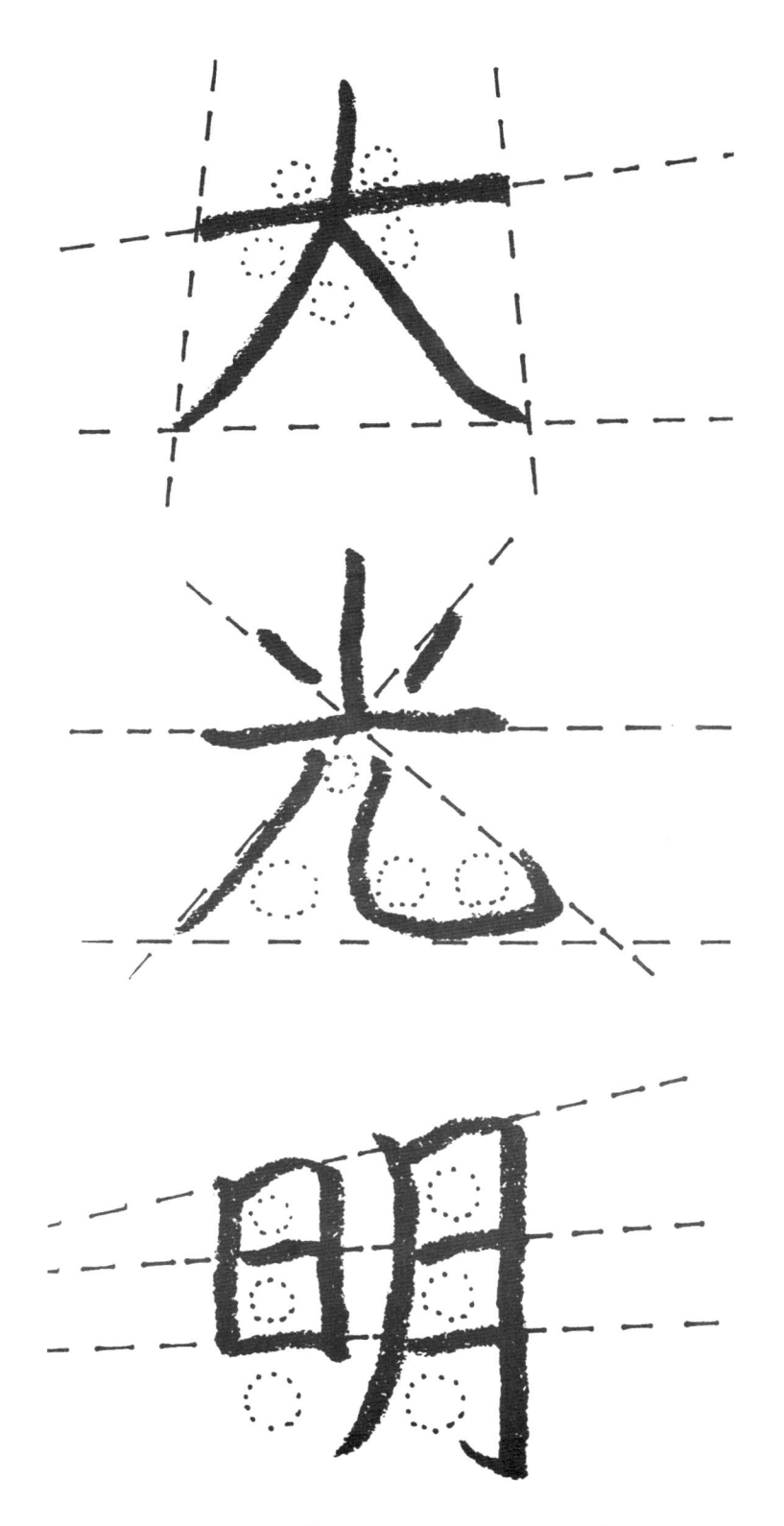

IL. 182 – ORIENTAÇÃO 3 PARA TRAÇAR O SÍMBOLO DKM

Os Caracteres da Palavra Reiki

A palavra Reiki é composta pelos dois caracteres *rei* 靈 e *ki* 氣. O número de traços dos signos individuais varia também aqui.

Na caligrafia, os caracteres – do mesmo modo que os símbolos – são escritos de cima para baixo. Mas quando não usa os caracteres de Reiki como símbolo no sentido do *kotodama*, você também pode escrevê-los da esquerda para a direita ou para cabeçalhos no modo antigo de escrever da direita para a esquerda.

靈氣	靈氣	氣靈

IL. 183 – SEQUÊNCIA DOS SIGNOS
DOS CARACTERES DE REIKI

IL. 184 – SEQUÊNCIA DE TRAÇOS DOS CARACTERES
DE REIKI COMO SÍMBOLO

IL. 185 – ORIENTAÇÃO 1 PARA TRAÇAR OS SIGNOS
DE REIKI COMO SÍMBOLO

O signo *rei* 靈 consiste em 24 traços, contando com inúmeras repetições.

Traço 1: horizontal no alto

Traço 2: diagonal curto um pouco à esquerda e abaixo do 1

Traço 3: longo traço em ângulo, começando no 2

Traço 4: vertical, começando no meio do traço 1

Traço 5: pequeno ponto à esquerda, próximo do 4

Traço 6: pequeno ponto embaixo de 5

Traço 7: pequeno ponto à direita, próximo do 4

Traço 8: pequeno ponto embaixo de 7

Traço 9: vertical curto à esquerda

Traço 10: curto em ângulo, começando no alto de 9

Traço 11: horizontal curto embaixo, unindo 9 e 10

Traço 12: vertical curto à esquerda, à direita do anterior

Traço 13: curto em ângulo, começando no alto de 12

Traço 14: horizontal curto embaixo, unindo 12 e 13

Traço 15: vertical curto à esquerda, à direita do anterior

Traço 16: curto em ângulo, começando no alto de 15

Traço 17: horizontal curto embaixo, unindo 15 e 16

Traço 18: horizontal longo embaixo das três bocas

Traço 19: vertical no meio do 18

Traço 20: curvo curto para a esquerda, à esquerda do 19

Traço 21: diagonal curto para a direita a partir do meio do 20

Traço 22: curvo curto para a esquerda, à direita do 19

Traço 23: diagonal curto para a direita a partir do meio do 22

Traço 24: horizontal longo embaixo de 20 e 22

O signo *ki* 氣 consiste em dez traços.

Traço 1: diagonal curto para a esquerda no alto

Traço 2: horizontal quase no meio do 1 para a direita

Traço 3: horizontal curto embaixo do 2

Traço 4: traço longo em ângulo com curva e gancho no final

Traço 5: ponto em diagonal para a esquerda embaixo da parte horizontal do 4

Traço 6: ponto em diagonal para a esquerda, à direita do 5

Traço 7: horizontal embaixo de 5 e 6

Traço 8: vertical entre 5 e 6 cruzando o 7

Traço 9: ponto em diagonal e alongado para a esquerda embaixo do 7

Traço 10: ponto em diagonal e alongado para a direita embaixo do 7

IL 186 – ORIENTAÇÃO 2 PARA TRAÇAR
OS CARACTERES DE REIKI COMO SÍMBOLO

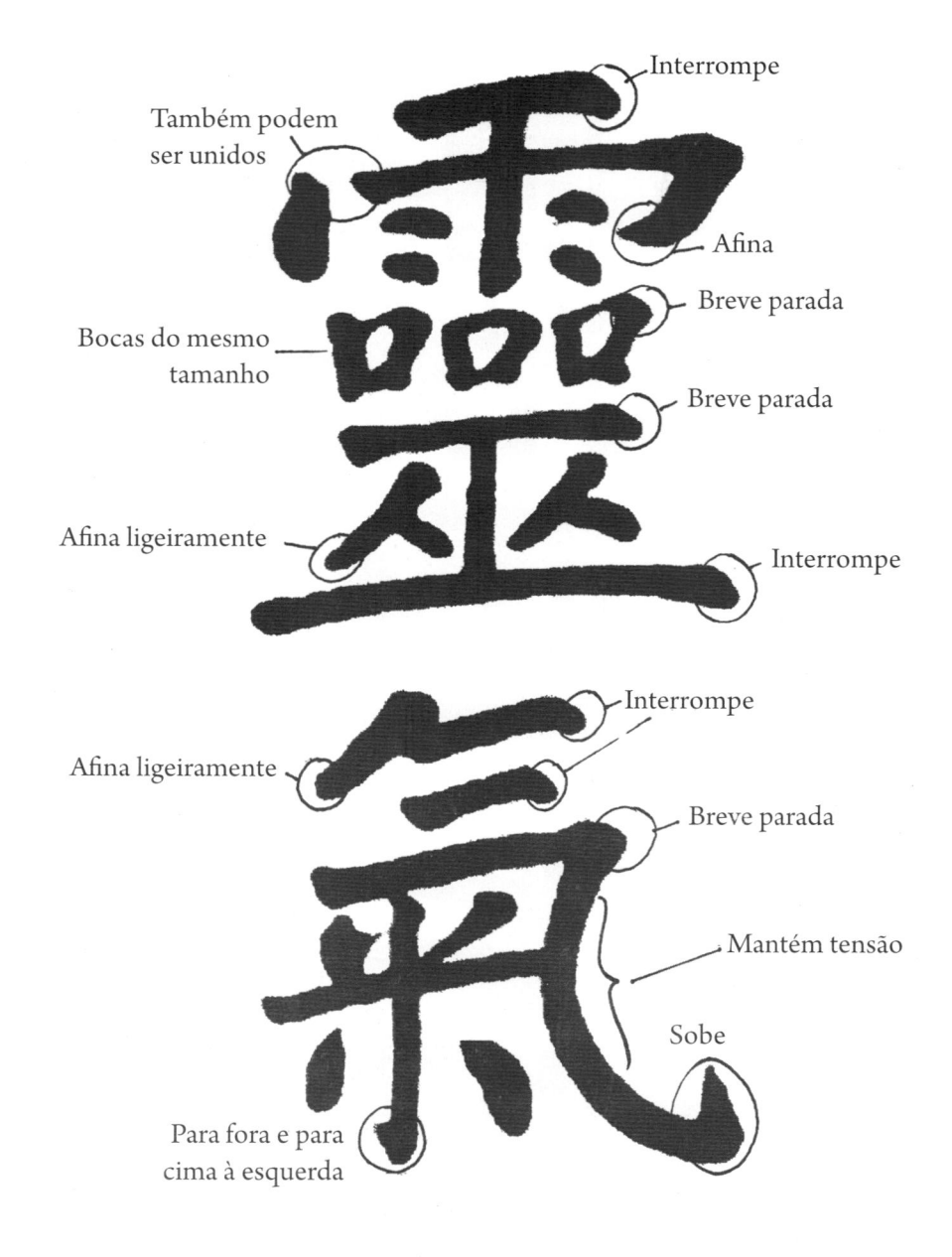

IL. 187 – ORIENTAÇÃO 3 PARA TRAÇAR OS CARACTERES
DE REIKI COMO SÍMBOLO

O Símbolo CR

Como o Símbolo CR não é um caractere chinês, não se aplicam a ele as regras descritas anteriormente. Apesar disso, as sequências dos traços e a direção devem ser seguidas rigorosamente, como para todos os símbolos do Reiki.

O Símbolo CR é desenhado num único traçado, e por isso não há uma sequência específica. O fator importante aqui é estar atento ao ponto inicial, ao ponto final e à direção.

IL. 188 – SEQUÊNCIA DE TRAÇOS PARA O SÍMBOLO CR

Proceda do seguinte modo:

Inicie o traço horizontal no alto à esquerda. Ele deve projetar-se bastante além da espiral a ser traçada em seguida. Sem interromper, dirija o pincel verticalmente para baixo. O traço vertical deve ser suficientemente longo para conter a espiral inteira. Na extremidade inferior dele, dirija o pincel para a direita, no sentido anti-horário, formando um ângulo reto, iniciando o traço da espiral. A espiral deve cruzar o traço vertical, abaixo do horizontal, três vezes para a esquerda e três vezes para a direita, terminando à direita do vertical, mas não o tocando.

Como o Símbolo CR sugere uma espiral que continua até o infinito, pequenas variações no seu comprimento não interferem no seu significado. O traço vertical deve estar aproximadamente no meio da espiral. O traço horizontal forma um ângulo reto no alto, com o início do traço vertical; o outro ângulo reto está na extremidade inferior do vertical, com o início da espiral. Na China e no Japão, há diferentes variações deste signo relacionadas tanto com a forma da espiral quanto com o traço horizontal, que pode ser mais longo ou mais curto. Pela aparência do símbolo, deve ser basicamente possível deduzir o significado da energia espiritual yang fluindo da direita (vista da perspectiva do signo) que desce para a matéria, yin, e passa pelos sete chakras principais (temas de vida essenciais, espirituais) para desaparecer num ponto (Hara, *Tan Tien*) depois de ser transformado e enriquecido.

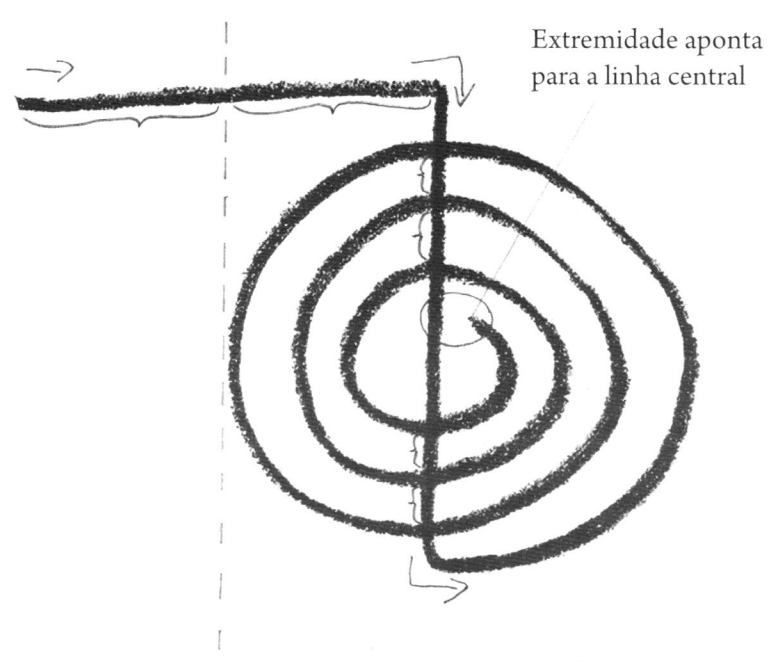

Extremidade aponta para a linha central

IL. 189 – ORIENTAÇÃO PARA TRAÇAR O SÍMBOLO CR

O Símbolo SHK

O Símbolo SHK também não é um caractere chinês, mas um símbolo *Siddham* indiano. Como um símbolo do Reiki, uma ligeira alteração possibilita usar uma sequência de traços semelhante àquela dos caracteres. Essa semelhança está no fato de que não existem semicírculos que começam à direita nos caracteres chineses.

Os *Siddham* eram originalmente desenhados com um pincel de madeira estreito. No entanto, na Ásia Oriental é bastante comum desenhar os *Siddham* com um pincel para caligrafia. Devido às várias formas das pontas dos pincéis, as linhas dos símbolos são variadas.

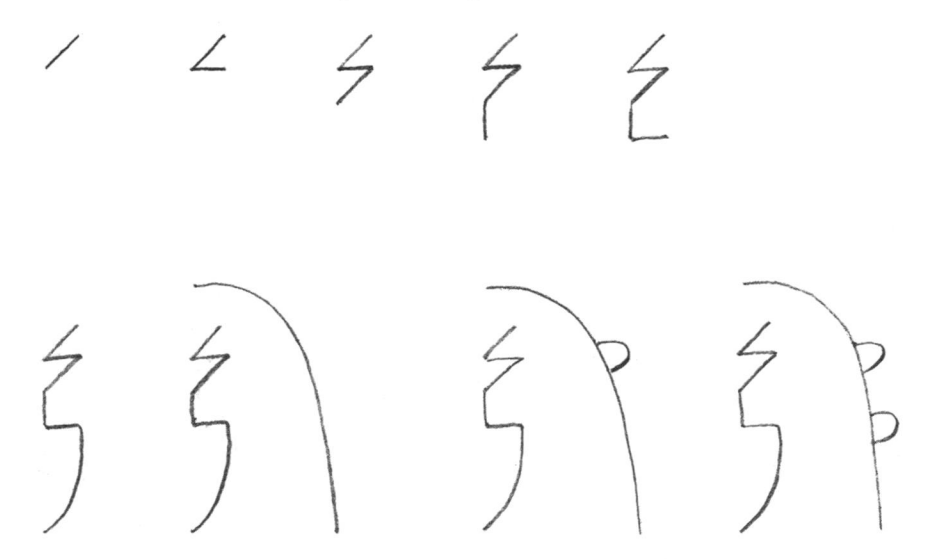

IL. 190 – SEQUÊNCIA DE TRAÇOS PARA O SÍMBOLO SHK

O Símbolo SHK é desenhado em quatro traços:

Traço 1: Leve o pincel para baixo em diagonal à esquerda e em seguida horizontalmente para a direita. O traço horizontal termina embaixo do ponto inicial do traço diagonal. Daí, a linha continua em diagonal para baixo à esquerda. As duas linhas diagonais devem ser paralelas uma à outra. Em seguida desça verticalmente e horizontalmente para a direita. A vertical não deve ser muito longa. Os pontos angulares devem corresponder aos que estão acima. Termine o primeiro traço dirigindo o pincel para baixo numa curva à esquerda com aproximadamente o dobro da altura da vertical.

Traço 2: Comece com o pincel acima do traço 1, bem à esquerda, e desenhe uma curva longa à direita e para baixo, terminando perto da extremidade do traço 1.

Traço 3: Desenhe um semicírculo no lado direito do traço 2, fazendo com que o centro do semicírculo coincida com a altura do primeiro horizontal do traço 1.

Traço 4: Desenhe outro semicírculo abaixo do primeiro, de modo que o centro deste coincida com a altura do segundo horizontal do traço 1.

O Símbolo SHK está concluído.

Direção da Escrita

Os caracteres chineses são sempre escritos da esquerda para a direita e de cima para baixo, na medida em que isso seja permitido pela sequência dos traços. Os traços horizontais são sempre feitos da esquerda para a direita. Os traços verticais são sempre feitos de cima para baixo. Os traços que formam ângulos começam com a porção horizontal movendo-se da esquerda para a direita e de cima para baixo ininterruptamente. As curvas longas que terminam à esquerda sempre começam no alto à direita e descem para a esquerda. As curvas longas que terminam à direita sempre começam no alto à esquerda e descem para a direita.

Traços individuais dentro de um caractere são escritos depois do principal. Assim, forme antes a estrutura e em seguida as porções internas. Ver também: 雨・氣・日・月・明

IL. 191 – SEQUÊNCIA DE TRAÇOS PARA A FORMA SIDDHAM INDIANA ORIGINAL DO SÍMBOLO SHK: HRIH

Exercícios Básicos para Escrever Shûji 習字 Corretamente

Exercício 1: A Escrita do Primeiro Signo

Antes de começar a praticar os traços individuais, escolha um signo ou símbolo de sua preferência e copie-o. Por ser a sua primeira tentativa, lembre-se de conservá-la; assim você terá condições mais adiante de avaliar a sua evolução, comparando os diversos exercícios que for praticando. Você também pode escrever todos os símbolos uma vez para fins de comparação e constatação do seu progresso.

Exercício 2: Um Signo Escrito com Velocidades Diferentes

Novamente, escolha um signo ou símbolo qualquer e copie-o o mais rapidamente possível. Depois disso, reescreva o mesmo signo ou símbolo, mas então do modo tão lento e concentrado que conseguir. Procure copiar o modelo com o máximo de precisão. Compare os dois exemplos.

Há diferença entre eles? Os signos escritos lentamente devem ser mais bonitos e mais próximos do original. De fato, é muito importante na caligrafia escrever de maneira extremamente lenta e consciente. O mesmo princípio é válido e importante para a prática bem-sucedida do símbolo e para o desenvolvimento da percepção sutil. Guarde também essas duas tentativas de arte.

A Escrita de Traços Individuais Componentes dos Símbolos

Como prática básica, muitas pessoas que começam com o estudo da caligrafia passam vários anos escrevendo o primeiro caractere do famoso prefácio do *Pavilhão das Orquídeas*, de *Wang Xizhi*. Trata-se do signo para "eterno" e é chamado *ei* 永 (chin: *yong*). Ele de fato contém todos os traços importantes da caligrafia.

Como todas as formas de traço estão também contidas nos símbolos do Reiki e nos caracteres de Reiki, a ênfase aqui recai na prática dos caracteres que são importantes para o Reiki. A ilustração a seguir mostra todos os traços que aparecem nos símbolos do Reiki e nos caracteres de Reiki e como escrevê-los. A cor preta mostra a aparência da forma dos traços. As setas ajudam a orientar o pincel para produzir a forma exata do traço.

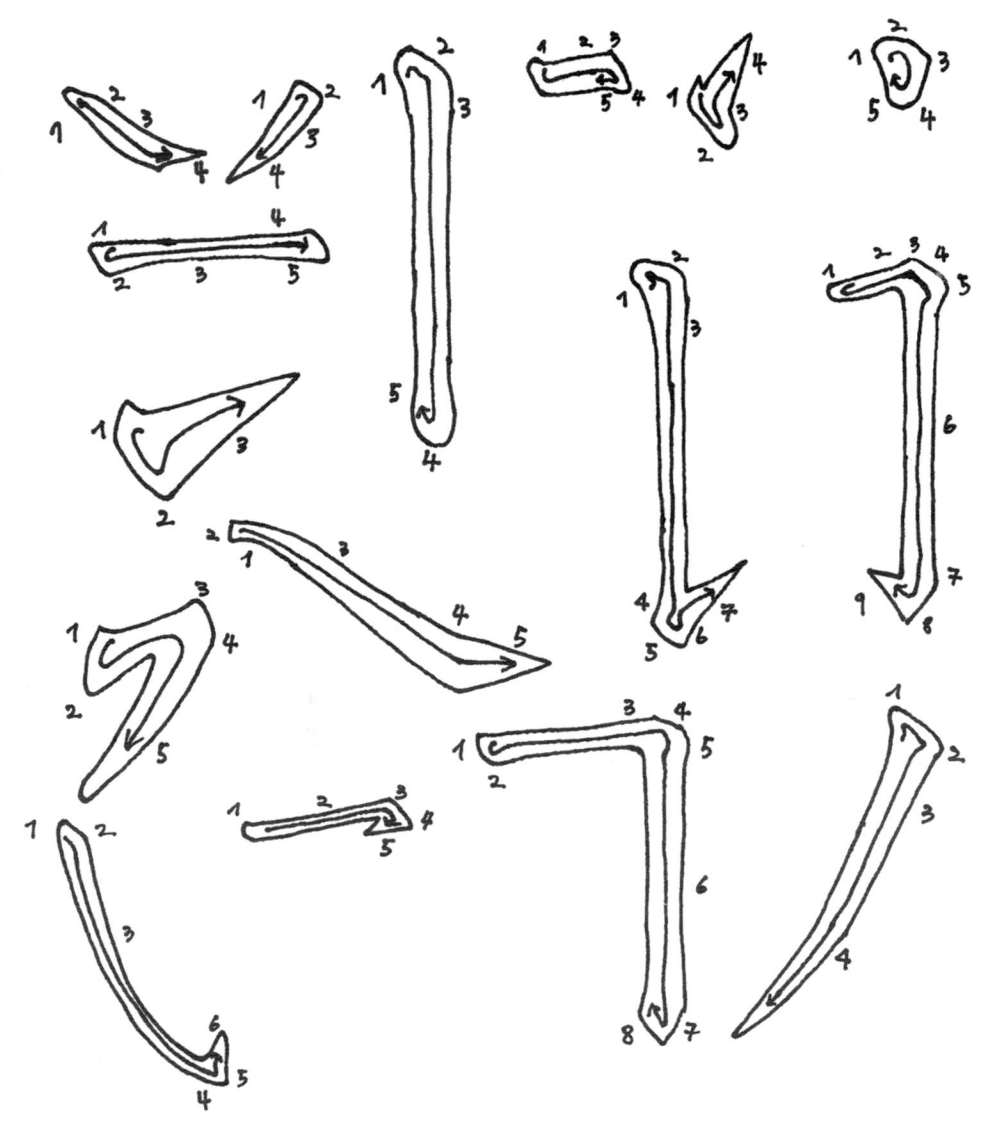

Il. 192 – TIPOS DE TRAÇOS NA CALIGRAFIA

Exercício 3A: A Prática de Traços Individuais

Escolha na ilustração acima os traços de sua preferência para os signos ou símbolos. Pratique cada traço individual até encher uma folha inteira de papel. Observe também aqui que o objetivo não é completar a folha o mais rápido possível, mas dedicar-se a cada traço com toda atenção e consciência. Procure imitar o original perfeitamente. Não será fácil no início, mas, como você sabe, a prática leva à perfeição.

Exercício 3B: A Prática do Signo Completo

Concluído o Exercício 3A, escreva novamente os signos ou símbolos relacionados com os traços praticados.

O que aconteceu agora?

Se o resultado for pior do que o esperado, não se aflija, pois é absolutamente normal. Essa é uma espécie de piora inicial, como a que ocorre na homeopatia. Apenas continue praticando; em algum momento, o resultado será considerável.

Caso tenha melhorado, isso é um ótimo sinal. Continue praticando para melhorar ainda mais.

Práticas com o Tamanho e a Forma dos Símbolos

Exercício 4: Escrita dos Signos em Padrões

Este exercício leva em conta o tamanho e a forma dos símbolos e dos signos. Divida a folha de papel num padrão de seis quadrados do mesmo tamanho. Se dobrar o papel e passar o pincel ao longo da borda dobrada, o papel voltará a ficar liso ao desdobrá-lo, devido à umidade da tinta-da-china.[196]

O caractere a ser escrito deve sempre ajustar-se a esse quadrado. Em sua maioria, os caracteres são um pouco mais altos do que largos. Apesar disso, como prática, eles são tradicionalmente desenhados em quadrados. Siga esse padrão até conseguir escrever sem recorrer a ele como apoio. Você pode aplicar este método para os símbolos CR e SHK, para os signos individuais do DKM, para os cinco signos iniciais do HS e para os signos de Reiki.

Exercício 4A: O Símbolo HS

Em razão dos cinco caracteres interligados, o Símbolo HS tem uma forma alongada que não se encaixa num quadrado. Você pode criar um padrão para ele dividindo o papel no meio no sentido longitudinal. Escreva o símbolo de cima para baixo sem que as partes individuais se estendam demais para a esquerda ou para a direita.

---

[196] Meu primeiro mestre de caligrafia, *Hôon Kenmyô*, inventou essa técnica para poupar tempo.

Exercício 4B: O Símbolo DKM

É possível praticar dois Símbolos DKM numa folha de papel com um padrão de seis quadrados. Desenhe um dos signos do símbolo de cima para baixo nos quadrados individuais.

Modo de Escrever com Ki

Até o momento, o tema principal foi a técnica de escrever chamada caligrafia. A técnica, porém, apenas constitui a base para escrever com *ki*, pois o pincel não é dirigido pela técnica, mas pela mente.

Às vezes eu também não tenho certeza sobre o que de fato colocou os símbolos no papel. Então não consigo distinguir se fui eu que dirigi o pincel ou se foi o pincel que me guiou. Neste ponto, eu gostaria de relatar rapidamente o que aconteceu nas minhas primeiras tentativas com a caligrafia: depois de repetidas tentativas patéticas de escrever tão bem quanto meu mestre, e de ele me explicar que escrever com *ki* é tão importante quanto a forma, ele me entregou seu pincel e me incentivou a escrever com ele.

O que aconteceu em seguida foi uma experiência absolutamente extraordinária. Eu podia fazer o que quisesse, mas o pincel guiava a mim e a minha mão, em vez de minha mão movimentar o pincel. Os resultados foram signos realmente impressionantes. Depois, não consegui repetir esses resultados com meu próprio pincel durante muito tempo. Como isso é possível? Como o meu mestre tinha a habilidade de escrever com *ki*, o pincel se tornara uma espécie de "canal de energia" que se enchera ou impregnara de *ki*.

Isso é muito parecido com o Reiki, naturalmente. Todos os que são iniciados no Reiki e o praticam são canais de Reiki. Como canal, podemos transmitir Reiki a outros seres vivos, a objetos e a nós mesmos. O único requisito é que esse Reiki seja absorvido. Em condições especiais, como a programação de pedras de cura ou iniciações, é possível tornar o efeito do Reiki disponível de maneira permanente.

Exatamente o mesmo princípio se aplica para escrever com *ki* – transmitir o *ki* com tinta-da-china, através do pincel, para a folha de papel. Dependendo da qualidade do *ki* (e isso não significa bom ou ruim), a expressão, a forma e a aparência da caligrafia também mudam.

Isso pode levar-nos a pensar que provavelmente tudo é muito simples, visto que somos canais de Reiki e que o Reiki das nossas mãos preenche o pincel que contém tinta-da-china e a transfere para o papel quando escrevemos. Embora isso esteja correto, infelizmente não é tão simples assim, porque não é o equivalente exato de escrever com *ki*. Se esse fosse o caso, todos os canais de Reiki logo se tornariam mestres de caligrafia, sem nem mesmo praticá-la.

Assim como receber uma iniciação de Reiki não nos torna seres iluminados, mas precisamos seguir o caminho do desenvolvimento da personalidade por nós mesmos, do mesmo modo devemos também trilhar o "caminho da caligrafia" – *Shodô* – para o mesmo propósito, por nós mesmos. Na caligrafia, como no Reiki, as técnicas são apenas a base. Quando dominamos essa base, ainda precisamos subir a escada para, em algum momento, chegar ao telhado.

Na caligrafia tradicional, é costume passar anos copiando obras de antigos mestres. Através da constante e renovada contemplação da forma e do estilo de mestres do passado, com o passar do tempo é possível imitá-los com perfeição cada vez maior. Atualmente há calígrafos que conseguem escrever no estilo de um mestre falecido há muito tempo. Essa é uma arte elevada. Como resultado, são muitas as falsificações de obras de arte antigas, sendo difícil perceber a diferença entre os originais e as cópias.

A história da caligrafia chinesa faz referências ocasionais ao fato de alguns calígrafos proeminentes terem sido criticados ao longo de suas carreiras porque lhes faltava inspiração e criatividade. Além da arte de copiar modelos como caminho para a maestria, também é necessário em algum momento desenvolver um estilo próprio para tornar-se um verdadeiro mestre. Embora as técnicas já dominadas continuem sendo usadas, a criatividade precisa entrar em ação. Essa visão pode, evidentemente, ser aplicada a muitas outras áreas, como o Reiki. Usar o Reiki e os símbolos segundo o lema "de algum modo deve funcionar" pode facilmente levar a uma situação complicada. Mas o desenvolvimento de um estilo pessoal muito prematuramente também pode fazer com que se cometam erros fundamentais. Quanto mais e por mais tempo forem praticados os símbolos de acordo com as regras da arte, mais o padrão geral se elevará e, como consequência, maiores serão as possibilidades de um dia aplicar-se o Reiki e seus símbolos de modo criativo. O Reiki do Arco-Íris é um exemplo disso. Quanto mais o testamos, mais descobrimos que ele funciona.

A seção seguinte mostra como você pode chegar a isso aplicando métodos baseados nos símbolos individuais, combinando *Shodô* e *Reiki*. Queira informar-me, por gentileza, caso você chegue a descobertas interessantes que gostaria de partilhar. Bom proveito!

Escolha de um Símbolo para Desenvolvimento da Personalidade

Primeiro escolha um símbolo para você mesmo. Proceda da maneira que preferir ou mesmo inclua sua Criança Interior no processo, o que pode ser feito com o pêndulo ou com cartões de símbolos previamente preparados.

Desenvolvimento da Personalidade com o Símbolo CR

Tenho observado com frequência em seminários como alunos ou mesmo Mestres de Reiki escrevem o símbolo CR. Isso é muito estimulante. Mas apenas em casos muito raros eles conseguem fazer o traço vertical do Símbolo CR no meio da espiral. É raríssimo também os círculos da espiral serem realmente circulares. Quanto mais centrado você estiver, melhor desenhará Símbolos CR redondos e uniformes que não pareçam que vão desabar a qualquer momento.

Da mesma maneira, tenho também percebido que o desenvolvimento pessoal de um indivíduo é acompanhado pelo aprimoramento dos Símbolos CR. Assim, o Símbolo CR é um tipo de personalidade ou barômetro do estado de espírito. Naturalmente, observações semelhantes também podem ser feitas com relação aos outros símbolos.

Até algum tempo atrás, eu me surpreendia ao constatar haver fases longas em que eu praticamente não progredia. Isso mudou abruptamente quando percebi que a forma do símbolo refletia meu estado interior e tentava dizer-me o que eu podia trabalhar dentro de mim. Então, escrever os símbolos e a sua interpretação é como uma espécie de leitura da aura/chakra. Nesse sentido, é bem possível relacionar *Reiki* e caligrafia com os princípios de vida do dr. Usui.

Os símbolos CR que escrevo também não são sempre perfeitos. Mas, analisando a forma, posso avaliar se estou centrado ou como me relaciono com yin e yang, por exemplo. Se o símbolo tende normalmente muito para a esquerda ou para a direita, isso também tem um significado. Por isso, faço da prática do Símbolo CR um meio para avaliar o meu desenvolvimento da personalidade.

Quando o Símbolo CR é usado de modo a fortalecer funcionalmente a nossa energia e nos encaminha para a direção certa, ele também cumpre sua tarefa à perfeição, pois nos mostra o caminho através de sua forma. E isso é maravilhoso!

Exercício 1: O Símbolo CR e os Cartões de Energia dos Chakras

Para outras descobertas sobre o significado espiritual da forma que desenhou, você pode consultar os *Cartões de Energia dos Chakras*. Assim, caso queira descobrir mais detalhes sobre a causa ou a lição espiritual para seu desenvolvimento da personalidade encontrada na forma do seu Símbolo CR, prepare um cartão com a pergunta: "Qual é a lição espiritual que devo aprender, relacionada com esta forma do Símbolo CR?" Aplique-se um *Mental Healing* fazendo-se essa pergunta até perceber claramente as mudanças que ocorrem ao escrever nos dias seguintes.

Exercício 2: Tinta-da-China com Florais de Bach

Levando em consideração a pergunta feita no Exercício 1, pingue na água algumas gotas do Floral de Bach correspondente antes de raspar a tinta-da-china que irá usar. Ao raspar a tinta, parte da água desaparece, intensificando o efeito do Floral e favorecendo a cura através do olfato e da aura.

Exercício 3: Tinta-da-China com um Selo de Cura

Programe a água para a tinta-da-china com o selo de cura sobre o cartão. O poder de cura do selo também produzirá efeito através do olfato e da aura.

Exercício 4: Yin e Yang no Símbolo CR

Verifique se a linha vertical central está realmente no meio ou se tende para a direita ou para a esquerda. Se ela está no meio, significa que yin e yang estão equilibrados. Caso se afaste muito para a direita, o que significa que o lado direito da espiral está menor, isso indica bloqueio do yang. Muito para a esquerda significa bloqueio do yin. Desenhe o cartão apropriado para descobrir a causa do bloqueio e proceda como descrito acima.

Exercício 5: Os Chakras no Símbolo CR

Os intervalos na linha central correspondem ao número 7. Esse é também o número dos chakras principais. Pense num assunto e, ao mesmo tempo, desenhe um Símbolo CR. Compare as distâncias e verifique quais chakras parecem estar especialmente pequenos e fracos.

Continue pensando no assunto e, ao mesmo tempo, aplique as Mãos em Nuvem de Reiki para esses chakras. Para fazer isso, movimente as mãos suavemente para cima e para baixo, com os dedos relaxados. Os movimentos se assemelham aos de uma água-viva. Em seguida escreva o símbolo mais uma vez.

Exercício 6: Os Campos Áuricos no Símbolo CR

Os espaços à direita e à esquerda da linha central correspondem ao número 4. Esse é também o número dos campos áuricos. Explicações mais detalhadas sobre os campos áuricos encontram-se no capítulo 20, que trata do Sistema de Energia Espiritual do Ser Humano. A largura e as distâncias entre os campos áuricos também podem sugerir conclusões interessantes, comparáveis às do Exercício 4.

Como Escrever em Transe

Depois de aprender a escrever corretamente, e também com *ki*, você deve conhecer outra forma de caligrafia. É a escrita em transe, cujas raízes remontam ao Taoismo na caligrafia chinesa. Um artigo muito interessante sobre este assunto foi escrito vários anos atrás pelo Professor Ledderose, da Universidade de Heidelberg, Departamento de Arte do Extremo Oriente. O que segue é um resumo desse artigo.

O período das Seis Dinastias (séculos III-VI d.C.) foi muito importante para o desenvolvimento da caligrafia chinesa. Além dos tipos de escrita acima mencionados, havia uma forma de caligrafia na Escola de Taoismo *Mao Shan*, chamada escrita sagrada.

Os signos escritos desempenham um papel importante no campo religioso em toda a história da caligrafia. Mesmo os primeiros caracteres nos ossos oraculares eram usados com propósitos religiosos. A escrita é um meio de comunicação entre seres humanos e o mundo sutil.

Um texto intitulado *Chen kao* (Explicação dos Seres Perfeitos), do ano 499, diz que *Yang Xi* (330-?) tinha visões em estados de transe religioso. Certa noite, ele foi visitado por vários imortais vindos do céu. Na maior parte do tempo, uma mulher encantadoramente bela segurava sua mão enquanto ele escrevia textos sagrados com o pincel para escrever. O *Chen kao* inclui também um texto sobre como mensagens do mundo sutil podem ser compreendidas por meio da caligrafia. Ele descreve uma hierarquia para os tipos de escrita. O tipo mais elevado se chama "A Escrita das Três Origens e das Oito Conexões" (*san yuan ba hui* 三元八會). Ele existe num nível primordial, atemporal, e é usado por seres celestiais das categorias mais elevadas. Existem muitas derivações desse tipo nos reinos inferiores que podem ser usadas para inscrições em talismãs. Esses tipos sagrados não podem ser entendidos facilmente pelos mortais. Em reinos ainda mais profundos, a escrita assume forma material.

As belas mulheres que visitavam *Yang Xi* à noite nunca escreveram elas mesmas, nem com as mãos nem com os pés. Elas escreviam usando seres humanos como médiuns. O que se torna visível são seus traços.

A escrita com inspiração religiosa estava disseminada na China e é praticada ainda hoje. Um método que continua sendo usado consiste no seguinte: o escritor entra em transe e então escreve na areia com um bastão de madeira. No processo, ele escreve com muita rapidez e em êxtase total. Ele começa a suar tanto, que excede em muito o que é normalmente possível. O processo todo demora cerca de 40 minutos. A superfície da areia é limitada. Assim que o médium faz uma pequena parada, a areia é alisada por um ajudante. Outro auxiliar lê os signos em voz alta para que possam ser imediatamente copiados em papel com o pincel e a tinta-da-china. Mas as paradas não são planejadas. A qualquer momento, o processo de escrita pode continuar.

Esse método remonta ao século VI em fontes literárias. Supõe-se, porém, que já era usado no Taoismo *Mao shan*.[197]

Esse método de caligrafia é uma forma de canalização. Mas a canalização aqui não ocorre através da língua falada, e sim da escrita. Se você já praticou caligrafia profusamente e é também iniciado no Segundo Grau de Reiki, ou planeja iniciar-se em breve, aplique as técnicas do Segundo Grau para canalização da escrita.

Exercício 1: Como Escrever Símbolos com um Ser de Luz

Escolha um ser de luz de acordo com os métodos descritos anteriormente. Depois de conhecer as qualidades próprias desse ser, estabeleça contato a distância com ele através do Reiki. Para isso, trace com a mão espalmada o Símbolo HS verticalmente no espaço, à sua frente, e ative-o repetindo o mantra três vezes. Em seguida, trace e ative o Símbolo CR. Pense ou diga o nome do ser de luz três vezes (por exemplo: Arcanjo Gabriel, Arcanjo Gabriel, Arcanjo Gabriel) e saúde-o com respeito. Diga-lhe qual é sua intenção e envie Reiki em retribuição. Por fim, pegue o pincel e deixe o ser de luz escrever os símbolos do Reiki através de você.

No final, agradeça e desfaça respeitosamente o contato a distância, e então aprecie a obra de arte.

Efeito: O resultado em geral é muito interessante, uma vez que os signos parecem diferentes do normal. Isso acontece simplesmente porque não foram escritos por você, mas pelo ser de luz.

Exercício 2: Como Deixar que um Ser de Luz Escreva Através de Você

Como no Exercício 1, estabeleça contato com um ser de luz. Dessa vez, não escreva nenhum símbolo, mas simplesmente deixe que o ser de luz o desenhe através de você – qualquer que seja o resultado final.

---

[197] Ledderose, Lothar: *Some Taoist Elements in the Calligraphy of the Six Dynasties*. In: *T'oung Pao*. Vol. LXX. 1984, pp. 246-78.

Efeito: Esse resultado pode ser muito diferente. Podem surgir imagens ou mesmo escritas. Em geral, elas são mais ou menos compreensíveis. No caso de escritas, podem surgir signos que você não reconhece.

Exercício 3: Escrita e Idioma com um Ser de Luz

Como no Exercício 1, estabeleça contato com um ser de luz. Combinem o que você gostaria de escrever com ele – cartas, por exemplo. Simplesmente deixe que ele escreva através de você, seja qual for o resultado. Você também pode fazer perguntas diretas sobre assuntos que lhe interessam.

Observação: É aconselhável escolher uma escrita e um idioma que você compreenda para que possa acompanhar os conteúdos canalizados. Ao escolher um tema e fazer perguntas, é interessante formulá-las de maneira que se caracterizem por responsabilidade pessoal, amor e sabedoria. Essa é a atitude que os seres de luz aceitam e é como respondem. As respostas que eles dão são sempre para o bem maior do todo.

Efeito: Podem surgir cartas individuais, palavras ou mesmo textos. Geralmente são mensagens mais ou menos compreensíveis.

Cópia de Sutras

Nos primeiros 500 anos do Budismo, o ensinamento foi transmitido principalmente por meio da palavra falada. Embora o rei *Vittagâmini,* do Ceilão, permitisse que os sutras fossem escritos por volta do ano 50 a.C., ainda assim continuou por um longo tempo na Índia e no Sudeste Asiático o costume de recitar os textos de cor. As palavras escritas e faladas só passaram a ter o mesmo valor quando o Budismo chegou na China, no Japão e no Tibete.

Como a escrita e a literatura na China já estavam em pleno florescimento quando o Budismo foi introduzido, e também desempenhavam um papel especialmente importante, não é surpresa o fato de os chineses reunirem os sutras budistas sofregamente e traduzi-los para o chinês. Na cidade de Loyang, *Shigao* fundou o primeiro centro para tradução dos sutras budistas, em 148 d.C. *Shigao* interessava-se principalmente por manuais de meditação. Em 167, *Sythian Zhichan,* cuja especialidade era o Sutra *Prajna Paramita* (O Sutra da Verdade Perfeita), entrou em cena. Traduções ainda melhores e mais precisas foram feitas no século III, devido à expansão do conhecimento da língua.

Como os sutras ainda estavam longe de formar uma coleção completa, muitos monges chineses viajaram para a Índia para encontrar os textos que faltavam. *Faxian* foi o primeiro a ter sucesso nessa missão e voltou para a China. Sua peregrinação e tarefa de compilação duraram de 399 até 414. Sua biografia diz que os mestres indianos recitavam os sutras para ele de memória e que não havia manuscritos armazenados. Num tipo especial de treinamento, eles haviam aprendido a desenvolver uma memória prodigiosa.

A chegada de *Kumarajiva* na cidade de Changan em 401 estimulou uma nova onda de traduções dos sutras, também apoiada pela corte do imperador. Monges chineses continuaram a viajar para a Índia seguidamente para aumentar seu conhecimento do sânscrito ou para buscar mais textos. No século VII, as traduções dos sutras chegaram ao auge com os peregrinos *Xuanzang* e *Yi Ching*, que viveram na Índia de 629 a 645 e de 671 a 695, respectivamente.

Nas salas de tradução, os velhos monges examinavam a exatidão de um texto sânscrito e, se necessário, comparavam-no com outros textos. Em seguida, os tradutores titulares começavam seu trabalho, o qual consistia em um deles recitar oralmente os textos indianos e outro anotar imediatamente o que tinha ouvido em chinês. Esses textos escritos eram depois examinados por outros especialistas para certificar que o original e a tradução realmente coincidiam em termos de conteúdo. Finalmente, o estilo dos textos era corrigido antes que um calígrafo fizesse a cópia definitiva.

Apesar disso, havia discrepâncias nas traduções, pois alguém achava que tudo devia ser traduzido literalmente, qualquer que fosse o estilo final. Outros acreditavam que os textos deviam ser adaptados ao estilo chinês e, se necessário, seções inapropriadas deviam ser reduzidas. *Kumarajiva* sugeriu uma solução intermediária, ou seja, uma tradução tão literal quanto necessário e tão livre quanto possível. Uma cópia (uma tradução também é uma cópia) nunca pode corresponder 100% ao original. Alguma coisa sempre é diferente e sobressai quando as duas são comparadas. Quando você escreve os símbolos, eles sempre parecem um tanto diferentes. Mas se a forma permanece a mesma, o que significa que nenhuma parte importante foi omitida, e o símbolo pode ser claramente reconhecido, essa cópia pode ser aceita como um novo original. Assim pensava *Kumarajiva* quando admitiu que pequenos desvios são aceitáveis, desde que o significado básico seja transmitido de maneira fácil de entender na tradução, sem outras nuances.

Assim que as primeiras traduções apareceram na China, começou também o ritual da prática devota de copiar os sutras com o pincel de escrita. O imperador *Daowu* inaugurou uma longa linhagem de especialistas na cópia de sutras.

Escrita Ritual de Sutras

A escrita devota dos sutras é considerada um treinamento espiritual no Budismo. No Japão, esse costume foi mencionado pela primeira vez no *Nihon shoki*, do ano 720. Ele diz que a corte do Tennô solicitou uma cópia do *Daizôkyô* (*Tripitaka*), que então foi preparada no Templo *Kawaradera*, em 673. Durante o Período *Nara* (710-794), centenas de pessoas foram preparadas para copiar sutras. Quando uma pessoa copia sutras de maneira ritualística, ela obtém méritos e pode fazer um grande bem para si mesma ou pelos ancestrais falecidos.

Dependendo do sutra que é escrito como ritual, coisas muito diferentes podem ser alcançadas. Por exemplo, depois de cometer uma ação repreensível, uma pessoa pode recuperar a paz interior copiando e recitando o Sutra do Coração.[198]

Se um sutra é apenas um texto por meio do qual os ensinamentos de Buda são transmitidos, uma pessoa pode gerar karma bom reproduzindo-o, pois assim estará propagando a doutrina budista como caminho para a felicidade para todos os envolvidos. Se, além disso,

---

[198] Isso pode ser muito bem observado no filme coreano *Spring, Summer, Fall, Winter and...* quando um jovem usa uma faca para gravar um sutra pintado numa ponte.

um sutra contém fórmulas mágicas, como mantras e símbolos, à semelhança dos *Siddham*, estes desenvolvem – especialmente com a iniciação – poderes especiais para a pessoa que os usa. Como resultado, o ato de escrever símbolos também promove o desenvolvimento.

Os sutras são em geral escritos com pincel para escrever chinês e tinta-da-china, numa grande variedade de materiais que abrange desde o papel até telhas. Isso também depende do objetivo para o qual o sutra está sendo copiado. No Período *Heian,* por exemplo, houve muitas guerras entre as famílias samurais. Para finalmente obter a vitória, em 1164 o então famoso *Taira Kiyomori* preparou ritualmente vários sutras em papel decorado com ouro e sílabas, inclusive o Sutra do Lótus e o Sutra do Coração. Num dos pergaminhos também aparece um símbolo *Siddham* logo no início, para atrair o poder dos seres de luz. Mas a extinção de toda sua família mostra que foi inútil realizar rituais, por um lado e, por outro, destruir templos e trabalhar contra a vida em muitas áreas. Isso mostra claramente que os seres de luz ajudam especialmente quando a situação está de fato a serviço do bem maior do todo.

Desde o Período *Sung* chinês, durante o qual foi introduzida a técnica da pintura em blocos de madeira, a cópia dos sutras à mão se tornou uma forma de treinamento espiritual que continua até hoje na Ásia Oriental.

Escrita em Siddham – O Símbolo SHK

Como descrito extensamente no capítulo sobre o Símbolo SHK, este é um símbolo indiano da escrita *Siddham*. Como os caracteres chineses, os símbolos para rituais sagrados evoluíram para uma escrita para transmitir informações.

Na Índia, o pincel chinês para caligrafia era desconhecido. Lá era costume escrever com um pincel de madeira, cuja ponta era longa como um traço grosso. Ao se escrever com um desses pincéis de madeira, a forma dos símbolos *Siddham* é a mesma, mas o tipo das linhas varia muito.

Com a introdução da escrita *Siddham* na China, as pessoas começaram a escrever os símbolos com o pincel para escrever chinês. No Japão, as duas variações subsistem até hoje. No Ocidente, onde o pincel chinês raramente é usado e as pessoas quase nunca escrevem com o pincel de madeira, outros instrumentos de escrita são usados. Lápis e canetas funcionam muito bem para essa finalidade, uma vez que possibilitam um fluxo semelhante ao do pincel.

Em termos de escrita manual pura e simples, qualquer tipo de instrumento é apropriado. O pincel para escrever, porém, é muito mais adequado para a escrita de símbolos. Escrever com ele é uma experiência única![199]

---

[199] Caso essa breve introdução tenha despertado o seu interesse, Eu (Mark) ofereço aulas especiais de caligrafia para praticantes de Reiki (também nos Estados Unidos). Ver meu *site* em inglês para mais informações.

Parte IV
COSMOLOGIA ESPIRITUAL E SUAS ORIGENS ESOTÉRICAS

Capítulo 19

Breve Ensaio sobre Cosmologia Espiritual

Aspiração Venturosa

Não digas senão ao sábio,
A massa apenas caçoará:
O ser vivente eu exalto,
Que almeja a morte pelo fogo.
Acalmando-te, naquelas noites de amor,
Concebendo como foste concebido,
Uma emoção estranha te invade
Enquanto a vela silenciosa bruxuleia.
Não estás mais ao alcance
De sombras, escurecendo.
Um novo desejo te estimula
A uma união mais elevada.
Nenhuma distância pode abater-te,
Extasiado chegas voando,
E ávido de luz, por fim,
Uma mariposa, queimas morrendo.
E enquanto te faltar esta
Palavra verdadeira: Morrer e Transformar-se!
Não serás senão um convidado soturno
Na sala escura da Terra.

(Extraído de: *The West-Eastern Divan*, Johann Wolfgang von Goethe; traduzido por A. S. Kline)

A expressão "cosmologia espiritual"[200] caracteriza uma explicação da estrutura e da função da Criação em sua totalidade. Inúmeras vezes este livro tem se referido às estruturas ocultas da ordem divina e explicado os ensinamentos do *Budismo Esotérico*, do *Xintoísmo* japonês e do *Taoismo* chinês relacionados a elas. Entretanto, só podemos realmente compreender tudo

---

[200] Definição: *Cosmologia* (grego) – Ciência da estrutura do universo ou da ordem do mundo. *Kosmos* (grego) – Ordem; universo; ordem do mundo.

o que foi dito quando dispomos de informações básicas apropriadas e multiculturais sobre essa cosmologia. Termos como "amor", "unidade", "seres de luz", "anjos", "Força Criadora", "livre-arbítrio", "cura", "responsabilidade pessoal" e "caminho espiritual" aparecem repetidamente. Mas o que *precisamente* significam essas palavras no contexto espiritual? Como elas podem ser aplicadas em *termos práticos?* Há explicações para elas válidas para *todos* os caminhos espirituais?

Num sentido prático, só podemos compreender e integrar esses temas com sensatez na vida diária quando entendemos exatamente o que eles significam em si mesmos e no contexto da vida como um todo. O sábio japonês *Kûkai*, mencionado dezenas de vezes neste livro, contribuiu para o desenvolvimento do Budismo Esotérico de maneira muito especial. Ele o transformou num sistema que, com muita simplicidade, aceita e abre espaço para todas as religiões ou filosofias espirituais – um passo importante para a paz religiosa, que as igrejas cristãs e o Islamismo, infelizmente, nem sempre têm preservado nos aproximadamente 1.000 anos que se passaram desde a morte de *Kûkai*. Por isso, justifica-se incluir neste livro uma explicação moderna coerente da cosmologia espiritual relacionada com as ideias essenciais desse grande mestre espiritual. No entanto, a exposição que se faz neste capítulo não é da cosmologia de *Kûkai,* cujo sistema de crenças era o Budismo Esotérico. Não obstante, a tese central e as convicções de *Kûkai* convergem aqui com os ensinamentos básicos do Taoismo e do Xintoísmo.

No Sistema Reiki do Arco-Íris,[201] ensinado no mundo inteiro, esse modelo vem sendo adotado há muitos anos com resultados positivos na obtenção de respostas práticas a questões importantes como "de onde?", "por quê?", "para onde?" que podem ser compreendidas e transpostas para a vida cotidiana. Essa é a primeira vez que informações sobre esses assuntos são publicadas em forma escrita.

Este capítulo descreve o que é realmente a "ordem divina" e como esse tema é útil em termos *pessoais*. Sem dúvida, ele também oferece muitas explicações sobre o panorama mais amplo da vida, no qual trilhamos nosso próprio caminho como seres individuais.

O modelo descrito no texto a seguir aplica-se basicamente a todas as religiões e a todos os caminhos espirituais que valorizam o esforço por *amor, sentido, consciência, responsabilidade pessoal, uma vida feliz no mundo material e depois dele* e *uma atitude construtiva em relação ao todo.*

Essa abordagem nos ajuda – seja qual for a fé que sigamos no momento – a ver o nosso caminho com mais clareza e a seguir de maneira mais adequada a visão que nos conduz ao despertar espiritual, à grande e fulgurante luz.

Pressupostos Básicos da Cosmologia Espiritual

Como pré-requisito para as considerações que seguem, queremos dizer que admitimos a existência de **uma** Força Criadora que fez tudo o que existe – a partir dela mesma! Se essa Força

---

[201] Como fundamento, o Reiki do Arco-Íris se baseia inteiramente em pesquisas sobre o Reiki tradicional do dr. Usui e do dr. Hayashi. Estruturado sobre essa base, ele foi expandido por meio de técnicas robustas de trabalho com energia que incluem especialmente símbolos e mantras. O Reiki do Arco-Íris foi fundado no início dos anos 1990.

tivesse usado um material de fonte diferente, não originário da mesma, seria necessário haver uma segunda Força Criadora porque a anterior também precisaria vir de algum lugar...

Essa conclusão, simples em sua essência, acarreta consequências importantes! Quando a aceitamos, quando compreendemos que existe uma única ordem divina e uma única Força Criadora, não há espaço para um "Segundo Deus", para um Demônio ou seja qual for o nome que se dê à encarnação do mal como o grande adversário. De onde ele receberia seu poder se todo poder espiritual, toda consciência e todo amor só têm como origem única a Força Criadora? Como pode existir um ser que consegue realizar um trabalho intenso com energia – às vezes, por exemplo, como afirmam as igrejas cristãs, inclusive competindo com os anjos e outros seres de luz – que não esteja ligado à Força Criadora e próximo a ela? Se houvesse um Demônio – o mal *per se* e em pessoa – e não apenas um **comportamento** mau com base num uso sem sentido do livre-arbítrio em relação à ordem divina – esse princípio e o ser que o encarna deveria ser um predileto da Força Criadora, pois de outro modo ele seria totalmente impotente.

Por outro lado: O que dizer dos muitos deuses e deusas, anjos, fadas, devas, animais de poder e outros seres de luz que são conhecidos na grande variedade de tradições esotéricas em todo mundo? De onde vem o mal, realmente? E de onde vem o bem? De onde vem o amor e de onde vem o ódio? A Força Criadora é indiferente ao que os seres individuais fazem ou ela conhece e ama cada um dos seus filhos? Alguém cuida verdadeiramente de nós ou temos de nos arranjar por nós mesmos? Existe um sentido superior na vida e, em caso afirmativo, em que ele consiste?

Neste capítulo, espero responder satisfatoriamente essas e outras perguntas.

Como o assunto é bastante extenso e às vezes complexo, pode ser útil ler as várias seções mais de uma vez. Todas as seções estão relacionadas entre si – por isso, é possível que nem todas as explicações para determinados termos estejam completas numa seção, mas podem ser encontradas em outra. As referências cruzadas incluídas de vez em quando ajudarão a localizar as partes apropriadas do texto.

Unidade

É melhor começar onde tudo teve início e para onde tudo retorna: a *unidade*.[202] Um estado de unidade **verdadeira** é muito maçante, comparável a um final de semana livre que oferece muitas alternativas, mas sobre as quais simplesmente não se consegue decidir. Tudo é possível, mas nada acontece se você não consegue se vestir, chamar os amigos e fazer algo, como ir ao cinema ou esquiar com eles – o que significa escolher entre várias alternativas possíveis segundo o modo como você vive, e então agir em conformidade. Se não tomar uma decisão que seja traduzida em ação prática, você estará apenas matando tempo. Nada acontece.

No estado de unidade *perfeita, não há tempo* e *não há espaço*, pois logo que ocorresse uma sequência de eventos, um processo de ações, a unidade já estaria desfeita. As ações

---

[202] A propósito, o símbolo matemático para a unidade é um ponto – sem nenhuma expansão e, estritamente falando, sem cor ou qualquer outra qualidade específica. Algo assim obviamente não pode ser desenhado, por isso a Ilustração 193 pretende ser apenas uma representação simbólica.

acontecem através de relações cambiantes a uma grande variedade de objetos, de seres e de partes de um ser entre si (absorvendo e emitindo energia, metabolismo; atividade dos músculos e dos nervos), e situações. Não existe uma coisa chamada tempo quando nada se move – no sentido literal e nas regiões subatômicas. *Para que o tempo exista, alguma coisa também precisa acontecer. Por outro lado, nada pode acontecer sem o tempo.* Estritamente falando, a existência do espaço também precisa da existência do tempo, e vice-versa.

●

IL. 193 – A UNIDADE PERFEITA

O Sentido da Qualidade do Tempo

Antes do surgimento da cultura patriarcal, as próprias pessoas basicamente orientavam seu estilo de vida, seu modo de pensar, suas decisões e ações com base na qualidade do tempo, e não de um determinado ponto no tempo. Assim, havia uma forte sintonia positiva com a natureza, com suas energias e com suas potencialidades. Essa sintonia com as energias e processos naturais predominantes no momento facilitava a realização do que era necessário. Isso resultou praticamente num "vento de popa do destino". Naquela época, a Grande Deusa era muito mais palpável na vida diária do que atualmente. Sua ajuda era percebida diretamente e integrada à vida cotidiana pela abertura pessoal às qualidades naturais do tempo, como as descritas pela astrologia ou como manifestadas nas estações do ano. As ações humanas e os processos naturais se relacionavam dessa maneira e se sustentavam mutuamente.

Por meio do sistema patriarcal progressivamente dominante nas sociedades, desenvolveu-se um contramovimento cada vez mais acentuado de distanciamento da orientação para a natureza. Em vez de aceitar a temporalidade natural da ordem divina, as pessoas agora preferiram estabelecer sistemas artificiais de planejamento do tempo e da ordem. O senso dos seres humanos com relação ao "tempo certo" para uma determinada ação e a sintonia relacionada com a totalidade da vida no mundo desapareceram gradativamente, e hoje precisam ser despertadas com muito esforço na maioria dos casos. Atualmente as pessoas tendem a reagir com tédio ou pelo menos com irritação e ansiedade quando sua programação "organizada" é prejudicada, qualquer que seja o motivo, pelo curso natural da vida, e precisam lembrar que jamais podem dominar a natureza, mas na melhor das hipóteses precisam aprender a compreendê-la e a usar suas dádivas de maneira construtiva. Muitas pessoas ficam especialmente perturbadas com o processo de envelhecimento e da morte.

Processo de ação (como dirigir um carro)

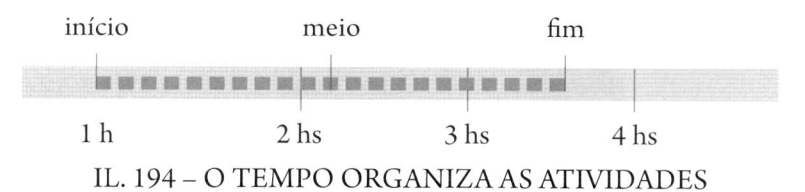

início   meio   fim

1 h   2 hs   3 hs   4 hs

IL. 194 – O TEMPO ORGANIZA AS ATIVIDADES

Visão Espiritual do Processo de Envelhecimento

O *envelhecimento* é um processo natural, como o *nascimento* e a *morte*. A pressão exercida pelo processo de envelhecimento, por exemplo, conclama constantemente os seres humanos a cultivar valores interiores, a compreender melhor o sentido da vida e a desenvolver sua capacidade de amar, desafiando suas próprias imperfeições e os defeitos dos outros. Somente seres que envelhecem têm motivos para se comprometer e dedicar-se da melhor maneira possível à realização do sentido da sua vida, porque sua finitude lhes concede apenas uma quantidade de tempo limitada para esse propósito. O envelhecimento também nos desafia a prestar cada vez mais atenção aos valores interiores e a desenvolvê-los. Por exemplo, uma mulher idosa pode reconhecer sua beleza interior, que desenvolveu por meio de um processo intenso de maturação do caráter, no espelho dos olhos do seu amado. Essa beleza interior pode até ofuscar o esplendor da beleza física de sua juventude. O homem idoso pode aprender a perceber o poder emocional que construiu passo a passo por meio dos desafios e provações de sua vida no espelho dos olhos de sua amada.

Recebemos a beleza física da juventude – mas precisamos desenvolver a beleza interior da idade, a cordialidade, a benevolência, o amor, a sabedoria, a naturalidade e a graça. Então podemos nos orgulhar legitimamente desta última como nossa própria conquista pessoal.

Por meio do envelhecimento, que realmente representa uma imperfeição essencial, precisamos encarar o mundo depois da morte. Isso pode nos ajudar a ver nossa fixação nas coisas materiais em termos relativos.

Podemos odiar nossas rugas porque não aceitamos as experiências relacionadas a elas do fundo do coração – ou podemos amar nossas rugas porque cada uma e todas elas estão ligadas a experiências valiosas que nos permitiram tornar-nos cada vez mais seres repletos de luz e amor.

Por causa da morte, temos a possibilidade sempre repetida de sintonizar nosso corpo com a próxima parte importante do nosso caminho. Podemos favorecê-la com todas as qualidades adequadas para as tarefas sobre as quais queremos trabalhar.

Com o grande esquecimento que ocorre em cada nascimento, podemos também espiritualmente aproximar-nos da etapa seguinte do nosso caminho de vida de maneira livre e conhecer formas realmente novas de ver o mundo e viver novas experiências. Sem essa amnésia, a maioria das pessoas rapidamente se tornaria resignada e cínica, desperdiçando muitas oportunidades maravilhosas.

Por exemplo, é necessária muita maturidade emocional para aceitar a ideia de que dessa vez o indivíduo e os seus relacionamentos podem ser completamente diferentes, num encontro renovado, quando há lembrança plena da experiência com uma pessoa.

O Tempo como Influência Estruturadora

O tempo organiza os movimentos no mundo material, de modo que uma sequência de causa e efeito, aliada a um desenvolvimento progressivo e estruturador, torna-se possível sobre a base geralmente aplicável de estruturas criadas no passado.[203] Na realidade, porém, o tempo não é uma constante – não é algo sólido. Dependendo da velocidade que uma partícula ou ser específico desenvolve em relação a outro, ele corre mais lentamente (em relação às outras partes que se movimentam em ritmo mais vagaroso) ou mais rapidamente (em relação às partes que se movimentam mais rapidamente).[204] Quanto mais a velocidade relativa de uma partícula se aproxima da velocidade da luz, mais lentamente o tempo passa. Uma partícula material, todavia, jamais consegue chegar à velocidade da luz. Quando alcança a velocidade da luz, ela desaparece do mundo material. Ela modifica completamente sua forma de existência. A mudança da "velocidade do tempo" não ocorre de forma linear, mas basicamente como uma curva exponencial. Por que isso acontece? Pelo aumento da velocidade, a partícula acumula cada vez mais energia própria em relação às partículas mais lentas. A absorção dessa energia só é possível através de uma oscilação gradativamente mais rápida entre os estados de "individualidade" e "unidade". Chegando ao ponto em que o estado da verdade existencial é alcançado, como será descrito mais extensamente numa seção subsequente, a partícula só continuará a existir como tal quando for escolhido o método de estudo adequado. Do contrário, ela é percebida como uma onda. Não haverá mais uma aparência diferenciada de um dos dois estados produzidos pelo tempo no sentido de um "ou...ou". Rigorosamente falando, apenas a luz, energia pura, pode estar no estado da velocidade da luz – o que é também totalmente lógico no sentido do que se acabou de explicar, uma vez que um estado material está sempre sob a influência do tempo. Isso ocorre porque ele expressa apenas metade da verdade existencial do seu ser. Assim a luz é atemporal. Mas... um momento! A luz não precisa do tempo para ir de um lugar a outro – como, então, ela ainda pode ser atemporal? Bem, agora as coisas ficam um pouco complicadas. A razão por que parece que a luz precisa do tempo para ir de um lugar a outro na verdade depende do observador localizado no mundo material, que está, portanto, preso ao tempo. A mecânica quântica contém teorias fundamentais e experimentos correlatos que provam que tudo no mundo material – isto é, tudo o que se movimenta abaixo da velocidade da luz – está igualmente distante de qualquer dada partícula de luz. Interessante é também o fato de que a luz mantém sempre a mesma velocidade, qualquer que seja a velocidade do movimento de um observador que esteja medindo essa velocidade.

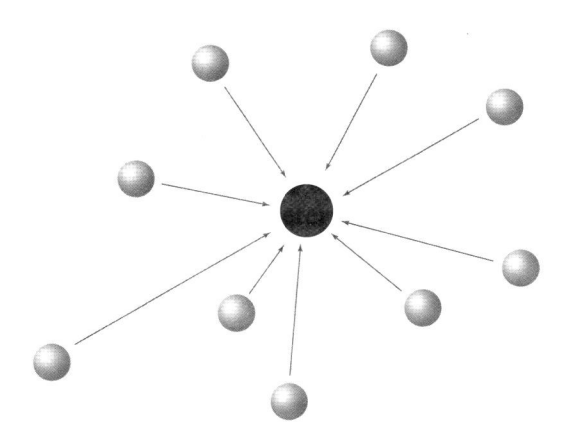

IL. 195 – INDIVÍDUOS BUSCAM A UNIDADE

---

203 Essas explicações sobre o fenômeno do "tempo" só se aplicam ao mundo material. No interior dos átomos, na mente humana e no mundo espiritual também existem regras relacionadas ao tempo – mas são diferentes! Outras considerações sobre este tema serão apresentadas mais adiante neste capítulo.
204 Isso foi explicado por Albert Einstein no início do século XX, em sua pioneira teoria da relatividade, que a prática confirmou mais do que adequadamente nesse ponto.

Quando a luz começa a interagir com o ambiente material, o tempo passa a influenciá-la. A luz em si, porém, não é um componente do espaço material, fato também demonstrado pela física quântica moderna. Ela exibe comportamentos que revelam sua independência das condições do espaço. Ela também possui qualidades que demonstram sua conexão com o espaço – e com a matéria. Por exemplo, ela pode ser desviada pela gravidade. Nesse reino, sua natureza dupla também emerge. A aparência da luz no mundo material é sempre resultado da união profunda de pelo menos duas partes anteriormente separadas.

IL. 196 – A UNIFICAÇÃO DE OPOSTOS CRIA A LUZ

Sempre que a luz aparece, é sinal que o amor esteve agindo e foi vitorioso criando a unidade. Vemos isso, por exemplo, na reação química de dois elementos, nas reações metabólicas no corpo de um organismo vivo (biofótons).[205] Nesse particular, justifica-se plenamente a expressão "luz e amor", muito frequente em contextos espirituais. A luz (iluminação) nasce da união, a escuridão surge da separação (isolamento). Experiências de luz praticamente sempre acompanham a integração da nossa própria divindade na personalidade global de um ser humano (iluminação). Quando buscamos a luz, só conseguimos alcançá-la estabelecendo relacionamentos sempre mais profundos com outros, com opostos, e ainda assim permanecendo intimamente ligados ao nosso próprio caminho, para finalmente dissolver a dualidade na união completa. Esta, aliás, é a ideia fundamental do Tantra, o caminho espiritual da Grande Deusa, que será analisado mais detalhadamente adiante.

O espaço só existe quando há partes individuais separadas umas das outras em sua natureza. Por exemplo, átomos, moléculas, organismos vivos e seixos. O espaço, portanto, está relacionado com a ocorrência da matéria. A energia só precisa de espaço para interagir com

---

[205] A qualidade dos alimentos que promovem a saúde pode ser determinada por meio de tecnologias modernas, medindo-se a extensão de sua capacidade para armazenar e emitir luz. Um pioneiro nesse trabalho de pesquisa é o cientista alemão reconhecido internacionalmente, professor F. A. Popp (Instituto Max Planck, Stuttgart, Alemanha).

a matéria. Além[206] da velocidade da luz, existe certo estado de ser onde os fluxos de tempo, em que objetos ou seres individuais se movimentam, comportam-se de maneira completamente diferente daquela a que estamos acostumados. Aqui, por exemplo, dois seres têm o mesmo tipo de tempo, desde que seu sentido na vida seja semelhante nas suas qualidades essenciais.[207] O fluxo do tempo não é linear, mas existe. Consequentemente, o tempo também acontece lá, motivo pelo qual também há espaço. Em si e por si mesmo, esse espaço é apenas resultado das formas individuais de existência movimentando-se através do tempo. Elas formam o espaço usando o tempo de modo "significativo". Para habilidades como telepatia, clarividência, precognição, psicometria, leitura dos registros akáshicos e magia de todas as modalidades, o reino do tempo-existência oferece precondições adequadas.

Mesmo os seres espirituais, anjos, deusas e deuses, animais de poder e criaturas semelhantes que dão continuidade e sustentação ao funcionamento da ordem divina no mundo material acomodam-se bem aqui. O *Eu Superior* de um ser, pequena parte do qual encontra-se no nível material de existência, tem uma forte ressonância com esse reino do tempo-significado. Também os anjos certamente não são criaturas atemporais. Eles apenas vivem o tempo de maneira completamente diferente do modo dos mortais e, em razão de sua forma natural de existência, muito mais próxima do divino no seu estado de unidade em alguns aspectos do que a nossa jamais poderia estar, têm a respeito do tempo uma visão muito menos restrita. Por exemplo, se uma deusa[208] quisesse estabelecer contato com um ser humano, ela concentraria sua atenção sobre o seu sentido na vida e faria com que a parte que participa desse sentido predominasse dentro dela.

Espaço e Unidade

Quanto mais as coisas se aproximam, quanto menos separadas estão umas das outras, tanto mais elas estão próximas da unidade.

Quanto mais as coisas se aproximam umas das outras, menor e mais restrito é o espaço que ocupam. Como consequência, há menos liberdade de movimento e o grupo reage mais como uma unidade. Esse sistema está num nível mais elevado de ordem do que o de um grupo cujos membros estão afastados uns dos outros. Uma orientação de sentido no mundo material é basicamente mais simples com a proximidade espacial. Mas a proximidade das partículas não é necessariamente permanente! Depois de criado o sentido mútuo, muitas estruturas organizacionais podem influenciar qualquer distância arbitrária.

A física conhece o fenômeno segundo o qual grupos de partículas, em muitas de suas propriedades, comportam-se como uma partícula individual. Isso se aplica tanto ao comportamento da matéria muito próxima do zero absoluto onde – entre outras coisas – resul-

---

[206] O termo "além" não deve ser entendido literalmente. Em certo sentido, ambas as formas de ser existem – uma com orientação linear e para a frente, a outra baseada no sentido comum – paralelamente e mesmo uma dentro da outra. O fenômeno da natureza dupla da existência também aparece aqui.
[207] Esse fenômeno já é conhecido da física quântica há décadas. É claro que ela observa partículas e ondas, e não anjos e deuses. O trabalho de pesquisa correspondente mostra, sem nenhuma dúvida, que partículas subatômicas não só podem viajar para a frente no tempo, mas também para trás. O processo de entrar numa relação além dos limites do tempo e do espaço, realizado por um sistema de referência mútua, também é um fato científico conhecido há décadas. Uma bibliografia sobre esses temas encontra-se na Bibliografia Comentada, no apêndice.
[208] Também uma espécie de anjo.

tam os fenômenos de supercondução, como ao estado de superaquecimento que não comporta expansão. Um exemplo deste último estado encontra-se no interior de sóis onde átomos de um elemento como o hidrogênio entram em fusão e produzem um novo elemento (hélio). Se o estado de uma partícula se aproxima da imobilidade total, revelam-se qualidades crescentes de unidade; e se o estado de uma partícula se aproxima do movimento total (ao mesmo tempo e em toda parte), também se revelam qualidades crescentes de unidade. Entretanto, enquanto todas as partículas permanecem separadas na extremidade "frio" do espectro da temperatura, mesmo agindo de maneira unificada em muitos aspectos, contanto que não haja aquecimento, ocorre na extremidade "quente" uma verdadeira fusão com uma transformação permanente da parceira participante. Esse é um fator muito importante a considerar quando se reflete sobre o ascetismo, por um lado, e o Tantra por outro, em termos de adequação como caminhos espirituais autênticos e completos!

A unidade está relacionada com a atemporalidade. Desejos, anseios, arrependimentos, esperança e ódio são oscilações da mente relacionadas com o tempo e dirigem o foco da atenção para o passado ou para o futuro. Empregadas corretamente, elas são adequadas para aproximar-se da unidade, à semelhança de uma escada usada para subir no telhado. Entretanto, se a escada não cobre essa distância, o objetivo não é alcançado. O *sentido* não se realiza.

Nesses dois enfoques, cada vez menos ocorre *absolutamente*. Como consequência para a prática espiritual, isso significa: tanto a autocontemplação como a união tântrica com a alma companheira resultam num estado de absorção na unidade divina.

Até aqui, tudo bem. Todavia, envolver-se nisso com outra pessoa é muito mais agradável desde o início! No entanto, existem algumas outras razões, e muito importantes, para preferir o caminho tântrico ao caminho ascético. Naturalmente, como tudo na vida, provavelmente há exceções que tornam o caminho do ascetismo mais adequado para certas pessoas, em situações especiais da vida. Mas se ele fosse a norma, em pouco tempo não haveria mais raça humana. Uma análise mais extensa deste tema segue abaixo.

Observador — Percebe → Objeto

IL. 197 – CONSCIÊNCIA REQUER SEPARAÇÃO

A propósito, a motivação do esforço para alcançar o estado de unidade chama-se "amor" na linguagem corrente da espiritualidade. Sem o anseio profundo de fusão, de tornar-se totalmente absorvido no outro – a união total e a superação de todos os limites da individualidade – a Criação material inteira deixaria de processar-se. Tudo se dissolveria em componentes individuais cada vez menores que recusam qualquer relação mútua. Correspondentemente, *o amor é praticamente a cola que mantém o mundo unido*. O amor, porém, não está mais presente na unidade (??!!). Para poder amar, precisamos desejar alguém. Uma vez alcançada a unidade, o desejo se dissolve – não é mais um objetivo. Esse tema será analisado com mais detalhes na seção sobre o caminho do indivíduo para o divino.

Antes disso, consideremos mais de perto a questão da unidade! Como já mencionamos anteriormente, cada vez menos acontece à medida que a unidade predomina. Como consequência, há cada vez menos tempo e cada vez menos espaço. Além disso, quanto mais a fusão avança, mais constantemente a individualidade decresce, o que significa que também a consciência desaparece. Para ter consciência de "algo", esse algo precisa *de algum modo* estar *separado* de nós. Do contrário, não conseguimos percebê-lo. Tudo o que a consciência pode apanhar deve inevitavelmente existir **fora** dela. A conclusão óbvia que podemos extrair disso é que a consciência não pode perceber a si mesma diretamente. Podemos fazer aqui uma comparação com o olho, que não pode ver a si mesmo **diretamente** sem a ajuda de um espelho.

Observador
Objeto

IL. 198 – A FUSÃO DO OBSERVADOR COM O OBJETO CRIA A UNIDADE

Mas ela pode perceber-se muito bem *indiretamente*, observando as coisas e os estados que ela produziu. Se a consciência tenta apanhar a si mesma "como um perito", diretamente, ela se absorve em si mesma e cria um estado de unidade chamado "iluminação" na linguagem da espiritualidade. Ela se une a si mesma – liberando luz, como foi descrito acima. Estritamente falando, luz é amor liberado através da união perfeita que agora busca uma nova tarefa no sentido de unir dois parceiros separados!

IL. 199 – QUANTO MAIS ÍNTIMA A UNIÃO, MAIS
A ATENÇÃO VOLTA-SE PARA DENTRO

Com o aumento da fusão, a atenção se dirige cada vez mais para dentro – o mundo exterior, os outros deixam de ter importância. Esse fenômeno pode ser observado em todo casal que está completamente apaixonado.

Num estado de unidade **perfeita (autocontida)**, apenas o "nada" permanece. Aquilo de que estamos falando aqui não tem expansão e, portanto, não pode ser percebido. Não muda e não age. Não pensa e não sente. Estritamente falando, nem sequer "existe" – pelo menos, não no sentido das definições corriqueiras de ser.

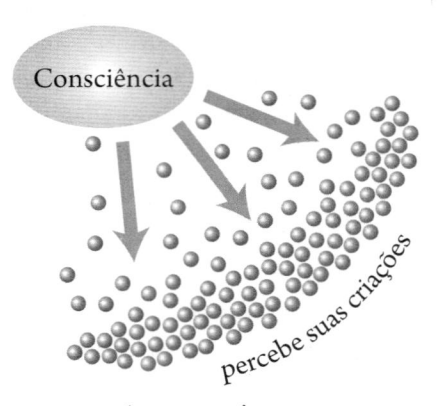

IL. 200 – A CONSCIÊNCIA SÓ CONSEGUE PERCEBER
SUAS CRIAÇÕES, NÃO A SI MESMA

Ela também não ama, porque não existe nada fora de si mesma com que possa entrar em contato. Se ela percebesse algo fora de si mesma e reagisse a isso, o estado de unidade já estaria desfeito, pois uma reação só é possível por meio de algum tipo de movimento, e o movimento de partes individuais do todo leva ao afastamento mútuo dessas partes. Assim, tudo isso, como já foi mencionado no início, é muito maçante. Não há absolutamente nenhuma ação neste cenário!

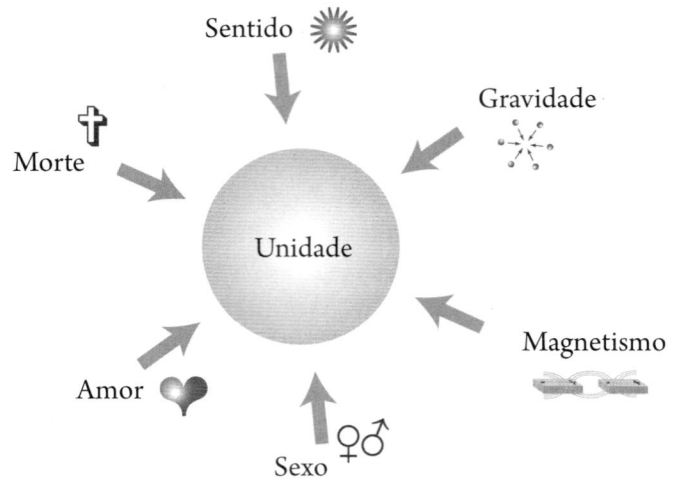

IL. 201 – ALGUMAS FORÇAS QUE AFETAM
UM ESTADO DE UNIDADE

Entretanto, as coisas parecem totalmente diferentes no *caminho para a unidade!* É aqui que tudo realmente se complica...! Por quê? Por causa do amor, desejo, gravidade, anseio, concupiscência, êxtase, flerte, galanteio, excitação, entusiasmo, busca de sentido, magnetismo e muitas outras forças poderosas que tentam formar unidade. A reação típica manifestada pelos seres para se *aproximar* de um estado de unidade é caracterizada pela concupiscência, desejo, sensualidade, sensações de felicidade, até o êxtase em todos os níveis, o sentimento de ter um propósito e realização. Deve-se observar que esse é um estado imediatamente anterior à união de fato. Realizada esta, não há mais nada a sentir porque agora nada mais existe fora como objeto de desejo. Na prática, podemos constatar isso com ímãs. Quando um polo positivo se aproxima de um polo negativo, a atração mútua aumenta exponencialmente à medida que os dois se aproximam. Quando os dois se encontram, porém, a tensão desaparece. Na vida diária, isso tende a funcionar como uma oscilação de um lado para o outro. Alcançado o estado de unidade, o resultado é um equilíbrio mais ou menos intenso da energia dentro do ser – uma harmonização. No entanto, como a formação de uma unidade total (permanente) não funciona no mundo material, forma-se uma polaridade cada vez mais forte; esta, por sua vez, produz o desejo de uma renovada experiência de unidade.

As forças instintivas que impelem à unidade e à união são tão fortes que acabam vencendo até as mais severas proibições e regras[209] morais, legais e religiosas. Entre outras coisas, é assim que elas asseguraram a sobrevivência da humanidade até hoje. Se as principais religiões do mundo fossem seguidas à risca, a humanidade já teria desaparecido há muito tempo.

Afinal, todas elas pregam como ideais superiores a abstinência sexual, a espiritualização e a renúncia a relacionamentos e atividades de natureza prazerosa, sexual. Todos esses sistemas supostamente inspirados pela Força Criadora veem como estado ideal o ascético, completamente desinteressado pela reprodução e pelo desejo e união com um companheiro. Mesmo durante sua existência, o asceta separa-se do seu corpo praticando a disciplina e a abstinência para não mais retornar ao "vale de lágrimas da vida", ao "sofrimento eterno" e ao "pecado indelével". Todavia, nenhum celibatário contribui com o que quer que seja para a preservação da humanidade ou para o desenvolvimento de formas de amor para a vida a dois na intimidade... Ele simplesmente recua diante do desafio de viver espiritualmente com outras pessoas no mundo material.

Essa tendência em negar a vida e a felicidade é bastante nova nas religiões, com aproximadamente 5.000 anos.[210] Ela foi introduzida no mundo pelas hordas arianas nômades, saqueadoras e exterminadoras, cujos ideais essenciais eram guerrear e escravizar, venerar a masculinida-

---

209 Na psicanálise (segundo Sigmund Freud), essas forças instintivas arquetípicas são chamadas de *instintos sexuais*, em oposição aos *instintos de morte*.

210 Ela começou com as primeiras manifestações patriarcais culturais e religiosas que subjugaram a cultura anteriormente dominante, altamente civilizada e muito pacífica da Deusa através das migrações de povos e das cruéis guerras de conquista. Com a entrada na Era de Aquário, um contramovimento em larga escala começou pela primeira vez, apoiado por pessoas comprometidas com a conservação do meio ambiente e da natureza, com a proteção dos animais e com uma sociedade espiritual no sentido mais amplo da palavra. Esse movimento ainda está acontecendo de um modo que corresponde às características da Grande Mãe – com tranquilidade e sem hierarquias. Na antiga Grécia, a constelação do "Aguadeiro" (Aquário) era conhecida como *Hydrokhoos* (Jarro de Água); na antiga Pérsia, era chamada *Dul* (Jarro de Água); na antiga língua sagrada da Índia chamava-se *Khumba* (Jarro); os babilônios diziam que ela era *Gula* (Deusa) e os romanos usavam a palavra *Juno* (nome da Grande Deusa, esposa de Júpiter). Aquário leva a **água**, o leite da Grande Deusa, para os que precisam dela e a derrama sobre eles – como uma cornucópia que extravasa suas dádivas sobre os seres humanos. O termo "Aguadeiro" ainda hoje é usado no Oriente para identificar os que levam o líquido frio para **seres humanos** para impedir que morram de sede. O Aguadeiro leva o *Santo Graal*, outra palavra bem conhecida para Jarro de **Água da Grande Deusa**.

de e renunciar ao corpo, tudo isso como forma espiritualmente valiosa de existência. Antes dessa era, a denominada Era da Grande Deusa, as condições eram muito mais favoráveis para viver uma vida feliz, espiritualmente significativa neste mundo, com um corpo correspondente. As grandes culturas pré-arianas do Vale do Indo, cidades como Catal Hüyük na Ásia Menor, e a Cultura Vinca na região do Danúbio e dos Bálcãs faziam todas parte disso. A Bibliografia Comentada, no apêndice, relaciona outras fontes sobre este tema. Na Era da Grande Deusa, o corpo era considerado um presente dado pela Força Criadora com o qual podemos ter experiências importantes e únicas para um maior desenvolvimento do plano divino. Essas experiências não são possíveis em outras formas, mais astrais, de existência. Mas isso também será analisado mais detalhadamente na seção sobre o significado das várias formas de existência para os seres no mundo material. Lamentamos que esse assunto "estimulante" deva ser deixado para depois, mas, como sabemos, a antecipação desperta o desejo (ver acima)...

Em seu lugar, a próxima seção trata da relação entre a unidade e a multiplicidade, da essência do divino e do mundo material de separação.

IL. 202 – YIN E YANG: OS OPOSTOS COMPLEMENTARES

Unidade e Separação – o Mundo Espiritual e o Mundo Material

O processo que leva à unidade já foi de certo modo explicado na última seção. Entretanto, essa é apenas uma parte do todo – afinal, há também separação, individualização e isolamento. Por que e como isso acontece?

Todos nós já vimos muitas vezes o símbolo acima, originário da Ásia. Ele expõe os dois estados fundamentais de existência da Força Criadora – unidade e separação, energia e matéria, ideia e realização, homem e mulher, yang e yin. Mas também mostra alguma coisa mais: sempre que um dos dois estados alcança um extremo, o outro estado, o oposto – mas também qualidade complementar do ser – desenvolve-se automaticamente! Todavia, além das qualidades mencionadas, o símbolo descreve outra coisa mais pessoal: a Grande Deusa (*Hou-t'u*[211] =

---

[211] A Grande Deusa, a Rainha da Terra, que era cultuada pelas xamãs *Wu* da antiga China, é a contraparte do Deus dos Céus. Tudo na Terra está sujeito a ela, e ela traz ao mundo as coisas que foram concebidas através do seu poder mágico com o Deus dos Céus. A invocação das forças divinas sagradas do céu e da terra desempenhava um papel central nos rituais de iniciação e nas grandes curas realizadas pelos drs. Usui e Hayashi. Podemos perceber aqui uma relação direta com o xamanismo *Wu* por intermédio da versão antiga dos caracteres de Reiki que mostram, entre outras coisas, uma xamã *Wu* dançando ritualmente, pedindo "chuva" (símbolo de um efeito mágico prático) com a ajuda de suas três almas espirituais *Hun* (três bocas abertas). O sistema de cura do Reiki também tem suas raízes no Xamanismo, que se uniu ao Budismo Esotérico na Ásia em várias oportunidades.

Princesa da Terra) e o Grande Deus (*T'ai-i*[212] = *o Todo-Um ou o Altíssimo*), que são apoiados pela *Força Criadora (Tai-chi* ou *Tao*) que opera nos bastidores. O Matrimônio Sagrado perpétuo da Grande Deusa e do Grande Deus possibilita que a vida continue no plano material da existência. Esses dois seres de luz serão tratados com mais detalhes abaixo.

Tao não tem nome nem forma. Tao é a natureza interior do ser, a consciência primordial. A natureza interior (essência) e a vida são invisíveis: elas estão contidas, residem, são mantidas e reunidas na luz dos céus. Não podemos ver a luz do céu; ela está contida; ela está contida, reside, é mantida e reunida no zênite[213] entre os dois olhos. A luz não está exclusivamente no corpo nem fora dele. Montanhas e rios, a Grande Terra e, acima dela, o brilho do sol e da lua – tudo isso é a luz: rios, a Grande Terra e, acima dela, o brilho do sol e da lua – tudo isso é luz: assim, ela não está só no corpo. Uma audição boa, uma visão aguçada, discernimento, intelecto e todos os movimentos também pertencem a essa luz. Assim, ela também não está só fora do corpo. A coroa de luz dos céus e da terra preenche todo o imensurável universo. Do mesmo modo, a abundância de luz no corpo também se irradia através do céu e da terra. Assim como a luz retorna para sua origem, céu e terra, montanhas e rios e todas as coisas retornam com ela ao mesmo tempo para a fonte. A força vital de um ser humano sobe para seus olhos, onde são guardadas as chaves e a aparência do seu corpo. (De *Die Erfahrung der Goldenen Blüte*, por M. Miyuki, Munique, 1984).

Exemplos de Correspondências entre Yin e Yang

Yin	*Yang*
Água/terra/metal	Fogo/madeira
Corpo	Consciência
Matéria sutil	Mente
Matéria	Espiritualidade
Rins	Coração

---

212 *T'ai-i* é também um deus venerado pelo xamanismo *Wu*. Posteriormente, ele foi adotado pelos taoístas, e muitas vezes foi entendido como o próprio Tao. Seu salão de audiências é a constelação quadrada chinesa *T'ai-wei* (Mistério Superior) e ele reside na constelação redonda *Tzu-kung* (Palácio de Púrpura). Assim ele une o princípio divino feminino (o yin está associado ao círculo) e o princípio divino masculino (o yang está associado ao quadrado) dentro de si. Este é um paralelo importante com *Dainichi Nyorai*, que também contém em si os dois princípios, conforme está expresso no Símbolo do Mestre da tradição do Reiki através dos signos para sol e para lua. Além disso, *T'ai-i* trabalha por meio do princípio feminino na vida terrena em seu palácio circular, como *Dainichi Nyorai* também o faz por meio da Grande Deusa *Marishi*. Diz-se que *T'ai-i* "já era perfeito antes da Criação". Isso corresponde exatamente à estrutura da Criação explicada neste capítulo: A Força Criadora produz o Grande Deus e a Grande Deusa. Por sua vez, esses dois criam o nível material do ser com tudo o que existe ali. A propósito, o sol e a lua desempenhavam um papel essencial como divindades associadas a *T'ai-i* no mundo antigo, quando eram feitas as oferendas sagradas.

213 O "zênite entre os dois olhos" se refere ao sexto chakra principal (Terceiro Olho).

Umidade	Secura
Uniformidade	Irregularidade
Reunião/contração	Dispersão/expansão
Preservação	Mudança
Acumulação	Transformação
Tristeza	Raiva
Noite	Dia
Lua	Sol
Mulher	Homem
Sombra	Luz
Passividade	Atividade
Comunidade	Isolamento
Doença crônica	Doença aguda
Interior do corpo	Exterior do corpo
Sólido	Volátil
Redondo	Quadrado
Lado direito do corpo (forte)	Lado esquerdo do corpo (fraco)

O número de equivalências é muito maior, evidentemente, mas essas são suficientes para demonstrar o princípio.

Nos dias atuais o lado direto do corpo é visto normalmente como yang e o lado esquerdo como yin – classificação para a qual são apresentadas muitas justificativas, bem como argumentos em contrário. Talvez as explicações a seguir ajudem a entender o quadro geral.

Yin e yang não são qualidades fixas. Por um lado, eles sempre se relacionam entre si e, por outro, com certos processos que acontecem entre eles. Como resultado, o lado esquerdo do corpo (sempre visto da perspectiva da própria pessoa) é yin em relação às ações porque tende a ser mais passivo (nos destros). Porém, é ao mesmo tempo yang porque é muito mais fraco do que o lado direito. O lado direito é yang porque é mais ativo (nos destros) e yin porque é mais forte. O esquerdo é yin porque tende a ser receptivo, enquanto o direito é yang porque tende a ser mais doador.

A situação é semelhante na classificação dos rins (yin) e do coração (yang). Ela está correta – todavia, como órgãos de energia importantes do elemento espiritual água, os rins dependem vitalmente do elemento espiritual fogo do coração para aquecê-los. Só a água quente se movimenta, podendo assim alimentar a vida. Fogo sem uma quantidade adequada de água é apenas um fogo de palha que rapidamente se acende e com a mesma rapidez se apaga. Só a água tem o poder de manter o fogo na terra e deixar que ele queime com um aquecimento moderado e nutridor do coração. (Ver também as explicações sobre os hexagramas № 29, *K'an*, e № 30, *Li*, do I Ching, o Livro das Mutações, bem como outras obras sobre este tema na Bibliografia Comentada, no apêndice). Assim, a água não pode existir sem o fogo, e vice-versa. Yin e yang encontram-se em ambos os órgãos, dependendo das qualidades desses órgãos levadas em consideração num dado momento.

Não é muito simples entender yin e yang. Entretanto, como grande parte dos ensinamentos da sabedoria oriental que veio para o Ocidente foi traduzida apenas em parte e incorretamente, ou de maneira tendenciosa, muitas pessoas se acostumaram com a interpretação mais superficial, "simples", de yin e yang. A grande desvantagem disso é que o sistema não funciona na prática quando considerado mais de perto. Mas na visão acima descrita, mais complicada e também mais exata, o sistema yin e yang revela-se eficaz.

Além disso, yin e yang são sempre relativos e referem-se um ao outro. Isso significa, por exemplo, que as mulheres são basicamente yin em comparação com os homens. Uma mulher em particular, contudo, pode ser yang em relação a um determinado homem no contexto de um aspecto em particular.

Yin e yang são estados que se complementam reciprocamente num movimento perpétuo de mudança. Tão logo um dos estados chega ao ápice – o que significa que ele mostra suas características mais distinta e claramente – o resultado, desconsideradas outras condições, é a semente do estado oposto, que então se desenvolve até que ele também atinge o pico de sua realização.

Aplicando esse princípio à unidade, podemos ver que ela é sempre apenas um estado *temporário* que resulta da separação – do mesmo modo que a separação se desenvolve a partir de um estado de unidade concluído! E um remanescente da unidade também sempre permanece dentro do estado mais extremo de separação, assim como um remanescente de separação também é mantido no estado mais extremo da unidade.[214] Mas se a unidade também é um estado condicional como a separação, o que é a Força Criadora nesse caso?

Bem, a Força Criadora só pode *ser reconhecida por seus efeitos:* a eterna mudança de yin e yang baseia-se em sua inspiração.[215] Podemos dizer que ela é a máquina que produz as mudanças. Com base nisso, podemos concluir que nem unidade nem separação podem ser divinas *per se*. Ambas são apenas *manifestações* do princípio oculto por trás da mudança que não pode ser percebido ou pesquisado diretamente. Ele opera, por assim dizer, nos bastidores, como "Eminência Parda". A propósito, essa parte da filosofia também foi confirmada pela física quântica há bastante tempo: cada partícula subatômica em todo o universo mantém uma relação direta com todas as outras. Uma mudança aqui produz uma mudança lá. Isso inclusive se aplica quando há bilhões de anos-luz entre "aqui" e "lá!" E isso ocorre sem nenhum atraso no tempo. Tudo funciona como um todo. Por quê? A mecânica quântica não sabe. Mas ela provou há muito que é isso que acontece, tanto na teoria como na prática. Richard P. Feynman, provavelmente o maior físico teórico do século XX, descreveu isso pela primeira vez na sua pioneira eletrodinâmica quântica (EDQ). Nela, ele provou que a luz percorre absolutamente todo caminho possível desde sua "origem" até seu "destino". Isso

---

214 Observe atentamente o diagrama yin/yang!
215 Na filosofia espiritual indiana, a Força Criadora em sua função como fonte original de todo ser é chamada Akasha. O que desencadeia os efeitos que podem ser observados no nível material é chamado Brahman, a consciência absoluta no sentido da palavra que literalmente abrange tudo.

deve ser entendido literalmente e foi realmente provado através de experimentos. Em toda parte no universo há uma probabilidade de graus variados de que fótons de uma fonte de luz aparecerão num lugar específico. Como este não pretende ser um livro sobre mecânica quântica, o leitor interessado pode encontrar literatura específica na Bibliografia Comentada.

De volta às consequências da doutrina do yin/yang...

Neste ponto, já avançamos bastante na compreensão da cosmologia espiritual. Se usarmos o que foi explicado até agora como fundamento do desenvolvimento espiritual, podemos concluir que a *espiritualização como objetivo definitivo do caminho pessoal para o divino*, o que significa imergir na unidade, é simplesmente tão sem sentido quanto *transformar a existência material na individualidade num absoluto* com suas possibilidades e restrições práticas.

Iluminação – Etapa Preliminar da Perfeição Espiritual

Além disso, o resultado de tudo o que se acabou de dizer é que a *iluminação,* uma elevação da consciência ao estado da perspectiva divina de percepção, é apenas uma *etapa preliminar da perfeição espiritual.*[216] Na verdade, somente um reconhecimento e uma integração *completa* de *todos* os modos possíveis de ser podem levar à realização do divino no indivíduo. Isso porque o próprio divino – a Força Criadora – também é *tudo!* Não podemos nos unir com *tudo* se excluímos *algo*. Isso está claro – não? Consequentemente, o desenvolvimento do sétimo chakra principal (Chakra da Coroa) só ocorre por meio do desenvolvimento dos seis chakras principais abaixo dele. O sétimo chakra tem a qualidade especial da unidade. Para chegar a ela, um ser humano precisa integrar os temas que ocorrem em cada um dos níveis dos seis chakras principais inferiores de um modo amoroso, prático e construtivo. Esse estado de unidade é caracterizado pela disposição em aceitar o que é: os sentimentos, a separação, a unidade, os pensamentos, as ações, o divino, o oniabrangente, como também o isolado, as partes individuais separadas do restante do todo, as fraquezas, as forças, o fracasso, o sucesso, amarras e dependência, poder e submissão, prazer e dor – simplesmente tudo! Um aspecto importante desse modo de ser é a aceitação evidente por si mesma e irrestrita do que somos – porque é transparente como cristal que não podemos fazer justiça à nossa própria responsabilidade divina com o todo negando o nosso próprio ser! Como seres despertos têm plena consciência da absoluta perenidade e infinitude de sua existência, eles também aceitam grandes dificuldades que devem ser superadas no caminho *se o encará-las resolutamente for verdadeiramente necessário no sentido da ordem divina!* Em si, o martírio em diferentes graus também não é necessariamente sinal de despertar espiritual, mas muito frequentemente apenas uma inclinação ao masoquismo expressa de modo extremamente desarmonioso.[217]

Esse estado de entrega de nós mesmos à mudança eterna em sua forma mais expressiva ligada ao todo é chamada *realização espiritual, grande iluminação* ou *despertar espiritual* na linguagem da espiritualidade.

Como foi explicado acima, a iluminação é uma etapa preliminar. Ela é necessária e perigosa! Quem se apressa a alcançá-la sem a ajuda de um bom orientador – ou seja, alguém que

---

216 Mais informações sobre este tema encontram-se no capítulo 21, "O que é Iluminação?".
217 O masoquista diz ao sádico: "Bate-me! Bate-me!". O sádico responde: "Não! Não!"

já vive num estado de realização espiritual – muitas vezes torna-se inútil para o mundo no sentido mais verdadeiro da palavra. Essa pessoa pode também sofrer danos físicos e mentais graves, próximos de uma psicose. Qualquer pessoa cuja consciência chega tão perto do estado de unidade que a vida no mundo material pareça sem sentido, não quererá mais cuidar de nada. A motivação para cuidar de alguma coisa, o que significa abandonar o estado de consciência da unidade, não é muito alta. Quem age e aceita a responsabilidade simplesmente precisa descer para o reino inferior da matéria. Uma leitura estimulante e reveladora sobre este assunto é o livro *Sidarta,* de Hermann Hesse.

Da perspectiva da iluminação, tudo é de algum modo divino e tudo no final será bom. Se não agora, então em um milhão de anos em Alfa Centauri. Ou já foi bom em algum tempo e lugar. E como o tempo não existe no estado de unidade, isso é enfim considerado totalmente adequado. Por um lado, isso está certo. No entanto, há também a dupla natureza do divino e, portanto, por outro, nem tudo está certo. E esses dois, perspectivas e modos de ser inevitavelmente complementares, ainda não estão integrados no estado de iluminação.

Na verdade, a alma não é pequena, mas é a própria divindade luminosa. No Ocidente, essa afirmação é considerada muito dúbia, se não repreensível até, ou simplesmente adotada sem pensar duas vezes, chegando então a ganhar presunção teosófica. (Carl Gustav Jung, prefácio do *Livro Tibetano dos Mortos,* W. Y. Evans-Wentz, 1985)

Tenha sempre em mente que a iluminação descrita aqui é um estado espiritual de consciência *muito próximo* da unidade. Se a unidade se realizasse perfeitamente, o ser humano se dissolveria espiritualmente no seu nada! Assim, o que geralmente se chama "iluminação" é um estado de consciência próximo da unidade.[218] É por isso que pessoas que a vivenciaram intensamente também a descrevem como extremamente prazerosa e absolutamente extática – isso quando se arriscam a falar sobre o assunto. E essa descrição está totalmente suavizada. O estado de iluminação é megamaravilhoso. Afinal, deve ser, pois ocorre logo antes da união total. Quem quer que não esteja adequadamente preparado para ele em termos de caráter, significando com isso que escapou do pântano de conceitos moralizadores pequeno-burgueses, pode queimar alguns fusíveis mentais e passar por uma experiência de blecaute mais ou menos permanente. Então essa experiência pode obviamente oscilar entre menos agradável e decididamente horrível. Se ela dura pouco tempo, a sensação de unidade em que tudo é "perfeito", calmo, sagrado, e assim por diante, tende a prevalecer. O pacote todo precisa de um pouco de tempo para se manifestar. Mas não imagine que mesmo as descrições feitas aqui são precisas. O dedo que aponta para a lua não é a lua. As descrições pretendem apenas

---

218 A propósito, a iluminação não tem relação com experiências luminosas de qualquer natureza, às vezes vividas por quase todos os que meditam ou praticam qi gong, yoga ou técnicas semelhantes. No entanto, durante uma experiência de iluminação, certos fenômenos luminosos podem ocorrer.

revelar um pouco mais da atmosfera, da amplitude desse tipo de experiência. Uma experiência de iluminação nunca pode de fato ser comunicada a outro. Sempre haverá muita coisa que repercute com ela, que é contraditória, que é impossível de descrever porque não há palavras nem símbolos para ela. Contudo, no momento da experiência, ela é tão verdadeira, tão clara e tão genuína que toda experiência "normal" percebida com os cinco sentidos é como comparar a qualidade do som do telefone com um sistema Dolby THX.

Em minha prática, acompanho regularmente pessoas normais que tiveram experiências de iluminação e experiências com a kundalini e que precisam de ajuda para integrar seus efeitos. Nunca tive duas pessoas na mesma situação. Nesse sentido, não existe uma lista de verificação que eu poderia incluir aqui e com a qual se poderia avaliar posteriormente por um sistema de pontos e descobrir o que aconteceu a alguém que passou por uma experiência espiritual marcante. Processos de resolução bioenergética, que ocorrem quando uma grande quantidade de forças vitais que ficou presa volta a fluir espontaneamente, muitas vezes são confundidos com experiências espirituais. A experiência consciente de uma personalidade parcial com um grande potencial numa prática psicoterapêutica ou espiritual pode inicialmente ter um efeito semelhante. O mesmo se aplica a um episódio psicótico, a uma sobrecarga energética ou a uma carga muito desequilibrada do sistema de energia humano; ou também a muito stress ou a uma desordem nervosa orgânica. Com frequência, experiências de iluminação também ocorrem em situações absolutamente cotidianas – especialmente quando não estamos realmente esperando por elas nem pensando sobre elas. Então uma libertação do preconceito, paz interior e trabalho preciso são exigidos para descobrir o que aconteceu realmente e como isso afetou a pessoa. Só então medidas apropriadas para integração podem ser programadas e aplicadas.

Definitivamente, iluminação não é uma absorção total no grande todo!

Se a união absoluta com tudo acontecesse, tudo o que restaria seria o "nada" absoluto. Possíveis consequências práticas para o ser humano, além de muitas outras, poderiam ser a morte do corpo físico ou um estado de ausência da mente – o coma profundo. Quem se perde na iluminação desviou-se drasticamente do seu caminho espiritual, visto que prefere um dos estados divinos e desconsidera o outro estado de existência. Esse é um extremo! É pura separação, e separação é o exato oposto da unidade. Uma separação extrema deixa as pessoas doentes.

Não obstante, a iluminação como *método de desenvolvimento da personalidade* é apropriada para criar um contraequilíbrio adequadamente forte para a vida diária com suas experiências e atitudes voltadas mais à vida material. Em resumo, podemos dizer que só uma aceitação incondicional de cada estado de ser possível corresponde à realização do divino. E isso significa que renunciar à vida num corpo material com suas possibilidades e limitações seria tão sem sentido quanto um apego inabalável ao físico. Esse é outro motivo para não considerar o ascetismo de qualquer natureza como meio principal para trilhar o caminho espiritual pessoal para o divino. O ascetismo se afasta do que é exatamente agora a realidade vivida, dada por Deus, num corpo material, e almeja ardentemente uma forma de ser sem o corpo, em relação a si mesmo e a toda a raça e comunidade de todos os seres. Mas a negação de si impede a criação da unidade porque o eu também faz parte do divino. De outro modo, de onde ele viria se há somente uma única Força Criadora? O que deveria ser senão divino?

Enquanto estamos num corpo, não há dúvida de que temos algo a aprender ou experimentar nele.
(Sri Aurobindo)

É por isso que o Tantra[219] – o caminho da Grande Deusa – é a única escolha, verdadeiramente apropriada, como meio de chegar à divindade. A não aceitação do físico leva à destruição do ambiente e do mundo interior. Tudo o que não amamos e do qual queremos livrar-nos porque só nos causa sofrimento é, na melhor das hipóteses, algo a que somos indiferentes; na pior, podemos vê-lo como inimigo a ser combatido com meios radicais. E mesmo um exame superficial da realidade histórica mostra que foi isso exatamente que a era patriarcal produziu.[220]

Há ainda muito mais a ser dito sobre este assunto, mas numa seção seguinte. A questão da unidade e separação ainda precisa de algumas explicações.

Tudo muda – ou, nas palavras da filosofia grega clássica: *To panta rhei!* – Tudo flui!

Várias Formas de Mudança na Individualidade e na Unidade

Essas mudanças ocorrem de diversas maneiras[221] e num ritmo desde muito lento até extremamente veloz. Uma mudança muito lenta é, por exemplo, a formação e depois o envelhecimento do nosso Sol. Num determinado momento ele sofrerá seu próprio processo de morte, se tornará um buraco negro e desaparecerá em si mesmo. Ou, se não puder fazer isso sozinho, um sol maior que existe como buraco negro o abençoará e o atrairá para si, constituindo uma unidade – para se transformar na forma das menores partículas e unidades de energia e depois ser novamente expelido na forma de um "buraco branco", uma fonte cósmica de matéria. E então ele voltará a participar de várias maneiras na formação material de planetas, sóis e nebulosas intergalácticas, e obviamente também das criaturas que lá vivem. Essa realidade também possibilita novos processos de autorrealização pessoal.

Uma mudança muito mais veloz é o processo de nascimento e morte dos seres humanos. Ele não se desenvolve ao longo de bilhões de anos, mas de poucas décadas, o que traz vantagens e desvantagens. É mais difícil acumular sabedoria e competência continuamente, mas é mais fácil viver determinados temas a partir das mais variadas perspectivas e absorver sua essência.

---

219 O termo *Tantra* deriva da antiga língua da Índia, o sânscrito. Significa literalmente: tecido, contexto, *continuum* ou sistema. Segundo a filosofia espiritual dos *Vedas*, o Tantra é uma das Religiões Eternas. O tema central do Tantra é a abertura e a atitude adequada do indivíduo diante da energia divina e da Força Criadora (Devi/Shakti – a Grande Deusa). Um tratado sobre o Tantra deve conter os seguintes tópicos: 1. A criação do mundo; 2. A dissolução ou destruição do mundo; 3. Culto do divino, tanto no seu aspecto masculino como feminino; 4. Como adquirir habilidades sobrenaturais (espirituais); 5. Vários caminhos (práticas/estilos de vida) para unificar-se com o princípio espiritual mais elevado. Por preencher essas condições, este livro é um Tantra.
220 Uma sugestão de leitura muito interessante e informativa sobre esse assunto é o romance *O Código Da Vinci*, de Dan Brown. Bem escrito e baseado em excelentes pesquisas, ele revela muitas coisas sobre as verdadeiras origens do cristianismo, o que Jesus ensinava realmente – e com quem ele foi casado.
221 O antigo livro de sabedoria e oráculo chinês, o *I Ching, O Livro das Mutações,* descreve com precisão o modo e as etapas arquetípicas da mudança.

Uma categoria muito rápida de transformação acontece com a luz. A mudança aqui é tão rápida a ponto de ocorrer uma transcendência do tempo – ele deixa de ter função – uma vez que os dois estados ocorrem no mesmo tempo! Essa é uma forma de unidade consigo mesmo, de realização espiritual, como foi descrito anteriormente. A física quântica já descobriu há algumas décadas que, dependendo da estrutura experimental com que se examina a natureza da luz, ela ocorre como uma corrente de partículas individuais ou como uma onda conectada. Em termos um tanto simplificados, é como o espaço passando por uma mudança local no seu estado.

Há uma regra prática para o processo de mudança: os sistemas grandes mudam mais lentamente do que os pequenos. Quanto menor for a unidade observada, mais rapidamente ela muda seu estado, a ponto de não se poder mais registrar a mudança como tal, mas apenas determiná-la como sendo de uma "natureza dupla" (onda/partícula) por meio de diferentes formas de observação! Um pequeno detalhe, porém...

Sistemas grandes sempre são compostos de sistemas pequenos – e enquanto as grandes estruturas mudam lentamente, as pequenas se transformam rapidamente. E as menores de todas só aparecem além das possibilidades temporais de determinação como uma natureza dupla. Assim, um grande sistema também tem basicamente uma natureza dupla, pois consiste em sistemas pequenos e muito pequenos exatamente com essa propriedade! Bem, as coisas agora estão realmente ficando complicadas! Isso significa que basicamente todo sistema grande, de mudança lenta – como um ser humano – já é espiritualmente realizado porque em seus níveis menores ele consiste em estruturas cuja natureza não pode mais ser claramente determinada e que é ambos os estados seguintes, dependendo de como são observados: individual e total, matéria e energia, partícula e onda. Consequentemente, todo ser já é realizado na unidade divina. Por outro lado, isso não é verdade porque o grande sistema, que é constituído de pequenos sistemas, precisa de mais tempo para mudar e, portanto, aparece como matéria manifestada individualmente.

É precisamente isso! Os seres humanos também têm natureza dupla, assim como a luz. Conforme somos vistos, somos a Força Criadora, o todo, ou então indivíduos num estado de separação e defeituosos com muitas fraquezas.

Mas não podemos simplesmente "deslocar-nos" e ser de um modo num momento e de outro no momento seguinte – ou podemos? Isso é possível? Ou, por alguma razão, não devemos? Os nós dessas questões logo serão desfeitos – criando uma nova e interessante forma de confusão.

A Força Criadora aparece basicamente de duas formas completamente diferentes.

Esses dois estados que interagem constantemente entre si em toda parte podem ser chamados de "dualidade do ser". Esse assunto voltará a aparecer em várias seções à frente, porque o processo conhecido como "vida" ocorre no campo de tensão dessas duas formas do divino em suas infinitas manifestações múltiplas.

Dupla Natureza da Luz

Fluxo de Partículas Fótons

Onda

IL. 203 – O QUE É A LUZ?

Semelhante à luz que pode aparecer como um fluxo de partículas (corpúsculos/fótons) ou como onda, dependendo do tipo de estudo, ela tem dois modos contrários de ser que se excluem mutuamente segundo as regras do modo habitual de pensar atualmente. Mas "modo habitual de pensar atualmente" não significa *física quântica,* que passou a tratar temas assim há mais de quarenta anos e inclusive conseguiu deduzir leis de suas observações, formuladas em termos científicos precisos, entre outros, na eletrodinâmica quântica, na cromodinâmica quântica e na teoria das supercordas.

Como descrito acima, existe um estado da Força Criadora como unidade. Nesse ponto não ocorre nenhum movimento – aqui não há tempo. Ele não só é desnecessário aqui, como também perturbaria. Esse estado contém um potencial ilimitado (possibilidades não realizadas; sementes de eventos) que apenas dormitam num estado de ser livre de espaço e tempo. *Absolutamente nada* – ou *absolutamente tudo* acontece ao mesmo tempo e no mesmo lugar, dependendo de como observamos. A propósito, de uma perspectiva espiritual, ambos são a mesma coisa.

Esse número ilimitado de possibilidades reflete-se no estado de ser material que se expande infinitamente no tempo e no espaço com seu número de indivíduos também imensurável. Se a todas as coisas que já existiram num passado que chega ao infinito, que estão aqui no presente, e que existirão no futuro que chega ao infinito, somarmos todos os seus relacionamentos e experiências recíprocas, o resultado seriam precisamente as possibilidades realizadas no universo material. É exatamente isso que já existe no potencial espiritual ilimitado da unidade!

Por meio da mudança que ocorre constantemente em todas as coisas, da unidade à individualidade e de volta à unidade, processa-se uma mudança perpétua entre as duas formas de ser. Como resultado, a unidade é enriquecida com influências que não lhe estão disponíveis a partir de si mesma porque é necessária uma situação de separação, e o mundo material de separação recebe um influxo de qualidades da unidade que não pode ser formada sob as condições de separatividade.

Para realizar o potencial ilimitado da Força Criadora num estado de unidade no mundo material e nele tornar disponíveis todas as suas qualidades, várias coisas são necessárias. Elas serão explicadas em detalhes a seguir.

Como já descrito acima, tudo existe na forma de uma espécie de natureza dupla: individual – todo; matéria – energia; profano – divino; e assim por diante. Para possibilitar essa natureza dupla, tudo o que está presente na forma externa deve de algum modo aparecer na outra manifestação. Não pode haver unidade perfeita no mundo da matéria, pois do contrário ela deixaria de existir – tempo e espaço terminariam imediatamente. Então, como essa qualidade se torna aparente aqui? Isso é basicamente muito simples. Como tempo e espaço são infinitos, não têm começo nem fim, e tudo aqui está constantemente se relacionando com o outro, encontrando e criando unidade com o outro de várias maneiras, e em seguida separando-se novamente e unindo-se com outros participantes no grande esquema do mundo, *a unidade perfeita já está presente na soma* do todo. Tudo está simplesmente organizado em termos de tempo e distribuído através do espaço. Mas como tempo e espaço são apenas suportes para facilitar relacionamentos da unidade ilimitada consigo mesma de maneira criativa, o que basicamente são apenas ilusões – mâyâ, na tradição espiritual indiana – a unidade está tão presente no mundo material como no mundo espiritual. O estado de unidade em si não pode mostrar-se em sua perfeição – mas ele se manifesta na união eventual de coisas e substâncias viventes, átomos, moléculas...

Nesse processo, a unidade é produzida numa multiplicidade de formas em três níveis básicos:[222]

- ॐ Alegria/desejo/concepção de uma nova vida e de novas ideias – nível material – segundo chakra principal
- ॐ Harmonia emocional/amor/compaixão/criação de novas estruturas de relacionamento entre seres – nível emocional – quarto chakra principal
- ॐ Trabalho mútuo construtivo/propósito/visão/geração de estruturas de novos processos de vida – nível espiritual – sexto chakra principal

Estabelecer a unidade no reino material da Criação exige mais estruturas materiais ou ações apropriadas, por meio das quais o poder da unidade pode aparecer num sentido prático. De acordo com o princípio da semelhança que diz "Assim em cima como embaixo", uma parte do potencial infinito da Força Criadora, que está armazenado na unidade, só pode se manifestar na matéria (estrutura ou ação) por meio de uma aparência simbólica semelhante. Por que esse princípio existe? A resposta encontra-se na dupla natureza da existência, como foi explicado anteriormente. Há um potencial infinito de possibilidades dentro da "parte" de cada ser que existe em unidade. Com o tempo e através das ações desse ser, esse potencial se manifesta completamente. Para se mostrar, ele deve ser capaz de se expressar no plano material. Isso só pode ocorrer sempre de modo incompleto, apenas em "porções", uma vez que o perfeito não pode mostrar-se totalmente no plano material devido às possibilidades muito limitadas. A expressão do divino perfeito no mundo material é inevitavelmente sempre um *processo infinito*.

Esse processo deve ter um contexto de significado interno de modo que temas diferentes, de fato não diretamente relacionados, possam ligar-se uns aos outros. Do contrário, o resultado seria um caos em que não haveria sucessões de ações interligadas cujo andamento oferecesse a realização do espaço divino. O tipo apropriado de manifestação do divino no mundo material é expresso pela geometria sagrada, como a média áurea e sua tradução em música e poesia. Essa é a estrutura divina em sua representação material. Num sentido mais restrito, a ação divina é caracterizada por desejo, alegria, criatividade, amor, compaixão, estruturas sociais confiáveis e construtivas, visões mutuamente realizadas de muitos diferentes tipos baseados em dons pessoais únicos. O elemento organizador fundamental nesse processo é o significado espiritual. Nesse contexto, o significado espiritual se refere a tudo o que interliga partículas e seres de todos os tipos uns com outros através do processo de eventos, de modo que suas qualidades imperfeitas são suplementadas no tempo certo para realizar seu potencial divino – o que significa ser capaz de entrar no fluxo da ordem divina. O significado divino tem uma voz agradável e paciente. Ele não força nada, mas cria uma inclinação através do amor, da alegria, da felicidade e do desejo.

Todos os seres humanos levam dons peculiares dentro de si. Quando realizamos esses talentos por meio de atividades apropriadas que nos deixam felizes, e temos objetivos que

---

[222] Compare com as informações a respeito dos chakras, nas pp. 408 e 424.

trazem benefício para os outros, e ainda trabalhamos com pessoas que complementam significativamente nossas qualidades especiais, transmitindo-lhes nossas ideias, a ordem divina é expressa no mundo material em termos práticos.

Quando vivemos desse modo, contribuímos com parte importante para a grande mandala do plano divino. Quando não vivemos nossos talentos e passamos o tempo com pessoas que têm ideias completamente diferentes para suas vidas, não conseguimos seguir o nosso caminho espiritual de autorrealização. A autorrealização no sentido que acabou de ser explicado é ao mesmo tempo realização do plano divino para o bem maior do todo. Por exemplo, sei por experiência que as pessoas que sofrem de fadiga constante, falta de energia e exaustão encontrarão uma explicação para seu estado no fato de que bloquearam a transferência prática do seu potencial. Assim que fazem um esforço para trilhar seu próprio caminho e seguir seu propósito, a fraqueza e a fadiga desaparecem porque o sexto chakra, que é responsável pela busca da visão espiritual pessoal, agora acende uma luz verde para liberar energia para o primeiro chakra principal, com o qual ele coopera diretamente. No primeiro chakra, na base da coluna vertebral, há uma enorme energia que ainda está adormecida na maioria das pessoas, a kundalini. Esse poder espiritual está associado diretamente com a Grande Deusa, que propicia a manifestação do potencial divino no mundo material. Esse poder é liberado na medida em que expressamos o nosso potencial de maneira prática. Se resistimos a ele e tentamos viver de acordo com modos reais ou fictícios das outras pessoas, a força kundalini aparece no organismo apenas como um tipo de "poder emergencial"!

No contexto cósmico, este princípio se manifesta na forma dos chamados seres espirituais: o Grande Deus e a Grande Deusa. Esses dois não devem ser confundidos com deusas e deuses, com os quais eles trabalham como auxiliares!

Em cada época, esses dois seres de luz foram e ainda são conhecidos por diversos nomes. Alguns deles...

Nomes familiares da Grande Deusa: *Ishtar, Inanna, Freya, Hera, Shakti, Devi, Tara, Mârîcî, Dai Marishi Ten,* Espírito Santo, *Shekina, Aserá* e *Sandalfon.*

Nomes familiares do Grande Deus: *Tamuz, Frey, Odin, Wotan, Zeus,* Júpiter, *Shiva, Dainichi Nyorai* e Pai Celestial.

A tarefa do *Grande Deus* é extrair o novo do potencial infinito da Força Criadora no estado de unidade e manifestá-lo no mundo material, tornando-o disponível em toda parte. Assim ele transforma algo oriundo da unidade num potencial – sempre ainda completamente abstrato, isto é, que ainda não se manifestou no âmbito material – que não está mais no estado de unidade e, portanto, forma uma espécie de "grade" sobre os acontecimentos que podem orientar-se como um componente do mundo material. Por exemplo, essa pode ser uma ideia ou mesmo o "projeto" espiritual, a estrutura da manifestação energética de um sol ou de uma "nova" pessoa.

A *Grande Deusa* assume as influências yang proporcionadas pelo Deus a partir da unidade e as orienta para o lugar que lhes é devido na estrutura do mundo material. Como consequência, a Criação é um processo contínuo no mundo material que é mantido constantemente através da união sexual do Deus e da Deusa. Nesse processo, a influência do Deus é sempre de natureza cíclica, rítmica. Ele está tão próximo da unidade com seu estado, que não pode se manifestar no mundo material sem a ajuda da Deusa. Além disso, ele deve ser concebido e trazido ao mundo com o potencial a ser realizado através da Deusa, até gerar algo novo que deve ser manifestado num ciclo específico. Assim, do mesmo modo como a Deusa também concebe e realiza outros potenciais yang, ela também faz isso com o Deus que se sente à vontade no yang extremo e, desse modo, dá a ele constantemente a oportunidade de se envolver diretamente no mundo material. Mas como ele não pertence ao mundo material em razão de sua natureza, deve sempre sair desse mundo novamente para fazer justiça ao seu potencial espiritual. Então ele torna a nascer no mundo através da Deusa para trazer com ele algo novo que é urgentemente necessário para o prosseguimento da vida.

A Deusa tem o poder singular de concretizar algo – coisas, substâncias e seres – a partir de sementes, ideias e potenciais abstratos. Se tudo isso acontecesse sem um plano, o mundo material não teria uma estrutura com significado. Ele poderia não continuar a se desenvolver construtivamente, refletindo assim o propósito, o amor, a alegria e a beleza da Força Criadora. Para realizar adequadamente o propósito, a Deusa criou um sistema de "teias da vida". Cada teia da vida liga todos os seres de cada tipo de biosfera, como a do planeta Terra, uns com os outros e harmoniza suas atividades num nível muito básico. Por exemplo, entre outras coisas, a teia da vida da Grande Deusa assegura que as taxas de nascimento de homens e mulheres sempre flutuem em torno da mesma média; que a temperatura da terra permaneça dentro de uma estrutura favorável aos seres vivos que a habitam através do mundo vegetal apropriado e de correntes marítimas adequadas; que a concentração de sal nos mares varie continuamente ao redor de uma média com apenas variações superficiais; e que haja cadeias alimentares e condições de vida favoráveis para todos os seres.[223]

Nos tempos antigos, anteriores ao patriarcado, as pessoas se sintonizavam conscientemente com a Grande Deusa e sua teia da vida. Desse modo, elas recebiam inspirações importantes que as ajudavam a usar seu livre-arbítrio de acordo com a ordem divina. Como resultado, eram inventadas coisas que moldavam a sociedade e empregavam os talentos pessoais de um modo que se ligava da melhor maneira com os demais processos vitais sobre a terra. Não havia destruição ambiental e poluição, nem guerras sanguinárias, nem hostilidades contra o corpo e doenças do corpo e da mente daí resultantes e, naturalmente, nem exploração dos recursos naturais limitados.

Essa sintonia era realizada nos chamados lugares de poder, lugares especiais na natureza. Eram praticados rituais sagrados que davam ao indivíduo e ao grupo a oportunidade de harmonizar-se com o bem-estar do todo. Cantos e danças, meditação e trabalho com energia eram componentes importantes desses encontros.[224]

Quando nos sintonizamos com a teia da vida da Grande Deusa, recebemos dela uma transmissão de poder que ativa o terceiro olho (sexto chakra principal) e nos permite ser

---

[223] Para uma compreensão mais profunda, compare os seguintes livros: *Der Mensch und die Erde sind eins,* de Rüdiger Dahlke, Heyne Verlag, Alemanha. *Gaia – A Biography of Our Living Earth,* James Lovelock, W.W. Norton & Co.

[224] Desde os anos 1980, houve gradativamente um aumento do número de pessoas em todo o mundo que, consciente ou intuitivamente, começaram a reviver essa antiga arte de entrar em sintonia com o bem-estar do todo. Em festivais sazonais e em outras oportunidades, indivíduos e grupos que trabalham nessa direção podem ser encontrados em muitos lugares de poder grandes e pequenos. Nos últimos anos, tenho praticado e ensinado rituais para a cura da Terra, que é uma parte importante desse trabalho de sintonização. Se você quiser participar dele, envie-me um e-mail em inglês para que eu lhe remeta informações pertinentes.

guiados intuitivamente pela Força Criadora para melhor encontrar nosso caminho na vida. Se praticarmos isso regularmente, de repente encontraremos as pessoas "certas", descobriremos o emprego adequado e moraremos num lugar onde possamos nos sentir bem. As coisas se encaixam e a mandala fica perfeita.

A técnica para a sintonização fundamental com a teia da vida da Grande Deusa é para mim tão importante que eu gostaria de dividi-la com você. Espero que você aproveite bem as suas experiências...

Sintonização Básica com a Teia da Vida da Grande Deusa com Reiki

A condição para aplicar esta técnica é o treinamento e a iniciação no Segundo Grau do Reiki Usui tradicional.

1. Desenhe o Símbolo do Tratamento a Distância e repita ou pense o mantra três vezes.
2. Desenhe o Símbolo de Intensificação do Poder e repita ou pense o mantra três vezes.
3. Diga ou pense o nome da Grande Deusa três vezes (use um dos nomes listados anteriormente, se desejar).
4. Desenhe mais alguns Símbolos de Intensificação do Poder e ative-os com o mantra três vezes.
5. Desenhe o Símbolo do Tratamento a Distância e repita ou pense o mantra três vezes.
6. Desenhe o Símbolo de Intensificação do Poder e repita ou pense o mantra três vezes.
7. Repita ou pense o seu nome três vezes enquanto imagina o próprio rosto.
8. Imagine todo o seu corpo de frente para você com a cabeça para cima.
9. Na região do primeiro chakra principal, desenhe o Símbolo do *Mental Healing* (SHK) e o Símbolo de Intensificação do Poder (CR). Ative-os repetindo seus mantras três vezes. Em seguida, diga ou pense: "Primeiro chakra principal de..." e acrescente o seu nome completo.

10. Na região do segundo chakra principal (baixo-ventre), desenhe o Símbolo do *Mental Healing* e o Símbolo de Intensificação do Poder. Ative-os repetindo seus mantras três vezes. Em seguida, diga ou pense: "Segundo chakra principal de..." e acrescente o seu nome completo.

11. Na região do terceiro chakra principal (vazio do estômago, dois dedos abaixo do esterno), desenhe o Símbolo do *Mental Healing* e o Símbolo de Intensificação do Poder. Ative-os repetindo seus mantras três vezes. Em seguida, diga ou pense: "Terceiro chakra principal de..." e acrescente o seu nome completo.

12. Na região do quarto chakra principal (coração, centro do peito), desenhe o Símbolo do *Mental Healing* e o Símbolo de Intensificação do Poder. Ative-os repetindo seus mantras três vezes. Em seguida, diga ou pense: "Quarto chakra principal de..." e acrescente o seu nome completo.

13. Na região do quinto chakra principal (garganta, centro da base do pescoço), desenhe o Símbolo do *Mental Healing* e o Símbolo de Intensificação do Poder. Ative-os repetindo seus mantras três vezes. Em seguida, diga ou pense: "Quinto chakra principal de..." e acrescente o seu nome completo.

14. Na região do sexto chakra principal (distância correspondente à largura de um dedo acima da linha das sobrancelhas, no centro), desenhe o Símbolo do *Mental Healing* e o Símbolo de Intensificação do Poder. Ative-os repetindo seus mantras três vezes. Em seguida, diga ou pense: "Sexto chakra principal de..." e acrescente o seu nome completo.

15. Desenhe vários e amplos Símbolos de Intensificação do Poder sobre toda a parte anterior do corpo e ative cada um deles dizendo ou pensando seu mantra três vezes.

16. Peça à Grande Deusa que o sintonize com a grande teia da vida para que seus pensamentos, sentimentos, decisões e ações sirvam para o bem maior do todo, ao qual você também pertence.

17. Não espere nada em particular. Assim, mais coisas irão acontecer! Fique atento e observe o que ocorre. Conclua ambos os contatos a distância depois de 15 a 20 minutos. Agradeça à Grande Deusa.

> Depois de realizar esta prática várias vezes, você poderá permanecer sintonizado por mais tempo. Você logo perceberá que se sente profundamente relaxado fisicamente, equilibrado mental e emocionalmente, alerta e sensível. Com o tempo, sua intuição se aguçará visivelmente e "coincidências" favoráveis acontecerão. Você encontrará as pessoas "certas" e terá melhores oportunidades em seu trabalho. Se tiver problemas de saúde, surgirão possibilidades de cura e de muitas outras coisas maravilhosas.

Quando refletimos sobre as consequências da seção anterior, compreendemos por que a tentativa de uma religião patriarcal ou de um caminho correspondente para despertar os potenciais espirituais está fadado ao fracasso desde o princípio. Ou seja, isso acontece porque não é o Grande Deus o responsável direto pela organização da vida no nível material, mas sua companheira, a Grande Deusa. Como ele habita reinos muito abstratos que estão distantes de toda biosfera e só se torna ativo para o bem-estar de todas as criaturas pela mediação de sua companheira, não podemos contar com sua ajuda para encontrar e percorrer um caminho para o despertar espiritual no mundo material. Isso só é possível com a especialista pela vida no corpo, a Grande Deusa. Por intermédio dela, um contato muito proveitoso pode ser estabelecido com o Grande Deus e seu reino. Todo verdadeiro caminho espiritual, porém, começa com ela, a Mãe Divina. Aliás, esse é um ponto sobre o qual todas as religiões discretamente concordam, porque do contrário não conseguiriam desenvolver suas atividades – mesmo que representassem publicamente o feminino como inferior, defeituoso e negativo. "Infelizmente", só uma aceitação plena dos princípios espirituais femininos possibilita o avanço das pessoas em direção ao divino. As religiões patriarcais, bem mais difundidas atualmente, não conseguiram ajudar as pessoas a viver no sentido da ordem divina na Terra. Antes, direta ou indiretamente, incentivam as pessoas a se afastarem de outros credos, dão primazia à razão e retratam o corpo com suas funções essenciais, também dádiva da Força Criadora, como falso, um erro deplorável, o próprio mal em si que só causa sofrimentos.

Agora, no início da Era de Aquário, o poder da Grande Deusa volta a manifestar-se mais claramente. Por isso, pessoas em número cada vez maior estão se aproximando dela por caminhos os mais diversos, para uma vez mais aprender a compreender sua sabedoria e construir um modo novo e natural de vida com a ajuda do seu poder espiritual e amor oniabrangente. Não são necessárias guerras ou revoluções para que isso aconteça. Esse movimento emerge da base, das próprias pessoas, e perpassa todas as classes. Um dia, o velho sistema, o sistema que despreza a vida, será superado e nós nos perguntaremos espantados como conseguimos suportar a terrível situação anterior durante tanto tempo.

Só agora estou começando a compreender o que significa ter uma crença, o que significa poder e fervor. Entretanto, vale observar que esse sentimento manifestou-se em mim pela primeira vez no momento em que a religião ficou esclarecida [...] e reavivada para mim por intermédio de uma perspectiva e de um desejo individuais [...]. Requer-se uma paixão natural especial que se sobrepõe à religião. Essa paixão natural é a libido. A coisa mais viva do mundo tangível é a carne. E para o homem, é a carne da mulher. Desde a minha infância estive no processo de descobrir o cerne do material, por isso era inevitável que um dia eu me defrontasse com o feminino. Procurando não a mulher, mas o feminino em todas as mulheres[...] sem destruir a mulher e sem me deixar envolver por ela. [...] Chegamos a Deus através precisamente daquele ponto da nossa alma que está ligado à mulher.

Não, a pureza não está na separação, mas em uma penetração mais profunda do universo. [...] Ela está num contato casto com o que é o mesmo em tudo. Como é bela a mente quando ela se eleva e se embeleza com todas as riquezas da terra! Banha-te no material, Filho do Homem. Mergulha nele onde ele é mais violento e mais profundo! Debate-te em sua corrente e bebe suas águas! Desde tempos imemoriais, ele embalou o teu subconsciente – ele te levará a Deus.

(parafraseado de Teilhard de Chardin, excertos de seus diários e de *Song of Praise*)

A Presença da Grande Deusa nas Várias Religiões

Seguem mais alguns exemplos da presença oculta da Grande Deusa nas religiões do mundo.

Tara (Tibete/Índia), **Kuan Yin** (China) e **Kannon** (Japão) é a deusa do amor perfeito e da compaixão que tudo abrange. Há séculos, milhões de pessoas dirigem suas orações a ela, pois a experiência tem demonstrado que ela ajuda a superar tempos difíceis, doenças, sofrimento e dor. Ela promove e sustenta toda espécie de cura espiritual. Uma história que narra como ela se tornou divina diz que ela era aluna avançada de um guru. Certo dia, seu professor lhe disse que ela alcançara um grau tão elevado de desenvolvimento, que devia realizar um ritual para renascer como homem na vida seguinte a fim de preencher as condições necessárias à iluminação. *Tara* não pensou durante muito tempo sobre isso, e então realizou um ritual para nunca nascer como homem, mas sempre "só" como mulher. Ela tinha a firme intenção de provar que era possível alcançar a iluminação como mulher – ou desistir dela!

Odin, o principal deus nórdico, aprendeu magia com **Freya** – um dos nomes da Grande Deusa. Desde o princípio dos tempos, a magia é vista em todo o mundo como uma força que pertence ao feminino. Na fase da lua cheia, os rituais mágicos chegam ao seu poder máximo, e a lua é normalmente considerada como feminina na maioria das culturas. Com os ritmos que desencadeia, ela está associada ao elemento arquetipicamente feminino água e com o sangramento lunar (menstruação) das mulheres. *Odin* recebeu sua iniciação nos segredos espirituais das Três Nornas, as deusas nórdicas do Destino, depois de suspenso no Freixo do Mundo *Yggdrasil* durante nove dias.

Espírito Santo – que só recebeu este nome numa data relativamente recente. O rei bíblico Salomão ainda o conhecia por seu nome original: *Aserá* ou também *Shekina*,[225] um nome para a Grande Deusa que deriva da *Ishtar* babilônica. A literatura espiritual judaica diz que seu resplendor alimenta os anjos. Na Árvore da Vida cabalística, *Malkuth* está nessa forma – o reino – em contraste com *Kether*, a coroa, o Grande Deus em sua forma arquetípica.

A Árvore da Vida cabalística descreve a Criação e, à semelhança dos ensinamentos indianos sobre os chakras, ergue-se sobre a estrutura de seis níveis mais um. Os canais principais de energia espiritual na coluna vertebral – *Îdâ, Sushumnâ* e *Pingalâ,* como são conhecidos no yoga indiano – correspondem às três colunas da Árvore da Vida. Em termos práticos, pode-se realizar um trabalho de chakras muito bom (Trabalho do Caminho Cabalístico) com base nas *Sephirot* individuais (estações que descrevem os poderes arquetípicos e seus efeitos e equivalentes) e nos caminhos que as interligam.

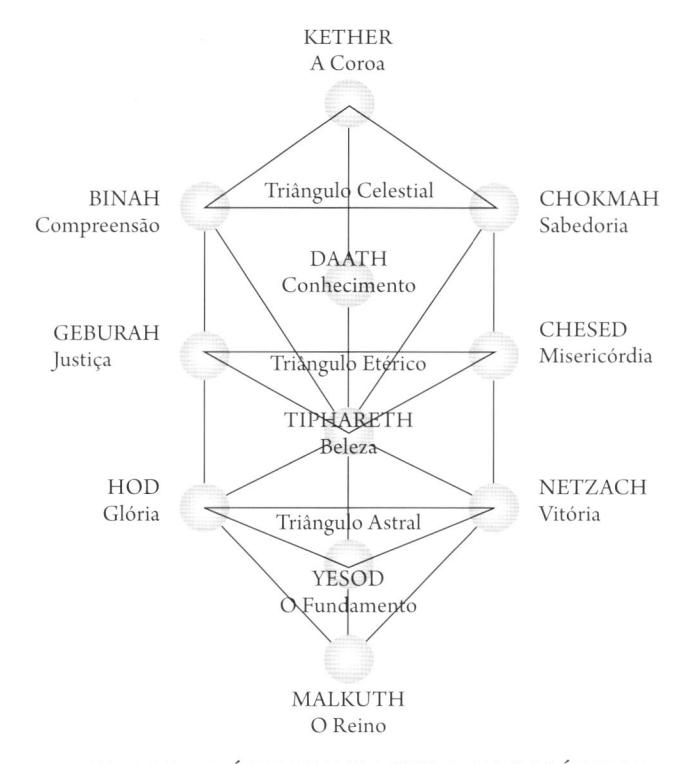

IL. 204 – A ÁRVORE DA VIDA CABALÍSTICA

---

225 Ver também o interessante livro *Yahwe's Wife,* Arthur Frederick Ide, Monument Press (Las Colinas).

Um dos animais especialmente sagrados para *Aserá* é a pomba, considerada símbolo do Espírito Santo desde o tempo de Jesus e associada exclusivamente à Deusa em todo o Oriente – nunca a um deus ou a outros princípios masculinos. Jesus foi batizado com água e a água, além da terra, é provavelmente o elemento feminino típico. O batismo também foi adotado da cultura da Deusa. Durante milhares de anos, ele foi realizado em nome da Deusa nas praias dos grandes rios do Egito, da Mesopotâmia, da Ásia Menor e da Índia. Seu objetivo era unir as pessoas a seu leite, seu sangue, nutrindo-as espiritualmente e ligando-as à teia da vida da Grande Deusa. O ritual de derramar água no topo da cabeça, no chakra da coroa, é um despertar simbólico da força Kundalini, uma energia espiritual arquetípica muito intensa, conhecida através do yoga, armazenada no primeiro chakra, o chakra da raiz, localizado na base da coluna vertebral, esperando ser despertada. Esse despertar acontece quando nos aceitamos como somos, aceitamos plenamente a vida no mundo material com o amor do nosso coração e realizamos nosso potencial divino no nosso caminho espiritual. Então essa energia, que é dada pela Grande Deusa (Shakti) segundo os ensinamentos indianos, sobe até o sétimo chakra, o chakra da coroa. Ali ela convence Shiva (um dos nomes do Grande Deus) a liberar seu poder. Os dois então celebram o *Matrimônio Sagrado* no corpo, na mente e na alma da pessoa, despertando assim sua identidade espiritual.

Além disso, também vale mencionar que na filosofia espiritual indiana, o nome *Shakti* é o título tântrico da Grande Deusa. O termo se refere tanto à parceira sexual do homem como ao nome da Grande Deusa enquanto parceira sexual no ato criador sagrado (*Hieros Gamos* – Matrimônio Sagrado). Além disso, é a força vital criadora da vida e a alma mais recôndita que anima o corpo de todo ser humano, deus e anjo, de cada animal e de cada planta.

A transmissão espiritual de energia com a qual um guru indiano ajuda um aluno avançado a alcançar a iluminação sempre foi chamada *Shaktipad*, o toque da Grande Deusa. Para ter acesso a essa força, o guru precisa praticar um mantra secreto da Deusa *Sarasvatî* ou de outra manifestação apropriada da Grande Deusa – que é passado apenas oralmente até preenchê-lo totalmente.

Segundo a filosofia espiritual indiana, **cada mantra** recebe seu poder exclusivamente da Grande Deusa, pois ela criou todo o universo material com "a Palavra".[226] A antiga escritura védica ensinava: "Somente unindo-se a Shakti, Shiva tem o poder de criar". Atualmente, a maioria das pessoas associa os termos "poder" ou "força" ao masculino. Na tradição espiritual da Índia, porém, Shakti, a Grande Deusa, é vista como o princípio dinâmico, animador, e Shiva, o Grande Deus, como o potencial adormecido que deve ser despertado por Shakti para então se manifestar e tornar ativo. Mesmo hoje, uma máquina potente na Índia é descrita com as palavras "ela tem muito de Shakti".

A manifestação da Grande Deusa que está especialmente relacionada com o poder dos mantras é a Deusa *Sarasvatî*. Ela é normalmente representada com um instrumento de cordas em uma das mãos e um mâlâ (rosário para recitação de mantras) na outra. Nos textos mais antigos da religião védica, *Sarasvatî* recebe o nome de *Vâc*, a Deusa da Língua Divina

---

226 A Bibliografia no apêndice relaciona mais obras sobre este tema. Além disso, é possível examinar minhas – infelizmente – breves explicações sobre este assunto nos livros listados aqui.

Primordial, da qual surgiram todas as outras línguas que conhecemos. Ela tem uma relação estreita com o quinto chakra principal (localizado na área da laringe) e com a vogal "a". Esse é o som do amor que nasce do coração, trazido ao mundo para lembrar aos seres que eles todos são UM, a Força Criadora, e assim levá-los ao despertar espiritual. Esse som também desempenha um papel fundamental no Budismo Esotérico e no trabalho de energia com *Dainichi Nyorai,* o Buda Transcendental e fonte do Reiki. *Sarasvatî* vela por todas as religiões autênticas e sobre os objetivos espirituais. Por meio dela, os mantras recebem seu poder, e os gurus que querem iniciar seus alunos nos mantras precisam dirigir-se a ela. Ela é a fonte de *Shaktipad,* a força espiritual, através de cuja transmissão um professor espiritual ajuda um aluno a alcançar a iluminação. Ela favorece e promove o aprendizado intelectual, o ensino, o entendimento e ainda a compreensão das coisas.

Um mantra importante de *Sarasvatî* é:

OM Eim Sarasvatîyei svâhâ

A propósito: Se um professor espiritual transmite um mantra a um aluno por meio da iniciação, esse mantra tem *Devi-Shakti,* o poder sagrado da Deusa. Por consequência, ele produz um efeito especialmente forte.

IL. 205 – O MANTRA OM NUMA FORMA COMUM HOJE

OM – O Mantra por Excelência

Nos antigos Upanishades indianos, o mantra OM é chamado de "sílaba suprema" e "mãe de todos os sons" (*matrikamantra*). Esse mantra é erroneamente atribuído ao sânscrito, ou seja, à cultura indo-ariana. Ele é muito mais antigo e não pode remontar às letras sânscritas. De acordo com todas as informações existentes, ele procede da cultura matriarcal da Deusa que foi dominada pelos nômades arianos.[227] Como muitos outros conceitos e elementos espirituais dessa cultura, o OM também se tornou um componente da nova sociedade patriarcal de influência ariana.[228] Sem a deusa, nada acontece no nível espiritual – tudo seria apenas teoria sem a capacidade de transformar ideias em manifestações materiais e efeitos práticos. No texto védico *Mahanirvanatantra,* está dito: "... assim como o nascimento vem da mãe, o mundo surge de *matrika* ou som".

---

[227] Cf. capítulo 14, sobre a Escrita Siddham e minha (Mark) tese de mestrado, intitulada *"Die Siddham-Schrift in der japanischen Kunst bis zum 14. Jahrhundert"* (A Escrita *Siddham* na Arte Japonesa até o século XIV).
[228] O internacionalmente consagrado *Monnier-Williams Dictionary of Sanskrit-English* confirma que não havia vestígios da palavra OM em textos arianos escritos antes dos Upanishades. E os arianos escreveram esses textos vários séculos depois de terem conquistado a Índia!

O antigo texto indiano *Chandogya Upanishad* diz o seguinte sobre o OM:

A terra é a essência de todos os seres.

A água é a essência da terra.

Os vegetais são a essência da água.

O ser humano é a essência dos vegetais.

A linguagem é a essência dos seres humanos.

O Rigveda (texto sagrado) é a essência da linguagem.

O Samveda (texto sagrado) é a essência do Rigveda,

E a essência de Samveda é Udgith (outro termo para OM).

Udgith é a mais admirável de todas as essências

e merece o lugar mais elevado.

OM também representa a consciência cósmica oniabrangente.[229] A pronúncia correta desse mantra não é como a forma escrita OM, mas sim AUM.[230] Como provavelmente acontece com todos os mantras, este tem diferentes níveis de significado. Alguns dos mais importantes são explicados a seguir.

Cada letra tem um significado espiritual:

A simboliza *Akar*, a forma, a estrutura material, em sua forma verdadeira, espiritual, ou seja, a Geometria Sagrada e a vida material que é vivida de modo espiritual. Esse é o caminho para o divino no mundo terrestre como uma parte importante, indispensável, da comunidade de seres. Essa comunidade é sustentada pelos indivíduos com seu potencial único e ela sustenta os indivíduos com tudo o que eles não consigam prover por si mesmos devido às suas limitações e fraquezas. *A* é também o estado desperto, lúcido e subjetivo, significando a consciência individual. *Gyan Shakti*, como um dos três principais aspectos místicos da Grande Deusa, que traz ao mundo material a consciência mais elevada na forma de som, pertence a essa letra. Ela rege a luz que manifesta, o claro conhecimento que está enraizado na verdade espiritual e o desejo profundo de desenvolver e revelar o nosso potencial. O aspecto espiritual masculino correlato é *Brahmâ*, o aspecto criador do Grande Deus (não confundir com *Brahman*, a Força Criadora). A Grande Deusa *Dai Marishi Ten* e o Grande Deus (Buda Transcendental) *Dainichi Nyorai* do Budismo Esotérico podem ser incluídos aqui.

U simboliza *o estado de sonho*. É onde a consciência individual reside no reino interior de desejos, sentimentos e pensamentos. *U* representa o elemento ar *Urdhagami*, cujo movimento é dirigido para cima, em direção ao céu. Portanto, ele rege os poderes da agressão, da atividade e do dinamismo. O principal aspecto místico da Grande Deusa é *Ichcha Shakti*, que governa a vontade. O aspecto espiritual masculino correlato é *Vishnu*, que mantém a ideia, a visão da realidade espiritual nos seres e lhes concede continuamente nova inspiração nesses termos.

---

[229] Essa consciência cósmica oniabrangente *não* é a Força Criadora em sua totalidade, mas o nível de consciência mais elevado do universo material formado pelo Grande Deus e pela Grande Deusa.

[230] A vogal *A* também assume o primeiro lugar aqui.

M* simboliza *o estado de sono mais profundo e simultaneamente a consciência da unidade perfeita. **M** mostra o vazio, também chamado *Akasha,* o potencial ilimitado do qual tudo se origina e para o qual tudo volta. Akasha é o fundamento da existência de todas as coisas e, da perspectiva do ser espiritualmente desperto, é idêntico ao que foi criado.[231] O famoso *Sutra do Coração* budista diz sobre ele: "Forma não é senão vazio; vazio não é senão forma". Ao mesmo tempo, Akasha não se mistura com as formas materiais da existência. Ele não muda, não desaparece e só pode ser descrito por meio dos seus efeitos, nunca diretamente. O principal aspecto místico da Grande Deusa é *Kriyâ Shakti,* que rege as ações. O aspecto espiritual masculino correlato é *Shiva* (traduzido literalmente como "o Afável, o Benevolente"), que dissolve e destrói o que não corresponde à realidade espiritual e à verdade. *Shiva* é também chamado o "Dançarino Cósmico".

IL. 206 – MODO MUITO ANTIGO, PRÉ-VÉDICO, DE ESCREVER O OM, CONFORME REPRESENTADO EM FOLHAS DE PALMEIRA, POR EXEMPLO

O antigo texto védico *Mandukya Upanishad* diz o seguinte sobre a função do mantra **OM:**
Pranava (outro nome para OM) é o arco,
O eu (ser individual) é a flecha,
E Brahmâ (a Força Criadora) é o alvo.
Assim, a prática com o mantra OM pode levar ao despertar espiritual.

Uma espécie de meia-lua com um ponto (pequeno círculo) pode ser vista acima da palavra OM escrita da forma tradicional. Esse símbolo é chamado *Candra-Bindu* ou também *Nâda* (*Nita*) e *Bindu*.[232] Essas duas palavras sânscritas representam dois aspectos importantes da Grande Mãe ou Grande Deusa (*Mahashakti*). *Nâda* é a extraordinária irradiação do poder da Deusa, que então se concentra no ponto Primordial (*Bindu*), a partir do qual o universo material é criado. Não é coincidência o ponto Primordial ser associado ao Hara (chin.: *Dantien*). O Hara é onde o Ki-Água original proveniente do Ki primordial dos rins – um potencial de poder ali posto pela Grande Deusa para possibilitar uma divisão celular saudável – é introduzido na Pequena Órbita de Energia, constituída pelo Vaso da Concepção e pelo Vaso Governador. Desse modo, o poder da água, o leite da Grande Deusa, é o elemento que nutre toda a existência de um ser humano. Assim em cima como embaixo. Como no macrocosmo, assim no microcosmo...

Do ponto Primordial, a Força Criadora divina se derrama na meia-lua, o regaço da Grande Deusa, o qual ela transforma nas três qualidades materiais fundamentais da existência, representadas pelas três curvas inferiores do OM e, no processo, manifesta-se. A participação do Grande Deus fica oculta nesse processo. Ele aparece apenas indiretamente porque não pode mostrar-se no mundo sem a ajuda da Grande Deusa.

---
231 Compare isto com os comentários sobre a dupla natureza da existência.
232 *Bindu* está associado ao oitavo chakra principal e *Nâda/Nita* ao nono.

Consequentemente, *Nâda* e *Bindu* dão origem às três manifestações básicas do mundo em que a vida inspirada está presente: O sono sem sonho – o estado de sonho – o estado desperto.

Isso também descreve o poder espiritual mais elevado de um ser vivente como uma trindade: *Sat* (ser) – *Chit* (consciência) – *Ânanda* (bem-aventurança).

O poder original da Deusa, de quem tudo nasce, é chamado *Âdya-Shakti*. Ele está oculto atrás do OM e não pode ser percebido.

A-U-M representa também o processo da vida nas suas três partes e os seres divinos que velam por elas: Criação – Manutenção – Destruição.

OM é o mantra-raiz do sexto chakra.

Todos os objetivos espirituais podem ser alcançados com a prática do mantra OM. OM é a mãe de todos os mantras, a presença tangível do absoluto no nível da existência material.

Prática Especial com o Mantra OM

Entoe o mantra em três partes: Ahhh – mantenha a atenção no umbigo e veja com o olho interior um botão de rosa abrir-se, irradiando a força luminosa do mantra através de suas pétalas. Uhh – mantenha a atenção no coração e repita a visualização anterior. Mmm – mantenha a atenção na nuca, na altura do quinto chakra, e repita a visualização anterior.

O Caminho Espiritual do Indivíduo no Mundo Material

Assim, o que representam exatamente o "de onde?" e "para onde?" de um ser humano? Para expressar inteiramente o potencial da Força Criadora em seu estado de unidade, o que é novo no reino da unidade deve fluir constantemente para o mundo material. Essa nova energia (yang), porém, deve ser integrada pelas estruturas já existentes (yin). Como o que vem de lá é realmente novo, exige-se muita criatividade[233] para incorporar o "recém-chegado". O influxo dessas forças yang nas estruturas yin resulta em ritmos muito complexos. É possível representá-lo e explicá-lo, por exemplo, com base na astrologia ocidental e nos trânsitos[234] que ela calcula e interpreta ou com base no horóscopo solar. A astrologia chinesa ou indiana, entretanto, bem como a numerologia, também podem ser consultadas para entender esses processos às vezes muito extensos.

---

233 A criatividade só é possível por meio do livre-arbítrio. No entanto, os dois não são coisas diferentes, obviamente.
234 No momento do nascimento de um ser humano, certas constelações dos planetas astrológicos podem ser determinadas nos signos e casas do zodíaco. Esse é o chamado *horóscopo natal*. Por exemplo, o sol está no signo de Libra na segunda casa e a lua está em Áries, e assim por diante. Naturalmente, os planetas não permanecem no mesmo lugar depois do nascimento. Seguindo seus movimentos e colocando-os em relação com as posições dos planetas no horóscopo natal, o resultado são os *trânsitos*. Por exemplo, Marte movimentando-se através do sol natal ou de Saturno forma uma quadratura com a lua natal. Uma análise das forças cósmicas que afetam um ser humano no período de um ano de aniversário a aniversário pode ser preparada como resumo das forças, praticamente um retrato dos temas para o ano, na forma de um horóscopo solar.

A questão que pode surgir agora é como exatamente podemos imaginar isso.[235]

Segue um exemplo de como isso pode ocorrer na vida diária:

Um jovem acabou de superar com bravura a fase difícil da puberdade, conseguiu tornar-se independente dos pais, aprendeu a lidar com as mudanças do corpo e finalmente mudou-se para o próprio apartamento. Que fantástico para ele fazer o que bem entende dentro das suas quatro paredes! Então ele se apaixona perdidamente e anseia viver com sua amada o mais rápido possível. Santo Deus! Como ele precisa ser flexível! Ele precisa organizar, fazer concessões e aprender a ser tolerante e paciente – do contrário, "só os dois" num apartamento não dará certo. Quando eles finalmente têm tudo acertado, talvez queiram expandir seu amor e trazer um bebê para este mundo maravilhoso. E por mais que se amem um ao outro e ao pequeno ser que procede deles e tem qualidades especiais, únicas, novamente é necessário muito esforço e muita criatividade para integrar o novo dessa situação e levar o conjunto todo a um estado agradável e construtivo para todos os envolvidos.

Processos semelhantes acontecem com pessoas que estão se iniciando na profissão ou com crianças que passam a frequentar a escola. O ataque terrorista de 11 de Setembro, o desenvolvimento da tecnologia nuclear, e basicamente qualquer invento – todas essas coisas criam situações novas que precisamos harmonizar com as estruturas existentes e para as quais precisamos encontrar uma resposta convincente e reações apropriadas.

Isso deve explicar as influências yang eternamente novas e os esforços das estruturas yin existentes para integrá-las...

Há alguns ditos interessantes relacionados com este assunto: "O homem propõe, Deus dispõe!" e "As coisas sempre acabam de modo diferente do que imaginamos".

Cada Ser é Único

Todo ser vivo é basicamente inconfundível e único. Considerados em conjunto, todos os seres que já viveram, que vivem neste momento e que viverão no futuro[236] mostram o potencial infinito da Força Criadora na forma condicional da unidade. Assim, cada ser e o caminho de cada ser são importantes – muito importantes – porque não há substituto para eles! Sem um determinado ser e o caminho desse ser, falta uma peça indispensável do quebra-cabeça para completar a imensa, multidimensional mandala da Criação.

As várias qualidades de um indivíduo na vida estão envolvidas numa constante dança umas com as outras. Essa é uma questão que consiste em desenvolver e aplicar adequadamente uma resposta aos processos que dizem respeito à pessoa no mundo exterior, às exigências para uma sintonia com seu caminho espiritual e às necessidades práticas (comer, dormir, relacionamentos, trabalho, dinheiro, etc.), que afetam todos os seres encarnados.

Os fatores a seguir determinam o curso do nosso caminho como seres humanos:

- ॐ Nossas características distintivas
- ॐ Potenciais

---

235 Há alguns anos já, essa tem sido a pergunta mais frequente feita pelos jornalistas. Ainda assim, ela é bastante útil às vezes.
236 Isso, obviamente, significa o passado e o futuro que se estendem até o infinito em ambos os lados, segundo a expressão "Sem começo nem fim!"

- ॐ Fraquezas
- ॐ O caminho espiritual representado pelo horóscopo natal com os ritmos cósmicos apropriados. O horóscopo, naturalmente, contém influências constitucionais e efeitos kármicos
- ॐ Nosso livre-arbítrio
- ॐ Nossas disposições
- ॐ Nosso karma (por um lado)
- ॐ As decisões e ações de outras pessoas que nos afetam direta ou indiretamente (por outro lado)
- ॐ As circunstâncias do lugar e do tempo em que vivemos

As Funções do Livre-Arbítrio

Se não houvesse livre-arbítrio, o universo seria como uma grande máquina, um mecanismo de relógio que – uma vez dada corda – fará seu trabalho até um determinado momento e então se deterá num determinado ponto. O futuro seria mortalmente maçante por causa dessa predestinação. Cada ação de cada ser e partícula material, cada forma de pensar e de sentir aconteceria de acordo com um "grande programa".

Entretanto, nesse caso o nível material não seria um reflexo exato da Força Criadora no estado de unidade porque haveria um início (o arranque da máquina) e um fim (a máquina desliga). Naturalmente, tudo poderia ser reiniciado. Mas isso exigiria um impulso criador – o que produziria uma enorme confusão. Qualquer ação previsível não pode incluir criatividade – porque a criatividade só gera o que é *verdadeiramente* novo. Porém, como uma qualidade essencial da Força Criadora é a criatividade – afinal, ela fez tudo (foi criadora) e a decisão de fazê-lo foi tomada sem precondições impositivas[237] (livre-arbítrio), embora haja alternativas exequíveis (Força Criadora onipotente) – a criatividade deve absolutamente fazer parte do nível material da existência. E uma precondição necessária para a criatividade é o livre-arbítrio.

O livre-arbítrio nasce da individualidade. Como todo ser tem seu próprio ponto de vista que resulta da centelha divina única dentro dele e do seu lugar único no processo da ordem divina, ele requer e deseja coisas e experiências para sua perfeição, por exemplo, diferentes das de *qualquer outro* ser.

O livre-arbítrio é definido como tal porque, em sua forma ideal, em suas decisões, ele de modo algum depende de algo ou de alguém. Transformar suas decisões em realidade é evidentemente outra questão, visto que, como todos sabemos, o mundo material não é perfeito.[238] Na prática, isso envolve um grau maior ou menor de livre-arbítrio. Há muitas dependências na

---

237 Assim, como a Força Criadora poderia ser pressionada a algo? E por quem? Afinal, ela é tudo.
238 Uma pessoa que se incomoda com o sol abrasador do verão que estou desfrutando enquanto escrevo estas linhas no meu belo terraço pode ir para a sombra, cobrir a cabeça com um chapéu ou abrir um guarda-sol. Um cachorro só pode sair do sol para a sombra. Uma pedra precisa esperar que chegue a noite ou que alguém com mais possibilidades a leve para um lugar sombreado. Os seres com um livre-arbítrio menos evidente (falando estritamente, um que funcione muito mais devagar em termos de tempo) estabilizam o universo material para que os seres com livre-arbítrio muito forte não possam provocar o caos com cada decisão que tomam. A inércia de um é o fundamento do outro. Quanto menos livre-arbítrio um ser tem no mundo material, mais ele parece inanimado aos outros seres com um livre-arbítrio mais saliente.

vida, predominantemente recíprocas. O motorista precisa da gasolina do posto de combustível, e o posto precisa do motorista, pois, de outro modo, teria de fechar as portas.

Consequentemente, "Eu quero isso porque de outro modo não vou conseguir aquilo e posso sofrer" não é uma expressão de livre-arbítrio no sentido estrito da palavra. Afinal, está em ação aqui uma compulsão que só permite uma decisão. A decisão sem uma condição é uma qualidade divina em si. Somente com a ajuda do livre-arbítrio o universo pode ser constantemente preenchido de fato com algo realmente novo e ser enriquecido por esse novo através de sua integração eficaz nos processos da vida. Tudo isso oferece uma dificuldade, porém: o livre-arbítrio só é livre porque não segue nenhuma regra. Assim que fizesse isso, deixaria de ser livre. Como resultado, podem se criar muitas coisas que perturbam o Plano Divino[239] ou que poderiam obstruí-lo com o passar do tempo. Exemplos dessas coisas poderiam ser a poluição do mundo exterior e do mundo interior, o uso da energia gerada pela fissão e fusão nuclear, a engenharia genética, a aplicação de agrotóxicos na agricultura, armas biológicas, demonização do nosso corpo e da sexualidade, e coisas semelhantes. Os efeitos de ações como essas, que não se coadunam com o Plano Divino, podem produzir consequências muito amplas e complexas. Se não houvesse possibilidade de corrigir a Criação material, logo não haveria condições práticas para realizar a visão pessoal pela falta de condições e de influências "sem sentido" cada vez mais fortes.

Mas é óbvio que essa situação foi prevista e foram tomadas providências a respeito dela. Afinal, a Força Criadora não é leviana.

- ॐ Por um lado, ela criou os seres de luz, os deuses, os anjos, os animais de poder e muitos outros para essa finalidade. Agindo direta ou indiretamente, eles procuram corrigir as desarmonias.
- ॐ Por outro lado, ela deu aos seres humanos e a outros seres capazes de consciência espiritual a caixa de ferramentas da magia.
- ॐ E, como contrapeso mais importante para o livre-arbítrio, ela nos deu o amor.

Os dois se complementam como yin e yang. Quanto mais escolhas percebemos conscientemente, mais o livre-arbítrio se faz presente. O livre-arbítrio não deve ser visto em termos digitais, ou seja, se está presente ou não. Uma mentalidade liga/desliga nunca faz justiça ao processo da vida.

Quanto mais nos libertamos de medos, preconceitos, cobiça e outras limitações, quanto mais percebemos tudo o que acontece dentro de nós e ao nosso redor, tanto mais o nosso livre-arbítrio pode se desenvolver e assim criar o caminho da nossa vida. Evidentemente, essa é uma forma maravilhosa de viver a nossa individualidade.

---

239 Podemos imaginar o Plano Divino como a estaca que dá a uma bela flor a sustentação que ela precisa para se desenvolver. O Plano Divino não prescreve o que exatamente um indivíduo deve fazer quando, onde e com quem, ou qual será o resultado. Entretanto, ele contém visões para cada ser individual. A realização dessas visões oferece condições ótimas para a realização das visões de outros seres. Assim, essa é uma situação clássica de ganha-ganha e de ajuste. Seguindo a nossa própria visão, criamos o que outra pessoa precisa para ter os recursos necessários disponíveis para a realização prática da visão dela. De nossa parte, nós então usamos o que outros, que traduziram suas visões em termos práticos, puseram à nossa disposição. Entre outras coisas, o Plano Divino inclui as leis da natureza (que essencialmente só se aplicam de modo absoluto no plano material grosseiro) e os ritmos cósmicos que afetam um ser e que podem ser conhecidos pela carta natal e pelos trânsitos. Numa sequência fixa, essas leis e ritmos apresentam à pessoa temas específicos. Porém, as influências astrológicas não se aplicam a quem está no estado de despertar espiritual.

Essa qualidade é uma precondição necessária para que a Força Criadora se manifeste na forma material, realizada. Cada partícula da Criação concreta é absolutamente única e contém uma centelha de divindade única.

Mas sem uma contrapartida adequada, as partes individuais da Criação material aos poucos se dispersarão. A aplicação do livre-arbítrio gera cada vez mais liberdade pessoal, que por sua vez é usada pelo livre-arbítrio, o que cria ainda mais liberdade pessoal. *Liberdade pessoal* absoluta é a *total falta de comprometimento!*[240] Isso significaria, porém, que não há possibilidade de criar unidade entre os encontros consecutivos intermináveis das partes individuais entre si e os relacionamentos resultantes que incluem as novas experiências adequadas. Não haveria espaço para viver o amor porque ele só ocorre dentro dos relacionamentos. E isso significaria o fim dos dois aspectos da Força Criadora que são iguais entre si e que, todavia, parecem ser completamente diferentes.

A propósito, o livre-arbítrio é a base da existência do ego, visto que ele vê a si mesmo como independente dos outros e sem ligação com eles. Como resultado, ele continua tentando satisfazer suas próprias necessidades e defende seus pontos de vista para que as outras pessoas cedam e ele assim se sinta mais seguro – ou é nisso que ele acredita. O livre-arbítrio, porém, se desenvolve a partir do influxo constante de qualidades yang originárias do potencial infinito da Força Criadora no estado de unidade. Isso acontece no microcosmo, tal como no nível celular (divisão celular), bem como no macrocosmo (criação de matéria nova no cosmos). Instado pela influência do que é novo e único, o indivíduo luta por novas maneiras de integrar essas qualidades no que é costumeiro, as estruturas yin que já estão solidificadas pelos processos vitais mais ou menos interligados.

Livre-Arbítrio e Amor

Como já foi dito, o contrapeso para tudo isso é o amor. O amor é um efeito a mais do potencial infinito da Força Criadora no estado de unidade no mundo da matéria. Somente na união com as outras centelhas a nossa centelha divina individual realiza por um momento a nossa grande aspiração à unidade. É por isso que existe amor – para que a individualidade e o livre-arbítrio que está ligado a ela não levem a uma separação total da Criação material na qual cada um de nós persegue apenas os próprios interesses, e assim impossibilita qualquer encontro, a ponto de perder o espaço necessário e os companheiros por causa do nosso egoísmo.

Essa questão toda pode ser dividida em duas tentativas basicamente diferentes, ambas convergindo para o mesmo objetivo:

- ॐ O impulso para a unidade com nós mesmos, para encontrar a unidade dentro de nós – e para livrar-nos cada vez mais dos "fatores externos" que obstruem o nosso caminho. Isso por fim leva ao desaparecimento no nada. O caminho espiritual correspondente é o ascetismo.
- ॐ O impulso para sairmos da solidão por meio da união com o "outro" e novamente viver a unidade. Quando isso acontece, a unidade só pode ser sentida no momento

---

240 Isso envolve o tema de liberdade de algo *versus* liberdade para algo. Apenas a última é verdadeiramente compatível com o amor, o desejo e o sentido – em outras palavras, com a ordem divina.

imediatamente anterior à união e logo depois da separação, porque não é possível percebê-la no estado de união. Para isso, precisamos antes sair da unidade para observá-la de fora, por assim dizer.

O amor é a tendência natural a unir-nos com o outro para voltar ao estado original da Força Criadora na unidade. Para que tudo se organize de modo apropriado, permitindo que o amor siga o seu curso segundo a ordem divina, há regras que devem ser seguidas:

- ॐ Podemos amar todas as pessoas e coisas a ponto de levá-las à ressonância com o nosso caminho espiritual.
- ॐ Não podemos amar a ninguém e a nada que não esteja em ressonância com o nosso caminho espiritual.

Seguidamente aparecem no meu consultório pessoas praticamente desesperadas em seus esforços para amar um companheiro ou um trabalho que tem muito pouco em comum com seu caminho. Como se defrontam continuamente com sua incapacidade de abrir seus corações, em algum momento passam a acreditar que são totalmente incapazes de amar. E seus corações de fato se fecham cada vez mais devido aos efeitos traumáticos de muitos relacionamentos equivocados. O melhor "remédio" para isso é, novamente, abrir-nos ao nosso caminho pessoal na vida. Então surgem oportunidades mais do que suficientes para sentir e desenvolver a nossa capacidade de amar.

- ॐ Amor, consciência, sentido e responsabilidade pessoal andam inseparavelmente juntos.
- ॐ Só podemos amar o que podemos também perceber e aquilo de que podemos ter consciência.

IL. 207 – POTENCIAL INFINITO

Por mais simples e óbvio que isso possa parecer – as consequências são enormes! O que sabemos sobre nós mesmos? O que podemos perceber de nós mesmos? E sobre nossos amigos, filhos, pais e companheiro ou companheira de vida? Quanto podemos captar deles por meio da nossa consciência e dos nossos sentidos? A resposta nos mostra os limites momentâneos da nossa capacidade de amar! Se quisermos abrir mais o nosso coração, será necessário expandir a consciência.[241] Como já foi explicado no último parágrafo, existem limites

---

[241] Neste contexto, coração é sinônimo do quarto chakra principal. A consciência é uma das funções essenciais do terceiro chakra principal (Centro do Plexo Solar).

para a capacidade de amar das pessoas encarnadas. Esses limites resultam do significado divino e da ordem divina.[242]

Uma regra espiritual relacionada com este assunto diz: "Amor é a lei toda, amor sob a vontade divina (significado)!"

Quando percebemos que é totalmente fácil para nós incluir um lugar, um trabalho ou uma pessoa em nosso coração, sabemos que estamos no caminho. Se temos dificuldade de amar ou não conseguimos fazer isso em relação a certo ambiente, mostra que nos desviamos muito do nosso caminho. Naturalmente, essa regra só se aplica se – e na medida em que – aprendemos a sentir os impulsos do nosso coração.

Amor não é o alívio que você sente quando acredita que não precisa mais ter medo.

Não há garantias de que exista amor quando você acredita que pode satisfazer um anseio.

Enquanto a nossa principal motivação for evitar o medo, o sofrimento, a negatividade, o que ameaça, a carência, exatamente essas condições é o que de alguma forma recairão sobre nós. Isso acontece porque a energia vital – a nossa energia vital! – vai para onde está e se concentra a nossa atenção. Somente quando a nossa principal motivação para uma ação consistir em conquistar o amor, o bem, a alegria e o significado é que o fluxo da nossa força vital seguirá na direção dessas coisas belas.

Basicamente, o amor é também a razão da gravitação. Cada partícula definível no mundo material procura chegar a um estado de unidade com as outras. Ela deseja sentir novamente a unidade que sentiu quando foi formada.[243] A partícula tem uma atitude muito pragmática para chegar a isso. Ela prefere movimentar-se em direção a outra partícula que já alcançou uma forma superior de unidade, o que significa uma média maior de massa/densidade e, portanto, de mais poder. Não havendo uma partícula por perto, duas ou mais partículas aproximadamente iguais formarão um sistema. Quando surgir a oportunidade, elas se unirão num cataclismo[244] de paixão.

O amor procura constantemente produzir um grau maior de unidade. Quando consegue, forma estruturas yin mais estáveis, completas em si mesmas. Isso se aplica aos átomos e moléculas, mas também aos seres, como os seres humanos, quando formam relacionamentos de casais, famílias, círculos de amigos, comunidades de vilas, cidades, estados e assim por diante. Os extremos no universo são os buracos negros.[245] Eles são sóis que se contraem até quase as dimensões de um ponto matemático. Rigorosamente falando, são do tamanho de uma corda subatômica. Com sua intensa gravitação, atraem matéria em volumes cada vez maiores para seu interior. Eles se transformam numa espiral de energia de densidade extre-

---

[242] Significado como função espiritual, a orientação baseada na ordem divina e voltada para a ordem divina; ele é a principal função do sexto chakra principal, também chamado Chakra da Testa ou Terceiro Olho.

[243] Se seguirmos as ideias expressas nesta frase até sua conclusão lógica, o resultado serão algumas surpresas e uma melhor compreensão do mundo e do que acontece nele.

[244] Um cataclismo de paixão é uma catástrofe – mas muito, muito bela. "E um momento de felicidade amorosa suprema não vale milhares de mortes?!"

[245] Essas afirmações sobre o amor podem ajudar-nos a compreender melhor por que a cor preta simboliza o amor oniabrangente, uma das qualidades essenciais da Grande Deusa. A camada superficial do solo, onde germina e cresce a vegetação, é preta. As Madonas Negras perdem seus poderes de cura se são pintadas numa cor diferente. Uma parede preta sobre a qual incide a luz do sol aquece mais rapidamente do que uma branca, porque o preto não tem propriedades reflexivas. Sem dúvida, porém, a impulsão do amor absoluto pode ser muito perigosa para os que preferem manter-se separados dos outros, que querem permanecer na individualidade absoluta e no total ascetismo em vez de mergulhar prazerosa e extasiadamente na união com o outro.

ma que decompõe tudo o que entra no seu campo magnético nos seus elementos individuais, os quais podem então integrar-se facilmente em cada processo de criação no universo material quando esse processo ocorre em uma fonte de matéria. Astrofísicos provaram recentemente que estes são "buracos brancos", que se abrem apenas por períodos extremamente curtos de tempo para transportar novos materiais de construção para diferentes regiões do universo. Cada ato de criação – e, portanto, cada encontro amoroso que leva à união – movimenta-se na forma de uma espiral dupla no sentido anti-horário que, quando um determinado grau de proximidade e, portanto, de densidade energética, é atingido, é agraciado por um terceiro poder, uma influência yang pura, oriunda do potencial infinito da Força Criadora existente na forma de unidade. Depois desse momento extremamente breve – mas também imensamente significativo – a espiral dupla separa-se novamente num movimento no sentido horário. Os participantes da relação se separam, mas podem voltar a uma nova união amorosa um com o outro ou com um terceiro parceiro num outro momento no tempo, numa espiral de sentido anti-horário...

Esse processo acontece em cada estrutura de tempo. Em estruturas de tempo longas, são os movimentos das estrelas e das famílias de estrelas no universo. Em estruturas de tempo mais curtas, são dois seres humanos formando um casal. Numa estrutura de tempo muito curta, são estruturas energéticas que vibram tão rapidamente que parecem mostrar as qualidades da matéria sólida. Consequentemente, quando se juntam, formam elétrons, fótons, prótons, nêutrons e outras partículas subatômicas que, por sua vez, se juntam para formar átomos, que então compõem moléculas. No entanto, a matéria é em última análise energia pura, altamente vibratória: $E = mc^2$, supercordas e ondas de partículas. Uma hélice de avião mostra duas, três ou quatro pás quando está em repouso ou girando lentamente. Quando gira velozmente, ela parece e se comporta mecanicamente como um disco – o que seguramente não é quando está em repouso. O DNA, portador da constituição genética biológica, revela esse processo com sua forma. A água também reflete esse princípio muito bem no modo como forma remoinhos. Com a tecnologia apropriada, a própria energia pode ser criada pelo uso sistemático do terceiro raio.[246] A natureza faz isso constantemente, e alguns pesquisadores já copiaram coisas importantes dela. Nesse contexto, o princípio acima explicado das três forças criadoras arquetípicas é adotado na tradição do trabalho com energia da Meditação dos Três Raios diretamente para cura espiritual e desenvolvimento da personalidade.

Se o efeito do amor não tivesse o contrapeso do livre-arbítrio, tudo acabaria voltando à unidade absoluta com tudo através do poder do amor. Mas então também não haveria mais um mundo material e a Força Criadora ficaria aborrecida porque teria perdido um brinquedo tão bonito – ou algo parecido com isso...

Amor é o anseio de voltar ao estado de unidade. Pelo encontro e pela união ocasional com o outro, esse anseio sempre será satisfeito em alguma medida, o divino se torna tangível. É por isso que a energia sexual, o desejo de união físico-espiritual com o outro complementar, que não pode realmente ser controlado pela mente – e amor, o anseio de formar uma unidade está-

---

[246] Compare isto com as seguintes obras: *The Energy Evolution*, de Viktor Schauberger e Callum Coats, Gateway, e *Living Water*, de Olof Alexandersson, New Leaf.

vel com o outro complementar – e o significado – a espécie de união, a unidade com outros seres, lugares, situações da ordem divina –, todos estão inseparavelmente unidos.

O Amor e os Ensinamentos sobre os Chakras

A capacidade de amar é criada pelo conjunto de chakras yin, ou seja, o segundo, o quarto e o sexto chakras. Ele se desenvolve no segundo chakra, que é a fonte da energia, em forma de sensação agradável num contexto de proximidade física ou por meio de imagens mentais apropriadas, por exemplo – mas evidentemente as duas formas não são equivalentes! Se a sensação de prazer continua, ela se transforma no desejo de chegar também à proximidade mental e social, que é mais duradoura do que o encontro que ocorre no segundo chakra. Assim ela se transforma numa relação no quarto chakra. Se essa proximidade social ou mental continua, se é estável e se a proximidade física descrita anteriormente e os aspectos de prazer e satisfação são mantidos, o resultado será a energia que supre o sexto chakra. Trata-se de trilhar um caminho na vida juntos, o que significa entrar numa relação espiritual e unir as visões individuais numa visão única como casal – abrir espaço para o sentido na vida juntos.

A sensação de prazer ou alegria no segundo chakra não precisa necessariamente ser de natureza sexual direta. Basta simplesmente um corpo se sentir sensualmente bem com o outro corpo. Assim, o segundo chakra também pode dar início ao relacionamento quando se trata de um vegetal, de um animal, de um amigo ou de um filho. A proximidade erótica, sexual, é uma forma especial desse relacionamento, mas também oferece uma base absolutamente essencial para as outras expressões. Em princípio, todo o conjunto de chakras yin participa do amor desse modo.

Algumas dificuldades bastante comuns baseiam-se na ênfase da relação em apenas um ou dois dos três chakras por causa de reservas inconscientes ou mesmo de convicções conscientes. Por exemplo, uma ênfase excessiva no segundo chakra pode levar à dificuldade de assumir compromissos estáveis de qualquer natureza. Do mesmo modo, demasiada ênfase no sexto chakra pode levar a participar de um interesse comum em relação às concepções pessoais; porém, uma tradução prática simultânea dessas concepções na vida cotidiana e no companheirismo diário dificilmente acontece. Por exemplo, isso pode se manifestar no modo como duas pessoas ficam fantasiando como gostariam de viver ou de realizar projetos juntas, mas quase sempre sem resultados práticos.

A consequência de uma ênfase demasiada no chakra do coração é ver o companheirismo como a coisa mais importante e deixar que o aspecto físico ou mesmo o imaginário, por exemplo, padeça em decorrência disso. Quando o companheirismo é visto como a coisa mais importante, significa que um dos parceiros não pode se separar do outro em comemorações de família, em festas de que ambos participam e em atividades comuns, por exemplo. Não há também a inclusão de valores mais elevados (sexto chakra), projetos de longo prazo que são importantes para o desenvolvimento da personalidade, brincadeiras com o parceiro e diversão (segundo chakra) ou a vivência da sexualidade e do erotismo.

Em minha experiência, as várias facetas do amor são os tópicos mais recorrentes nas sessões de orientação. Um fator muito importante disso é levar em consideração que os seres humanos que não vivem a própria natureza física como basicamente sensual, que não conseguem se aceitar dessa forma, fundamentalmente contam também com um suprimento muito baixo de energia para os chakras superiores. Isso pode levar a tensões na área emocional e a dificuldades físicas. Sem dúvida, essas dificuldades podem também aparecer apenas em determinados temas da vida. Não devemos nos apressar demais em generalizar esse aspecto.

As várias facetas do amor devem ter uma função na vida de um ser humano e ocupar seu devido lugar.

Toda forma contínua de unilateralidade também leva a desarmonias em outros órgãos de energia ou em toda a estrutura da vida.

O Amor só Existe quando o Império do Medo é Dominado

Viver no amor significa repelir o medo. Significa livrar-se do jugo de sua ditadura e abrir-se para a verdade. Responsabilidade pessoal, amor e consciência (verdade) condicionam-se mutuamente. Um não pode existir sem o outro e não podem produzir resultados separados. Quando procuramos viver com responsabilidade pessoal e consciência (verdade), o amor não pode estar longe.

O amor ajuda a construir intimidade, paz, alegria, desejo e compreensão. Mas o amor deve ser conquistado, porque o medo constrói muros contra ele. Se não estivermos preparados para lutar pelo amor até o fim, não conquistaremos a fortaleza dos nossos medos – e continuaremos a viver na ilusão da separação sem esperança, em desespero e solidão. Onde há amor, há vida, sentido, cura, desejo, união e felicidade. Onde há medo – não, não é aqui que a morte está, porque a morte faz parte da vida e também pode ser permeada profundamente pelo amor.

Onde encontramos medo, encontramos também frieza, isolamento, mentiras, ausência de sentido, brutalidade, ódio e limitação.

Para viver no amor, precisamos decidir continuamente a favor dele, e não do medo. Os métodos apresentados neste livro consolidam esse objetivo.

Amor é...

Amor é o que permanece quando o medo se foi e levou consigo a avidez.

Não devemos nos esforçar muito para definir o amor em termos pessoais para nós mesmos. Se nos afastarmos do medo, sentiremos o amor quase automaticamente. Ele seguramente elimina toda dúvida. O amor é uma qualidade natural da Grande Deusa e, portanto, da vida no mundo material. Onde há amor, a vida acontece. Por meio das relações com outros seres, a unidade e – consequentemente – a divindade podem ser vividas individualmente. Os relacionamentos só são possíveis através do amor, do sexo e do sentido em todas as suas variedades.

- ॐ O amor nos deixa curiosos sobre encontros e relacionamentos com outros participantes do grande jogo que chamamos "vida".
- ॐ O amor nos abre para que o outro possa entrar em nós a seu modo.
- ॐ Amor é alegria. Amor é desejo. Amor é esperança. Amor é perdão. Amor é paz. Amor é luta pela vida.
- ॐ Amor é a essência da verdade.

- ॐ Amor é o coração da justiça.
- ॐ Amor é ternura.
- ॐ Amor é tolerância.
- ॐ Amor é entrega ao que realmente nos faz melhores.
- ॐ Amor é a comunhão construtiva que obtém mais de todos os recursos envolvidos do que nós individualmente jamais poderíamos conseguir.
- ॐ Amor é êxtase, a alegria jubilosa no caminho certo para a unidade divina.

Na unidade, não há amor. Tudo que existe na unidade é o nada, o absoluto. O amor cumpriu seu propósito quando a unidade perfeita é alcançada. Então ele dorme, preparado para realizar mais uma vez sua tarefa caso uma separação volte a ocorrer.

A Família da Alma

Para seguir o nosso caminho espiritual de modo adequado, fazemos um acordo antes da nossa concepção – ainda quando estamos nos mundos luminosos perto dos anjos – com outros que também querem "descer" novamente para um projeto comum. Junto com eles, formamos uma *família da alma*. No decorrer de uma encarnação, encontraremos um ou outro membro desse grupo e com ele viveremos belas aventuras! Pessoas que se dão especialmente bem conosco e complementam quase à perfeição nossas forças, fraquezas, idiossincrasias e temas de aprendizado são chamadas *almas gêmeas*. Sim, existem muitas delas – e não necessariamente precisam ser sempre nossos parceiros. Nossas almas gêmeas podem ser parceiros de uma relação, como num casamento, mas podem também ser muito bons amigos. Ou podem ser alguém que apenas encontramos rapidamente, mas com quem vivemos uma experiência maravilhosa que enriquece nossa visão de mundo e nossa autoimagem de maneira profunda e duradoura para ambos. Podem ser filhos, pais, superiores – como também animais, os assim chamados *familiares*. Esses animais são especiais! Eles podem desenvolver um trabalho de energia espiritual, às vezes talvez até melhor do que nós! Eles nos compreendem de uma maneira profunda e única, como um bom amigo. Assim, não surpreende que *familiares* sejam *muito* bons amigos! Eles enriquecem o nosso caminho de um modo que um ser humano não consegue em muitos aspectos. E vice-versa.

Raramente nos envolvemos durante uma encarnação inteira com os mesmos representantes da nossa família da alma ou almas gêmeas. Nossos "amigos do alto" normalmente vêm e vão, dependendo de como decorrem certas fases da nossa vida. Devemos ficar felizes quando tornamos a encontrar um velho amigo e não nos entristecer quando ele desaparece da nossa vida por um tempo. Sem dúvida, voltaremos a nos encontrar. Os que são íntimos do nosso coração retornarão trazidos pelo sentido espiritual mútuo. E então novas e estimulantes aventuras e belas experiências estarão esperando por nós!

Reencarnação

O processo da vida é infinito, sem começo e sem fim. A doutrina da encarnação é muito extensa – explicá-la de forma mais ou menos completa exigiria um volumoso livro. Por isso, analisá-la-emos apenas brevemente aqui com relação aos temas que são importantes neste contexto.

Quando saímos do mundo material, entramos no chamado *Bardo*. Essa palavra tibetana significa aproximadamente "reino do crepúsculo". É aqui que processamos a nossa última vida, fazemos as pazes com nós mesmos com relação às nossas experiências e aos poucos nos desapegamos da nossa autoimagem como ser humano encarnado até que "viramos a cabeça" e percebemos os anjos e outros membros da nossa família da alma que nos esperam e que já habitam "no alto". Acompanhados por nossos amigos, entramos numa forma de existência – por meio de uma espécie de coluna de luz com efeito transformador – que difere basicamente da vida como ser humano encarnado. Aqui não somos mais acessíveis – nem mesmo através de médiuns paranormais. Um médium só pode estabelecer contato com os falecidos que ainda estão no *Bardo*. Normalmente, nós nos separamos do *Bardo* depois de cerca de três meses e então prosseguimos para o "alto". No entanto, se estamos demasiadamente apegados ao mundo material por desejarmos poder, sexo, prazeres da mesa, drogas, atividade para nossa síndrome do assistencialismo, admiração ou a realização de uma tarefa relacionada com uma encarnação anterior – ou se morremos em decorrência de um choque traumático – talvez sejam necessárias décadas ou séculos para que a "subida" ocorra. Isso acontece não porque estamos impedidos de "subir" antes desse tempo, mas porque ainda estamos demasiadamente apegados à encarnação pelos mais variados motivos pessoais.

Uma situação assim é então tarefa para xamãs ou trabalhadores da luz devidamente treinados. Um treinamento especial no Reiki do Arco-Íris, por exemplo, inclui esse tema. Com conhecimentos e habilidades apropriados, as pessoas presas no *Bardo* normalmente ainda podem ser levadas para o reino da luz, a menos que tenham decidido irreversivelmente contra isso por obra do próprio livre-arbítrio.

Mestres Ascensionados e Espíritos dos Ancestrais

Uma exceção a isso são as pessoas que alcançaram um nível elevado de desenvolvimento em uma encarnação e que, por razões de responsabilidade pessoal em relação a uma tradição espiritual, resolvem deixar seu Eu Superior num nível que ainda é parcialmente acessível para os vivos mesmo depois da morte. As outras duas partes da sua personalidade (Criança Interior e Eu Intermediário), que determinam a personalidade cotidiana num sentido mais estrito, então vagueiam no "alto" para o reino da luz até a reencarnação seguinte. O Eu Superior permanece acessível aos alunos da tradição. Quando a linhagem espiritual é invocada nas iniciações do Reiki, os Eus Superiores dos mestres falecidos são invocados para dar assistência ao importante ritual da iniciação.

Jesus, *Buda Gautama, Lao-Tsé* e *Kûkai* são exemplos neste contexto.

Metaencarnações, Almas Jovens e Almas Velhas

Cada encarnação tem um grupo de temas específicos e interligados que devem ser trabalhados. Mas dependendo das precondições e das interações com outros, isso pode resultar em sucesso maior ou menor. Várias encarnações tematicamente ligadas constituem a chamada *metaencarnação*.

Uma "alma velha" é alguém que já acumulou experiências abundantes no âmbito de uma metaencarnação e as integrou adequadamente. Uma "alma jovem" é alguém que pode estar na primeira encarnação de um ciclo de metaencarnação e ainda mal conhece o caminho. Porém, quando começamos um novo ciclo de metaencarnação, precisamos já ter aprendido muita coisa num ciclo de metaencarnação anterior. Já havíamos existido como alma velha e sábia, pois do contrário não poderíamos ter mudado de nível. Agora estamos recomeçando, com temas novos e normalmente também com uma família da alma diferente – um novo jogo e uma nova felicidade!

Em razão de cargas kármicas negativas, ou seja, os efeitos de ações demeritórias de vidas passadas, a eficiência do aprendizado e a capacidade de amar em uma encarnação atual podem ficar muito limitadas. Se esse for o caso, medidas apropriadas como terapia reencarnacional, trabalho com mantras, rituais ou técnicas para limpeza de karma do Reiki do Arco-Íris devem ser aplicados para liberar novamente o caminho de autorrealização espiritual.

Um karma desarmônico não precisa ser suportado até seu amargo fim. Ele pode – e deve – ser curado com métodos holísticos como os que também são usados para outros distúrbios.

Objetivo da Magia

Como já foi mencionado, a magia – também chamada feitiçaria ou bruxaria – é um meio importante para corrigir consequências desarmônicas prolongadas do livre-arbítrio.

Por meio da magia podem ser fortalecidas ou enfraquecidas certas tendências nos processos de vida dos seres. A magia não funciona sem os esforços práticos adequados.[247] Ela também não toma decisões por ninguém. Ainda precisamos das mãos para o trabalho manual, da cabeça para pensar e do coração para sentir, de modo que as condições favoráveis criadas pela magia possam trazer algo de bom. Ela não pode realmente salvar relacionamentos fracassados ou curar pessoas doentes que não querem recuperar a saúde. E se seguimos um determinado caminho de todo tortuoso, a magia não o endireitará. E se não desejamos com toda sinceridade ser felizes ou bem-sucedidos, ou se rejeitamos uma mudança positiva em nossa vida – por medos, ambições ou preconceitos – ficaremos expostos a uma tensão ainda maior pelo influxo de energias da magia, o que significa que subjetivamente sofreremos mais do que antes. *Ora et Labora!*[248] A magia pode facilitar a vida, mas não pode livrar ninguém da vida. Ela também não pode ser usada para mudar ou invalidar as leis do universo estabelecidas pela ordem divina. O sobe e desce das forças yin e yang e a interação dos ritmos cósmicos são mantidos, como também a nossa própria constituição. Não obstante, a magia ajuda a desenvolver o melhor de tudo isso num sentido holístico.

Há certa flexibilidade no estado de despertar espiritual permanente. Nesse estado, não estamos mais sujeitos à nossa carta natal, com seus padrões determinantes para uma dada encarnação. Isso não significa, entretanto, que podemos literalmente fazer *qualquer coisa* que queiramos. Com base no despertar espiritual, um novo caminho kármico pode derivar do antigo sem precisar de antecipação. A escolha é ampla. Mas enquanto estamos no corpo, não podemos ser onipotentes. Isso também não faria nenhum sentido porque o propósito da nossa vida, que basicamente sempre consiste em amar e aprender, nesse caso não poderia

---

247 Rituais de fertilidade não substituem a semeadura, a fertilização, a irrigação e a colheita.
248 Latim: Reza e trabalha!

mais ser realizado. Não haveria mais um caminho. Tudo estaria imediatamente "aqui" e seria "perfeito". Mas especialmente o *percorrer o caminho* viabiliza as experiências maravilhosas e essenciais do nível material da existência. No sentido mais estrito da palavra, a magia sempre funciona apenas através do apoio de seres de luz como anjos, deuses e animais de poder. Nossa capacidade humana para realizar ações mágicas de modo direto é compreensivelmente limitada. Mas com a assistência dos espíritos – como são chamados os seres de luz – mesmo grandes obras de magia podem ser realizadas de um modo relativamente simples.

Num sentido estrito, o trabalho de magia que podemos realizar começa com a transmissão de energia vinda de fontes espirituais fora de nós através da imposição das mãos[249] e termina em algum lugar mais além, influenciando os processos estruturais da vida de toda uma população continental. Este segundo aspecto é obviamente mais difícil do que a imposição das mãos e não são muitos os seres humanos que adquiriram essa competência no curso da história humana.

Magia é a arte e a ciência de mudar a tendência do processo da vida em termos de qualidade e quantidade por meio de intervenções energéticas ou espirituais. Podem servir de exemplos a ocorrência de diferentes "coincidências", a criação de um maior número de oportunidades e de encontros, a orientação dos pensamentos e sentimentos para novas direções. Isso pode alterar tão pouco as decisões baseadas no potencial do livre-arbítrio quanto podem ser alteradas as condições fundamentais do mapa natal.

A realização de desejos pessoais[250] também faz parte disso, mas só faz sentido (isto é, só funciona sob a condição de) quando a realização dos desejos nos ajuda a avançar no caminho espiritual. É melhor também se outros que estão associados ao tema, e com os quais nos sentimos ligados pelo coração, são devidamente amparados pelo trabalho de magia que fazemos, pelo que intervenções diretas só são permitidas com a autorização expressa da respectiva pessoa. Sob tais precondições, a realização de desejos pessoais pela magia é mais eficaz.

A magia *sempre* se torna eficaz somente através do contato com seres de luz (como anjos, etc.). Nesse sentido, a chamada "magia negra" não é magia, porque seus resultados são muito limitados e trabalham tirando do equilíbrio a personalidade da vítima, carregando partes separadas da personalidade com *Ki* normal e não através de alteração nos processos estruturais da vida. Além disso, é certo que seres de luz não participam de magia negra. E nem o demônio, que não existe, participa! (Ver a seguir).

Seres de Luz e Magia

Assim, nada funciona sem os espíritos. É por isso que boas relações com os seres de luz são decisivas para um trabalho de magia eficaz. Anjos e outros habitantes dos mundos astrais basicamente gostam de ajudar nos trabalhos de magia no sentido explicado anteriormente. Afinal, a magia foi dada aos seres para direcionarem os efeitos destrutivos do livre-arbítrio para canais construtivos – também e especialmente quando os efeitos já se tornaram muito

---

249 Coerente com isso, o Sistema Usui de Cura Natural é também e especialmente um sistema de magia. Essa é uma verdade, particularmente quando se levam em consideração as origens xamânicas comprovadamente existentes nessa tradição e as possibilidades de trabalho com energia decorrentes dessa compreensão.
250 Há uma regra sobre isso nos círculos de bruxas: "Faça o que deseja sem causar dano a ninguém (inclusive a si mesmo). É simples, clara e amorosa.

grosseiros, complexos e prolongados. Isso significa que eles são muito complicados para ser desembaraçados com contemplação, diplomacia e trabalho manual.

Em princípio, todos nós podemos fazer magia, desde que tenhamos adquirido o conhecimento e as habilidades necessárias por meio de treinamento. Entretanto, é preciso observar as seguintes condições:

1. Não praticar magia por medo ou ambição de poder, por desejo de reconhecimento, por raiva ou outras crises agudas de emoção, ou por qualquer motivação baseada nos desejos do ego. Isso não funciona.

2. Os espíritos não são escravos nem servos. Mesmo que trabalhem modestamente nos bastidores, devemos ter para com eles uma atitude respeitosa, perguntar, pedir e agradecer. Também é absolutamente necessário chegar a um acordo com eles em termos básicos e no que diz respeito a detalhes referentes a trabalhos práticos complexos de magia que vão além da transmissão de poderes espirituais de cura direta (por exemplo, Reiki) a pessoas que dão seu consentimento para tal. Oráculos são um bom auxílio para comunicar-nos com eles e para o desenvolvimento de uma compreensão holística dos respectivos temas. Não devemos apressar-nos em presumir que entendemos tudo corretamente quando estamos canalizando, fazendo viagem astral ou usando o pêndulo, e que todas as mensagens vêm de um ser de luz. Quanto mais os temas e as visões relacionados ao ego estão envolvidos e quanto menos queremos questionar nossos planos e opiniões, mais certeza podemos ter de que as mensagens não procedem de espíritos, mas das profundezas de nossa mente subconsciente muitas vezes preconceituosa.

3. Devemos examinar com frequência e atenção o significado e o propósito do trabalho planejado, nossos motivos e atitudes pessoais.

4. Os espíritos são seres muito amáveis e poderosos. Quanto mais nos aproximamos deles, mais podemos participar do seu poder. Para aproximar-nos deles, porém, precisamos aprender a questionar nossas próprias limitações morais, dúvidas de autoestima, megalomania e certos comportamentos que se baseiam essencialmente em sentimentos ou no ego e fazer as pazes com as questões mais importantes da vida e da morte. Estar na presença direta de um anjo nos mataria se não amássemos quem somos – e isso literalmente. Mas os seres de luz são sábios e amorosos. Eles não permitem que pessoas despreparadas se aproximem muito deles, para que nenhum dano possa ocorrer.

5. Nos reinos astrais existem jardins, templos, lugares de poder e outros locais sagrados. Quanto mais preenchemos os critérios acima, maior será o nosso acesso a eles. Além disso, uma determinada necessidade deve instar o deslocamento a esses lugares para lá fazer algo importante que não pode ser realizado de forma igualmente apropriada em algum outro lugar.

6. Quanto mais queremos nos aproximar de lugares de poder astral e de seres de luz e temos poderes de magia, mais eles nos escapam. Eles seriam muito perigosos nas mãos de pessoas descontroladas, neuróticas e motivadas pelo medo. Sempre que nos deparamos com uma nova fonte de poder mágico autêntico em nosso caminho,

os guardiões nos perguntarão: "Por que queres ter acesso a esse poder?" Se a resposta não vier do fundo do coração: "Para melhor servir a ordem divina!" a porta permanecerá fechada até que nossa capacidade de amar, nossa humildade e nossa sabedoria tenham se desenvolvido adequadamente. Nós somos a Força Criadora. Se desejamos entrar na posse do nosso legado, precisamos também assumir a responsabilidade correspondente e abrir-nos à sabedoria exigida para esse propósito.

7. Para que o nosso trabalho com magia tenha sucesso, precisamos de uma ligação pessoal e positiva o mais próxima possível do tema e da pessoa – o que também significa com nós mesmos! Quanto menos pessoalmente nos aproximarmos da magia, menor será o resultado. Trabalho mágico "de passagem" praticamente não produz efeito. Se nos abrimos a ele, o poder divino de vida de serviço fluirá para nós.

8. Não se trata de impor magicamente nossa visão pessoal, mas de liberar o caminho para a realização e o desenvolvimento contínuo da ordem divina, da qual a magia também faz parte quando é realizada. Os seres de luz só estão interessados em motivos filosóficos, pela nobreza de que podem se revestir, em projetos religiosos e no cumprimento de regras moralizadoras quando estas estão a serviço da ordem divina – e, portanto, da vida.

9. Implementos como varinhas mágicas, incenso, épocas mágicas, encantamentos, objetos de poder, velas, símbolos, mantras, pedras, rituais tecnicamente corretos, e coisas semelhantes, são fatores essenciais para o trabalho com magia. Sob certas condições! Ao mesmo tempo, quando são corretamente usadas, letras, palavras e frases numa língua arcaica, holística, podem expressar conteúdos que palavras não conseguem transmitir – ou o fazem apenas inadequadamente. Precisamos saber usar os instrumentos mágicos do ofício de maneira eficiente. Os objetos que usamos devem realmente ter poder e precisam estar à nossa disposição através da iniciação, por exemplo.

10. É necessária uma concentração clara da vontade para um trabalho de magia eficaz. Quanto mais dúvidas e incertezas tivermos, menor será o poder disponível. Objetivos superficialmente analisados também obstruem a magia. A falta de clareza bloqueia a vontade. Na nebulosidade do transe, dificilmente conseguimos nos orientar.

11. Por fim: Não podemos influenciar magicamente o que não amamos! Quanto mais amamos algo ou alguém (e isso significa amor verdadeiro no sentido das afirmações acima!), maior será o poder mágico que podemos usar com relação a essa pessoa ou coisa. Por isso, devemos sempre tentar planejar ações mágicas com base em nosso próprio desenvolvimento voltado para o divino, de maneira amorosa e não de modo conflituoso, compulsivo ou violento. Então elas terão um melhor efeito ou inclusive um efeito total.

O que é "Magia Negra?"

"Magia negra" é a tentativa de obter vantagens por meio do trabalho de energia com energias pessoais ou espíritos forçados a servir[251] às custas de outros seres, ou de obter poder sobre ou-

---

[251] Rigorosamente falando, o que temos aqui são simplesmente partes fragmentadas da própria persona do mago negro, uma vez que anjos, deuses e seres análogos não se deixam forçar a nada – especialmente não por seres humanos, porque só recebemos o poder mágico de suas mãos como empréstimo quando nossa atitude é compatível com a ordem divina.

tros com o objetivo de beneficiar-se pessoalmente. *O mago negro sempre age por medo* e com a convicção de que Deus, o Criador, não existe ou de que esse Deus não é para ele – ou mesmo que está contra ele. Ele acredita que a estrutura da ordem divina é ameaçadora ou não leva suas necessidades em consideração. Como resultado, ele precisa aprender a forçá-la a fazer sua vontade. Correspondentemente, a sensação de segurança dentro do plano divino, o sentido primordial da confiança e o poder espiritual do coração não estão presentes num mago negro.

Pessoas que atraem a magia negra regularmente têm *garantia* de escapar dessa influência quando se preparam para aplicar a lei do amor de Deus a si mesmas e às suas relações com o mundo que as cerca sem nenhum "dúvida ou incerteza".

Problemas com influências desarmônicas *sempre* estão de algum modo relacionados com a pessoa que sofre por causa delas. Segundo uma antiga lei universal do sábio egípcio Hermes Trismegistos, a qual entre coisas é um dos princípios essenciais do tarô e da astrologia, nós atraímos aquilo que mais tememos ou que desejamos secretamente na mente subconsciente, mesmo que nossa consciência aja no sentido contrário a esses medos e desejos e estes não signifiquem nada para ela. Esse é um princípio que sempre se aplica.

Se não clearearmos e limparmos os campos e estruturas de atração na pessoa afetada ao trabalhar com desarmonias extremas, sempre surgirão novas dificuldades. Por exemplo, como sei disso, eu não me protejo contra influências de magia negra, embora trabalhe regularmente em países onde tais práticas fazem parte da vida cotidiana. Por que eu deveria? Quando a energia da vida é enviada a partes reprimidas da minha personalidade e eu posso percebê-las conscientemente, isso me poupa muitas horas de terapia. Como a minha atitude básica é orientada para a consciência, o amor e o propósito, posso apenas dizer um caloroso "muito obrigado!" pelo belo serviço. Se o amor é realmente o poder maior, então devemos confiar nele e utilizá-lo.

O que é o Mal?

> O mal são as decisões e ações contrárias à perspectiva espiritual. O desejo de prejudicar outra pessoa para satisfazer o próprio ego é motivado pelo medo, pela ambição ou por dogmas morais e religiosos. É também usar outras pessoas como instrumentos do próprio desejo de poder, qualquer que seja a forma que ele possa assumir.

Podemos *agir* mal, mas não *ser* maus. Cada um de nós é essencialmente divino – mesmo que às vezes esqueçamos essa realidade. Yin e Yang não existem no reino dos espíritos no mesmo sentido em que essas duas polaridades se manifestam no mundo material – os espíritos estão muito mais próximos da Força Criadora do que os seres humanos e, portanto, da luz e do amor. Por isso eles têm muito mais poder mágico. A capacidade de estruturar a vida é um poder divino. Quanto mais um ser se aproxima do centro do amor e da unidade, maior é o acesso que ele tem a esse poder. É por isso que um anjo não pode ser mau. Se fosse, ele perderia todo seu poder e se equipararia a um ser humano ou a outro ser mais inferior.

O que são os Anjos?

Este livro menciona frequentemente seres de luz, anjos e outras criaturas celestiais. Esta seção procura explicar o significado desses termos, tratando especificamente dos anjos, os seres mais conhecidos no Ocidente. As explicações referentes a eles aplicam-se igualmente a outros seres de luz, como devas, animais de poder e deuses.

A palavra "anjo" deriva do grego *aggelos*, que significa "mensageiro". O termo descreve a característica essencial dos anjos: eles são servos, auxiliares da Força Criadora. Eles são portadores não apenas de notícias, mas também de poderes celestiais, de inspirações e de influências que promovem o desenvolvimento em todas as áreas. Eles constroem redes de energias, de informações, de estados de espírito, inspirações, sonhos, acontecimentos, encontros e coincidências que ajudam os seres humanos, animais, vegetais e a terra a assumir seus caminhos individuais e a integrá-los num todo coerente. Sua natureza luminosa transforma o encontro com eles numa experiência muito especial que pode mudar uma vida radicalmente. Os anjos ajudam as pessoas a iniciar seu próprio caminho, a se tornar inteiras, a se desenvolver e a realizar suas necessidades verdadeiras.

Como todos os "espíritos", os anjos não têm a aparência material que estamos acostumados a ver representada pelas diversas artes. Eles também não têm nomes no sentido humano. Reconhecem a si mesmos e aos outros seres por meio da percepção dos padrões de informação energética individual e das correntes de poder. As pessoas criaram nomes e outros atributos para facilitar o entendimento e a compreensão desses seres etéricos como uma entidade à qual podem se dirigir e perceber diretamente. Não obstante, os anjos são seres individuais, com seus próprios temas de desenvolvimento e traços de caráter. Ao mesmo tempo, sua liberdade para tomar decisões (livre-arbítrio) é consideravelmente mais limitada porque estão muito mais diretamente ligados à ordem divina do que os seres humanos.

IL. 208 – A FORÇA CRIADORA ABRANGE A UNIDADE E A DIVERSIDADE

Muitas categorias de anjos têm sexo; o arcanjo Gabriel, por exemplo, é representado em algumas pinturas de igrejas como um ser feminino. Como é muito grande o número de anjos com qualidades e campos de atividade muito diferentes, muitas dessas qualidades não pertencem indistintamente a todos os anjos. Como já foi mencionado, os anjos são indivíduos.

Na tradição judaica, os nomes dos anjos, que normalmente são bastante simples e semelhantes aos dos seres humanos, recebem o acréscimo do sufixo "el". Esse sufixo significa "Deus" ou "Senhor" e indica "alguém com qualidades divinas". Essa tradição deriva das antigas culturas da Mesopotâmia, da Suméria, da Acádia e da Babilônia que já eram seculares nos tempos bíblicos. A palavra *El* era geralmente usada nessas culturas para identificar divindades dos dois gêneros. O plural é *Elohim*,[252] palavra que também ficou muito conhecida por meio da linguagem bíblica. Na Fenícia, um país que se localizava aproximadamente na região hoje abrangida pelo Líbano, Síria e Israel, a palavra *El* descrevia o deus mais importante do panteão, o "Touro Celestial", esposo da Deusa *Aserá* (Ishtar). O *El* fenício era muitas vezes representado como um ser humano com os chifres de um touro. Algumas fontes sugerem que os chifres mais tarde se tornaram o famoso halo. Entretanto, é bastante provável que o símbolo dos chifres do touro se baseasse na fase crescente da lua. Junto com Vênus, a Estrela da Manhã e do Anoitecer, a lua crescente tinha um sentido especial em relação à Grande Deusa, mãe de toda a vida, em todas as culturas da antiguidade oriental.

A Grande Deusa, o Pentagrama e o Curso do Planeta Vênus

Uma explicação interessante sobre determinados números e símbolos pode derivar do seguinte: se imaginamos os signos do zodíaco dispostos em círculo e usamos uma linha para unir os pontos em que Vênus está em conjunção com o Sol na sequência do seu curso num período de oito anos, o resultado é uma estrela de cinco pontas – o famoso *pentagrama* – nos signos de Virgem, Touro, Sagitário, Câncer e Aquário. Às vezes Escorpião ocupa o lugar de Sagitário. Os números *cinco* e *oito*[253] estão, portanto, especialmente associados à Grande Deusa. Os Jogos Olímpicos, que estão se realizando novamente em Atenas enquanto escrevo estas linhas, acontecem a cada quatro anos, a "metade" do trânsito de Vênus através do pentagrama no céu. Dedicado originalmente à deusa Afrodite – a versão grega de Vênus – a ideia era transformar o pentagrama no símbolo dos Jogos Olímpicos. Esse símbolo acabou sendo constituído pelos cinco (!) anéis que destacam a ideia de união entre os participantes.

Não é possível definir rigorosamente os seres dos mundos sutis em termos do nosso modo de pensar analítico, de orientação espaço-temporal. Mas podemos compreendê-los melhor através de qualidades e analogias relacionadas com o processo. Dependendo da cultura e da tradição espiritual por intermédio das quais vemos os anjos ou seres semelhantes, e também das nossas experiências, preferências e aversões pessoais, nós os perceberemos de modos diferentes. Essa é a razão de tantos e diferentes nomes e representações de anjos, de suas histórias e mitologias, muito embora os seres espirituais aos quais eles se referem sejam sempre os mesmos e realizem as mesmas funções na Criação. As pessoas inventaram uma enorme variedade de religiões e lutam por causa delas. Enquanto isso, os seres espirituais trabalham para manter as bases da vida para todos nós e para sustentar os seres materiais em seus caminhos individuais para a luz. Então, não devemos orientar-nos por eles e por sua sabedoria?

Assim, não há nenhuma necessidade de discutir sobre o que os anjos da guarda pessoais são *realmente* e com que *de fato* se parecem. Afinal, essas são apenas analogias que correspon-

---

[252] Numa tradução precisa, a palavra hebraica *Elohim* significa: "deusas e deuses". Ela só passou a indicar o deus único e masculino nas igrejas cristãs porque de outro modo toda a doutrina religiosa patriarcal não teria fundamento, o que se pode compreender muito facilmente.

[253] A soma de 5 e 8 é 13, o número de meses lunares num ano e o número máximo de membros num coven de bruxas. O número 13 é sagrado para a Grande Deusa. Naturalmente, ele foi e ainda é totalmente condenado pelas igrejas cristãs, do mesmo modo que outros conceitos derivados da natureza.

dem a conceitos pessoais e estruturas culturais de cada pessoa. É importante, porém, encontrar um nome e uma descrição que se ajustem ao nosso companheiro espiritual pessoal e também sejam proveitosos para nós dois quando estamos em contato e trabalhamos em projetos comuns. O mais importante é um bom entendimento com o anjo da guarda.

Embora possa agora parecer que tudo "lá em cima" é unidade com os seres de luz – não é isso que realmente acontece. Os seres humanos não estão muito afeitos a distinções. Depois de entrar em contato com um anjo ou de sentir diretamente a energia de um animal de poder e de um elfo, sabemos com muita clareza que essas são criaturas muito diferentes. Apesar disso, é correto falar dos animais de poder como os "anjos dos nativos americanos", por exemplo. Essa comparação, porém, é obviamente fraca, e um nativo americano atual não tem problema em trabalhar com ambas as categorias de espíritos.

Resumindo, os anjos podem ser descritos como seres espirituais personificados, individuais, que fazem a mediação entre algo incompreensível, a Força Criadora, e os seres humanos e outros ocupantes dos níveis materiais de existência, ou que ajudam a sintonizar as estruturas do nível material da Criação com as ideias de formação e doação da Força Criadora, da Ordem Divina.

Existem basicamente três categorias de espíritos, de anjos que estão diretamente relacionados com o mundo material. São seres espirituais que exercem as seguintes funções:

a. construção

b. manutenção

c. destruição

Para as pessoas despreparadas no sentido espiritual, os espíritos com tarefas destrutivas às vezes parecem maus – o que não é absolutamente correto! Sem eles, o ciclo da vida funcionaria tão pouco quanto o faria sem as forças espirituais de construção e de manutenção. Como exemplos podemos citar: a digestão, o sistema imunológico do corpo humano e a compostagem que se transforma em ótimo adubo para o solo.

Yin e yang não existem para os espíritos no sentido humano. O metabolismo deles vibra tão rápido que os limites dessas duas qualidades, vistos de uma perspectiva humana, parecem se confundir. Os anjos têm uma percepção muito mais refinada em relação a isso, a menos que um anjo queira permanecer numa determinada qualidade por um tempo. Os anjos também se relacionam com o tempo de maneira diferente dos ocupantes do mundo material. O tempo não flui para eles de modo linear e unidirecional como no mundo material. Essa foi uma coisa com que precisei aprender a lidar ao estabelecer um contato mais próximo com esses seres.[254] Para se movimentar através do tempo, os anjos se orientam pelo sentido espiritual. Quando querem fazer contato com outro ser, eles formam ressonâncias com as estruturas do propósito da vida do ser em questão e então se encontram no mesmo tempo.

Os seres de luz pertencem ao plano material e estão inseparavelmente ligados a ele. Sem ele e seus diversos ocupantes, os seres de luz não teriam uma missão. Assim, os seres de luz são também materiais num certo sentido. Eles consistem em algo que interage com os outros e é diferente deles em termos de natureza. São muito inteligentes e possuem talentos

---

254 Meu primeiro encontro com um anjo aconteceu na tenra idade de 3 anos, no verão, enquanto brincava. Esse encontro moldou minha vida desde o início.

singulares – porém, também têm seus limites, como todas as criaturas. São sábios – mas há muitas coisas que um anjo individual não sabe. Por exemplo, se um anjo cuida basicamente do sol de um aglomerado de estrelas, ele pouco conhece da rotina diária de um montador de máquinas da Irlanda do Norte ou de uma vendedora brasileira. Os anjos não são onipotentes nem oniscientes, e nem dotados de sabedoria ilimitada. Comparados com a maioria dos seres humanos, porém, eles têm uma quantidade incrivelmente maior de possibilidades de todos os tipos. Como os anjos são especializados, é melhor dirigir-nos aos "especialistas" apropriados entre eles para a realização de determinada tarefa. Outros capítulos deste livro descrevem os muitos seres de luz com seus talentos especiais que têm uma ressonância estreita com a linhagem espiritual do Reiki Usui. Quando nos ligamos a eles, podemos ter nossas próprias experiências individuais. Eles não mordem e são muito gentis – acima de tudo quando nós os tratamos com respeito, amor, sinceridade e gratidão.

Magia e Troca de Energia

Quando realizamos magia, sempre há uma troca de energia entre os vários níveis de existência para manter o equilíbrio. Esse processo se chama oferenda espiritual. Tudo o que oferecemos deve ser dado do fundo do coração e dedicado de antemão para o espírito apropriado. Não deve ser algo de que precisamos com urgência para nós mesmos, mas algo que temos em abundância ou que impede a nossa autorrealização espiritual. No sentido humano, não precisa ser valioso. O valor é definido de maneira diferente pelos anjos em comparação com os seres humanos. O valor para eles está estreitamente ligado ao amor, ao significado e à alegria...

Exemplos de oferendas espirituais: cantos, danças, uma celebração, uma boa ação realizada pela magia no sentido da ordem divina que não beneficia diretamente a pessoa que a pratica; tabaco consagrado, flores, sexo, Reiki, incenso ou velas. No entanto, pode ser também raiva, ódio, tristeza, inveja, ambição ou medo. Tudo é energia para os anjos. Eles transformam tudo o que é oferecido em algo útil para eles e suas tarefas com o imenso poder do seu amor divino.

A Vida de Cada Dia como Oferenda Espiritual

Embora as oferendas acima sejam satisfatórias, ainda assim são apenas estágios preliminares. Quanto mais conscientemente nos esforçamos para realizar a ordem divina, mais poder recebemos dos anjos com que trabalhamos. Forma-se uma espécie de "reservatório mágico" ao qual podemos recorrer em caso de necessidade. Métodos como o Reiki são semelhantes de certo modo. O Reiki, a energia vital espiritual, é absolutamente necessária no mundo material, no sentido da força organizadora do plano divino. Quando nós a usamos, oferecemos uma troca de favores conveniente aos mundos de luz. Como pessoas iniciadas no Reiki, quanto mais consciente e extensamente usamos as habilidades que nos foram transmitidas pela iniciação e pelo treinamento como cocriadores do plano divino, maior será o "reservatório mágico" que se forma para nós nos mundos de luz. Essa é a razão por que muitas pessoas que praticam o Reiki intensamente aos poucos também adquirem outras habilidades mágicas e místicas. Quando usado de modo correto, o Reiki é praticamente um catalisador para o desenvolvimento de habilidades espirituais práticas. Esse é mais um motivo para usar e difundir o conhecimento sobre a energia vital espiritual.

Características Especiais da Deusa e do Deus

A conclusão deste capítulo é dedicada a uma característica especial importante dos dois "anjos principais", a Deusa e o Deus. Esses dois seres ocupam uma posição especial entre todos os seres de luz, pois são os que estão mais perto da Força Criadora em seu estado de unidade. A Deusa e o Deus trabalham muito próximos, mais próximos do que os outros anjos. Os demais seres de luz se tornam ativos recebendo instruções deles.

A Deusa e o Deus existem de diversas maneiras numa grande variedade de níveis no mundo de separação. Eles devem estar presentes em toda a parte para animar e organizar igualmente todas as coisas. No nível mais elevado, o mais próximo da unidade, está a Deusa que, como mãe de toda vida, traz o Deus e seu potencial para este mundo com a palavra sagrada, a origem de todos os mantras. Esse é um reino místico que nunca está diretamente acessível para a grande maioria dos seres humanos. Nos níveis abaixo, eles estão tão intimamente ligados um ao outro que quase são um. No Budismo Esotérico, os dois juntos são chamados *Dainichi Nyorai*. Em sua forma de manifestação num nível um pouco mais inferior, o Deus é percebido diretamente e a Deusa apenas indiretamente. Um pouco mais abaixo desse nível, a Deusa aparece em primeiro lugar: a *Dai Marishi Ten* do Budismo Esotérico.

De certo modo, a Grande Deusa e o Grande Deus estão em todas as coisas. Sim, e ainda mais: eles são tudo! Esse é outro paradoxo. No Budismo Esotérico, *Dainichi Nyorai* na sua manifestação mais espiritual, o puro corpo de luz, é visto de tal modo que muitos *Dainichi Nyorai* pequeninos emanam dos "poros" do seu "corpo" para o universo. Isso significa que eles realmente criam o universo, pois são o âmago de cada ser material, de cada partícula e de cada objeto. O Taoismo ensina que todas as 36.000 divindades do universo estão também no corpo de cada ser humano ao mesmo tempo e cada uma delas cuida precisamente de uma parte específica do corpo. Isso é mais fácil de entender quando consideramos as afirmações acima sobre a dupla natureza da Criação.

Tudo é a Deusa e o Deus – e é a Força Criadora no estado de unidade – e é um ser individual, uma partícula dissociada das outras. Isso nos remete de volta à trindade arquetípica da existência!

Quando nos voltamos para o Grande Deus e para a Grande Deusa, procuramos de certo modo estabelecer contato com uma faceta de nosso ser (como a Força Criadora). Entretanto, a Deusa e o Deus não devem ser confundidos com as facetas da nossa forma humana de existência, as personalidades parciais que conhecemos através da psicologia e da psicoterapia modernas.

Para complicar um pouco mais tudo isso: os seres humanos também têm um corpo de luz e uma forma de existência como a dos anjos. Informações importantes sobre este assunto são dadas no próximo capítulo, que trata dos ensinamentos sobre os chakras e o corpo de luz. Mas explicações mais extensas estariam totalmente além do escopo deste livro, que já está bastante volumoso. Os seminários do Reiki do Arco-Íris sobre o trabalho com o corpo de luz, realizados em todo o mundo, oferecem mais informações para todos os que se interessam por este assunto em particular.

Capítulo 20

O Sistema de Energia Espiritual do Ser Humano

Neste capítulo, eu (Walter) gostaria de apresentar uma visão geral das áreas mais importantes do sistema de energia humano. O sistema de energia espiritual completa os componentes materiais do organismo e estabelece sua ligação com o restante da Criação em planos que ressoam numa frequência mais elevada. Um conhecimento profundo desses sistemas de energia é absolutamente necessário na teoria e na prática para a cura holística e o desenvolvimento pessoal.

Funções da Aura

A aura é um campo de energia que envolve todo o corpo humano e que pode ser provado apenas indiretamente com métodos convencionais de medição científica.[255] Essa energia origina-se em grande parte no chakra da coroa, flui em espiral no sentido horário ao redor do corpo e, passando pelos braços e mãos, desce até os pés. É principalmente nessas extremidades que, liberadas no mundo circundante, as energias e as informações vão ser comunicadas aos outros ou simplesmente eliminadas do sistema do corpo. A energia da aura então penetra no corpo novamente pela palma das mãos ou pelo centro da sola dos pés. Ela sobe desses pontos até o topo da cabeça e o ciclo recomeça.

Além desse "grande" ciclo de energia da aura, existem vários outros ciclos menores de energia, indicados pelos chakras principais e secundários e pelos pontos de acupuntura. A aura contém um sistema complexo de canais de energia sutil e de chakras especiais, mantendo assim a organização harmoniosa dos processos do corpo, especialmente a formação de novos tecidos.

A aura que envolve o corpo humano realiza basicamente as seguintes funções:

- ॐ Desintoxicação energética.
- ॐ Os mais diversos processos de comunicação.
- ॐ Armazenamento temporário de energia e informação que A) passarão do sistema físico para o mundo circundante num momento posterior do tempo, ou B) serão recebidas do mundo circundante e integradas no sistema corporal em algum momento posterior do tempo.
- ॐ Proteção contra influências desarmônicas de energias e formas de informação incompatíveis. Essa função está estreitamente relacionada com o elemento *metal*, conhecido por intermédio da Medicina Tradicional Chinesa.
- ॐ Suporte da estrutura energética do corpo e formação de novos tecidos.

---
255 Por exemplo, a fotografia Kirlian.

Se, por alguma razão, informações ou energias em excesso ficarem armazenadas temporariamente em toda a aura ou em parte dela, teremos problemas com a percepção. Caímos em transe facilmente, e a percepção se torna muito seletiva ou responde apenas a estímulos grosseiros. Na aplicação de terapias, especialmente as que têm por base a energia, essa *redução de ressonância*[256] bloqueia a capacidade do corpo de responder a estímulos de cura sutis.

A maioria das energias e informações do sistema corporal é canalizada para a aura através do quinto chakra principal (chakra da garganta). A maioria das energias e informações do mundo circundante é absorvida pelo sistema corporal através do terceiro chakra (chakra do plexo solar).

Em minhas atividades profissionais com energia espiritual e desenvolvimento da personalidade, trabalho essencialmente com quatro campos da aura:

1. ***Corpo Etérico:*** Esta parte da aura faz fronteira com o corpo físico. É nela que se processa a maior parte da comunicação relacionada diretamente com o corpo físico e onde essa comunicação é armazenada temporariamente, se necessário. As informações sobre a estrutura física estão contidas neste corpo; é aqui também que o corpo absorve e distribui para suas diversas partes as energias nutritivas oriundas do mundo circundante. O corpo etérico também tem envolvimento com o acesso às capacidades energéticas de sentir e agir. Ele tem forte ressonância com o sistema muscular e especialmente com os sete anéis da couraça muscular que conhecemos através da bioenergética – uma forma somática de psicoterapia.

2. ***Corpo Emocional:*** Esta área da aura está ligada à parte externa do corpo etérico. Aqui energias emocionais e instintivas de todos os tipos são comunicadas, armazenadas temporariamente, organizadas parcialmente e enviadas às várias regiões do corpo.

3. ***Corpo Mental:*** Esta área da aura está ligada com a parte externa do corpo emocional. Aqui as funções conscientes e inconscientes e os processos de pensamento factual são comunicados, armazenados temporariamente e organizados parcialmente. Inserem-se aqui também os modos habituais de pensar, como avaliações e conceitos morais e éticos.

4. ***Corpo Espiritual:*** Esta área da aura está ligada com a parte externa do corpo mental. Aqui os temas espirituais – bem como os grupos maiores de extensos projetos que são importantes para muitas pessoas, junto com suas energias e informações correspondentes – são comunicados, armazenados temporariamente e organizados parcialmente. Este campo da aura nos liga com a Força Criadora e seus auxiliares, como os anjos ou os deuses. Aqui as correntes de energia espiritual são percebidas e absorvidas e a sensação de unidade com tudo se torna possível. Orações, percepções mediúnicas e muitas formas de cura e trabalho com energia de magia realizam-se aqui.

---

256 Compare com o capítulo sobre Terapia de Ressonância com Reiki em meu livro *Reiki – Way of the Heart,* Lotus Press. Traduzido para o inglês por Christine M. Grimm.

Chakras Principais

Primeiro Centro de Energia (Chakra da Raiz)

Localização: Base da espinha dorsal. O primeiro chakra irradia para baixo, para a terra, a partir do períneo.

Polarização básica: Yang

Elemento Espiritual: Terra

Funções: Este centro de energia contém a matriz da nossa existência física. Seus temas são a sobrevivência e a autopreservação no sentido mais amplo; preservação das espécies; estrutura; estabilidade; trato com as necessidades materiais práticas; luta e fuga; vitalidade sexual e potência física; capacidade de trabalhar; sentido primal de confiança; resiliência/capacidade de lidar com a pressão. É a fonte de poder vital para o organismo inteiro e para o sistema de energia. É o centro da vontade, da energia para atividades de curta duração e da manifestação de todos os tipos de circunstâncias da vida.

Órgãos Vinculados e Funções: Tudo o que é sólido no corpo; ossos; formação do sangue, vasos sanguíneos e formação de células novas; dentes; glândulas ad-renais; reto, ânus, coluna vertebral inferior e pernas; vitalidade do sangue. Temos aqui uma avaliação contínua das nossas condições orgânicas.

Experiências e Comportamentos de Cura: Um período feliz de amamentação como bebê; comportamento honrado; autoestima; respeito e devoção às raízes pessoais e espirituais; gratidão respeitosa pelo alimento e pelo dinheiro; gratidão à Mãe Terra pelos presentes, tratando-a com respeito; sucesso através da expressão consciente e alegre do nosso potencial junto com membros da família da alma; ser cumprimentado de maneira calorosa e efusiva; desenvolver espírito de equipe. Reconhecer o aspecto positivo das mudanças e aprender a usá-lo; apreciar o novo e integrá-lo sistematicamente no nosso estilo de vida; tolerância; deixar de lado o que não é mais apropriado; aceitar a ajuda de companheiros humanos amorosos; permitir que outros nos tratem quando estamos doentes; ser membro aceito de um grupo; esquecer o trabalho quando estamos cansados e recuperar-nos; compreender fracassos e rejeições como orientação e ajuda no aprendizado para um melhor direcionamento no nosso caminho; batismo como ritual de aceitação pela comunidade dos seres deste mundo e pela teia da vida da Grande Deusa; uma decisão consciente por pensamentos construtivos e boa nutrição.

Experiências e Comportamentos Problemáticos: Luta constante pela sobrevivência (subjetiva ou objetiva); trazer continuamente à lembrança tempos difíceis que passaram há muito, e agir, pensar e sentir de acordo com eles; sentimentos de culpa; medos; ocorrência constante ou chocante de uma sensação de falta de segurança; medo de mudanças na situação da vida; (medo de) humilhação ou rejeição pelos outros; mesquinharia; pedantismo; apego demasiado a regras, valores e padrões sociais, religiosos e morais; vergonha; autocrítica exagerada; ênfase demasiada à estrutura, disciplina e organização; abuso de autoridade; intolerância e obstinação; compulsão patológica por perfeição; apego à formalidade e à superficialidade; formação de opiniões predominantemente superficiais; sozinho contra o resto do mundo; fracasso; rejeição; ser menosprezado.

Segundo Centro de Energia (Chakra Sexual)

Localização: Aproximadamente 4 cm acima do osso pubiano. O segundo chakra irradia para a frente.

Polarização básica: Yin

Elemento Espiritual: Água

Funções: Alegria na vida; sentimentos expressos diretamente, sem reflexão; encontros (físicos); sensualidade em geral; erotismo; distribuição das forças vitais; percepção instintiva; flexibilidade; admiração; relação com o corpo; desejo; criatividade; entusiasmo; energia para atividades prolongadas; função de intermediação para a percepção espiritual (mediúnica) de todo tipo. Encontrar instintivamente o caminho certo na vida que traz sempre novas alegrias e coisas boas.

Órgãos Vinculados e Funções: Sistema urogenital; rins; apêndice; intestino grosso; intestino delgado; pele; região pélvica; bexiga; braços; todos os fluidos do corpo (sangue, fluido intersticial, linfa, muco, secreções sexuais; saliva; suor, urina, secreções das membranas mucosas; lágrimas); absorção de nutrientes e substâncias vitais no metabolismo; seios; próstata; ovários; útero; motivação para atividade sexual e capacidade para sentir sensações sexuais.

Experiências e Comportamentos de Cura: Alegria pela alegria; explorar algo com curiosidade e satisfação; mimar o corpo; aceitação e expressão criativa e construtiva de sentimentos; orientação emocional no aqui e agora; perdoar; desfrutar os sentimentos e lidar com eles de maneira construtiva; assumir responsabilidade pelos próprios sentimentos por meio de práticas espirituais para a orientação positiva dos sentimentos ou da concentração consciente da atenção no que é belo, verdadeiro e bom para criar uma disposição interior positiva (mas sem negar os problemas!); sexualidade agradável e prazerosa com um companheiro por quem nutrimos fortes sentimentos positivos; contato físico suave, agradável; afagos; massagens suaves; fragrâncias agradáveis; cosméticos estimuladores; senso comum saudável e pensamento prático; união com o divino, como na forma de rituais tântricos –

durante os quais o homem pede ao Deus interior e a mulher pede à Deusa interior que os infunda com seu poder sagrado e os abra a um nível mais elevado para a união.

Experiências e Comportamentos Problemáticos: Conflitos internos e externos relacionados com questões de dinheiro, poder e sexo; muitas frustrações na vida cotidiana; abstinência sexual forçada ou voluntária; conceitos morais cuja consequência é a repressão da alegria, da sexualidade, do prazer, da beleza, do desejo e do jogo, considerando-os negativos. Situações e relações de trabalho que causam frustração constante. Desejo compulsivo de controlar os outros e a nós mesmos; medo de perder a autoridade, a estima, a condição social e o controle; drogas intoxicantes; comer compulsivamente; chocolate; essencialmente fazer alguma coisa por dinheiro ou pelo apreço ou poder (prostituição) a ele relacionados; papel de vítima; abuso sexual e emocional; ser dominado por sentimentos; dependência patológica; vícios; ciúme; preconceitos; excitabilidade excessiva de qualquer tipo; relacionar obsessivamente o comportamento e as conversas de outras pessoas a nós mesmos; forte rejeição ou "veneração" de professores e gurus; ser fã ou admirador fanático; comportamento territorial agressivo; agir como macho ou como mulher fatal; desejar sempre algum remédio (alopatia, suplementos), meditação, outras práticas espirituais, viagens astrais e coisas semelhantes como substitutos para a vida do dia a dia (resposta de fuga).

Terceiro Centro de Energia (Chakra do Plexo Solar)

Localização: Cerca de 4 cm abaixo do esterno. O terceiro chakra irradia para a frente.

Polarização básica: Yang

Elemento espiritual: Fogo

Funções: Poder; medo; habilidades organizacionais; dominação; karma; separação; pensamento analítico, relevante, e compreensão intelectual; limites; humores; dizer "não"; função ego da personalidade; sabedoria intelectual; livre-arbítrio; autoconfiança e autoestima; satisfação e insatisfação; transferências no sentido psicológico; transformação da matéria em energia.

Órgãos Vinculados e Funções: Sistema digestivo; transformação do grosseiro no sutil; metabolismo energético; excitabilidade; temperamento; desintoxicação pela eliminação, transformação ou assimilação; fígado; estômago; seção mediana da coluna vertebral; funções digestivas do pâncreas; neuroplexo solar, sistema nervoso autônomo; articulações; tensão do sistema muscular; equilíbrio entre os processos de construção e decomposição no corpo e na mente.

Experiências e Comportamentos de Cura: Favorecer a autoconfiança e cultivá-la sistematicamente, aceitando as exigências sensatas, o elogio legítimo e a crítica construtiva; assumir responsabilidade pessoal; tomar decisões conscientemente e agir adequadamente; compreender que a falta de esforço não é necessariamente satisfação; ficar contente com realizações importantes; senso de realização saudável; não só aceitar desafios estimulantes com alegria, mas também buscá-los quando não se apresentam por si sós; comer tranquila e conscientemente; escolher intencionalmente o que deve fazer parte da vida pessoal e o que deve ser eliminado; avaliar a situação da vida seguidamente; recompensar-se conscientemente pelo que se conquistou; reduzir a distância entre a mente e os sentimentos por meio de um envolvimento consciente com poesia, música e artes em geral; equilibrar os hemisférios cerebrais por intermédio da Cinesiologia Aplicada ou das técnicas de Reiki; equilíbrio dos chakras; ter clareza com relação a si mesmo; não exigir mais de nós mesmos do que podemos alcançar; escolher conscientemente desafios que correspondam às nossas aptidões; reconhecer e respeitar os próprios limites.

Experiências e Comportamentos Problemáticos: Não dar ouvidos aos próprios sentimentos; permanecer sempre na zona de conforto, não nos permitindo confrontos e desafios; uso destrutivo e fortuito da vontade que desconsidera nossas verdadeiras necessidades; desejo de conseguir tudo com a vontade; fazer coisas por fazer, sem levar em consideração o sentido, o objetivo e os efeitos duradouros dessas ações; entender o questionamento de nossas opiniões pessoais como um ataque pessoal; não conseguir tolerar críticas; mentiras; agir e formar opiniões com base em crenças;[257] autoimagem negativa que diz que todos somos pecadores; comunicar o que não é desejado, em vez de expressar os desejos com clareza; "amor" dependente de condições; comportamento chantagista; autonegação patológica; criticar os outros com severidade e intransigência; apegar-se ao intelecto, desejando controlar e avaliar tudo de uma perspectiva mental apenas; frieza e distanciamento intelectual; fixação em analisar tudo; pedantismo; egoísmo obsessivo e egocentrismo; pensar e falar sempre de maneira abstrata e em categorias abstratas; problema sério para expressar concretamente o que queremos, o que não queremos e o que aconteceu; aceitação passiva, fatalista, dos acontecimentos: "é assim que deve ser..., sou incapaz de..., os outros querem que eu..."

Quarto Centro de Energia (Chakra do Coração)

Localização: Região do coração. O quarto chakra irradia para a frente.
Polarização básica: Yin
Elemento espiritual: Ar

---

[257] Em sentido mais estrito, crença é um belo nome para uma mentira. Crença não significa conhecimento [...] E nas igrejas cristãs, infelizmente, é até comum julgar conscientemente o desejo de examinar como comportamento negativo e puni-lo, se possível. Quando nos orientamos pela crença, permanecemos emocional e mentalmente presos num nível infantilizado.

Funções: Amor (com a expectativa de receber amor em retribuição); tolerância; compaixão; gratidão; diplomacia; harmonia; o sentido de pertencer a um grupo; empatia; romance; alegria discreta; unidade; família; amor-próprio; integração de várias partes da personalidade; trabalhar para benefício da família; capacidade de dizer "sim" com sinceridade; unir conscientemente o espiritual e o material.

Órgãos Vinculados e Funções: Coração, pulmões, porções endócrinas do pâncreas; timo; sistema de defesa do corpo; desintoxicação pelo armazenamento de depósitos de gordura; circulação sanguínea; braços e mãos; estado relaxado do sistema muscular.

Experiências e Comportamentos de Cura: Sentar em círculo e dar-se as mãos; comer juntos no círculo familiar; celebrações familiares; fazer algo a favor da comunidade; amar e ser amado; perdoar por amor (e não por um sentido de obrigação ou palpite); serenidade ao lidar conosco e com o mundo; precisão como resultado da paz interior, da entrega amorosa e da objetividade; aceitação de nós mesmos e dos outros como eles são – sem pressa de querer mudar a nós mesmos e aos outros; experiências de felicidade; saber por que e pelo que vivemos; amar a nós mesmos para também querer amar os outros pela abundância de poder do nosso coração; compreensão pelas idiossincrasias dos outros.

Experiências e Comportamentos Problemáticos: Tristeza; amargura; abandonar e ser abandonado por outra pessoa, embora a relação ainda esteja forte; solidão; codependência; tudo precisa girar em torno de nós; constância; comprometer-se com um relacionamento, mesmo em períodos tempestuosos; devaneio excessivo; muita ênfase à autoproteção em todos os níveis; incapacidade de ser prático e objetivo; não ser capaz de relaxar porque o que temos ou o lugar onde estamos no momento não é bom o bastante, poderia ser sempre melhor; mais alto, mais rápido, mais bonito; lamentar constantemente pelo que acreditamos ter perdido ou que perdemos realmente; lastimar repetidamente não poder estar com certa pessoa ou em outro lugar "ideal"; trair e ser traído; não comprometer-se habitualmente; sensibilidade exacerbada; sempre querer fazer coisas que deixam os outros felizes e que satisfazem suas expectativas.

Quinto Centro de Energia (Chakra da Garganta)

Localização: Na garganta. O quinto chakra irradia para a frente.
Polarização básica: Yang
Elemento espiritual: Éter
Funções: Individualidade; a personalidade desenvolvida (a original); autoexpressão; inspiração; expansividade mental; clareza mental e sabedoria; transformação do medo e de

outros sentimentos opressivos em ações apropriadas, construtivas; criatividade prática; comunicação; carisma; clarividência, compreensão artística e respectivas aptidões; voz; expressões faciais e gestos; paz interior (calma meditativa), habilidades físicas.

Órgãos Vinculados e Funções: Cordas vocais; órgãos da respiração; garganta e parte posterior do pescoço; tireoide e paratireoide; região do maxilar; boca; dentes e gengivas; traqueia; pescoço; hipotálamo; velocidade do metabolismo; coordenação do crescimento físico e emocional/mental.

Experiências e Comportamentos de Cura: Mostrar-nos com nosso potencial inato; defender a verdade e expressá-la apropriadamente; uma conversa produtiva e harmoniosa durante a qual todos os participantes mostram quem realmente são e em que se chega à essência das coisas; equidade; conduzir-nos com dignidade; representar publicamente uma instituição de maneira apropriada; cantar, dançar, esculpir, entalhar, pintar, compor música ou recitar poemas; comunicação clara e consciente; defender-nos frente aos outros; decidir baseados no "seja feita a vossa vontade" no modo como vivemos a nossa vida, ou seja, submeter-nos ao caminho espiritual pessoal que nos leva automaticamente ao grau máximo de felicidade, sucesso, realização, amor e alegria; entoar sons harmônicos e tocar instrumentos ricos em harmonias; atitude flexível diante da nossa criatividade pessoal; buscar continuamente formas novas e belas de autoexpressão e aperfeiçoar as antigas que combinam conosco.

Experiências e Comportamentos Problemáticos: Tensões sérias entre os nossos sentimentos e a mente racional; mostrar-nos aos outros de maneira inautêntica; rejeição constante dos próprios talentos artísticos; não agir de acordo com o próprio ritmo; deixar-nos controlar excessivamente por outros no que fazemos; dizer coisas em que não acreditamos; forçar-nos a fazer (ou deixar-nos forçar); comportamento alienado; reter informação importante; mentiras; trabalhar compulsivamente; não descansar porque a atividade com que estamos envolvidos não nos satisfaz realmente; medo constante de magoar alguém; fechar-se, ficar inerte, não mostrar nada de nós mesmos, ter uma fisionomia impassível; conduzir conversas com palavras vazias e chavões; tirar férias sempre no mesmo lugar e comer no mesmo restaurante; não sintonizar as circunstâncias da vida exterior com o nosso processo de mudança regularmente.

Sexto Centro de Energia (Chakra da Testa/Terceiro Olho)

Localização: Ponto entre as sobrancelhas. O sexto chakra irradia para a frente.

Polarização básica: Yin

Elemento espiritual: A qualidade energética do Espírito Divino que está ligado a tudo e ainda assim tem consciência de si mesmo (a Luz da Mente Universal).

Funções: Percepção do nosso caminho no contexto cósmico; grande cooperação dos órgãos e sistemas do corpo; capacidade de encontrar o lugar apropriado na vida; pensamento holístico, intuitivo, e perspicácia; transmissão e controle de energias espirituais; criar a realidade pelo poder do pensamento; ter visões; clarividência ("ver" energias); acesso aos Registros Akáshicos; intuição; trabalhar em benefício do mundo perceptível à nossa volta; compreender o nosso poder divino para moldar a nossa vida.

Órgãos Vinculados e Funções: Olhos, ouvidos, nariz, cavidades nasais, cavidades frontais; cerebelo; controle sobre o sistema nervoso central; glândula pituitária; memória.

Experiências e Comportamentos de Cura: Ser capaz de testemunhar (observador neutro); unir sentimentos e mente com consciência espiritual; pedir conscientemente situações e circunstâncias na vida que ajudam a avançar no processo de aprendizado pessoal da melhor maneira possível; deixar as águas da mente repousar na quietude e observar o que acontece; não esperar nada para que tudo possa acontecer; meditação no sentido mais estrito da palavra (não inclui fantasiar); visualização criativa e construtiva; ouvir a intuição e aprender a separá-la dos sentimentos, das disposições de ânimo, das associações e das mensagens do inconsciente pessoal; tornar-se membro de uma comunidade ou tradição espiritual; trabalho oracular e envolvimento com ensinamentos de sabedoria; pôr-nos a caminho e sermos felizes sem nenhuma condição porque sentimos cada vez mais a nossa condição divina, o que significa que não sentimos mais falta de algo ou que despertamos da ilusão das deficiências e da solidão.

Experiências e Comportamentos Problemáticos: Não manter um distanciamento com relação a acontecimentos, percepções, sentimentos e opiniões; não ser capaz ou não querer descansar; querer apegar-se a coisas, pessoas e experiências; insistir sempre numa troca direta; querer sempre mais conhecimento sem ter clareza sobre as razões para isso; ser ganancioso e viver na pobreza e com sentimentos de vítima; tudo deve ter um benefício direto; aversão a coisas espirituais; não ter um objetivo mais elevado na vida além do dinheiro, do *status* e do poder; apaziguamento dos medos.

Sétimo Centro de Energia (Chakra da Coroa)

Localização: Topo da cabeça. O sétimo chakra irradia para cima, em direção do céu.
Polarização básica: Nenhuma
Elemento Espiritual: Existência espiritual
Funções: Integra em si os estados dos seis chakras principais abaixo dele e os organiza para que trabalhem juntos; abertura para o divino; trabalhar para o benefício de toda a Criação; realizar nossa própria divindade; trabalho oracular; percepção do plano cósmico; magia natural (criação de realidade construtiva, cura, ensinamentos sem as técnicas necessárias, contato direto, esforço considerável ou decisões da vontade; fluir sem esforço com a corren-

te da vida); enfoque livre com estruturas kármicas de todos os tipos, disposições sociais; estar totalmente no aqui e agora; habilidades sobrenaturais; estar no estado de bem-aventurança (*Ânanda*); ocorrência de coincidências reveladoras; professores aparecem para os alunos em sonhos lúcidos – curando com sua presença, sua imagem ou objetos abençoados por eles. Eles trazem experiências de iluminação com sua presença.

Órgãos Vinculados e Funções: glândula pineal; crânio; cérebro.

O Corpo de Luz, seus Órgãos e Funções

O corpo de luz é uma parte importante do nosso sistema de energia espiritual.[258] Ele tem relação com os chakras principais e secundários, e também com os campos áuricos, mas não se identifica com eles. Com suas estruturas de intensa alta-frequência, ele constitui o elo de ligação com o que é nossa forma de existência espiritual no sentido mais estrito da palavra. A seção a seguir explica o que acontece dentro dele.

Visão Geral do Sistema de Energia Humano

- ॐ Nervos
- ॐ Meridianos
- ॐ Chakras secundários e meridianos/*nâdis* que conectam os chakras secundários entre si e com os chakras principais.
- ॐ Os *chakras principais* [um total de nove, a começar com o chakra da raiz. Acima do chakra da coroa (sétimo) estão os chakras *Bindu* (oitavo) e *Nita* (nono)]. A posição destes dois, porém, é apenas aproximada. Eles existem numa vibração tão elevada que impossibilita uma determinação exata das posições – ao contrário dos sete chakras principais. Por isso eles são tratados e contatados através dos seis chakras principais abaixo do da coroa.
- ॐ As *montanhas sagradas*, especialmente *Meru*: Essa estrutura de energia espiritual representa um tipo de matriz para nossa existência material individual e seu significado espiritual.
- ॐ O *corpo de luz*: Esta estrutura de energia espiritual faz a intermediação entre a nossa existência material individual, por um lado, e a existência angelical individual, por outro. O corpo de luz não tem uma posição específica, espacialmente definível. Ele pode ser alcançado através dos chakras da aura e dos chakras principais.
- ॐ *Os portões do céu* são acessos fortemente protegidos para a nossa existência angelical pessoal. Eles não podem ser alcançados ou atravessados simplesmente com um método qualquer do trabalho com energia.

---

258 O Reiki do Arco-Íris oferece uma série de seminários específicos que abordam exclusivamente o trabalho com o corpo de luz. Esses seminários incluem iniciações especiais, símbolos e mantras, além de muitas técnicas eficazes de trabalho com energia espiritual. O treinamento no Trabalho com o Corpo de Luz do Reiki do Arco-Íris é realizado em todo o mundo por professores qualificados.

Os ***chakras principais*** organizam constantemente o fluxo das forças vitais que estão ligadas diretamente à matéria.

Eles recebem suas instruções e o fluxo de energia do nível das *montanhas sagradas* com o centro de *Meru*.

Essas estruturas espirituais ocultas, que não podem ser localizadas espacialmente, estão organizadas em muitos aspectos para corresponder aos nossos padrões astrológicos em nossa encarnação ou contêm esses padrões.

No entanto, eles também guardam informações as mais variadas sobre o nosso processo de metaencarnação, bem como aspectos da nossa visão espiritual numa encarnação. Quando morremos, a maioria das estruturas espirituais ligadas à nossa existência material fica armazenada nas montanhas sagradas para que possa servir de base para a encarnação seguinte.

Das montanhas sagradas, quatro correntes caudalosas da água sagrada da vida fluem com qualidades diversas – as dos quatro elementos espirituais de terra, água, fogo e ar – para a existência material. Elas são guardadas por anjos especiais, os dragões de luz, para não ser influenciadas pelos seres humanos. Como já foi mencionado, essas quatro correntes estão ligadas – entre outras coisas – com os quatro elementos, com a nossa constituição astrológica e com a atribuição espiritual que devemos realizar numa dada existência.

O corpo de luz está ligado ao centro espiritual no centro do chakra do coração (quarto), com o guru pessoal no centro espiritual do sexto chakra e com a chama do desejo secreto no centro do segundo chakra. Ele canaliza energias não polares, como o Reiki.

O ***corpo de luz*** está constantemente interessado em criar uma relação entre as nossas partes, estruturas e necessidades materiais e espirituais e em equilibrá-las harmoniosamente. Um desenvolvimento espiritual, uma iluminação e um despertar permanentes só são possíveis por meio de uma integração abrangente do corpo de luz.

As estruturas espirituais centrais do quarto e do sexto chakras principais são alimentadas e protegidas pela chama divina do desejo secreto no centro espiritual do segundo chakra.

Existem muitos *chakras-aura* que não fazem parte da aura humana no sentido estrito, mas ainda assim a influenciam. Esses órgãos de energia pertencem às áreas externas do corpo de luz.

Os Chakras Bindu e Nita

Esses dois chakras têm uma frequência natural muito elevada. É por isso que eles são tão bons quanto insignificantes para a maioria das pessoas no dia a dia. Os seus temas têm pouco em comum com a vida cotidiana normal.

Algumas Funções do Chakra Bindu: Compreender a verdade por trás do UNO e do mundo material, integrando essa percepção à vida cotidiana de maneira espiritual; compreender as consequências espirituais de certas ações; realizar magia no sentido divino através da presença pura; compreender a magia dos animais e seus efeitos sobre a natureza e os seres humanos; capacidade de ajudar os outros por meio dos sonhos; criar situações no dia a dia que promovam a cura espiritual; compreender nossa responsabilidade pessoal pela teia da vida da Deusa e aprender a agir de modo apropriado; revelar o acesso ao nosso legado espiritual pessoal; estabilizar o corpo material no trabalho com o corpo de luz e durante seu desenvolvimento.

Funções do Chakra Nita: Compreender como é possível aliviar cargas kármicas através de ações do cotidiano; aprender a entrar em contato com vidas paralelas e a receber delas informações úteis; integrar harmoniosamente as influências dos ritmos astrológicos na vida diária; a percepção direta da natureza espiritual dos seres humanos, animais e vegetais.

Os Chakras-Aura Mais Importantes e suas Várias Funções para a Cura e o Desenvolvimento da Personalidade

Os chakras-aura *não se localizam num determinado lugar* na aura. Eles se movimentam constantemente, oscilando nos canais circulares ao redor do corpo. Alguns podem ser alcançados mais facilmente pela parte anterior e outros pela parte posterior do corpo. As posições indicadas são as chamadas zonas de acesso, através das quais os chakras-aura podem ser mais facilmente alcançados por meio do trabalho energético.

Os chakras-aura são numerados de cima para baixo e se dividem em chakras-aura anteriores (CAA) e chakras-aura posteriores (CAP).

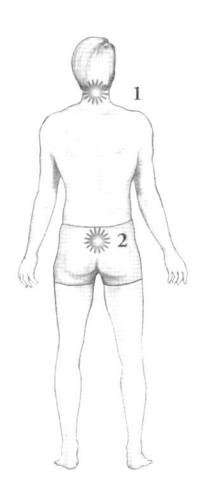

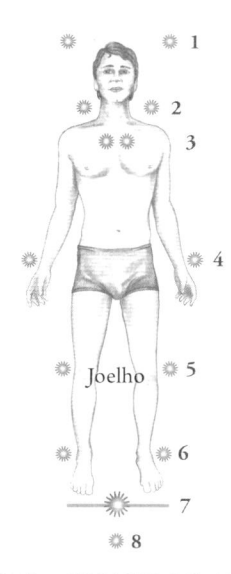

IL. 209 – CHAKRAS-AURA POSTERIORES

IL. 210 – CHAKRAS-AURA ANTERIORES

Algumas funções importantes dos chakras-aura neste contexto são:
1. CAA – Comunicação direta com seres de luz.
2. CAA – Uso da comunicação de modo espiritual; integração dos poderes espirituais de cura na voz e nos movimentos do corpo.

3. CAA – Amar e aceitar a existência por ela mesma; produzir uma forte estabilização; amar as polaridades da vida e tratá-las de forma espiritual.
4. CAA – Capacidade de criar o nosso próprio caminho de maneira mágica.
5. CAA – Ligar-nos com professores espirituais, vivos ou mortos.
6. CAA – Usar o processo de dar e receber para promover o desenvolvimento espiritual; relacionar-se com tradições espirituais pessoais de vidas passadas.
7. CAA – Usar diretamente o poder da Grande Deusa para curar; relacionar-se com lugares de poder e uni-los uns aos outros.
8. CAA – Aprender a sabedoria da Mãe Terra; criar uma área de proteção espiritual e de estabilidade à nossa volta; ser capaz de comunicar-se com anjos de cristal.

1. CAP – Controle consciente dos três principais canais de energia da coluna vertebral; ligação com os poderes divinos do sol e da lua.
2. CAP – Cria estabilidade quando ocorreu um encontro direto com poderes espirituais fortes de alta-frequência; uso consciente da energia sexual para promover o desenvolvimento pessoal.

Quando trabalhamos com os chakras-aura regularmente, nossas visões espirituais se tornam muito mais nítidas e nossa dedicação a serviços espirituais se fortalece. Ao mesmo tempo, nossa vida cotidiana com suas exigências fica mais sintonizada com nossas necessidades e concepções espirituais.

Além disso, nossos poderes de cura, nossos talentos espirituais em geral e nossa capacidade de ouvir os seres de luz melhoram consideravelmente. Uma função muito importante do trabalho sobre esses órgãos de energia é estabilizar o corpo material em todos os níveis como condição para o trabalho no corpo de luz no sentido mais estrito.

No centro de luz do segundo chakra está o acesso para a chama divina do desejo secreto.

No centro de luz do quarto chakra está o acesso para uma unidade equilibrada.

No centro de luz do sexto chakra está o acesso para o Caminho de Cristal.

Afirmações Especiais do Reiki do Arco-Íris para o Trabalho do Corpo de Luz com a Técnica do *Mental Healing* do Segundo Grau

As afirmações que seguem podem ser usadas com grande eficácia no contexto da técnica do *Mental Healing* do Segundo Grau do Reiki Usui Tradicional com o objetivo de criar as condições para integrar o nosso corpo de luz. Por exemplo, elas podem ser usadas com outras práticas, numa sessão de *Mental Healing*, escolhendo uma afirmação e repetindo-a durante pelo menos 10 minutos ao longo de sete dias. Pode-se escolher a afirmação intuitivamente ou com o pêndulo para que a escolhida seja a afirmação mais apropriada no momento.

Palavras de Luz para Despertar a Alma

1. *Eu sou a luz pura da chama eterna do amor divino.*
2. *Tudo o que chega a mim e me acontece é efeito direto do amor perfeito da Força Criadora.*
3. *Especialmente hoje, compreendo-me como um ser puro, divino.*
4. *A joia preciosa que sou envia centelhas resplandecentes de luz para tudo e para todos que estão ao meu redor e dentro de mim.*
5. *Tudo que me acontece é uma lição valiosa no amor perfeito e na sabedoria divina.*
6. *Minha existência material é minha oração.*
7. *Eu sou o Uno e o Uno é eu.*
8. *Não há causa, não há efeito; não há começo, não há fim; não há agravo, não há sofrimento.*
9. *Eu brinco com seriedade e crio alegria de modo a nutrir minha alma divina.*

Capítulo 21

O que é Iluminação e Realização Espiritual?

Em primeiro lugar, eu (Walter) gostaria de dizer que iluminação é um estado basicamente natural, como é o despertar espiritual. Em outras palavras: custa muita energia, tempo e criatividade não estar nesses estados, o que pode levar a algo como a Síndrome da Fadiga Crônica! A condição para degenerar-nos desse modo é a negação do sentido espiritual da existência física e de suas necessidades naturais, bem como a negação do sentido da vida relacionado com esses dois temas. Essa decisão, normalmente tomada através da pressão social de formas variadas – e às vezes como resultado de experiências individuais traumáticas, acaba no desenvolvimento de muitos medos não naturais e em neuroses e dogmas de todos os tipos. Estes, por sua vez, levam à autonegação, a um senso de culpa, vergonha e aversão à forma atual de existência dada pela Força Criadora.

A iluminação, acompanhada do despertar espiritual que lhe segue, é também um retorno ao modo de ser original e saudável que é apropriado à natureza dos seres humanos e do nosso caminho! Tudo bem – isso pode parecer mais simples do que realmente é na prática. Mas não é surpresa, considerando que a nossa sociedade já se encontra num estado extremamente doentio há séculos. Apesar disso, existem meios possíveis para novamente retornarmos ao nosso estado original, natural de ser.

O estado divino de ser não está em algum lugar *fora* de nós. Ele já está presente em nossa mente e no que somos! Ele permeia absolutamente tudo que somos! O estado de ser – outra expressão para o estado divino – está em nosso próprio corpo. Ele se expressa a cada momento através da continuação da vida. Desde que entendamos que já chegamos, que já estamos espiritualmente despertos – e que não há nada a alcançar, nada a desenvolver, nada a abandonar, nada a aceitar, nada a transformar, e que é muito importante esforçar-nos, mudar, crescer, abandonar o que é inadequado, não concentrar a atenção em nossos medos e tremer de pavor, amar de todo coração e tentar abrir nosso coração fechado por meio do perdão – então está feito.

Então tudo é totalmente novo e admiravelmente diferente – e exatamente tão monótono e comum como antes. Antes do despertar espiritual: comer, beber, trabalhar, administrar conflitos, dormir, amar e esforçar-se. Depois do despertar espiritual: comer, beber, trabalhar, administrar conflitos, amar, dormir e esforçar-se.

E todavia – quando acontece o despertar espiritual, ele se precipita sobre nós como uma avalanche na forma de um arco-íris translúcido, delicado, de cores fascinantes, desconhecidas, infundido por um bramido contemplativo, sereno. Imagens e poesia são necessárias para descrevê-lo um mínimo – mas cada afirmação sobre ele é abafada na sua trivialidade em comparação com a verdade que vivemos. E se acreditamos que o percebemos conscientemente, ele nos escapa por entre os dedos com um riso galhofeiro, deixando-nos nas mãos um fumo adocicado que logo se desvanece. O despertar é uma mudança absolutamente radical da nossa existência. É como se fôssemos virados de dentro para fora e nossa mente desse uma reviravolta completa – embora, ao mesmo tempo, seja apenas o silêncio que brame e nos deixa tão perplexos que poderíamos preencher volumes com ele. Isso é que nos deixa sem palavras e sem pensamentos. Ele nos torna parte do todo, menos do que um grão de poeira, e como o Himalaia que celebra seu nascimento e sua morte no mesmo instante como sua não existência.

O despertar espiritual não resolve nenhum dos nossos problemas nem cura nossas neuroses; os medos não desaparecem e os sentimentos não se transformam em luz – e por que deveriam, se *tudo já expressa perfeitamente o divino*? É tão perfeito que não há nada e há tudo para mudar. O desejo de mudar algo ou de mudar a nós mesmos é o mesmo que bloquear o despertar e suas condições absolutamente necessárias! Entretanto, se a questão toda não tiver um mínimo de importância para nós, jamais encontraremos o caminho.

Se a minha linguagem aqui o surpreende, devo dizer: não é possível expressar o divino em si de modo unilateral. Estritamente falando, é simplesmente impossível comunicá-lo. Entretanto, a tentativa totalmente desnecessária de expressar o indescritível com palavras é tão importante e correta quanto a recusa de inclusive tentar levar tudo isso a sério.

Ele é! Eu sou Ele – Ele é eu. Na forma de um antigo mantra indiano, "Ele" é chamado *Tat Twam Asi*.

Em colóquios voltados ao despertar da consciência espiritual, o esforço para não julgar está condenado ao fracasso desde o início, uma vez que a linguagem em si é um ato de julgamento e não pode ser outra coisa. Mas a tentativa é útil em determinadas circunstâncias, porque mostra os limites e conquista novos territórios, o que ajuda a expandir a consciência. Mesmo a tentativa de dar um enfoque mais flexível à linguagem e de deixar para trás as estruturas de avaliação habituais pode afetar muito a cura.

Colóquios durante o *Satsang*[259] são muitas vezes mantidos com padrões de linguagem como os dos textos acima ou algo parecido para sintonizar a consciência do aluno com seu ser e promover o despertar espiritual. Falar desse modo na vida de cada dia não é só estranho, mas também absurdo – mas pode ser também bastante divertido na companhia das pessoas certas...

---

[259] A palavra *Satsanga* ou *Satsang* é composta das sílabas sânscritas *Sat*, que significa "bom" ou "genuíno", e *Sanga*, que significa "contato/relações". O termo significa basicamente estar junto com pessoas santas (espiritualmente despertas). Quando convivemos com um professor espiritual, a centelha de compreensão da verdade divina pode saltar dele para nós e inspirar a nossa disposição a abrir-nos à aventura do despertar espiritual. Professores espirituais transmitem seus ensinamentos em vários níveis que incluem a linguagem, a não linguagem, modos energéticos e espirituais. No entanto, eles antes partilham seu modo de estado de ser com os alunos. Entre outras coisas, isso pode produzir crises físicas, emocionais, energéticas ou mentais intensas. Os alunos muitas vezes entram espontaneamente num estado de sono ou transe (estados com atenção muito limitada), tornam-se agressivos praticamente sem motivo ou ficam com medo. Este surge porque os programas de proteção que defendem a supremacia do ego – uma personalidade parcial formada em sintonia com o meio ambiente social durante a infância e a adolescência – veem seu "rei" ameaçado quando a consciência bebe numa fonte verdadeira e lava o lodo da ignorância e da falta de amor com a água límpida da Grande Deusa, possibilitando assim que o estado natural de ser, o despertar espiritual, aconteça. Professores espirituais têm esperança e se preocupam com seus alunos, oferecendo uma ajuda firme e decidida, apropriada a cada um deles. Ao mesmo tempo, falam por meio do seu comportamento sobre vários assuntos sem ser óbvios aos que não estão envolvidos com a questão. O comportamento deles não é motivado por identificação psicológica com os alunos ou por serem controlados por sua síndrome de assistencialismo. Eles têm consciência plena do fato de que também são estudantes, porque eles são tudo e porque são a Força Criadora. Isso pode parecer um tanto psicótico, mas na verdade funciona muito bem.

Santifique o que é! Quando se trata de realizar um trabalho ou de compartilhar uma experiência íntima e intensa com alguém que amamos, está mais de acordo com a verdade divina comportar-nos de um modo que seja apropriado à situação e que melhor faça justiça às suas características específicas. Estar no mundo, mas não ser do mundo! Devemos aproveitar o que é, e abandoná-lo quando nossa jornada continua e ele se sentiria mal em nossa mala. Mas só então – e não a partir da ideia malcompreendida de que desapego significa nunca se envolver. Quando não nos envolvemos, também não podemos abandonar. Infelizmente, se não desenvolvemos um ego, também não haverá nada para transformar. Significa que desperdiçamos horas maravilhosas de aprendizado intensivo, tanto sozinhos quanto com outros buscadores espirituais, e a sensação inebriante de às vezes livrar-nos da camisa de força do ego. Os relacionamentos viabilizam metade da Criação em primeiro lugar. Assim, o que poderia estar errado com eles?

Sermos capazes de fazer tudo, sermos invulneráveis e não termos mais nenhum desafio sério à frente transformam a vida num grande e maçante bocejo. É por isso que em sua sabedoria a Força Criadora introduziu a imperfeição na existência material, e todo super-herói das histórias em quadrinhos tem seu próprio calcanhar de aquiles.

Sua consciência, que não foi amoldada em nada e na realidade é vazia, e a mente perceptiva, radiante e feliz – essas duas são inseparáveis. A união das duas é o Dharmakaya – estado de iluminação perfeita. Sua própria consciência, radiante, vazia e inseparável do grande corpo de luz, não tem nascimento nem morte e é a luz imutável.

(parafraseado de O Livro Tibetano dos Mortos, W. Y. Evans-Wentz,
Oxford University Press, 1974)

Como já foi mencionado, é normal ser iluminado. Se sentamos num banco do parque e olhamos para o céu, "saímos" por um momento sem devanear, *estamos* simplesmente *com tudo*. Isso é iluminação. Então nos damos conta do que está acontecendo, ficamos com medo de que isso possa durar, e começamos a pensar sobre o fato. Mas não o compreendemos porque acreditávamos que eram necessárias décadas de meditação obcecada e de resistência férrea aos desejos ardentes da carne para experimentar algo assim. E assim tão facilmente? Não pode ser [...] e que tal se for?

Podemos também experimentar estados semelhantes enquanto fazemos sexo e nos tornamos tão absolutamente unos com o desejo e a pessoa amada que não pensamos mais, não refletimos mais, não sentimos mais – ficamos simplesmente imersos no encantamento.

Isso pode também acontecer na primeira vez em que olhamos nos olhos de um filho recém-nascido. Ou no momento em que nos apaixonamos perdidamente.

Ou pode acontecer enquanto fazemos algum trabalho que flui de nós com tanta naturalidade e facilidade que nem percebemos que estamos fazendo alguma coisa. Nós "somos" o trabalho, nos tornamos um com ele, estamos totalmente envolvidos com o tema no processo da ação. O fazedor e o objeto se transformam numa única coisa. Nos treinamentos de gerenciamento atuais isso se chama Estado de Fluxo. Penso que é uma bela escolha de palavras. Ela aponta habilmente para o desapego, para a entrega ao fluxo da vida e para a ordem divina.

Podemos experimentar o despertar espiritual como resultado de uma profunda convicção de que precisamos fazer alguma coisa, como um momento de estar inteiramente com nossos sentimentos, e por uma única vez não evitar o confronto com nós mesmos. É difícil perceber esse estado precioso e levá-lo a sério. Ele escapa da pessoa inexperiente ainda mais rapidamente do que a iluminação. Sentimos que é certo abraçar o sofrimento, experimentá-lo verdadeiramente e deixar que ele nos enriqueça, e permitir que nosso coração seja aberto por ele. Isso não significa o desejo de sofrer dos masoquistas ou da indiferença pseudofilosófica dos estoicos. O mesmo se aplica à felicidade, ao desejo, à alegria e ao sucesso. Significa simplesmente fazer alguma coisa para integrar essas qualidades dentro de nós mesmos, senti-las transbordar dentro de nós – para integrar outra faceta da vida, sem ter realmente motivo de ganho, de aclamação, de fama – e ainda assim abraçar tudo isso e mais, porque é necessariamente uma parte do todo e já tem sido uma parte de nós desde o princípio dos tempos.

O despertar espiritual é um paradoxo. A palavra grega *para* significa "além" e *dokein* traduz-se como "pensamento", como em "compreensão lógica, conceitual". Para compreender realmente o despertar espiritual, devemos ir além do pensamento, a outro nível de ser e de consciência.

Como disse muito bem o grande cientista Albert Einstein, que nutria grande interesse pela filosofia espiritual: "Os problemas não podem ser solucionados no mesmo nível em que foram criados". Isso também se aplica aos problemas que a vida põe diante de nós no nível material.

Uma bela história sobre o esforço para entender o sentido da iluminação e do despertar espiritual é narrada pelo filósofo grego Platão.[260] Seu título: "Alegoria da Caverna".

A alegoria da caverna é uma peça didática muito popular nas aulas de filosofia. Ela se encontra no início do Livro 7 do tratado *A República,* que o filósofo escreveu em torno de 380 a.C. O diálogo sobre a alegoria da caverna se desenrola entre o professor de Platão, Sócrates, e Glauco, seu interlocutor. Sócrates comenta que o estado mental de muitas pessoas pode ser descrito como se elas tivessem sido acorrentadas desde o nascimento à parede dos fundos de uma caverna, com as costas para a entrada. Assim, elas só conseguem ver a parede de pedra que é fracamente iluminada pela luz que vem de fora. Desse modo, elas só podem ver o que acontece às suas costas pelas sombras difusas que os acontecimentos projetam sobre a parede. Como elas não conhecem nada diferente, acreditam que as sombras são a realidade. E insistem nessa convicção, mesmo quando uma delas, que conseguiu soltar-se e passou algum tempo fora da caverna, fala-lhes a respeito do mundo externo. Elas não acreditam porque não tiveram a mesma experiência.

Nessa alegoria, o ser humano que conseguiu fugir da prisão da caverna representa para os filósofos o ser desperto; as pessoas acorrentadas na caverna são prisioneiras de sua consciência

---

260 Platão, filósofo grego, nasceu em Atenas em 427 a.C. e morreu na mesma cidade em 347 a.C. Ele iniciou sua carreira como poeta, mas depois encaminhou-se para a filosofia por influência do seu professor Sócrates. Ele fundou a Academia de Atenas. Em seus ensinamentos, o mundo visível é um processo constante de transformação na existência verdadeira, indescritível.

habitual. Houve e sempre haverá problemas sérios de comunicação entre as duas partes. Só quando um dos que estava preso se liberta e sai para fora é que ele pôde de fato compreender as histórias da outra pessoa que já havia saído. *C'est la vie...*

A Subida da Kundalini

IL. 211 – A KUNDALINI REPRESENTADA COMO UMA SERPENTE

A palavra *Kundalini* deriva do sânscrito e significa literalmente "serpente".

Ela é essencialmente a força da Grande Deusa (*Kundalini-Shakti*), normalmente armazenada como um potencial adormecido na maioria das pessoas na extremidade inferior da coluna vertebral. Se é despertada, ela sobe através dos seis chakras principais, até o sétimo, o chakra da coroa e assento de Shiva, o Grande Deus. Ele dorme ali enquanto espera o beijo da sua consorte, a Grande Deusa. Esta desperta o desejo dele de se unir a ela, de conceber e trazer vida ao mundo. Como cada indivíduo é divino em si mesmo, a Grande Deusa e o Grande Deus estão presentes em cada ser como um potencial. Esse fato, porém, não deve ser confundido com ensinamentos sobre personalidades parciais. A perspectiva psicológica fracassa nesse ponto porque a Deusa e o Deus são seres totalmente independentes e ao mesmo tempo o potencial espiritual de cada ser humano, comparáveis à dupla natureza da luz. Personalidades parciais não precisam de explicações espirituais. Elas fazem parte do sistema humano e não se encontram nem operam como seres independentes fora e acima desse sistema (no plano astral).

O despertar da kundalini no contexto do desenvolvimento da personalidade espiritual é possível de várias maneiras. Basicamente, porém, ele sempre está relacionado com a aceitação e a realização de nós mesmos em particular e da vida de modo geral nas áreas temáticas de cada chakra de maneira amorosa e construtiva no dia a dia. Meditação, yoga, práticas tântricas, Qi Gong, Reiki, Tai Chi e o fato de simplesmente viver uma vida rica em sentido e experiências podem causar o despertar da kundalini. Para ser bem-sucedido, esse processo requer – como sempre acontece quando trilhamos o caminho espiritual – paciência e perseverança, flexibilidade, criatividade e um forte fator de diversão. Disciplina, força de vontade e concentração são como o arranque de um motor – são bons para pôr as coisas em movimento, mas totalmente inadequados para fazer uma viagem! Esta precisa do motor – e é isso que é divertido. Quando tentamos forçar artificialmente a subida da kundalini – por medo, por desejo de poder ou reconhecimento, para termos boa saúde, para sermos amados, para acabar com o sofrimento ou para agradar alguém – por meio de um esforço obstinado, disciplina e uma sobrecarga sistemática do primeiro chakra usando as técnicas correspondentes, não haverá resultado na melhor das hipóteses, e um desastre na forma de doenças graves do corpo e da mente, na pior.

Sob certas circunstâncias, a subida da kundalini para partes do sistema de chakras pode ser forçada por um período curto de tempo. Mas não descreverei essa possibilidade aqui porque é realmente desnecessário. O caminho explicado acima é o único garantido para produzir resultados bons e duradouros.

Quando a subida da kundalini é forçada – por meio de práticas específicas ou sob circunstâncias desfavoráveis como um acidente, um choque anestésico, uma experiência traumática, sofrimentos terríveis ou tortura – os chakras principais normalmente não estão preparados. Seus temas não foram amorosa e praticamente integrados na personalidade como um todo. A kundalini então abre um caminho através desses bloqueios e o organismo faz o possível para fazê-la parar porque ainda não aprendeu a confiar no divino. Esse gasto enorme de recursos normalmente causa danos permanentes no corpo e na mente das infelizes vítimas. Apesar disso, pessoas que sofreram lesões dessa natureza ainda podem possuir durante algum tempo muito carisma e habilidades (*Siddhis*) que impressionam pessoas sem treinamento espiritual, como resultado dessa experiência, porque estão extremamente carregadas com energias yang. Mas isso não significa de modo algum que se tornaram professores espirituais. Elas não podem conduzir ninguém para a luz, porque ainda vivem na escuridão da ignorância e da falta de amor pela força de suas próprias decisões. Além disso, através da energia yang muito intensa e não integrada, elas não ficam mais centradas e normalmente também têm todos os tipos de problemas de estabilidade. A sabedoria não pode ser forçada, mas tão-somente alcançada pela entrega de si mesmo à vibração sutil do coração.

Como a Kundalini Sobe

A kundalini sobe basicamente de cinco modos diferentes, cada um revelando várias qualidades de experiências específicas quando descemos aos detalhes.

1. A subida da força serpentina pode ocorrer de maneira vagarosa, ao longo de meses ou anos, e quase não ser perceptível. Às vezes esse processo é acompanhado por sensações de formigamento em todo o corpo ou em partes dele e por pequenos saltos espirituais de consciência, sonhos visionários e a manifestação lenta de poderes espirituais (*Siddhis*). Na minha opinião, esse é o modo mais agradável e mais adequado para a vida cotidiana. Ele pode ser comparado ao modo como uma planta cresce e depois se estabiliza antes de enviar os novos brotos em direção ao sol, a

grande luz. Neste caso, não é necessário recolher-se para integrar a experiência. Ela acontece praticamente de passagem. É por isso que recomendo este processo aos meus alunos, dando-lhes o acompanhamento apropriado. No Oriente, este processo é comparado com o andar da formiga.

2. Uma subida agradável da kundalini, mas consideravelmente mais dramática, acontece quando entramos em êxtase divino, às vezes por um curto período de tempo (de alguns minutos até várias semanas). O riso se torna a nossa linguagem e a alegria e desejos o nosso estado de ser. Embriagados de felicidade, servimos de inspiração para os que estão à nossa volta, desde que não fiquem chocados com tanto carisma e uma natureza tão descontraída. Com o passar do tempo, integramos toda a felicidade. Recomenda-se a presença de um professor espiritual como auxiliar e companheiro nesse processo. Podemos não ser úteis para assuntos humanos durante algum tempo – exceto talvez como um tipo especial de palhaço – mas reagimos mais divertidos do que irritados com esse fato. No Oriente, esse processo é comparado com o nadar prazeroso de um peixe no oceano da felicidade.

3. Quando a kundalini nos "apanha" de um momento para outro, precisamos aplicar todas as nossas energias durante algum tempo para integrar a experiência, as possibilidades e o novo estado de ser. Um professor espiritual é absolutamente necessário neste caso. No Oriente, esse processo é comparado com o salto de um macaco do chão até o topo de uma árvore. Esse salto pode, definitivamente, tirar-nos do equilíbrio.

4. Outro modo de subida da kundalini é o que ocorre quando a força serpentina se dirige a um chakra principal, a parte dele ou a porções diferentes de vários chakras principais. Então parece que nada acontece por algum tempo, às vezes por horas, meses ou anos. Então, de repente, a área seguinte do sistema de energia desfruta o poder da Grande Deusa, seguido por um período em que tudo se aquieta novamente. Depois de cada um desses "surtos da kundalini", é preciso algum tempo para integrar o que foi experimentado e o potencial despertado. Então precisamos voltar a conhecer-nos nesse novo estado. No Oriente, esse processo é comparado com o saltitar de um pássaro de um galho para outro.

5. Por último, mas não menos importante, pode acontecer que sintamos uma subida mais ou menos uniforme da força serpentina ao longo de um período maior de tempo (semanas, mas normalmente meses ou anos). Ela flui de um centro de energia, de uma região do corpo para outra, recolhendo-se aqui e ali. Às vezes se movimenta rapidamente, às vezes mais lentamente, até chegar à coroa, quando os cinco processos naturais da subida da força serpentina desencadearam mutuamente um sutil escorrimento do poder de Shiva do chakra da coroa para todo o corpo. No início esse escorrimento é sentido claramente, talvez como a ardência do champanhe, e depois se torna inebriante, eletrizante, erotizante [...]. Mais tarde ele volta ao normal, mas tão logo voltamos a nos sintonizar conscientemente com nós mesmos, ele está ali novamente – avivando, refrescando, seduzindo e produzindo um estado de preenchimento na paz do ser conectado com o todo. No Oriente, esse processo é comparado com a serpente que sobe sinuosamente pelo corpo até chegar à coroa.

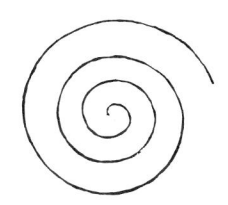

IL. 212 – A ESPIRAL CRIATIVA DA KUNDALINI

A subida natural, saudável, da kundalini produz experiências mais ou menos profundas de iluminação. Iluminação é permanecer no estado divino de consciência. É aqui que a unidade é percebida – mas estritamente falando, não é o que acontece: quando estamos muito imersos nela com a nossa consciência, não a percebemos. Entretanto, quando estamos prestes a alcançá-la, a entrar nesse estado, ou a sair dele, sentimos essa unidade imensamente poderosa, essa sensação de ser "todo" e "uno". A subida da kundalini por si só raramente produz iluminação permanente. Em geral, ela é uma imersão recorrente, ocasional, deliberada ou mesmo não planejada na consciência divina – que não é consciência no sentido humano. Sim, esses paradoxos irritantes. De qualquer modo, tudo isso é normalmente muito estimulante...

Sentimentos muito intensos às vezes se fazem inesperadamente presentes. O corpo pode assumir âsanas difíceis (posturas do yoga que movimentam energias espirituais e as organizam harmoniosamente) e mudrâs (posições das mãos que movimentam energias espirituais e as organizam harmoniosamente) sem maior esforço. Podem ocorrer várias experiências suaves, como a sensação de formigamento ou de energia fluindo pelo corpo, como também uma leve dor de cabeça, um estado de observação imparcial, uma mudança nos processos de pensamento, que ficam mais lentos ou mais acelerados, um estado de transe mais ou menos profundo, confusão e alterações na visão. Além das percepções e dos estados mencionados, há ainda muitos outros – e todos eles podem simplesmente ser sinal de um distúrbio mental ou de doença física! Não há relação inevitável entre um dos sintomas e a subida da kundalini. Sem nenhuma dúvida, só uma pessoa espiritualmente desperta pode diagnosticar apropriadamente a subida da kundalini. Fora isso, há apenas especulações mais ou menos qualificadas.

Como já foi mencionado, mesmo alcançando esse estado não significa absolutamente que chegamos. Para chegar, é necessário o despertar espiritual, a aceitação consciente, amorosa e prática de todas as formas de existência com suas possibilidades e limites. Sem isso, a pessoa iluminada se torna mais ou menos incompetente na vida.

Compreende-se a verdade por meio da iluminação súbita, mas a realização
plena deve ser praticada passo a passo.

(Provérbio zen)

As seções seguintes refletem sobre esse provérbio e sobre como podemos progredir no caminho!

O despertar da kundalini não é absolutamente necessário para que tenhamos experiências de iluminação. Estas podem ocorrer sem esse despertar. No entanto, o estado constante – não o temporário, de curta duração – do despertar espiritual é absolutamente necessário para a subida da kundalini. Sem isso não existe o equilíbrio necessário entre o ambiente cotidiano com suas influências e experiências e essa luz espiritual interior constantemente uniformizadora.

Tipos de Experiências de Iluminação e de Despertar

A Iluminação como Experiência de Ocorrência Única

Como explicado anteriormente, experiências de iluminação podem ocorrer na vida diária, mas mesmo assim não ser apanhadas no seu significado e sentido espiritual. Como sempre na vida, a qualidade de uma experiência – ou seja, os aspectos valiosos que basicamente aprendemos dela no nível racional, apreciamos emocionalmente e integramos em nossa personalidade como um enriquecimento – vem da atenção que prestamos a ela. Assim, ela tem relação com a intensidade, com a orientação e com a amplitude e profundidade da nossa percepção. Além disso, um ponto essencial é o sentido que atribuímos à experiência – que é um ato criativo da consciência que orienta a busca do significado para dar-lhe sentido. O caminho para o divino basicamente resulta da nossa dedicação a essa busca de sentido. A vida não só parece ser insignificante, mas é definitivamente sem sentido quando evitamos o esforço para dar sentido ao que experienciamos de um modo que corresponda à nossa natureza especial e ao nosso caminho.

Também é totalmente possível reconhecer uma experiência de iluminação como tal – mas só depois, obviamente. Ela pode ser prazerosa, assustadora, confusa ou estranha. Seja como for que ela aconteça, os programas de proteção do inconsciente – que foram essencialmente impressos durante a infância por padrões sociais de adaptação, como dogmas, opiniões sobre nós mesmos e o mundo; medos neuróticos; sentimentos de vergonha, culpa e rejeição; regras morais e convicções religiosas destinadas a nos proteger contra a mudança, para continuarmos como membros aceitos da família de origem e do seu grupo de referência social – não gostarão absolutamente dessa "espiadela sobre a cerca do jardim do ego" e reagirão defensivamente. Esse mecanismo de proteção automático é mais ou menos necessário para a sobrevivência da criança. No caso dos adultos, porém, é crucial que sejam capazes de mudar essas ideias às vezes extremamente limitadoras ou que possam colocá-las em perspectiva para se tornar ou permanecer saudáveis, felizes e holisticamente bem-sucedidos.

Os programas de proteção devem também aprender a preparar o caminho para o crescimento da personalidade, para a expansão da consciência e para a cura de sentimentos e de padrões de adaptação neuróticos. Esse plano requer muito comprometimento, paciência e resistência. Medos e raiva, estados de transe, fadiga, exaustão e motivação emocional deficiente, bem como sintomas físicos desagradáveis, são apenas algumas das armas com as quais os programas de proteção impedem o progresso no caminho espiritual e procuram preservar o programa de adaptação da infância.

De modo correspondente, o estado de iluminação – mesmo se foi mais ou menos claramente reconhecido como tal – não é necessariamente aceito. Pelo contrário, podemos em geral observar uma aversão ao que poderia produzir essa experiência. Uma cliente certa vez descreveu-me esse tipo de reação. Ela me falou a respeito de um estado de iluminação maravilhoso, muito intenso, que se manifestou durante um exercício de respiração. Em seguida, ressaltou que jamais gostaria de passar pela mesma experiência novamente porque era maravilhosa demais.

Experiências de iluminação conscientes e com compreensão do seu significado exigem alguma prática no desenvolvimento da percepção sensorial e espiritual, bem como informações adequadas sobre esse estado. Depois de sua ocorrência, é quase sempre absolutamente necessário trabalhar com um professor experiente sobre a integração e aceitação do que foi vivido. De outro modo, os programas de proteção ativados impedirão ou restringirão fortemente o desenvolvimento duradouro apropriado em direção à consciência espiritual.

Se a iluminação ocorre apenas uma vez, seu efeito sobre a personalidade pode começar a enfraquecer depois de algum tempo. Seu poder sutil deve ser cultivado cuidadosamente e orientado para a mente, para o corpo e para a vida cotidiana, para que seu efeito seja permanente.

A Iluminação como um Estado não Produzido por uma Decisão Consciente, mas de Ocorrência Contínua

Neste caso, partes fortes da nossa personalidade empenham-se em progredir no caminho para o divino. A ocorrência desses processos é em geral sustentada pelos trânsitos planetários apropriados do nosso horóscopo que são importantes para o desenvolvimento espiritual. Sem a ajuda de um professor experiente, estados de forte tensão emocional e mental e sintomas psicossomáticos normalmente ocorrerão até que a integração construtiva das experiências seja concluída.

A Iluminação como um Estado Produzido por uma Decisão Consciente

Quando decidimos conscientemente aceitar experiências de iluminação e aprendemos a integrar seu significado em nossa vida de maneira prática, podemos descobrir como produzir conscientemente esse estado depois de um período de transição que pode variar de dias a anos, de indivíduo para indivíduo, dependendo do grau de resistência a ser vencido e do possível apoio de um professor. Esse é um passo de suma importância para aproximar-nos mais do divino dentro de nós.

Às vezes as pessoas me perguntam: "Sokei-an, o senhor viveu a experiência do mundo transcendental e ainda está lá. Como se sente?" Eu respondo: "Como entrei no mundo transcendental quando estava na faixa dos 20 anos de idade e vivo lá desde então, tive poucas experiências com o outro mundo".

Como entrei nele? Vou dizer-lhes a verdade: Um dia eu apaguei todos os conceitos da minha mente. Desisti de todos os desejos. Pus de lado todas as palavras com que eu pensava e fiquei em silêncio. Eu me senti um pouco estranho – como se tivesse sido levado para dentro de alguma coisa ou como se um poder desconhecido tivesse me tocado. Eu já estivera perto antes, e já tivera essa sensação inúmeras vezes, mas cada vez eu sacudia a cabeça e fugia dela. Dessa vez resolvi não correr dela e rapidamente – entrei nela. Perdi as limitações do meu corpo físico. Eu ainda tinha a minha pele, é claro, mas meu corpo expandiu-se até os confins do universo.

Eu andava mais dois, três, quatro metros, mas ainda estava no centro do cosmos. Eu falava, mas as minhas palavras haviam perdido o seu significado. Eu via pessoas aproximando-se de mim, mas todas eram a mesma pessoa, e todas eram eu! Eu acreditava que havia sido criado, mas agora tive de mudar de opinião: Eu nunca fui criado. Eu sou o cosmos. Não há um senhor Sasaki individual.

Procurei meu professor. Ele olhou para mim e disse: "Fale-me sobre a sua nova experiência, a sua entrada no mundo transcendental". O que eu respondi? Se tivesse dito uma única palavra, eu teria deixado o novo mundo no qual acabara de entrar. Olhei para o meu professor. Ele sorriu. Ele também não disse uma única palavra [...] Existe apenas uma chave que pode abrir a porta para o novo mundo, o mundo transcendental. Não consigo encontrar nenhuma palavra na língua de vocês, mas talvez possa sugerir isto com duas palavras: "transe radiante". Nesse transe límpido como o cristal entramos rapidamente no mundo transcendental. Podemos entrar nele num momento, e no momento seguinte nossa perspectiva se torna completamente diferente. Então compreendemos por que as pessoas constroem igrejas, entoam hinos e fazem coisas estranhas.

(Parafraseado de *Zen Pivot: Lectures on Buddhism and Zen*,
de Shigetsu Sazaki Sokei-an Roshi, Weatherhill, 1998).

A Iluminação como um Estado Permanente

Num estado de iluminação permanente, não seríamos capazes de viver uma vida normal. Como explicado acima, o "normal" não faz nenhum sentido da perspectiva da unidade e só parece significativo fazer "nada" porque "tudo" ocorre a seu modo. Desse ponto de vista, esse tipo de consciência é perigoso, porque pode tornar-se um beco sem saída. A aceitação de acompanhamento por um professor experiente é normalmente a única maneira que nos impede de ficar presos na unidade. Se só aceitarmos metade do divino, não poderemos unir-nos a ele. Sem dúvida, quem ainda não teve uma experiência de despertar (ver abaixo) acredita facilmente que é "isso". Guarnecida com o carisma às vezes impressionante dos iluminados, essa pessoa pode facilmente passar a confusão para os alunos, que são ainda menos experientes. Escolas esotéricas inteiras e estruturas de ensino veneráveis foram criadas no decorrer dos milênios com base em mal-entendidos dessa natureza. Uma sensação permanente de incerteza sobre transformar as interpretações de experiências de iluminação em absolutos e um confronto construtivo com a vida do dia a dia no sentido de um trabalho baseado em um objetivo prático, vigoroso e coerente são alguns dos apoios mais importantes nesse estágio do desenvolvimento espiritual.

O Despertar Espiritual como Experiência de Ocorrência Única

Em cada uma das várias formas de experiência de iluminação é basicamente possível – com ou sem trabalho consciente e orientação de um professor competente – vivenciar um despertar espiritual. Em casos raros, há também uma experiência de despertar sem iluminação prévia. Também nesse caso aplica-se basicamente o que foi dito na seção "A Iluminação como Experiência de Ocorrência Única". Os programas de proteção da mente subconsciente não gostarão deste estado, do mesmo modo que não gostam do estado de iluminação, e tentarão de algum modo bloqueá-lo.

O Despertar Espiritual como Experiência Recorrente, mas não Produzida Conscientemente

Quando uma experiência de iluminação resulta na pressão interna que sustenta personalidades parciais interessadas no progresso espiritual, situações de despertar se repetirão periodicamente. Em minha experiência, estas não serão inicialmente levadas a sério em seu significado ou podem até ser rejeitadas. O despertar caracteriza-se por estados peculiares. Somos totalmente humanos – sofremos, somos felizes, esforçamo-nos, somos impacientes, bloqueados, limitados e talentosos – no entanto, ao mesmo tempo, somos apenas uma testemunha do que está acontecendo, um observador. E não se trata de uma personalidade dividida, nem de um estado esquizoide em que não temos acesso real à nossa natureza física e aos nossos sentimentos. Quando não temos informações adequadas, facilmente ocorrerão erros. Então o reconhecimento necessário do despertar espiritual pessoal como precondição para um processo de integração obviamente não pode ocorrer.

Com o apoio apropriado, como já foi explicado, podemos aprender em tempo a produzir conscientemente o estado de despertar espiritual.

O Despertar Espiritual como um Estado que Podemos Criar por Decisão Consciente

A habilidade de entrar conscientemente no estado de despertar espiritual é um requisito para experimentá-lo. Isto é importante porque a integração permanente do despertar espiritual requer certa criatividade. No estado de iluminação, dificilmente podemos participar da vida normal – simplesmente não somos deste mundo. No despertar espiritual, estamos "aqui" e "lá", seja simultaneamente seja alternadamente entre os dois. Os que "não estão despertos" em geral nos consideram aborrecidos, incompreensíveis, ameaçadores, inautênticos, desumanos, frios e irritantes, se não conseguimos encontrar as "interfaces" adequadas, isto é, comportamentos socialmente toleráveis que tornam o nosso estado ao menos levemente suportável ou – no máximo – aceitável.

Por que as outras pessoas têm dificuldade de lidar com os que estão no estado de despertar espiritual? Bem, os programas de proteção dessas pessoas sentem a incrivelmente intensa emanação de liberdade, de infinitude, e usam suas possibilidades contra os outros da mesma maneira como lidam com seu próprio estado.

Um dos efeitos frequentemente encontrados da presença de alguém que está desperto espiritualmente é a fadiga espontânea, estados de transe mais ou menos profundos, medos e agressões inadequadas à respectiva situação.

As emanações de alguém que está espiritualmente desperto obviamente são muito benéficas. Mas alguém que está evitando a todo custo viver sua divindade tenderá a vê-las como muito ameaçadoras. Cada um de nós tem o direito de trilhar o próprio caminho e de ser o que quer no momento. Assim como não é conforme a ordem divina realizar trabalho de energia direto com pessoas que não o solicitaram expressamente, também não é correto forçar alguém que não está desperto a despertar, ou não assumir a responsabilidade pelos efeitos do nosso próprio carisma.

Assim, mesmo os que estão espiritualmente despertos ainda têm algumas coisas a aprender. Talvez sejam necessários muitos anos até reconhecermos nosso próprio despertar e como consequência sermos capazes de nos compreender e aceitar. E também podem ser necessários outros tantos anos para aprendermos a fazer algo verdadeiramente útil com o imenso potencial. E o aprendizado não termina nunca...

Afinal, é maravilhoso viver na segurança divina. Mas como podemos transmitir esse estado a outros de modo que reconheçam sua importância e possam facilmente aprender a alcançá-lo? Estar espiritualmente despertos não faz de nós gênios da comunicação! Qualquer conselho que damos pode ser totalmente correto, verdadeiro e valioso do nosso ponto de vista – mas será ele também aceitável e traduzível da perspectiva das estruturas do ego do nosso cliente? A leitura do karma e dos Registros Akáshicos de uma pessoa, à semelhança da leitura dos jornais diários, às vezes é útil como ajuda. Porém, precisamos continuamente encontrar caminhos que sejam úteis para a respectiva pessoa, com essas intuições acondicionadas em porções adequadas e em pedaços digeríveis. De outro modo, facilmente ocorrerão stress, rejeição e mal-entendidos.

Muitas atitudes nossas serão totalmente ininteligíveis para os outros se não as expressarmos de maneira apropriada. Como somos tudo – tudo e nada – e estamos 100% seguros disso, vida, sofrimento, morte, nascimento, sucesso, fracasso, doença, sentimentos, sexo, relacionamentos, companheirismo, amizade, tempo, saúde, diversão e felicidade (apenas para mencionar alguns pontos) têm para nós um significado completamente diferente, multidimensional, em relação às outras pessoas. É necessário muito tempo e esforço até para começar a comunicar essa perspectiva para os que não estão despertos, mesmo quando eles gostariam de se abrir para isso.

Nesse estágio, em que se torna cada vez mais possível lidarmos com o estado de despertar de modo significativo, muitas vezes podemos observar também uma subida progressiva da força kundalini. Embora ela já possa ter estado ativa num período muito anterior, aqui essa ocorrência é de uma frequência muito particular. Um sintoma importante disso pode ser o enorme poder que flui para nós dessa maneira. Esse poder está muito estreitamente ligado com o significado espiritual que vivemos. Quanto mais agimos de acordo com o que corresponde ao nosso potencial espiritual, em maior grau esse poder se põe à nossa disposição. Isso acontece porque o primeiro chakra principal (chakra da raiz), onde a kundalini está recolhida e repousa no estado passivo, está ligado ao sexto chakra principal (terceiro olho).

Assim, o sexto chakra praticamente limpa o caminho quando ações de todos os tipos se harmonizam conosco e com nossa aptidão e visões no sentido espiritual.

Na prática, pode acontecer de ficarmos doentes, de nos sentirmos mal, de estarmos fracos e exaustos, mas logo que surge algo para fazer que está ligado ao nosso caminho, podemos agir com uma energia inacreditável e ficar alertas e responsivos. Se a situação muda, recaímos mais ou menos na letargia – o poder da kundalini recolheu-se mais uma vez.

Isso pode ser maçante, mas ajuda muito a orientarmo-nos corretamente em termos de caminho. Normalmente, porém, decorre algum tempo até aprendermos a realmente nos habituar a esse tipo de carga energética e às suas consequências para nossa vida privada.

O coração do grande Tao está contido nas quatro palavras: "Wu-Wei-Yu-Wei" (Não fazer, e no entanto fazer)[...]. Assim, o segredo do elixir para chegar a isso consiste em chegar ao não fazer (Wu-Wei) através do fazer (Yu-Wei)[...]. Não se deve omitir nada e querer penetrar diretamente.
(Parafraseado de *The Secret of the Golden Flower*, Tung-Pin Lu, Harvest/HBJ, 1962).

O Despertar Espiritual como um Estado Permanente

Se estamos constantemente na divindade, então vivemos o "nosso filme" (a nossa vida), como eu o chamo. Esse filme é profundamente comovente e às vezes banal. Ele tem suas regras, sua dramaturgia especial e atores com papéis e características específicas. Há histórias dentro de histórias, e às vezes levamos o filme tão a sério que a própria realidade divina recua. No entanto, ainda sabemos – em qualquer momento – exatamente como no cinema "de verdade" que o filme terminará em algum ponto e que a vida real continuará. No máximo, no despertar permanente, a nossa kundalini estará "em cima", de modo que não teremos nenhum problema de energia enquanto agirmos dentro do campo mais próximo da nossa visão. E quando às vezes isso não condiz – cenas assim também fazem parte do filme – você sabe exatamente por quê. É uma vida boa – uma vida divina no verdadeiro sentido da palavra. Em minha opinião, o tipo de vida que cada um de nós poderia resumir muito bem na frase "vivendo ao máximo!"

Pode surgir um problema se, por alguma razão, o despertar espiritual acontecer sem "aviso prévio" e sem um processo anterior de iluminação ou de subida da kundalini. Isso também é possível, embora ocorra raramente – em termos estatísticos. Quando acontece, talvez sejam necessárias décadas até encontrarmos uma forma de aprender a conviver com ele de maneira sensata e a usar as imensas possibilidades de modo eficaz. Nessa situação, será muito mais rápido se confiarmos num professor espiritual competente. Mesmo então, habituar-se a esse estado, ainda será tarefa árdua. Mas então recebemos constantemente boas orientações e o apoio necessário para vencer processos difíceis de integração e adaptação.

O despertar espiritual é o todo da vida – como Força Criadora e ser humano, universo e indivíduo, grão de poeira, galáxia, vácuo e o Himalaia. Ele é a natureza dupla vivida e aplicada conscientemente que é inerente a todo ser.

Síntese

Uma experiência espiritual deve primeiro acontecer em algum momento e ser reconhecida como tal pela mente e pelos sentimentos. Bloqueios contra essa experiência e suas consequências na vida diária, o desenvolvimento da personalidade e a vida social devem ser harmonizados. Por fim, devem ser estabelecidas estruturas de funcionamento contínuo da vida e da personalidade que ofereçam o espaço apropriado para a integração progressiva e a tradução prática da experiência espiritual.

Todas as experiências descritas acima são essencialmente a mesma – a diferença está no grau de profundidade da nossa reação e no grau de verdade que foi aceito por nossa decisão e ações na vida pessoal e no trabalho. Luz, amor e divindade exigem tempo para fluir através do organismo humano ligado a eles. Muito trabalho, cuidado e compromisso são necessários para transformar através da verdade divina as estruturas do pensamento, do sentimento, da percepção, da ação, da entrega e da tomada de decisão que têm por base padrões e hábitos dualistas profundamente arraigados, orientados para o ego e de adaptação social. Isso nos permitirá viver uma vida holística na Terra no verdadeiro sentido da palavra – com a aceitação de cada estado de ser!

Em termos rigorosos, este obviamente também não é o fim da história, pois o processo da vida do indivíduo é infinito. A mesma subida voltará a se repetir inúmeras vezes, numa grande variedade de direções. Cada vez que ela alcança o sucesso de uma maneira totalmente nova, o júbilo dos anjos e dos deuses ecoa por todo o universo infinito. Porque este é aquele, é tudo, e é nada!

O Voto do Bodhisattva

Quando uma pessoa que não está constantemente ou intencionalmente no estado de despertar espiritual faz com seriedade o Voto do Bodhisattva, daí em diante ela se movimentará naturalmente em direção à habilidade (modo de ser) de viver permanentemente no estado de despertar espiritual. A essência do voto é o compromisso do nosso livre-arbítrio de ajudar outros seres que ainda não chegaram a esse estado, até que o último ser do mundo material realize sua divindade. Essa é a alternativa para deixar o ciclo de reencarnação e espiritualização, e entrar na espiritualização pura e constante no sentido de dissolver-se no Grande Vazio de Akasha. Como foi explicado neste capítulo, visto que a Criação é ilimitada no tempo e no espaço e há um número infinito de indivíduos, a prática desse voto significa a aceitação do que é: o ciclo eterno da existência. Assim, a pessoa de fato realizada espiritualmente não é o Buda que tenta sair de uma parte da Criação para o Nirvana – o que nem mesmo é possível na prática – mas o Bodhisattva, que compreende o todo divino e o aceita com responsabilidade, do fundo do coração, como parte importante da Criação.

O Ego

As pessoas vivem dizendo que o ego é prejudicial para o desenvolvimento espiritual e que deve ser dissolvido, transformado ou destruído. A má notícia é que não podemos viver sem o ego. A boa notícia é que do ponto de vista espiritual não há problema com o ego, pois ele não existe!

Assim, vejamos essa questão mais de perto.

A história da nossa vida – da nossa vida passada – é basicamente um peso enquanto nos identificamos com o que já vivemos, no sentido de "eu sou o que vivi", das experiências que tive. Enquanto nós, como somos hoje, vemo-nos como uma espécie de produto de acontecimentos passados, de influências de fora, da nossa composição genética e de disposições sociais e kármicas,[261] não podemos realizar a nossa divindade. Isso porque a Força Criadora é livre! Ela não pode ser treinada ou forçada pela "sociedade" a conquistar coisas que ela não quer de forma nenhuma.

O ego se desenvolve através da identificação com o que experienciamos e do desejo de lidar com isso de um modo que seja proveitoso para nós. Ele é parte do nosso "sistema operacional" que, automaticamente, deve e pode ajudar-nos a lidar com os desafios que enfrentamos por causa de uma vida em sociedade com certos dogmas, opiniões e regras, e também de uma existência em geral no mundo material, com suas restrições, necessidades práticas, nossas necessidades individuais, fraquezas e forças. O papel que o ego assume para nós – com maior ou menor sucesso, dependendo do nível de desenvolvimento – é o modo como podemos entender-nos com as pessoas ao nosso redor, que representam a sociedade *per se* para nós: como asseguramos a satisfação das nossas necessidades diante da resistência de recursos limitados e das exigências dos outros, como ocultamos e protegemos as nossas fraquezas, como chamamos a atenção para os nossos talentos e sucessos para que os outros nos considerem um parceiro para seus projetos, assegurem a nossa existência e consequentemente nos ajudem a expandir os nossos recursos.

O ego é uma interface da alma com o respectivo ambiente. Ela deve mudar quando a situação da vida muda. Como um auxiliar da alma, o ego deve orientar-se por ela e pelos desejos dela.

Até aqui, tudo bem! Porém, para melhor compreender o nosso ser verdadeiro, devemos identificar-nos com o nosso ego e suas muitas máscaras, julgamentos, medos, cobiça e preocupações. É importante aprender a usar o ego como auxiliar e consultor ao lidar com os diferentes temas. Por exemplo, se um guru não tem um ego em bom estado, um dia ele será o único a permanecer no ashram. Se ele passa o dia inteiro sem dar atenção à autopromoção e ao marketing (embora haja certamente um grande número de possibilidades para isso), potenciais alunos nem sequer saberão que ele existe. Ele não difundirá os seus ensinamentos se

---

261 Karma: A lei de causa e efeito. Tudo o que fazemos acarreta consequências. Por um lado, isso é verdadeiro. Mas por outro – pense na dupla natureza da existência. Seguidamente se apresentam situações em que decidimos agir de outra maneira, em que podemos afrouxar o laço kármico. Não precisamos sofrer constantemente por causa de decisões do passado. Quanto mais aceitamos a nossa divindade, mais nos libertamos do karma. No entanto, o karma também tem muitas vantagens. Por exemplo, através das estruturas kármicas, podemos com segurança e sem muita reflexão esclarecer as questões importantes para o nosso desenvolvimento e ter experiências com as consequências de nossas ações, deixar que nossa personalidade amadureça e absorver sabedoria quando nos aproximamos dela da maneira correta. Além disso, também há definitivamente karma positivo – no sentido direto de influências nutridoras, sustentadoras, que resultam das nossas ações do passado.

não fizer palestras públicas e se não publicar nada; as pessoas procurarão outros que não se acanham em se fazer conhecidos. Um exemplo disso são os enormes esforços de marketing feitos por Lao-Tsé, Osho, Satya Sai Baba, Yogananda, Rudolf Steiner, Confúcio, Jesus, Buda Gautama, Maomé e os sufis. Seja qual for o nome que lhe demos, a função de um relações-públicas é o marketing. O ego é o responsável por isso – esse é o seu domínio. Mas isso acarreta um problema sério que precisa ser sempre tratado de novas maneiras. Um ego ocupado que está bem integrado à vida cotidiana aparece seguidamente com a ideia de que ele é extremamente importante e que na verdade é o único que pode e deve amoldar a vida. Nada é mais errado do que isso! O ego é apenas um instrumento. Se ele sai do controle, deve ser imediatamente reduzido às suas devidas dimensões. Se ele começa a agir para justificar seus medos, ambições, preocupações e seus outros motivos, em vez de servir ao propósito, à responsabilidade pessoal, ao desenvolvimento da consciência, ao amor e à manifestação pessoal do plano divino, ele deve ser rigorosamente chamado à ordem e sua atividade reorientada para objetivos espirituais genuínos. Do contrário, afundaremos no pântano das nossas grandes desilusões. E isso pode acontecer a *qualquer um de nós, a qualquer momento*.

Por que estou enfatizando tanto essa questão? Existem muitas ideias sobre como devem ser as pessoas iluminadas e despertas espiritualmente. Por exemplo: elas nunca ficam doentes, são sempre gentis, sempre bem-sucedidas, sempre amorosas, destituídas de certos sentimentos (raiva, tristeza, desejo sexual, etc.), compreendem tudo, sempre têm a resposta certa, nunca têm problemas de peso, todo mundo gosta delas, não têm mais nada a aprender e, caso tenham, o aprendizado acontece num estalar de dedos, no máximo. Podem curar imediatamente qualquer pessoa de qualquer doença e resolver qualquer problema no ato. Elas sabem tudo e não precisam de um parceiro ou parceira – mas, se tiverem um, a relação será sempre inteiramente harmoniosa. Elas nunca têm problemas financeiros ou dificuldades legais, e estão sempre descansadas...

Isso deve estar bem claro a essa altura. Nada mencionado nessa lista corresponde aos fatos, como uma rápida consulta à biografia dessas pessoas confirmará. Apesar disso, ideais assim ainda são obstinadamente sustentados nos círculos de pessoas com interesses esotéricos. Todos nós podemos ter cada um desses problemas durante a vida, porque enquanto estamos na forma física também temos algo a aprender. Assim, mesmo os gurus continuam a aprender – por exemplo, como ser guru, mas certamente não só isso. O ego está sempre presente num ser humano. Deve ser porque é assim que podemos nos adaptar adequadamente à nossa experiência individual e à nossa vida. Isso instaura importantes processos de aprendizado, sem os quais uma individualidade distinta seria impossível.

A propósito, a base do ego é o livre-arbítrio. Por isso, todos nós moldamos o nosso caminho de maneira totalmente diferente uns dos outros – ele é um caminho individual e, portanto, inconfundível. Veja acima a seção específica sobre este tema.

O ego está sempre presente, algumas vezes sendo mais necessário, outras, menos. Ele sempre se manifesta com novas facetas, porque estamos constantemente mudando e transformando a vida. Consequentemente, é bem provável que mecanismos de controle anteriormente confiáveis – que asseguram que o ego sirva ao propósito divino e aos temas correspondentes, em vez de impor-se como soberano – de repente não sejam mais eficazes. Então será novamente necessário um maior desenvolvimento, e a parte criativa da personalidade deve encontrar maneiras novas, seguras e eficientes para integrar o ego no todo da personalidade. Por exemplo, alguém que diz: "Transformei completamente meu ego!" foi por ele ludibriado impiedosamente. Como mencionei, isso pode acontecer a qualquer um de nós, em algum momento.

Um bloqueio importante criado pelo ego é o apego a certas lembranças. Tivemos no passado uma experiência maravilhosa e agora ansiamos "tê-la" novamente! Infelizmente, isso é impossível. Não podemos entrar no mesmo rio duas vezes nem desfrutar verdadeiramente os mesmos prazeres duas vezes da mesma forma. Enquanto não compreendermos isso com toda clareza, o caminho para a felicidade disponível a todo momento no aqui e agora fica totalmente bloqueado. Não queremos o chocolate que a vida põe diretamente diante da nossa boca porque insistimos em ter exatamente o mesmo que tivemos como sobremesa na noite passada. Isso não é possível porque já o comemos, fato que consequentemente o fez mudar – e nós também mudamos no entretempo. Ambos mudamos devido à relação que estabelecemos um com o outro. Se os nossos caminhos se cruzassem novamente, talvez não tivéssemos mais nenhum interesse direto um pelo outro...

O mesmo se aplica às lembranças ruins. Se alguma coisa que talvez nos lembre experiências ruins faz com que falemos insistentemente sobre elas, estamos prolongando o horror do passado e transformando-o num contínuo presente. Produzimos sentimentos desagradáveis semelhantes e espalhamos uma energia negativa igual à presente dentro de nós e ao nosso redor durante a situação naquela época. Em vez de observar com satisfação que as coisas estão muito melhores agora, pensamos no que é igualmente ruim na situação atual – ou que poderia ficar ruim. E então a alegria no aqui e agora simplesmente se dissipa. Não porque existe apenas sofrimento na nossa existência material, mas porque preferimos nossa tragédia interior à comédia que está à mão no mundo exterior.

O mesmo se aplica à recusa a perdoar. Sem dúvida nenhuma, somos os únicos que sofremos com o nosso próprio ódio! Recusar-se a perdoar é um dos bloqueios mais intransponíveis do chakra do coração.

Quanto mais tempo passamos na terra dos sonhos das nossas fantasias e contemplamos as bolhas de sabão tremulantes, menos podemos organizar o presente para que se amolde a nós – e menos podemos saborear os frutos da nossa vida, deixando que nos enriqueçam e nos motivem. Por que o ego procede desse modo? Bem, ele tenta nos proteger do que houve no passado e quer atender às nossas necessidades. Mas como ele é um programa, suas possibilidades para avaliar uma situação são bastante limitadas. O ego também pode ser tudo, menos sábio. Por isso é recomendável cuidar da nossa saúde mental constantemente e não nos deixar levar por apelos mais insistentes do ego. Nada é mais insípido do que o champanhe aberto ontem. E os medos de dez anos atrás não nos ajudam absolutamente a criar uma sensação maior de segurança e mais felicidade hoje.[262]

O ego gosta de criar máscaras para ter interfaces com outras pessoas – e as máscaras delas! Ele também gosta de falar sobre si mesmo, sobre o que acredita que deve ser para que seja

---

262 Para os que gostariam de traduzir essas ideias em ação prática e livrar-se dos problemas correspondentes: outros capítulos deste livro contêm muitas técnicas e métodos apropriados a esse propósito. Além disso, a Bibliografia inclui muitos livros de autoajuda relacionados ao Reiki. Quando usado com conhecimento, o Sistema Usui de Cura Natural tem muito a oferecer...

querido, talvez até temido, admirado, amado,[263] desejado e respeitado. Se não temos clareza sobre a verdadeira função do nosso ego e não o limitamos quando necessário, em algum momento acreditaremos que *somos essa máscara*. Se acreditarmos que devemos ser múltiplas máscaras para sobreviver, o resultado será muita incoerência, tensões internas, stress e males psicossomáticos. Em casos muito graves, isso pode levar a uma forma ou outra de dissociação da personalidade. Acima de tudo, isso pode acontecer quando a nossa personalidade verdadeira luta com todas as suas forças para se libertar dos limites impostos pelo ego. Exemplos disso podem ser viver a nossa sexualidade de modo realmente agradável e amoroso, relaxar ociosamente de vez em quando ou mesmo permitir-nos "dar uma de louco" ocasionalmente.

Outro fato muito desagradável também acontece com frequência: quando nos identificamos com a nossa máscara e nos apaixonamos pela máscara de outra pessoa – e vice-versa – quem interage são dois personagens fictícios, e não duas pessoas vivas. Se acordamos num determinado momento e começamos a enxergar o que está atrás da máscara do nosso parceiro, e talvez até amemos realmente o que vemos, esse belo sentimento que é absolutamente importante para o caminho mútuo pode ser sentido como uma ameaça existencial pela pessoa que ainda está confundindo a máscara com o ego. Medo e raiva são atiçados e a pessoa amada começa a se envolver numa batalha contra a verdade que o estado de ser amado procura criar. Isso é muito triste – e acontece com muita frequência.

E tudo isso acontece por causa de alguma coisa que não existe na realidade. O ego é um modelo de operação, um pequeno programa no disco rígido do PC (existência física) que serve à nossa alma. O ego é uma figura de linguagem, um conceito abstrato para tornar determinados comportamentos mais fáceis de entender. Quando tentamos transformá-lo, deletá-lo e livrar-nos dele, estamos admitindo que o ego *existe realmente*. E isso significa que nos submetemos a ele! Ele é simplesmente apenas uma das nossas ideias. Se pensamos de modo diferente, ele muda automaticamente. A ideia não deve ser confundida com o cérebro.

Nós somos realmente a Força Criadora – tudo e nada. Somos os grandes mágicos que criam perfeitamente três universos antes do café da manhã. Quando aceitamos a nós mesmos e usamos o ego apropriadamente, podemos divertir-nos depois do café com o estimulante jogo "A Aventura do Ser Humano: O Ser que se Propôs a Amar e a Aprender!"

---

263 Ou o que ele imagina que isso seja!

Capítulo 22

Integração de Experiências Espirituais

Este livro oferece informações sobre como estabelecer contato com as potentes forças espirituais e com os seres de luz extraordinariamente poderosos e sábios relacionados com a energia vital espiritual (Reiki) e com a tradição mística do Sistema Usui de Reiki. De um modo muito mais próximo do que é possível apenas com contatos de Reiki a distância, as meditações e outras técnicas avançadas propostas aqui podem guiar-nos à irradiação direta, ao círculo de luz pessoal dos anjos e das divindades.

Todos os habitantes das esferas espirituais estão repletos de amor pelos outros filhos da Força Criadora. Eles se empenham em ajudar onde podem e onde lhes é permitido segundo as regras da Ordem Divina, para tornar possíveis o aprendizado, o amor e a alegria, e criar espaço para a consciência, para o significado e para uma vida autodeterminada que sirva ao todo. Campos e energias de força espiritual são as origens e os reguladores das forças da vida que estão em ação no plano material. Por sua própria condição, os seres de luz nunca podem estar contra a vida em pensamentos ou ações, nem podem ser maus ou praticar o mal.[264]

E especialmente porque as forças e seres do reino espiritual são tão firmemente a favor da vitalidade, da naturalidade e do amor, muitas pessoas se estressam e até se assustam quando os encontram frente a frente! Os seres humanos fazem muitas concessões – e muitas dessas tendem a ser de natureza indolente! Os seres humanos negam a si mesmos com muita frequência – negam sua natureza física, seus verdadeiros sentimentos e necessidades, seus sonhos e visões maravilhosos nos quais a divindade da nossa alma se reflete como o sol no oceano matutino – tremeluzindo e cheio de promessas.[265]

Nós realmente deixamos o nosso sol nascer, resplandecente e altivo?

Temos coragem de desenvolver os nossos encantamentos mágicos, estender as nossas asas e voar em direção à realização de nosso potencial, na luz e no amor com o coração feliz – e fazemos isso mesmo quando muitas outras pessoas consideram essa atitude como "tolice" e "loucura"? E fazemos isso mesmo quando passamos por decepções em algum ponto do caminho e as ilusões estouram como velhas bolhas de sabão?

É muito, muito raro despertarmos completamente do sonho de sermos um indivíduo mais ou menos isolado vivendo totalmente dependentes do mundo material. O mesmo se aplica às pessoas que foram completamente "normais" até agora e de repente descobrem-se com espanto, aceitando-se totalmente com um sorriso feliz. Naturalmente, pessoas em números crescentes no nosso tempo estão conseguindo encontrar esse caminho que é realmente muito claro, e no

---

264 Explicações extensas sobre este tema encontram-se no capítulo 19, sobre Cosmologia Espiritual.
265 Casualmente, essa é também a imagem da qual se desenvolveu a porção intermediária do Símbolo do Mestre DKM.

entanto muito difícil de descobrir, e mais do que algumas arriscaram os primeiros passos. Entretanto, existem também movimentos muito fortes na direção oposta nos campos da política, da cultura, da ciência, da profissão, da família, da educação e dos dogmas da religião patriarcal. Assim, não surpreende quando medo e tristeza, raiva e pavor surgem em algumas pessoas que encontram diretamente os seres de luz e recebem suas mensagens da verdade divina em seu coração. Então há tanto para mudar! Grande parte da sabedoria do mundo divino está em flagrante contradição com o que vivemos e aprendemos na casa paterna, no dia a dia, na escola, no círculo de amigos. Ao mesmo tempo, as maravilhas que foram testemunhadas podem alimentar o ego se não são compreendidas corretamente, avaliadas criticamente em termos do que chegou à consciência. É tão fácil simplesmente omitir da mensagem o que não combina com a nossa autoimagem e visão da vida, e então interpretar o restante de modo que não surjam questões problemáticas. Isso raramente ocorre num nível consciente – na maioria dos casos essa é uma ação realizada pelos programas de proteção da mente inconsciente. Esses programas de proteção têm a tarefa de proteger contra mudanças nos comportamentos aprendidos e nos hábitos de pensar, sentir e avaliar. Embora isso possa ser muito importante na infância para que nos tornemos membros aceitos da família e dos grupos sociais, mais tarde, na fase da adolescência, torna-se necessária uma "grande revisão" desses programas para que possamos construir nossa vida verdadeiramente, em vez de esquecer quem somos, a nossa felicidade e o potencial único que a Força Criadora nos deu ao nascermos, vivendo segundo uma estrutura mais ou menos copiada de nossa situação infantil. Essa reorientação importante, porém, muitas vezes ocorre apenas de maneira parcial, incompleta, porque os obstáculos internos e externos são muito grandes e o apoio nessa situação muito pequeno. Cabe então à consciência reconhecer o lastro em si e aprender a substituí-lo por algo mais significativo.

Entre outras coisas, seminários sobre desenvolvimento pessoal, literatura pertinente, cursos de treinamento espiritual, psicoterapias holísticas e meditação podem ser apoios importantes nesse processo. E, obviamente, encontros com os seres de luz, que já mudaram muitas vidas de maneira plena e permanente – inclusive a minha.

A razão por que contatos diretos com criaturas e forças espirituais podem nos sacudir, confundir, assustar ou nos atrair para ilusões fascinantes, quando não são usados construtivamente, é o conflito interno que resulta, o choque entre as ideias sobre o mundo e nós mesmos que aprendemos na infância e na juventude, por um lado e, por outro, a influência dos seres de luz, orientada para a vitalidade, o amor e a naturalidade. E o ego gosta de se envolver, tenta evitar colisões com a verdade e quer se estabelecer como nosso soberano.

As reações desencadeadas no sentido mais restrito pelas experiências espirituais podem se relacionar com qualquer um dos nossos níveis e muito possivelmente também com mais de um ao mesmo tempo. Sintomas como cãibras estomacais, dor de cabeça, fadiga, febre, confusão, problemas cardíacos, falta de ar, movimentos involuntários, ataques de pânico, acessos de cólera e muito mais podem ser observados na prática.[266]

No entanto, se a mente consciente entende a situação, podemos adotar contramedidas simples para deter rapidamente as ações de retaguarda do ego e dos programas de proteção

---

266 Obviamente, incluem-se também relaxamento, vitalização, sentimentos de felicidade e outros semelhantes. Mas eu penso que esses sintomas são muito bem-vindos.

e harmonizar seus efeitos. *Os sintomas não indicam nenhum problema que tenha sido criado através do encontro com seres e forças espirituais,* nem por influência dos "poderes das trevas" ou de "energias negativas," mas apenas nossa luta com a decisão de assumir o nosso legado divino ou de continuar a ouvir a opinião da "sociedade" e servilmente orientar-nos por ela.

A partir de experiências que tive em meu trabalho com pessoas que buscam o divino, eu (Walter) resumi neste capítulo questões que ocorrem frequentemente e causam problemas, assim como o que se mostrou verdadeiramente eficaz para resolvê-los. A orientação exposta neste capítulo não só nos poupa de muitos problemas desnecessários em nosso caminho para a luz e o amor, mas também nos possibilita oferecer alguma ajuda valiosa aos nossos amigos. Quando é corretamente preparado, o contato com os seres e forças espirituais é algo extraordinariamente enriquecedor, profundamente pleno de felicidade, que pode mudar toda uma vida de maneira muito positiva. Esse contato nos possibilita aproveitar da melhor maneira possível as nossas experiências espirituais. Desejo a você, leitor, muita alegria com essas experiências e com as sugestões da próxima seção.

Um Exame da Realidade

Na minha opinião, este é o conselho mais importante: quando temos uma experiência espiritual intensa, profundamente tocante, é recomendável pensar sobre ela de modo completo e, acima de tudo, muito objetivo, mesmo sendo difícil. É bom meditar sobre o que vivenciamos, falar com um orientador qualificado ou com um amigo experiente, para separar ilusão de realidade e aprender a discernir entre o que podemos mudar para melhor em nossa vida e a bruma de sentimentos, lembranças, julgamentos morais e associações que podem ter sido desencadeados.

Estas são algumas perguntas que podemos fazer-nos: O que aconteceu realmente? Quais são os aspectos úteis que posso utilizar em minha vida diária? De que outro modo posso entender o que a experiência pode significar? Que livros, que orientador competente, que prática espiritual, que oráculo (como *I Ching, Tarô, Cartões de Energia dos Chakras,* runas) podem me ajudar a compreender a experiência da maneira mais clara possível e a traduzi-la em ação para o meu caminho de forma mais significativa? Que riscos podem resultar se eu traduzir a experiência em ação da maneira como a compreendo agora?

Essas são perguntas importantes que fazem parte da minha prática como orientador que, espero, possam ajudar qualquer pessoa a extrair o melhor de uma experiência espiritual e a impedir que se perca em ilusões e sentimentos destrutivos.

Em caso de dúvida, eu gosto de recorrer a oráculos. Eles são os observadores imparciais ideais.

Estabilização (*Grounding*)

Depois de experiências espirituais intensas, é fundamental estabilizar-se, basicamente por duas razões:

- ॐ Por um lado, o estado energético de um ser humano, devido às intensas experiências espirituais, às vezes pende demasiadamente para a área yang, o que não é surpresa! Afinal, a maior proximidade com o espiritual encontra-se também nesta qualidade de energia. O espiritual, celestial *per se*, é chamado *Tai Yang* em chinês – o Grande Yang. Porém, tendemos a viver num mundo mais orientado para o yin e precisamos sintonizar-nos novamente com ele depois de uma profunda experiência espiritual, para prosseguir com a nossa vida de cada dia. Às vezes o organismo consegue fazer isso muito bem num período de tempo relativamente curto (até uma hora) sem ajuda. Mas em muitos casos a energia da pessoa precisa de muitos dias ou até mais tempo para realizar a mudança necessária ao ambiente de vida que lhe é natural, o mundo material, sem ajuda.

- ॐ Por outro lado, muitos bloqueios são desfeitos e então seus componentes devem ser eliminados do organismo o mais rápido possível.

Quando usado com habilidade, o Reiki é de grande eficácia nas duas situações.

Para estabilizar-nos com o Reiki, devemos tratar a área anterior da *sola do pé até o meio do pé*, por imposição das mãos ou por tratamento a distância. Os iniciados no Segundo Grau podem, além disso, aplicar vários símbolos de intensificação de energia nessas posições.

São as seguintes as pedras de cura mais eficazes para sustentar a estabilização:

- ॐ *Turmalina preta*. Podemos segurá-la na palma das mãos quando tratamos a sola dos pés ou o cóccix. Ela atrai o excesso de energia com muita eficácia, promove uma atitude mental serena e atenta, e harmoniza pensamentos negativos e o stress.
- ॐ O *ônix* pode ser aplicado nas mesmas posições que a turmalina. Sua função é ajudar-nos a não nos prender aos sentimentos e a não ficar excessivamente ativos. Ele estimula a circunspeção e a disciplina e transmite a sensação agradável de estar novamente em solo firme.
- ॐ O *olho do falcão* ajuda a chegar às profundezas da experiência espiritual com a mente e os sentimentos. Ele nos deixa serenos e relaxados, ajudando-nos no processo de perceber os contextos mais amplos. Ele age contra perspectivas e julgamentos dogmáticos. Pode ser colocado sobre o primeiro chakra principal ou segurado na mão esquerda.
- ॐ A *madeira petrificada* também nos recoloca em solo firme e exerce efeito calmante.

São os seguintes os Florais de Bach que sustentam a estabilização depois de experiências espirituais intensas:

- ॐ *Walnut* (fortalece o senso de identidade e de autoconsciência);
- ॐ *Crab Apple* (sustenta a purificação energética e emocional);
- ॐ *Clematis* (ajuda a sair do mundo de sonhos das ilusões e voltar à terra);
- ॐ *Aspen* (ajuda a dissolver os medos provocados pela experiência).

Às vezes é importante aplicar previamente um tratamento de Reiki nos joelhos e tornozelos do cliente, pois todos os tipos de energia podem facilmente ficar congestionados nessas regiões, reduzindo a eficácia dos tratamentos na sola dos pés. Quando o Reiki é aplicado na sola dos pés, as forças e informações que não são adequadas ao corpo podem sair com mais facilidade. Elas são facilmente eliminadas dos bloqueios pelas experiências espirituais intensas devido ao aumento correspondente das vibrações das energias vitais, se foram antes "congeladas" em razão dos vários tipos de trauma e bloquearam o metabolismo material e energético. Através da estabilização energética com Reiki, os sintomas que foram produzidos pelas forças desarmônicas dissolvidas desaparecem rapidamente. Em relação à estabilização, outra medida é importante...

Centramento: O Terceiro Chakra e o Hara

O terceiro chakra (plexo solar) está localizado na região do estômago, cerca de 4 cm abaixo do esterno. É aqui que todas as informações que nos chegam de fora e as que são liberadas de várias partes nossas como lembranças, associações, emoções e estados físicos são processadas, classificadas e traduzidas em decisões pertinentes de uma forma ou outra. Isso acontece conscientemente, mas também, em grau muito mais elevado, inconscientemente, através do nível mental.

O hara é o centro energético, psíquico e mecânico do corpo. Dirigir a atenção da consciência para o hara, que está localizado aproximadamente dois dedos abaixo do umbigo e um pouco para dentro do corpo, cria tranquilidade, energia, expansão da consciência e paz interior.

Podemos dirigir a respiração para ele com a ajuda da imaginação e aplicar o Reiki nessa região. Pequenas pausas entre a inspiração e a expiração nos fazem sentir a energia.

O terceiro chakra pode ser fortalecido e desenvolvido aplicando-lhe o Reiki regularmente. Os iniciados no Segundo Grau também podem usar o Símbolo CR para intensificar o fluxo de Reiki. Além disso, as seguintes pedras de cura são especialmente benéficas quando postas em contato com as palmas durante o tratamento do terceiro chakra:

- ॐ O *quartzo enfumaçado* diminui o stress e alivia a tensão: quando usado regularmente, reduz a tendência a estressar-se. Ele nos ajuda a ser mais flexíveis e a vencer a resistência interna e externa. Fortalece os nervos e é bom para harmonizar os efeitos danosos da poluição eletrônica que sobrecarrega o terceiro chakra.
- ॐ O *citrino* geralmente fortalece o terceiro chakra. Ele melhora a capacidade de estabelecer limites, aumenta a autoconfiança, fortifica a vontade de viver, anima a disposição de espírito e exerce um efeito antidepressivo. É bom para os nervos, estômago, baço e pâncreas. Melhora a digestão e combate o diabetes no estágio inicial.
- ॐ A *lepidolita* recupera e harmoniza todas as formas de trauma. Ela nos protege contra influências do mundo externo, favorece a independência, a autodisciplina, as ações baseadas na responsabilidade pessoal e ajuda a alcançar sucesso por meio do nosso próprio poder.
- ॐ A *aragonita* é a pedra específica para o desenvolvimento do terceiro chakra. Ela estabiliza os processos de desenvolvimento no nível mental-emocional que ocorrem muito rapidamente. Ela combate exigências excessivas e incoerências, promove a concentração e tem um efeito calmante.
- ॐ O *âmbar* pode ser usado quando as desarmonias do terceiro chakra tendem a ocorrer nos órgãos físicos relacionados com esse centro de energia: estômago, baço, fígado e vesícula biliar.

A Descoberta do Sentido

Uma experiência espiritual autêntica sempre tem um sentido prático – algo bom que pode claramente mudar a nossa vida diária para melhor, de algum modo. O processo necessário para obter esse tesouro é como garimpar ouro: peneiramos grandes quantidades de areia na esperança de encontrar algumas pepitas. Na experiência espiritual, porém, temos garantia de descobrir algo grande, importante e muito valioso para nós.

O sentido nem sempre é diretamente acessível à mente objetiva. Os ensinamentos edificantes normalmente estão de algum modo relacionados com a nossa vida emocional. Ou talvez o sentido só se esclareça plenamente no futuro. Como sempre – toda experiência espiritual está de algum modo relacionada com a vida cotidiana. Quando fazemos realmente um esforço para descobrir o sentido, nós o encontramos. Por isso, nunca devemos desistir! Se não a compreendemos, uma experiência espiritual pode fazer pouca coisa por nós: o caminho é o objetivo! Quando avançamos na direção de uma compreensão clara de uma experiência espiritual, cada pequeno passo é uma vitória. Em minha experiência, mensagens profundas às vezes precisam de dez ou mais anos. Durante esse tempo, compreendo e aprendo continuamente a aplicar algo importante e proveitoso da mensagem.

A Cura dos Medos

No contexto de experiências espirituais intensas, medos ocorrem com frequência. Por exemplo, podemos ter medo de ser ameaçados por "poderes do mal" ou influenciados por "energias negativas". Não existem demônios, não existem anjos caídos, não existem criaturas astrais que querem fazer o mal. Os seres que estão perto da Força Criadora no estado de unidade têm consideravelmente mais poderes mágicos do que os seres humanos. Mas, ao mesmo tempo, seu livre-arbítrio é limitado porque a proximidade com a fonte da vida, do amor e da unidade significa também que eles são orientados mais diretamente por essas qualidades. Por isso, devemos assumir a responsabilidade por tudo o que se refere a nós e agir para resolver os nossos problemas passo a passo. Assim o medo também passará, porque provamos em termos práticos que não somos impotentes.

A técnica do *Mental Healing* do Segundo Grau do Reiki, associada às técnicas do trabalho com energia explicadas em outras seções deste livro, pode ser uma ajuda de grande eficácia na harmonização dos medos.

Como Transferir Experiências Espirituais para a Vida Diária

Experiências Espirituais de qualquer natureza devem ser sempre incondicionalmente transpostas para a vida diária de maneira prática. Como já foi explicado extensamente no capítulo sobre Cosmologia Espiritual, a existência material na forma individual é muito importante da perspectiva divina. Os ensinamentos transmitidos e a cura oferecida aos ocupantes do mundo material pelos seres de luz, os auxiliares da Força Criadora, têm a intenção de não deixá-los esquecer seu legado divino. Ao contrário, devemos aprender a lidar com as exigências do mundo material de maneira espiritual sempre melhor e a seguir a nossa visão e o nosso caminho espiritual, desenvolver o nosso potencial, estar cada vez mais no nosso coração e permanecer no amor, usar a fonte das alegrias que existem em grande abundância para nós. E tudo isso na vida cotidiana! Esse é o caminho verdadeiro e o desafio autêntico – não a meditação isolada, solitária, numa caverna remota em algum lugar no Himalaia.

De qualquer modo, como todos morreremos,[267] certamente não é problema voltar para os mundos luminosos. Todos temos uma passagem de ida e volta. Um desafio consideravelmente maior consiste em trilhar nosso caminho de maneira significativa neste mundo segundo as regras da ordem divina, desenvolvendo-nos livremente e ao mesmo tempo para o benefício de todos, sendo felizes e espalhando felicidade.

A Defesa dos Nossos Sentimentos, sem Deixar que nos Dominem

As experiências espirituais frequentemente desencadeiam sentimentos intensos. Quando conseguimos lidar com essas energias dinâmicas, podemos fazer muitas coisas proveitosas com elas. Esta seção oferece uma breve explicação de como isso se processa.

Os nossos sentimentos verdadeiros fazem parte da nossa verdade. Eles estão aqui e agora – e podem mudar rapidamente sob condições apropriadas. Os sentimentos não podem e não devem ser os ditadores da nossa vida. E é útil aprender a diferenciar entre sentimentos genuínos e estados de ânimo que fomos treinados a ter (sentimentos secundários). No decorrer da infância, aprendemos a exibir reações emocionais às quais o nosso ambiente social responde de forma positiva. Não são esses sentimentos que devem nos orientar – porque não fazem parte da nossa verdade. Nossos sentimentos verdadeiros são fortes, espontâneos e não podem ser continuamente ativados por estímulos semelhantes aos dos sentimentos secundários – como um botão que é pressionado.

Quando dirigimos a nossa atenção para alguma coisa, respondemos emocionalmente a ela num curto período de tempo – sempre! Isso também é bom porque os sentimentos autênticos têm o objetivo de tornar o tipo certo e a quantidade certa de energia disponível para dominar com sucesso uma situação do momento. E essa energia tem origem nos sentimentos, também chamados emoções, uma palavra baseada no termo latino *exmovere* – que significa retirar, extrair de algo.

Também não estamos à mercê dos nossos sentimentos. Quando assumimos a responsabilidade por eles e concentramos conscientemente a atenção no positivo sempre que isso faça sentido, logo sentimos uma disposição fundamental apropriada dentro de nós. E isso faz com que valha a pena viver, antes de mais nada. Certamente vale a pena tentar.

Mental Healing e a Integração de Experiências Espirituais

As afirmações a seguir são muito úteis no contexto da técnica do *Mental Healing* do Segundo Grau do Reiki, pois ajudam a integrar de modo construtivo as experiências espirituais. Elas

---
[267] Uma das poucas coisas 100% garantidas neste mundo.

são especialmente eficazes quando uma afirmação escolhida é repetida durante dois períodos de 15 minutos cada um por dia, durante o *Mental Healing*.

1. Tudo o que eu sou é belo, verdadeiro e bom.
2. Minha mente subconsciente me ajuda em todos os momentos da minha vida com todos os seus poderes para eu ser feliz, saudável e bem-sucedido, para assim servir ao todo.
3. Tudo o que entra na minha consciência é uma mensagem importante de luz e de amor e eu a compreenderei e colocarei em prática no momento certo da melhor maneira possível.
4. Todas as energias que não preciso neste momento ficarão recolhidas no meu hara, disponíveis para quando eu precisar delas.
5. Eu me percebo amorosamente, perdoo-me pelos meus erros e me congratulo pelos meus sucessos.
6. Amor e sabedoria, sentimento e mente, corpo e espírito congregam-se em meu interior harmoniosamente.
7. O poder do meu corpo segue a sabedoria do meu coração.
8. Minha mente se abre totalmente para o amor e para a sabedoria da Força Criadora e dos seus mensageiros.
9. Com o desejo do meu corpo, vivo a unidade com o divino.
10. Sigo com alegria a inspiração dos meus guias espirituais e espalho a bondade dentro de mim e ao meu redor.
11. O amor permeia todo o meu ser. O amor é toda minha existência.

APÊNDICE

Bibliografia Comentada

The Complete Reiki Handbook, Walter Lübeck, Lotus Press/Shangri-la. Tradução para o inglês de Wilfried Huchzermeyer.

Orientações gerais para a prática da cura com o Reiki, incluindo uma extensa lista de posições especiais, comentários sobre Reiki e medicamentos, meditações com Reiki, trabalho com pedras e aromaterapia. O ponto de convergência do livro é a cura por imposição das mãos. O trabalho de Reiki sobre os chakras é explicado com muita clareza teórica e prática.

Reiki – Way of the Heart, Walter Lübeck, Lotus Press/Shangri-la. Tradução para o inglês de Christine M. Grimm.

Descreve extensamente os três graus do Sistema Usui Tradicional, seu significado espiritual, o caminho do Mestre, a história do Reiki e práticas especiais de apoio ao desenvolvimento da personalidade com o Reiki. Aprofunda o significado dos Princípios do dr. Usui para a prática do Reiki e para a vida do dia a dia, o mapa natal do dr. Usui e a Terapia de Ressonância com o Reiki.

Rainbow Reiki, Walter Lübeck, Lotus Press/Shangri-la. Tradução para o inglês de Christine M. Grimm.

Rainbow Reiki é uma expansão do Sistema Usui de Cura Natural. Walter Lübeck passou anos pesquisando profundamente as possibilidades dos três graus do Reiki e combinou-as com os ensinamentos milenares HUNA e com a sabedoria xamânica. Criou assim um sistema complexo de trabalho com energia altamente desenvolvido, baseado nos métodos tradicionais do Reiki. Trabalho sobre a aura e os chakras com Reiki, para alcançar o nível mais elevado de eficácia, trabalho com lugares de poder, canalização, viagens astrais, viagens através do tempo, trabalho com cristais, essências de Reiki e plantas medicinais energéticas – *Rainbow Reiki* abre as portas para um verdadeiro "país das maravilhas" para toda pessoa iniciada tradicionalmente no Reiki.

The Pendulum Healing Handbook, Walter Lübeck, Lotus Press/Shangri-la. Tradução para o inglês de Christine A. Grimm.

Instruções sobre o uso do pêndulo tanto para leigos como para profissionais. Inclui uma extensa coleção de tabelas de pêndulos dispostas numa espécie de sistema oracular, podendo ser consultadas para diagnosticar holisticamente deficiências que impedem o bem-estar. Remédios de harmonização, como essências florais, aromas e pedras de cura, também podem ser avaliados.

The Aura Healing Handbook, Walter Lübeck, Lotus Press/Shangri-la. Tradução para o inglês de Christine M. Grimm.

> Instruções precisas para percepção e leitura da aura e dos campos dos chakras. Inclui um capítulo extenso sobre o sistema humano de energia sutil com informações muito valiosas.

The Chakra Energy Cards, Walter Lübeck, Lotus Press/Shangri-la. Tradução para o inglês de Christine M. Grimm.

> Este conjunto de 126 cartões de afirmações para fins específicos leva em consideração os chakras principais e secundários e os quatro principais campos da aura. As afirmações podem ser usadas individualmente para desenvolvimento holístico da personalidade ou em combinação com o Reiki e os Florais de Bach, pedras de cura e essências aromáticas associadas com cada afirmação. O livro explica todas as classificações em relação a seus efeitos, com descrições exatas de suas aplicações em capítulos individuais. Os símbolos de cura da Grande Deusa e de seus anjos estão em cada cartão de afirmação. Esses símbolos de cura podem ser usados para tornar especialmente eficazes 126 essenciais espirituais e óleos para os chakras em qualquer quantidade desejada. Um capítulo especial oferece uma explicação detalhada sobre o modo de tornar o Feng Shui eficaz em casas, apartamentos e jardins. Dezenas de exemplos de perguntas testadas oferecem sugestões valiosas. As 126 afirmações são especialmente apropriadas para a técnica do *Mental Healing* do Segundo Grau do Reiki.

The Spirit of Reiki, Walter Lübeck/Frank Arjava Petter/William L. Rand, Lotus Press/Shangri-la. Tradução para o inglês dos capítulos de Lübeck e Petter de Christine M. Grimm.

> Extensa descrição do Reiki tradicional Usui com informações biográficas obtidas por meio de pesquisas rigorosas sobre o dr. Usui, dr. Chujiro Hayashi e Hawayo Takata. Este livro apresenta os métodos de tratamento clássicos de Usui e Hayashi, os Princípios originais, a relação espiritual professor-aluno no Reiki, explicações sobre os símbolos do Reiki, tratamento do corpo inteiro com o Reiki e muito mais.

Reiki – Best Practices, Walter Lübeck/Frank Arjava Petter, Lotus Press/Shangri-la. Tradução para o inglês de Christine M. Grimm.

> Este livro oferece centenas de técnicas de Reiki, algumas publicadas pela primeira vez, com explicações precisas para todos os graus. Boas sugestões para a prática de tratamentos.

Reiki for First Aid, Walter Lübeck, Lotus Press/Shangri-la. Tradução para o inglês de Samsara Amato-Duex e Christine M. Grimm.

> Este livro apresenta mais de quarenta técnicas complexas de diferentes tratamentos, voltadas para problemas de saúde específicos. Inclui também explicações sobre o uso de pedras de cura, suplementos alimentares e remédios caseiros. O minucioso mapa das zonas reflexas facilita a localização de posições especiais. Também são oferecidas explicações gerais sobre alimentação saudável com a ajuda do Reiki, sugestões já comprovadas para eliminar cicatrizes e uma descrição do papel da água para manter uma boa saúde.

The Original Reiki Handbook of Dr. Mikao Usui (organizado por Frank Arjava Petter), Lotus Press/Shangri-la. Tradução para o inglês de Christine M. Grimm.

>Este é o manual dos seminários, com comentários pertinentes e ótimas ilustrações, que o dr. Usui, criador do Sistema Reiki, entregava aos seus alunos. Imprescindível para todo praticante de Reiki.

Reiki Fire,[268*] Frank Arjava Petter, Lotus Press/Shangri-la.

>Este é o primeiro livro que meu amigo Arjava escreveu, expondo suas descobertas sobre os ensinamentos e a vida do criador da tradição de cura do Reiki.

Reiki – The Legacy of Dr. Usui, Frank Arjava Petter, Lotus Press/Shangri-la. Tradução para o inglês de Christine M. Grimm.

>Outras descobertas sobre a vida e o trabalho de Usui e Hayashi. Em minha opinião, os dois livros são obrigatórios para os praticantes de Reiki para compreender realmente o Sistema Usui de Cura Natural. Além disso, este livro esclarece muitas confusões e enganos que surgiram antes que relatos sobre as origens do Sistema Reiki procedessem diretamente do Japão.

Sacred Calligraphy of the East, John Stevens, Shambala Pbl. (Boston & Londres).

>Um livro com belas ilustrações sobre a caligrafia da Ásia. Inclui muitos detalhes importantes e difíceis de encontrar, originários dos tesouros da sabedoria asiática.

Mastering Your Hidden Self, Serge King, Quest Books.

>Outro livro de um autor moderno sobre HUNA. King é psicólogo, completou seu treinamento em PNL e aprendeu HUNA ainda jovem numa tradição de família. Ideias importantes sobre o inconsciente humano e muitas sugestões práticas para aplicar métodos HUNA na vida diária fazem de *Mastering Your Hidden Self* um companheiro de grande proveito no caminho individual.

The Roots of Coincidence, Arthur Koestler, Vintage.

>Este excelente livro estabelece uma associação primorosa entre conceitos científicos modernos e o conhecimento espiritual. Quem ainda acredita que ciência e esoterismo são mutuamente excludentes deve dedicar algum tempo ao estudo deste informativo volume.

Synchronicity, F. David Peat, Bantam.

>O fenômeno do encontro significativo de ocorrências sem relação causal é explicado e exemplificado fartamente nesta obra, que também oferece subsídios sobre os temas "oráculos" e "percepção sutil".

In Search of Schrödinger's Cat: Quantum Physics and Reality, John Gribbin, Bantam.

>Este resumo da história da física quântica é uma leitura estimulante, bem pesquisado e cheio de surpresas. Além do aspecto científico, fiquei especialmente fascinado pelas biografias dos cientistas, o lado profundamente humano de grandes gênios. Este livro ensina muitas coisas interessantes.

268* *O Fogo do Reiki*, publicado pela Editora Pensamento, São Paulo, 2005.

The Character of Physical Law, Richard P. Feynman, Modern Library.

> Um profissional descreve a natureza das leis físicas para pessoas leigas. Lendo este livro, aprendi que é possível explicar a física de modo estimulante. Espero que se torne leitura obrigatória para professores e estudantes universitários.

QED – The Strange Theory of Light and Matter, Richard P. Feynman, Princeton University Press.

> O físico teórico provavelmente mais importante do século XX explica aqui sua pioneira teoria. Muito bem escrito, este livro é de compreensão fácil e interessante para pessoas sem bases científicas.

The Elegant Universe, Brian Greene, Vintage.

> Inteligível e divertido para pessoas sem conhecimento científico. Este livro apresenta uma descrição bem organizada da teoria das supercordas, a teoria contemporânea mais importante da física quântica.

A Dictionary of Gods and Goddesses, Devils and Demons, Manfred Lurker, Routledge.

> Quase todas as divindades podem ser encontradas neste dicionário, fruto de uma excelente pesquisa. Como acontece com qualquer livro desta natureza, não se devem esperar informações muito profundas. Entretanto, a obra foi compilada de maneira confiável e não apresenta desvios maiores.

Tantra: Cult of the Feminine, André van Lysebeth, Weiser Books.

> Extenso tratado sobre o Tantra clássico, com muitas informações básicas sobre temas como a Era da Deusa – mas que não pode ser incluído entre os muitos livros da moda publicados atualmente sobre Tantra. O autor deste clássico extremamente informativo conhece o assunto como a palma da sua mão.

Radical Awakening, Stephen Jourdain/Gilles Farcet, Inner Directions Foundation.

> Um livro interessante com longa entrevista realizada por um jornalista desperto com um homem desperto espiritualmente. Muito agradável, autêntico e espirituoso.

The Medium, the Mystic, and the Physicist, Lawrence LeShan, Ballantine.

> Esta é uma história da ciência muito bem contada e fundamentada em conhecimentos sólidos, abrangendo o período desde seus inícios modernos até sua (quase) aliança estreita com a filosofia espiritual. Excelente leitura para as pessoas que tendem a ver ciência e fé como duas questões fundamentalmente diferentes.

Yahweh's Wife, Arthur Frederick Ide, Monument Press.

> O renomado cientista Ide prova em detalhes que o Espírito Santo é um nome codificado da Grande Deusa, a quem Salomão e muitas tribos judias cultuaram diretamente até que fanáticos patriarcais extremistas do judaísmo proibiram esse culto. O livro mostra como grande parte da Bíblia foi falsificada e oferece farta informação sobre o que aconteceu realmente nos tempos bíblicos.

The Sacred Prostitute, Nancy Qualls-Corbett, Inner City Books (Toronto, Canadá).

> Uma psicóloga escreve sobre a Prostituta Sagrada na história e em cada mulher. Livro raro e inteligente.

Man and His Symbols, Carl Gustav Jung, Doubleday.

> Tratado psicológico sobre símbolos de todos os tipos. Vale a pena ler porque ajuda a compreender melhor o ser humano.

I Ching – The Book of Changes,[269*] tradução para o inglês de Richard Wilhelm, Grange Books.

> Obra de referência em todo o mundo. Seu conteúdo é às vezes complicado e carregado de antolhos cristãos. No entanto, continua sendo um livro importante em razão de sua imensa riqueza de informações. Como fonte única sobre o I Ching é um pouco tendencioso – mas muito útil como literatura adicional.

I Ching – The Book of Changes and the Unchanging Truth, Hua-Ching Ni, Seven Star Communications Group.

> Em minha opinião esta é atualmente, de longe, a melhor versão do clássico chinês *I Ching*. O livro é bastante extenso, preciso e escrito com muita sabedoria.

Woman's Dictionary of Symbols and Sacred Objects, Barbara G. Walker, Book Sales.

> Um tratado que resultou de excelente pesquisa sobre símbolos conhecidos de todos os tipos e suas origens na tradição espiritual da Grande Deusa. Um mimo para quem quer examinar mais de perto a espiritualidade feminina.

The Woman's Encyclopedia of Myths and Secrets, Barbara G. Walker, Harper.

> Obra muito extensa e, como a precedente, minuciosamente pesquisada sobre a história do caminho espiritual da Deusa. Walker esclarece os mal-entendidos e as falsificações da história de cada religião do mundo. Um livro magnífico!

The Once and Future Goddess, Elinor W. Gadon, Harper.

> Livro abrangente sobre a religião da Grande Deusa desde o Período Megalítico até os nossos dias.

The Weaving of Mantras, Ryuichi Abé, Columbia University Press.

Kûkai Major Works, Yoshito S. Hakeda, Columbia University Press.

> Dois livros muito recomendados para quem deseja conhecer *Kûkai* em maior profundidade.

269* *I Ching – O Livro das Mutações,* publicado pela Editora Pensamento, São Paulo, 1983.

Índice da Literatura Científica

ARAI, Yûsei. *Kôyasan shingonshû danshinto hikkei*. Kôyasan: Kôyasan shuppansha, 1988.

ATSUJI, Tetsuji. *Zusetsu kanji no rekishi (Fukyu han)*. Tóquio: Taishukan shoten, 1996.

Books Esoterica Nº 1. *Mikkyo no hon*. Tóquio: Gakken, 1995.

Books Esoterica Nº 10. *Koshintô no hon*. Tóquio: Gakken, 2002.

Books Esoterica Nº 19. *Shingon mikkyô no hon*. Tóquio: Gakken, 2002.

Books Esoterica Nº 2. *Shintô no hon*. Tóquio: Gakken, 2002.

Books Esoterica Nº 21. *Tendai mikkyô no hon*. Tóquio: Gakken, 2002.

Books Esoterica Nº 23. *Fûsui no hon*. Tóquio: Gakken, 2002.

Books Esoterica Nº 29. *Kobudô no hon*. Tóquio: Gakken, 2001.

Books Esoterica Nº 30. *Jujutsu no hon*. Tóquio: Gakken, 2002.

Books Esoterica Nº 4. *Dôkyô no hon*. Tóquio: Gakken, 2002.

Books Esoterica Nº 6. *Onmyôdô no hon*. Tóquio: Gakken, 2002.

Books Esoterica Nº 8. *Shugendô no hon*. Tóquio: Gakken, 2001.

Books Esoterica. *Tôyô igaku no hon*. Tóquio: Gakken, 2002.

BUNKACHÔ, kanchô. *Juyô bunka zai 24. Kôgei hin 1. Kinkô*. Tóquio: Mainichi Shinbunsha, 1976.

BUNKACHÔ, kanchô. *Juyô bunka zai 29. Kôkô 2*. Tóquio: Mainichi Shinbunsha, 1976.

Butsuzô wo arawashita kongôrei. Nara: Nara kokuritsu hakubutsukan, 1989.

CHANDRA, Lokesh. *Buddhist Iconography*. Nova Délhi: Aditya Prakashan, 1991.

Daigoji ten. Inori to bi no densho. Nara: Benrido, Nihon keizai shinbunsha, 1998.

FAURE, Bernard. *The Rhetoric of Immediacy* Princeton: Princeton University Press, 1991.

FAURE, Bernard. *Visions of Power*. Princeton: Princeton University Press, 1996.

FRANZ, Heinrich Gerhard. *Das alte Indien (Ancient India)*. Munique: Bertelesmann, 1990.

FUJIWARA, Giichi. *Nihon sekizô ihô*. Vol. 1. Tóquio: Yamato shoinri, 1943.

FUKUNAGA, Mitsuji. *Dôkyô to nihon no bunka*. Jinbun Shôin. Quioto. 1982.

GAKKEN. *Super Nihongo Daijiten*. Tóquio, 1998.

Genshoku nihon no bijutsu. Vol. 20. Tóquio: Shôgakukan, 1969.

GOEPPER, Roger. *Shingon. Die Kunst des Geheimen Buddhismus in Japan*. Museum fuer Ostasiatische Kunst der Stadt Köln: Köln, 1988.

GREWE, Gabriele. *Buddhistische Kultgegenstaende Japans. Ein Handbuch*. Wadakita: Goku Raku An, 1996.

Hanayama Shôyû. *Mikkyô no subete*. Tóquio: PHP Kenkyû sho, 1994.

Hanayama Shôyû. *Zukai no subete*. Tóquio: PHP Kenkyû sho, 1998.

HANE, M. *Premodern Japan. A Historical Survey*. Boulder: Westview Press, 1991.

Hieizan-Koyasan Meihoten. *Nara kenritsu bijutsukan.* Nara: Nara Prefectural Museum, 1997.

Hosak, Mark. *Die Siddham-Schrift in der japanischen Kunst bis zum 14. Jahrhundert* (The Siddham Script in Japanese Art Up to the 14th Century). Heidelberg: Universitaet Heidelberg, 2002.

Hoshiba, Sekiho. *Butsuzoga nyumon.* Tóquio: Nichibo shuppansha, 1991.

Imamura, Kyujukju. *Jihi hozo.* Quioto: Yamada insatsu, 1995.

Inoue Mitsusada. *Rekishi sanpo jiten.* Tóquio: Yamagawa Shuppan, 1996.

Ishida Shige. *Mikkyô hôgu no kenkyû.* In: *Mikkyô hogû.* Tóquio: Kôdansha, 1965.

Itô, Toshiko. *Ise monogatari e.* Tóquio: Kadokawa shoten, 1984.

Izumi, Takeo. *Ôchô no butsuga to girei.* Quioto: Kyôto kokuritsu hakubutsukan, 1998.

Japan. An Illustrated Encyclopedia. Tóquio: Kodansha, 1994. p. 152.

Jien, Shizuka. *Bonji de kaku hannya shingyô.* Ôsaka, Toki Shobô, 2001.

Kodama, Giryû. *Bonji hikkei. Shosha to kaidoku.* Osaka: Toki Shobô, 1996.

Kodama, Giryû. *Bonji de miru mikkyo - sono oshie, imi, kakikata.* Tóquio: Taihô Rinkaku, 2002.

Kôbô Daishi to mikkyô bijutsu. Tóquio: Asahi shinbunsha, 1984.

Kojien Daigohan CD-ROM. Tóquio: Iwanami shoten, 1998.

Kûkai to koyasan. Kobo Daishi nitto 1200 nen kenen. Osaka: NHK Osaka Hosokyoku, 2003.

Ladstätter, Linhart. *China und Japan. The Kulturen Ostasiens.* Viena: Ueberreuter, 1983.

Ledderose, Lothar. *Some Taoist Elements in the Calligraphy of the Six Dynasties,* in: *T'oung Pao* 70, 1984.

Ledderose, Lothar. *Ten Thousand Things.* Princeton, Nova Jersey: Princeton University Press, 2000.

Louis, Frederic. *Buddhism - Flammarion Iconographic Guide.* Paris - Nova York: Flammarion, 1995.

Manabe, Shunshô. *Hakubyô shita e ise monogatari bonji kyô no bonji ni tsuite. Kômyô shingon no bunseki to sono kaidoku.* In: *Yamato bunka,* Vol. 53. Nara: Yamato Bunkakan, 1970.

Mikkyô bijutsu daikan. Vol. 4. Tóquio: Asahi shinbunsha, 1984.

Mochizuki, Nobushige. *Kôryûji.* Quioto: Wakôsha, 1963.

Mookerjee, *Ajit and Khanna, Madhu. The Tantric Way: Art, Science, Ritual.* Nova York: Thames and Hudson, 1977.

Nakamura, Hajime. *Bukkyô go daijiten.* Tóquio: Shukusatsu, 1985.

Nara Kokuritsu hakubutsukan. *Busshari no sôgon.* Quioto: Dôhôsha, 1983.

Nara kokuritsu hakubutsukan. *Busshari no bijutsu.* Nara: Tenriji hôsha, 1975.

Nara kokuritsu hakubutsukan. *Nara Saidaiji ten.* Nara: Benridô, 1991.

Nara rokudaiji taikan. Saidaiji. Vol. 14. Tóquio: Iwanami, 1973.

Nihon Bijutsukan. Tóquio: Shôgakukan, 1997.

Nihon bijutsu. Busshari to kyô no sôgon. Nº 280. Quioto: Shibundô, 1989.

Nihon bijutsu. Butsugu. Nº 16. Quioto: Shibundô, 1967.

Nihon bijutsukan. Tóquio: Shôgakukan, 1997.

Nihon bukkyo bijutsu meiho ten - Nara kokuritsu hakubutsu kan hyakunen kinen - Tokubetsu ten. Nara: Nara National Museum, 1995.

Nihon kokuhô ten. Tóquio: Tôkyô kokuritsu hakubutsukan & Yomiuri shinbunsha, 1990.

Nihon no Kokuhô. Tóquio: Asahi Shinbunsha, 1998.

Nihon rekishi jinbutsu jiten. Tóquio: Asahi shinbunsha, 1994.

Nishimura Kôchô. *Mikkyô nyûmon.* Tóquio: Shinchô sha, 1996.

Okazaki Jôji. *Butsugu Daijiten.* Tóquio: Kamakura shinsho, 1995.

Ôta, Masao. *Tendai mikkyô no hon.* Tóquio: Gakken, 1998.

Ôyama, Kôjun. *Denju roku.* Osaka: Tôhô, 1997.

Petzold, Bruno. *Über Pagoden- und Tempelbau.* Tóquio, 1935.

Ramm-Bonwitt, Ingrid. *Mudras-Geheimsprache der Yogis.* Freiburg: Hermann Bauer Verlag, 1998.

Ruppert, Brian Douglas. *Jewel in the Ashes. Buddha Relics and Power in Early Medieval Japan.* Harvard: Harvard University Asia Center, 2000.

Sawa, Ryûken. *Daigoji.* Tóquio: Kôdansha, 1967.

Seckel, Dietrich. *Buddhistische Templenamen in Japan.* In: *Münchener Ostasiatische Studien.* Vol. 37. Franz Steiner Verlag Wiesbaden: Stuttgart, 1985.

Seckel, Dietrich. *Taigengû, das Heiligtum des Yuiitsu-Shintô.* In: *Monumenta Nipponica* Vol. VI. Sophia University, Tóquio: 1943.

Sen-oku hakko kan – Sumitomo Collection. Quioto: Sen-oku hakko kan, 1994.

Shakyo nyumon. Quioto: Tankosha, 1992.

Sôga, Tetsuo. *Hôryûji no ihô.* Vol. 4. Tóquio: Shôgakkan, 1985.

Sokura, T. *Nihon shiika no kigen ronsô, shukyô kigen setsu.* In: *Kôya nihon bungaku nosôten.* Vol. 1. Tóquio, 1969.

Stevens, John. *Sacred Calligraphy of the East.* Boulder & Londres: Shambala, 1981.

Taisen, Miyata. *A Henro Pilgrimage Guide to the 88 Temples of Shikoku Island Japan.* Sacramento: Northern California Kôyasan Temple, 1984.

Takada, Takeyama. *Gotai jirui.* Tóquio: Saito shobo, 1998.

Takenishi, Hiroko & Miyagi, Hiroshi. *Byôdôin.* In: *Koji junrei.* Quioto. Vol. 8. Tóquio: Tankôsha, 1976.

Tanabe, George Jôji. *Myôe the Dreamkeeper: Fantasy and Knowledge in Early Kamakura Buddhism.* Harvard: Harvard University Press, 1992.

Tokuyama, Terusumi. *Bonji hannya shingyô.* Tóquio: Kikuragesha, 1995.

Tokuyama, Terusumi. *Bonji tecchô.* Tóquio: Kikuragesha, 1993.

Tsuboi Toshihiro. *Zukan kawara yane.* Tóquio: Rikô gakusha, 1977.

Tucci, Giuseppe. *Teoria e pratica del mandala.* Tóquio: Kinkasha, 1992.

Wakasugi Satoshi. *Nihon no sekitô.* Tóquio: Kikurage sha, 1970.

Yamada, Masaharu. *Koshintô no gyôhô to kagaku.* Tóquio, BABjapan, 2002.

Yamashiro, Tôro. *Shinhan kihon gotai jiten.* Tóquio, Tôkyôdô Shuppan, 1990.

Yoritomo, Motohiro. *Mandala no hotoketachi.* In: *Tokyo bijutsu sensho* Vol. 40. Tóquio: Tokyo bijutsu, 1985.

Zürn, Peter. *Erleuchtung ist überall,* Aitrang: Windpferd, 2002.

Índice das Ilustrações e Fontes

Não havendo indicação em contrário, todas as caligrafias nesta lista são originais de Mark Hosak.

As ilustrações de cenas da vida de *Kûkai* (Ils. 2-9), assim como os mudrâs nas ils. 62-6, 70, 74, 76, 78, 80, 82, 84, 86, 88 e 90 são de Peter Ehrhardt.

As ilustrações 193-95, 197-98, 200-01, 203-04, 207 e 208 foram criadas por Marx Grafik & ArtWork com base em desenhos de Walter Lübeck.

As ilustrações dos chakras no Capítulo 20 foram tiradas de *The Chakra Handbook,* de Shalila Sharamon e Bodo J. Baginski, Lotus Press/Shangri-la, 1988. Tradução para o inglês de Peter Huebner.

Algumas ilustrações foram extraídas de fontes históricas muito antigas e, portanto, não apresentam os padrões de qualidade modernos nas reproduções impressas.

As informações bibliográficas detalhadas para as fontes citadas podem ser encontradas no Índice de Literatura Científica, pp. 468ss.

1 – Sakyamuni, o Buda histórico (extraída de *Buddhist Iconography,* p. 217)	72
2 – O Monge Kûkai	79
3 – O pequeno Kûkai esculpindo um Buda de barro	80
4 – O encontro de Kûkai com um monge extraordinário	81
5 – O período de ascetismo	82
6 – Céu e mar	83
7 – Instruções da Deusa	84
8 – Ritual do oráculo	86
9 – Cães mostram o caminho	89
10 – Mark Hosak na peregrinação de Shikoku (foto de Mark Hosak)	91
11 – Origem do kanji para a xamã	98
12 – Portões Sagrados no Santuário Fushimi Inari (foto de Mark Hosak)	99
13 – Mandalas do Mundo do Útero e do Mundo do Diamante (foto de Mark Hosak)	103
14 – Talismã da Estrela Polar	108
15 – Talismã para vitória na batalha	108
16 – O Buda Grande Sol Dainichi Nyorai (foto de Mark Hosak)	111
17 – Os Siddham a e ahm	113
18 – Os Siddham vam e vahm	113
19 – Trindade Siddham: em cima, vam, embaixo à esquerda, hum e embaixo à direita, ham	113

20 – Trindade Siddham: em cima, ahm, embaixo à esquerda, hrih e à direita, hum   114
21 – Mente de Diamante Kongôsatta
    (extraída de *Mandala no hotoketachi*, p. 40)   114
22 – O Imperturbável Rei de Sabedoria Fudô Myôô (foto de Mark Hosak)   115
23 – O Buda da Medicina Yakushi Nyorai (extraída de *Jihi hozo*, p. 49)   116
24 – Olhos Amorosos Ichiji Kinrin Nyorai
    (extraída de *Buddhism - Flammarion Iconographic Guides*, p. 130)   116
25 – Bodhisattva da Estrela do Norte Myôdô Bosatsu
    (extraída de *Buddhism - Flammarion Iconographic Guides*, p. 131)   117
26 – Ashuku Nyorai (extraída de *Butsuzoga nyumon*, p. 85)   118
27 – Hôshô Nyorai
    (extraída de *Buddhism - Flammarion Iconographic Guides*, p. 134)   118
28 – Amida Nyorai (foto de Mark Hosak)   118
29 – Fukûjôju Nyorai (extraída de *Buddhism - Flammarion Iconographic Guides*, p. 146)   119
30 – Monju Bosatsu (extraída de *Mikkyo no subete*, p. 59)   119
31 – Siddham mam   120
32 – Kokûzô Bosatsu (extraída de *Kojien Daigohan* CD-ROM)   121
33 – Siddham tram   122
34 – Kannon, a Deusa da Grande Compaixão (foto de Mark Hosak)   122
35 – Kannon de Onze Cabeças (extraída de Butsuzoga nyumon, p. 89)   126
36 – Kannon com a rede e a corda (foto de Mark Hosak)   127
37 – Kannon da Pureza
    (extraída de *Buddhism - Flammarion Iconographic Guides*, p. 174)   128
38 – Kannon de Mil Braços (foto de Mark Hosak)   128
39 – A Kannon que Realiza Desejos (foto de Mark Hosak)   129
40 – Bishamonten (foto de Mark Hosak)   130
41 – Siddham vai de Bishamonten   130
42 – A Grande Deusa Dai Marishi Ten (extraída de *Mikkyo no on*, p. 218)   131
43 – O Buda da Medicina Yakushi Nyorai (extraída de *Jihi hozo*, p. 8)   134
44 – Símbolo Siddham bhai do Buda da Medicina   135
45 – Trindade Siddham: em cima, bhai, embaixo à esquerda,
    hrih embaixo à direita, bhah (para *Sakyamuni*)   136
46 – Siddham da Trindade do Buda da Medicina: Esquerda, ca,
    centro, bhai, direita, a   138
47 – Siddham bhai   140
48 – Sequência de traços para o Siddham bhai   142
49 – Mudrâ do Ser de Luz do Reiki (foto de Mark Hosak)   145
50 – Mudrâ da Transmissão do Reiki
    (extraída de *Buddhism - Flammarion Iconographic Guides*, p. 41)   146

51 – Mudrâ do Dar e Receber
     (extraída de *Buddhism - Flammarion Iconographic Guides*, p. 42)   148
52 – Mudrâ da Estabilização
     (extraída de *Buddhism - Flammarion Iconographic Guides*, p. 43)   149
53 – Mudrâ da Meditação
     (extraída de *Buddhism - Flammarion Iconographic Guides*, p. 43)   150
54 – Mudrâ do Buda do Paraíso
     (extraída de *Buddhism - Flammarion Iconographic Guides*, p. 42)   151
55 – Mudrâ da União entre os Mundos Material e Espiritual
     (extraída de *Buddhism - Flammarion Iconographic Guides*, p. 44)   152
56 – Mudrâ do Pagode
     (extraída de *Buddhism - Flammarion Iconographic Guides*, p. 47)   153
57 – Mudrâ da Sabedoria Espiritual
     (extraída de *Buddhism - Flammarion Iconographic Guides*, p. 47)   154
58 – Mudrâ do Trabalho do Coração
     (extraída de *Buddhism - Flammarion Iconographic Guides*, p. 48)   156
59 – Mudrâ da Grande Deusa Dai Marishi Ten
     (extraída de *Buddhism - Flammarion Iconographic Guides*, p. 49)   157
60 – Mudrâ da Iniciação
     (extraída de *Buddhism - Flammarion Iconographic Guides*, p. 50)   158
61 – Mark Hosak meditando na cachoeira (foto de Mark Hosak)   161
62 – Mudrâ da Flor de Lótus Renge Gasshô   165
63 – Coroa de Buda Bucchô no in   165
64 – Lótus de Oito Pétalas hachiyô no in   166
65 – Raio com Três Dentes Sanko no in   166
66 – Vestindo a Armadura hikô goshin   167
67 – Siddham a num disco da lua   170
68 – Kongô Gasshô (extraída de *A Study of the Ritual Mudras*, p. 15)   171
69 – Hokkai jô-in
     (extraída de *Buddhism - Flammarion Iconographic Guides*, p. 44)   171
70 – Mudrâ da Mão em Espada *Shuto in*   173
71 – Siddham kanman   173
72 – Cortando a Direção dos Nove Signos (extraída de *Mikkyo no hon*, p. 121)   174
73 – Sequência de traços para o Siddham ma   175
74 – Mudrâ da Velha Solidão   175
75 – Sequência de traços para rin   176
76 – Mudrâ da Grande Roda Vajra   176
77 – Sequência de traços para byô   176
78 – Mudrâ do Leão Exterior   176

79 – Sequência de traços para *tô*	177
80 – Mudrâ do Leão Interior	177
81 – Sequência de traços para sha	177
82 – Mudrâ Entrelaçado para Fora	178
83 – Sequência de traços para kai	178
84 – Mudrâ Entrelaçado para Dentro	178
85 – Sequência de traços para jin	178
86 – Mudrâ do Punho de Sabedoria	179
87 – Sequência de traços para retsu	179
88 – Mudrâ da Roda do Sol	179
89 – Sequência de traços para zai	179
90 – Mudrâ da Forma Oculta	180
91 – Sequência de Traços para zen	180
92 – O Deus Sol Nitten (extraída de *Buddhism - Flammarion Iconographic Guides*, p. 266)	181
93 – Siddham a para Nittenshi – Siddham vam para Dainichi Nyorai – Siddham ma para Dai Marishi Ten	183
94 – Sequência de traços para o Siddham kanman	185
95 – *Dai Marishi Ten* (extraída de *Mikkyo no hon*, p. 218)	187
96 – *Ongyô in* (extraída de *Buddhism - Flammarion Iconographic Guides*, p. 49)	188
97 – Dainichi Nyorai Ken in (extraída de *Buddhism - Flammarion Iconographic Guides*, p. 47)	189
98 – Siddham hûm	190
99 – Fudô Myôô (foto de Mark Hosak)	190
100 – Siddham ka e a	191
101 – Kongôsatta (extraída de *Mandala no hotoketachi*, p. 40)	192
102 – Dainichi Nyorai com o mudrâ Chiken In (foto de Mark Hosak)	192
103 – Siddham a	194
104 – Siddham ham	194
105 – Ashuku Nyorai (extraída de *Butsuzoga nyumon*, p. 85)	196
106 – Os Símbolos Siddham a e hûm	196
107 – Paisagem vista do Monte Kurama (extraída de *O Fogo do Reiki*, p. 139)	198
108 – Entrada Principal do Templo Kurama (extraída de *O Fogo do Reiki*, p. 138)	200
109 – Kokûzô Bosatsu (extraída de *Kojien Daigohan* CD-ROM)	204
110 – Símbolo Siddham tram de Kokûzô Bosatsu	207
111 – Sequência de traços para tram de Kokûzô Bosatsu	208
112 – Mudrâ da Iniciação (extraída de *Buddhism - Flammarion Iconographic Guides*, p. 50)	209

113 – O Símbolo SHK	212
114 – Excerto do *Rigveda* (extraída de *Das alte Indien* [Antiga Índia], p. 178)	213
115 – Pilar com as palavras de Buda (extraída de *Das alte Indien* [Antiga Índia], p. 85)	214
116 – Amida Nyorai (extraída de *Jihi hozo,* p. 70)	219
117 – Siddham hrih (extraída de *Jihi hozo,* p. 70)	219
118 – Senju Kannon (extraída de *Jihi hozo,* p. 71)	219
119 – Siddham rhih	221
120 – Siddham ha	222
121 – Siddham ra	223
122 – Siddham î	224
123 – Siddham a	225
124 – Variações de forma do Símbolo SHK (hrih)	226
125 – O Sutra do Coração caligrafado por Kûkai (extraída de *Shakyo nyumon,* pp. 14-5)	227
126 – Classificação com as mãos (extraída de *Mudras – Die Geheimsprache der Yogis* [Mudrâs – A Língua Secreta dos Yogues)	232
127 – Senju Kannon (foto de Mark Hosak)	239
128 – O Símbolo HS	241
129 – Kanji – origem para árvore	246
130 – Kanji – origem para o número um	246
131 – Origem do Kanji sha	249
132 – Origem do Kanji ze	250
133 – Origem do Kanji shô	251
134 – Origem do Kanji para agora	252
135 – Origem do Kanji para coração	252
136 – Pagode na ilha de Shikoku (foto de Mark Hosak)	256
137 – Talismã em Siddham e Kanji – Ajuda a desfazer contatos indesejáveis com a alma dos mortos	258
138 – Variações na escrita do Símbolo HS	258
139 – Siddham hûm	259
140 – Os Cinco Elementos	265
141 – Bishamonten – Portador do Símbolo HS (foto Mark Hosak)	266
142 – Tratamento a Distância no pergaminho Shigisan engi (foto de Mark Hosak)	267
143 – Siddham hûm	278
144 – O Símbolo DKM	280
145 – Origem do Kanji dai	281
146 – Origem do Kanji kô	281

147 – Origem do Kanji myô		282
148 – Dainichi Nyorai do Mundo do Útero (extraída de *Bonji de mirumikkyo*, p. 96)		284
149 – Dainichi Nyorai do Mundo do Diamante (foto de Mark Hosak)		285
150 – Dai Marishi Ten (extraída de *Buddhism - Flammarion Iconographic Guides*, p. 224)		285
151 – Siddham a e vam		289
152 – Símbolo Siddham a sobre um disco da lua		295
153 – Sequência de traços para o símbolo Siddham a		297
154 – Siddham a e hûm		298
155 – O Símbolo CR		304
156 – Origem do Kanji para choku		306
157 – Origem do Kanji para rei		306
158 – Siddham do Pagode dos Cinco Elementos		310
159 – Os caracteres tradicionais para o Reiki		316
160 – Origem do Kanji rei		317
161 – Origem do Kanji ki		318
162 – Osso oracular (extraída de *Zusetsu kanji no rekishi*, p. 29)		321
163 – Variações da escrita para "lua" (extraída de *Gotai jirui*, p. 247)		323
164 – Variações de escrita para Rei		325
165 – Tabela de todos os tipos de escrita		325
166 – Inscrição numa faca de bronze (extraída de *Zusetsu kanji no rekishi*, p. 62)		326
167 – Os 214 radicais		327
168 – Poema de amor no estilo japonês do século XII (extraída do jornal *National Treasures of Japan*, Nº 48, p. 242)		331
169 – Pincel para caligrafia (foto de Mark Hosak)		332
170 – Bastões de tinta (foto de Mark Hosak)		332
171 – Pedra de tinta (foto de Mark Hosak)		333
172 – Materiais para escrever (foto de Mark Hosak)		333
173 – Porta-pincéis (foto de Mark Hosak)		333
174 – Hey loa key loa manaho lo		336
175 – Sequência de traços para o Símbolo HS		339
176 – Orientação 1 para traçar o Símbolo HS		339
177 – Orientação 2 para traçar o Símbolo HS		340
178 – Orientação 3 para traçar o Símbolo HS		341
179 – Sequência de traços para o Símbolo DKM		342
180 – Orientação 1 para traçar o Símbolo DKM		342
181 – Orientação 2 para traçar o Símbolo DKM		344
182 – Orientação 3 para traçar o Símbolo DKM		345

183 – Sequência dos signos dos caracteres de Reiki	346
184 – Sequência de traços dos caracteres de Reiki como símbolo	346
185 – Orientação 1 para traçar os caracteres de Reiki como símbolo	347
186 – Orientação 2 para traçar os caracteres de Reiki como símbolo	349
187 – Orientação 3 para traçar os caracteres de Reiki como símbolo	350
188 – Sequência de traços para o Símbolo CR	351
189 – Orientação para traçar o Símbolo CR	351
190 – Sequência de traços para o Símbolo SHK	352
191 – Sequência de traços para a forma Siddham indiana original do Símbolo SHK: hrih	353
192 – Tipos de traços na caligrafia	354
193 – A unidade perfeita	369
194 – O tempo organiza as atividades	369
195 – Indivíduos buscam a unidade	371
196 – A unificação de opostos cria a luz (extraída de *Teoria e prattica del mandala*, p. 265)	372
197 – Consciência requer separação	374
198 – A fusão do observador com o objeto cria a unidade	375
199 – Quanto mais íntima a união, mais a atenção volta-se para dentro	375
200 – A consciência só consegue perceber suas criações, não a si mesma	376
201 – Algumas forças que afetam um estado de unidade	376
202 – Yin e Yang: os opostos complementares	378
203 – O que é a luz?	386
204 – A Árvore da Vida Cabalística	395
205 – O mantra OM numa forma comum hoje	397
206 – Modo muito antigo, pré-védico, de escrever o OM, conforme representado em folhas de palmeira, por exemplo (extraída de *Tantra: Cult of the Feminine*)	399
207 – Potencial infinito	405
208 – A Força Criadora abrange a unidade e a diversidade	417
209 – Chakras-aura posteriores (extraída do manuscrito do seminário *Rainbow Reiki Light-Body Work - Basics*)	433
210 – Chakras-aura anteriores (extraída do manuscrito do seminário *Rainbow Reiki Light-Body Work - Basics*)	433
211 – A Kundalini representada como uma serpente (extraída de *The Tantric Way*, p. 151)	440
212 – A espiral criativa da Kundalini (extraída de *The Tantric Way*, p. 68)	443
Paz	488
Amor	488
Sabedoria	488

Biografia de Mark Hosak

Eu adoro a vida e por isso vivo intensamente. Foi sempre muito importante para mim não ficar parado, mas tomar a iniciativa. A consequência dessa atitude é que, para desenvolver o meu potencial, trabalho em quatro campos diferentes – sou doutorando em História da Arte Asiático-Oriental, Mestre de Reiki do Arco-Íris, professor de artes marciais e calígrafo. É evidente que fico especialmente feliz quando posso desenvolver uma atividade que congrega essas quatro áreas. Naturalmente, houve e ainda há momentos de incerteza, quando tenho dificuldades de encontrar o meu caminho. Mas até agora sempre achei um jeito de reunir os meus vários interesses e aplicá-los na minha profissão. Assim, aprendi que a vida é mais divertida quando transformamos nossos passatempos favoritos em profissão. Como acontece na vida de qualquer ser humano, também precisei evoluir da definição de mim mesmo que aprendi na infância e transformar-me em quem realmente sou. Por meio de métodos e experiências espirituais – como Reiki e meditação, peregrinações e trabalho com mantras – recebi muita ajuda nessa jornada para mim mesmo. Quando não sabia mais como prosseguir, bênçãos vinham do alto e me abriam portas em lugares onde até então parecia haver apenas paredes. Depois que compreendi que a vida se torna muito mais fácil quando reservamos um espaço firme ao espiritual no dia a dia, despertou em mim o desejo de também passar esse presente maravilhoso para outras pessoas. Em razão das minhas várias qualificações como professor nas áreas acima mencionadas, que adquiri nos anos seguintes, a minha vida se expandiu e eu descobri a felicidade que está em poder percorrer o caminho para a luz e para o amor, junto com meus alunos.

Pelo meu envolvimento com as artes marciais interiores desde a infância, desenvolvi a compreensão de que o medo e a facilidade em usar a violência podem ser transformados em amor e no desejo de curar e ajudar. Na filosofia espiritual das artes marciais interiores asiáticas, o objetivo de curar-nos e de relacionar-nos positivamente com a vida e com o nosso potencial ocupa lugar central. Muitos ocidentais aprenderam a apreciar e usar o grande poder de cura dessa filosofia no tai-chi-chuan, nas muitas formas de qigong e no aikidô. Segundo a lei hermética "assim em cima como embaixo", a filosofia espiritual pode ser vivida de maneira prática por meio do corpo e da vida cotidiana. Também fica muito mais fácil distinguir entre o que funciona realmente, o que tem sentido para nós e o que não tem. Por isso o trabalho corporal na forma do Rei Ki Gong recebeu destaque especial neste livro. Nos seminários, adoto exercícios selecionados do qigong para transmitir uma compreensão prática de leis e concepções espirituais que, de outro modo, seriam bastante abstratas para os participantes. De modo muito natural, a flor de lótus no amor do coração se desenvolve quase automaticamente quando descansamos serenamente no hara. A natureza é o grande manual da Força Criadora. E por meio da tradição espiritual do Xamanismo, é fácil estudar sua sabedoria oculta e aplicá-la à cura e à transformação da personalidade espiritual. Gosto de caminhar na mata e unir-me com o coração aos espíritos de luz da natureza por meio de rituais, orações e meditações. Esse é o equilíbrio necessário que preciso quando resido e trabalho em ambientes urbanos e quando enfrento o ritmo agitado da nossa época.

A energia do meu coração que cresceu por intermédio desse contato com a Mãe Natureza me acompanha nos seminários e nas consultas para ajudar as pessoas que estão sofrendo e buscando seu caminho para a felicidade. Especialmente no início desta nova era, é muito importante deixar que a natureza nos inspire para traduzir a sabedoria espiritual de maneira prática para a necessária transformação do nosso estilo de vida.

A caligrafia japonesa consiste também em levar a força espiritual do coração para os caracteres por meio do pincel e da tinta-da-china, que então estimulam nossa inspiração e meditação. Desde minha infância, sou fascinado por essa tradição espiritual. Hoje compreendo que escrever um livro como este é um aspecto suplementar do meu trabalho com caligrafia, que aprendi durante muitos anos de estudos intensos com mestres asiáticos, ao modo tradicional. No estágio inicial do meu envolvimento com o Reiki, muitas vezes deparei-me com a opinião de que não era correto registrar vislumbres espirituais por escrito. Isso me deixava triste porque durante milhares de anos foram os escritos e as caligrafias dos grandes mestres que, além da instrução oral, constituíram os fundamentos da cura e do treinamento das gerações seguintes de professores espirituais. Eu vejo a forma escrita como um acréscimo importante e necessário à forma "da boca para o ouvido" da transmissão de informações. Atualmente, transmito a calma profunda, a concentração da mente e a abertura do coração aos poderes espirituais que podem ser produzidos pela caligrafia, no contexto dos seminários do Reiki do Arco-Íris e em cursos especiais de caligrafia. Eu gostaria de oferecer a outras pessoas no Ocidente a oportunidade de descobrirem e valorizarem o seu potencial nessa área.

A minha infância e juventude me apresentaram grandes desafios, às vezes bastante incomuns. Como consequência, precisei aprender muito cedo a cuidar de mim mesmo e a sobreviver por meus próprios esforços. Só mais tarde compreendi que parte do meu treinamento espiritual se processa na forma de instrução; a outra parte é proporcionada pela vida em si. Foi assim que consegui vencer as provações dos meus primeiros anos de vida com a ajuda de seres espirituais para aumentar a minha disposição e viver guiado pelo coração. De uma perspectiva divina, cada experiência oferece uma semente que pode se transformar numa planta de felicidade, beleza e iluminação. Em vez de sofrer por causa da nossa vida, todos nós podemos transmutar as nossas experiências em sabedoria, sentido e amor. Em consonância com a lei bem conhecida de que "o caminho é o objetivo", não se trata antes de mais nada de alcançar um determinado nível de desenvolvimento, mas de fazer com que aspectos desarmônicos se tornem harmônicos e se desenvolvam sempre mais. Na tradição espiritual do Oriente, essa realidade é descrita como uma maravilhosa flor de lótus que nasce do lodo do pântano ao firmar nele suas raízes e dele alimentar-se. Há uma grande sabedoria em aprender a respeitar e amar tanto a flor como o pântano.

Estudei sob condições difíceis. Todo o meu tempo livre foi investido em vários anos de treinamento para tornar-me mestre de Reiki do Arco-Íris. Ao mesmo tempo, tornei-me independente financeiramente, e logo estabeleci como alvo uma atividade de âmbito internacional. Hoje desenvolvo seminários de Reiki do Arco-Íris e presto consultorias em todo o mundo. Como resultado de muitas curas bem-sucedidas na Coreia e no Japão – o país de origem do Reiki – sou sempre muito bem recebido nesses países como orientador espiritual e professor.

Além das minhas obrigações e treinamentos, ocupo meu tempo dedicando-me à arte da caligrafia e trabalho profissionalmente como calígrafo. Isso me enriquece muito e meu coração se alegra. Por isso, sempre integro em meu trabalho mantras, símbolos e caligrafia.

Naturalmente, também enfrentei muitas dúvidas e dificuldades ao longo dos anos. Parentes e conhecidos insistiam em me demover dos meus objetivos: "Isso não o levará a lugar nenhum! Você dificilmente terá sucesso. Isso é muito difícil..." Apesar desses conselhos bem-intencionados, sempre segui meu próprio caminho. Ainda pequeno, eu já me entusiasmava com as culturas do extremo Oriente – com tudo, desde a escrita chinesa, a língua japonesa, os métodos de cura energéticos, as artes marciais interiores. Todos queriam me dissuadir desses ideais e muitos obstáculos se interpuseram na minha caminhada. Por fim superei as dificuldades e agora toda a minha vida orienta-se por essas ideias.

Sempre foi e continua sendo cada vez mais importante para mim fazer coisas e aprender novas coisas, em vez de apenas pensar que tudo é complicado. Sei que são poucas as pessoas que procedem desse modo. Faço isso porque os assuntos que tocam o meu coração são muito importantes para mim. Quando sinto que uma ideia corresponde aos anseios do meu coração, nada me afasta dela. Conheço muito poucas pessoas que dedicariam a metade da vida ao estudo do idioma japonês e depois morariam no Japão durante vários anos para ampliar seus conhecimentos através de pesquisas naquele país. Especialmente porque era absolutamente importante para mim alcançar esses objetivos, busquei formas para viabilizar a concretização desses sonhos aparentemente impossíveis.

Nesse processo, escorreguei e caí algumas vezes, mas sempre me levantei e continuei. Aprendi que cada problema que surge oferece imensas possibilidades de aprendizado para o crescimento. Esse tema perpassa toda a minha vida. Como procuro sempre ampliar meus conhecimentos e desenvolver as minhas habilidades, consegui vencer vários torneios de retórica em japonês no Japão e na Europa, sobrevivi a duas peregrinações de 1.500 km pelas florestas primitivas japonesas, aprendi várias artes marciais até o grau de mestre e tornei-me professor de caligrafia. Ao mesmo tempo, concluí com distinção meus estudos na Universidade de Heidelberg e o treinamento em dois níveis para Mestre de Reiki do Arco-Íris. Em grande parte, o meu sustento resultou das minhas atividades com seminários, como orientador e como intérprete.

Também valorizo muito a minha vida amorosa. Depois das desilusões e confusões de vários relacionamentos, encontrei a mulher dos meus sonhos em Quioto – Junghee, da Coreia. Foi amor à primeira vista, mas eu ainda era muito tímido na época para me aproximar dela. Num sonho durante minha peregrinação, o monge *Kûkai* a apresentou novamente a mim como minha companheira de vida. Anos mais tarde, meu mestre de Reiki, Walter, convenceu-me a trazê-la para a Alemanha. O Reiki me deu forças para vencer diferenças culturais e longas distâncias. Estamos vivendo felizes há vários anos em Heidelberg. Seu amor imensurável e seu apoio em todas as áreas da vida me proporcionam o entusiasmo necessário, a segurança e a energia criativa para progredir no meu caminho e também ajudar muitas pessoas em seus caminhos individuais.

Experiências Concretas da Minha Vida

Primeiros Contatos com a Cultura do Extremo Oriente

Sempre que eu via um caractere chinês ou japonês na infância, o entusiasmo tomava conta de mim e, além disso, de algum modo, eu me sentia muito à vontade com eles. Eu tinha a impressão de que esses signos irradiavam uma energia a que eu sempre aspirara. Certo dia, aos 6 anos de idade, mostrei ao meu pai alguns desses signos e disse-lhe que queria muito aprender a desenhá-los. Ele me esclareceu que provavelmente seriam necessários uns doze anos de estudos e que por isso era algo praticamente impensável. Insatisfeito com a resposta, comecei a praticar esses signos encantadores escondido, por minha conta, sem saber o que significavam nem como escrevê-los corretamente. Infelizmente, isso não deu muito certo.

As Artes Marciais Interiores

Como eu era esguio por natureza, na verdade muito magro, na escola tornei-me alvo fácil para o extravasamento das agressões dos alunos mais fortes. Para onde quer que eu fosse, insultos físicos e verbais começavam imediatamente. Durante anos, não tive apoio de ninguém. Certo dia, pensei em como poderia sair dessa situação por mim mesmo. Além dos caracteres, eu também me sentia atraído pelas artes marciais da Ásia Oriental. Mas eu não tinha a mínima possibilidade de treiná-las. Durante um período de férias com meus pais, fui cercado por uns dez garotos. Um deles tinha um grande revólver de água. Ele me mandou levantar as mãos; eu obedeci. Pelos meus muitos anos de experiência, eu sabia que independentemente do que fizesse numa situação assim, eu acabaria sendo derrubado para diversão dos envolvidos. Não sei como e por que até hoje, mas de repente tive a ideia de dizer: "Pare com isso! Eu luto karatê!", o que não era absolutamente verdade. De qualquer modo, o menino com o revólver ficou nervoso. As outras crianças gritaram: "É mentira, atire logo nele..." Repeti a frase: "Pare! Eu sei karatê!" A situação continuou por alguns instantes até que eu – involuntária e instintivamente – chutei o revólver das mãos do menino. Todos ficaram espantados e de repente passaram a me respeitar. Depois disso, não só me deixaram em paz, mas me aceitaram no grupo deles. Tomei a minha decisão naquele momento – o caminho para a paz consistia em aprender e dominar uma arte marcial.

Meus pais demoraram para me autorizar a fazer isso. Todos os meus esforços para convencê-los davam em nada. Um dos argumentos deles era que em vez de pensar nisso, eu devia jogar golfe, e não começar sempre uma coisa nova que de qualquer modo acabaria abandonando em pouco tempo. Por isso, comprei escondido alguns livros de karatê e *Ninjutsu*. Quando passeava com meu cachorro, eu praticava as técnicas do livro. À noite, depois que meus pais iam para a cama, com frequência eu ia furtivamente até a mata para praticar mais um pouco. Eu aproveitava ao máximo cada minuto livre. Não fui especialmente bem-sucedido nesse esforço, pois é óbvio que aprendemos menos de livros do que diretamente com um mestre. Assim, cresceu em mim o desejo de encontrar um mestre – e de preferência um mestre japonês.

Cerca de um ano e meio depois, perto da minha casa em Bremen, foi inaugurado um internato para crianças japonesas cujos pais residiam na Europa. Minha mãe autorizou-me a treinar caso eu encontrasse um mestre nessa escola. Na época, eu ainda acreditava que todos os japoneses eram grandes mestres de artes marciais. Quando procurei saber se havia um mestre na escola japonesa, descobri que as coisas eram bem diferentes. Havia apenas um mestre de karatê. Ele me dava aulas particulares de karatê e eu lhe ensinava alemão. Foi uma troca oportuna e a realização do meu grande sonho. Eu tinha meu próprio mestre e em pouco tempo tornei-me intocável na escola.

Havia alguma coisa mais nas artes marciais, porém. Para ser exato, logo aprendi que há fenômenos que não podem ser explicados tão simplesmente. Meu professor corria comigo descalço sobre cacos de vidro regularmente. Não havia ferimentos. Mesmo sem a força dos músculos, em pouco tempo consegui quebrar pedras de granito. Na época, eu não fazia ideia de que esse era apenas o começo, que as artes marciais em algum momento salvariam a minha vida em mais de uma ocasião e que elas estavam relacionadas com as artes de cura.

De tempos em tempos, os mestres da escola japonesa eram substituídos, ou seja, eu pude aprender vários estilos e até luta livre sem proteção. Minhas inúmeras idas ao hospital levaram-me a procurar uma forma de arte marcial que combinasse melhor comigo. Por fim encontrei o *Ninjutsu*, que inclui todas as áreas de luta com armas e sem armas, como bastão e espada, e também cura, meditação e magia.

Depois de treinar em várias ocasiões no Japão, finalmente encontrei o Mestre de *Ninjutsu* Taguchi, em Osaka, cujo estilo ensino ainda hoje nas áreas de *Ninjutsu, Kenjutsu e Bojutsu*.

Primeira Viagem ao Japão

Por meio das artes marciais e do treinamento com japoneses, o meu interesse pela cultura e pela língua japonesas aumentou. Na infância, eu já me entusiasmara pela escrita, mas não vira a relação com o idioma. A escrita me influenciava por seu vínculo com os símbolos sagrados.

Com a idade de 18 anos, viajei ao Japão pela primeira vez. As seis semanas que lá permaneci foram tão inspiradoras que jurei para mim mesmo que um dia teria uma profissão relacionada com o Japão. Pela primeira vez na vida, eu me senti em casa. O país era maravilhoso, a alimentação deliciosa e agradável, e as pessoas muito amistosas. Os templos budistas me impressionaram de modo muito especial.

A viagem me deu forças para completar meus difíceis e sofridos anos escolares. Minhas notas nunca foram muito boas. Gostei tanto da oitava série que cheguei a repeti-la. Ao iniciar o Segundo Grau, fiquei muito feliz ao saber que a escola ofereceria as línguas japonesa e chinesa. Aprendi as duas imediatamente. Minhas notas agora eram melhores do que as dos falantes nativos. Elas me ajudaram a me formar. De outra maneira, as coisas teriam sido muito difíceis.

Meu Caminho para o Reiki

Depois de formado, recusei-me a ingressar nas forças armadas por questão de consciência, e em lugar disso passei a prestar serviços comunitários. Em grande parte, o meu trabalho consistia em visitar pessoas idosas e desamparadas, e cuidar delas ou conversar com elas. Em sua maioria, essas pessoas eram deprimidas e estavam inconformadas com a situação do mundo e com o próprio estado de saúde. Um dos casos sob minha responsabilidade, porém, uma mulher de 88 anos com todo o lado direito do corpo paralisado, foi totalmente diferente. Ela estava sempre de bom humor, contente e procurava fazer tudo o que fosse possível por si mesma. Até sua casa era muito mais cheia de vida do que as outras. Mesmo nos dias melancólicos e chuvosos de novembro em Bremen, eu tinha a impressão de que o sol sempre brilhava nessa casa. Eu não conseguia explicar como isso podia acontecer. Quando lhe dei flores pelo seu aniversário, depois de muitas semanas elas continuavam tão viçosas como no primeiro dia. Cheio de espanto e meio brincando, perguntei-lhe o que ela fazia com as flores, pois elas já deviam ter fenecido. Sem palavras e com um sorriso amigável, ela levantou a mão esquerda e a colocou sobre as flores. Eu não fazia a mínima ideia do que esse gesto significava. Por seu filho – um ex-físico da NASA – eu soube que ela passava Reiki para as flores. Até então eu nem sequer ouvira a palavra Reiki. Da perspectiva da física, ele me explicou o que é o Reiki, como funciona e inclusive me mostrou uma prova científica para o Reiki obtida em suas pesquisas para a NASA em florestas tropicais.

Pouco tempo depois, fui iniciado no Primeiro Grau pela Mestra de Reiki desse senhor. Eu estava cético, mas queria descobrir pessoalmente a verdade sobre o Reiki. Meu ceticismo logo se dissipou por meio de muitas experiências maravilhosas e de curas bem-sucedidas com o Reiki.

O Segundo Grau e o Primeiro Contato com a Caligrafia

Para ser iniciado no Segundo Grau de Reiki, minha professora pediu-me que escrevesse em forma de caligrafia os caracteres para Reiki, em tamanho grande, com o pincel para escrever. Eu não deveria me preocupar por ainda não ter aprendido caligrafia. Ela tinha certeza de que eu desenharia o signo de maneira satisfatória. Esse foi um grande desafio. Como no início da minha carreira nas artes marciais, pratiquei sozinho durante muitos dias. Eu desenhava os caracteres até que estivessem perfeitos.

Estudos de História da Arte Asiático-Oriental, com a Cultura Japonesa como Base

Terminado o período de prestação de serviços comunitários, mudei-me para Heidelberg para estudar História da Arte Asiático-Oriental e Cultura Japonesa. Logo quebrei todos os recordes da Universidade. Depois de apenas três semestres, concluí os cursos intermediários com distinção. Apesar do pouco tempo, obtive mais do que o dobro da quantidade normal de créditos. Meu próximo objetivo era ir ao Japão o mais rapidamente possível.

Estudos de Caligrafia com um Monge Zen

No quadro de avisos do Departamento de Cultura Japonesa, reparei certo dia numa folha de papel de arroz escrita com signos belíssimos. Decifrei o texto com a ajuda do meu professor de japonês: em estilo muito educado e numa linguagem um tanto arcaica, um senhor japonês dizia que estava à procura de um professor particular de alemão. Meu professor de japonês me aconselhou a não entrar em contato com essa pessoa porque, definitivamente, com base na linguagem estranha e na bela escrita, não se trata de uma pessoa comum. Contrariando o meu professor, telefonei para esse senhor no mesmo dia, e consegui assim realizar outro dos meus desejos. Ele não só era japonês, mas também mestre zen, além de ser muito conhecido nos círculos budistas como mestre em caligrafia chinesa. Assim, além do Reiki, do *Ninjutsu* e do meu programa de estudos, eu também praticava caligrafia todos os dias.

Japão – Símbolos do Reiki – Peregrinação

Logo recebi duas bolsas de estudo (DAAD e Rotary Internacional), que me possibilitaram ir ao Japão para uma permanência de vários anos. Pesquisei rituais budistas na Universidade de Quioto e nos templos. Deparei-me seguidamente com correlações com os símbolos do Reiki. Cada resposta resultava em muitas novas perguntas. Quando meu professor de japonês me falou sobre uma peregrinação do Budismo Esotérico, senti como se um raio atravessasse o meu coração. Diz a história que o monge *Kûkai* meditou durante muito tempo nas florestas da ilha de Shikoku. Ele lançou as pedras fundamentais em lugares de poder em Shikoku para muitos templos, ato que deu origem à peregrinação dos "88 Templos de Shikoku". Eu sabia que precisava fazer essa peregrinação para progredir no meu caminho. Algumas semanas mais tarde, iniciei a minha peregrinação a pé, de templo em templo, através da floresta primitiva do Japão. Depois de quase dez dias, precisei interromper a peregrinação no templo nº 24, devido ao cansaço extremo. Um ano mais tarde, pus-me novamente a caminho e completei a peregrinação aos 88 templos em várias semanas. Todos os dias, eu testemunhava verdadeiros milagres. Certo dia, um Bodhisattva disfarçado de cachorro me indicou o caminho e desapareceu diante dos meus olhos. Mais tarde ele reapareceu quando eu estava para tomar a direção errada. Águias ou borboletas com o tamanho de uma cabeça humana me acompanhavam durante longos períodos, como verdadeiras companheiras. Num sonho, apareceu-me a minha futura esposa. Uma estátua de bronze do monge *Kûkai* transformou-se na sua verdadeira forma de vida como peregrino e me aconselhou a seguir o caminho do meu coração. Quando lhe perguntei qual era esse caminho, ele respondeu: "Você o descobrirá se continuar a peregrinação comigo". Então ele se dissolveu na luz e desapareceu. Esses são apenas alguns exemplos. Mesmo passado muito tempo da peregrinação, ainda sinto a maravilhosa energia de *Kûkai*.

O caminho do meu coração é o Reiki. O monge *Kûkai* levou as raízes do Reiki para o Japão com o Budismo Esotérico.

A peregrinação foi a maior experiência da minha vida. Eu escrevi um livro sobre ela em japonês. No Japão e na Europa, venci dois torneios de oratória em japonês sobre esse tema.

Graças ao encontro inspirador com Frank Arjava Petter no Japão, pouco depois de voltar à Alemanha encontrei Walter Lübeck e comecei os estudos para Mestre de Reiki em 1999.

Nesse meio-tempo, concluí os meus estudos. Em minha tese de mestrado, analisei a escrita *Siddham* no Japão, à qual pertencem os símbolos do Reiki.

Endereço de Mark Hosak para Contato e Informações sobre Seminários

König-Heinrich-Strasse 42
69412 Eberbach
Alemanha
Tel. 011-491-(0)6271-947957
Email: office@markhosak.com
Website: www.markhosak.com

Meu website inclui uma seção para perguntas dos leitores sobre os assuntos tratados neste livro. É fácil registrar-se.

Biografia de Walter Lübeck

Walter Lübeck nasceu em 17 de fevereiro de 1960 (Aquário, ascendente em Sagitário) e atua como orientador espiritual desde 1988. No mundo todo, ele ensina o Sistema Reiki do Arco-Íris, por ele desenvolvido, a Meditação dos Três Raios, o Caminho Xamânico da Pena Branca, o Trabalho com o Anjo de Luz, Feng Shui, PNL Espiritual, trabalho com mantras, Qi Gong do Dragão Celestial, Cura com Cristal Lemuriano, Terapia da Reencarnação e Tantra Lemuriano, em alemão e em inglês.

Os três princípios da responsabilidade pessoal, amor e consciência são diretrizes espirituais importantes para ele tanto na vida pessoal como profissional.

Com a sua obra, ele quer contribuir para a concretização de uma nova Idade de Ouro na Terra o quanto antes, uma nova era em que a natureza, os seres humanos e os seres de luz vivam em paz e felicidade uns com os outros.

Em 25 livros, oito dos quais sobre Reiki, traduzidos em vinte línguas, em diversos artigos para revistas especializadas, em vídeos didáticos e um *software* de orientação pessoal, ele põe os resultados da sua pesquisa à disposição do público. Em sua opinião, é muito importante que o conhecimento espiritual seja usado para aumentar a qualidade holística da vida e para a cura do nosso planeta.

Ele estudou a tradição do Reiki ocidental e japonês (Linhagem ocidental/Mestre/Professor: Usui – Hayashi – Furumoto – Brigitte Müller * Linhagem japonesa/Mestre/Professor: Usui – Hayashi – Chiyoko Yamaguchi) e pesquisou profundamente o Sistema Usui de Cura Natural, com suas raízes e possibilidades, pois conheceu o Reiki em 1987.

Através da grande diversidade de treinamentos, pesquisas pessoais e lembranças de vidas passadas como sumo sacerdote e curandeiro em lugares como Lemúria, Índia, Egito e Mesopotâmia, seus ensinamentos têm uma característica peculiar e transmitem experiências e percepções espirituais profundas. É muito importante para ele difundir os vários caminhos espirituais e sua sabedoria como ensinamentos inspiradores que se complementam e se relacionam entre si para ajudar seus alunos a progredir no caminho escolhido.

Inúmeras viagens de pesquisa sobre o Reiki o levaram ao Japão, Índia, Bali, Hong Kong e Estados Unidos.

Walter passa o seu tempo livre com a família, amigos e animais. Ela também gosta de caminhar, de cozinhar, de jogar no computador, de correr por campos e trilhas e de praticar Qi Gong.

Desde a virada do milênio, outra ênfase do seu trabalho é a Radiônica da Deusa, criada por ele. Trata-se de uma tecnologia espiritual que pode ser usada para preparar essências florais e remédios homeopáticos, e para purificar energeticamente e melhorar a qualidade da água, por exemplo. A técnica também pode neutralizar os efeitos perigosos da poluição eletrônica.

Músico entusiasta, ele gosta de usar tambores, *didgeridoos*, cantos e danças em rituais e curas espirituais. Ele compôs muitos cantos espirituais que divulga de tempos em tempos em produções musicais, como no CD "Power Reiki".

Ele mora nas Montanhas Weser, no norte da Alemanha, em meio a uma paisagem fantástica repleta de lugares de poder ancestrais e de sítios místicos.

Endereço de Walter Lübeck para Contato e Informações sobre Seminários

Email: info@rainbowreiki.net

Website (Alemão/Inglês/Português): www.rainbowreiki.net

www.rainbowreikiUSA.net

Como a Capa deste Livro Foi Criada

Para concluir, eu (Mark) gostaria de explicar brevemente como a capa deste livro foi criada. Esta história é um belo exemplo de como as técnicas descritas neste livro podem ser aplicadas na prática. Além disso, ela mostra as extraordinárias "coincidências" e experiências com o Reiki e com os seres de luz que também podemos ter quando recorremos a eles.

Walter teve inicialmente a ideia de transformar as palavras amor, sabedoria e paz em caligrafias para a capa do livro porque elas são apropriadas para o conteúdo espiritual. Assim, comecei a procurar os caracteres correspondentes. De fato existem muitos símbolos relacionados com um sentido semelhante e nuances diferentes.

O símbolo à esquerda representa paz, e é chamado *wa* em japonês. Ao mesmo tempo, ele significa harmonia e é também um antigo nome para Japão.

O símbolo à direita representa sabedoria e é chamado *chi* em japonês. Sem a sua porção inferior, este símbolo representa puro conhecimento. O sol embaixo dele transforma o conhecimento em sabedoria. Como essa é uma forma de sabedoria espiritual e de luz, muito frequentemente é empregada no contexto budista. Outro significado japonês desse símbolo é *satoru*. Mesmo que seja de fato um caractere diferente, essa palavra tem relação estreita com a iluminação no zen-budismo, onde é chamada *satori*.

Por fim, no meio, temos a palavra amor, *ai* em japonês, que une paz e sabedoria e todos os seres uns aos outros. Esse é o amor que trabalha para o bem maior de todos os envolvidos, que verdadeiramente inclui cada ser e, naturalmente, também nós. É o amor expresso por meio do quarto chakra. Ao mesmo tempo, *ai* é um símbolo usado para todas as coisas que nos são importantes.

Quando encontrei esses três símbolos, comecei novamente a procurar mestres de caligrafia que servissem de inspiração. Aportei na antiga China da era *Tang*, com o grande calígrafo *Ouyang Xun* (557-641), cujo estilo copiei em papel ao modo tradicional com pincel e tinta indiana.

O Buda do Paraíso *Amida Nyorai* ajudou-me a criar as caligrafias para a capa do livro. Estabeleci contato com ele seguindo a forma descrita no livro. Isso me possibilitou transferir para o papel o poder de *Amida Nyorai*, através do meu corpo, por meio do pincel com tinta indiana. Quero novamente expressar a ele a minha mais cordial gratidão!

和
PAZ

愛
AMOR

智
SABEDORIA